René König Schriften. Ausgabe letzter Hand

Band 14

Reihe herausgegeben von
Heine von Alemann
Köln, Deutschland

Hans-Joachim Hummell
Duisburg, Deutschland

Oliver König
Köln, Deutschland

Hans Peter Thurn
Düsseldorf, Deutschland

Mit der Edition der Schriften wird der Versuch unternommen, dieses inhalt-lich reiche und formal vielgestaltige Lebenswerk René Königs erstmals im Zusammenhang vorzustellen und der Öffentlichkeit in geschlossener Form zugänglich zu machen. Dabei werden die wichtigsten deutschsprachigen Bücher jeweils in der Fassung letzter Hand ediert, wird eine Vielzahl von Abhandlungen in thematischer Gruppierung neu veröffentlicht, sollen bisher weit verstreute Studien, zum Teil auch bisher unpublizierte Arbeiten, ihren angemessenen Platz in der Gesamtedition finden. Jede der aufgenommenen Schriften wird ungekürzt und in der Form präsentiert, die René König selbst ihr gegeben hat. Mit diesen Editionsprinzipien und der Gesamtanlage nach stellen die „Schriften" René König in authentischer Weise als bedeutenden deutschen und international renommierten Gelehrten des 20. Jahrhunderts vor sowie als namhaften Neubegründer der Soziologie in der Periode der Rekonstruktion einer zivilen demokratischen Gesellschaft nach dem Zweiten Weltkrieg in Deutschland und Europa.

Weitere Bände in der Reihe
https://link.springer.com/bookseries/12709

René König

Familiensoziologie

2. Auflage

Herausgegeben und mit einem Nachwort versehen von Rosemarie Nave-Herz

 Springer VS

René König
Köln, Deutschland

Rosemarie Nave-Herz
Oldenburg, Deutschland

Irmgard und René König mit den Söhnen Mario und Oliver in Öflingen bei Säckingen im April 1953 nach der Rückkehr vom ersten USA-Aufenthalt. (Privatbesitz der Familie König)

René König Schriften. Ausgabe letzter Hand
ISBN 978-3-658-28246-2   ISBN 978-3-658-28247-9   (eBook)
https://doi.org/10.1007/978-3-658-28247-9

Die Deutsche Nationalbibliothek verzeichnet diese Publikation in der Deutschen Nationalbibliografie; detaillierte bibliografische Daten sind im Internet über http://dnb.d-nb.de abrufbar.

Planung/Lektorat: Cori A. Mackrodt
Springer VS ist ein Imprint der eingetragenen Gesellschaft Springer Fachmedien Wiesbaden GmbH und ist ein Teil von Springer Nature.
Die Anschrift der Gesellschaft ist: Abraham-Lincoln-Str. 46, 65189 Wiesbaden, Germany

INHALTSVERZEICHNIS

A. Ausgewählte familiensoziologische Aufsätze

Von der Notwendigkeit einer Familiensoziologie (1945/1974)

I

Das Problem der Familie hat seit geraumer Zeit eine durchaus neue Aktualität gewonnen, nachdem die ungefähr um die Mitte des 19. Jahrhunderts anhebende umfassende internationale Diskussion um die Mitte der zwanziger Jahre zu einem gewissen Stillstand gekommen war. Heute sind die Organe der öffentlichen Meinungsbildung gefüllt mit Abhandlungen und Aufsätzen über das Problem der Familie; Vortragsreihen werden veranstaltet, Kongresse abgehalten, Komitees und Kommissionen gebildet, die sich alle mit der Diskussion dieser einen Frage abgeben. Sowohl Private wie die Organisationen der Wirtschaft und des Staates haben dies Thema aufgegriffen. Es nehmen aber auch die großen Kulturinstitutionen Anteil, die Schulen, Hochschulen und Universitäten, vor allem die Kirchen aller Bekenntnisse, dann die Parteien, Gewerkschaften, Wirtschaftsverbände, Vereine, ja sogar wirtschaftliche Einzelunternehmungen. In der Schweiz wurde noch während des Krieges der Versuch unternommen, durch eine partielle Revision der Bundesverfassung dem Bundesgesetzgeber die Kompetenzen zur Zusammenfassung all der Anregungen von verschiedener Seite zu einem einheitlichen, verfassungsmäßig gesicherten Familienschutzwerk zu geben. Am 27. November 1941 konstituierte sich ein überparteiliches „Initiativkomitee für die Familie", am 1. Dezember wurden die Unterschriftenbogen in Zirkulation gesetzt, am 10. Oktober 1944 konnte dann der Bundesrat an die Bundesversammlung Bericht erstatten über das Volksbegehren „Für die Familie", das am 25. November mit großer Mehrheit angenommen wurde[1]. Ähnliche Versuche sind im Laufe der letzten zwei Jahrzehnte auch in anderen

---

[1] Vgl. dazu den „Bericht des Bundesrates an die Bundesversammlung über das Volksbegehren ‚Für die Familie'".

© Springer Fachmedien Wiesbaden GmbH, ein Teil von Springer Nature 2021
R. König, *Familiensoziologie*, René König Schriften. Ausgabe letzter Hand,
https://doi.org/10.1007/978-3-658-28247-9_1

Ländern unternommen worden, vor allem in Frankreich und in Belgien, dann in Neuseeland und Australien, als Familienschutzwerk von besonders umfassendem Charakter seit 1935 in Schweden, unter stark parteipolitischen Voraussetzungen in Italien, Deutschland und teilweise in Sowjetrußland (seit 1936), in neuerer Zeit auch in England (seit 1945), später auch in allen sozialistischen Staaten Europas (speziell seit 1965). Man kann also wohl sagen, daß die öffentliche Meinung in allen ihren Schichten und Zweigen von einer intensiven Diskussion um das Problem der Familie erfüllt ist.

Die brennende Aktualität, in der sich heute das Problem der Familie befindet, ist nun gewiß für eine wissenschaftliche Diskussion aller hiermit zusammenhängenden Fragen von unleugbarem Vorteil. Darf man doch auf ein vielseitig gewecktes Interesse rechnen, auf eine Bereitschaft auch zu schwierigeren Erörterungen, eventuell sogar auf den Versuch, sich auf eigene Faust ein Mindestmaß an Wissen über Wesen und Entwicklung der Familie in der Moderne zu verschaffen. Anderseits verbirgt sich aber in dieser brennenden Aktualität eine nicht zu übersehende Gefahr; pflegen doch gerade bei breitgelagerten Diskussionen die Begriffe, um die es geht, immer blasser, immer konventioneller, immer abgegriffener zu werden, so daß am Schluß statt lebensvoller und sachhaltiger Begriffe ein „mot cliché" übrigbleibt, die münzartig geprägte Phrase, ausgestattet mit sozialem Zwangscharakter, die ungeprüft von einem zum anderen weitergeleitet wird. Gelegentlich wird dann dieser Kettenhandel von Banalitäten durch mehr oder weniger pathetische Deklamationen unterbrochen, die den Wert der Familie emphatisch beteuern, statt ihn zu beweisen.

Die Aktualität, in der sich das Problem der Familie heute befindet, hat also ihre gute und ihre schlechte Seite. Dessen muß man sich voll bewußt sein, wenn man als Soziologe zu dieser Frage Stellung nimmt. Andererseits aber kann und darf man nicht vor der Zweideutigkeit dieser Ausgangssituation zurückschrecken, liegt doch eine der wesentlichen Aufgaben der Soziologie darin, daß sie beizutragen hat zur Schärfung des Selbstverständnisses und der Selbstklärung im öffentlichen Bewußtsein der Gegenwart. Diese Aufgabe kann sie allerdings nicht erfüllen, indem sie einfach die öffentliche Meinung resümiert und inventarisiert, indem sie disziplinlos in dem ungestalteten Brei der allseitig dargebotenen Phrasen herumplätschert und eventuell irgendeinen trüben Bodensatz aufwirbelt oder auch glanzvolle Prophetien verkündet. Vielmehr hat die Soziologie eine Umkehr des Bewußtseins durchzuführen, um das Phänomen der Familie in die Disziplin des Begriffs zu nehmen und – ganz unangesehen der frommen Wünsche oder auch des sogenannten guten Willens (der oft genug das größte Unheil stiftet) – rein sachlich der Frage nachzugehen, wie denn nun die Verfassung der modernen Familie tatsächlich ist, welches die historischen Voraussetzungen für diese Gegenwartslage sind, was man entsprechend von der Familie erwarten darf und was nicht, welche Funktionen sie in der heutigen Gesellschaft noch üben kann, welchen Belastungen sie noch gewachsen ist, welche Unterstützung ihr auf Grund der gegebenen objektiven Lage zukommt, und so fort.

Die Soziologie muß sich darüber klar sein, daß sich bereits an diesem Punkt die größten Widerstände gegen sie erheben werden. Die Familie, das Grundmedium für die Ausgestaltung unseres Gefühlslebens, soll in die Disziplin des Begriffs genommen werden? Ein solches Unterfangen erscheint wie eine Profanierung der privatesten Lebenssphäre des Menschen, wie ein kalt berechneter Mord am lebendigen Phänomen der Familie. In der Tat spürt man beim ersten Durchsehen irgendeines literarischen Dokumentes über das Problem der Familie, daß ein ganz ungewöhnlicher, fast feierlicher Gefühlsaufwand getrieben wird. Und dieser Gefühlsaufwand sperrt sich gegen die gefühllose Sonde des wissenschaftlichen Begriffs. Mit diesem Tatbestand hat seit jeher alle Familiensoziologie zu rechnen gehabt. Darum erhebt sich auch, noch vor aller positiven Arbeit, die Notwendigkeit einer grundsätzlichen Vorerörterung zum Nachweis des Rechtsanspruchs einer rein sachorientierten Analyse der Familie durch die Wissenschaft der Soziologie.

Anderen Disziplinen, die sich mit der Familie befassen, etwa der Wissenschaft vom Familienrecht, gesteht man die Berechtigung einer theoretischen Analyse der Familie ohne weiteres zu. Aber das Familienrecht beschäftigt sich ja auch nicht direkt und unmittelbar mit der Familie, sondern primär nur mit den Rechtsregeln, die das Familienleben in der modernen Gesellschaft ordnen. Wenn auf die Realität der Familie rekurriert wird, so ist dies keineswegs das zentrale Interesse des Familienrechts. Dieses ist an den Rechtsnormen und an ihrer Interpretation interessiert, vor allem daran, daß in diesem System von Normen und Regelungen ein innerer Zusammenhang herrsche; im Sinne der Ausrichtung an der „Idee des richtigen Rechts" ist schließlich die Rechtswissenschaft auch an allgemeinen Wert- und Willensentscheidungen und an Prognosen orientiert. All dies läßt sich aber prinzipiell tun, ohne die Familie als konkrete Wirklichkeit anzurühren. Es muß betont werden „prinzipiell", denn faktisch und „ressortmäßig" wird es sich hierbei kaum vermeiden lassen, daß gelegentlich die Wirklichkeit der Familie selber zur Sprache kommt; haben doch die Regelungen des Rechts ihren Realgrund in den immanenten Regelungen des sozialen Daseins selber, also in jenen Wirklichkeitsbestandteilen, die das Leben in Fülle bietet, wie *A. Egger* im Vorwort zu seinem Familienrechtskommentar bemerkt. Wenn aber hier das wirkliche Leben der Familie anvisiert wird, so doch nur insoweit, als bestimmte Lebenszüge der Familie ihren Niederschlag in expliziten Rechtsregeln gefunden haben. Demgegenüber muß man festhalten, daß das Recht keineswegs alle möglichen und denkbaren, ja nicht einmal alle wirklichen sozialen Beziehungen innerhalb der Familie zum Gegenstand einer Rechtsregel macht. Im Gegenteil: wir haben mit der Tatsache zu rechnen, daß die Mehrzahl der sozialen Beziehungen innerhalb der Familie vom Gesetzgeber gerade nicht erreicht werden. Mehr noch: sie werden zum Teil sogar ausdrücklich in das freie Belieben der beteiligten Personen gestellt, ohne daß allerdings darum der Willkür Tür und Tor geöffnet würde; denn unterhalb der Regelungen des Rechts stehen die Regelungen des Brauchs, der Sitte, der öffentlichen Moralvorstellungen, die unmittelbar aus der immanenten Ordnung des sozialen Lebens selber erwachsen. Einzig in diesem Sinne ist es auch zu verstehen, wenn von der Familiensoziologie seit rund einem Jahrhundert immer energischer die Forderung erhoben wird, daß der Gesetzgeber sich von der Regelung bestimmter Beziehungen innerhalb der Familie ausdrücklich zu enthalten habe, weil sie Privatsache seien und man ihre Regelung am besten dem Brauch, der Sitte und den öffentlichen Moralvorstellungen überlasse. Wohin eine übertriebene Regelungsmanie führt, dafür bietet das Allgemeine Preußische Landrecht die groteskesten Beispiele. Anderseits bedeutet aber die Freilassung bestimmter Zonen der Familie von der rechtlichen Regelung keineswegs den Durchbruch des vollkommenen Chaos im Familien- und Eheleben, wie das Beispiel der Sowjetunion beweist, wo nach einer umfassenden Transformationsperiode neue Regelungssysteme aus Brauch und Sitte erwachsen sind, die schließlich ihre Formulierung in einem neuen Gesetzgebungswerk fanden. (Siehe dazu in diesem Bande das Kapitel „Entwicklungstendenzen der Familie im neueren Rußland".).

So dringen also ins Familienrecht gewisse Realitätsbestandteile der Familie ein, auf die dementsprechend auch die wissenschaftliche Beschäftigung mit dem Familienrecht Rücksicht zu nehmen hat; aber der bei weitem größere Teil der Wirklichkeit liegt außerhalb der rechtlichen Normierungszone. Wenn man nun eine wissenschaftliche Zergliederung jener Grundzüge des realen Familienlebens, die im Recht ihren Niederschlag gefunden haben, ohne weiteres erträgt (obwohl auch hier – wie bemerkt – Kontroversen möglich sind über die Reichweite des gesatzten Rechts), so erhebt sich um so stärker der Widerstand gegen das Eindringen soziologischer Analyse in den erwähnten größeren Teil des Familienlebens, den in der Moderne selbst der Gesetzgeber weitgehend von der Regelung ausschließt. In diesem Bereich handelt es sich um soziale Beziehungen höchst persönlicher, ja intimer Natur, und wir fühlen uns immer mehr oder weniger veranlaßt, den gesetzlich zugesicherten Schutz der Persönlichkeit auch im Sinne eines Schutzes vor allzu großer wissenschaftlicher Zudringlichkeit in Anspruch zu nehmen. Diesem Postulat gegenüber vermag sich nicht einmal die Familiensoziologie zu verschließen.

Dennoch aber kann uns eine solche Argumentation nur einen Moment lang aufhalten. Bei der bedrängten Lage, in der sich die Familie in der kapitalistischen und spätkapitalistischen Welt befindet, muß jede Diskussion um den Rechtsanspruch der Familiensoziologie als müßige Spielerei erscheinen. Eine solche Diskussion hätte einzig in der vormärzlichen Gesellschaft ein gewisses Recht gehabt, dies allerdings in gewollter Beschränkung auf das grundbesitzende Bauerntum und die bürgerliche Familie, unter ausdrücklichem Ausschluß des nichts-besitzenden Landproletariats und der damals in den Industrieländern schon schwer gefährdeten Arbeiterfamilie, der bereits der große *Frédéric Le Play* sein besorgtes Interesse zuwandte. Nachdem heute die Familie in allen Schichten und Klassen der Gesellschaft den außerordentlichsten Belastungen unterworfen ist und vielfach einen Kampf auf Leben und Tod austrägt, können wir uns nicht mehr mit einer Diskussion um den Rechtsanspruch der Familiensoziologie aufhalten, vielmehr erwächst aus dem allgemeinen Notstand das Postulat von der Notwendigkeit einer Familiensoziologie, wenn nicht alle Familienpolitik orientierungslos bleiben soll. Gewiß liegt in der breitgelagerten Diskussion des Familienproblems ein Vorteil für die Familiensoziologie, aber die Gefahren einer solchen Diskussion sind ebensowenig von der Hand zu weisen. Diese liegen vor allem darin, daß nach der Klischierung der öffentlichen Meinung einzig formelhafte Aussagen über die Familie übrigbleiben, die einem sozialgeschichtlichen Entwicklungszustand entspringen, der schon längst nicht mehr der tatsächlichen Lebensverfassung der modernen Gesellschaft entspricht. Diese Formeln haben dementsprechend jeglichen Sachgehalt verloren; ihre Funktion liegt rein subjektiv in der kurzschlußmäßigen Beruhigung der aufgerührten öffentlichen Meinung, die auf ihre Fragen eine Antwort um jeden Preis verlangt, ohne die kritische Fähigkeit zur Auswägung des Sachgehalts dieser Formeln aufzubringen.

Eine solche verhängnisvolle Formel, durch die alles sachgerichtete Fragen gelähmt und versiegelt wird, ist die Wendung von der Familie als der Keimzelle des Staates oder der Gesellschaft. Zweifellos gibt es Gesellschaften, in denen dies der Fall ist, z. B. den Geschlechterstaat der Antike. Was für die jüdisch-griechisch-römische Antike gilt, trifft aber keineswegs für die moderne industrie-kapitalistische Gesellschaft zu. Angesichts ihrer muß zweifellos die Frage aufgeworfen werden, ob hier der alte Satz noch immer Geltung hat, ob er nicht unter dem Einfluß einer völlig neuen gesellschaftlichen und wirtschaftlichen Verfassung seinen Sinn ganz grundlegend geändert hat.

Ursprünglich bedeutet der angeführte Satz eine gesamtgesellschaftliche Funktion der Familie als Gruppe, die sowohl als Herrschaftsträger wie als wirtschaftliches Produktionszentrum und zudem als auszeichnender Horizont für den Status des Einzelmenschen im Ganzen der Gesellschaft auftritt. Man spricht hier von zugeschriebenem Status (ascribed status). In der Gegenwartsgesellschaft der westlichen Kulturen Europas und Nordamerikas kann von alledem keine Rede mehr sein, nachdem die Herrschaftsordnung des Staates sich weitestgehend von der Familie befreite und die Produktion an die spezifischen Organe der Wirtschaft überging; der Einzelmensch wird auch nicht mehr primär von seinem Familienstatus her begriffen, sondern vor allem und zunächst aus seiner Individualsphäre und seiner Leistung als natürlicher Person. Man spricht hier vom erworbenen Status (achieved status), um eine sehr prägnante Formulierung von *Ralph Linton* zu benutzen. Wenn also der Satz von der Familie als der Keimzelle des Staates oder der Gesellschaft irgendeine Bedeutung haben soll, so kann er diese einzig in dem Sinne gewinnen, daß eine wesentliche Funktion der Familie im Aufbau der natürlichen Person nachgewiesen werden kann. Eine direkte und unmittelbare Beziehung zwischen der Familie einerseits und der Gesellschaft und dem Staate andererseits gibt es heute nicht mehr; diese Beziehung existiert einzig noch auf dem Umweg über das Individuum. Und zwar verwirklicht sich diese Beziehung in der Weise, daß die Familie neben dem Aufbau der sozial-kulturellen Persönlichkeit vor allem die Zeugung der Nachkommenschaft in einem fest geregelten Rahmen leistet und damit gleichsam den biologischen Rohstoff bereitstellt, an dem der Sozialisierungsprozeß in der Entwicklung des Einzelmenschen ansetzen kann. Eine der zentralen Fragen aller Familiensoziologie ist dementsprechend die Ausmessung des Beitrags der Familie zum Aufbau der sozial-kulturellen Persönlichkeit; auf diesem Gebiet hat die moderne Sozialpsychologie bereits Außerordentliches geleistet. Zugleich haben wir in dieser Entwicklung ein höchst charakteristisches Beispiel dafür, wie die Familiensoziologie die Formeln der öffentlichen Meinung aufbricht, um zu ermessen, welcher positive Sinn sich in ihnen verbirgt.

Selbst angesichts dieses Beispiels könnte jedoch noch immer gesagt werden, daß die Familiensoziologie aus den durchschnittlichen Meinungen des Alltags ganz kontinuierlich herauswächst, indem sie ein durch vielfachen Gebrauch stumpf gewordenes Werkzeug einer kritischen Schärfung unterzieht. Gerade in diesem Sinne soll jedoch der Ausdruck von der Notwendigkeit einer Familiensoziologie nicht verstanden werden. Es erweist sich vielmehr bei näherer Betrachtung, daß eine ganz prinzipielle Umkehr des Bewußtseins notwendig wird, wenn wir das Phänomen der Familie einer objektiven Erkenntnis aufschließen wollen, da in der realen Lebensordnung der Familie selber Widerstände liegen, die sich vor der adäquaten Erkenntnis sperren. Es sind dies teilweise Widerstände, die sich in aller soziologischen Erkenntnis geltend machen, anderseits aber bietet die Familie auch spezifische Probleme, die eine entwickelte Familiensoziologie zur Notwendigkeit machen. Denn es erweist sich nicht nur, daß die Familie weitgehend über sich selbst im unklaren ist und daß sie auf Grund dessen den außerordentlichen Schwierigkeiten begegnet, sich an die gesellschaftliche Entwicklung anzupassen; vielmehr liegen überdies – wie gezeigt werden soll – die Gründe für diese Unklarheit in der Natur der Familie selber, so daß notwendigerweise ein Standort außer ihr gefunden werden muß, wenn wirkliche Erkenntnis zustande kommen soll.

II

Alles soziale Handeln schließt ein Sinnmoment ein. Das bedeutet, daß wir uns nur in extremen Fällen, in eigentlichen Grenzsituationen, sinnblind und rein triebmäßig verhalten. Normalerweise umfaßt jede Einzelhandlung eine Fülle von Sinngebungsakten, vermittels derer wir uns in einer gegebenen Situation orientieren. Zu diesen Sinngebungsakten gehören:

die Bestimmung der gegebenen Situation und der eigenen Stellung innerhalb ihrer, die Definition des erstrebten Zieles und die Auswägung der zu
seiner Erreichung erforderlichen Mittel der technischen, wirtschaftlichen
oder kulturellen Anpassung nach ihren Haupt- und Nebenfolgen, die Auswahl der im gegebenen Milieu vorgefundenen Wertvorstellungen, die das
sozial angemessene Verhalten in einer besonderen Situation bestimmen, usf.
Der Satz, daß alles soziale Handeln ein Sinnmoment einschließe, ist also
auch so zu verstehen, daß die Orientierung innerhalb der Gesellschaft einzig unter Voraussetzung eines wenigstens minimalen Erkenntnisschatzes
möglich ist. Der Aufbau der sozial-kulturellen Persönlichkeit im normalen
Lebenslauf von der Geburt bis zum Erwachsenenstadium ist weiter nichts
als ein fortlaufender Prozeß der Kumulierung solcher Erfahrungs- und
Erkenntnisbestandteile, die untereinander in einem mehr oder weniger
großen systematischen Zusammenhang stehen. Ohne diesen Rapport unserer
sozialen Erziehung wäre überhaupt keinerlei soziales Handeln möglich. Dies
ist ein Grundtatbestand alles sozialen Daseins.

Dieser Grundtatbestand ist jedoch nicht nur für den Aufbau der sozialen
Existenz, sondern notwendigerweise auch für den Aufbau der wissenschaftlichen Erkenntnis des sozialen Lebens von außerordentlicher Bedeutung.
Immer nämlich knüpft die wissenschaftliche Erkenntnis an diesem vorwissenschaftlichen Verstehen der sozialen Zusammenhänge an. Wenn wir
fragen: Was ist die Familie?, so glauben wir alle, noch ohne wissenschaftliche
Erörterung, eine ungefähre Antwort geben zu können. Die Familie, scheint
es, steht einem sogar derart nahe, daß man schon mit Blindheit geschlagen
sein muß, um über sie nichts aussagen zu können. Dies ist auch die Voraussetzung, unter der die zahllosen Instanzen der öffentlichen Meinung es
unternehmen dürfen, ihre Ansichten über das Problem der Familie zu
äußern. Da in der ursprünglichen Ausgangssituation Subjekt und Objekt
für alle soziologische Erkenntnis identisch sind, da immer derjenige, der
auf Erkenntnis aus ist, an seinem eigenen Handeln als Objekt ablesen kann,
wie sich das Verhalten in einer bestimmten Situation oder auch in einem
zusammenhängenden Komplex von Situationen aufbaut, hat er auch die
Chance, sich seine eigene Meinung über eine beliebige soziale Erscheinung,
in unserem Falle: über die Familie, bilden zu können.

Im Gegensatz zu den Objekten der Natur stehen uns die Gegebenheiten
der sozialen Welt nahe, sie sind uns vertraut, wir besitzen noch vor aller
wissenschaftlich-kritischen Besinnung ein ganz alltägliches Wissen von ihrer
Natur und ihren Funktionen, soweit wir wenigstens in ihnen einbegriffen
sind. Die Familie steht uns sogar ganz besonders nahe, wesentlich näher als
andere Erscheinungen der Gesellschaft, so daß wir auch das Recht zu haben
glauben, mit ganz besonderer Sicherheit urteilen zu können. Wenn wir
fragen: Was ist eine Treuhänderschaft?, dann werden wir unter Umständen in
unserem Erfahrungsschatz einige sehr vage Vorstellungen finden, aber diese
werden ein gewisses Maß an Präzision nie überschreiten, da ja nicht jeder

in die Lage kommt, eine Treuhänderschaft verwalten zu müssen. Wenn wir fragen: Was ist eine Aktiengesellschaft? Was ist ein Trust? Was ist ein Kartell? Was ist ein Monopol?, dann werden wir über unser durchschnittliches Alltagswissen hinaus gerne Belehrung von seiten der Wissenschaft entgegennehmen, da wir das Bewußtsein haben, daß diese Erscheinungen unsere Erfahrungsreichweite durchschnittlich weit übersteigen. Ganz anders liegt es hiermit bei der Familie. Sie steht uns offenbar so nahe, daß wir überzeugt sind, in ihrer Erkenntnis von der Wissenschaft mehr oder weniger gar nicht gefördert werden zu können, höchstens daß wir eine Schärfung unserer Alltagsbegriffe im oben gekennzeichneten Sinne erfahren. Jeder, der selber Familie besitzt, glaubt sich zum Urteilen berufen, und er wird unter Umständen sogar eine Einmischung von seiten des Wissenschaftlers, der selber vielleicht ohne Familie ist, entschieden von der Hand weisen. Dies geschieht, wie nochmals betont werden muß, durchaus mit einem gewissen Rechtsanspruch; erwachsen doch aus dem ganz unmittelbaren Handeln Erkenntnisse besonderer Art, ohne die wir uns in der sozialen Welt gar nicht orientieren könnten.

Allerdings gilt nun auch, daß dies nur mit einem „gewissen" Recht geschieht. Es trifft gewiß zu, daß durch eine Beziehung der Nähe der Zugang zur Erkenntnis einer beliebigen Erscheinung des sozialen Lebens erleichtert wird. Andererseits aber erzeugt die Nähe bedenkliche perspektivische Verschiebungen; mehr noch: allzu große Nähe macht blind. Es ist eine alte Erfahrung, daß wir oftmals Distanz gewinnen müssen, um eine Erscheinung sowohl in ihrer Natur wie in ihren Funktionen richtig würdigen zu können. Es bildet dann weiter einen bedeutsamen Unterschied, ob wir am Leben der Familie Anteil nehmen und aus dieser persönlichen Anteilnahme heraus sprechen, oder ob wir aus der Distanz, von außen her – gleichsam als Fremde – die Familiengruppe analysieren. In beiden Fällen haben wir mit ganz verschiedenen Motiven zu rechnen. Im ersten Falle wollen wir unmittelbar Anteil nehmend mitleben, mitwirken, uns im Lebensfeld der Familie orientieren; im zweiten Falle wollen wir erkennen. Was sich im ersten Fall nur nebenbei als Mittel der sozialen Orientierung ergibt, wird im zweiten Falle bewußt intendiertes Ziel der Analyse, ganz unbeeinflußt von einer persönlichen Handlung. Entsprechend dieser verschiedenen Motivationen unserer besinnlichen Einstellung zur Familie sind auch die Resultate jeweils ganz verschiedene. Im ersten Fall nehmen wir lebendigen Anteil am Leben der Familie, wie eben bemerkt. Was bedeutet das? Das heißt doch wohl: Wir begeben uns mit unserer ganzen Existenz hinein in den Lebenszusammenhang der Familie, wir stehen in ihr als handelndes, leidendes, gefördertes, gehemmtes, profitierendes oder opferbringendes, immer aber als ein „interessiertes" Wesen. Familie ist dann nicht eine Realität außer uns, unabhängig von unserem willkürhaften Zugriff, die ausschließlich ihrem immanenten Gruppengesetz folgte und im verbindlichen Sinne Gegenstandscharakter hätte. Vielmehr ist in diesem Zusammenhang bereits mitgesetzt, daß wir selbst in einer Familie eingeschlossen sind und daß wir aus dieser Engagiertheit heraus bestimmte Meinungen über die Familie besitzen, denen gegenüber die Prädikate „wahr" oder „falsch" gar nicht in Anwendung zu bringen sind, sondern einzig die Erwägung, ob wir mit solchen Meinungen in unserer konkreten Orientierung „recht" fahren, d. h. zu unserer inneren und äußeren Befriedigung. Ja, nach unseren persönlichen Erfahrungen verhalten wir uns in diesem Falle entweder positiv oder negativ zur Familie, wir betrachten sie als ein Hemmnis für unsere persönliche Freiheit oder als Bereicherung unseres Lebens, wir sehen sie an als Quelle wirtschaftlicher Belastung oder als Ordnungsmedium für eine allgemeine Lebensökonomie, wir spüren in ihr nur den Druck des Alltags, oder wir empfangen aus ihr eine tiefe Befriedigung unseres Gemeinschaftsbedürfnisses, unseres Bedürfnisses nach intimem Respons, wir erfahren in der Familie eine aufdringliche Einmischung in unsere persönlichsten Angelegenheiten (Was sind „Verwandte"? Verwandte sind Menschen, die sich prinzipiell um das kümmern, was sie ebenso prinzipiell nichts angeht) oder umgekehrt eine Förderung unserer eigensten Existenz gerade durch die Tatsache, daß andere an ihr Anteil nehmen. Sogleich finden wir uns umgeben von einer ganzen Kette einander widersprechender Alternativen.

Nur ein höchst bedeutsames Beispiel noch, um diese ganz verschiedene Bewertung der Familie je nach dem Standort des Urteilenden zu illustrieren, zugleich ein Beispiel, das für einen großen Teil der Schwierigkeiten, in denen sich die heutige Familienpolitik bewegt, außerordentlich bezeichnend ist. Der Mensch in der modernen Arbeitswelt erblickt den sozialen Wert seines Lebenskampfes im wirtschaftlichen Erhalt seiner Familie, in der Beschaffung der „Nahrung" für die Seinen. Vom Standpunkt des Unternehmers aus erscheint dagegen noch immer der unverheiratete Arbeiter ohne Familie als das Ideal, stellt doch ein verheirateter Arbeiter mit Familie ungleich andere Lohnansprüche, auch ungleich andere Ansprüche an soziale Sicherung, während der unverheiratete Arbeiter viel beweglicher ist. Dies gilt sowohl im Sinne einer allgemeinen Mobilität der „industriellen Reservearmee" der Unverheirateten wie im Sinne der schnelleren Anpassung an besondere Arbeitsverhältnisse. Was dem einen oberster Lebenswert ist, erscheint dem anderen als unwillkommener Anhang, darum figurieren auch alle besonderen Leistungen, die im Interesse der wirtschaftlichen Sicherung der Familie dem Unternehmer auferlegt werden, in seiner Bilanz unter der Rubrik „soziale Lasten". So verschieden kann ein und dasselbe Phänomen erscheinen, wenn wir es von verschiedenen sozialen Standorten aus betrachten.

Wenn wir detaillierter analysieren, dann treten zahllose neue Möglichkeiten für alternative Fragestellungen auf. Die Familie ist keine einfache Erscheinung; sie setzt sich mindestens zusammen aus einem Mann und einer Frau, die im rechtlich geregelten Ehestande gemeinsam mit ihren Kindern leben. Unsere ursprünglichen, ganz unvermittelt aus der lebendigen Anteilnahme erwachsenen Meinungen über die Familie implizieren nun auch zahllose differentielle Meinungsbestandteile über die verschiedenen, in dieser komplexen Erscheinung einbegriffenen sozialen Beziehungen. Sowie der einzelne das Wort Familie ausspricht, werden bei ihm – mehr oder weniger deutlich, mehr oder weniger explizit, mehr oder weniger dogmatisch – zahllose Meinungen laut: über die Stellung des Mannes in der Gesellschaft, über die Stellung des Mannes zur Frau, über die Ehe, über Gleichordnung der Frau im Verhältnis zum Manne oder ihre Unterordnung in der Ehe und allgemein in der Gesellschaft, über das Verhältnis der Geschlechtsliebe zur Ehe, über Auflösbarkeit der Ehe, über die Notwendigkeit der Ehe bzw. ihre Entbehrlichkeit, über die geschlechtliche Treue in der Ehe (Monogamie oder Polygamie, beim Manne oder bei der Frau), über die Berufstätigkeit der unverheirateten und der verheirateten Frau, über die Gleichberechtigung oder Nichtgleichberechtigung der Frau in der Lohnfrage, dann wiederum über die Frage des Zwei- und Mehrkindersystems, über die Geburtenregelung, über die Stellung der Eltern zu den Kindern, über das Vorwalten einer väterlichen oder einer elterlichen Gewalt, über die Reichweite dieser väterlichen oder elterlichen Gewalt, über die Fragen der Kindererziehung, über das Verhältnis der Kinder zu ihren Eltern (Kameradschaft oder Unterordnung?), über das Recht einer Selbstbestimmung der Kinder in Bildungsfragen, Berufsfragen, Vermögensangelegenheiten usf. Dies ist nur eine ganz kleine Auswahl aus dem Riesenbereich der die Familie betreffenden Fragen, über die man mit Fug und Recht durchaus verschiedener Meinung sein kann.

Wenn man dies bedenkt, dann möchte man gelegentlich daran zweifeln, ob wir wirklich alle dasselbe meinen, wenn wir „Familie" sagen, ja, man könnte geradezu zweifeln, ob die Familie überhaupt ein einheitliches Phänomen ist und ob sich nicht hinter diesem Worte eine Fülle heterogenster Erscheinungen verbirgt, die wir nur ganz äußerlich unter dem Sammelbegriff Familie vereinen. Letztlich ist uns keine noch so belanglose Seite dieses komplexen Sozialverhältnisses Familie gleichgültig; überall lauern Ansätze zu widersprechenden Stellungnahmen, Gegensätzen und Kontroversen je nach der Stellung des Urteilenden in diesem Ganzen. Die Verschiedenheit der Urteile entspringt also keinesfalls subjektiver Willkür, vielmehr ist sie von durchaus wohlgegründeter Subjektivität, sie hat ihr fundamentum in re. Darüber hinaus werden wir andauernd veranlaßt, im Dickicht dieser Alternativen eine Entscheidung zu treffen, wenn wir sozial bestehen wollen; wird uns doch sonst die Orientierung in den sozialen Zusammenhängen unmöglich. Was für die Familie und alle mit ihr verbundenen Fragen gilt, trifft im übrigen in gleicher Weise zu für unsere Orientierung im Rahmen der Wirtschaft, des Rechts und des Staates. Immer sind wir in die verschiedenen Lebenszusammenhänge, die wir beurteilen, selber eingeschlossen, wir bleiben immer Objekt und Subjekt zugleich, ausgestattet mit der Möglichkeit der verschiedenartigsten Stellungnahmen, je nach unserer Lage in dem betreffenden sozialen Sektor. Diese Ausgangsposition bedeutet nun gewiß für die Soziologie einen ganz unschätzbaren Vorteil, weil sie natürlicher-

weise beim einzelnen mit einem mehr oder weniger reichen Erfahrungswissen rechnen kann, das ihm aus seinem eigenen sozialen Handeln
zuwächst. Andererseits bedeutet dies auch einen unübersehbaren Nachteil, denn motivationsmäßig ist dies ganz durchschnittliche Alltagswissen
um Familie (und andere Probleme der sozialen Lebensgestaltung) auf
unmittelbare Orientierung im Leben und nicht auf Erkenntnis ausgerichtet,
wie bereits oben bemerkt wurde. Der aus der Situationsbedingtheit dieses
Denkens resultierende partikuläre Ausgangspunkt eröffnet uns zudem –
gleichsam scheinwerferartig – immer nur einen Ausschnitt der betreffenden
Erscheinung, da wir ja nicht alle möglichen Standorte lebensmäßig zugleich
besetzen können. So erhebt sich mit Recht die Frage, ob der angezeigte
Wandel im Motiv nicht auch einen Wandel der Sache nach impliziert. Es
könnte ja sein, daß wir nur dies durchschnittliche Alltagswissen in sich
selbst zu klären brauchten, um bis zu einer wissenschaftlichen Erkenntnis
vorzustoßen; es könnte aber auch sein, daß wir einen prinzipiellen Wandel
in der Anschauungsweise, im strengen Sinne eine Umkehr des Bewußtseins
vornehmen müßten, um von der sozialen Alltagserfahrung zu soziologischer
Erkenntnis vorzustoßen.

Es kann vorausnehmend gesagt werden, daß wir mit der zweiten Alternative vom prinzipiellen Wandel der Anschauungsweise zu rechnen haben
werden. Im folgenden wird dafür eine ausführliche Begründung zu geben
sein. Wenn unsere Meinungen genau im gleichen Rhythmus sich wandelten
wie die realen Verhältnisse, mit denen wir umgehen und in denen wir uns
zu orientieren haben, dann könnten wir ohne weiteres von unserer sozialen
Alltagserfahrung, die von der sozial-kulturellen Persönlichkeit unablösbar
ist, zu einer Theorie umschalten. Gerade dies ist aber nicht der Fall. Die
Meinungen der Menschen folgen anderen Gesetzen als die Entwicklung des
sozialen Lebens. So müssen wir beständig mit einer Diskrepanz zwischen
unseren Meinungssystemen und den realen sozialen Gegebenheiten rechnen,
mit einem Hiatus zwischen unseren Orientierungsmitteln und der fortlaufenden Entwicklung der Situationen, in die wir geraten können. Daraus
entstehen dem einzelnen wie der Gesamtheit beständige Anpassungsschwierigkeiten, die sie durch immer erneuerte Orientierungsexperi-
mente zu überwinden trachten. Daraus erwächst auch unserem Leben die
unabgerissene, nimmer endende Aufforderung, immer neue Anpassungen zu
vollziehen, entsprechend auch immer neue sozial-kulturelle Meinungssysteme
zu produzieren, die sich den wandelbaren Situationen anzupassen suchen.
Je größer die Mobilität einer Gesellschaft ist, desto schneller erfolgen die
Wandlungen der öffentlichen Meinung. Aber es scheint doch so zu sein, daß
der Beschleunigungskoeffizient des sozialen Lebens unter allen Umständen
größer ist als der der sozialen Meinungssysteme. So kann es in Zeiten
revolutionärer Umformung der Gesellschaft, in Zeiten der sogenannten
„beschleunigten Prozesse", dazu kommen, daß der Hiatus zwischen unseren
Orientierungsmitteln und der fortlaufenden Entwicklung der Situationen, in

die wir geraten können, eine geradezu verhängnisvolle Spannweite erreicht. Dies sind die Zeiten umfassender Anpassungskrisen, wie sie etwa die Familie seit der „industriellen Revolution" durchmacht. In solchen Fällen kann die Auseinandersetzung mit der Wirklichkeit sogar zu einer gesamtgesellschaftlichen Veränderung führen, was wir als „schöpferische Anpassung" bezeichnen wollen. Diese allgemeinen Sätze müssen im folgenden weiter zerlegt und entfaltet werden, damit einsichtig werde, daß in dieser Diskrepanz zwischen den Meinungen und den Wirklichkeiten nicht nur der Zufall waltet, sondern eine eigentümliche soziologische Gesetzlichkeit, die uns dann zwingen wird, einen ganz prinzipiellen Wandel der Blickweise vorzunehmen, der das aus der sozialen Orientierung erwachsende Erfahrungswissen zwar nicht vernachlässigt, wohl aber hinter sich bringt, um vom bloßen Kennen zu soziologischer Erkenntnis vorzustoßen.

III

In keiner Schicht seiner sozialen Existenz kann der Mensch auf Tradition verzichten, würde doch ohne sie keinerlei zusammenhängendes Leben zustande kommen und das soziale Kontinuum sich in ein bloßes Bündel einzelner Trieb- und Impulshandlungen aufspalten. Die Tradition ist der Kitt für den Aufbau des sozialen Lebens in der Zeit. Gewohnheiten, Bräuche, Sitten und allgemeine sozial-moralische Leitideen erschließen dem Verkehr immer weitere Räume, bis schließlich umfassende soziale Systeme entstehen. Innerhalb dieser komplexen Systeme haben wir dann mit einer beständigen Auseinandersetzung zwischen Tradition und Entwicklung zu rechnen, die weitgehend über den Prozeß des gesellschaftlichen Wandels entscheidet. Wir haben aber in diesem gesamtgesellschaftlichen Umformungsprozeß nicht nur mit einer Dialektik zwischen Tradition und Entwicklung zu rechnen, sondern darüber hinaus noch mit der Tatsache, daß sich die Tradition in den verschiedenen Bewußtseinsschichten des sozialen Lebenssystems sehr verschieden auswirkt. Diese Spannung wird besonders groß, wenn wir die Schicht der ganz unmittelbaren Lebensführung und die der zugeordneten Meinungssysteme betrachten. Wenn sich ein bestimmtes Verhaltensmuster den Gegebenheiten des Lebens gegenüber als ungeeignet erweist, dann beginnt unter gelegentlich außerordentlichem Kraftaufwand ein ständiges Herumprobieren, bis sich im Rahmen der gegebenen Wertvorstellungen ein neues Verhaltensmuster aufgebaut hat, das wiederum so lange befolgt wird, wie es sich als wirksam und erfolgreich beweist. Die schmerzliche Erfahrung einer unzureichenden Anpassung an die gegebenen Lebensumstände erzwingt auf die Dauer einen Wandel des Verhaltens, obwohl es manchmal reichlich verwunderlich ist, ein wie großer Reibungsverlust vom einzelnen in Kauf genommen wird, einzig um den Rahmen der durch liebgewordene Gewohnheiten umschriebenen Tradition nicht verlassen zu müssen.

Wesentlich anders stellen sich jedoch die Verhältnisse in der Schicht der ausgebildeten Meinungssysteme dar. Diese sind nur indirekt, durch zahllose vermittelnde Vorstellungen hindurch mit der Lebenswirklichkeit verbunden, so daß es dementsprechend eine weitgespannte Zeit benötigt, bis die erfahrungsmäßig erzwungenen Korrekturen durch die verwandelten Gewohnheiten, Verhaltensmuster, Wertvorstellungen bis in die obersten geistigen Meinungssysteme einer Gesellschaft durchzudringen vermögen. Gelegentlich erweisen sich diese sogar als völlig undurchdringlich („imperméable": *Lucien Lévy-Bruhl*) gegenüber einer noch so rationalen, aber widersprechenden Erfahrung. Jeder Wandel in diesen obersten Meinungssystemen der Gesellschaft wird mit einem schweren Tabu belegt, zugleich vernagelt sie der systematisierende Geist des Menschen in einen Kanon, der mit seinem immanenten Formgesetz jeden Einfluß von außen wenn nicht geradezu abweist, so doch zum mindesten nur durch zahllose Filter und Schleusen hindurch wirksam werden läßt.

Auf Grund dieses allgemeinen Verhältnisses haben wir prinzipiell damit zu rechnen, daß Meinungen fortleben, wenn die ihnen entsprechenden realen Lebenssituationen schon längst nicht mehr bestehen. Dies Fortleben urältesten Meinungsgutes bringt oftmals Vorstellungen aus einem magischen Lebenszusammenhang bis in die Gegenwart hinein (insbesondere beim Bauernvolk), wo sie dann als Aberglaube bezeichnet werden. Aberglaube ist ein einstmals in einer ganz bestimmten Lebensverfassung wohl fundiert gewesener Glaube, der seinen bedingenden Kulturhorizont im Laufe der Entwicklung verloren hat. Neutraler spricht man von Überlebseln (engl.: survivals, residues) ältesten Vorstellungsgutes der Menschheit in der modernen Kultur, wobei diese Überlebsel noch dadurch eine besondere Widerstandsfähigkeit gegenüber allen andersgerichteten Erfahrungen bekommen, daß die ihnen entsprechenden Vorstellungen unter besonderen seelischen Umständen jederzeit in einer „Magie des Alltags" neu produziert werden können.

In den Bereich dieser Vorstellungen gehört etwa jene in weiten Kreisen der Bevölkerung noch immer verbreitete Meinung, die eine Knabenerstgeburt als eine besondere Gunst betrachtet, obwohl der diese Meinung rechtfertigende patriarchalische Ahnenkult schon längst verschwunden ist – wenigstens in unseren westlichen Kulturen. In anderen Ländern spielt er hingegen noch eine große Rolle, und zwar eine so große Rolle, daß er eine von der unseren abweichende Bevölkerungszusammensetzung nach Geschlechtern erwirkt; so werden auf dem Balkan Mädchenerstgeburten vielfach ausgesetzt, so daß bei der Bevölkerungszusammensetzung nach Geschlechtern im Gegensatz zu den westlichen Kulturen ein ausgesprochener Männerüberschuß erscheint. In Japan werden durch solche Vorstellungen geradezu die Statistiken gefälscht, indem oftmals Mädchenerstgeburten standesamtlich gar nicht gemeldet werden. In beiden Fällen geschieht dies mit gutem Grund, denn in den genannten Ländern ist der patriarchalische Ahnenkult noch weithin lebendig.

Wir müssen aber mit dem Überleben solcher uralten Vorstellungen auch in unseren Breiten rechnen, die gelegentlich eine zu schmerzlichen Anpassungsschwierigkeiten führende Disparatheit zwischen unseren Meinungen und den tatsächlich gegebenen Verhältnissen schaffen. Hierher gehört auch die Ablehnung, die uneheliche Kinder von ihrer Umwelt erfahren, obwohl die dieser Einstellung zugrunde liegenden patriarchalischen Wertungen schon längst kein Korrelat in der Wirklichkeit mehr haben; der dauernde Druck der Umwelt wirkt sich in einer außerordentlichen Erschwerung der Anpassung und in einer Steigerung der Aggressivität bei den Unehelichen aus.

Das bedeutsamste Beispiel dieser Art ist aber das Überleben patriarchalischer Vorstellungen im Begriffe der väterlichen Gewalt, die insbesondere durch den französischen Code Civil (1804) neue Nahrung empfangen haben und gelegentlich ein ausgesprochenes Unterwerfungsverhältnis der Frau unter den Mann fordern. Wie aber soll ein Unterwerfungsverhältnis dieser Art aufrechterhalten werden, nach dem die Frau im Laufe der modernen wirtschaftlichen Entwicklung schon längst als gleichberechtigter Partner des Mannes im Wirtschaftsleben aufgetreten ist? In Fällen der Arbeitslosigkeit des Mannes kann sogar eine genaue Umkehrung des Verhältnisses stattfinden, indem die Frau für den Lebensunterhalt der Familie aufkommt. Die durchschnittliche Lage ist heute so, daß die Frau, insbesondere in den niederen Einkommensschichten, in relativ hohem Grade miterwerbend ist; dies muß sich naturgemäß dahin auswirken, daß sie in der Familie faktisch eine viel bedeutendere Stellung einnimmt, als sie ihr in der patriarchalischen Tradition zugestanden wird. Wenn man es unter diesen realen Voraussetzungen unternimmt, das alte Unterwerfungsverhältnis trotzdem aufrechtzuerhalten, so muß die Autorität ihren Sinn verlieren; die überlebenden Reste der väterlichen Gewalt wirken sich geradezu familienzerstörend aus.

Besonders aufschlußreich sind in dieser Hinsicht die Auseinandersetzungen, die bei der Diskussion des Vorentwurfes für das schweizerische ZGB über das Problem der Hausgewalt stattfanden. In der Expertenkommission waren Bedenken laut geworden gegen den praktischen Wert des Abschnittes, vor allem Befürchtungen vor einem unberechtigten Patriarchalismus bei der bäuerlichen Bevölkerung. In der Bundesversammlung begegnete der Abschnitt sowohl von individualistischer wie von sozialistischer Seite grundsätzlichem Widerspruch. Der Hausgewalt des Familienoberhauptes wurde die persönliche Freiheit der Hausgenossen gegenübergestellt. Anderseits wurde jedoch auch vor der Gefahr allzu großer Willkür gewarnt. Aber diese Kritik war doch, wie *Egger* bemerkt[2], im einzelnen nicht unberechtigt, wenn sie auch im wesentlichen fehlging. Um dies zu begreifen, muß man sich nur klar machen, daß das Autoritätsprinzip der Hausgewalt heute einen prinzipiellen Bedeutungswandel erfahren hat, wie

---

[2] *August Egger*, Das Familienrecht, 2. Aufl. Zürich 1936, II, S. 326/327.

ebenfalls von *Egger* hervorgehoben wird. Die häusliche Gewalt ist nicht mehr ein einseitiges Herrschaftsverhältnis, sondern sie ist eine gegenseitig verpflichtende Position geworden, Dienst an der Gemeinschaft. „Der Hausvorstand entscheidet nicht als ,Herr', der nach seinem Gutdünken schaltet und waltet, sondern als Haupt der Gemeinschaft, also aus einer Gleichstellung heraus, kraft eines (zivilrechtlichen) Amtes. Die ausgezeichnete Stellung in der häuslichen Gemeinschaft verpflichtet das Familienoberhaupt zu Obhut und Fürsorge und auferlegt ihm nach außen eine Vertretung im Sinne der Verantwortlichkeit für die gute Ordnung im Haus. Die der Hausgewalt unterstellten Personen sind so wenig wie die Arbeiter im Betriebe dem Vorsteher der häuslichen Gemeinschaft unterworfen, sondern sie stehen im Bereich der häuslichen Gemeinschaft in einem Verhältnis der Über- und Unterordnung, weil die gute Ordnung im Hause und die Wohlfahrt aller Beteiligten eine solche Regelung erheischt" (*Egger* a. a. O., S. 332).

Obwohl also der Gesetzgeber und der Interpret des Gesetzes in dieser Hinsicht ganz außerordentlich maßvoll entscheiden und damit der gegebenen Lage Rechnung tragen, in der Mann und Frau als selbständige Subjekte mit eigenen Pflichten und Rechten erscheinen, hängt die öffentliche Meinung in breiten Schichten noch immer an alten patriarchalischen Auffassungen, die durch nichts begründet sind. Es läßt sich eindeutig zeigen, daß sich ein eigensinniges Beharren auf diesem Standpunkt in der Tat höchst negativ auswirkt, so daß eine soziologische Kritik der öffentlichen Meinung nur allzu gerechtfertigt ist. Diese Kritik hätte die Aufgabe, die überalterten Vorstellungen auf das Niveau der gegenwärtig gegebenen Lebensverhältnisse heranzuführen. In diesem Zusammenhang verdient insbesondere ein Fall unsere ganz besondere Aufmerksamkeit; dies ist die Ausgestaltung der väterlichen Autorität im Arbeiterhaushalt. Die besonderen Verhältnisse des Arbeiterlebens in der modernen Wirtschaft haben es mit sich gebracht, daß für den Arbeiter die Ausübung einer Autorität im Sinne des Patriarchalismus immer schwerer, wenn nicht gar unmöglich geworden ist. Beim Überleben patriarchalischer Vorstellungen muß der Arbeitervater der Frau und den Kindern gegenüber zu Surrogaten der Autorität greifen, und das mit dem Resultat, daß nur zu oft jegliche Autorität und Ordnung zugrunde geht. So beweisen moderne Familienmonographien, daß in Arbeiterfamilien das Verhältnis der Jugendlichen (Knaben und Mädchen) zum Vater in der überwiegenden Anzahl der Fälle schlecht ist, während sie mit außerordentlicher Hingabe an der Mutter hängen. Hier wird es besonders deutlich, daß eine Forderung auf Umformung der öffentlichen Meinung und ihrer Vorstellungen über die Autorität in der Familie durchaus im positiven Interesse der Familie liegt, nachdem man erst einmal eingesehen hat, daß die öffentliche Meinung sich hinter der sozialwirtschaftlichen Entwicklung verspätet hat und damit die Ausgestaltung eines gesunden Familienlebens, das dem Lebensniveau der Gegenwart entspricht, geradezu verhindert. Wenn man unter dieser Voraussetzung die seinerzeit sensationell wirkenden Werke von *Kautsky*, *Bebel*,

Engels, Plechanow u. a. durchsieht, wird man vielleicht erkennen, daß ihr Bestreben nicht so sehr auf die Vernichtung der Familie als vielmehr auf eine Ausmerzung bestimmter überalterter Vorstellungen im Familienbegriff der öffentlichen Meinung ausgerichtet war.

Unsere Meinungen über die Familie werden aber nicht nur durch das Überleben uralten Vorstellungsgutes von einer Gleichrichtung mit den wirklichen Verhältnissen ferngehalten, sondern sie erfahren auch eine Umfärbung durch bestimmte Interessen, die mit der besonderen sozialen Lage der Urteilenden gegeben sind. Es wurde bereits vorher auf die mannigfaltigen Kontroversen hingewiesen, die um das Problem der Familie entstehen können, sofern wir von jenem Erfahrungsschatz ausgehen, der uns aus unserem eigenen sozialen Handeln zuströmt. Diese Kontroversen sind keineswegs willkürhafter Natur, vielmehr sind sie von „wohlgegründeter Subjektivität", sie haben ihr fundamentum in re, indem sie ganz bestimmten Interessenlagerungen entsprechen. Man bedenke nur die erwähnte ganz verschiedene Bewertung der Familie beim Arbeiter und beim Unternehmer; was dem einen Wertzentrum all seines Bemühens ist, erscheint beim andern unter der Rubrik „soziale Lasten". Es treten hier jedoch nicht nur diese großen Interessengegensätze von allgemein sozialer und wirtschaftlicher Tragweite auf, sondern auch Interessen von viel bescheidenerer, aber darum um nichts weniger bedeutsamer Natur, die durch die Verschiedenheit der Rollen der Familiengenossen bedingt sind. Das Problem der Familie stellt sich jeweils ganz anders dar, wenn man aus der Perspektive des Mannes oder der Frau an die Frage herantritt, wofür das Werk von *Marianne Weber* ein gutes Beispiel gibt. Nun bieten diese Beiträge zur Familiensoziologie vom Standort der Frau aus gewiß eine wertvolle Bereicherung der Forschung. Dennoch aber liegt die wesentliche Aufgabe der Familiensoziologie nicht darin, eine einseitige „Doktrin" von der Familie zu geben, so wohlfundiert im übrigen auch ihr subjektiver Ausgangspunkt sein mag, sondern in einer eigentlichen „Theorie" auszumessen, worin die Verschiedenheit der Stellung des Mannes und der Stellung der Frau in der modernen Wirtschaftsgesellschaft liegt, welches ihre Gefährdungen und Vorteile sind, damit der Sozialpolitik sachgegründete Richtlinien gegeben werden können.

Nach dem Überleben uralten Geistesgutes der Menschheit und der Einwirkung höchst realer Interessen werden unsere Meinungen über die Familie noch durch kulturell-geistige Zwangssysteme von der Wirklichkeit abgelenkt[3]. In gleicher Weise gehört hierher auch das Überleben urältesten Geistesgutes, sofern es sich nicht im Überleben einzelner, unzusammenhängender Glaubensbestandteile, sondern im Überleben geschlossener geistiger Systeme auswirkt. Diese können sich von außerordentlicher Hartnäckigkeit erweisen, wenn sie sich mit gewissen realen Interessen verbinden.

---

[3] *V. F. Calverton*, Modern Anthropology and the Theory of Cultural Compulsives, in: *V. F. Calverton*, Hrsg., The Making of Man, New York 1931.

In diesem Fall lasten sie auf unserem Denken mit einem ausgesprochenen Zwangscharakter, dem notfalls die herrschenden Schichten, die diese Geist- und Kultursysteme in den Dienst ihrer Interessen stellen, mit Gewalt und durch Glaubenszwang aller Art Nachdruck zu verleihen pflegen. So überleben komplizierte Gedankengebäude, obwohl die ihnen entsprechenden Realitäten längst verschwunden sind. Ein welthistorisches Beispiel bietet der Widerstand der Vertreter der biblischen Schöpfungsgeschichte gegen die Darwinsche Deszendenztheorie. Genau von derselben Seite erhob sich ein ebenso intensiver Widerstand gegen die Anfänge der Familiensoziologie. Da diese Polemik mit den biblischen Argumenten des alten jüdischen Patriarchalismus zugleich vom alten Bürgertum getragen wurde, kam es zur Kombination eines aus der Vergangenheit entnommenen geistigen Systems mit einem Klassenkultursystem (*Calverton*: „a vested interest in a cultural complex", a. a. O., S. 24), so daß die Zwangsintensität, mit der dieses System auf der öffentlichen Meinung lastete, groß genug war, um in weitesten Kreisen jede ernsthafte Beschäftigung mit der Familiensoziologie erfolgreich zu verhindern.

Statt dessen drängten sich die überlebten Ideen des vormärzlichen Bürgertums in den Vordergrund, wie sie insbesondere *Wilhelm H. Riehl* zusammengefaßt hat, jene Vorstellungen der Altfamilie mit noch deutlich ausgeprägter väterlicher Gewalt und mit dem eigenen Haus. Dies geschah zu einer Zeit (nach 1850), als der Großteil der Familien (insbesondere beim Arbeiter) schon längst kein eigenes Haus mehr besaß und als die Verfassung des modernen wirtschaftlichen Lebens schon längst alle rechte Autorität untergraben hatte (nachdem das alte Bürgertum nicht den Herrn im Staate darstellen konnte, versuchte es, sich wenigstens – sowohl wirtschaftlich wie familienmäßig – als „Herrn im Hause" zu gebärden). In der modernen Familiensoziologie unternehmen es dagegen die Mächte der modernen Wirtschaftsgesellschaft, sich gegenseitig den Rang streitig zu machen; die Vertreter der Bourgeoisie auf der einen Seite (wie *Edward Westermarck*), die Vertreter einer neuen sozialistischen Welt auf der anderen Seite (wie *V. F. Calverton* oder *Robert Briffault*). In beiden Fällen überwiegen aber wiederum interessierte politische Doktrinen über die wissenschaftliche Theorie, die sich nicht aus einseitigen Perspektiven nähren kann, sondern deren Aufgabe es ist, die tatsächliche Lage der Familie in den verschiedenen Schichten und Klassen der modernen Gesellschaft zu analysieren. Diese mit Klasseninteressen sich verbündenden kulturellen Zwangssysteme sind von ganz besonderer Gefahr für die Theorie, weil sie fertig geprägte Meinungen aus sich entlassen, eben jene „mots clichés", von denen wir früher sprachen. Es gibt aber nicht Schlimmeres für die Theorie als vorgefaßte Meinungen. In unserem Falle ist die Lage darum besonders prekär, weil ja diese Meinungssysteme sich nicht aus der Willkür der Urteilenden herleiten, sondern mit soziologischer Zwangsläufigkeit aus ihrer besonderen Lage in der Gesamtgesellschaft entspringen. Um so notwendiger wird es, daß zur Begründung einer soziologischen Theorie von der Familie (im Gegensatz zu einer bloßen Doktrin) besondere Veranstaltungen getroffen werden, die eine prinzipielle Umkehr des Bewußtseins implizieren, nachdem sich herausgestellt hat, daß sich unsere Meinungen, aus bestimmten soziologischen Gesetzmäßigkeiten heraus, nicht im gleichen Rhythmus wie die Wirklichkeiten wandeln.

IV

Alles soziale Handeln schließt ein Sinnmoment ein, aber dieses Sinnmoment ist im unmittelbaren Handlungsvollzug dem Leben keinesfalls auf den Leib geschnitten. Vielmehr erweist sich schon bei einer ersten Betrachtung, daß im zeitlichen Entwicklungsverlauf das Handeln und die Meinungen in einem verschiedenen Rhythmus schwingen, und die Disparatheit beider Prozesse wird um so größer, je komplizierter das geistige System ist. Während die sinnhaften Momente der unmittelbaren Lebensorientierung unter dem schmerzlichen Druck des Lebens selber eine beständige Korrektur erfahren, haftet sich die Tradition mit besonderer Intensität an die entfalteten sozialen Geistsysteme (der Religion, des Rechts, der Erziehung usf.) und schafft auf diese Weise einen immer weiter klaffenden Hiatus zwischen Leben und Denken im Medium des Sozialen. Dies ist der Grundtatbestand, aus dem sich alle Probleme der Anpassung, insbesondere die großen Anpassungskrisen, herleiten, aus denen dann die Versuche einer Gesamtumformung der Gesellschaft resultieren, die wir als „schöpferische Anpassung" bezeichnet haben. Zugleich wird die traditionelle Verhärtung der Meinungssysteme noch mehr verstärkt, sowie gewisse reale Interessenmächte sich ihrer bemächtigen, die auf Grund ihres Beharrungsvermögens den Status quo um jeden Preis zu erhalten suchen. Da nun die Soziologie auf eine Deutung des sozialen Gesamtlebensprozesses ausgerichtet ist und infolgedessen jene ganz urtümliche Einheit zwischen Sinn und Handlung nicht zerreißen kann, muß es auf Grund dieser Einsichten zu einer vollkommen neuen sozialen Entwicklungslehre kommen. Dieser Frage soll im folgenden noch bis zu einem gewissen Punkte weiter nachgegangen werden, weil sich hinter ihr zentrale Probleme der Familiensoziologie verbergen.

Je bedeutsamer eine Institution für das Ganze der Gesellschaft ist, desto stärker hinkt sie hinter der tatsächlichen Entwicklung nach, weil jeder Wandel einer lebenswichtigen Institution mit einem schweren Tabu belegt ist. Deutlich spüren wir dies an der Rechtsgestaltung, wohl dem bedeutsamsten geistigen System von gesamtgesellschaftlicher Tragweite. Jedes Recht entspringt aus einer bestimmten sozialen Verfassung, indem es die das Leben selber durchwaltenden Regelungen in expliziter und organisatorisch systematisierter Form zusammenfaßt. Nun muß es notwendigerweise geschehen, daß die solchermaßen systematisierten Rechtsregeln hinter der Entwicklung nachhinken, denn die Rechtsregel steht fest, das Leben aber wandelt sich immerfort. Darum bemühen sich auch die entwickelteren

Rechtssysteme der Gegenwart, einen allgemeinsten Begründungshorizont oberster Wertungen aufzuschließen, von dessen Grundlage aus es dem Rechte möglich wird, wenigstens allgemein-dispositiv in die Zukunft vorzugreifen. Dies enthebt jedoch weder die praktische Rechtsprechung der Notwendigkeit einer kontinuierlichen Anpassung der Gesetzesregeln an die wandelbare Realität noch die Gesetzgebung der Notwendigkeit einer ständigen Gesetzergänzung. Wiederum wird die höchste geistige Disziplinierung der Rechtsprechung und der Gesetzesergänzung erreicht, wenn sie an einer allgemeinen Idee des richtigen Rechtes ausgerichtet werden und nicht bloße Kasuistik bleiben. Unter allen Umständen vermag aber das Recht der Wirklichkeit nur in großen Zügen zu folgen, weil es seinem Wesen nach nicht die gleiche Geschmeidigkeit besitzt wie das Leben; diese langsame Beweglichkeit hat zudem ihren guten Grund im Postulat der Rechtssicherheit, die durch eine allzu große Flüssigkeit des Rechts empfindlich gefährdet würde. Die Antinomie zwischen Tradition und gesellschaftlichem Wandel entspringt also in diesem Falle einer allgemeinen Voraussetzung aller Rechtsordnung, denn auf Rechtssicherheit kann nicht verzichtet werden. Jenseits dieser allgemeinen Feststellungen ist dann noch zu bedenken, daß gewisse Verfahrensweisen der praktischen Rechtsprechung, z. B. der Präjudizienkult, der an einen früheren Zustand des Lebens gebunden ist, den Hiatus zwischen Recht und Leben in zahllosen infinitesimalen Einzelakten immer neu bestätigen und bestärken müssen. Anderseits muß aber betont werden, daß auch hierin eine soziale Gesetzlichkeit zum Ausdruck kommt. Strahlt doch von jedem systematisierten sozialen Wertsystem ein starker sozialer Druck aus, ganz abgesehen davon, daß die menschliche Natur sich nur allzu gern zum laudator temporis acti macht.

In der unmittelbaren sozialen Lebensgestaltung müssen wir unsere Verhaltensmuster den jeweils neuen materiell-wirtschaftlichen Seinsbedingungen anpassen, wenn wir nicht im Existenzkampf unterliegen wollen. Im kapitalistischen System können wir nicht naturalwirtschaftlich verkehren, wir können auch auf den Profit nicht verzichten und ebensowenig auf eine rational-kalkulatorische Betriebsführung. Aber von dieser uns durch die realen Lebensverhältnisse aufgezwungenen Verhaltensweise bis zu der Einsicht, daß wir nun auch unsere Meinungen zu ändern haben (im Sinne der Ausbildung einer neuen „Wirtschaftsgesinnung" als Gegensatz zu „Wirtschaftsgebarung"), ist es ein weiter Weg. In Zeiten der beschleunigten Prozesse, in denen die materiellen Lebensbedingungen und die technischen Produktionsweisen sich in einem außerordentlichen Tempo wandeln, wird der Hiatus zwischen der Wirtschaftsgebarung und der Wirtschaftsgesinnung immer größer. Da wir nun aber mit der Tatsache zu rechnen haben, daß alles soziale Handeln ein Sinnmoment einschließt, weil in komplexeren Vorgängen unser Verhalten auch von unseren expliziten Meinungen ganz wesentlich abhängig ist, müssen sich aus der angedeuteten Verspätung der Meinungen vor der Entwicklung der tatsächlichen Verhältnisse die allergrößten

Anpassungsschwierigkeiten ergeben. In der Wirtschaftsentwicklung ist die Angleichung von Wirtschaftsgebarung und Wirtschaftsgesinnung relativ schnell erzwungen worden, aber die Familic hat diese Angleichung bei weitem noch nicht erreicht, und zwar weder in ihrer Realgestalt noch in den zugeordneten Meinungssystemen. Wir werden bald zu zeigen haben, wie diese Anpassungshemmungen der Familie aus ihrer eigensten Natur entspringen, so daß wir hier ein Problem zu erblicken hätten, das nicht nur allgemein-soziologischer, sondern spezifisch familiensoziologischer Natur ist. Gerade aus diesem Tatbestand wird sich uns die Notwendigkeit einer Familiensoziologie als unausweichliches Postulat herleiten, da die öffentliche Meinung ebensowenig imstande ist, von sich aus ihre Vorstellungen über die Familie zu revidieren, wie die Familie, sich aus eigenen Kräften an die Entwicklung der modernen Wirtschaftsgesellschaft anzupassen. Wir sehen schon hier, daß das Postulat von der Notwendigkeit einer Familiensoziologie keineswegs nur rein theoretisch relevant ist, sondern von ganz außerordentlicher praktischer Tragweite. Wenn es uns nicht gelingt, die Beschränktheit und Rückständigkeit unserer vorgefaßten Meinungen zu überwinden, begeben wir uns der Mittel, systematisch, durch besondere organisatorische Veranstaltungen die Familie und die moderne Zivilisation mit Erfolg aneinander anzupassen. Man kann auch sagen, daß die Familiensoziologie als Gegnerin und Kritikerin der öffentlichen Meinung in dem Augenblick auf den Plan getreten ist, wo die Nichtkongruenz der herkömmlichen Form der Familie mit den modernen sozialwirtschaftlichen Lebensbedingungen offenbar wurde.

Es wurde soeben angedeutet, daß wir uns jetzt dem Punkte nähern, wo wir von allgemein-soziologischen Erörterungen (die selbstverständlich „auch" für die Familiensoziologie gelten) zu spezifisch familiensoziologischen Problemen übergehen, die vorwiegend oder gar ausschließlich für die Familie gelten. Um diese Probleme sichtbar zu machen, bedarf es einer weiteren Analyse der modernen Entwicklungslehre.

Es entspricht einer althergebrachten Meinung, daß sich das soziale Gesamtlebenssystem aus verschiedenen Teilganzheiten aufbaue, die sich aus ihrer Gliedstellung im umfassenden Ganzen heraus in einem innerlich und äußerlich konformen Rhythmus bewegen sollen. Man meint, daß jede wesentliche Änderung in einem Teilsystem der Gesamtgesellschaft sich sogleich in den anderen Teilsystemen und dann auch im Gesamtsystem bemerkbar machen müßte. Nach dieser Auffassung ist die Gesamtgesellschaft ein harmonischer (oder wenigstens auf Harmonie tendierender) Komplex korrespondierender Einzelsysteme. Eine wesentliche Änderung der Wirtschaftsverfassung müsse über kurz oder lang nicht nur unsere Meinungen über die Wirtschaft ändern, sondern ihre Auswirkung auch im Rechtsleben, im übrigen Sozialleben, im Staate, in der Kultur, in der Erziehung, in der Religion, schließlich auch in der Familie geltend machen. So würde das gesellschaftliche Gesamtsystem nach einer gewissen Übergangsperiode wieder auf eine einheitliche Dominante gestimmt sein. Diese Auffassung taucht in den verschiedensten Varianten auf und genießt in der älteren Entwicklungslehre die weiteste Verbreitung.

Es mag nun vielleicht zutreffen, daß es Kulturen von einer solchen inneren Abgestimmtheit in der Vergangenheit gegeben hat. Von der Gegenwart aber muß grundsätzlich gesagt werden, daß in ihr eine solche Einheit nicht besteht. Dies Eingeständnis entspringt keineswegs einer Beschränktheit unserer Erkenntnismittel, die uns hindern würde, dieser Einheit einsichtig zu werden; vielmehr läßt sich ganz prinzipiell beweisen, daß sich die verschiedenen Teilsysteme des gesamtgesellschaftlichen Prozesses in verschiedenen Rhythmen wandeln. Diese von *William Fielding Ogburn* erstmals mit aller Radikalität ausgesprochene These ist mittlerweile allgemeines Erkenntnisgut der Soziologie geworden[4]. Wir haben also mit der Tatsache zu rechnen, daß sich die verschiedenen Teilsysteme der modernen Gesellschaft nicht mit der gleichen Geschwindigkeit wandeln. Der Hiatus zwischen dem unmittelbaren Verhalten und unseren Meinungen wird verschärft durch einen Konflikt zwischen den verschiedenen sozialen Teilsystemen, wobei wiederum besondere Verspätungserscheinungen sichtbar werden. Wenn etwa die industriellen Produktionsmethoden sich auf Grund einer neuen Erfindung umwälzend verändern, dann müßte sich nicht nur unsere Wirtschaftsgesinnung, sondern auch unser Erziehungssystem modifizieren und an die neuen Produktionsmethoden anpassen. Zwischen beiden Entwicklungen steht aber regelmäßig eine mehr oder weniger große Zeitspanne, während der ausgesprochene Anpassungskrisen auftreten. Aufgabe aller rational planenden Sozialpolitik wäre es, die Zeit dieser Anpassungskrisen so sehr wie nur möglich zu verkürzen, also als „Zeitraffer" zu wirken.

Der bei weitem größte Teil unserer Lebensumgebung wird von materiellen Gegebenheiten erfüllt, auch besteht unsere soziale Kultur im ganzen in einer ungeheuerlichen Akkumulation materieller Kulturbestandteile. Wir gehen nun mit diesen materiellen Kulturbestandteilen auf eine ganz bestimmte Weise um. So bilden sich Gewohnheiten, Bräuche und die übrigen kulturellen Anpassungsmittel der Sitten, Glaubenssätze, geistiger Systeme, Rechtsordnungen, Staatsideen usf. Sie bauen in ihrer Gesamtheit ein komplexes System kultureller Anpassungsweisen auf. *Ogburn* spricht in diesem Zusammenhang von „adaptive culture", von Mitteln der sozial-kulturellen Anpassung. Die Mittel der sozial-kulturellen Anpassung sind also derjenige Teil der nichtmateriellen Kultur, mit Hilfe dessen wir uns im Bereich der materiellen Kultur orientieren. Jedesmal, wenn die materielle Umwelt sich wandelt, müßten entsprechende Änderungen in den Anpassungsmitteln resultieren. Es stellt sich jedoch unter dem Gesichtswinkel der Entwicklungslehre heraus, daß dieser doppelte Prozeß nicht synchron verläuft; auch hier

---

[4] *William F. Ogburn*, Social Change, New York 1950 (zuerst 1922).

treten Verspätungserscheinungen eigentümlicher Art auf (*Ogburn:* „cultural lag").

Im Zustand der modernen industrie-kapitalistischen Wirtschaftsgesellschaft haben wir weitgehend damit zu rechnen, daß die Wandlungen in der materiellen Kultur den Wandlungen der sozial-kulturellen Anpassungsmittel vorausgehen. An sich besteht keine zwingende Notwendigkeit dazu, denn es wäre durchaus der Fall denkbar, daß neue sozial-kulturelle Anpassungsmittel ausgearbeitet werden, bevor noch der zugehörige materielle Wandel realisiert wird; in diesem Fall könnte die Anpassung im selben Augenblick erfolgen wie der Wandel der materiellen Kultur. Aber ganz abgesehen davon, daß – mit nur wenigen Ausnahmen (z. B. Schweden) – die Leitung der Familienpolitik durch die Wissenschaft keineswegs allgemein anerkannt wird (das wäre ja die oberste, unaufgebbare Voraussetzung für alle rationale Familienpolitik), wäre dazu auch eine prinzipielle Aufnahme der Idee der sozialen Planung ins Bewußtsein der Öffentlichkeit vonnöten. Denn ein Vorgehen, wie es oben angedeutet wurde, setzt natürlich ein ganz außerordentliches Maß an rationaler Planung voraus. Darüber hinaus stehen dem die im vorigen Abschnitt erwähnten, durch soziale Gesetzlichkeit bedingten Hemmungen entgegen, unsere Meinungen im gleichen Rhythmus sich wandeln zu lassen wie das wirkliche Leben. Außerdem stellt sich fast immer heraus, daß jeder noch so durchdachte Wandel der materiellen Kultur durchaus unvorgesehene (und auch nicht voraussehbare) Folgen hat, die den vorausgehenden Entwurf eines adäquaten neuen Systems kultureller Anpassungsmittel fast zu einem Ding der Unmöglichkeit machen. So kehren wir zu der ursprünglichen Ausgangsposition zurück, daß in unserer Gegenwartsgesellschaft der Wandel in der materiellen Kultur unter allen Umständen früher stattfindet als der Wandel in den sozial-kulturellen Anpassungsmitteln. Dabei kann der Grad der Nichtanpassung natürlich außerordentlich variabel sein. Gerade diese letzte Problematik erweist sich jedoch für die Familiensoziologie von erheblicher Bedeutung.

Die Verspätung der Familie in der Produktion von Anpassungsmitteln an die moderne Wirtschaftsgesellschaft liegt ganz evident auf der Hand. Am besten entspricht den Lebensnotwendigkeiten der Familie noch eine reine Agrarverfassung. Hier bedeutet auch die Größe der Familie, die eine unerläßliche Voraussetzung für ihre Beständigkeit ist, noch wirklichen Reichtum. Ebenso fand sich die Familie in dem Produktionssystem des Frühkapitalismus zu Hause. Heute noch steht die Familie in Agrarländern und in den vorwiegend agrarischen Bezirken der einzelnen nationalen Gesellschaften viel besser da als in vorwiegend industriellen Gesellschaften oder im Industriebereich der einzelnen nationalen Gesellschaften. Sie vermag noch eine Unzahl von Funktionen zu üben (Produktions-, Arbeits- und Betriebsgemeinschaft, Lebens-, Erziehungs-, Schutz- und Religionsgemeinschaft, Freizeitgestaltung usf.), die sie in der modernen Wirtschaftsgesellschaft nur höchst unvollkommen, z. T. überhaupt nicht mehr zu entfalten vermag. Der Wandel des Wirtschaftssystems, den wir mit dem Namen der industriellen Revolution bezeichnen, nahm der Familie eine Unmenge zentraler Funktionen vor allem im wirtschaftlichen Sektor ab. Die Hausproduktion wurde weitestgehend durch Industrieproduktion ersetzt. Da der wirtschaftliche Wandel nicht rückgängig zu machen war, forderte dies eine ganze Reihe von Anpassungsakten von seiten der Familie. Die Anforderungen des modernen Berufslebens lassen die Erziehungsfunktionen der Familie als gänzlich ungenügend erscheinen, darum muß die Erziehung in ihren wesentlichsten Teilen in eigenen Anstalten unter Aufsicht eines eigens ausgebildeten Personals vor sich gehen. Die Schulen selber müssen differenziert und den Anforderungen des modernen Lebens angepaßt werden. Da die Familie von sich aus mit dieser Entwicklung nicht Schritt halten konnte, mußte der Staat mit seinen Institutionen einspringen, um die Anpassung der Familie an die neuen Lebensgegebenheiten zu vermitteln. Es kam geradezu zu einer Art von Vormundschaft des Staates über die Familie, so groß war ihre Verspätung vor der tatsächlichen Entwicklung der modernen Zivilisation.

Eine ganz ähnlich hilflose Stellung hat die Familie zu den mit dem modernen Kapitalismus auftretenden großstädtischen Bevölkerungszusammenballungen. Auch hier erweist sie sich als aus eigenen Mitteln nicht anpassungsfähig. Mit der Einengung des Lebensraums der Familie in Stadt und Großstadt entstehen ganz neue Anpassungsprobleme, deren Last sich vor allem bei den Kindern bemerkbar macht. In der Frühzeit des Kapitalismus zog die Fabrik die Kinder an sich; die Folgen waren so katastrophal und die Familie erwies sich als derart wenig anpassungsfähig, daß wiederum der Staat mit besonderen Gesetzen zum Verbot oder zur Einschränkung der Kinderarbeit eingreifen mußte. Ganz neue Formen der Sozialversicherung mußten aufgebaut werden, um der Familie das Leben unter diesen Umständen überhaupt möglich und erträglich zu machen. Vor allem aber litt die Frau (mehr noch als der Mann) unter diesen neuartigen Lebensbedingungen; war ihr doch ein großer Teil ihrer Produktivfunktion im Haushalt durch die moderne Industrie abgenommen worden. Um nicht dem teilweisen Müßiggang auf Grund dieses Funktionenverlustes zu verfallen, mußte sie selber in der Fabrik Arbeit suchen; vor allem in der Frühzeit des Kapitalismus, als der mangelnde Lohnschutz die Frau unausweichlich zwang, in die Fabrik zu gehen, um genügende Subsistenzmittel für die Familie bereitzustellen. Auch dies schuf neue Anpassungsprobleme: Wie sollte sich die Kindererziehung entwickeln, wenn nicht nur der Mann, sondern auch die Frau den größten Teil des Tages von Hause abwesend war? Die Familie hatte einen großen Teil ihrer Funktionen verloren, der Haushalt war geschrumpft; so mußten auch die Beziehungen zwischen Mann und Frau immer lockerer werden, so daß aus dieser von außen her erzwungenen Umformung der Familie eine bedenkliche Erschütterung der Ehe folgte – dies die unmittelbare Voraussetzung für das Auftreten der Ehescheidung als Massenerscheinung. Die Altfamilie mit ihrer ursprünglich stark hauswirtschaftlichen Ausrichtung konnte in der neuen

Welt kein Fortkommen finden; sie mußte sich wandeln. Mit der Zeit wurden eine Menge sozial-kultureller Anpassungsmittel zur Sicherung der Familie bereitgestellt. Aber dieser Prozeß hat sich unmäßig in die Länge gezogen. Die akute Bedrohung der Familie durch die Moderne währt im Grund schon seit der Mitte des 18. Jahrhunderts, während man erst heute beginnt, sich allgemein von der Notwendigkeit einer umfassenden Familienpolitik Rechenschaft zu geben. Die säkulare Verspätung in der Ausbildung sozial-kultureller Anpassungsmittel der Familie an die Verfassung der modernen Wirtschaftsgesellschaft ist eklatant. Vieles ist schon getan, aber das meiste bleibt noch zu tun. Die materielle Kultur ist reißend vorangeschritten, die Anpassung der Familie ist geradezu beängstigend im Rückstand.

Solche Verspätungserscheinungen finden wir an sich zahllose im sozialwirtschaftlichen Leben; man bedenke nur die langdauernden Kämpfe zu einer rechtlichen Organisation der modernen Arbeitswelt. Bei der Familie ist jedoch die Verspätung in der Ausbildung sozial-kultureller Anpassungsmittel ganz besonders aufdringlich. Der Grund hierfür liegt in der Natur der Familie selber, ist sie doch von Natur aus ganz außerordentlich schwer beweglich. Die Familie ist eine soziale Elementargruppe; durch ihre enge Beziehung zur biologischen Zone wird zudem ihr Lebensspielraum in besonders engen Grenzen gehalten im Gegensatz zur ungeheuren Variationsmöglichkeit anderer sozialer Erscheinungen. Dies muß die Anpassungsschwierigkeiten der Familie nicht nur darum gewaltig erhöhen, weil die Familie über einen bestimmten Rahmen niemals hinaus kann, sondern auch noch aus dem anderen Grunde, weil ihre biologische Fundierung alle Lebensrhythmen der Familie im Verhältnis zur Beweglichkeit des sozialen Lebens (insbesondere in der modernen großstädtischen Kultur) in derart langen Wellen schwingen läßt, daß einer Synchronisierung die größten Schwierigkeiten im Wege stehen. Was allerdings die Not der Familie bildet, ist zugleich ihre Tugend. Denn mit ihrer biologischen Fundierung, die die Anpassung an wechselvolle Verhältnisse erschwert, gewinnt sie zugleich eine erstaunlich hohe Widerstandsfähigkeit gegenüber allen äußeren Bedrohungen, so daß man trotz allem ihrer Lage in der Gegenwart mit einem gemäßigten Optimismus gegenüberstehen kann. Das wird schlagend bewiesen durch die Regenerationsfähigkeit der Familie im Verlauf umfassender revolutionärer Prozesse wie etwa in Rußland seit 1917 (siehe dazu in diesem Bande das Kapitel über „Entwicklungstendenzen der Familie im neueren Rußland").

Wenn nun aber auch die Folgen eines umfassenden Wandels im wirtschaftlich-technischen Teilsektor der Gesellschaft für die Familie (wie für die anderen Lebensgebiete) nicht ohne weiteres voraussehbar sind, so daß es nahezu unmöglich wird, die sozial-kulturellen Anpassungsmittel in dem gleichen Augenblick bereitzustellen, wie der wirtschaftlich-technische Wandel Wirklichkeit wird, so hindert dennoch nichts eine nachherige Anpassung der beiden Größen aneinander. Dies ist die Aufgabe und das Ziel der Sozialpolitik. In diesem Sinne sind z. B. große Teile des Arbeitsschutzes zu verstehen, die sich nicht nur auf eine gesamtgesellschaftliche Regelung der abhängigen Arbeit, sondern (mehr oder weniger direkt) zugleich auf den Familienschutz beziehen (diese Verpflichtung resultiert letztlich aus dem staatlichen Monopolanspruch über Ehe und Familie). Die Gesellschaft reguliert das Anpassungsproblem, indem sie Übergriffe der Wirtschaft im Interesse des Gesamtwohles der Gesellschaft (und damit auch unmittelbar der ungestörten, konfliktlosen Wirtschaftsentfaltung) zurückschraubt. Zu den unmittelbar die Familie betreffenden Regelungen des Arbeitsschutzes gehören das Prinzip der 42-Stunden-Woche, die Einschränkung der Nacht- und Sonntagsarbeit, der Schutz der Arbeitsruhe, der Schutz der Jugendlichen und Frauen, der Schwangeren und Wöchnerinnen, der Lohnschutz, der Kündigungsschutz, die Familienzulagen, der Lohnersatz, die verschiedenen Formen der Sozialversicherung, der Schutz der Heimarbeit usf. Daneben finden sich eine ganze Reihe anderer Maßnahmen, die die wirtschaftliche Lage der Familie sichern, wie Ehestandsdarlehen, Aussteuerbeihilfen, dann auch steuerliche Begünstigungen, um die Lebenshaltung der Familie derjenigen der Ledigen in der gleichen Berufsklasse anzugleichen, und schließlich die Wohnungspolitik. Große Teile des Fürsorgerechts dienen dem gleichen Ziel, wie auch einzelne Regelungen des Strafrechts.

Obwohl nun in diesem Fall offenbar eine Anpassung der Wirtschaft an die Lebensbedingungen der Familie durch staatliche Gesetzgebung erzwungen wird, erweist dennoch gerade die Notwendigkeit eines staatlichen Eingriffs die Hilflosigkeit und Unfähigkeit der Familie, aus eigenen Kräften mit den materiellen Gegebenheiten der modernen Arbeitswelt fertig zu werden. Zugleich bedarf es besonderer Betonung, daß mit allen bisherigen Maßnahmen nur ein kleiner Teil der bestehenden Probleme bewältigt wird. Der unserer ganzen Abhandlung zum Ausgangspunkt dienende Notstand der Familie in der Gegenwart erfordert jedoch den Aufbau eines systematischen Familienschutzwerkes. Allerdings wird dann die Ausbildung einer spezifischen Familiensoziologie zu einem unaufgebbaren Postulat, weil eben die Familie der Unterstützung bedarf, um ihre naturbedingte Verspätung hinter der allgemeingesellschaftlichen Entwicklung aufzuholen. Diese Unterstützung kann sie aber einzig unter der Voraussetzung einer begrifflichen Analyse ihrer Natur, ihrer Funktionen und ihrer genauen Stellung zur umgebenden Gesellschaft finden; aus dieser begrifflichen Analyse wird sich zugleich eine systematische Einsicht in die Pathologie der modernen Familie herleiten.

V

Die alte Entwicklungslehre erblickte ihr ideales Ziel im Entwurf möglichst vollständiger und lückenloser Entwicklungsreihen, die in gerader Linie von einem supponierten „Urzustand" bis zur Gegenwart reichten. Im Rahmen dieser Entwicklungsreihen sollten alle Teilsysteme der Gesellschaft sich im wesentlichen harmonisch entwickeln. Demgegenüber ergab die neuere und neueste Forschung, daß von einer solchen harmonischen Entwicklung korrespondierender Systeme der Gesamtgesellschaft keinerlei Rede sein kann, da wir mit den mannigfaltigsten kulturellen Verspätungserscheinungen zu rechnen haben, je komplizierter das Gesellschaftssystem wird. Im Anschluß daran erwies sich zudem, daß auch die Konstruktion unilinearer Entwicklungsreihen unhaltbar ist. Vielmehr geht die reale Geschichte auf oftmals sehr gewundenen Wegen. Nach einem kurzen Ansatz zu einem geradlinigen Fortschritt fällt sie zurück auf ältere Entwicklungsstufen, sie nimmt liegengelassene Entwicklungsmöglichkeiten wieder auf, sie verrennt sich in Extremformen, oder sie vereint auch ursprünglich einander entgegengesetzte Gestaltungsmöglichkeiten zu ganz eigenen geschichteten Komplexen, dann wieder entfalten sich die zivilisatorische und kulturelle Entwicklung in ganz verschiedenen Rhythmen usf. Im Kulturzusammenstoß von Gesellschaften, die auf verschiedener Entwicklungsstufe stehen, ergeben sich wiederum selbständige Mischformen. Auf dieser Grundlage erheben sich alle jene soziologischen Schulen, die seit dem Anfang des 20. Jahrhunderts eine konkret-historische Forschung und Detailanalyse an die Stelle entwicklungsgeschichtlicher Konstruktionen stellten, und die Resultate dieser Forschungsrichtung haben sich insbesondere für die Familiensoziologie von ganz außerordentlicher Fruchtbarkeit bewiesen. Allerdings muß im Gegensatz zur kultur-morphologischen Schule bemerkt werden, daß selbst im 19. Jahrhundert die Entwicklungslehre nicht so naiv war, wie man gelegentlich darzustellen beliebte[5]. So kannte z. B. die Durkheimschule neben ihrem konstruktiven Entwicklungsschema noch eine historische Betrachtungsweise, die gerade die erwähnten Umwege der Geschichte berücksichtigte; *Friedr. Müller-Lyer* kannte neben den großen aufsteigenden Entwicklungsphasen noch die „lateralen" Entwicklungen, während derer sich die Völker an den einmal erreichten Zustand in langwährenden historischen Prozessen zunehmend anpassen. So geschieht es, daß wir in unserer Gegenwart Kulturen finden, die zwar auf einer niederen Stufe stehengeblieben sind, aber sich an sie so vollkommen angepaßt haben, daß diese Kulturen uns wie geschlossene Organismen gegenüberstehen und ein von uns völlig verschiedenes Leben führen. Dies ist wiederum ein Grundtatbestand, mit dem die moderne Soziologie, insbesondere die Entwicklungslehre zu rechnen hat.

Die moderne Entwicklungslehre ist in entscheidender Weise davon abgekommen, die verschiedenen Kulturetappen in ein einheitliches System zu pressen, das von einem primitiven Urzustand bis zur Kultur des Hochkapitalismus reicht und von da aus in eine noch ungewisse Zukunft des Spätkapitalismus weist. Vielmehr rechnet die moderne Entwicklungslehre, nach der Eröffnung einer planetarischen Perspektive in der soziologischen Forschung, mit einer Gleichzeitigkeit der verschiedensten Entwicklungs-

---

[5] Vgl. dazu *Morris Ginsberg*, The Concept of Evolution in Sociology, in: *Morris Ginsberg*, Studies in Sociology, London 1932.

phasen in geschlossenen Kultursystemen. Diese geschlossenen Kultursysteme leben aber keineswegs in einem einheitlichen Rhythmus; vielmehr entsprechen ihrer räumlichen Geschiedenheit auch völlig verschiedene Ablaufweisen des materiell-wirtschaftlich-technischen und des kulturellen Lebens. In diesem Sinne sprechen wir heute von „kulturellen Eigenzeiten", d. h., wir haben für jeden Kulturkreis neben seiner räumlichen Eigenheit auch seine zeitliche Eigenstruktur zu berücksichtigen[6]. Dies findet seinen faßbarsten Ausdruck darin, daß eigentlich für jedes Kulturvolk eine gesonderte Geschichte geschrieben werden muß; sowie wir dann verschiedene Kulturen in zusammenfassenden Zusammenhängen betrachten, müssen zwischen ihnen immer zeitliche Verschiebungen zum Vorschein kommen.

Für die Familiensoziologie ergibt sich aus diesem Ansatz, daß wir prinzipiell mit einem simultanen Vorhandensein der verschiedensten Familientypen zu rechnen haben, die alle ihrem eigenen Rhythmus folgen, ohne synchronisierbar zu sein. Solange nun ihre Lebensräume voneinander isoliert sind, wird die Eigenzeitlichkeit ihres Lebenslaufes nicht zum Problem; sie können sich einschließen in umfassende Kulturzusammenhänge, die ihr eigenes Leben außerhalb der hochkapitalistischen Welt führen (wie Indien oder China), sie können sich auch in die unzugänglichen Rückzugsgebiete der Erde flüchten (in die Antarktis, in die zentralaustralischen Wüsten oder die Buschwälder Afrikas). Probleme entstehen erst im Augenblick des Kulturzusammenstoßes. Die verhängnisvollen Folgen dieses Kulturzusammenstoßes erweisen sich insbesondere dann, wenn völlig disparate Kulturen zusammenprallen, etwa die westlich-kapitalistische Kultur mit Primitiven oder Halbkultur-Völkern, woraus die mannigfaltigen Probleme einer rationalen Kolonialpolitik erstehen. Dieser Kulturzusammenstoß kann aber auch in ein und demselben Volke erfolgen, wenn sich dieses unter besonderen Umständen nach Überspringung aller Zwischenstufen mit einem Schlage von der archaischen Frühkultur zum modernen Industriekapitalismus entwickelt (wie z. B. Japan). Hier entstehen die allergrößten Anpassungsschwierigkeiten, da die verschiedenen Lebensrhythmen schlechterdings nicht synchronisierbar sind.

Angesichts dieser Fragen kann jedoch mit Recht behauptet werden, daß sie für unsere westliche Zivilisation von relativ sekundärer Bedeutung sind, selbst wenn die erwähnten Kulturzusammenstöße experimentelle Situationen schaffen, in denen der Prozeß der Anpassung bei extremer kultureller Verschiedenheit mit Erfolg studiert werden kann. Die westliche Zivilisation, die heute bereits große Teile Asiens, Europas, Nord- und Südamerikas, Afrikas und Australiens umfaßt, zeigt eine deutliche Tendenz zur Ausbildung kulturell und zivilisatorisch homogener Gebiete, die für die Spitzenphänomene der Gesellschaft eine weitgehende Synchronisierung

---

[6] Ein interessanter Beitrag dazu *Jacob Sulser*, Mensch und Gesellschaft, Affoltern a. A. 1944; vgl. dazu meine Besprechung in der Schweizerischen Zeitschrift für Volkswirtschaft und Statistik 1945, S. 105 – 110.

der verschiedenen nationalen Kulturen erlauben. Insbesondere wirkte sich die moderne Technik in dieser Weise unifizierend aus, indem sie die verschiedenen Kulturen auf bestimmte Konstanten hin ausrichtete.

Daneben aber bleibt die ebenso greifbare Tatsache zu berücksichtigen, daß in dem nahezu planetarisch-universellen Kulturfeld der modernen Industriegesellschaft keineswegs alle Schichten der Gesellschaft sich an diesen mit der Industriewirtschaft aufgetretenen Konstanten orientieren. So lebt einzig die oberste Schicht der verschiedenen nationalen Gesellschaften in einem einigermaßen homogenen Rhythmus, innerhalb dessen Synchronisationen möglich sind, während andere Schichten durchaus noch in einer Mannigfaltigkeit autonomer kultureller Eigenzeiten leben. Jede einzelne Gesellschaft bildet – für sich allein genommen – einen Schichtenbau von Eigenrhythmen, die prinzipiell ohne „Hilfskonstruktionen", d. h. eben ohne besondere sozialpolitische Veranstaltungen, nicht synchronisierbar sind. Der Kulturzusammenstoß vollzieht sich also nicht nur im internationalen Verkehr, nicht nur bei Gesellschaften, die sprungartig sich entwickeln (wie z. B. noch die Sowjetunion in ihren asiatischen Staaten), sondern der Kulturzusammenstoß vollzieht sich beständig im Inneren jeder einzelnen modernen Gesellschaft. Und gerade hierin liegt eines der bedeutsamsten Probleme der Familiensoziologie, erweist sich doch die Familie im Kulturwandel als besonders schwer beweglich.

Die in Eigenrhythmen lebenden verschiedenen Schichten einer einheitlichen Gesellschaft können räumlich getrennt sein (etwa: Stadt-Land), aber sie brauchen es nicht notwendig. Denn die verschiedenen Lebensräume können einander durchdringen, so daß verschiedene Schichten mit verschiedenen Lebensstilen durcheinandersiedeln (in der Stadt: Handwerk, Industriearbeiterschaft und die verschiedenen Klassen des bürgerlichen Mittelstandes). Die amerikanische Ökologie konnte allerdings zeigen, daß selbst in der Großstadt die verschiedenen Gesellschaftsschichten mit ihren kulturellen Eigenzeiten sich auch quartiersmäßig-räumlich auseinanderzusondern suchen. Aber es bleibt doch gerade in der Stadt und der Großstadt, bei einer außerordentlich gesteigerten Mobilität, die Möglichkeit eines beständigen Kulturzusammenstoßes voll erhalten. Da die soziale Mobilität heute mehr oder weniger alle Schichten der Gesellschaft erreicht hat, kann auch die räumliche Distanzierung von Stadt und Land keinen zureichenden Schutz vor kulturellen Reibungen gewähren, ganz abgesehen davon, daß die Städte überall über sich hinauswachsen und damit das zwischen ihnen liegende Land in ein homogenes Gebiet zu verwandeln streben.

Da nun gerade bei diesen beständigen Zusammenstößen verschiedenster sozialer Schichten und Klassen mit ihren kulturellen Eigenzeiten die allergrößten Anpassungsschwierigkeiten entstehen, denen die einzelnen wie die Gruppen nur allzu oft erliegen, erscheint für die moderne Soziologie das Problem der Entwicklung weniger bedeutsam als die Betrachtung des Zusammenstoßes verschiedener Gesellschaftsteile mit verschiedenen Kulturrhythmen im einheitlichen Milieu der Stadt und der Großstadt und auch in jenen zivilisatorisch erzwungenen homogenen Gebieten, in denen die kulturelle Anpassung dem tatsächlich erreichten wirtschaftlich-materiellen Lebensstand hinterherhinkt. Selbstverständlich würden all diese Einsichten ohne die Entwicklungslehre nicht möglich gewesen sein; da es uns jedoch auferlegt ist, uns in der modernen Gesellschaft zu orientieren, die unser eigentlichstes Lebenselement darstellt, wird die simultane Existenz aufeinander nicht abstimmbarer Entwicklungsstufen der Gesellschaft unser intensives Interesse beanspruchen dürfen, erwachsen doch aus diesem Tatbestand der Gegenwart die schwersten Belastungen. Erst im Querschnitt des gegenwärtigen Entwicklungsstandes der Gesellschaft entfaltet die Lehre von den kulturellen Eigenzeiten ihre ganze Bedeutsamkeit.

Genau an diesem Punkte erheben sich jedoch die wesentlichen Probleme der Familiensoziologie. Es konnte früher gezeigt werden, daß ein Großteil der Schwierigkeiten für die moderne Familie in einer säkularen Verspätung der Familie vor der sozialwirtschaftlichen Entwicklung begründet liegt; diese Verspätung erwies sich zudem als notwendig bedingt durch die Natur der Familie, die im Gegensatz zu den meisten übrigen Ordnungen der Gesellschaft auf Grund ihrer biologischen Verwurzelung in außerordentlich langsamen Rhythmen schwingt. Darüber hinaus aber haben wir mit einem simultanen Vorhandensein verschiedener Familientypen in den verschiedenen Schichten und Klassen der Gesellschaft zu rechnen, die völlig verschiedene Zeitstrukturen aufweisen, insofern sie den heterogensten Entwicklungsstufen entsprechen. Wir haben es also nicht nur mit Anpassungsschwierigkeiten der Familie an die moderne Wirtschaftsgesellschaft zu tun, vielmehr treten in der Anpassung der verschiedenen Familientypen aneinander ausgesprochene Kulturkonflikte mit all ihren verhängnisvollen Folgen auf. Ein seit langem bekanntes Beispiel für diese Art des Kulturzusammenstoßes und der daraus resultierenden Desorganisationsgefahr für die Familie ist die höhere Scheidungshäufigkeit konfessionell gemischter Ehen; dies ist jedoch nur ein Beispiel unter vielen: wir haben in Wahrheit mit einer Unzahl infinitesimaler Kulturzusammenstöße dieser Art zu rechnen, die auch innerhalb einer geschlossenen Kulturgesellschaft die gesunde Fortbildung der Familie beständig bedrohen.

Angesichts dieses Tatbestandes ist schon viel gewonnen, wenn wir zunächst rein deskriptiv eine Übersicht über die Varietät der vorhandenen verschiedenen Familientypen erhalten. Diese Inventaraufnahme würde zugleich einen gewissen Einblick in die bestehenden Konfliktmöglichkeiten eröffnen. Umfangreiche Sammlungen von Familienmonographien und vorsichtig typisierende Zusammenfassungen haben die Forschung bereits außerordentlich gefördert. Bei diesen Unternehmungen beginnt auch eine erste Umkehr des Bewußtseins sich anzubahnen, denn die Mannigfaltigkeit der vorgefundenen Familientypen verbietet von selber eine einseitige Einstellung. Allerdings liegt in diesem Verfahren auch eine ausgesprochene

Gefahr, die nicht übersehen werden darf: Genau wie die historische Betrachtungsweise allzu oft in einem systemlosen Relativismus verrinnt, splittert sich die monographische (auch soziographische) Betrachtungsweise gern in bloße Kasuistik auf, die wohl wertvollste Erkenntniselemente beizubringen vermag, aber regelmäßig versagt, sowie es sich um den Entwurf eines Gesamtbildes von der Lage der Familie in der Gegenwartsgesellschaft handelt. Auf diesem Wege kann weder der soziologische Generalnenner gefunden werden, der die Familie als eine gesellschaftliche Erscheinung neben zahllosen anderen ausweist (und in der Tat können wir nur allzu oft ein einfaches Ausweichen in biologisierende Überlegungen feststellen), noch ergibt sich uns ein Vergleichsmaßstab, der die verschiedenen Familientypen als Daseinsweisen ein und desselben Phänomens zu betrachten erlaubt.

Nach der Einsicht in die Mannigfaltigkeit der historischen Entwicklungstypen der Familie und der zahllosen verschiedenen Familienformen, die in der Gegenwart simultan (wenn auch untereinander nicht synchronisierbar) vorhanden sind, bedarf es einer ausdrücklichen Frage nach der oder den Konstanten, die unter allen Umständen vorhanden sein müssen, damit überhaupt von Familie gesprochen werden kann. Damit ist dann die Umkehr des Bewußtseins endgültig vollzogen und die Familie zur Dignität eines theoretischen Gegenstandes im strengen Sinne erhoben. Daß jedoch hiermit nicht nur ein theoretisches Bedürfnis erfüllt, sondern zugleich ein höchst praktisches Interesse berührt wird, eröffnet sich uns in dem Augenblick, wo wir bedenken, daß erst jetzt die Voraussetzungen gegeben sind, unter denen allein eine umfassende Synchronisation der Familie an die gesellschaftliche Entwicklung im ganzen wie der verschiedenen Familientypen untereinander möglich wird. Denn alle Synchronisation setzt Konstanten voraus, an denen die zeitlichen Verschiebungen der einzelnen Phänomene abgelesen werden und zugleich auf eine Weise zueinander in Bezug gesetzt werden können, die der Natur des Gegenstandes entspricht und nicht von außen an ihn herangetragen wird.

Dieser Aufweis der Konstanten, die in allen sozialen Erscheinungen wirksam sind, ist zunächst wieder ein allgemeinsoziologisches Problem, das uns vor allem im Versuch der Angleichung der verschiedenen Teilsektoren der Gesellschaft begegnet. Zugleich aber ist es ein spezifisch familiensoziologisches Problem, indem es die Konstanten in der Entwicklung der Familie und in der Inventaraufnahme ihrer verschiedenen Gegenwartstypen aufzuweisen erlaubt. Die oberste Konstante, die uns in allem sozialen Dasein erscheint, ist die Gruppe; alle sozialen Erscheinungen lassen sich als Funktionen von Gruppenbeziehungen erweisen. In diesem Gesamtbereich wäre dann ein besonderer Sektor von Gruppenerscheinungen auszuscheiden, der einzig der Familie zugeordnet ist. Das auszeichnende Merkmal der Gruppenbeziehungen innerhalb der Familie ist ihre Intimität, die sie von den meisten anderen Gruppen der menschlichen Gesellschaft unterscheidet; von den anderen Intimgruppen ist die Familie dann wiederum dadurch unterschieden, daß sie zugleich Zeugungsgruppe ist (ohne dennoch in der Zeugung sich zu erschöpfen). Damit wären wir wieder an den biologischen Ausgangspunkt der Familie zurückgekehrt, der uns früher als verantwortliche Instanz erschien für die so außerordentliche Schwerfälligkeit der Familie, sich an den zivilisatorischen und kulturellen Wandel anzupassen. Die Familie baut sich auf als eine Gruppe besonderer Art (Intimzusammenhang), die wie alle Gruppen ein sozial-moralisches Kraftfeld mit ganz bestimmten Einwirkungen auf die Entfaltung der sozial-kulturellen Persönlichkeit aus sich entläßt; ihre besondere Charakteristik erfährt die Familie als Intimgruppe dadurch, daß sich in ihr ein beständiger Zusammenstoß der sozial-kulturellen Persönlichkeit mit biologischen Substrukturen vollzieht. Unter dieser Voraussetzung gliedert sich die Familiensoziologie als ein besonderer Zweig aus der allgemeinen Soziologie aus.

Sowie sich nun die Familiensoziologie in der angedeuteten Weise an einer Konstanten ausgerichtet hat, eröffnet sich die Möglichkeit, die Anpassungsschwierigkeiten der Familie nicht nur beschreibend zu inventarisieren, sondern sie auf Begriffe zu bringen, die eine systematische Zergliederung der bestehenden Synchronisationsprobleme erlauben. Aus der Entfaltung der Konstanten erwachsen der Familiensoziologie eigene Grundbegriffe, die eine objektive Analyse von Struktur und Funktion der Familie erlauben und uns damit in den Stand setzen zu erkennen, was die Familie in der Gegenwart noch leisten kann und was nicht, wo sie der Unterstützung bedarf und wo man sich jeglichen Eingriffs zu enthalten hat. Auf Grund dieser Erkenntnis wird es dann auch möglich werden, die notwendigerweise an der tatsächlichen Entwicklung vorübergehenden Vorstellungen der öffentlichen Meinung über das Wesen der Familie einer Korrektur zu unterziehen und zugleich die Mittel zu einer Sozial- und Familienpolitik bereitzustellen, die der wirklichen Problematik Rechnung tragen und sich nicht in durchaus unzureichenden Meinungssystemen und Doktrinen verlieren.

Ist diese vorbereitende Aufgabe einmal erfüllt, dann wird sich vielleicht auch die Möglichkeit ergeben, eine sachgegründete allgemeine Wertlehre von der Familie als einer Gruppe eigener Art aufzubauen. Eine solche Lehre ist unseres Erachtens unmöglich, wenn man allein von idealen Geboten ausgeht, ohne diese mit der Wirklichkeit zu konfrontieren, wie *Emil Brunner* sehr richtig bemerkt hat[7]. Zugleich würde damit die Möglichkeit eröffnet, den unterirdischen, leidenschaftlichen Kampf zwischen den Familiensoziologen mit konfessionell gebundener Marschroute und den ausschließlich sachgerichteten Familiensoziologen zu überwinden. Angesichts der Mannigfaltigkeit von Familientypen in der historischen Entwicklung wie im zeitlichen Miteinander der Gegenwart erhebt sich ja nicht nur die Frage nach der einheitlichen Struktur der Familie, sondern darüber hinaus noch die Frage nach der Familie als einem besonderen kulturellen Wert. Letztlich ist es

---

[7] *Emil Brunner*, Das Gebot und die Ordnungen, 3. Aufl. Zürich 1939, S. 324 ff.

einzig diese zweite Ansicht der Familie, die den ethischen (und nicht nur sozialpolitischen) Rechtfertigungsgrund für allen Familienschutz hergibt. Sozialpolitisch gesehen muß sich die Familie an die wirtschaftlich-technisch-materielle Entwicklung anpassen, wenn sie nicht zugrunde gehen soll. In der Perspektive einer allgemeinen Wertlehre von der Familie hätte umgekehrt eine Anpassung der Wirtschaft an die Familienordnungen zu erfolgen. Es kommt alles darauf an, die beiden Gesichtspunkte sorgsam zu scheiden, da in ihnen jeweils ganz verschiedene Ordnungen des Lebens wirksam sind. In diesem Sinne sahen wir schon früher, wie die Familienpolitik aus dem Eingeständnis erwächst, daß die Familie der sozialwirtschaftlichen Entwicklung gegenüber hilflos ist und der Unterstützung durch besondere Maßnahmen bedarf. Einzig in der Wertlehre von der Familie dreht sich dies Verhältnis um, indem die Familie als idealer Zielpunkt erscheint, der auch als Regulativ der Wirtschaftsentwicklung gelten darf. Sie wird von einer abhängigen zur unabhängigen Variablen.

In dieser Wertlehre darf allerdings nicht mit Argumenten von der Art gearbeitet werden, daß eine bestimmte Form der Familie, etwa auf der Basis der monogamen Dauerehe, sich als besonders „zweckmäßig" erwiesen habe; in der Wertanalyse ist der Zweckgesichtspunkt grundsätzlich ausgeschlossen, und in diesem Sinne würde die Konfrontierung der Familie als Wert mit der Familie als Wirklichkeit zweifellos einen faulen Kompromiß bedeuten. Wir gelangen nur dann zwanglos von der einen Dimension in die andere, wenn wir einen Mittelbegriff finden, der in beiden Dimensionen gleichermaßen legitim beheimatet ist. Das ist der Begriff der Gruppe, der nicht nur in der Realordnung auftritt, sondern zugleich ein sozial-moralisches Kraftfeld von normensetzendem Charakter aus sich entläßt. Die Gruppe ist zugleich der empirische Gegenstand der Soziologie wie ihr überzeitliches Apriori, das uns bereits in der Realordnung als Konstante erschien. Die Gruppe erscheint demzufolge sowohl in den empirischen Disziplinen der Soziologie wie in der Sozialphilosophie. Für eine Wertlehre der Familie würde es sich dann darum handeln, die axiologischen Grundstrukturen der Familiengruppe für sich herauszuarbeiten und in Beziehung zu setzen zu den anderen Gruppen, die die Gesellschaft aufbauen. Dies fordert wiederum den Ausbau eines gesellschaftlichen Gesamtbewußtseins, das einzig in der Sozialphilosophie erreicht werden kann, da in der Wirklichkeitsebene unser soziales Dasein unwiderruflich in lauter partikulären Aspekten eingeschlossen ist, die sich miteinander kaum ins Gleichgewicht setzen lassen. Erst in einem solchen gesellschaftlichen Gesamtbewußtsein lassen sich auch axiologische Entscheidungen über das Prioritätsverhältnis der gesellschaftlichen Teilsektoren treffen. In der Wirklichkeitsebene ist dies unmöglich, hier ist die Gesellschaft dem eigengesetzlichen Entwicklungsgang der Wirtschaft ausgeliefert, zum mindesten in der Moderne; es springt eben keiner über seinen Schatten. Andererseits haben wir die Möglichkeit, in der Wirklichkeit besondere Schutzregulative für die Familie einzubauen, die auch faktisch wirksam werden, sowie sie sich nicht nur als ethisches Postulat, sondern als konkretes Recht darstellen. Dagegen gibt zwar die Sozialphilosophie eine allgemeine Wertordnung der gesellschaftlichen Teilsektoren, aber die Wirksamkeit ihrer Entscheidungen bleibt höchst problematisch, solange kein gesellschaftliches Gesamtbewußtsein existiert, das für die Soziologie immer nur ein idealer, endzeitlicher Richtpunkt sein kann. Es bedurfte dieser Bemerkung, um dem Einwand eines „historischen Materialismus" zu begegnen, der gegen diese Abhandlung erhoben werden könnte. Uns war es nicht um sozial-philosophische Wertentscheidungen, sondern einzig um eine konkrete Begründung der Familiensoziologie aus einer besonderen Verfassung der sozialen Wirklichkeit selber zu tun.

Die Notwendigkeit einer Familiensoziologie erwächst aus den Anpassungs-schwierigkeiten, die der Familie auf Grund ihrer eigenen Natur in der modernen Wirtschaftsgesellschaft entgegenstehen, und jener weiteren Anpassungsprobleme, die mit allem zivilisatorischen und kulturellen Wandel der Gesellschaft verbunden sind. Die Notwendigkeit einer Familien-soziologie ist also vom Ursprung aus gesehen zunächst ein dringliches praktisches Postulat, nachdem sich herausgestellt hat, daß im unmittelbaren gesellschaftlichen Prozeß die Mittel nicht vorgefunden werden können, um den mit Notwendigkeit aufstehenden Schwierigkeiten begegnen zu können. Das Ziel der Familiensoziologie ist wiederum ein praktisches, näm-lich die Bereitstellung der Mittel zu einer den tatsächlichen sozialwirtschaft-lichen Verhältnissen adäquaten Familienpolitik. Vom Ursprung zum Ziel der Familiensoziologie führt jedoch kein direkter Weg, vielmehr werden wir gezwungen, den Umweg über die Theorie zu beschreiten, die einen grund-sätzlichen Blickwandel impliziert, da in unseren hochkomplizierten Gesell-schaftssystemen der Gegenwart eine Gestaltung der Gesellschaft aus eigenen Mitteln unmöglich ist. Dieser Umweg über die Theorie vermag uns aber keineswegs von der Lösung der dringlichen Gegenwartsaufgaben abzuhalten, er beschwört ebensowenig die Gefahr einer theoretischen Inzucht, so lange man sich nur Rechenschaft darüber gibt, daß in der Soziologie der Gegensatz zwischen Theorie und Praxis in entscheidender Weise überwunden ist.

Zwei Grundbegriffe der Familiensoziologie: Desintegration und Desorganisation der Familie (1945/1974)

I

Das Ringen um die Grundbegriffe der Soziologie ist genauso alt wie die Soziologie selber. Erkannte doch bereits *Auguste Comte* (wie vor ihm schon *Adam Ferguson*), daß weder ein eigener Gegenstandsbereich noch eine zur Erkenntnis dieses Gegenstandsbereichs angemessene Methode aufgebaut werden könnten, solange die Lebensordnung der Gesellschaft nicht kategorial gesichert, d. h. als einer einheitlichen Strukturgesetzlichkeit unterstehend begriffen war. In diesem Sinne entdeckte *Comte* als obersten Grundbegriff aller Soziologie den „Konsens", ohne den schlechterdings keine Gesellschaft zu denken ist. Der Konsens ist im strengen Sinne die Bedingung für die Möglichkeit gesellschaftlicher Zusammenhänge überhaupt.

Entsprechend ihrer im Ursprung so übermächtig sozialphilosophischen Ausrichtung bemühte sich die ältere Soziologie mehr um die Deutung dieses allgemeinsten Satzes, statt ihn differentiell zu zerlegen und zu einem System der Grundbegriffe aufzuschließen. Je nach dem Ausgangspunkt der einzelnen Soziologen erschien dies oberste Strukturgesetz in verschiedener Beleuchtung: als Ausdruck einer allgemeinen sozialen Harmonie (*Bazard, Leroux*), als Folge des Grundtatbestandes, daß eine größere Anzahl von Menschen eine große Anzahl von Dingen unter dem gleichen Gesichtswinkel betrachten und daß die gleichen Erfahrungen bei ihnen die gleichen Eindrücke und Gedanken hervorrufen (*A. de Tocqueville*), als Gattungsbewußtsein (*K. Marx*), als pluralistisches Verhalten auf der Basis innerer Gleichgestimmtheit (*Like-Mindedness, F. Giddings*) und wie die Aussagen alle noch lauten mögen. Erst später versuchte man, mehr oder weniger systematisch, diesen obersten Grundbegriff der Soziologie in eine Mannigfaltigkeit spezieller Begriffe auseinanderzulegen. Dabei wurde dann sehr schnell der Zustand erreicht, daß die Soziologie – nach ihrer ursprünglich

© Springer Fachmedien Wiesbaden GmbH, ein Teil von Springer Nature 2021   37
R. König, *Familiensoziologie*, René König Schriften. Ausgabe letzter Hand,
https://doi.org/10.1007/978-3-658-28247-9_2

fast hieratisch-strengen Eingeschlossenheit in eine einzige oder doch in ganz wenigen Leitideen – ein wahres Füllhorn von Grundbegriffen ausschüttete, indem durch Formalisierung einzelner sozialer Verhaltensweisen der Eindruck erweckt wurde, als lasse sich aus jedem relativ häufig wiederkehrenden Verhaltensmuster ein Grundbegriff gewinnen. So außerordentlich der Beitrag dieses Verfahrens zur Schärfung der soziologischen Begriffssprache auch war, er blieb auf die Dauer unbefriedigend, gab er doch kein System, sondern nur eine Aufzählung. Ebenso unbefriedigend war der unter dem Einfluß von *F. Tönnies* im breitesten Ausmaße unternommene Versuch, einen Querschnitt durch alle Grundformen des sozialen Lebens zu legen, indem man sie bald nach ihrer „Gemeinschafts"- bald nach ihrer „Gesellschafts"-qualität hin aufspaltete. In jedem Falle blieb die Grundeinstellung einer höchst allgemeinen Optik erhalten, die an den verschiedensten Einzelgegebenheiten erprobt wird, ohne daß die Grundbegriffe ihren spezifischen Charakter aus der Eigentümlichkeit der verschiedenen Teilsektoren der sozialen Lebensordnung empfangen würden. Gewiß gibt es einen oder auch mehrere Grundbegriffe der Soziologie, die über das gesamte Wirkungsfeld der Gesellschaft in Familie, Wirtschaft, Recht und Staat hinüberweggreifen. Doch sie bestimmen alle diese Gegebenheiten nur insofern und insoweit, als sie gesellschaftliche Erscheinungen überhaupt sind. Darüber hinaus aber fragt es sich, ob nicht die weitere Entfaltung der Grundbegriffe ihr Gesetz aus der jeweils besonderen Verfassung und Problematik der gesellschaftlichen Teilsektoren zu übernehmen habe.

In der vorliegenden Abhandlung soll der Versuch unternommen werden, zu zeigen, wie aus der besonderen Problematik der Familie eigene Grundbegriffe aufsteigen, die dann – unter Voraussetzung der Gültigkeit der allgemein-soziologischen Grundbegriffe – die Familiensoziologie als eine relativ selbständige Teildisziplin der Soziologie aufzubauen erlauben werden. Daß überhaupt der Aufbau eines eigenen Begriffssystems für die Familiensoziologie unternommen wird, ist nicht nur Ausfluß eines Vollständigkeitswahnes oder bestimmter Zweckmäßigkeitserwägungen; vielmehr erwächst dies Unternehmen als unabweisbares Postulat aus ganz bestimmten und sehr unmittelbaren Erkenntnissen über die Lage der Familie in der modernen Wirtschaftsgesellschaft. Erweist doch schon die erste Begegnung mit dem Problem der Familie, daß diese völlig außerstande ist, sich aus eigenen Kräften an die bestehenden Verhältnisse anzupassen. Um diese Ausgangssituation recht zu verstehen, genügt es einzusehen, daß die Familie – auf Grund ihrer Fundierung in der Geschlechts- und Fortpflanzungsordnung, die nur langsam und dazu nur in relativ engem Rahmen variabel ist – die außerordentlichsten Schwierigkeiten hat, sich an die zuäußerst beschleunigten Prozesse der modernen Wirtschaftsentwicklung anzupassen. Einmal unterliegt die Familie dem allgemein-soziologischen Gesetz, daß unsere Vorstellungen und Meinungen überleben, wenn die Wirklichkeiten sich schon längst gewandelt haben; in diesem Sinne sind wir leicht geneigt, der Familie Leistungen zuzutrauen, die sie nicht mehr zu üben imstande ist. Dann aber unterliegt die Familie dem bereits spezielleren Retardierungsgesetz, daß die verschiedenen sozialen Teilsektoren sich in ganz verschiedenem Rhythmus wandeln; in diesem Sinne haben wir insbesondere mit einem schicksalhaften und unvermeidlichen Hiatus zwischen der Entwicklung der Familie und der Entwicklung der Wirtschaftsgesellschaft zu rechnen. In beiden Fällen ergeben sich Anpassungsschwierigkeiten besonderer Art.

Ein Beispiel für die im ersten Falle auftretenden Probleme möge das in der Meinung weitester Kreise überlebende patriarchalische Prinzip im Aufbau der väterlichen Gewalt darstellen. Dies widerspricht zutiefst der Wirklichkeit der modernen Familie, in der schon längst Mann und Frau als gleichberechtigte Partner nebeneinanderstehen; es läßt sich sogar zeigen, daß sich eine Über-spannung solcher Ideen auf die Dauer ausgesprochen familienzerstörend aus-wirken muß. Die Beispiele für die im zweiten Falle auftretenden Probleme sind Legion, alle laufen sie jedoch in ihrer Grundausrichtung darauf hinaus, daß der Mensch in der modernen Wirtschaftsgesellschaft beständig gezwungen ist, den größeren Teil des Tages in einer Welt zu verbringen, deren Strukturgesetz den Aufbauformen der Familie zutiefst widerspricht. So entsteht jene „doppelte Moral", wie die amerikanische Familiensoziologie sagt, daß die familienmäßigen Verhaltensmaxime den Verhaltensmaximen in der wirtschaftlichen Dimension diametral entgegengesetzt sind. Da nun die Anforderungen der wirtschaftlichen Existenzerhaltung die Anpassung des Verhaltens an die Regeln der modernen Wirtschaft relativ schnell erzwingen, kann es nicht ausbleiben, daß das Leben innerhalb der Familie notwendiger-weise unter starken Druck familienfremder Faktoren gesetzt wird. Im Extremfall kann die restlose Angleichung der Familienordnung an das Gesetz der Wirtschaft erwirkt werden, wie z. B. in der Sowjetunion, indem die Haushaltsarbeit der Frau radikal im Sinne wirtschaftlich produktiver Arbeit angesehen wird, so daß ihr die Arbeit im Haushalt bei einer eventuellen Scheidung als Beitrag zum gemeinsamen Vermögen angerechnet wird. Normalerweise wird jedoch nicht so einseitig entschieden; vielmehr werden zwischen die Familie und die Wirtschaftsgesellschaft eine Reihe von Institutionen eingeschaltet, die die Anpassung beider Größen aneinander ver-mitteln, vor allem aber die Familie vor der Wirtschaft schützen sollen. Diese Schutzinstitutionen können jedoch nur dann ihre Funktion wirksam erfüllen, wenn sie der wirklichen Verfassung der Familie Rechnung tragen, ihrer Stellung in der Gesamtgesellschaft, ihrer Gefährdung von außen und ihren eigenen Kraftreserven. All dies ist jedoch ohne vorausgegangene begriffliche Erkenntnis der Familie nicht möglich, wobei wir noch besonders betonen möchten, daß diese begriffliche Erkenntnis eine „Umkehr des Bewußtseins" im Sinne der Überwindung der öffentlichen Meinung zur Voraussetzung hat. Zugleich erweist es sich als notwendig, bei diesem Unternehmen nicht nur rhapsodisch vorzugehen, nicht etwa nur die einschlägigen Probleme einfach in der geschichtlichen oder sozialpsychologischen Reihenfolge ihrer Dring-lichkeit abzuhandeln, sondern sie auf solche Weise in einen systematischen

Zusammenhang zu bringen, daß die gesamtgesellschaftlich relevanten Grundbegriffe von den abgeleiteten Begriffen unterschieden werden können, daß also auch die eigentlichen Strukturprobleme von sekundären, psychologischen oder gegenwartsgeschichtlichen Fragen abhebbar werden, die Ursituation der Familie von den sekundären Folgen einer besonderen Bedingungskonstellation, wie auch die von der Ursituation auf die konkrete Lage ausstrahlenden Determinationen. Zugleich wäre dies ein Weg festzustellen, welche Merkmale notwendig zum Wesen der Familie gehören und welche Merkmale nur wandelbares Beiwerk sind.

Die erste Aufgabe einer aus den eigentümlichen Anpassungsschwierigkeiten der Familie an die umgebende Gesamtgesellschaft resultierenden Familiensoziologie wäre der Nachweis, daß wir es bei der Familie überhaupt mit einem sozialen und nicht nur mit einem biologischen Phänomen zu tun haben. Dieser Nachweis ist geführt, sobald die Familie als eine Gruppe eigener Art erkannt ist. Da nun aber alle sozialen Erscheinungen sich als Funktionen von Gruppenbeziehungen darstellen, so wahr die Gruppe die allgemeinsoziologische „Konstante" ist, wird mit dieser Erkenntnis nicht mehr gewonnen als die Unterordnung unter einen Grundbegriff, der für das gesamte Wirkungsfeld der Gesellschaft in Familie, Wirtschaft, Recht und Staat gültig ist. Jenseits dessen erhebt sich die Frage, ob nicht bereits auf dieser Stufe eine weitere Einengung auf die spezifischen Probleme der Familiensoziologie möglich ist. Es ist bereits viel erreicht, wenn die Natur der Familiengruppe als Intimzusammenhang erkannt ist und wenn sie zugleich von den anderen Intimgruppen unterschieden wird durch ihren Charakter als Zeugungsgruppe. All diese Fragen haben zweifellos den Vorrang, kommt man doch ohne sie gar nicht in die Familiensoziologie hinein. Unabhängig davon, in einer neuen Problemschicht sich bereitend, steht aber ein anderer Fragenkomplex, ob nicht die Familiensoziologie eine weitere Entfaltung dieser Grundbegriffe erlaubt, die dann restlos aus der besonderen Verfassung ihres Gegenstandsbereichs bestimmt würde. Dann erst wäre die Familiensoziologie als relativ selbständige Teildisziplin der Soziologie erwiesen, was bisher noch nicht der Fall war. Wurde doch die Aussonderung der Familie vor den anderen sozialen Erscheinungen im Vorgehenden einzig auf Grund ihres Charakters als Zeugungsgruppe erreicht. Die Familie erschöpft sich aber keineswegs darin, Zeugungsgruppe zu sein; Zeugung ist für sie ein zwar unaufgebbares, aber dennoch kein Wesensmerkmal. Die Zeugung ist ein soziologischer Grenzbegriff, niemals jedoch ein Grundbegriff. So kann also auch die ganze bisherige Darstellung nur als Vorerörterung angesehen werden, die zwangsläufig über sich hinausweist.

Trotz der gemachten Einschränkung ist jedoch die Richtung, in der wir zu suchen haben werden, schon im bisherigen vorgezeichnet. Wir sahen die Familiensoziologie ihren Ausgang nehmen von einer ganz konkreten Notlage, die mit den Anpassungsschwierigkeiten der Familie an die Entwicklungstendenzen der modernen Wirtschaftsgesellschaft umschrieben ist. Diese Anpassungsschwierigkeiten erfuhren wiederum ihre besondere Charakteristik als „Verspätung" der Familienentwicklung vor dem viel schnelleren Rhythmus der Wirtschaft. Des weiteren ist zu sagen, daß diese Verspätung keine Zufallserscheinung ist, die nach einer gewissen Zeit wieder eingeholt werden könnte; vielmehr ist sie mit Notwendigkeit bedingt durch den (auf Grund ihrer biologischen Fundierung) geringen Spielraum der Familie. Wenn wir jetzt diese Problemlage aus ihrer Verflochtenheit in den spezifischen Konflikt zwischen Familien- und Wirtschaftsentwicklung befreien, erweitert sich die Fragestellung ohne weiteres zu der Frage nach der Beziehung der Familie zum gesamtgesellschaftlichen Prozeß. In diesem kommt der Wirtschaft auf Grund ihrer lebenswichtigen Bedeutung für die Existenzsicherung der Gesellschaft gewiß eine hervorragende Stellung zu, darüber hinaus werden jedoch noch andere gesellschaftliche Teilsektoren sichtbar, vor allem der des Rechts und des Staats. Damit entsteht dann die Frage nach den allgemeinen Eingliederungsmöglichkeiten (oder -unmöglichkeiten) der Familie in den gesamtgesellschaftlichen Prozeß. Wir wollen schon hier bemerken, daß nach der Lösung dieser sehr prinzipiellen Frage auf einer anderen Ebene an eine neuerliche Durchleuchtung des Problems von Familie und Wirtschaft herangegangen werden kann, wobei dann beide Teilsektoren der Gesellschaft nicht mehr nur als einander konkurrenzierende Größen auftreten werden. Vielmehr werden sie in der Weise aufeinander ausgerichtet erscheinen, daß die Wirtschaftsgebarung des einzelnen unter dem Einfluß einer bestimmten sozialmoralischen Leitidee in den Dienst der Existenzsicherung seiner Familie gestellt wird. Die Familie wirkt sich dann als soziales Ideal aus, das zugleich eine Kontrolle und Regulierung der Wirtschaft erfordert, wenn diese im Konkurrenzkampf der einzelnen sozialen Teilsektoren die Familie zu erdrücken droht.

Wenn sich nun auch die Richtung, in der die spezifischen Grundbegriffe der Familiensoziologie zu suchen sind, relativ leicht aus der realen Problematik der Familie und ihrer Lage in der Gesellschaft herauslesen läßt, so stehen doch der Formulierung dieser Grundbegriffe gewisse Schwierigkeiten im Wege. Umschrieben werden soll die Beziehung der Familie zum gesamtgesellschaftlichen Prozeß; andererseits steht aber gerade diese Beziehung in Frage, da die meisten Nöte der Familie aus der Verspätung der Familienentwicklung vor der Gesellschaftsentwicklung entspringen. Es wäre nun gewiß möglich, diese Beziehung ohne weiteres mit einem Begriff zu fixieren, jedoch würde man dabei Gefahr laufen, das, was eben fraglich ist, als fraglos bestehend und bekannt vorauszusetzen. Ein solches Verfahren würde das Problem eher verschütten als es klären.

An dieser Stelle pflegt in den Diskussionen zumeist die Wendung von der Familie als der Keimzelle des Staates oder der Gesellschaft aufzutreten, auf deren geringen Erkenntniswert bereits in anderem Zusammenhang hingewiesen worden ist. Ganz abgesehen davon, daß mit diesem Satze der Anschein erweckt wird, als seien die Familie und die Gesamtgesellschaft inhaltlich durchgehend auf den gleichen Wirklichkeiten aufgebaut, die im einen Falle in Keimform, im anderen Falle im Entfaltungszustand auftreten, was keineswegs zutrifft, da in der Gesamtgesellschaft viel mehr und vor allem ganz andere Möglichkeiten liegen als in der Familie, so daß ein kontinuierlicher Übergang vom einen zum anderen unmöglich ist, wird auch formal das Postulat ausgesprochen, daß die Gesellschaft sich aus einzelnen Familien aufbaue (ein Satz, der in der älteren Soziologie, so auch bei *Comte*, eine große Rolle gespielt hat). Wenn dem so wäre, dann wäre überhaupt nicht einzusehen, wieso in der Gesellschaft Kräfte auftauchen können, die der Familie insofern widersprechen, als sie sie in ihrer Existenz bedrohen, es sei denn, man wolle für diese Konfliktsituation, für diese Realkonkurrenz den Zufall verantwortlich machen. Eine solche Wendung wäre indessen viel zu primitiv, würde sie doch eine prästabilisierte Harmonie zwischen der Entfaltung der einzelnen sozialen Teilsektoren voraussetzen, die einzig durch den Zufall gestört und entsprechend nur durch den Deus ex machina eines ungeprüft hingenommenen soziologischen Vorurteils gerettet werden kann, als welches der Satz von der Familie als der Keimzelle des Staates oder der Gesellschaft erkannt werden muß. In Wahrheit geht heute die Beziehung von der Familie zur Gesamtgesellschaft vorwiegend auf dem Umweg über die sozial-kulturelle Einzelpersönlichkeit, die in der Familie in ihrer sozialen Funktionsfähigkeit bis zu einem gewissen Punkte vorgebildet wird, um dann in das viel weitere und ganz neuartige Lebensformen aufweisende Wirkensfeld der Gesamtgesellschaft entlassen zu werden, auf dem sich erst der Aufbau der sozial-kulturellen Persönlichkeit vollendet. Entsprechend werden auf diesem Wege auch die möglichen Konflikte in der Lebensgestaltung jedes einzelnen sichtbar, wo sie sich als Möglichkeit oder Unmöglichkeit der Anpassung an die gegebenen Lebensumstände darstellen. Mit einem Wort: wir haben mit einer durchgehenden Vorrangstellung der Gesamtgesellschaft vor der Familie zu rechnen.

Wenn die Untersuchung wirklich fruchtbar vorangetrieben werden soll, dann muß unter allen Umständen vermieden werden, daß das, was fraglich ist, als fraglos bestehend und bekannt vorausgesetzt werde, nämlich eine eindeutige und harmonische Eingliederung der Familie in den gesamtgesellschaftlichen Prozeß. Genausowenig darf man allerdings, wie es ebenfalls des öfteren geschieht, von der Annahme einer radikalen Dissonanz zwischen beiden Größen ausgehen, die dann zu der bekannten Katastrophenstimmung geführt hat, die Familie sei mit den Existenzbedingungen der modernen Gesellschaft überhaupt nicht vereinbar. Dem widerspricht allein das Ergebnis jener umfassendsten und umstürzendsten Transformationsperiode, welche die Familie in jüngster Zeit in der Sowjetunion auf Grund einer denkbar totalen Revolution durchmachen mußte, und die mit dem Aufbau einer neuartigen Familiengruppe abgeschlossen worden ist (siehe dazu in diesem Bande das Kapitel „Entwicklungstendenzen der Familie im neueren Rußland").

Das Problem scheint also bei kritischer Einstellung so zu liegen, daß auf direktem Wege (weder in positiver noch in negativer Hinsicht) kein Ein-

blick zu gewinnen ist in die Beziehung der Familie zum gesamtgesellschaftlichen Prozeß. So bliebe also, wenn nicht die ganze Auseinandersetzung
in einem non liquet enden soll, einzig noch der Ausweg der indirekten
Methode. Diese hat sich auf dem Gebiet der Soziologie mehr und mehr
als die eigentlich heuristisch fruchtbare Methode erwiesen. Direkt ist ja der
Zusammenhang der Gesellschaft nirgends greifbar, als könne man in irgendeiner Weise die Hand auf ihn legen, wie man etwa eine dingliche Gegebenheit be-„greift". Wohl aber spüren wir diesen Wirkenszusammenhang in dem
Augenblick, in dem wir auf irgendeine Weise von den Handlungsvorschriften
der Gesellschaft abweichen. In diesem Augenblick macht sich ein zuzeiten
geradezu physischer „Druck" bemerkbar, der den individuellen Separatis-
mus mehr oder weniger sanft in die geregelten Bahnen des gesellschaftlich
anerkannten Verhaltens zurückweist. In Druck und Widerstand offenbart sich
die Objektivität und Gegenständlichkeit der Gesellschaft, wie *E. Durkheim*
immer wieder betont hat[1]. Wenn sich also schon unmittelbar und direkt keine
Aussagen machen lassen über die Eingliederung der Familie in den gesamtgesellschaftlichen Prozeß, ohne die Gefahr einer unkritischen Verschüttung
des Problems zu beschwören, so läßt sich vielleicht indirekt etwas über dies
Verhältnis erfahren, wenn wir die Folgen der Ausgliederung der Familie aus
der Gesellschaft betrachten. Und in der Tat scheinen die meisten Nöte, denen
die Familie heute unterworfen ist, bedingt zu sein durch eine Ausgliederung
aus dem gesamtgesellschaftlichen Prozeß, die eine Synchronisation der
Familienentwicklung mit der Entwicklung der Gesellschaft im ganzen
unmöglich macht, solange nicht besondere Hilfsinstitutionen eingebaut
werden, die diese Synchronisation künstlich zu erreichen suchen, nachdem
sie sich auf natürlichem Wege offensichtlich nicht verwirklichen läßt. Wir
folgern daraus den Grundsatz, daß nicht die Integration der Familie in den
gesamtgesellschaftlichen Prozeß ein Grundbegriff der Familiensoziologie ist,
denn diese Eingliederung ist eben fraglich; wohl aber ist die Desintegration
der Familie aus dem gesamtgesellschaftlichen Prozeß ein Grundbegriff,
dessen außerordentliche Bedeutung in der Praxis der Gegenwart einsichtig
wird. Dieser Rekurs auf die einfache Praxis einer unmittelbar erlebten Gegenwart, aus der wir den indirekten Hinweis auf bestimmte Grundverhältnisse
der gesellschaftlichen Teilsektoren zueinander entnehmen, bedeutet jedoch
keinen Ausbruch aus dem theoretischen System der Soziologie. Praxis der
Gegenwart war noch immer Anfang und Ende aller Soziologie, so wahr das
Fragen der Soziologie nicht aus theoretischer Selbstgenügsamkeit aufsteigt,
sondern aus der in einer reellen Not aufdringlich werdenden Fraglichkeit des
wirklichen Lebens selber.

---

[1] Vgl. dazu *Emile Durkheim*, Die Regeln der soziologischen Methode, hrsg. von *René König*,
3. Aufl. Neuwied 1971.

II

Die Familie geht mit der Gesellschaft, d. h. jede Gesellschaft hat die Familie, die unter bestimmten sozialgeschichtlichen Voraussetzungen zu ihr gehört; dementsprechend entscheidet es sich auch aus gesamtgesellschaftlichen Verhältnissen, wie sich die Beziehung der Familie zum gesamtgesellschaftlichen Prozeß darstellt. Diese Sätze ergeben sich ohne weiteres aus der Vorrangstellung der Gesellschaft über die Familie, die immer und überall weniger an Gehalten in sich trägt als die Gesellschaft. Und selbst wenn sich bei gewissen (übrigens recht seltenen) primitiven Völkern außer dem familienmäßigen Zusammenhang kleiner Gruppen kein gesellschaftlicher Zusammenhang eigener Natur aufweisen lassen sollte, so widerspricht das keineswegs den obigen Sätzen. Bei diesen Völkern tritt die Familie in gesellschaftlich-familialer Doppelfunktion auf, womit zugleich über ihren „niedrigen" Entwicklungsstand mitentschieden ist. Erst wenn Gesellschafts- und Familienordnung deutlicher unterscheidbar werden, beginnen die Möglichkeiten der Entwicklung im Sinne einer reicheren Entfaltung des technischen, wirtschaftlichen, sozialen, staatlichen und kulturellen Lebens. Umgekehrt finden wir auch bei historisch toten Völkertrümmern diese Reduktion der Gesellschaftsordnung auf die Familie, wie etwa bei den nordafrikanischen Fellachen oder den Zigeunern, womit dann das Kultursterben endgültig besiegelt ist.

Selbst wenn aber die Familie mit der Gesellschaft geht, bedeutet das keineswegs eine einseitige „Determination" durch die Gesellschaft, als beschränke sich die Familie darauf, gesellschaftliches „Produkt" (unter anderen) zu sein. Die Familie ist vor allen übrigen sozialen Erscheinungen durch ihre biologisch-soziale Doppelnatur ausgezeichnet. Gewiß finden wir auch für andere soziale Erscheinungen untersoziale Keimformen (im animalischen Bereich), aber sie bleiben dennoch bloße Keimformen, die erst durch ihre Entfaltung in einem geschichtlich-gesellschaftlichen Bewußtseinsprozeß soziologisch relevant werden. Bei der Familie stoßen wir hingegen auf allen ihren Entwicklungsstufen immer wieder auf die Zeugungszone und Geschlechtsgemeinschaft, die zwar in ihren Modalitäten geschichtlich wandelbar sind, im Grundtatbestand von Zeugung und Fortpflanzung aber unweigerlich an das generative Prinzip allen animalischen Lebens ausgeliefert bleiben. So ist also die Familie Produkt der Gesellschaft nur bis zur Zeugungsgrenze. Jenseits ihrer unterliegt sie anderen, jedenfalls nicht mehr sozialen Determinationen. Zugleich wird sie jenseits dieser Grenze in ihrer Natur als soziale Grunderscheinung seltsam fragwürdig. Denn es läßt sich durchaus die Frage aufwerfen, ob in der reinen Zeugungs- und Fortpflanzungszone noch von Familie gesprochen werden darf, selbst wenn sich im höher organisierten Tierreich die Fortpflanzung weitgehend im Rahmen der Familie vollzieht. Prinzipiell muß jedoch betont werden, daß sich Zeugung und Fortpflanzung auch außerhalb der Familie ausgestalten können; erst als soziale Erscheinungen sind sie an die Familie gebunden, unterstehen dann aber sogleich der Bestimmung aus einem gesellschaftlichen Horizont heraus.

Die gesellschaftliche Determination der Familie läuft also nicht in einer geraden und ungebrochenen Linie von der Gesamtgesellschaft zur Familie, so daß die Familie als ein eindeutiges Produkt rein gesellschaftlicher Entwicklung angesehen werden könnte, wie etwa der Staat. Vielmehr stoßen hier zwei Kausalitätsreihen aus ganz verschiedenen Seinsbereichen und von ganz verschiedener Entfaltungsrhythmik zusammen. Die gesellschaftliche Kausalität vermag zwar ein ganzes Stück in den biologischen Seinsbereich hineinzugreifen, so daß sie unter Umständen biologische Ordnungen weit von ihrem ursprünglichen Seinsinn entführen kann, aber sie stößt dann doch unwiderruflich an eine Grenze, die wir als Zeugungsgrenze bezeichnen. Andererseits ist auch die Familie darauf angewiesen, mit der Gesellschaft zu gehen, weil sie nur so von einer biologisch relevanten Zeugungs- und Fortpflanzungsverbindung zur Familie im strengen Sinne, also zu einer sozialen Gruppe besonderer Natur wird. Letztlich ist also die weitere Gesellschaft das unaufgebbare Lebensmilieu für die Familie, aus dem sie die physischen, seelischen, geistigen und moralischen Mittel für ihr Fortkommen bezieht. Eine alleinstehende Familie ist genauso undenkbar wie ein isoliertes Einzelindividuum, beide leben sie nur in sozialer Kooperation. Dennoch entsteht aber durch den Zusammenprall zweier disparater Kausalitätsordnungen eine Art von Indeterminationsraum, der nicht von selber überwunden werden kann (etwa auf Grund eines allgemeinen Gleichgewichts der Natur im weitesten Sinne), der vielmehr einen eigenen Aufwand produktiver Anpassungsakte erfordert. Daß die Familie mit der Gesellschaft geht und sich dennoch nicht restlos aus ihr bestimmt, ist also kein Widerspruch, sondern diese zweideutige Lage wird durch ihre biologisch-soziale Doppelnatur verursacht; aus dieser erwachsen deshalb auch die Zentralprobleme aller Familienentwicklung.

Selbst wenn von einer gesamtgesellschaftlichen Bestimmung der Familie ausgegangen werden muß, die allerdings auf Grund der unüberspringbaren Spannung zwischen gesellschaftlicher und biologischer Lebenszone in sich beweglich ist, darf dies nicht in dem Sinne mißverstanden werden, als hätten sich aus einer ursprünglich „rein" gesellschaftlichen Verfassung (etwa der „Horde") „später" familienhafte Ordnungen herausentwickelt. Durch die Bindung der Familie an die Generationsordnung ist von Anfang an entschieden, daß gesellschaftliche Ordnung und Familienordnung gleichursprünglich sind. In der Tat weisen die primitivsten uns bekannten Gesellschaften deutlich das Vorhandensein von familienhaften Sondergruppen auf, auch wenn diese Familien von den bei uns vorwiegenden z. T. stark abweichen. Man könnte sogar sagen, daß eine gewisse „Absonderung" der Familie von den übrigen gesamtgesellschaftlichen Ordnungen „früher" stattfindet als die Ausgliederung der anderen Kulturgebiete von Technik, Wirtschaft, Recht, Staat und religiöser Ordnung. Wenn nicht angesichts der modernen Forschung der Aufbau von Entwicklungshypothesen so problematisch geworden wäre, könnte man sich veranlaßt fühlen, in dieser Tatsache eine Art von „natürlicher" Tendenz zu erblicken, die mit der biologisch-sozialen Doppelnatur der Familie gegeben ist. Gerade hierin liegt jedoch eine besondere Gefahr, nämlich die Gefahr einer allzu einseitigen biologischen Auffassung der Familie. Bei kritischer Unvoreingenommenheit kann höchstens die Aussage gewagt werden, daß die Familie auf Grund ihrer biologisch-sozialen Doppelnatur von Haus aus eine gewisse Absonderungstendenz aufweist; diese schafft ein Gefälle, das die Desintegration der Familie aus dem gesamtgesellschaftlichen Zusammenhang auslöst. Absonderung und Desintegration sind an und für sich nicht dasselbe, denn im Gegensatz zur Desintegration ist die Absonderung durchaus mit der Erhaltung aller gesamtgesellschaftlichen Funktionen vereinbar, wie auch die Absonderung die Einheit gesellschaftlicher Zusammenhänge nicht zu sprengen braucht, solange sie nicht zur Isolierung führt. Wohl aber besteht insofern eine Beziehung zwischen beiden Vorgängen, als eine ursprüngliche Absonderungstendenz sehr wohl einem ausgesprochenen Desintegrationsprozeß Vorschub leisten kann. Darüber hinaus muß noch betont werden, daß diese ganz urtümliche Absonderung der Familie auch eine Art von Schutz bedeutet, können doch gewisse gesellschaftliche Extremformen, wenn sie die biologische Fortpflanzung behindern, durchaus zur Selbstaufhebung einer Gesellschaft durch gesamtgesellschaftlich bedingte Sterilisation führen.

Wir haben also mit einer ausgesprochenen Absonderungstendenz der Familie zu rechnen, die zuzeiten und unter bestimmten Umständen sogar die räumliche Aufsplitterung einer Gesellschaft in einzelne Familien zur Folge haben kann, wie etwa bei manchen Eskimos, die im Winter in größeren Sippenverbänden gemeinsam leben und im Sommer in Einzelfamilien wandern[2]. Dennoch aber dürfen wir nie vergessen, daß im Stadium mangelhafter Differenzierung der Kulturgebiete die Familie insofern eine stark gesamtgesellschaftliche Ausrichtung beweist, als sie außer den spezifischen Familienfunktionen noch eine Reihe anderer (technisch-wirtschaftlicher, allgemein-sozialer, staatlicher und religiöser) Funktionen leistet. Und zwar tut sie dies nicht in dem Sinne, als sei sie „die Keimzelle des Staates oder der Gesellschaft", die von sich aus alle diese Funktionen aufzubauen imstande wäre; vielmehr tut sie dies einzig in einer Art von „Repräsentationsfunktion", indem sie mit ihrem eigenen, durch die biologische Fundierung als relativ beständig gesicherten Lebenskreis, der leicht überschaubar und darum im Wortsinne „begreiflich" ist, einen weiteren Zusammenhang vertritt, der auf der primitiven Organisationsstufe, ausgezeichnet vor allem durch eine mangelnde Herrschaftsordnung, noch keine Mittel fand, sich fester in sich selber auszugestalten. Darum ist er aber um nichts weniger vorhanden.

---

[2] *Marcel Mauss*, Les variations saisonnières des sociétés esquimaux, in: Année sociologique 9 (1906). Neu abgedruckt in *M. Mauss*, Sociologie et anthropologie (seit der 3. Aufl.), 4. Aufl. Paris 1966.

Dies lehrt vor allem die Tatsache, daß lebenswichtige (etwa religiöse oder politische) Funktionen (vor allen die Initiationsfeiern für die Jungmannschaft) immer nur in weiteren Verbänden vollzogen werden, als es die Familie ist, daß sich überall auf dieser Entwicklungsstufe, mehr oder weniger regelmäßig wiederkehrend, die Institution von Festen findet, die diesen weiteren Zusammenhang festigen sollen, wenn er allzu locker wurde, wobei dann bezeichnenderweise vielfach die Familienordnungen insofern für eine Zeit-lang aufgehoben sind, als alle Geschlechtstabus durchbrochen werden dürfen. Außerdem ist zu sagen, daß auf dieser Entwicklungsstufe die Anforderungen des materiellen Lebens derart geringe sind, daß sie ohne weiteres von der Familie bewältigt werden können; auf höherer Entwicklungsstufe stellt sich dann regelmäßig eine Prävalenz allgemeinerer Ordnungen über die Familie ein, verbunden mit einer stärker betonten Absonderung aus den gesamt-gesellschaftlichen Zusammenhängen.

Jenseits dessen bleibt aber noch eine andere delikate Frage zu berücksichtigen, ob wir es bei einem scheinbaren totalen Mangel an Stammesbewußtsein, wie etwa bei den Berg-Dama Südwestafrikas, mit einem ursprünglichen oder mit einem historisch vermittelten Zustand zu tun haben, der durch den Zusammenprall mit einer sehr viel höherstehenden Kultur (in diesem Falle mit den Herero) bedingt worden ist, also mit einer Art von Fellachismus und Kulturverlust auf niederster Entwicklungsstufe (was auch für die afrikanischen und südostasiatischen Pygmäen, die Busch-männer, die Wedda von Ceylon, die Kubu von Sumatra u. a. gelten mag). Es ist jedenfalls auffällig, daß wir solche Erscheinungen vorzugsweise in den Rückzugsgebieten der Kultur finden. Immerhin hat auch der Vorsteher einer Dama-Werft noch ein wenigstens undeutliches Bewußtsein des Stammes-zusammenhangs. Andererseits ist zu berücksichtigen, daß die Dama-Werft (und das gilt auch für ähnliche Gruppierungen etwa bei den Wedda von Ceylon) nur im höchst übertragenen Sinne als Familie angesprochen werden darf. In ihrem Kern steht zwar die Familie des Werft-Ältesten, aber neben den (verheirateten und unverheirateten) Kindern umfaßt sie noch fernere Verwandte, dann aber auch Nicht-Verwandte (isolierte Einzelgänger), schließlich auch noch Knechte. Im Grunde darf man dies nur im selben über-tragenen Sinne als Familie ansprechen, wie wir auch einen Arbeiterhaushalt so bezeichnen, der um den Kern einer früher sehr zahlreichen Familie als Kristallisationspunkt eine Reihe familienfremder Personen vereinigt (Dienst-boten, Pensionäre, Untermieter, Kost- und Schlafgänger neben unver-sorgten ferneren Familienangehörigen als Hausgehilfen). Haushalt und Familie sind aber nicht dasselbe, selbst wenn sie sich in vielen Fällen zur Deckung bringen lassen: der Haushalt ist eine wirtschaftliche Einheit mit stark gesamtgesellschaftlichen Ausdehnungstendenzen, z. B. der fürstliche Großhaushalt. Es ist also in der Tat eine außerordentliche Zurückhaltung in der Bezeichnung solcher Erscheinungen als Familien geboten; in ihrem Kern steht zwar eine Familie im strengen Sinne, um ihn herum legt sich aber ein weiterer Gruppenkreis mit stark wirtschaftlicher Betonung, der sich unter Umständen aus Verwandten, öfters noch aber aus familienfremden Personen zusammensetzt.

Genauso falsch ist es auch, angesichts solcher Tatbestände – wie es noch immer so oft geschieht – von einer „Großfamilie" zu sprechen. Diese ist ein festumrissener Begriff, der mit den erwähnten Erscheinungen nichts zu tun hat. Von Großfamilie darf nur dann gesprochen werden, wenn die Söhne des Familienvorstandes auch nach der Heirat mit ihren Frauen und Kindern im Familienverband und in Wirtschaftskommunion verbleiben und nach dem Tode des Vaters der älteste Sohn an dessen Stelle tritt (China, Balkan). In unserem Zusammenhang wäre höchstens der Ausdruck von einer „größeren Familie" erlaubt, bei der sich um den Kern der Familie zahlreiche andere Personen anschließen; aber in diesem Falle wird der Ausdruck Familie in einem uneigentlichen Sinne benutzt, wie sich etwa auch die Bewohner eines Dorfes so ansehen, „als ob" sie Mitglieder einer großen Familie seien. Mit diesem Terminus von der „größeren Familie" wollen wir zugleich andeuten, daß wir es bei solchen und ähnlichen Erscheinungen mit einer „Zwischenstufe" zwischen familialem und gesellschaftlichem Zusammenhang zu tun haben, wobei noch bemerkt werden muß, daß zum mindesten insofern eine sehr starke Analogie zwischen dieser „größeren Familie" und den primitivsten gesamtgesellschaftlichen Erscheinungen familienhafter Natur besteht, als der Zusammenhang beider außerordentlich locker ist. So findet sich bei primitiven Gesellschaften sehr häufig das Absplittern einzelner „Banden" wie auch das Hinzustoßen völlig Fremder, die einfach – fast ohne Zeremonie – „adoptiert" werden. Genausohäufig finden wir aber bei den genannten Erscheinungen aus dem gesellschaftlich-familialen Zwischenreich Teilung und Aufnahme Fremder, entweder unmittelbar in den Familienverband oder als Knechte. Beim vergrößerten Arbeiterhaushalt findet sogar ein beständiges Kommen und Gehen statt. Im strikten Gegensatz dazu stehen die Großfamilienordnungen, die eine außerordentlich straffe Organisation und Geschlossenheit nach innen wie nach außen beweisen.

Trotz der heute allseitig eingestandenen Unsicherheit urgeschichtlicher Hypothesen darf also auch bei vorsichtigster Beurteilung der Satz aufrechterhalten werden, daß die Familie mit der Gesellschaft geht und daß es sich aus gesamtgesellschaftlichen Verhältnissen entscheidet, wie sich die Beziehung der Familie zur Gesellschaft darstellt. Ist diese von der undifferenzierten Natur mit geringer technischer Ausstattung, wie wir sie bei primitiven Völkern finden, dann erlaubt es die auf Grund ihrer biologischen Fundierung relativ beständige Lebensordnung der Familie, daß sie in Repräsentationsfunktion für den gesellschaftlichen Gesamtzusammenhang steht; es kommt damit zu einem gewissen Überwuchern der Familienordnungen, so daß der Anschein entstehen kann, als stehe das ganze Leben im Zeichen der Familie. Auch dieser Zustand entspringt also einer bestimmten gesamtgesellschaftlichen Verfassung. Im übrigen läßt sich dies weit in die Kulturentwicklung hineinverfolgen, etwa bei jenen Machtordnungen, die von einer „Herrschaftsfamilie" oder auch von einer Mehrheit solcher getragen werden wie im antiken „Geschlechterstaat". In diesem Falle haben wir es entweder mit der monopolistischen Ausweitung einer einzelnen Familie in den Herrschaftsbereich zu tun (bis hin zur Despotie), was allerdings nur unter der Voraussetzung einer ganz bestimmten gesamtgesellschaftlichen Verfassung möglich ist (wie wir sie bei den alten orientalischen Reichen und z. T. auch bei den präkolumbischen Kulturen Amerikas finden), oder wir haben vor uns eine Agglomeration (lockere Zusammenballung oder bundartiger Zusammenschluß) mehrerer Großhaushaltsformen, die – wie gerade das Beispiel der Antike lehrt – beim Umschlag des Geschlechterstaats in eine exklusive Aristokratie und der damit im Gefolge auftretenden, wirtschaftlich bedingten Emanzipation der Hörigen sehr schnell zu autonomen gesellschaftlichen Großgebilden werden (vom Typus der Polis), in denen die Herrschaft der Geschlechter innerhalb kürzester Zeit gebrochen und durch eine ganz neuartige Individualkultur ersetzt wird. Die oben erwähnte gesellschaftlich-familiale Zwischenstufe scheint also nur ein geschichtliches Übergangsstadium zu kennzeichnen, sie scheint auch weniger gesellschaftlichen Durchschnittsentwicklungen als vielmehr besonders primitiven Stufen mit geringer materieller Kultur oder kulturellen Extremformen zu entsprechen, wie sie mit Vorliebe beim Übergang von den Früh- zu den archaischen Hochkulturen auftreten.

Jenseits allen bleibt aber der Grundsatz erhalten, daß wir es im Rahmen einer gesamtgesellschaftlichen Bestimmung der Familie mit einer ganz urtümlich angelegten (weil biologisch fundierten) Absonderungstendenz zu tun haben. In den bisher betrachteten Kulturhorizonten kann jedoch einzig von Absonderungstendenz und nur in den seltensten Fällen von Desintegration der Familie als Ausgliederung aus den gesamtgesellschaftlichen Zusammenhängen gesprochen werden (etwa im kaiserlichen Rom), wenn auch diese Absonderungstendenz das Gefälle schafft, auf dem sich später die Desintegration vollzieht. Vorläufig ist die Integration der Familie in den gesamtgesellschaftlichen Prozeß noch ganz unfraglich da, wenn auch auf Umwegen durch die verschiedensten Mittelglieder hindurch; die Familie bleibt auf allen Entwicklungsstufen noch durchaus gesellschaftlich voll funktionsfähig, sie ist wirkliche Repräsentation des gesellschaftlichen Gesamtzusammenhanges, selbst wenn sie sich denkbar stark absondert.

Dementsprechend muß man heute wohl auch davon absehen, aus der Urgeschichte der Familie irgendeinen einseitigen Entwicklungssinn herauslesen zu wollen. Gesamtgesellschaftliche Determination und biologisch bedingte Absonderung der Familie sind keine Gegensätze, vielmehr gleich ursprünglich angelegt und nur in verschiedener Akzentuierung wandelbar. Absonderung und Integration widersprechen einander nicht. Eine ausgesprochene Desintegration der Familie neben ihrer naturbedingten Absonderung finden wir erst im Laufe der modernen Entwicklung seit der Antike. Es ist dies jene Periode, für die das von *Durkheim* aufgestellte „Kontraktionsgesetz" zutrifft. Um so erstaunlicher muß es anmuten, daß neben zahllosen urgeschichtlichen Konstruktionen eine Darstellung dieser Entwicklung bis zur Gegenwart eigentlich noch immer aussteht, wobei auch *Durkheim* von diesem Vorwurf nicht auszunehmen ist (für eine weitergehende Kritik an *Durkheim* siehe in diesem Bande das Kapitel „Alte Probleme und neue Fragen in der Familiensoziologie").

Das Kontraktionsgesetz, das von *Durkheim* insbesondere am Vorbild der römischen Familie gewonnen wurde, besagt, daß der Familienkreis auf immer weniger Personen eingezogen wird, bis schließlich die Voraussetzung für das Entstehen der sogenannten „Gattenfamilie" (famille conjugale) gegeben sind, die nur noch aus dem Gattenpaar und den unmündigen Kindern besteht. Abgesehen davon, ob damit die Entwicklung der römischen Familie richtig getroffen ist (die ja auch zur Zeit der gentilizischen Verfassung eine deutliche Absonderungstendenz aufweist), muß doch gesagt werden, daß die Tendenz zur Herausbildung der Gattenfamilie die westlichen Kulturen überall und durchgehend bestimmt. Vor dieser unbestreitbaren Tatsche kann *Durkheims* urgeschichtliche Konstruktion ruhig aufgegeben werden, welche die gesellschaftliche Determination der Familie im Sinne einer ursprünglichen Identität von gesamtgesellschaftlichen und familialen Ordnungen mißdeutete (im totemistischen Klan). Wir haben ja schon vorher sehen können, daß die unmittelbare gesamtgesellschaftliche Determination und auch eine repräsentationsmäßig-mittelbare gesamtgesellschaftliche Funktion der Familie mit einer ganz urtümlichen Absonderungstendenz vereinbar sind. Aber die Problematik beginnt erst in dem Augenblick, wo die Absonderung zu einer ausgesprochenen Desintegration wird, die dann selbst eine repräsentationsmäßig gesamtgesellschaftliche Funktion unmöglich macht. Während ursprünglich das lateinische Wort „familia" nicht nur einen recht weiten Kreis von Personen, sondern zugleich den Inbegriff aller unbeweglichen und beweglichen Habe bis hin auf die Knechte und Mägde umfaßt (wie auch das griechische „oikos"), bezieht sich das moderne Wort Familie vorwiegend auf die zentrale Zone des Gattenpaares mit seinen unmündigen Kindern, von der die weitere Zone der Verwandtschaft bereits deutlich abgehoben ist, während von der beweglichen und unbeweglichen Habe so wenig die Rede ist, daß sich in der jüngsten Gegenwart sogar der Typus einer „haushaltlosen Familie" herausbilden konnte, dem etwa in hochmobilen Ländern in Zukunft weiteste Verbreitung prophezeit werden kann.

Wenn nun der Satz, daß die Familie mit der Gesellschaft geht, auch angesichts dieser modernen Entwicklung aufrechterhalten bleiben soll, so muß sich zeigen lassen, daß der Desintegration der Familie eine gesamtgesellschaftliche Umwälzung entspricht. Dies ist in der Tat leicht getan, weist doch die gesamte Forschung über den Entwicklungssinn der modernen Gesellschaft auf, wie sich das Individuum zunehmend aus allen weiteren Zusammenhängen befreit und sich auf sich selber stellt. Diese vorwiegend durch die Entfaltung der modernen Wirtschaft bedingte Entwicklung, die zugleich durch einen allgemeinen Individualisierungsprozeß verschärft wird, erreichte ihren Höhepunkt in dem Augenblick, wo im nachrevolutionären Frankreich der Satz geprägt wurde: Il n'y a que l'individu et l'Etat. Damit war der Typus der individualistischen Familie vollendet, der sich restlos aus allen weiteren Zusammenhängen ausgliedert und sich ausschließlich auf den konsensualen Ehevertrag zweier ehewilliger Partner aufbaut. Diese Entwicklung ist nicht umkehrbar, man kann sie nicht ungeschehen machen, weil man damit die gesamte moderne Wirtschaftsgesellschaft aufheben müßte, man kann sie auch nicht beklagen, denn das wäre angesichts der ungeheuren Logik in der Entfaltung des kapitalistischen Systems nur müßiges und sentimentales Gerede. Wohl aber kann man die Erwartung aussprechen, daß sich angesichts der heutigen Umwälzung der Wirtschaftsgesellschaft und einer damit sich ankündenden gesamtgesellschaftlichen Neuordnung auch ein neuer Familientyp herausbilden wird, den im übrigen zu umreißen hier nicht der Ort ist.

Es bleibt uns noch die Aufgabe, den genauen Mechanismus der Desintegration zu umschreiben. Die Desintegration der Familie ist kein einzigartiges Phänomen, vielmehr entspricht ihr eine allgemeine Desintegration der einzelnen Kulturgebiete. Sie ist die Fortführung einer ganz urtümlich im Werden der Kultur angelegten Auffächerung des gesellschaftlichen Gesamtbewußtseins in eine Mannigfaltigkeit einzelner Kultursektoren (Technik, Wirtschaft, Recht, Staat, Religion, Wissenschaft, Philosophie, Kunst und schließlich auch Familie). Wir stehen hier vor dem unauflösbaren Paradoxon, daß die reichere Entfaltung der Kultur in materieller und ideeller Hinsicht einzig ermöglicht wird durch die Auffächerung des Lebens in eine Reihe von Teilgebieten, daß aber gerade die damit auftretende Desintegration des gesamtgesellschaftlichen Ganzen die Entstehung eines einheitlichen Kulturbewußtseins außerordentlich erschwert, wenn nicht gar unmöglich macht. Vor allem wird im Laufe dieses Kulturwandels der Tatbestand sichtbar, von dem alle Lehre vom gesellschaftlichen Wandel auszugehen hat, daß die verschiedenen Kultursektoren keineswegs im selben Rhythmus schwingen, sondern teils schneller, teils langsamer, so daß sich der Synchronisation des gesamtgesellschaftlichen Prozesses die größten Hemmnisse in den Weg legen, die sich – entsprechend der durchgehenden Individualisierung des modernen Lebensstils – vor allem in individuellen Anpassungsschwierigkeiten der sozialkulturellen Persönlichkeit an ihre gesellschaftliche Umgebung ausdrücken. Der Erkenntnis und der Steuerung der individuellen Anpassungsschwierigkeiten dienen die speziellen Disziplinen der Soziologie, während die allgemeine Soziologie und insbesondere die Sozialphilosophie entstanden ist, um wenigstens künstlich ein gesellschaftliches Gesamtbewußtsein aufzubauen, nachdem dies auf Grund des angedeuteten kulturellen Auffächerungs- und Desintegrationsprozesses auf natürlichem Wege offensichtlich nicht mehr möglich ist.

Die Auffächerung der Kulturgebiete in einzelne Teilsektoren führt zur Desintegration auf dem Umwege über die Spezialisierung. Auch dieser Prozeß ist unvermeidlich und unumkehrbar, zugleich muß mit einer negativen Beurteilung dieser Spezialisierung die allergrößte Zurückhaltung geübt werden, wäre doch ohne sie die reiche Ausstattung unserer Gesellschaft an materiellen und kulturellen Gütern niemals zustande gekommen. Jede Aufhebung der Spezialisierung und der Differenzierung unserer Gesellschaft führt unweigerlich zur Barbarei. Andererseits muß betont werden, daß gerade in der differenziellen Spezialisierung, die letzten Endes jeden einzelnen von allen anderen einzelnen abhängig macht, ein hervorragendes Sozialisierungsprinzip liegt, nämlich die Kooperation in der Verschiedenheit, die allererst kulturelle und wirtschaftliche Höchstleistungen erlaubt.

Genau dem gleichen Prozeß der differenziellen Spezialisierung ist aber, was bis heute noch kaum herausgearbeitet worden ist, auch die Familie unterworfen. Die Desintegration der modernen Familie führt nicht nur zu Einziehung der Familie auf den engsten Personenkreis der Gatten-Kinder-Gruppe, sondern zugleich auf das, was wir „die funktionelle Reduktion auf rein familiale Leistungen" nennen möchten. Einzig durch diese Spezialisierung wird es der Familie ermöglicht, in der Gegenwart als hervorragendster Vertreter der Intimgruppen aufzutreten, indem der Ausgliederung aus den gesamtgesellschaftlichen Zusammenhängen eine Intensivierung des Lebens nach innen entspricht. Und diese Intensivierung der Intimsphäre der Familie erweist sich (genau wie die Kooperation der Verschiedenen im allgemeinen Bereich der Wirtschaftsgesellschaft) als ein hervorragendes Sozialisierungsprinzip, indem sie den Aufbau der sozial-kulturellen Einzelpersönlichkeit anbahnt, auf die heute der gesamte Gesellschaftsprozeß unwiderruflich gestellt ist, und das zu einer Zeit, wo außer der Familie kaum mehr andere Intimgruppen vorhanden sind, die diesen Aufbau sichern könnten.

Unter dieser Voraussetzung erweist sich dann die genau gleiche Zurückhaltung in der Bewertung der Desintegration der Familie am Platze, wie wir es eben noch gegenüber einer möglichen Polemik gegen die differenzielle Spezialisierung der Gesellschaft im ganzen zu fordern veranlaßt waren. Nur dann können die Grundbegriffe der Familiensoziologie die Forschung und damit unsere Einsicht in die wirklich bestehenden Verhältnisse weiterbringen, wenn sie aus einer „Umkehr des Bewußtseins" entspringen, die die vorurteilsgeladenen Wertungen des Alltagsbewußtseins überwunden und hinter sich gebracht hat; diese zeichnen sich durch eine allgemeine Verspätung vor der gegenwärtigen Entwicklung aus. Unsere Meinungen haben eben die Eigentümlichkeit zu überleben, wenn die ihnen entsprechenden Wirklichkeiten schon längst verschwunden sind. Aufgabe der Soziologie ist es demzufolge, unsere Meinungen auf „die Höhe der Zeit" zu bringen.

Auf Grund ihrer biologisch-sozialen Doppelnatur hat die Familie eine ursprüngliche Absonderungstendenz aus dem gesamtgesellschaftlichen

Prozeß, ohne jedoch ihre Repräsentationsfunktion für das Ganze einzubüßen. Dies bleibt das Verhältnis der Familie zum gesamtgesellschaftlichen Prozeß durch die ganze Urgeschichte und Frühgeschichte der Familie hindurch. Erst nach der Auffächerung der Kulturgebiete in einem umfassenden differenziellen Spezialisierungsprozeß bereitet sich aus der ursprünglichen Absonderungstendenz eine ausgesprochene Desintegration. Diese wirkt sich im positiven Sinne aus als eine Reduktion der Familie auf rein familiale Leistungen, womit notwendigerweise eine Einziehung der Familie auf einen immer kleineren Personenkreis Hand in Hand geht. So entsteht jene Intimität des sozialen Verkehrs, die für die moderne Familie so bezeichnend ist. Zugleich aber erweist die Desintegration ihre weiteren Folgen, indem sie in diesem Zustand jegliche Repräsentationsfunktion der Familie für den gesamtgesellschaftlichen Zusammenhang unmöglich macht. Damit ist dann entschieden, daß die Familie eine ganze Reihe von Leistungen nicht mehr aufzubringen vermag, die von nun an von anderen Ordnungen der Gesellschaft übernommen werden. Die wirtschaftliche Produktivfunktion der Familie geht über an die eigenständigen Einrichtungen der Wirtschaftsgesellschaft, die Machtfunktion ist restlos dem Staate vorbehalten; die Kult- und Kulturgemeinschaft der Familie wird von den Kirchen und anderen Institutionen übernommen. Die Anforderungen des modernen Berufslebens sind derart hochgeschraubt, daß alle Berufsausbildung in der Familie von Anfang an illusorisch ist, weil sie zu minderwertigen, nicht konkurrenzfähigen Leistungen führt; dementsprechend kann die Berufsausbildung und ein großer Teil der Erziehung, die auf Vorbereitung zum Beruf ausgeht, nur noch in besonderen staatlichen Anstalten mit eigens ausgebildetem Personal geleistet werden. Die Kleinheit der Familie und die daraus resultierende geringe wirtschaftliche Stoßkraft entscheiden darüber, daß die verschiedenen Versicherungsfunktionen und die Altersversorgung wiederum von besonderen spezialisierten Anstalten der freien Wirtschaft oder des Staates aufgebracht werden müssen. Nach der Erkenntnis von der Eigengesetzlichkeit des Lebens der Jugendlichen ist schließlich auch die Freizeitgestaltung an besondere Verbände und Vereine übergegangen. Selbst der Konsum wird heute weitgehend von öffentlichen Anstalten befriedigt; das Restaurationsgewerbe nimmt immer breitere Ausmaße an, in Notgebieten liegt häufig die Ernährung, manchmal für Jahrzehnte, weitgehend in der Hand von Volksküchen (China), zudem erleichtert die moderne Nahrungsmittelindustrie durch Produktion von Massenartikeln die Haushaltsarbeit derart, daß sich die Funktion der Hausfrau mehr und mehr von der Herstellung der Nahrungsmittel auf Einkauf und Zubereitung von Fertigwaren verschiebt. Auch die notwendigen Reparaturleistungen werden heute von selbständigen Gewerben bewältigt. Diesem ungeheuerlichen Funktionsverlust steht als positive Leistung einzig jener Komplex gegenüber, den wir als Reduktion der Familie auf rein familiale Leistungen bezeichneten; diese Leistung, deren Ziel vor allem der Aufbau der sozial-kulturellen Persönlichkeit ist, kann dagegen von keiner anderen Einrichtung der Gesellschaft aufgebracht werden, hier ist die Familie auf ihrem eigensten Gebiet. Die Desintegration der Familie als Ausgliederung aus allen allgemeinen Zusammenhängen hat also letzten Endes auch die Folge, daß von nun an die genaue Umschreibung der spezifisch familialen Leistungen der Familie möglich wird. Erst von diesem Zustand aus kann mit Sicherheit gesagt werden, was wirklich zur Natur der Familie gehört und was nur sekundäres Merkmal ist, das ebenso gut oder sogar besser von anderen Einrichtungen der Gesellschaft verwirklicht werden kann. Der einzige, der bis heute diese Problematik richtig erkannt hat, ist *Robert M. MacIver.* Zwar bedeutet die Verkleinerung des Umfangs der Familie gewiß eine Erschütterung, so wahr ein Zusammenhang zwischen Größe und Beständigkeit der Gruppe besteht. Aber ganz abgesehen davon, daß bei den z. T. ganz außerordentlich umfangreichen primitiveren Familientypen die Absplitterung einzelner gar nichts Seltenes ist und daß unter den heute gegebenen Umständen Kinderreichtum mehr oder weniger eine Belastung darstellt, bedeutet die Ausbildung einer Intimsphäre eine Stärkung der Familie ganz eigener Art, wie sie auch auf diesem Wege allererst zu einer festen Konturierung gelangt. So sagt *MacIver:* „As the family lost function after function it found its own"[3].

Die Desintegration der Familie ist also wirklich ein Grundbegriff der Familiensoziologie, soweit diese an der genauen Bestimmung der Lage der Familie in der Gegenwartsgesellschaft interessiert ist. Die ganz urtümlich in der biologisch-sozialen Doppelnatur der Familie begründete Absonderungstendenz leistet im Laufe der Kulturentfaltung der Desintegration der Familie Vorschub. Endgültig vollzogen wird diese Desintegration jedoch erst in der modernen Kultur. Da aber die wesentlichste Aufgabe der Soziologie die Orientierung in der Praxis der Gegenwart ist, muß der Begriff der Desintegration als der adäquate Ausdruck für das Verhältnis der Familie zum gesamtgesellschaftlichen Prozeß angesehen werden. Mit diesem Begriff wird ein ganz bestimmtes Strukturverhältnis der modernen Gesellschaft getroffen, dessen weitere begriffliche Entfaltung es erst erlauben wird, diese Ursituation von den sekundären Folgen einer besonderen Bedingungskonstellation in solcher Weise abzuheben, daß die in einer gesamtgesellschaftlichen Entwicklung begründete und darum unabänderliche Verfassung der modernen Familie unterschieden werden kann von jenen Bedrohungen, die durch soziale Kontrolle wirksam bekämpft werden können.

III

Desintegration und Desorganisation der Familie sind nicht dasselbe. Der Begriff der Desintegration bezieht sich auf ein ganz bestimmtes Verhältnis der Familie zum gesamtgesellschaftlichen Prozeß, der Begriff der Desorganisation

---

[3] *Robert MacIver*, The Elements of Social Science, 7. Aufl. London 1944, S. 162; vgl. auch *ders.*, Community, London 1917, S. 233 ff.

auf eine ganz bestimmte interne Verfassung der Familie selber. Zur vorläufigen Einsicht in die Richtigkeit dieser Sätze genüge es, auf den verschiedenen Sinn der Gegensätze von Desintegration und Desorganisation hinzuweisen. Eingliederung der Familie in den gesamtgesellschaftlichen Prozeß bedeutet etwas ganz anderes als eine wohlorganisierte Familie, die durchaus unter Voraussetzung der Desintegration denkbar ist. Umgekehrt kann sich auch bei Annahme einer vollintegrierten Familie unter bestimmten Bedingungen, die im Augenblick nicht zur Diskussion stehen, eine Desorganisation der Familie einstellen. Die beiden Gegensatzpaare Desintegration-Integration und Desorganisation-Organisation beziehen sich also einmal auf ganz verschiedene Tatbestände; sie sind aber auch nicht parallel gelagert, sondern überkreuzen sich. Diese erste formale Entscheidung möge vorläufig genügen, die weitere Entfaltung des Verhältnisses der beiden Begriffspaare zueinander wird erst später erfolgen können. Vorerst sei nur noch bemerkt, daß bei gesamtgesellschaftlicher Determination der Familie den Begriffen Desintegration-Integration der Vorrang gebührt vor den Begriffen Desorganisation-Organisation. Ob sich im übrigen eine greifbare Ausstrahlung der Desintegration auf die Desorganisation der Familie feststellen läßt, wird einer anderen Betrachtung vorbehalten sein, nachdem der Begriff der Desorganisation der Familie zureichend geklärt sein wird.

Wir haben bei der Behandlung dieses zweiten Begriffspaares Desorganisation-Organisation, genau wie vorher, den Begriff der Desorganisation zuerst abzuhandeln, beruht doch auch hier die große Gefahr darin, daß das, was eben fraglich ist, ohne weiteres als fraglos bestehend und bekannt vorausgesetzt wird. In dieser Hinsicht ist im augenblicklichen Zusammenhang die soziologische Fragetendenz genau gleich gelagert wie im ersten Falle; stehen wir doch hiermit vor einem Grundsatz aller soziologischen Erkenntnislehre überhaupt. Bei einer wohlorganisierten Familie gibt es überhaupt kein soziologisches Fragen; dies kommt einzig in Gang auf Grund der drängenden Erfahrung einer weitgehenden Desorganisation. An dieser Stelle pflegen in den Diskussionen zumeist ideale Forderungen von der Geschlossenheit der Familie die wirkliche Einsicht in Grad und Ursachen der Familiendesorganisation zu verdrängen. Diese idealen Forderungen sind darum für eine vorurteilslose Untersuchung der bestehenden Verhältnisse besonders hinderlich, weil sie nicht nur freischwebenden Konstruktionen und Wunschträumen entspringen, sondern sentimentalische Verklärungen von Meinungen darstellen, die einem Zustand der Familienentwicklung entsprechen, der heute gar nicht mehr da ist. Die öffentliche Meinung macht sich nur zu gern zum laudator temporis acti, sie versucht das (übrigens meist viel zu rosig gesehene) Bild der vergangenen Altfamilie als ideale Forderung über die Gegenwart zu stellen und die Abweichungen von diesem Idealbild als Zufall zu kennzeichnen, der im primitivsten Falle in moralisierender Wendung als schlechter Wille der beteiligten Personen ausgelegt wird. Hierher gehören die Klagen über die „sittliche Verwilderung" unserer Gegenwart, die aus dem

Erlebnis einer weitgehenden Familiendesorganisation hergeleitet werden. Auf höherem Niveau bewegen sich jene Ausführungen, die sich gegen bestimmte Bezirke der modernen Gesellschaft wenden, z. B. gegen die Wirtschaft, die für die Desorganisation verantwortlich gemacht wird. Hier muß jedoch bemerkt werden, daß auch in dieser wirtschaftlichen Entwicklung eine Notwendigkeit eigener Natur liegt. Selbst wenn zwischen der Wirtschaft und der Familie Institutionen der sozialen Kontrolle eingebaut werden, die die Übergriffe der Wirtschaft in den Lebensbereich der Familie beschneiden und zurückdrängen sollen, so muß doch betont werden, daß dieser Konflikt zweier Teilsektoren der Gesellschaft ebenfalls weitgehend unvermeidlich ist. Die Auffächerung der Gesamtgesellschaft in eine Reihe differentiell spezialisierter Teilsektoren hat jene verschiedene Entwicklungsrhythmik sichtbar werden lassen, die wir als das Grundproblem der modernen Lehre vom gesellschaftlichen Wandel erkannt haben. Auf Grund ihrer nur im engsten Rahmen und in langatmigstem Tempo wandelbaren biologisch-sozialen Doppelnatur hat die Familie die allergrößten Anpassungsschwierigkeiten an diese Lage, insbesondere wenn sie „beschleunigten Prozessen" gegenübersteht, wie sie die moderne Wirtschaftsgesellschaft durchmacht. Dieser Tatbestand muß in größtmöglicher Klarheit ins Auge gefaßt werden, ohne jede Ablenkung durch ungeprüft hingenommene soziale Ideale, wenn wir im Aufbau einer positiven Familiensoziologie wirklich weiterkommen wollen. Darum ist der Begriff der Desorganisation ein Grundbegriff der Familiensoziologie genau im gleichen Sinne wie es der Begriff der Desintegration war. Einmal bringt er eine tatsächliche Verfassung der Familie zum Ausdruck, dann aber wird – nach vollzogener Einsicht in diese Verfassung – wenigstens indirekt sichtbar, worin die positive Ordnung der Familie beruht. Beim reibungslosen Funktionieren der Familie machen sich über die Frage der unmittelbaren Lebensführung hinaus überhaupt keine Probleme bemerkbar, alles versinkt in die Unauffälligkeit und in ein ganz undifferenziertes Gefühl der Geborgenheit; erst nachdem diese Ordnung gestört wurde, werden auf indirektem Wege die Prinzipien erfaßt werden können, deren Störung zur Ursache für die Desorganisation der Familie wurde.

Wenn wir den Sinn der Familiendesorganisation realistisch erfassen wollen, dann geht es also nicht an, einen aus der Vergangenheit entnommenen Maßstab an die Gegenwart heranzutragen und nun einfach jede Abweichung von diesem Maßstab als Desorganisation zu bezeichnen. So groß auch die Bedeutung der sozialen Ideale für den Aufbau des tatsächlichen sozialen Verhaltens sein mag, die Forschung bringen sie nicht weiter. Wenn wir uns im Bereich jener Werturteile aufhalten, die die öffentliche Meinung andauernd über den Zustand der Familie in der Gegenwart produziert, dann erfahren wir bestenfalls etwas über ein „Malaise" in der Bewertung der Existenzmöglichkeiten der Familie, niemals jedoch etwas über den Grund für dieses Malaise. Dies wird erst dann geschehen können, wenn wir diese an einen ganz bestimmten, nicht mehr gegenwärtigen Entwicklungsstand der Familie gebundenen Maßstäbe aus ihrer notorischen Verspätung herauslösen und an einer „Konstanten" ausrichten, die jenseits alles historischen Wandels vorausgesetzt werden muß, wenn überhaupt von Familie soll gesprochen werden können. Damit erst wird das Phänomen der Familie zur Dignität eines theoretischen Gegenstandes im strengen Sinne emporgehoben. Diese Konstante, die zugleich der Familiensoziologie mit der allgemeinen Soziologie gemeinsam ist, ist die Bestimmung der Familie als einer Gruppe besonderer Art, die wir vorläufig als Intimzusammenhang und Zeugungsgruppe bezeichnet haben (wobei die Zeugung nur als Grenzwert aufzufassen ist). Wenn wir den Begriff der Desorganisation in einer allgemein-soziologisch verbindlichen Weise und nicht nur als Ausdruck einer subjektiven Meinungsäußerung begründen wollen, dann muß die Desorganisation der Familie als fundamentale Störung dieses eigentümlichen Gruppenzusammenhangs dargestellt werden.

Es ist nicht unsere Absicht, eine spezifizierte und detaillierte Lehre von der Familiendesorganisation zu geben; das ganze Gewicht soll vielmehr auf die Diskussion der Grundbegriffe gelegt werden, um ein einigermaßen gesichertes Orientierungsmittel in dem Dickicht der gegenwärtigen Problematik in die Hände zu bekommen. Wenn diese grundbegriffliche Auseinanderlegung der Familiendesorganisation systematisch vorangetrieben werden soll, dann muß sie sich auch aus der allgemeinsten Bestimmung der Familie als einer Gruppe eigener Art herleiten lassen. Wir erhielten auf diesem Wege den allgemeinsten Satz, daß allemal dann die Familie desorganisiert zu werden droht, wenn durch besondere Umstände und Entwicklungen ihr spezifischer Gruppencharakter in Frage gestellt wird. Mit diesem Satz ist das ganze Problem aus der Dimension privater Meinungsäußerung herausgehoben und auf objektive Begriffe gebracht. Und dies ist dringend nötig, wenn man erfahren will, was tatsächlich geschehen ist und in zahllosen infinitesimalen Prozessen rings um uns herum noch immer geschieht, ohne sich durch fromme Wünsche oder katastrophische Skepsis den Blick für die Tatsachen verschleiern zu lassen.

Die im vorigen Abschnitt besprochene Desintegration der Familie aus den gesamtgesellschaftlichen Zusammenhängen braucht bei einer ersten Betrachtung noch nicht als Ursache einer Familiendesorganisation angesehen zu werden. Zwar geht sie Hand in Hand mit einer zunehmenden Kontraktion der Familie, die auch einen entsprechenden Wandel ihres Charakters nach sich zieht, indem aus der ganz urtümlich angelegten Absonderung der Familie immer deutlicher eine ausgesprochene Intimsphäre herauswächst (die auf primitiven Entwicklungsstufen nicht im gleichen Ausmaß vorhanden ist), doch bleibt im Laufe dieses Wandels die Gruppenstruktur der Familie noch immer voll erhalten. Ob von der Desintegration der Familie darüber hinaus noch eine besondere Ausstrahlung auf die Desorganisation der Familie im Sinne einer Störung oder Beeinträchtigung ihres Gruppengefüges aufzuweisen ist, soll erst am Schluß dieser Abhandlung untersucht werden. Obwohl wir also von einer prinzipiellen Erhaltung der Gruppenkonstante im Aufbau der Familie durch allen gesamtgesellschaftlichen Wandel hindurch ausgehen, was unter Umständen die Aufrollung des Problems von einer gesamtgesellschaftlich bedingten Familiendesorganisation als Bedrohung ihres Gruppengefüges müßig erscheinen lassen könnte, muß dennoch – in Verwirklichung des Satzes von der gesamtgesellschaftlichen Determination der Familie bis zur Zeugungsgrenze – bei der Frage nach den möglichen Störungen der Gruppenordnung der Familie die gesamtgesellschaftlich bedingte Familiendesorganisation im Vorrang vor der Binnendesorganisation abgehandelt werden. Wir hätten also von Anfang an mit einer zweiseitigen Ausrichtung der Lehre von der Desorganisation der Familie zu rechnen:

I. Die gesamtgesellschaftlich bedingte Familiendesorganisation;
II. Die Binnendesorganisation der Familie.

In dem umfassenden Auffächerungs- und Desintegrationsprozeß der Gesellschaft in eine Mannigfaltigkeit spezialisierter Teilsektoren hat sich nicht nur eine innere Zergliederung der Gesellschaft vollzogen, wenn wir vom Ganzen aus sehen, sondern zugleich eine außerordentliche Komplikation des sozialen Daseins, wenn wir von der Lebensführung der einzelnen sozial-kulturellen Persönlichkeit ausgehen. In relativ undifferenzierten Ordnungen wandelt sich der einzelne nur in gewissen Modalitäten, wenn er verschiedenen Beschäftigungen obliegt; in der modernen Gesellschaft hingegen impliziert jeder Wandel in der Ausrichtung des Interesses ein Hinüberwechseln von einer Gruppe in eine andere. In der Familiengruppe bleibt der einzelne nur so lange, wie er spezifisch familialen Funktionen nachgeht; als wirtschaftliches Subjekt wechselt er hingegen in eine andere Dimension und in eine andere Gruppe hinüber, wobei beide Gruppen in der Regel auch räumlich getrennt sind (Familienheim – Berufsstätte). Eine unmittelbare Verbindung zwischen beiden Lebenskreisen besteht heute nicht mehr; diese kann sich einzig erhalten, solange die Familie repräsentationsmäßig gesamtgesellschaftliche Funktionen übt, was heute nur noch teilweise bei der bäuerlichen Familie und beim Familienbetrieb der Heimindustrie der Fall ist. Normalerweise kann die Verbindung zwischen Familie und Wirtschaft nur noch durch die Vermittlung einer sozial-moralischen Leitidee aufrechterhalten werden, indem der einzelne hinausgeht in die wirtschaftliche Dimension um der wirtschaftlichen Erhaltung seiner Familie willen. So wird die sozialkulturelle Persönlichkeit insofern zum Vollzugsort einer sozialen Komplikation, als sich in ihr verschiedene soziale Lebenskreise kreuzen. Und zwar nicht nur Wirtschaft und Familie, sondern darüber hinaus noch eine Unzahl verschiedener anderer Lebenskreise (Beruf, Berufsverband, politische Partei, Gewerkschaft, Gesinnungsverein, Kulturinstitution, Kirche, die verschiedenen Funktionskreise des Staates, z. B. Militär usw.). Kein Mensch lebt heute in einer

Gruppe allein, jeder einzelne ist ein höchst kompliziertes Kombinat der verschiedensten Gruppenkreise und Gruppeninteressen.

Wenn die Komplikation in der Kreuzung verschiedener sozialer Kreise sich zu einer harmonischen Einheit zusammenschließen würde, könnte dieser Tatbestand ohne jeden Einfluß auf die Desorganisation der Familie bleiben; er würde diese einzig in eine Mannigfaltigkeit sozialer Perspektiven eingliedern und sie sogar unter Umständen in ihrer eigenen Gruppenordnung nur noch fester fügen, indem bei dieser allgemeinen Funktionsverteilung die besondere Leistung der Familie sich um so deutlicher ausgestalten könnte. Gerade das ist jedoch nicht der Fall. Im Gegenteil: jeder einzelne soziale Lebenskreis hat seine eigenen Verhaltensmaximen, die denen der anderen Kreise oft genug zutiefst widersprechen. Die Gesellschaft hat nicht eine, auch nicht zwei, sondern tausend Moralen, die alle miteinander in Konflikt treten können. Die Situation wird zudem noch dadurch kompliziert, daß sich dieser Konflikt nicht an den Grenzen der einzelnen Lebensgebiete abspielt, sondern innerhalb jeder einzelnen Person, sofern sie im Laufe ihrer Lebensführung durch gesamtgesellschaftliche Notwendigkeit gezwungen ist, beständig – im Laufe des Tages mehrmals – den Lebenskreis und damit die Maximen des Verhaltens zu wechseln. Dabei soll in diesem Zusammenhang nicht einmal von eigentlichen „Kulturzusammenstößen" im Rahmen ein und derselben Gesellschaft die Rede sein, sondern einzig und allein von der Auswirkung der Kreuzung und Komplikation sozialer Lebenskreise auf die Gruppenstruktur der Familie.

Eine wohlorganisierte Gruppenordnung verlangt nach Kontinuität. Auch die Familie vermag sich nur dann zu einer festen Gruppe auszugestalten, wenn ihre Wirkung auf die Familienmitglieder eine kontinuierliche ist. Bei einer bestimmten gesamtgesellschaftlichen Verfassung kann es jedoch niemals zu einer kontinuierlichen Wirkung der Familie kommen; diese bleibt notwendigerweise intermittent, indem durch die Struktur der modernen Gesellschaft selber ein großer Teil der Familienmitglieder gezwungen wird, sein Leben in gewissen Schichten außerhalb der Familie zu verbringen. Diskontinuität oder Intermittenz der Gruppenwirkung sind jedoch Faktoren der Gruppendesorganisation, vor allem wenn sie von außen her erzwungen werden. Zugleich muß betont werden, daß aus der gleichen Ausgangslage noch eine ganze Reihe anderer Faktoren entspringen, die sich in gleicher Weise dem Aufbau fester Gruppenordnungen in den Weg stellen. Die Intermittenz in der Gruppenwirkung hat einen unübersehbaren Mangel an Tradition zur Folge; das muß wiederum die Dichte der Beziehungen innerhalb der Familie empfindlich beeinträchtigen. Aus dem Mangel an Dichte der Beziehungen folgte ein außerordentlicher Mangel an Kohäsion, Solidarität und Sammlung; das Leben der Familienmitglieder streut sich über eine Mannigfaltigkeit verschiedener Interessengebiete und läßt darum das Gruppenleben niemals zum Gleichgewicht kommen. Das sind die objektiven Ursachen für das Malaise in der Bewertung der Möglichkeiten der Familie in der modernen Gesellschaft, von der wir vorher sprachen.

Vorderhand haben wir es jedoch bei all den genannten Prozessen der Gruppendesorganisation mit Erscheinungen zu tun, die für alle Sektoren des gesellschaftlichen Lebens zutreffen, da wir in der Moderne mit einem unvermeidlichen und beständigen Wechsel der einzelnen aus einem Lebenskreis in den anderen zu rechnen haben. Zudem gibt es vorläufig in diesem Wechsel keine Vorrangstellung irgendeines bestimmten Lebensgebietes, so daß alle Gruppenordnungen gleichmäßig von dieser Desorganisation betroffen werden. Es wäre also das Desorganisationsproblem vorläufig nur allgemein und noch nicht spezifisch familiensoziologisch erfaßt. Dies kann erst geschehen, nachdem erkannt worden ist, daß in dem bezeichneten Konflikt verschiedener sozialer Lebenskreise eine ausgesprochene Vorrangordnung in der Bewertung der verschiedenen Lebenskreise je nach ihrer Bedeutung für das gesellschaftliche Ganze vorhanden ist. Ohne nun diese Rangordnung (die im übrigen von Kultur zu Kultur wandelbar ist) im einzelnen hier nachzuzeichnen, können wir sagen, daß in ihr zweifellos der Familie eine niedere Stellung zukommt. In den gesellschaftlichen Großgebilden der Gegenwart sind die umfassenden Ordnungen des Staates und der Wirtschaft in derart lebenswichtige Stellungen hineingewachsen, sie erfüllen auch die Lebensfläche der einzelnen in immer wachsendem Ausmaß, daß darüber die in dem allgemeinen Kontraktionsprozeß auf einen relativ kleinen Personenkreis einzogene Familie im Verein mit ihrem außerordentlichen Funktionsschwund nur noch als Gruppe von sekundärer Bedeutsamkeit erscheinen kann. Hier spüren wir deutlich eine erste Wirkung der Ausstrahlung des allgemeinen Desintegrationsprozesses auf die Stellung der Familie in der modernen Gesellschaft. Jetzt können wir auch nicht mehr nur von einem Konflikt zwischen verschiedenen Lebensordnungen reden, sondern vielmehr von einer ausgesprochenen „Konkurrenzierung" der Familie durch andere gesellschaftliche Teilordnungen, die auf Grund ihrer Lebenswichtigkeit ohne weiteres die Familiengruppe in den Hintergrund drängen und sie zugleich dem stärksten Druck aussetzen. So werden die Wirtschaft und der Staat in ihrem Überwuchern über alle anderen gesellschaftlichen Teilsektoren zu den eigentlichen Schrittmachern der Desorganisation der Familie. Als weitere Ursachen kommen dann noch hinzu die als Folge der Komplikation des sozialen Lebens erreichte hohe Mobilität der Gesellschaft, die sich an und für sich allen beständigen Ordnungen widersetzt, und schließlich jene allgemeine Verfassung der öffentlichen Meinung, die der Familie im Rahmen der modernen gesellschaftlichen Großgebilde eine nur noch sekundäre Bedeutung zugesteht. Damit halten wir die vier Ursachenkomplexe für die gesamtgesellschaftlich bedingte Familiendesorganisation in Händen; es sind dies der moderne Staat, die moderne Wirtschaft, jene besondere Verfassung der modernen Gesellschaft, die man als soziale Mobilität bezeichnet, und schließlich die öffentliche Meinung. Ihnen allen gegenüber bleibt die Familiengruppe mit ihrer Restriktion auf rein familiale Leistungen zweifellos unterlegen, selbst wenn sie in der ihr angestammten Intimsphäre mit dem Aufbau der sozial-kulturellen Persönlichkeit ihren eigenen Beitrag leistet.

Die beschriebene Lage der Familie angesichts der sie konkurrierenden anderen gesellschaftlichen Mächte wäre gar nicht einmal so ungünstig, wenn sie sich wenigstens in der ihr angestammten Intimsphäre ungehindert entfalten könnte. Doch müssen wir damit rechnen, daß neben der gesamtgesellschaftlich bedingten Desorganisation noch die Binnendesorganisation steht, die sich ganz unmittelbar im Rahmen der Familiengruppe selbst vollzieht. Binnendesorganisation bedeutet die ausschließlich durch bestimmte Vorgänge innerhalb der Familiengruppe bedingte Desorganisation ihrer Gruppenstruktur. Diesen Vorgängen kann in einer grundbegrifflichen Diskussion wiederum nicht in der konkreten Mannigfaltigkeit ihrer Erscheinungsformen, sondern ausschließlich in ihrer grundsätzlichen Struktur nachgegangen werden. Auszugehen ist dabei von demselben Satze, der uns auch durch die soeben abgeschlossene Auseinandersetzung leitete, nach dem allemal dann die Familie desorganisiert zu werden droht, wenn durch besondere Umstände ihr spezifischer Gruppencharakter in Frage gestellt wird. Das Problem, das sich nun erhebt, läßt sich folgendermaßen formulieren: wie können aus dem Gruppenleben der Familie selber Umstände und Entwicklungen herauswachsen, die imstande sind, diese Gruppe zu desorganisieren? Die allgemeinste und grundsätzlichste Antwort auf diese Frage würde lauten, daß wir es bei der Familie mit einer Gruppe zu tun haben, die ganz und gar im intimen Zusammenleben eines kleinen Kreises von Personen begründet ist, wobei sich außerdem – im Sinne der Familie als Zeugungsgruppe – dies intime Zusammenleben als Gemeinschaft zweier Generationen von Eltern und Kindern darstellt. In der Setzung der Familie als einer Generationengemeinschaft ist aber zugleich die weitere Tatsache mit einbegriffen, daß die eine Generation abstirbt, während die andere heranwächst. Die Familie baut sich auf in einem „Interferenzverhältnis" zwischen dem Lebensrhythmus der Elterngeneration und dem der Kindergeneration. Ihre Optimalzone liegt in jener Zeitstrecke, die die beiden Generationen gemeinsam durchmessen. Vorher kann noch nicht im strengen Sinne von Familie gesprochen werden, sondern einzig von Ehe; die Ehe ist zwar ihrem Wesen nach auf Familie ausgerichtet, aber im Zustand der Ehe ist dennoch die Familie nur „virtuell" da, sie wartet noch auf ihre reale Erfüllung. Eine ähnlich zweideutige Situation stellt sich jedoch auch nach Verlauf der Optimalzone ein. Geschieht es doch regelmäßig und notwendigerweise, daß im Laufe der natürlichen Lebensentfaltung die Elterngeneration aus dem Familienzusammenhang ausfällt. Dies ist die oberste, unvermeidlichste und allgemeinste Desorganisationserscheinung, der jede Familie einzig und allein auf Grund ihrer eigenen Natur ausgeliefert ist. Die Binnendesorganisation ist also zunächst als Ausfallserscheinung im Personenbestand der Familie zu bestimmen; der Grundtypus der desorganisierten Familie in diesem Sinne ist die „unvollständige Familie". Gewiß können nun die Eltern in der Erinnerung der Kinder weiterleben; diese Nachexistenz der Vollfamilie würde – mit verändertem Zeitindex – der virtuellen Vorausnahme der Familie bei

der recht verstandenen Ehe entsprechen. Genau aber wie der Übergang von
der bloß virtuellen zur realen Familie durch die Realpräsenz neuer Personen
(der Kinder) ganz neue soziale Beziehungen und Pflichten schafft, wobei
sogar ein Neuaufbau der ehelichen Beziehung miteingeschlossen ist, genau
so impliziert auch das Wegfallen der Eltern in ihrer Realpräsenz einen ganz
grundsätzlichen Wandel in der Lebensgestaltung der beteiligten Personen.
Es genüge darauf hinzuweisen, wie grundverschieden sich die Situation
von Vaterwaisen und Mutterwaisen bei männlicher oder weiblicher Nachkommenschaft in den verschiedenen Lebensaltern auswirkt; die gleichen
Varianten treten bei der Vollverwaisung auf.

Das geschilderte Grundmodell der Desorganisation ist zwar eine
Ursituation, vor die sich jede Familie in jedem Kulturkreise und in jedem
Moment der Geschichte einmal gestellt sieht, aber ihre Auswirkungen sind
dennoch verschiedene je nach der Familienform. Haben wir mit frühem
Heiratsalter zu rechnen (was von bestimmten gesamtgesellschaftlichen Vorstellungen und Konstellationen abhängig ist), dann rücken die Generationen
enger aneinander mit der Folge, daß die Optimalzone der Familie sich nicht
nur als Interferenz von zwei, höchstens von drei, sondern von vier oder
sogar fünf Generationen darstellt (wie etwa in der chinesischen Familie,
die oftmals von den Urgroßeltern bis zu den Enkeln reicht). Es versteht sich von selber, daß in diesem Falle die durch den Tod eines Elternteils erzeugte Desorganisation gradmäßig relativ gering sein muß, da durch
den großen Personenbestand einer solchen Familie ihre Gruppenordnung
eine außerordentliche Beständigkeit und Dichte der Beziehungen aufweist.
Ganz anders steht es, wenn sich bei durchschnittlich späterem Heiratsalter
die Optimalzone der Familie auf das Zusammenleben zweier Generationen
beschränkt. In diesem Falle kann das Ausfallen eines Elternteils oder auch
beider eine so starke Desorganisation zur Folge haben, daß sich unter
Umständen ein völliger Kollaps einstellt, indem etwa die überlebenden
Kinder jegliche Beziehung untereinander aufgeben. Es zeigt sich also, daß
der Grundtypus der desorganisierten Familie als unvollständige Familie
auf Grund des natürlichen Ablebens der Elterngeneration zwar zunächst
durchaus der Binnendesorganisation zuzuordnen ist, daß aber zugleich eine
Verschiedenheit der Auswirkung festzustellen ist je nach der Verschiedenheit der gesamtgesellschaftlichen Situationen, die entweder die Optimalzone der Familie verbreitern oder sie auch verengern. Daß dabei wirklich
gesamtgesellschaftliche Vorstellungen und Konstellationen im Spiel stehen,
die sich der verschiedenen Bedeutung der beteiligten Personen für das
Gesellschaftsganze entsprechend mehr auf die Erwachsenen als auf die Kinder
erstrecken, sei auch dadurch belegt, daß sich in allen Kulturen das Ableben
eines Kindes unvergleichlich viel weniger desorganisierend auswirkt als das
Ableben eines Elternteils. Im zweiten Falle wird eine soziale Vollfunktion
verletzt, im ersten nur eine mindere Funktion. Der private Schmerz aber ist
mit der Desorganisation einer objektiven Ordnung, an deren Bestand die

Gesamtgesellschaft im Sinne der Sicherung des Aufbaus der sozial-kulturellen Persönlichkeit interessiert ist, prinzipiell unvergleichbar.

Eine erste Betrachtung der Binnendesorganisation erweist also, daß wir es hierbei zwar gewiß mit innergrupplichen Störungen zu tun haben, daß aber die Familiengruppe selber verschiedene Formen in verschiedenen gesamt-gesellschaftlichen Horizonten annehmen kann, in denen sich die gleichen Ausfallserscheinungen jeweils verschieden auszuwirken pflegen. Was für das Grundmodell, für die unvollständige Familie auf der Basis des natürlichen Ablebens der Elternschaft zutrifft, gilt in gleicher Weise für die anderen Formen der Desorganisation. Zunächst ist zu sagen, daß sie sich allesamt als Varianten der unvollständigen Familie darstellen, sei es nun, daß die Ver-letzung des personalen Inventars der Familiengruppe auf Grund von Ver-lassen (Familiendesertion), Trennung oder Scheidung zustande kommt oder auch durch die sozialpsychologisch subtileren Formen der Binnendes-organisation, indem die zugehörigen Personen zwar äußerlich beieinander bleiben, aber innerlich ihre Teilnahme von der Familiengruppe abgewendet haben (erschütterte Ehe); hierher gehört auch ein Sondertypus der unvoll-ständigen Familie, der zwar relativ selten, aber dennoch für unser ganzes Problem höchst bedeutsam ist, das ist die uneheliche Familie mit ihren ver-schiedenen Varianten. Gemeinsam ist weiterhin allen diesen Erscheinungs-formen der Binnendesorganisation, daß sich ihre Auswirkungen gradmäßig durchaus verschieden auswirken in einer Skala, die von jenen natürlichen Aus-fallserscheinungen, wie sie das Ableben der Elterngeneration bedeutet, bis zu jenen mehr oder weniger gewaltsamen Ausfallserscheinungen reicht, wie die ausdrückliche Auflösung der Familie; bleibt doch beim natürlichen Ableben der Elterngeneration das Nachleben der Familiengruppe in der Erinnerung erhalten, während bei der ausdrücklichen Auflösung der Familie die Gruppenordnung total zersprengt wird mit den entsprechenden ungünstigen Folgen für die ältere wie für die jüngere Generation. All dies betrifft aber gleichsam nur die formal-gruppentheoretische Seite des Problems; weiter reichen die Gemeinsamkeiten nicht. Sowie wir an die konkrete Erörterung der Frage herantreten wollen, müssen wir vorausnehmend erst den besonderen Typus der Familiengruppe herausarbeiten, innerhalb dessen sich die untersuchte Ausfallerscheinung vollzieht. Es liegt ja auf der Hand, daß sich diese um so schwerwiegender auswirken müssen, je kleiner die betreffende Gruppe ist. Ob sich nun aber die Familiengruppe umfangreicher oder enger darstellt, hängt nicht nur vom Zufall ab, vielmehr entscheidet die gesamtgesellschaftliche Verfassung darüber, ob der in einem bestimmten Kulturhorizont zu einer bestimmten Zeit vorherrschende Familientyp einen größeren oder einen kleineren Personenbestand umfaßt. Wir konnten nun früher erkennen, daß der allgemeine Desintegrationsprozeß der Familie aus allen gesamtgesellschaftlichen Zusammenhängen mit einer Kontraktion der Familie parallelläuft. Wenn wir jetzt beide Seiten des Problems zusammenschließen, kommen wir notwendigerweise zu der Folgerung, daß sich die Binnendesorganisation als Ausfallserscheinung im personalen Inventar der Familie (d. h. als unvollständige Familie) um so schärfer auswirken muß, je weiter der Desintegrationsprozeß vorangeschritten ist. Dieser Untersuchung soll der letzte Abschnitt der vorliegenden Abhandlung gewidmet sein.

IV

Wir stehen nunmehr genau an dem Punkte, wo sich die mit den beiden Grundbegriffen Desintegration und Desorganisation aufgerollten Probleme zusammenschließen. Hier wird auch die Ausstrahlung der vollzogenen Desintegration der Familie auf die Desorganisation der Familie sichtbar, auf die im Vorgehenden bereits mehrfach hingewiesen wurde. Wir müssen jetzt versuchen, diese Ausstrahlung auf eine Formel zu bringen, die als Orientierungsidee für diese abschließende Betrachtung dienen soll. In den letzten Ausführungen hatte sich die Größe oder die Kleinheit des Familienkreises als entscheidend erwiesen für die verschiedenen Auswirkungen der Binnendesorganisation der Familie durch besondere Ausfallserscheinungen. Wenn nun in der Tat der zunehmenden Desintegration aus allen gesamtgesellschaftlichen Zusammenhängen eine Kontraktion auf einen immer engeren Personenkreis parallelläuft, so muß auch mit diesem Prozeß die „Chance" größer werden, daß sich die verschiedenen Ausfallserscheinungen desorganisierend auswirken. In diesem Prozeß bleibt zwar an sich der Gruppencharakter der Familie erhalten, doch wandelt er sich insofern, als die Intimität der Beziehungen immer vordringlicher wird, was auf anderen Entwicklungsstufen nicht annähernd im gleichen Maße der Fall ist. Mit dieser Ausrichtung auf die Intimsphäre, die zugleich eine außerordentliche Verkleinerung der Familie postuliert (da in größeren Kreisen keine Intimität möglich ist), werden die Gruppenbeziehungen mehr und mehr auf personale Verhältnisse gestellt, was wiederum eine große Gebrechlichkeit der modernen Familie einschließt. Personale Intimverhältnisse können zwar zu außerordentlicher Intensität anwachsen, wie etwa im Liebesbund; da sie sich aber in der subjektiven Personsphäre halten, widerstreben sie von Haus aus jeder Verobjektivierung im institutionellen Sinne, die immer eine gewisse Unpersönlichkeit zur Voraussetzung hat. Wir haben bereits bei der Besprechung der gesamtgesellschaftlich bedingten Familiendesorganisation sehen können, daß diese Verengerung auf einen kleinen Kreis von Personen, die durch Intimverhältnisse verbunden sind, verantwortlich ist für die mindere Bewertung der Familie in gesellschaftlichen Großgebilden; angesichts der Funktionenfülle der Wirtschaft und des Staates muß die Familie zu sekundärer Bedeutung herabsinken, so daß wir nicht nur mit einem Konflikt der verschiedenen gesellschaftlichen Teilsektoren, sondern geradezu mit einer Konkurrenzierung der Familie durch andere, überlegene Kräfte zu rechnen haben. Diese Problemlage wiederholt sich jetzt in gewisser Weise, nur daß sie sich nicht in einem direkten Zusammenprall verschiedener Teilordnungen ausdrückt (wobei die schwächere zu unterliegen droht), sondern in einer internen Umformung der Familiengruppe auf Grund des Desintegrations-prozesses in Richtung einer fundamentalen Gebrechlichkeit der Familien-gruppe, die bei jeder Ausfallserscheinung in die Gefahrzone kommt. Wir können sagen: unter Voraussetzung der vollzogenen Desintegration- und Kontraktionsprozesse steht die moderne Familie in einer beständigen Des-organisationsgefahr.

Gefährdung ist an und für sich mit Desorganisation nicht identisch, wohl aber bedeutet sie potentielle Desorganisation, indem die Chance wächst, daß eine beliebige Ausfallserscheinung sogleich zu akuter Desorganisation führt. Wir konnten im vorigen Abschnitt sehen, daß die Binnendesorganisation durch das natürliche Ableben der Elterngeneration gleichsam im Natur-haushalt vorgesehen ist und die Familie auf allen ihren Entwicklungsstufen bedroht. Solange jedoch die Familie noch in weiteren Zusammenhängen ein-gegliedert ist, vermögen diese die Ausfallserscheinungen im engsten Familien-kreise einigermaßen zu kompensieren (etwa Verwandtschaftsordnungen, Nachbarschaft, Gemeinde und ähnliches). Indessen muß bemerkt werden, daß auch auf diesen Entwicklungsstufen eine Binnendesorganisation mög-lich ist. Wir haben früher gesehen, daß die Eingliederung der Familie in den gesamtgesellschaftlichen Prozeß ihre Desorganisation nicht ausschließt. Nur bleibt sie in diesem Falle eine relativ vereinzelte Erscheinung. Nachdem aber einmal mit der vollzogenen Desintegration die Chance gewachsen ist, daß eine beliebige Ausfallserscheinung sogleich zu akuter Desorganisation führt, haben wir bei der Binnendesorganisation der Familie nicht mehr mit einer relativ vereinzelten, sondern mit einer ausgesprochenen sozialen „Massen-erscheinung" zu rechnen. Deshalb erhebt die Familiensoziologie das Postulat nach einer möglichst genauen statistischen Kenntnis der Zahl von unvoll-ständigen Familien. Erst die Einsicht in das Verhältnis der vollständigen zu den unvollständigen Familien wird die Erkenntnis vom tatsächlichen Stand der Familiendesorganisation in der Gegenwart ermöglichen.

Was für die Binnendesorganisation der Familie durch das natürliche Absterben der Elterngeneration zutrifft, gilt in gleicher Weise für ihre anderen Formen, also für das Verlassen, die Trennung und die Scheidung. Verlassen, Trennung und Scheidung kommen, wie man grosso modo sagen kann, bei fast allen Familientypen vor; zumeist aber werden ihre Aus-wirkungen durch andere Ordnungen wieder aufgefangen, ganz abgesehen davon, daß auch in diesem Falle diese Erscheinungen relativ vereinzelt sind. In dem Zustand der radikalen Desintegration wächst hingegen die Chance der desorganisierenden Wirkung dieser Ausfallserscheinungen ganz außerordentlich, so daß die durch Verlassen, Trennung oder Scheidung desorganisierten Familien ebenfalls zu einer sozialen Massenerscheinung werden; die Statistik hat uns Auskunft zu geben über das Verhältnis der in dieser Hinsicht dezimierten Familien zu den vollständigen Familien. Die Kenntnis dieser Zahl wird unsere Einsicht in den tatsächlichen Stand der

Binnendesorganisation ergänzen, wobei noch hinzuzufügen ist, daß die Binnendesorganisation durch Verlassen, Trennung und Scheidung stärker ist als beim natürlichen Ableben der Elterngeneration. Ähnliches gilt auch für jene Sonderform der unvollständigen Familie, die als uneheliche Familie gekennzeichnet ist. Abgerundet werden könnte aber unsere Kenntnis vom tatsächlichen Stand der Binnendesorganisation der Familie in der Gegenwart erst durch eine genaue Einsicht in den Bestand an „erschütterten Ehen", was naturgemäß unmöglich ist; hier bleiben wir auf Vermutungen angewiesen.

Das Ableben der Elterngeneration ist eine Naturtatsache mit sozialen Folgen; das Verlassen, die Trennung und insbesondere die Scheidung sind spezifisch soziale Tatsachen. Dementsprechend ist vorauszusetzen, daß ihr Auftreten ebenfalls gesamtgesellschaftlicher Determination unterliegt. Es ist an sich hier nicht der Ort, eine soziologische Theorie der Scheidung zu entwerfen, wohl aber muß so weit auf das Problem eingegangen werden, als es für das Verständnis der Grundbegriffe Desintegration und Desorganisation unerläßlich ist. Wir konnten bereits bemerken, daß die Scheidung auf nahezu allen Stufen der Familienentwicklung auftritt; die Scheidung ist eine allgemein-soziale Institution. Deswegen ist jedoch ihre Funktion in den verschiedenen Kulturkreisen (wie auch ihre Form) keineswegs die gleiche. Es leuchtet ein, daß im Zustand der Eingliederung der Familie in gesamtgesellschaftliche Zusammenhänge die Scheidung außerordentlich schwer sein muß, da sie immer auch die Lösung gesamtgesellschaftlicher Beziehungen mit einschließt (vermögensrechtliche Probleme, Auseinandersetzung über die gelegentlich der Eheschließung gemachten Geschenke usf.) und sich keineswegs allein auf die Lösung des Familienbandes beschränkt. Im Zustand der radikalen Desintegration wird die Scheidung um so leichter, je mehr sich die Familie auf rein familiale Leistungen reduziert, was – wie wir gesehen haben – mit der Verkleinerung des beteiligten Personenkreises zugleich eine außerordentliche Gebrechlichkeit der Familiengruppe zur Folge hat. Es ist also nicht nur so, daß im Zustand der Desintegration die Chance einer akuten Binnendesorganisation durch die Scheidung wächst, vielmehr ist das massenhafte Auftreten der Scheidung selber eine Folge der vollzogenen Desintegration der Familie.

Mit diesem Satze erfahren gewisse herkömmliche Meinungen über die Ursachen der modernen Gefährdung der Familie eine ganz entscheidende Kritik. So kann man etwa immer wieder hören, schuld an der Desorganisation sei die große Ehescheidungshäufigkeit in den westlichen Kulturen. Nun ist aber, wie sich eben herausgestellt hat, die Ehescheidung überhaupt keine „Ursache", sondern in ihrem massenhaften Auftreten nichts anderes als eine Folge des vollzogenen Desintegrationsprozesses. Diese Feststellung leugnet natürlich nicht, daß das massenhafte Auftreten der Ehescheidung als Auswirkung einer vorausgegangenen Lockerung der Familie nicht selber wieder Ursache werden könne für eine weitere Verschärfung der Familienkrise, indem es eine allgemeine Umorientierung der öffentlichen Meinung

in bezug auf Ehe und Familie mit sich bringt, die eine Abschließung leicht-
sinniger Ehen mit Aussicht auf leichte Scheidbarkeit begünstigt. Wer aber
allzu ausschließlich mit dem Argument der „sittlichen Verwilderung" unserer
Gegenwart an das Problem herangeht, vergißt, daß bei sozialen Massenerscheinungen, die eine objektive soziale Lage als Wachsgrund voraussetzen,
die subjektive Motivation des Handelns relativ gleichgültig ist vor jenen
Ursachen, die sich „im Rücken" der Beteiligten auswirken. Das Stehen-
bleiben bei moralisierender Zeitkritik verhüllt auch in diesem Zusammenhang
die wahre Sachlage mehr, als sie einer positiven Erkenntnis aufzuschließen.
Da all die besprochenen Erscheinungen letztlich in gewissen gesamtgesellschaftlichen Verfassungen begründet sind, kann auch eine Änderung
nur von einer gesamtgesellschaftlichen Umwälzung erwartet werden, die
auch einen neuen Familientyp hervorbringen wird.

Es muß überhaupt betont werden, daß die außerordentliche Lockerung
der Familie in der spätkapitalistischen Gesellschaft nicht nur ihre Not,
sondern zugleich ihre Tugend ausmacht. Ganz abgesehen davon, daß die
Familie auf Grund ihrer biologischen Fundierung selbst im Zustand der
radikalen Desintegration noch immer eine außerordentliche Widerstandsfähigkeit gegenüber allen äußeren Bedrohungen beweist, die den Familiensoziologen durchaus zu einem gemäßigten Optimismus berechtigt, hat diese
Desintegration im Verein mit der Kontraktion in der Intimität der Familiengruppe auch einen eigenen Kulturwert erschaffen. Dieser ist allerdings
selber von außerordentlicher Gebrechlichkeit, daher vor allem seine starke
Bedrohung durch die gesamtgesellschaftlich bedingte Familienorganisation,
die eine beständige Störung des geschlossenen Familienkreises durch die
Mächte der Öffentlichkeit einschließt. Andererseits aber fördert dieser
Kulturwert nicht nur eine gewisse Lockerung des Familienzusammenhangs,
sondern er fordert sie geradezu, kann sich doch Intimität einzig unter voraus-
gesetzter menschlich-persönlicher Eigenständigkeit der beteiligten Personen
vollziehen. In der Intimsphäre bedeutet Gemeinschaft nicht so sehr Ausrichtung auf eine gemeinsame Ebene objektiver Interessen, sondern vielmehr
Ausweitung der Personsphäre des einzelnen, bis sie auch die anderen mit
umfaßt. Dementsprechend besteht Intimität nur so lange, wie die personale
Eigensubstanz der Beteiligten unangetastet bleibt.

Konfrontieren wir diesen Satz mit dem Problem der Ehescheidung, so
beginnt auch diese einen positiven Aspekt zu zeigen. Die Funktion der Ehescheidung in der modernen Welt ist die einer regulativen Institution, wenn in
der Familie auf Grund besonderer Umstände die personale Eigensubstanz der
beteiligten Personen bedroht und damit eine gesunde Auswirkung des Intim-
zusammenhanges unmöglich gemacht wird. Da diese Bedrohung zumeist
auf Kosten der Frau geht, ist die Ehescheidung in dieser Hinsicht eine Einrichtung des Frauenschutzes. Die Statistik erweist übrigens, daß dieser Sinn
der Ehescheidung in der Tat durchwegs recht verstanden wird, indem bei der
Ehescheidungsklage in der überwiegenden Anzahl der Fälle die Frau als antragstellende Partei auftritt (etwa im Verhältnis 2 : 1, das überraschenderweise

in verschiedenen Ländern recht konstant zu sein scheint). Die besonderen Umstände, die zu der erwähnten Bedrohung der personalen Eigensubstanz der Frau führen, sind ihrerseits keineswegs willkürlicher Natur (und etwa ausschließlich auf ein charakterliches Versagen des Mannes zurückzuführen), vielmehr liegt auch hier eine eigenartige soziologische Gesetzmäßigkeit vor. Die entscheidende Ursache ist das Überleben patriarchalischer Vorstellungen in einem Entwicklungszustand der Familie, in dem die Frau schon längst als gleichberechtigter Partner des Mannes aufgetreten ist. Dieser Tatbestand, der zutiefst mit der Entfaltung der modernen Wirtschaft zusammenhängt, ist nicht rückgängig zu machen, er ist auch nicht auch zu beklagen, er ist einfach eine objektive Gegebenheit, mit der wir uns abzufinden haben. Zugleich ist dieser Tatbestand auch eine der Voraussetzungen (unter anderen) für das Entstehen der modernen Familie als Intimgruppe; diese wäre ohne die Entfaltung und Anerkennung des Selbstwerts der Frau (zu dem auch ihre Selbständigkeit als Wirtschaftssubjekt gehört) überhaupt nicht möglich geworden.

Was in bezug auf das Verhältnis der Ehegatten zueinander festgestellt werden mußte, trifft in gleicher Weise zu für das Verhältnis der Eltern zu den Kindern. In der Intimsphäre kann sich auch dies Verhältnis einzig unter Respektierung der personalen Eigensubstanz der Kinder und Jugendlichen normal ausgestalten. Dem entspricht die heute vom Gesetzgeber fast allseitig anerkannte Minderung der väterlichen Gewalt, die in fortschrittlichen Gesetzgebungswerken mehr und mehr durch die elterliche Gewalt ersetzt wird, in der richtigen Erkenntnis des Selbstwerts der Gattin und Mutter neben dem Vater und ihrer gegenseitigen Beziehung als einer Paargemeinschaft gleichberechtigter Personen. Zudem nimmt es auch die öffentliche Meinung weitgehend als selbstverständlich an, daß diese elterliche Gewalt längst vor Erreichung des gesetzlichen Mündigkeitsalters einen starken Abbau erfährt. Damit wird einem Tatbestand Rechnung getragen, dem die Sozialpsychologie (insbesondere die Psychoanalyse) schon vor längerer Zeit auf die Spur gekommen ist, daß im Zustand der modernen Kultur, in der die Intimgruppe der Familie einzig unter Wahrung der personalen Eigensubstanz der Beteiligten sich aufbauen kann, eine Fixierung der Jugendlichen an die Eltern über ein gewisses Alter hinaus schwere Störungen im Aufbau ihrer Persönlichkeit nach sich zu ziehen pflegt (siehe dazu in diesem Bande das Kapitel „Überorganisation der Familie als Gefährdung der seelischen Gesundheit"). Genauso negativ wirkt sich auch eine allzu starke Betonung der väterlichen oder elterlichen Autorität nach der Pubertät aus; die Folge sind zum mindesten Hemmungen, oft genug aber eine Willensschwächung, die einer ausgesprochenen Gefährdung, wenn nicht gar Verwahrlosung des Jugendlichen Vorschub leisten. Ein häufiger Fall ist hier zu erwähnen, daß nämlich der Jugendliche durch die Familie in den Beruf des Vaters hineingedrängt wird, ganz ohne Rücksicht auf seine eigenen Berufswünsche, was zu einer lebenslänglichen Fehlanpassung führen kann. Gewiß gibt es auch heute noch sogenannte Familienberufe, aber die Anforderungen des modernen

Berufslebens sind doch derart, daß in der Berufswahl nicht die Wünsche der Familienkontinuität, sondern einzig die sehr realen Fähigkeiten und Leistungen ausschlaggebend sein können.

Während aber nun einer übermäßigen Anspannung der väterlichen (oder elterlichen) Autorität die natürliche Entwicklung selber entgegenwirkt, die den Jugendlichen mit zunehmendem Alter zuerst anderen Autoritäten unterstellt (etwa der Schule), ihn dann mit dem Eintritt ins Berufsleben dem unmittelbaren Familienkreis entführt, ist der eigentlich zentralen Zone der modernen Familie, der Ehe, ein solches natürliches Regulativ gegen die Verletzung ihrer Ordnung als intimer Gemeinschaft nicht gegeben. Zeuge hierfür sind die zahllosen schlechten Ehen, von denen nur ein ganz kleiner Teil bei einem allfälligen Scheidungsverfahren als unheilbar zerrüttete Ehe sichtbar wird. Zumeist führen jedoch diese Ehen ein versteckt-verschämtes Dasein, indem die oberste Forderung der Intimität auf Ausschluß der Öffentlichkeit auch dann noch aufrechterhalten wird, wenn diese Intimbeziehung schon lange nicht mehr besteht. Die Fälle, in denen die Störung der ehelichen Eintracht explosiv zum Ausbruch kommt, so daß sie auch der Nachbarschaft nicht verborgen bleiben, sind dagegen – trotz ihrer tumultuösen Begleiterscheinungen – als eine wahre Wohltat zu bezeichnen, kann doch hier keinerlei Zweifel über die Notwendigkeit einer Scheidung obwalten. Die Prüderie, welche zur Aufrechterhaltung der ehelichen Gemeinschaft führt, auch wenn alle wesentlichen Voraussetzungen für sie erloschen sind, mag ihren Nutzen für die beteiligten Gatten haben, indem sie diese den zweifellosen Unannehmlichkeiten einer Scheidung enthebt; sie wirkt sich jedoch immer sehr zum Nachteil der in einer solchen erschütterten Ehe aufwachsenden Jugendlichen aus. Wenn unter diesen Umständen eine Ehe äußerlich aufrechterhalten wird, die innerlich keine mehr ist, dann ist dies nicht Ausdruck einer wohlorganisierten, sondern nur einer auf Grund elterlichen Egoismus anormal und krampfhaft überorganisierten Familie. In der Überorganisation wird aber die Intimordnung der Familie genauso bedroht wie in den verschiedenen Formen der Binnendesorganisation.

Wir müssen unter allen Umständen daran festhalten, daß die Intimität der modernen Familie nicht nur eine Not, sondern ein Gesetz ist; die Intimordnung ist ein eigener Kulturwert. Darum gibt es auch nichts falscheres als den Satz, eine schlechte Ehe sei noch immer besser als eine geschiedene; denn eine schlechte Ehe ist überhaupt keine Ehe mehr, sie muß sich sogar geradezu familienfeindlich auswirken, indem sie die Naturordnung der Familie als Intimgruppe beeinträchtigt und damit auch ihre Hauptfunktion, den Aufbau der sozial-kulturellen Persönlichkeit bei der Nachkommenschaft, illusorisch macht. Zugleich gilt der Satz, daß schlechte Ehen durch die aus solcher gestörten Gemeinschaft entsprungenen Kinder immer nur neue schlechte Ehen zeugen; beweist doch die Erfahrung, daß kein anderer Umstand den Menschen „eheuntauglicher" macht als die Tatsache, selber einer schlechten Ehe zu entstammen. Aus all dem Gesagten erhebt sich das dringende Postulat nach einer eingehenden soziologischen und sozialpsychologischen Analyse der zerrütteten Ehe, ihrer Ursachen und ihrer Auswirkungen auf die junge Generation, die leider bis heute noch immer aussteht. Sie wäre die notwendige Ergänzung der reichlich vorhandenen statistischen Analysen der Scheidungsfamilie.

Die große Schwierigkeit in der Bewertung des durch die Ausstrahlung der radikalen Desintegration der Familie und ihrer Restriktion auf rein familiale Leistungen hervorgebrachten Zustandes liegt begründet in einem umfassenden Kulturzusammenstoß zweier Familientypen in der Gegenwart. Auf der einen Seite steht das in der öffentlichen Meinung überlebende Bild der Altfamilie mit einer noch relativ großen gesamtgesellschaftlichen Ausrichtung (die allerdings allzu oft nur übertrieben zu werden pflegt); auf der anderen Seite steht die Wirklichkeit der modernen Familie, die auf einen kleinsten Personenkreis eingezogen ist und infolgedessen einzig noch als Intimgruppe gedeihen kann. Statt nun das überlebende Bild und die gegenwärtige Wirklichkeit kritisch voneinander zu trennen, werden zur Bewertung der modernen Familie andauernd und ganz unwillkürlich Maßstäbe benutzt, die einzig und allein der Altfamilie gegenüber anwendbar wären. Das geschieht nicht aus Willkür, sondern auf Grund einer bestimmten soziologischen Gesetzlichkeit, die darauf zurückzuführen ist, daß sich unsere Meinungen in einem langsameren Rhythmus wandeln als die Wirklichkeiten. So geschieht es beständig, daß Erscheinungsformen der modernen Familie als Desorganisationsmerkmale angesprochen werden, die in Wahrheit gar keine Desorganisationsmerkmale, sondern Strukturmerkmale ihrer spezifischen Gegenwartsgestalt sind. Wir stehen hier vor einer typischen perspektivischen Täuschung, die dadurch verursacht wird, daß der Durchschnittsbetrachter als reale Person zwar in der Gegenwart lebt, seine Werturteile aber aus einem festgewordenen Kanon der Vergangenheit entnimmt. Darüber hinaus ist festzuhalten, daß das Auftreten der verschiedenen Formen der Binnendesorganisation der Familie bedingt wird durch eine Ausstrahlung der Desintegration der Familie auf ihre innere Verfassung, obwohl sich die Desintegration von Haus aus nur auf das Verhältnis der Familie zu den gesamtgesellschaftlichen Ordnungen bezieht. Diese Ausstrahlung wird zudem in ihrer Wirkung noch verschärft durch die gesamtgesellschaftlich bedingte Desorganisation der Familie. So erweist sich schließlich – vom Standpunkt der Gegenwart aus gesehen – die Desintegration als einer der bedeutsamsten Grundbegriffe der Familiensoziologie. Von der vollzogenen Desintegration aus entscheidet sich sowohl die Tatsache, daß die Familie mit anderen Teilsektoren der Gesellschaft in Konflikt geraten muß, wie die noch weitergehende Konkurrenzierung der Familie durch andere gesellschaftliche Kräfte, weil die Familiengruppe durch die Desintegration eine derartige Umformung erfährt, daß sie diesen familienfremden gesellschaftlichen Kräften hilflos ausgeliefert ist und durch besondere Institutionen vor ihnen geschützt werden muß. Von der vollzogenen Desintegration aus entscheidet sich aber auch die Tatsache einer als Massenerscheinung auftretenden Binnendesorganisation

der Familie, obwohl diese als Einzelerscheinung relativ unabhängig ist vom
Grad der Desintegration; angesichts dieser massenhaft auftretenden Binnendesorganisation der Familie erhebt sich die Notwendigkeit einer Ergänzung
der Schutzinstitutionen durch eigene Hilfsinstitutionen, welche einspringen,
um die Folgen der Binnendesorganisation zu steuern (hierher gehören vor
allem die verschiedenen Einrichtungen der Vormundschaft). Denn als einem
spezifischen Kulturwert gebührt der Familie Schutz und Hilfe gerade in dem
Zustand der Reduktion auf rein familiale Leistungen, weil ihre Funktion, der
erste Aufbau der sozial-kulturellen Persönlichkeit, schlechterdings von keiner
anderen Ordnung der menschlichen Gesellschaft übernommen werden kann.
Das ist heute selbst in der Sowjetunion eingesehen worden, nachdem man
sich darüber klar geworden ist, daß die Erziehung von Kindern und Jugendlichen in eigenen Anstalten immer nur ein Notbehelf, niemals aber ein voll-
gültiger Ersatz für die Familie sein kann (siehe dazu in diesem Bande das
Kapitel „Entwicklungstendenzen der Familie im neueren Rußland").

Ist aber die Desintegration der oberste Grundbegriff der Familiensoziologie, von dem aus alle übrigen Fragen sich aufrollen lassen, so hindert das
dennoch nicht, im analytischen Wissenschaftsbetrieb die Untersuchung der
Desintegration von jener der Desorganisation zu trennen. Die Analyse der
Desintegration der Familie aus allen gesamtgesellschaftlichen Zusammenhängen hätte vor allem nach den Ursachen dieses Prozesses zu fragen. Das
setzt eine umfassende historische Analyse der Entwicklung der Familie in den
westlichen Kulturen voraus, wobei – wie früher betont – auf urgeschichtliche
Konstruktionen sehr wohl verzichtet werden kann. Unabhängig davon hätte
dann die Lehre von der Desorganisation der Familie in ihren verschiedenen
Formen vorzugehen; allerdings wird hier die kritische Unterscheidung
dessen, was eine heilbare spezifische Desorganisationserscheinung ist, von
jenen anderen Erscheinungen, die mit der Natur der modernen Familie notwendig und unwiderruflich gesetzt sind, erst möglich sein, nachdem die
Lehre von der Desintegration der Familie abgeschlossen und die dadurch
bedingte Umformung der Familiengruppe in der Gegenwart zureichend
erkannt ist. Im Aufbau dieses konkreten Forschungsunternehmens wird
man eine Familiensoziologie nach eigenen Grundbegriffen gewinnen, die
eine objektive Analyse von Struktur und Funktionen der Familie erlauben
werden, nachdem diese erst einmal zur Dignität eines eigenen theoretischen
Gegenstandes erhoben worden ist. Durch die Erfassung der Familie als einer
Gruppe besonderer Art wird außerdem der Zusammenhang mit der allgemeinen Soziologie hergestellt, die letztlich eine Lehre von den menschlichen Gruppen ist, so daß die Familiensoziologie als legitime Teildisziplin der
allgemeinen Soziologie erscheinen kann, von der sie zugleich durch eigene
Grundbegriffe unterschieden ist.

Versuch einer Definition der Familie
(1946/1974)

I

Wenn vielfach in der neueren Soziologie der Entwicklungssinn der modernen Gesellschaft dahingehend gedeutet wurde, daß die Gemeinschafts- und Gruppenordnungen der Vergangenheit durch eine ausgesprochene Individualkultur abgelöst worden sind, so ist damit gewiß etwas Richtiges erfaßt. Die Wirtschaftsgesellschaft des Kapitalismus hat in der Tat in einem bisher noch nie gesehenen Ausmaße den sozialen Prozeß auf das sozial-kulturelle Einzelindividuum und seine Leistung gestellt. Das gilt nicht nur für die wirtschaftliche Seite des Lebens, sondern letztlich für jede soziale Daseinsweise überhaupt, also auch für die Familie. So besteht eine ziemlich weitgehende Übereinstimmung in der Familiensoziologie darüber, daß die letzte Entwicklungsphase der Familie im Sinne der Entstehung eines individualistischen Familientyps zu begreifen sei. Am besten bringt dies *Durkheims* Begriff der „Gattenfamilie" zum Ausdruck, die auf der höchst individuellen Vereinigung der Gatten als individueller Einzelpersönlichkeiten aufgebaut ist (wobei zugleich ein starker Einschuß an kontraktuellem Geist nicht zu übersehen ist). Weiter wird allseitig betont, daß die Familie gerade durch diese Individualisierung und durch die Kontraktion auf einen engsten Personenkreis, der um das Gattenpaar zentriert, eine ganz außerordentliche Erschütterung erfahren habe. Diese wird von manchen Theoretikern so hoch eingeschätzt, daß man immer wieder die Befürchtung hören kann, die moderne Gattenfamilie sei kaum mehr imstande, ihre angestammten Funktionen zu erfüllen. Wir müssen hinzufügen, daß diese Befürchtung sicher zu Recht besteht, solange die Familie wirklich als rein individuelle Gemeinschaft angesehen wird. Die Frage, die sich hier aufwirft, ist aber die, ob diese Definition der modernen Familie wirklich die zentrale Strukturverfassung der Familie zum Ausdruck bringt, oder ob sie nicht nur der

© Springer Fachmedien Wiesbaden GmbH, ein Teil von Springer Nature 2021
R. König, *Familiensoziologie,* René König Schriften. Ausgabe letzter Hand,
https://doi.org/10.1007/978-3-658-28247-9_3

Niederschlag einer gewissen Übergangsperiode ist, deren Grenzen man sichtbar machen könnte.

Wenn wir unsere Aufmerksamkeit auf die Entwicklung der Gesellschaft im ganzen wenden, dann wird sehr bald sichtbar, daß in der Entwicklung des „Spätkapitalismus" bereits ganz neue Elemente auftreten, die uns zwingen, von der Hypothese einer Universalisierung der reinen Individualkultur abzugehen. Überall ist das radikale Konkurrenzsystem abgelöst worden durch neue Vereinigungen zum gemeinsamen Arbeiten, zur Sicherung gegen die Auswüchse der Konkurrenzwirtschaft usf. Diese Assoziationen haben gewiß in den einzelnen Kulturen einen verschiedenen Sinn: sie mögen entspringen aus einer Zuspitzung des kapitalistischen Prinzips, aus allgemeinen Ideen über sozialistische Wirtschaft oder aus genossenschaftlichem Denken. Trotz dieser verschiedenen Ausrichtung sind sie jedoch zu höchst wirksamen Bestandteilen der modernen Gesellschaft geworden, so daß sich von dieser Warte aus die Möglichkeit ergibt, die Ausschließlichkeit der Individualkultur anzuzweifeln. Wir sprechen ausdrücklich nicht von einer „Überwindung" dieser aus der Entwicklungsgeschichte Europas und der westlichen Kulturen überhaupt nicht wegzudenkenden Periode; denn alles, was einmal geschichtliche Wirklichkeit war, bleibt lebendig, wenn sich auch neue Formen über die alten schieben. Die Wendung zu neuen Gruppenordnungen nach einer intensiven Individualkultur muß natürlich eine ganz andere Kulturgestalt erschaffen, als wenn ihr eine solche Individualkultur nicht vorangegangen wäre.

Was für das Ganze des gesellschaftlichen Prozesses zutrifft, gilt auch für die Familie, wenn diese auch erst mit einer gewissen Verspätung das verwirklicht, was die Gesamtheit seit der Wende zum 20. Jahrhundert durchgemacht hat. Außerdem muß betont werden, daß der angedeutete Wandel bei weitem noch nicht volle Wirklichkeit geworden, sondern vorläufig nur in vagen Umrissen sichtbar ist. Dennoch aber scheinen uns diese Tendenzen heute schon so ausgeprägt zu sein, daß sie den Versuch einer neuen Definition der Familie rechtfertigen.

Wenn wir uns den radikalen Typus der individualistischen Familie vergegenwärtigen, wie er in den westlichen Kulturen bei weitem überwiegt, dann müssen wir sagen, daß die spezifische Familienordnung rückläufig ist; im Vordergrund steht beherrschend die Ehe. Das veranlaßt ja auch *Durkheim* dazu, diesen Familientypus als Gattenfamilie zu bezeichnen. Zugleich tritt deutlich hervor, wie allgemein die Meinung vorherrscht, daß dieser Familientypus von außerordentlicher Gebrechlichkeit ist, so daß der Gesetzgeber sich veranlaßt sieht, diesen Zusammenhang durch „zwingendes Recht" zu garantieren, obwohl es sich doch weitgehend um die Gestaltung persönlicher Verhältnisse handelt. In dieser Form des zwingenden Rechts gelten heute die Regeln über den Inhalt der Ehe, das Verhältnis von Eltern und Kindern, die Vormundschaft usw. Dieser Tatbestand ist wohl der greifbarste Ausdruck für die große Unsicherheit, die auf Grund des Überwiegens der Individualkultur die Ordnungen der Ehe und der Familie bedroht. Wo früher die Sitte ausreichte, um das Handeln des Menschen in geordnete Bahnen zu bringen, waltet heute das zwingende Recht.

Blickt man jedoch genauer hin, so stellt sich sehr bald heraus, daß die Idee der Gattenfamilie nur ein abstrakter Idealtypus ist, der der Wirklichkeit keineswegs in jeder Hinsicht entspricht. Diese Einsicht führte uns neuerdings dazu, geradezu von einer „Ideologisierung" des Ehebegriffs zu sprechen[1]. Ganz abgesehen davon, daß wir mit dem Überleben älterer Familienformen zu rechnen haben, finden sich sowohl beim Familiensoziologen wie beim Gesetzgeber Andeutungen dafür, daß die Ehe mehr ist als eine gesetzlich geregelte Gattenvereinigung zum Zwecke der Kinderzeugung und Kinderaufzucht. Sinn der Ehe ist vielmehr die „Gemeinschaft" der Ehegatten, wie es deutlich im schweizerischen Zivilgesetzbuch ausgesprochen wird (ZGB Art. 159), weniger deutlich im deutschen Recht (BGB §1353). Einzig im Sinne des Aufbaus einer solchen Gemeinschaft ist auch die fortschreitende Emanzipation der Ehefrau in den neueren Gesetzgebungswerken zu verstehen, nicht im Sinne eines individualistischen Frauenrechts. Der Frau soll die volle Selbstverantwortung gesichert werden, weil einzig zwischen selbstverantwortlichen Personen Gemeinschaft möglich ist. Dieser auf personalistischer Basis (d. h. auf den Selbstwert der Person) begründeten Gemeinschaft werden dann alle einzelnen Einrichtungen sowohl der Ehe wie der Familie dienstbar gemacht, vor allem auch die vermögensrechtlichen Beziehungen. Bezeichnend ist für diese Ehe- und Familiengemeinschaft, daß sie den Menschen voll und ganz umfaßt. Sie reicht von den biologischen und biopsychischen Substrukturen über die seelische Tiefenregion, die wirtschaftliche Selbstbehauptung bis in die höchsten geistigen Ordnungen. Sie ist im strengen Sinne „Lebensgemeinschaft", die sich als „einträchtiges Zusammenwirken" mit gegenseitiger Treue- und Beistandspflicht ausdrückt (ZGB Art. 159, Al. 2 und 3). Gerade mit diesem Begriff der „gegenseitigen Hilfe", der hier als Grundprinzip der ehelichen und familialen Gemeinschaft auftaucht und seine rechtliche Darstellung etwa als Unterstützungspflicht erfährt, treten jedoch ganz neue Probleme auf, die es uns erlauben werden, über den Typus der Gattenfamilie hinauszuschauen und zu einer neuen Definition der Familie vorzustoßen.

Schon *Alfred Vierkandt* hat betont, daß die gegenseitige Hilfsbereitschaft in einem Kreise verbundener Personen durchaus zu unterscheiden ist von der rein persönlichen Hilfswilligkeit[2]. Es zeigt sich nämlich ein einschneidender Unterschied in der Stärke der Hilfsbereitschaft, je nachdem das Übel, das nach Abhilfe verlangt, eine rein persönliche oder zugleich eine gemeinschaftliche Bedeutung hat. Die Teilnahme am Andern ist immer dann am

---

[1] Siehe dazu *René König*, Sociological Introduction zu Bd. 5 der International Encyclopedia on Comparative Law, Chicago 1974, Abschn. 80.

[2] *Alfred Vierkandt*, Gesellschaftslehre, 2. Aufl. Stuttgart 1928, S. 370 ff.

stärksten, wenn das Bewußtsein vorwaltet, daß man damit dem Ganzen hilft. Aus dieser Einsicht wurde geradezu ein allgemeiner Satz über die Grenzen der gegenseitigen Hilfsbereitschaft hergeleitet. Nur da, wo die Kräfte der einzelnen nicht ausreichen, tritt die gegenseitige Hilfe ein. Darüber hinaus bleiben die einzelnen sich selber überlassen. Wir können bereits aus diesen wenigen Andeutungen ersehen, daß man den Willen zur gegenseitigen Hilfe nur dann genau verstehen kann, wenn man über die personale Gemeinschaft hinaus die Existenz eines Gruppenkreises ansetzt, innerhalb dessen dann der Maßstab dafür gefunden wird, wann gegenseitige Hilfe zu leisten sei und wann nicht. Hiervon zu unterscheiden bleibt unter allen Umständen die individuelle Betätigung des Hilfstriebs, dem kein unmittelbarer Bezug auf ein supponiertes Gesamtwohl innewohnt und dem sogar im extremsten Falle (Caritas) die Erwartung auf Gegenseitigkeit fehlt. Es erhebt sich nun die Frage, welchem Typus die gegenseitige Hilfe in der Ehe- und Familiengemeinschaft zuzurechnen ist und welche neuen Probleme sich aus einer eventuellen Zurechnung zum einen oder anderen Typ ergeben.

Theodor Geiger brachte die beiden Möglichkeiten auf eine knappe Formel, die uns am besten hier weiterführen mag. Die Formel für die individuelle Hilfsbereitschaft lautet: „Ich in Dir und Du in mir"; die Formel für die Solidarität in einem weiteren Gruppenkreise lautet: „Ich und Du im Wir"[3]. Im einen Falle haben wir es im strengen Sinne mit einer „Paargemeinschaft" zu tun; im andern mit der Solidarität zweier oder mehrerer Menschen innerhalb einer Gruppe. Im ersten Falle überwiegt das personale Moment, indem zwei einzigartige Persönlichkeiten zusammenstoßen und sich vereinigen (in Liebe oder in Freundschaft). Im zweiten Falle überwiegt das gruppenhafte Moment, indem innerhalb einer Gruppe zwei Menschen als Glieder dieser Gruppe einander gegenseitige Hilfe leisten im Sinne der Gruppensolidarität und zur Förderung der Gruppenwohlfahrt. Als Resultat dieser ersten Erörterung ergibt sich bereits eine Notwendigkeit, die Paarbeziehung von der Gruppenbeziehung zu unterscheiden.

Die Paarbeziehung ist ganz und gar auf personaler Basis aufgebaut. Man hat geradezu gesagt, es handle sich dabei mehr um eine Ausdehnung und Verstärkung der Persönlichkeit als um eine Gestalt der Gesellung[4]. Dementsprechend sind zur wahren Liebe in diesem Sinne einzig reiche Persönlichkeiten imstande, die überall über ihre Grenzen hinausfließen und ihren Existenzsinn in andere Personen hineinprojizieren. Darüber hinaus zeigt sich, daß für alle Paarverbindungen die Persönlichkeit des Partners von ganz entscheidender Bedeutung ist[5]. Natürlich gilt dies nun auch in einem gewissen Maße in der Ehe oder in der Familie; aber eben nur in einem gewissen Maße. Denn wenn in der Familie, wo wir jeden einzelnen um seiner Einzigartigkeit

---

[3] *Theodor Geiger*, Die Gestalten der Gesellung, Karlsruhe 1928, S. 52 ff., 82 ff.

[4] *Carl Brinkmann*, Versuch einer Gesellschaftswissenschaft, München 1919, S. 79.

[5] *Th. Geiger*, a.a.O., S. 82 ff.

willen schätzen und lieben, ein Glied durch den Tod ausscheidet, so ist dies gewiß ein unersetzlicher Verlust; aber die Familiengruppe lebt weiter. Es gilt hier sogar weitgehende Ersetzbarkeit der Gruppengenossen (etwa durch eine zweite Ehe). Ganz anders steht es damit im Paarverhältnis. Die Geliebte oder der Freund sind unersetzlich. Hier bedeutet Trennung oder Tod den Untergang des Verhältnisses, nicht nur eine Verstümmelung, die unter Umständen sogar regeneriert werden könnte. Mehr noch: da das Paarverhältnis aus einem Überborden der Persönlichkeit über ihre naturgesetzten Schranken hinaus erwächst, bedeutet die Abwendung des einen Partners von dieser Gemeinschaft in gewisser Weise auch immer den Untergang des anderen. Der Tod der Liebe ist der Tod der Liebenden. Dies erklärt auch den Nimbus, von dem die großen geschichtlichen Liebes- und Freundespaare umgeben sind. Er zieht seine Kraft aus der außerordentlichen Gebrechlichkeit des Verhältnisses und aus der ganz unmittelbaren Gefahr, die aus der Lösung herauswächst. Immer aber gilt, daß die Persönlichkeit des anderen zum absoluten Wert erhoben wird. Entsprechend heißt es auch, daß „das rein personale Paar als soziales Gebilde ... ganz und gar auf die beiden Partner gestellt" ist[6].

Deutlich zeigt sich der Unterschied zur Familie, wenn wir die Art der Hilfeleistung und Aufopferung in diesem Verhältnis betrachten. In der Familie geschieht die gegenseitige Hilfe um eines übergeordneten Ganzen von gruppenhaftem Charakter willen. In der Paargemeinschaft kann die Aufopferung des eigenen Lebens schon darum nicht um eines übergeordneten Ganzen willen geschehen, weil ja beim vollen Opfer das Paargebilde zu bestehen aufhört. Hier opfert sich in der Tat nur die eine Person der anderen auf. Darum geschieht es auch, daß der Partner die Annahme des Opfers verweigert, weil eben damit die Gemeinschaft zerstört wird. Es bleibt nur der Ausweg des Liebestodes, entweder gemeinsam oder als Nachfolge in den Tod, wenn der eine vorausging.

Die Erkenntnis vom eigenartigen Charakter dieser Paargemeinschaft ist für die Erkenntnis des Sinnes der Ehe geradezu fundierend. Wenn auch in der modernen Ehe (vermittelt durch eine ganz bestimmte Entwicklung zur Individualkultur) weitgehend personale Liebe als Einleitung zur Ehe vorausgesetzt wird, so bildet dennoch die personale Liebe nicht das Fundament der Ehe. Die personale Liebe schafft nur eine modale Modifikation der Ehe. Die eheliche Liebe hat aber im Wesen nichts mit diesem personalen Eros zu tun, der im Falle der Liebe geschlechtlich, im Falle der Freundschaft geistig ist. Sehr prägnant bemerkt *Paul Häberlin*, die Geschlechtliebe sei zwar der „charakteristische Beweggrund zur Ehe", aber sie könne dennoch nicht als „Traggrund einer als Lebensgemeinschaft aufgefaßten Ehe" verstanden werden[7]. Die Ehe ist in der Tat ein Verhältnis zwischen Mann und Frau, das

---

[6] *Th. Geiger*, a.a.O., S. 89.

[7] *Paul Häberlin*, Über die Ehe, Zürich 1929, S. 21 ff.; *Th. Geiger*, Zur Soziologie der Ehe und des Eros, in: Ethos, I, 1925/26.

nicht nur auf personale Gemeinschaft, sondern auf Familie zielt. Die Ehe weist immer über das bloß personale Paarverhältnis hinaus. Sie ist in ihrem Beginn heute in der großen Mehrheit der Fälle zweifellos ein Paarverhältnis, aber ein solches, das über sich auf Gruppe hinweist. Eine Gruppe ist jedoch ein Gebilde, das von der Paargemeinschaft verschieden ist, und zwar unangesehen der Tatsache, daß in der Gruppe – ganz primitiv gesehen – einfach „mehr" Mitglieder enthalten sind als ein Paar, nämlich mindestens drei. Die moderne Ehe will nun gewiß auch „Liebesehe" sein. Aber einerseits entstehen gerade daraus der Ehe die allergrößten Gefährdungen, weil eben die in der Familie auftretenden Gruppenprobleme sehr schnell mit der Liebe in Konflikt geraten. Andererseits gibt es auch heute noch weite Kreise, etwa die ländliche Bevölkerung, dann aber auch bürgerliche und aristokratische Geschlechter, bei denen die Vernunft- und Standesehe durchaus überwiegt. Es sind dies zugleich die Kreise, bei denen der Heiratsvermittler eine ganz entscheidende Rolle spielt. Besonders ausgeprägt ist dies bei der jüdischen Familie, wo insbesondere in Galizien die Geschlechtsliebe als Voraussetzung der Ehe geradezu verabscheut wurde[8].

Sehr einleuchtend läßt sich die Unterscheidung der Paargemeinschaft von der auf Familie zielenden ehelichen Gemeinschaft aufweisen, wenn wir folgendes bedenken. Wir sahen vorher, daß in der Liebes- und Paargemeinschaft der Partner gerade um seiner Einzigartigkeit willen geliebt wird, daß er also in jeder Hinsicht unersetzbar ist. Ganz anders steht es hiermit in der Ehe. 1. Es ist eine häufige Beobachtung, daß bei unglücklicher Ehe nach Ableben des einen Ehegatten eine neue Ehe eingegangen wird. Eine unglücklich verlaufene Liebesgemeinschaft zieht jedoch mindestens das teilweise innere Absterben des Partners nach sich und schließt Ersetzbarkeit der Partner absolut aus. Eine unglückliche Ehe dagegen schreckt den einzelnen keineswegs davon ab, eine neue Familie zu begründen, wie er auch im wesentlichen nichts von seiner Personalsubstanz verliert. 2. Desgleichen gilt, daß bei glücklich verlaufener Ehe nach dem Ableben eines Ehegatten vom überlebenden Teil häufig eine neue Ehe eingegangen wird. In der Ehe- und Familiengemeinschaft sind die einzelnen nicht so sehr um ihrer Einzigartigkeit willen als vielmehr in Eigenschaft von Trägern bestimmter Gruppenfunktionen da, was wiederum Ersetzbarkeit einschließt. 3. Schließlich erweist sich auch, daß ein sehr beträchtlicher Prozentsatz von geschiedenen Ehepartnern sehr bald nach der Scheidung eine neue Ehe eingehen, während bei einer gelösten Paargemeinschaft die Liebesfähigkeit entweder ganz erstirbt oder zum mindesten für sehr lange Zeit gelähmt wird. Auch hier erweist sich also ein ganz verschiedenes Verhalten der Menschen in der Paargemeinschaft und in der Familiengruppe.

---

[8] *Samuel Rappaport*, Aus dem religiösen Leben der Ostjuden, in: Der Jude, II, 1917/18, S. 84.

Dieser Tatbestand kann noch durch andere Erkenntnisse gesichert werden. Die Paargemeinschaften in Liebe und Freundschaft sind auch als „Intimverhältnisse" dargestellt worden[9]. Diese entsprechen ungefähr dem, was die amerikanische Soziologie als das Bedürfnis des Menschen nach „intimen Respons" bezeichnet[10]. Intimverhältnisse treten überall auf, wo zwei Menschen miteinander in persönliche Beziehung kommen. Nun hat man mit Recht bemerkt, daß sich in diesen Intimverhältnissen ein allgemein-menschlicher Zusammenhang ausdrücke[11], aber es gehen keine Gruppen von ihnen aus, im Gegenteil: sie setzen sie voraus[12]. Wenn sich von hier aus Gruppen zu bilden versuchen, so gehen sie doch bald wieder zugrunde, wie etwa die Schwierigkeiten lehren, die allemal da aufzustehen pflegen, wo eine bundartige Vereinigung mehrerer Menschen in eine organisierte Gruppe übergeführt werden soll. Anderseits gibt es aber Intimverhältnisse mit grupplichen Voraussetzungen, indem innerhalb konstituierter Gruppen gern Vertrauensverhältnisse im Sinne der Intimität entstehen[13]. Dennoch aber bleiben diese Verhältnisse von den gruppenartigen Ordnungen zutiefst unterschieden. Sie führen im Grunde weiter in den Phänomenbereich der Psychologie, auch einer allgemeinen Philosophie der menschlichen Gemein-schaftsformen, die übergeschichtlich sind, während alles gruppenhafte und soziale Leben sich durch die Geschichte hindurch vollzieht[14]. Man kann nun gewiß Gemeinschaft im besonderen auf diese Intimverhältnisse beschränken, wie es geschehen ist; dann stünde sie außerhalb aller sozialen Wirklichkeit. Und in der Tat wächst die Liebes- und Paargemeinschaft in dem Augenblick zu allerhöchster Intensität, wo sie sich außerhalb aller gesatzten Ordnungen bewegt, wo ihr von außen her die schwersten Gefährdungen auferlegt werden, ja wo sie sich sogar als Traumliebe über alle greifbare Wirklichkeit hinausschwingt. Wenn wir aber jenseits dieses Extremfalles die Intimver-hältnisse in eine Beziehung zur Wirklichkeit bringen wollen, dann können wir sagen, Gemeinschaft sei der verbindende Geist, der zwar selber nichts gruppenartiges ist, wohl aber konstituierte Gruppen mit seinem gemein-schaftlichen Geiste erfüllt[15]. In dieser Hinsicht wären dann die intimen Verhältnisse das eigentlich bewegte und gefühlsgesättigte Leben in den

---

[9] *Gerhard Lehmann*, Zur Charakteristik intimer Gruppen, in: Archiv für angewandte Sozio-logie 1930; *Karl Dunkmann*, Lehrbuch der Soziologie, Berlin 1931, S. 173, 183.

[10] Vgl. dazu das erste Kapitel von *William I. Thomas*, The Unadjusted Girl, Boston 1923, S. 17 ff.

[11] *K. Dunkmann*, a.a.O., S. 171/172.

[12] *K. Dunkmann*, a.a.O., S. 174/175, 179.

[13] Dies auch von *Th. Geiger*, Die Gestalten der Gesellung, S. 94/95, betont. Allerdings weist er interessanterweise darauf hin, daß wir in früheren Zeiten mehr mit Paarverhältnissen innerhalb der Gruppen zu rechnen haben. Das reine, selbständige Paarverhältnis ist erst eine Erscheinung späterer Epochen.

[14] *K. Dunkmann*, a.a.O., S. 182; Vgl. auch *G. Lehmann*, Sozialphilosophie, in: *K. Dunkmann*, Hrsg., Lehrbuch der Soziologie, Berlin 1931.

[15] *K. Dunkmann*, a.a.O., S. 183.

Gruppenordnungen[16]. Dem entspricht es auch, wenn man das Verhältnis der Ehe nicht als eine feste und starre Beziehung, sondern als eine „unaufhörliche Aufgegebenheit" bezeichnet[17]. Damit ist jedoch – soziologisch gesehen – nur die eine Seite der Erscheinung erfaßt, nämlich ihr Innenaspekt, mit dessen weiterer Analyse sich im wesentlichen die Psychologie zu befassen hat. Darüber hinaus bleibt uns noch der begründende Rahmen auszuzeichnen, innerhalb dessen sich dieses Leben vollzieht. Dieser Rahmen aber ist die Gruppe. Wenn wir es uns zur Aufgabe stellten, zu einer Definition der Familie vorzustoßen, so zeigt sich jetzt, daß wir zum Zweck dieser Definition über den Gemeinschaftsgedanken noch hinausstoßen müssen bis zur Gruppe. Familie ist eine Gruppe eigener Art.

Um diesen Durchstoß zu bewältigen, müssen zwei Fragenkomplexe aufgerollt werden: 1. Kann Gemeinschaft als Paargemeinschaft überhaupt hinreichend erklärt und gesichert werden? 2. Ist überhaupt Gemeinschaft ein hinreichendes Medium sozialer Ordnung? Ist nicht Gemeinschaft selber nur Funktion anderer Ordnungen, die dann ihrerseits erst entscheidend würden für den Aufbau von Ehe und Familie? Wir behandeln jede dieser Fragen für sich.

Längst vor der im Vorhergehenden dargestellten grundsätzlichen Auseinandersetzung hatte *Durkheim*, der wohl als erster die Problematik der modernen Gattenfamilie in den Blick bekam, die Frage ablehnend beantwortet, ob im soziologischen Sinne Gemeinschaft als Paargemeinschaft hinreichend erklärt und gesichert werden könne[18]. Die Gattengemeinschaft (er spricht von „société conjugale") erschien ihm – trotz aller staatlich-rechtlichen Ordnung – als allzu locker, um feste Ordnungen in der sozialen Welt begründen zu können. Und zwar ist sie zu locker wegen der Unzulänglichkeit des Menschen selber, vor allem wegen der Wandelbarkeit der Gefühle. Dazu aber kommen noch andere Gründe. Denn einmal ist die Gattengemeinschaft allzu sehr bedroht durch natürliche Umstände (z. B. das Ableben eines der beiden Ehegatten), dann aber durch besondere Einrichtungen, die den Zusammenhang der Ehegemeinschaft in der Moderne erschüttern und untergraben (vor allem die Ehescheidung). So kam er zu seiner Grundthese, daß die soziale Sicherung der einzelnen, eben jene Sicherung, die früher weitgehend die Familie geleistet hatte, in der Gegenwart durch andere Gruppen geleistet werden müsse, nachdem durch den allgemeinen Kontraktionsvorgang die Familie auf die Gattenfamilie reduziert worden ist. Als diese Gruppen erschienen ihm vorzugsweise die Berufsgruppen. Nachträglich wird

---

[16] *K. Dunkmann*, a.a.O., S. 173.

[17] *August Egger*, Das Familienrecht, 2. Aufl. Zürich 1936, Bd. I, S. 11.

[18] *Emile Durkheim*, La famille conjugale, in: Revue philosophique 1921, I, S. 12 ff. Desgleichen *E. Durkheim*, De la division du travail social, 7. Aufl. Paris 1960 (zuerst 1893), Préface à la seconde édition; *ders.*, Le suicide, 6. Aufl. Paris 1960 (zuerst 1897), (dtsche. Übers. Neuwied 1973), passim; vgl. auch *Georges Davy*, La famille et la parenté d'après *Durkheim*, in: *G. Davy*, Sociologues d'hier et d'aujourd'hui, 2. Aufl. Paris 1955 (zuerst 1931).

Durkheims pessimistische Prognose für die Entwicklung der Ehe noch durch die Vorgänge in Sowjetrußland bestätigt, wo man neben der registrierten auch die nichtregistrierte Ehe anerkannte und zudem die Ehescheidung durch die Ermöglichung der Scheidung auf einseitigen Antrag nur eines Partners ganz außerordentlich erleichterte[19]. Allerdings ist nun seit 1936 in Sowjetrußland die Ehescheidung wieder erschwert worden, so daß wir doch das Gefühl bekommen, daß hier in der neuesten Zeit andere Probleme in den Vordergrund getreten sein müssen, mit denen früher nicht zu rechnen war (siehe dazu in diesem Bande das Kapitel „Entwicklungstendenzen der Familie im neueren Rußland", wo auch die Ausrichtung der Familienpolitik vor 1936 auf den Gruppenaspekt der Familie hervorgehoben wird). *Durkheim* sah zwar die Familie richtig als Gruppe; aber er glaubte nicht mehr an die Verwirklichungsmöglichkeiten dieser Gruppe in der Gegenwart. Wir selber stellen gegen *Durkheims* Skepsis einen gemäßigten Optimismus, nachdem sich allgemein die Idee der Ehe als ein bürgerlicher Vertrag wieder aufgeschlossen hat zur Idee der Lebensgemeinschaft, von der aus nur noch ein ganz kleiner Schritt zu tun bleibt bis zur Ausformung der allein zutreffenden Vorstellung von der Familie als einer Gruppe eigener Natur.

Das Problem, das sich an dieser Stelle einordnet, bezieht sich genau auf die Frage, ob Gemeinschaft als Paargemeinschaft hinreichend erklärt und gesichert werden kann[20]. Daß nun die Ehe in der Tat über die bloße Paargemeinschaft hinausreicht, wird allein durch die Tatsache bewiesen, daß der Abschluß einer Ehe ein Rechtsakt ist, an dem sich die Öffentlichkeit weitgehend interessiert (Aufgebot, Eheschluß). Zudem beziehen sich die mit dem Eheschluß eingegangenen Verpflichtungen keineswegs nur auf das Verhältnis der beiden Ehegatten, sondern auf eine weitere Gruppe, nämlich die Ehegatten zuzüglich der zu erwartenden Nachkommenschaft. Diesem Tatbestand wird im Gesetz Rechnung getragen, sowie von den „Wirkungen der Ehe" die Rede ist[21]. Konsequenterweise ist die sowjetrussische Ehe im älteren Gesetzbuch von 1918, das ganz und gar auf Paargemeinschaft abstellte, lediglich für die Beziehungen der Ehegatten zueinander, dagegen nicht für

---

[19] *J. Magidson*, Das sowjetrussische Eherecht unter besonderer Berücksichtigung des Eheauflösungsrechts, Leipzig 1931.

[20] Wir müssen ausdrücklich betonen, daß die Frage nach der zahlenmäßigen Determination der Gruppe, die in diesem Zusammenhang oft aufgeworfen worden ist, nur sekundär für die ganze Problematik von Bedeutung ist. Gewiß ist an dieser Frage die Problematik aufgerollt worden, etwa *Theodor Litt*, Individuum und Gemeinschaft, 2. Aufl. Leipzig und Berlin 1926, S. 234 ff. Auch *Th. Geiger*, a.a.O., S. 82 ff., schließt sich ihm an. Aber im übrigen liegt das eigentliche Schwergewicht des Ganzen anderswo.

[21] Vgl. Code Civil, Art. 203: „Les époux contractent ensemble, par le seul fait du mariage, l'obligation de nourir, entretenir et élever leurs enfants." Schweiz. ZGB, Art. 159, Al. 2: „(Die Ehegatten) verpflichten sich gegenseitig, das Wohl der Gemeinschaft in einträchtigem Zusammenwirken zu wahren und für die Kinder gemeinsam zu sorgen." Einzig das deutsche BGB, §1353, ist hier nicht so deutlich.

die Beziehungen der Eltern zu den Kindern maßgebend[22]. Das hat sich
erst seit 1936 wieder geändert. Normalerweise wird also die Ehe gar nicht
als Paarbeziehung gedeutet, vielmehr sind bei der gesetzlichen Ausmessung
der Ehe und ihrer Wirkungen die zu erwartenden Kinder von Anbeginn
an wenigstens virtuell schon dabei. Zugleich ist mit dem Rechtsakt der
Eheschließung über sie bereits mitverfügt. Mit einem Worte: die Ehe ist eine
unvollständige Familie. Damit soll allerdings nicht geleugnet werden, daß
mit dem faktischen Übergang von der Ehe zur ausgebildeten Familie ganz
neue, vor allem sozialpsychologische Probleme für die beteiligten Personen
auftauchen, die sich insbesondere auf die Anpassung an die ganz neue soziale
Situation beziehen.

An diesem Punkte sehen wir uns gezwungen, in gewisser Weise von
A. *Egger* abzuweichen, welcher meint, die eheliche Gemeinschaft trage
als Gemeinschaft von Mann und Frau ihren Sinn in sich selbst und sie ent-
falte auch ohne Kinder ihre rechtlichen Wirkungen[23]. In sich selbst bedeutsam ist die Ehe einzig als intime Paargemeinschaft; als solche aber könnte sie
ebensogut auch ohne alle rechtliche Regelung bestehen, so wahr die Liebe
ihr Gesetz in sich selber trägt. Die Ehe als soziales Gebilde weist aber immer
über sich selber hinaus zur Familie. Unter dem rein rechtlichen Gesichtspunkt besteht *Eggers* Meinung gewiß zu Recht, sofern nur der Unterschied
zwischen der Paargemeinschaft und der Ehe eingesehen wird; soziologisch
aber ist diese Meinung untragbar. So ist soziologisch der Ausdruck „kinderlose Familie" widersinnig; bestenfalls ist die Wendung von der „kinderlosen
Ehe" erlaubt. Anderseits aber ist die Ehe ihrem soziologischen Sinn nach
nichts anderes als die Eingangspforte in den weiteren Gruppenkreis der
Familie, der neben den Gatten auch die Kinder mit umfaßt. Die Sorge um
den Nachwuchs ist nicht nur eine sekundär zur Ehe hinzutretende Aufgabe,
selbst wenn sie meist erst geraume Zeit nach dem Eheschluß aktuell wird;
vielmehr ist sie wesentliches Strukturmoment der Ehe, insofern diese mehr
als bloße Liebes- und Paargemeinschaft ist. Die Ehe ist also in soziologischer
Sicht nichts anderes als der Beginn einer Gruppe durch Vermittlung zweier
Individuen. Dies ist die Entstehungsbedingung der Familie. Aber es gilt
hier, wie auch sonst, daß Art und Weise der Entstehung noch nichts über die
Natur der Sache aussagen. Allerdings ist nun diese Familiengruppe im Augenblick des Eheschlusses noch nicht vollständig, wenn auch die Regelungen für
das zukünftige Gruppenleben schon mit voller Gültigkeit als „Wirkungen
der Ehe" gesetzt sind. Die ganze sozialpsychologische Problematik der Ehe,
die von hier aus sichtbar wird, ist dann also mit der Frage nach dem allmäh-
lichen Aufbau dieser Gruppe verbunden. Die besonderen Schwierigkeiten
dieses Aufbauprozesses ergeben sich daraus, daß mit ihm ein Rollenwechsel
der tragenden Personen vom Gattenpaar zum Elternpaar verbunden ist. So

---

[22] J. *Magidson*, a.a.O., S. 6.
[23] A. *Egger*, a.a.O., I, S. 18, 216.

zeigt also eine etwas tiefergehende Analyse, daß nicht die Familie in der Ehe gegründet, wohl aber umgekehrt, daß alle rechtlichen Regelungen der Ehe einzig um der Familie willen getroffen werden. Kurz gesagt: die Ehe gründet in der Familie[24]. Als notwendiges Korrelat zu diesem Satz ergibt sich, daß nur dann die Ehe erschüttert ist, wenn vorausgehend die Ordnung der Familiengruppe erschüttert wurde, wie es der allgemeine Kontraktionsprozeß der Familie mit sich gebracht hat.

Im Anhang zu unserem besonderen Problem von Ehe und Familie ist noch allgemein hinzuzufügen, daß die neuere Lehre der Meinung zuneigt, Paargemeinschaft reiche überhaupt nicht aus, um eine Gruppenordnung zu begründen. Psychologisch, philosophisch oder auch vom Standpunkt der Ethik aus mag der Begriff der Paargemeinschaft wohl ausreichen, um die Intimsphäre des Zusammenhangs zweier Menschen gegen die Umwelt abzugrenzen. Vor allem bedeutet dieser Begriff, wenn er auf die Ehe übertragen wird, einen außerordentlichen Fortschritt über den Gedanken bloßer kontraktueller Verbindung hinaus. Beziehungen dieser Art zeichnen sich gerade dadurch aus, daß sie den sozialen Zusammenhängen ihre lebendige Bewegtheit und innere Gefühlserfüllung sichern, daß sie aber selber keine Gruppen aufbauen, diese vielmehr voraussetzen. Also kann man auch sagen, daß diese Verhältnisse, für sich allein genommen, sozial nicht relevant werden. Sie sind nur Ausdruck präexistenter sozialer Ordnungen, denn es wird ja mit alledem prinzipiell nicht geleugnet, daß sich innerhalb bestehender Gruppen Paargemeinschaften aufbauen könnten. Das ganze Problem ist eine Frage der Begründungsordnung.

Von hier aus wirft sich dann anschließend die Frage auf, ob Gemeinschaft überhaupt, jenseits der Paargemeinschaft, ein hinreichendes Medium sozialer Bindung ist. Gemeinschaft im psychologischen und philosophischen Sinne ist gewiß imstande, eine Fülle menschlicher und moralischer Beziehungen aufzubauen; aber es ist die Frage, ob diese Beziehungen wirklich sozial relevant sind. Die neuere Soziologie zieht dies entschieden in Zweifel; sie glaubt nicht mehr an die soziale Allmacht der Gemeinschaft, wie das noch vor einigen Jahrzehnten der Fall war, und hat diesen Begriff mehr oder weniger in die Ethik verwiesen[25]. Die heute immer klarer herausgearbeitete Voraussetzung für diese Umstellung ist die Einsicht, daß Gemeinschaft selber nicht etwas Begründendes, sondern etwas Abgeleitetes ist, nämlich abgeleitet aus der Gruppe[26]. Gemeinschaft ist weiter nichts als der Ausdruck innerer Verbundenheit, der mit der Gruppe gegeben ist; Gemeinschaft ist Gruppenfunktion. Wenn wir also die Ehe als eine Gemeinschaft fassen wollen, dann

---

[24] *Edward Westermarck*, The History of Human Marriage, 3 Bde., 6. Aufl. London 1921, I, S. 72.

[25] Sehr ausgesprochen in diesem Sinne *J. Bierens de Haan*, Gemeenschap en Maatschappij, Haarlem 1939.

[26] Dazu *Th. Geiger*, Die Gruppe und die Kategorien Gemeinschaft und Gesellschaft, in: Archiv für Sozialwissenschaft und Sozialpolitik 58 (1927).

müssen wir fragen, inwiefern die Ehe eine Gruppe ist. Wir haben im Vorhergehenden gesehen, daß die Ehe als Paargemeinschaft keine Gruppe bildet,
und zwar gilt das auch unangesehen der Zahl der dabei beteiligten Personen,
was fälschlich eine Zeitlang als das beherrschende Problem herausgesprungen
war (vor allem unter dem Einfluß von *G. Simmel* und *L. von Wiese*). Wohl
aber erhält die Ehe die Möglichkeit, zu einer Gruppe zu werden, wenn wir
sie ihrem Sinn nach auf Familie ausrichten. Dann steht die Gemeinschaft als
Ehegemeinschaft entweder im Hinblick auf Familie, oder sie gestaltet sich
aus innerhalb einer Familie als einer der wesentlichsten Innenaspekte des
Gruppengebildes Familie. Dieser Gedanke schwebte wohl schon *Durkheim*
vor, als er unterschied zwischen „société conjugale" und „société familiale"[27].
Trotz seiner Einsicht, daß alle Familienordnung von ihrem Gruppencharakter
her bestimmt wird, mißtraute er jedoch der möglichen Gruppenwirkung der
Familie in der Gegenwart, weil eben im Typus der Gattenfamilie die Ehe als
Paargemeinschaft weitgehend vorherrschend geworden war. Das Ziel der
vorliegenden Abhandlung ist es gerade, in dieser Hinsicht über *Durkheim*
hinauszugehen. Nachdem ein bestimmtes Übergangs- und Anpassungs-
stadium der Familie seinem Ende zuzugehen scheint, sind die Möglichkeiten für den Wiederaufbau der Familie als Gruppe eigener Art wieder
nähergerückt.

Wenn aber die Familie als Gruppe eigener Art erkannt und gesichert
werden soll, dann müssen wir uns weiter fragen, welche Art von Gruppe
die Familie darstellt. Denn zweifellos weist die soziale Welt eine Unzahl
verschiedener Gruppenarten auf, die man auch nach den verschiedensten
Gesichtspunkten hin zu klassifizieren versucht hat. Ohne auf diese Klassi-
fikationsversuche hier eingehen zu können, scheint uns im gegenwärtigen
Zusammenhang die von der amerikanischen Soziologie mit so viel Erfolg
durchgeführte Scheidung von Primär- und Sekundärgruppen am besten
weiterzuführen. Der Ausdruck „Primärgruppe" wurde zuerst von *Charles
H. Cooley* geprägt[28]; nicht so deutlich wurde bei ihm der Terminus der
„Sekundärgruppen". Als Primärgruppe erscheint neben der Nachbarschaft
und der Gemeinde vor allem die Familie. „Primär" heißen diese Gruppen,
weil sie sowohl der Zeit wie der Bedeutung nach allen anderen Gruppen
vorausgehen. Sie sind die eigentlichen Keimzellen der menschlich-sozialen
Natur. Die Merkmale dieser Primärgruppen lassen sie ganz ausnehmend
geeignet erscheinen, als Zusammenfassung für all die bisher erwähnten
Probleme zu dienen.

Diese Primärgruppen sind zunächst ausgesprochene „Wir-Gruppen" nach
dem oben angedeuteten Schema der gegenseitigen Hilfe in der Familie als
„Ich und Du im Wir". In ihnen überwiegen also immer die gemeinsamen
Ziele und Strebungen über die persönlichen Zwecke. So werden die Mit-

---

[27] *E. Durkheim*, Le suicide, S. 186 ff.
[28] *Charles H. Cooley*, Social Organisation, Neuausgabe Glencoe, Ill., 1956 (zuerst 1909).

glieder einer solchen Gruppe aufs engste miteinander assoziiert, was sich in einer beständigen Kooperation zum gemeinsamen Besten auswirkt. Diese engste, von gegenseitiger Sympathie getragene Gruppeneinheit darf allerdings nicht in dem Sinne mißverstanden werden, als sei in ihr alles eitel Harmonie und Liebe. Immer und überall, wo Menschen zusammenwirken, wo vor allem am Grunde die beiden Geschlechter zusammenstoßen, gibt es Differenzierung, Spannungen, Konflikte, gelegentlich sogar betonte Versuche der Selbstbehauptung des einen gegen den andern. Aber all diese separatistischen Gefühle dienen nur dem stärkeren Zusammenschluß der Gruppe. Es verhält sich damit im Grunde ebenso, wie wir vorher zeigen konnten, daß die genaue Umschreibung des Selbstwertes der Frau in den neueren Gesetzgebungswerken nur das eine Ziel hat, durch Zusicherung der weiblichen Selbstverantwortung die Gruppeneinheit der Familie zu stärken und zu sichern. Aller Widerstreit in den Primärgruppen hat zum Ziel die Gruppeneinheit.

Cooley selber glaubt noch als Grundzug dieser Primärgruppen hervorheben zu müssen, daß sie nicht nur auf engster Assoziation und Kooperation gründen, sondern vor allem auch auf persönlicher Gegenwart in einem ausgesprochenen Intimverhältnis (intimate face-to-face association and cooperation[29]). Dies Merkmal der persönlichen Gegenwart wurde dann in der weiteren Diskussion aus dem Begriff der Primärgruppe eliminiert, denn der Intimzusammenhang der Familie braucht ja nicht zerstört zu werden, wenn etwa die Familienmitglieder durch das Leben an verschiedene Orte verschlagen werden. Aus dieser Einsicht ergab sich übrigens die methodologische Forderung, bei der soziographischen Analyse einzelner Familien (Familienmonographien) unter anderem auch auf die Tatsache und Gestaltung von Korrespondenz und gegenseitigen Besuchen zu achten. Viel entscheidender als das Merkmal der räumlichen Nähe ist das der Intimität; dieses ist in der Tat unaufgebbar, wie man mit Recht betont hat[30]. Diese Wendung, die übrigens gelegentlich schon bei *Cooley* selber auftritt[31], hat sich dann auch in der neueren amerikanischen Soziologie, insbesondere in der Familiensoziologie durchgesetzt[32]. Wenn wir also unter diesen Voraussetzungen Familie als Primärgruppe definieren wollten, müßten wir sagen: *Familie als Gruppe verbindet ihre Mitglieder in einem Zusammenhang des intimen Gefühls, der Kooperation und der gegenseitigen Hilfe, wobei die Beziehungen der Familienmitglieder den Charakter der Intimität und der Gemeinschaft innerhalb der Gruppe haben.* Damit ist dann auch die Familie

---

[29] *Ch. H. Cooley*, a.aO0., S. 23 u. ö.

[30] *E. Faris*, Primary Groups: Essence and Accident, in: American Journal of Sociology 38 (1932).

[31] *Ch. H. Cooley*, a.a.O., S. 26.

[32] *William F. Ogburn* und *Meyer F. Nimkoff*, Sociology, Cambridge, Mass., 1940, S. 256 ff. (3. Aufl. New York-Boston 1958); *John Leewis Gillin* und *John Philip Gillin*, An Introduction to Sociology, New York 1942, S. 199/200.

im wesentlichen von den meisten anderen Gruppen der sozialen Welt geschieden, die den Verkehr der Individuen untereinander fast immer durch ein Medium hindurchleiten, das die Enge des Intimverhältnisses aufhebt. Diese Definition der Familie als Primärgruppe oder Intimgruppe erlaubt es, in den Begriff der Familie sowohl die überindividuell-allgemeine Gruppenordnung wie zugleich die individuelle Selbstdarstellung der Einzelpersonen bis in ihre Tiefenschicht aufzunehmen, so daß damit auch dem in der westlichen Sozialentwicklung zutage getretenen Selbstwertgefühls des Menschen Rechnung getragen ist, ohne daß jedoch darum alle Gruppenordnungen in einem überspannten Individualismus gesprengt würden. Es läßt sich sogar sagen, daß kein Vorgang den Zusammenhang der Intimgruppe Familie mehr bedroht, als die Beendung des Selbstwerts der einzelnen Personen. Dennoch bleibt als Grundsatz festzuhalten, daß das Familienrecht letztlich ein Teil des Rechtes der sozialen Gruppen und kein Individualrecht ist.

II

Wir haben im Vorgehenden eine Bestimmung der Familie als einer Gruppe eigener Art zu geben versucht. Damit ist jedoch erst eine Definition allgemeiner Natur gewonnen, die nunmehr einer Auseinanderlegung in ihre einzelnen Aufbaubestandteile bedarf. Denn erst nachdem die Natur der Familiengruppe in ihren verschiedenen Aspekten erkannt ist, kann etwas über die Funktionen der Familiengruppe ausgemacht werden, zugleich über die Möglichkeit oder Unmöglichkeit, diese Funktionen in der modernen Gesellschaft zu erfüllen, oder sie nur in einem minderen Maße zu erfüllen, so daß eigene Hilfs- und Schutzinstitutionen notwendig werden. Im Anschluß an diese Erkenntnisse werden sich auch die wesentlichen Gefährdungen angeben lassen, denen die Familie in der Gegenwartsgesellschaft ausgesetzt ist.

In diesem Zusammenhang muß vor allem und zunächst darauf hingewiesen werden, daß der Mensch die Familie als Gruppe im weitesten Sinne bereits als allgemeines Erbteil seiner Natur aus dem höheren Tierreich übernommen hat. Hierin liegt vielleicht auch der letzte Grund für die Widerstandsfähigkeit der Familie den mannigfaltigsten historischen Belastungen gegenüber, wie auch für den gemäßigten Optimismus, den wir in der ganzen Familienfrage vertreten, obwohl gerade in dieser allgemeinen Herkunft der Familie auch ihre langsame Beweglichkeit begründet ist. Alle jene sozialen Erscheinungen, die ihre Wurzeln und Keimformen bis ins untermenschlich-animalische Dasein hinein ausstrecken, sind durch die Geschichte vielleicht weitgehend modifizierbar; zerstört werden aber können sie nicht, selbst wenn die Anpassung an neue Situationen noch so langsam vor sich geht. Wenn wir also die Menschenfamilie aus ihren weitesten Hintergründen begreifen wollen, müssen wir sie zunächst als Erbe des tierischen Lebens erkennen. Eine zweite Frage wird es dann sein, zu sehen, ob sich nicht die Menschenfamilie darüber hinaus durch ganz besondere Merkmale von der Tierfamilie unterscheidet.

Die Lehre, daß die Menschenfamilie ohne weiteres aus der Tierfamilie herauswachse, ist an sich uralt. Schon die Griechen wußten, daß die Tiere neben der Horde und dem „Tierstaat" auch die Familiengruppe besitzen. *Platon* hebt hervor, daß manche Vögel in monogamer Dauerehe leben. *Aristoteles* bemerkt, daß die familiale Bindung zwischen Eltern und Kindern schon im Tierreich vorgebildet sei; allerdings betont er zugleich, daß die Tierfamilie nur Zeugungsgruppe sei, während die Menschenfamilie noch andere Funktionen habe[33]. Aber über diese Andeutungen hinaus, denen aus der Sozialphilosophie von der Antike bis an die Schwelle der Gegenwart zahllose Beispiele anzufügen wären, konnte dies Problem doch erst mit dem Darwinismus zur Entscheidung kommen, der ausdrücklich eine Entfaltung der menschlichen Gesellschaftsordnungen aus tierischen Keimformen lehrte. *E. Westermarck* war es dann, der diese allgemeinen Einsichten *Darwins* auf die Entwicklungsgeschichte der Familie übertrug[34]. Allerdings sind *Westermarcks* Ausführungen vom heutigen Stande der Wissenschaft aus weitgehend als unbrauchbar zu bezeichnen, vor allem wegen des beständig sich vordrängenden Bemühens, den Nachweis zu erbringen, die Grundform der Familie sei im Menschen- wie im Tierreich die monogame Dauerehe. Die Forschung konnte demgegenüber immer wieder nachweisen, daß sich sowohl im Menschen- wie im Tierreich die verschiedensten Ehe- und Familienformen nachweisen lassen. *Westermarck* geht aus von konstanten Größen, deren Grundbild er der Gegenwart entnimmt, um dann ihre universelle Geltung nachzuweisen (während sie in Wahrheit eben einzig in der Gegenwart weiteste Verbreitung haben). Er verfällt damit einem ganz ähnlichen Fehler wie *William MacDougall* mit seiner Instinkttheorie, die den Aufbau der Menschenfamilie auf einige wenige Instinkte zu reduzieren sucht[35]. Abgesehen davon, daß er sich zumeist in Tautologien bewegt, indem die Familie auf den Elterninstinkt zurückgeführt wird wie die einschläfernde Wirkung des Opiums auf die „vis dormitiva", wird mit solchen Hypothesen die Mannigfaltigkeit der Ehe- und Familienformen in der Geschichte der menschlichen Gesellschaft prinzipiell unerklärlich. So wendet sich die Kritik, die schon früh gegen *MacDougall* ins Werk gesetzt wurde, in gleicher Weise auch gegen *Westermarck*[36].

---

[33] *A. Menzel*, Griechische Soziologie, Wien-Leipzig 1936, S. 31/34.

[34] *Edward Westermarck*, a.a.O.

[35] *William MacDougall*, An Introduction to Social Psychology, 24. Aufl. London 1942, S. 228 ff.

[36] Die wichtigste und früheste Kritik erfuhr *MacDougall* in den Vereinigten Staaten. Man vgl. dazu außer den psychologischen Werken von *James M. Baldwin* und *Edward I. Thorndike* das einschlägige Hauptwerk von *Luther L. Bernard*, Instinct, New York 1920. Auch in Amerika viel gelesen wurden die Engländer *Graham Wallas*, The Great Society, New York 1914, und Our Social Heritage, New Haven 1921, ferner *Morris Ginsberg*, The Psychology of Society, 5. Aufl. London 1942, zuerst 1921. In Frankreich trat vor allem *Georges Davy* gegen *MacDougall* auf

An diesem Orte kann uns einzig jene positive Forschung weiterführen, die weder irgendwelche Rechtfertigungsversuche unternimmt (wie *Westermarck*), noch von einem System konstanter sozialer Triebe ausgeht (wie *MacDougall*). Und diese positive Forschung zeigt uns in der Tat, daß wir in der Tierwelt, genau wie in der Menschenwelt, eine Mannigfaltigkeit von Eheformen und Familiengruppen finden[37]. Selbstverständlich gibt es zahllose Tierarten, auch gesellig lebende, bei denen weder von Ehe noch von Familie gesprochen werden kann. Aber es zeigt sich darüber hinaus, daß sich z. B. selbst bei den Fischen durchaus geregelte Geschlechtsbeziehungen finden lassen[38]. Besonders gut untersucht wurden die Ehe- und Familienverhältnisse bei den Vögeln, die schon seit ältesten Zeiten naturkundigen Beobachtern aufgefallen waren[39]. Aber auch für die Säugetiere liegen ähnliche Untersuchungen vor, auf die im einzelnen hier nicht eingegangen werden kann, da uns nur die grundsätzliche Seite der Angelegenheit interessiert. Neben völlig ungeregelten Geschlechtsverhältnissen unterscheidet man bei den gesellig lebenden Tieren sowohl Saisonehen (während nur einer Brunstperiode) wie Dauerehen (über mehrere Brunstperioden, eventuell sogar über das ganze Leben). Diese Ehen können sein: monogam, polygyn oder polyandrisch, so daß wir also bei den Tieren alle Eheformen finden, die auch beim Menschen auftreten; dazu muß noch die Tatsache vermerkt werden, daß die polyandrische Ehe in beiden Fällen gleich selten ist. Aus diesen verschiedenen Eheformen können dann verschiedene Familienformen herauswachsen; hier werden unterschieden: die Elternfamilie, die Vaterfamilie, die Mutterfamilie und die Kinderfamilie, bei der die Kinder in geschlossener Gruppe ohne die Eltern ihr Fortkommen finden.

Diese allgemeinen Andeutungen ließen sich bis in zahllose Detailanalysen hinein fortsetzen. Nicht das interessiert uns jedoch hier, sondern die Frage, welche Bedeutung diese Erscheinungen für die Erkenntnis der Menschenfamilie als einer Gruppe eigener Art besitzen. Die Gruppenbildung in Ehe

---

(La psychologie sociale de *MacDougall* et la sociologie Durkheimienne, in: Sociologues d'hier et d'aujourd'hui). Dagegen überließ sich die deutsche Soziologie weitgehend kritiklos den groben Vereinfachungen *MacDougalls*, wie auch von deutscher Seite zugegeben wird; vgl. *Andreas Walther*, Soziologie und Sozialwissenschaften in Amerika, Karlsruhe 1927, S. 40/41. Gegen *Westermarck* war im gleichen Sinne schon früh *E. Durkheim*, Origine du mariage dans l'espèce humaine d'après *Westermarck*, in: Revue Philosophique 1895, aufgetreten; ebenso sein Schüler *Paul Fauconnet, E. Westermarck*, The Origin and Development of Moral Ideas, in: Revue Philosophique 1907. In Deutschland wurde dagegen das Hauptwerk von *MacDougall* noch nach dem Zweiten Weltkrieg neu aufgelegt (1950).

[37] Vgl. *Friedrich Alverdes*, Tiersoziologie, Leipzig 1925.

[38] Vgl. an Einzeluntersuchungen z. B. *W. Wunder*, Brutpflege und Nestbau bei den Fischen, in: Ergebnisse der Biologie, VII, 1931.

[39] Vgl. dazu etwa *David Katz*, Sozialpsychologie der Vögel, 1926; dann noch *Gustav Heinrich Brückner*, Untersuchungen zur Tierpsychologie, insbesondere zur Auflösung der Familie, in: Zeitschrift für Psychologie 128 (1933).

und Familie ist bei den Tieren weitgehend durch das Geschlecht, durch Zeugung und Aufzucht der Nachkommenschaft bestimmt; die Familie der Tiere ist im strengen Sinne „Zeugungsgruppe". Zudem gilt, daß wir es bei diesen Erscheinungen nicht nur mit Automatismen, sondern mit ausgesprochenen „psychischen" Phänomenen zu tun haben[40]. Ohne nun hier auf das höchst schwierige Problem des Verhältnisses der Instinktsphäre zu den anderen psychischen Schichten eingehen zu können, muß jedoch bemerkt werden, daß beim Tier der relativ starre Instinkt zweifellos über die variablen höheren seelischen Leistungen überwiegt, während beim Menschen die historische Variationsmannigfaltigkeit der psychischen Grundfunktionen das Verhalten bis tief in die Instinktsphäre hinein beeinflußt. Dementsprechend sind auch alle Erscheinungen der „Erziehung", die sich im Tierreich zeigen, wohl zu unterscheiden von der Erziehung der Kinder in der Menschenfamilie. Diese letztere Erscheinung, die dem Aufbau der vollentwickelten sozial-kulturellen Persönlichkeit gilt, ist in der Tat geschichtlich ganz außerordentlich variabel, während die Erziehung im Tierreich mehr durch Vormachen und Auslösen der Instinkte wirkt und demzufolge nur in dem relativ engen Maßstab variabel ist, wie auch der Instinkt es ist[41]. Letzten Endes ist aber bereits der Geschlechtstrieb des Menschen keineswegs starr und unvariabel, sondern durchaus geschichtlichem Wandel unterworfen, wie er sich überhaupt erst durch eine ganze Reihe komplizierter Vermittlungen zu jener Form aufbaut, die wir an der vollentwickelten sozial-kulturellen Persönlichkeit vorfinden (ganz unangesehen der sozialen Entwicklungsstufe, auf der wir uns bewegen[42]). Aus diesem Grunde erweisen sich auch solche Annahmen wie die einer instinktiven Eifersucht (*Westermarck*), die zur instinkt-theoretischen Begründung der monogamen Ehe beitragen sollen, bei näherer Betrachtung als unbrauchbar. Wenn wir nunmehr also das Verhältnis der Tierfamilie zur Menschenfamilie einer endgültigen Abklärung entgegenführen wollen, dann müssen wir zweifellos zugeben, daß zahllose soziale Anlagen des Menschen auch beim Tiere auftreten[43], daß in ihren „Keimformen" soziale Erscheinungen wie die Familiengruppe durchaus animalisch vorgebildet sind[44]. Diese Einsicht aber schließt die andere, daß wir darum beim Verhältnis Tier- und Menschenfamilie nur von einem graduellen,

[40] Wie bereits bei dem Klassiker der Tiersoziologie *Alfred Espinas*, Les sociétés animales, zuerst Paris 1887 hervortritt. Vgl. vor allem seine Diskussion mit *C. Bouglé* in der Revue Philosophique 1900 und 1901. Über *Espinas* vom humansoziologischen Gesichtspunkt aus siehe *Georges Davy*, L'oeuvre d'Espinas, in: *G. Davy*, Sociologues d'hier et d'aujourd'hui.

[41] Vgl. etwa *Brückner*, a.a.0., S. 90/91 über die „Erziehung" der Küken durch die Glucke.

[42] Vgl. *Robert Briffault*, The Origin of Love, in: *V. F. Calverton*, Hrsg., The Making of Man, New York 1931; *ders.,* The Mothers, New York 1931.

[43] Besonders wichtig ist in dieser Hinsicht das Zeugnis eines Soziologen, der sonst durchaus von der Eigenart menschlich-sozialen Lebens überzeugt ist, wie *Th. Geiger*, Das Tier als geselliges Subjekt, in: *Richard Thurnwald*, Hrsg., Arbeiten zur biologischen Grundlegung der Soziologie, I, Leipzig 1931, S. 290.

[44] *A. Vierkandt*, a.a.0., S. 176, 223.

nicht von einem prinzipiellen Unterschied zu sprechen hätten, keineswegs ein[45]. Die Tierfamilie erweist zwar durch ihr Vorhandensein die universelle Geltung der Familiengruppe im Naturhaushalt überhaupt (und sichert damit auch, wie schon bemerkt, ihre außerordentliche Widerstandsfähigkeit im geschichtlich-sozialen Wandel); aber mit der Familie der voll entfalteten sozial-kulturellen Persönlichkeit des Menschen hat sie doch nur eine höchst entfernte Beziehung. Die beiden stehen auf verschiedenen Entfaltungsstufen des Bewußtseins[46].

In diesem Sinne hat in neuerer Zeit die allgemeine Sozialpsychologie alle jene Lehren zu kritisieren gehabt, die von einer gleitenden Kontinuität zwischen tierischen und menschlichen Sozialleben ausgingen. Die Setzung eines Unterschiedes zwischen beiden Sphären schließt jedoch, wie wir wiederholen wollen, die Meinung nicht aus, daß wir es bei der Tierfamilie mit einer „Keimform" der Menschenfamilie zu tun haben. Aber der Übergang von der Tier- zur Menschenfamilie schließt dennoch einen totalen Bedeutungswandel ein, in dem dann allererst die Momente sichtbar werden, die der Menschenfamilie ihre Eigentümlichkeit verleihen. Dieser Bedeutungswandel betrifft vor allem jenen Zug der Tierfamilie, der uns veranlaßte, diese als Zeugungsgruppen anzusprechen. Wir können so sagen: gewiß sind Paarung und die daraus erwachsende Zeugungsgruppe eine „Keimform" der Familie, aber die Umformung durch die Kultur ist doch eine so große, daß damit das Wesen der Menschenfamilie von der Geschlechtspaarung und der Zeugungsgruppe auf eine andere Ebene verschoben wird. Selbstverständlich sollen damit Paarung und Zeugung nicht aus der Familie hinweggedeutet werden, sie werden nur von einem Strukturmerkmal zu sekundären Merkmalen. Denn nicht Paarung, Zeugung und Kinderaufzucht allein ist das Wesen der Familie, beides läßt sich prinzipiell auch außerhalb der Familie erreichen, sondern die erste Stufe zum Aufbau der sozial-kulturellen Persönlichkeit. Die physische Geburt und Aufzucht der Nachkommenschaft ist eines, ein anderes ist die sozial-moralische Erziehung, und diese ist derart bedeutsam für den Aufbau der sozial-kulturellen Persönlichkeit, daß man durchaus von einer „zweiten Geburt" sprechen kann. Ihrem Wesen nach hat es die Menschenfamilie einzig mit dieser zweiten Geburt zu tun; denn was die leibliche Geburt betrifft, gibt es kaum einen Unterschied zwischen dem Menschen und einem höheren Säugetier. Wir müssen also einmal die Tier- und Menschenfamilie voneinander trennen, zugleich aber jene Meinung radikal zurückweisen, es sei die Menschenfamilie ausschließlich als Zeugungsgruppe zu begreifen.

Wenn aber diese Meinung zurückgewiesen ist, dann ist damit implizit die Ablehnung jenes anderen Satzes mit entschieden, nach dem der wesentliche Zusammenhang der Menschenfamilie in dem Blutsbande gründe,

---

[45] Dies vor allem bei *Westermarck* und *MacDougall*, aber auch bei neueren wie *D. Katz*.

[46] Auf Grund dieser Einsicht wurde dann auch zuzeiten der Erkenntniswert der Tiersoziologie für die Humansoziologie völlig geleugnet, was nach obigen Bemerkungen zweifellos übertrieben ist. Vgl. *Max Weber*, Wirtschaft und Gesellschaft, 4. Aufl. Tübingen 1956, S. 7/8.

das die Eltern mit den Kindern verbindet. Diese Vorstellung entspricht einzig einer ganz bestimmten historischen Entwicklung (insbesondere unter dem Einfluß des Naturrechts) und ist weit davon entfernt, allgemeingültig zu sein. Ihr logischer Schlußpunkt ist die in Sowjetrußland nach 1917 erfolgte Beschränkung der Verwandtschaft auf reine Blutsverwandtschaft. Diese Entwicklung erwies sich zudem als verantwortlich für eine weitgehende Erschütterung der Familie in der Moderne. Wir konnten aber zu Beginn unserer Auseinandersetzung sehen, daß sich über den Typus der Gattenfamilie hinaus ganz neue Möglichkeiten für die Familie aufweisen lassen, wenn wir sie ihrer Natur nach als Gruppe fassen. Diese Gruppe ist zudem, wie eben angedeutet wurde, etwas anderes und mehr als eine bloße Zeugungsgruppe. So kann vermutungsweise schon jetzt gesagt werden, daß die Blutsverwandtschaft allein und für sich genommen nicht ausreicht, um den Zusammenhang der Familiengruppe zu begründen.

Zu einer Zeit, als noch die primitiven Konstruktionen *Westermarcks* einen großen Teil der Familiensoziologie beherrschten, ist bereits *Durkheim* gegen die Lehre aufgetreten, als gründe die Familie im Blutsband. Eindeutig sprach er es aus, daß Blutsgemeinschaft weder „hinreichende" noch gar „notwendige" Voraussetzung für die Familiengruppe sei[47]. Die Blutsgemeinschaft ist keine hinreichende Ursache für die Begründung der Familiengruppe, weil noch bis vor kurzem das nicht legitimierte uneheliche Kind im sozialen Sinne nicht als mit seinem Vater verwandt angesehen wird. Überhaupt ist in der vergesellschafteten Menschheit die Vorstellung weit verbreitet, daß physische Geburt allein noch nicht genügt, um ein Verwandtschaftsband zu schaffen, vielmehr bedarf es dazu noch einer ausdrücklichen Anerkennung, selbst wenn die „Legitimität" der Geburt über allen Zweifel erhaben ist[48]. Die Blutsgemeinschaft ist auch keine notwendige Voraussetzung für die Begründung der Familiengruppe, da ein adoptiertes Kind durchaus als mit seinen Adoptiveltern verwandt angesehen wird, selbst wenn keinerlei Blutsgemeinschaft vorliegt. Man könnte auf Grund des völkerkundlichen Materials geradezu sagen, daß die Adoption insofern eine universale Erscheinung ist, als fast überall unterschieden wird zwischen der physischen Geburt und der ausdrücklichen (adoptierenden) Aufnahme des Kindes in die Familiengruppe. Schließlich braucht selbst da, wo Verwandtschaft und Blutsgemeinschaft zusammenfallen, die Nähe oder Ferne der sozialen Verwandtschaft nicht im gleichen Rhythmus wie die Nähe oder Ferne der Blutsgemeinschaft zu variieren. Dies tritt insbesondere in extrem vaterrechtlich-patriarchalischen Gesellschaften zutage, wo z. B. die Verwandtschaft des Kindes mit den

---

[47] *E. Durkheim*, Introduction à la sociologie de la famille, in: Annales de la Faculté des Lettres de Bordeaux 1888; Auseinandersetzung mit *J. Kohler*, Zur Urgeschichte der Ehe, in: Année sociologique, I (1896/97); vgl. zusammenfassend *G. Davy*, La famille et la parenté d'après Durkheim, a.a.O.

[48] Beispiele aus dem Leben primitiver Kulturen dafür bei *Richard Thurnwald*, Art. „Kind", §9a, in: Reallexikon der Vorgeschichte, Berlin 1926.

väterlichen Agnaten viel enger ist als mit seinen mütterlichen Verwandten[49].
Entscheidend erschüttert wird aber die Meinung, daß Verwandtschaft innerhalb der Familiengruppe auf der Blutsgemeinschaft beruhe durch die weitverbreitete Erscheinung der „künstlichen Verwandtschaft". Auch diese
begründet Gruppenbeziehungen familienhafter Art, die sich – was die Festig-
keit des Zusammenhanges betrifft – in nichts von der „natürlichen" Verwandtschaft unterscheiden. Hierzu gehören neben der Adoption alle Arten
der Milchverwandtschaft, der Verbrüderungen und Verschwesterungen, bei
denen gelegentlich selbst die Zeugen miteinander in ein Verwandtschafts-
verhältnis eingehen (etwa auf dem Balkan). Irreleitend ist bei dem Terminus
der „künstlichen Verwandtschaft" einzig das Beiwort „künstlich", da es den
Anschein erweckt, als stünden natürliche und künstliche Verwandtschaft
zueinander in Gegensatz. In Wahrheit aber sind beide durchaus gleich verbindlich; man kann sogar mit einem gewissen Rechte sagen, daß künstliche
Verwandtschaft stärker bindet als natürliche, die ja – wie wir eben sahen – für
sich allein genommen zumeist nicht hinreicht, um eine Gruppenbeziehung
herzustellen[50]. Die höchste Form dieser künstlichen Verwandtschaft wird
im katholischen Eherecht erreicht mit dem Begriff der „geistigen Verwandtschaft", die zwischen dem Taufpaten und dem Taufkinde, dem Firmpaten
und dem Firmling besteht und deren Verheiratung ausschließt, als handele
es sich um Nahverwandte. Im übrigen ist es erstaunlich, daß gerade die
mit der Tiersoziologie operierenden Familiensoziologen auf die These verfallen konnten, daß die Familiengruppe in der Blutsgemeinschaft gründe.
Ist doch gerade im Tierreich die Verbindung durch das Blutsband ganz
außerordentlich locker. Sie verschwindet spätestens nach vollendeter Aufzucht
der Jungtiere, die durchweg nach dem Aufwachsen ihre Eltern nicht mehr
erkennen und eventuell sogar mit ihnen in inzestuöse Geschlechtsbeziehung
eintreten[51]. Außerdem stoßen im Tierreich die Eltern vielfach ihre Kinder
nach vollendeter Aufzucht gewaltsam von sich[52]. Wir wiederholen im übrigen
(wie oben), daß all das natürlich nicht bedeuten kann, es spiele die Blutsgemeinschaft überhaupt keine Rolle in der Familie; es handelt sich vielmehr
auch hier um ein Problem der Begründungsordnung.

---

[49] Wie etwa im alten Rom. Ähnliches gilt auch für China; vgl. z. B. *Marcel Granet*, Le langage
de la douleur d'après le rituel funéraire de la Chine ancienne, in: Journal de Psychologie 1922
über die verschiedene Teilnahme des Sohnes und der Tochter beim Ableben des Vaters (neu
abgedruckt bei *Marcel Granet*, Etudes sociologiques pour la Chine, Paris 1953).

[50] Vgl. allgemein über künstliche Verwandtschaft *Richard Thurnwald*, Werden, Wandel und
Gestaltung von Familie, Verwandtschaft und Bünden, Berlin 1932, S. 181 ff.

[51] Die Meinung von *Konrad Lorenz*, Durch Domestikation verursachte Störungen arteigenen
Verhaltens, in: Zeitschrift für angewandte Psychologie 1940, daß er an seinen Wildgänsen eine
ausgesprochene Inzestscheu habe beobachten können, muß vorläufig noch mit äußerster Skepsis
betrachtet werden. Zuviel Beobachtungen weisen auf das Gegenteil.

[52] Vgl. die außerordentlich aufschlußreichen Ausführungen bei *Brückner*, a.a.O., über die Auflösung der Mutterfamilie beim Haushuhn.

Es entscheidet also nicht das Blutsband über den Aufbau der Familiengruppe, vielmehr treten ganz andere Faktoren in den Vordergrund. Gleichzeitig mit *Durkheim* hat es schon der Däne *C.N. Starcke* ausgesprochen, daß
zum rechten Verständnis des Wesens der Familiengruppe der natürlichen
Abstammung die rechtliche Seite der ganzen Problematik übergeordnet
werden muß[53]. In gleicher Weise betont *Durkheim*, daß erst die rechtlichen,
sozialen und moralischen Regelungen über den Aufbau der Familiengruppe
entscheiden. Mit einem Worte: die Familie ist keine biologische Einrichtung
zur Zeugung und Aufzucht der Nachkommenschaft, die Familie ist eine
soziale Institution[54]. Das faktische Zusammenleben von Mann und Frau
mit ihren blutsverwandten Kindern begründet an und für sich noch keine
Familie, sonst wären Ehe und Familie vom Konkubinat nicht zu unterscheiden. Während nun bei *Durkheim* – trotz der Betonung der sozialen
und moralischen Regelungen für den Aufbau der Familie – der rechtliche
Gesichtspunkt ganz eindeutig überwiegt, ist die neuere Soziologie durch
die rechtlichen Regelungen noch hindurchgestoßen bis zum allgemeinen
sozialen Hintergrund aller Regelungen. So kam *Thurnwald* dazu, neben
der physiologischen Verwandtschaft von einer Verwandtschaft im spezifisch soziologischen Sinne zu sprechen; er definiert: „Soziologisch versteht
man unter ‚Abstammung‘ die Überleitung von Würden, Rang und Eigentum, insbesondere die Methode, nach der ein Mensch einer sozialen Gruppe
zugeordnet wird"[55].

Jede Verwandtschaft impliziert also besondere Regelungen, seien diese
nun rechtlicher Natur oder der Gewohnheit, dem Brauch und der Sitte
unterworfen. So hielt etwa in neuester Zeit die Familiengesetzgebung
der Sowjetunion, nachdem sie erst die Verwandtschaft auf reine Blutsgemeinschaft reduziert hatte, doch für die Eltern die Unterstützungspflicht
gegenüber den Kindern aufrecht[56]. Als Folge dieser Regelung und eines allgemeinen Wandels in den Vorstellungen von Liebe und Ehe ergab sich in
Sowjetrußland ein Neuaufbau der Familiengruppen im Rahmen der Sitte,
dem dann mit der neuen Gesetzgebung von 1936 auch der Gesetzgeber
nachfolgte. Die besagten Regelungen brauchen also nicht immer rechtlich
greifbar zu sein, um ihre Wirkung zu üben. Besonders einleuchtend beweist
dies das Beispiel der nichtregistrierten, bloß faktischen Ehe in Sowjetrußland,

---

[53] *C. N. Starcke*, Die primitive Familie in ihrer Entstehung und Entwicklung, Leipzig 1888,
passim.

[54] Siehe *Durkheim*, Auseinandersetzung mit *Ernst Grosse*, Die Formen der Familie und die
Wirtschaft, in: Année sociologique, III, S. 370 u. ö.

[55] *R. Thurnwald*, a.a.O., S. 182, 190.

[56] Sehr richtig weist *E. Westermarck*, The Future of Marriage in Western Civilization, London
1936, S. 4, auf die hohe Bedeutsamkeit dieses Tatbestands hin. Vgl. im übrigen zur Unterstützungspflicht in der sowjetrussischen Gesetzgebung *Pierre Chaplet*, La famille en Russie
soviétique, Paris 1929, S. 203 ff.; *Grégoire de Dolivo*, Le mariage, ses effets et sa dissolution en
droit soviétique, Lausanne 1936, S. 86 ff. Für die allerneueste Gesetzgebung bis 1968 siehe in
diesem Bande das Kapitel „Entwicklungstendenzen der Familie im neueren Rußland".

die dennoch vom Konkubinat klar unterschieden werden kann, wenn sich die Ehegatten Dritten gegenüber ausdrücklich als zusammengehörig bekennen, wenn sie gemeinsamen Haushalt führen und ihre Kinder gemeinsam erziehen, d. h. also sich als Familiengruppe mit ihren immanenten Regelungen der gegenseitigen Hilfe darstellen. Im Sinne der Überwindung jener kraß naturalistischen Auffassung, nach der Verwandtschaft einzig im Blutsbande gründe, ist auch die Wiedereinführung der Adoption in der Gesetzgebung der Sowjetunion mit der Neufassung des Familienrechts, die am 1. Januar 1927 in Kraft trat, zu verstehen, nachdem die Adoption seit 1918 (mit Ausnahme der Ukraine) auf dem ganzen Gebiet der Sowjetunion verpönt gewesen war[57]. Selbst wenn diese Maßnahme zunächst rein fürsorgerische Ziele verfolgte (wie übrigens in den meisten anderen Gesetzgebungswerken), wurde doch damit zugleich grundsätzlich eine Auffassung wieder möglich, nach der jede Verwandtschaft – sei sie nun auf Blutsgemeinschaft gegründet oder nicht – in einer Art von allgemeinster sozial-moralischer Adoption gründet, und zwar genau im selben Sinne, wie wir oben davon sprachen, daß die Aufnahme in die Familiengruppe und die Erziehung (im Gegensatz zur Aufzucht) eine Art von „zweiter Geburt" gleichzusetzen sei. Einzig mit dieser zweiten Geburt hat es aber die Menschenfamilie zu tun, so wahr sich in ihr primär der Aufbau der sozial-kulturellen Persönlichkeit vollzieht. Dementsprechend gründet also das Verwandtschaftsband nicht in der Blutsgemeinschaft, sondern in dem sozial-moralischen Zusammenhang, der durch die Familiengruppe errichtet wird.

Über diese Probleme hinaus bleibt jedoch die Tatsache bestehen, daß sich der Mensch einzig durch Geschlechtspaarung fortzupflanzen vermag. Wenn also Geschlechtspaarung und Blutsgemeinschaft nicht zu den wesentlichen (primären) Aufbaumerkmalen der Familie gehören, so bleibt uns dennoch die soziologische Deutung dieses fundamentalen Tatbestandes aufgegeben, daß nämlich Geschlechtspaarung und Blutsgemeinschaft mit Sicherheit als sekundäre Merkmale zum Aufbau der Familiengruppe hinzutreten. In dieser Einsicht sind sie für verschiedene Wissenschaftszweige, die sich wenigstens indirekt mit der Familie befassen, sogar von allergrößter Bedeutung geworden (etwa für die Eugenik und Vererbungsforschung). Diese Wissenschaften aber könnten ihre Arbeit prinzipiell auch ohne Rücksicht auf die Familie durchführen, wie ja Kinderzeugung und -aufzucht auch außerhalb der Familie vor sich gehen können (dies das Postulat zahlloser Utopien seit der Antike). Die Frage, die in unserem Zusammenhang aufgeworfen werden muß, ist hingegen eine ganz andere. Für uns fragt es sich, in welches Verhältnis wir die Tatsache der Geschlechtspaarung zur Familie zu setzen haben, nachdem sich herausgestellt hat, daß die Natur der Familie in anderen Ordnungen gesucht werden muß.

---

[57] *M. Grödinger* (Minsk), Zur Reform des Familienrechts in der UdSSR, in: Ostrecht 1927, S. 34.

In anderem Zusammenhang haben wir zeigen können, daß die Familie als soziale Institution gesamtgesellschaftlich determiniert ist. Diese Determination bleibt auch im Zustand äußerster Desintegration erhalten; sie entspricht dann einfach dem allgemeinen Atomisierungsprozeß, dem die Gesellschaft in der neueren Entwicklung unterworfen worden ist. Bei der Geschlechtspaarung kann hingegen von einer Beziehung zu weiteren gesellschaftlichen Zusammenhängen überhaupt nicht mehr die Rede sein: hier steht alles einzig auf den beiden Individuen, Mann und Frau, die in der Paarung und Zeugung einzig dem Gattungszwecke folgen. Die weiteren gesellschaftlichen Zusammenhänge laufen hier gleichsam in einen Engpaß ein, der genau bis an die Grenze des sozialen Daseins überhaupt führt. Daher denn auch die außerordentliche Gefährdung, die von der Reduktion der Liebe auf reine Geschlechtsliebe für die ganze Gesellschaft erwächst. Wir haben es hier in der Tat mit einem „kritischen Punkt" im Fortleben der Gesellschaft in der Zeit zu tun. Dieser kritische Punkt erreicht seine höchste Spannung im Moment der geschlechtlichen Zeugung, in dem die ganze Gesellschaft versinkt. Wir möchten diesen Punkt als die „Zeugungs- grenze des Sozialen" bezeichnen; diese ist in gleicher Weise verantwortlich für die Widerstandsfähigkeit der Familie in allem historischen Wandel wie für ihre Schwerfälligkeit in der Anpassung an neue Situationen. Mit Empfängnis und Geburt ist aber dieser kritische Punkt bereits wieder überwunden, da das Kind ja über die rein biologisch relevante Blutsgemeinschaft hinaus sogleich nach seinem Eintritt in die Welt in jenen Aufbauprozeß der sozial-kulturellen Persönlichkeit hineingerissen wird, den wir vorher als zweite Geburt bezeichneten. So ist dieser kritische Engpaß des gesellschaftlichen Fortlebens in der Zeit genausowenig zu vermeiden, wie der Mensch seine animalische Natur nicht zu überspringen vermag. Aber mit dieser Gefährdung erkauft auch die Menschheit die Möglichkeit der fruchtbaren Vermehrung und des Herausstellens immer neuer Generationen in die geschichtliche Zeit, an denen dann die Familie ihr Erziehungswerk im Sinne einer zweiten Geburt ansetzen kann.

Entwicklungstendenzen der Familie im neueren Rußland (1946/1974)

I

Es gibt wohl für die Familiensoziologie kein aufschlußreicheres Unternehmen als eine Analyse der Familienentwicklung im neueren Rußland, insbesondere in der Sowjetunion. Allerdings muß man sich dabei von vornherein über eines im klaren sein, daß nämlich eine solche Analyse nur dann fruchtbar sein kann, wenn sie ohne jegliche Voreingenommenheit, einzig um der Sache willen, betrieben wird. Dann aber vermag sie in der Tat die wertvollsten Resultate für die allgemeine Soziologie wie für die Soziologie der Familie in der Gegenwart herzugeben. Ist doch im neueren Rußland vor unseren Augen etwas geschehen, das in der geschichtlich-gesellschaftlichen Entwicklung der Menschheit ganz einzigartig ist, nämlich im strengsten Sinne ein „Experiment" auf breitester Basis, und dies zudem in einem Lande, das ähnlich wie die USA kontinentale Ausmaße hat[1]. Konnte es noch *Auguste Comte* beklagen, daß der Soziologie die Möglichkeit des Experiments im Sinne einer Manipulation des gegebenen Menschenmaterials versagt bleibe und sich gewissermaßen nur zufällig aus bestimmten historischen Konstellationen ergebe, an denen dann nachträglich bestimmte Entwicklungsprobleme, Kausalitätsreihen usf. abgelesen werden könnten, so ist das im Zeitalter der „planenden Revolutionen" wesentlich anders geworden. Und zwar gilt das ganz grundsätzlich und allgemein ohne jede Rücksicht auf die besonderen politischen Ideologien, die sich mit einem Planungssystem verbinden mögen.

In diesem Sinne werden in Rußland nach der Oktoberrevolution von 1917 und nach einer Totalumformung der gesellschaftlichen Gesamtentwicklung auch für Ehe und Familie mit einem Schlage ganz neue Lebensbedingungen

---

[1] *George C. Guins*, Soviet Law and Soviet Society, The Hague 1954, S. 302.

© Springer Fachmedien Wiesbaden GmbH, ein Teil von Springer Nature 2021   97
R. König, *Familiensoziologie*, René König Schriften. Ausgabe letzter Hand,
https://doi.org/10.1007/978-3-658-28247-9_4

und rechtliche wie soziale Ausdrucksformen geschaffen. Das Experiment beginnt mit den Dekreten vom 18. und 19. Dezember 1917 betreffend die Ehescheidungsfreiheit und die Abschaffung der konfessionellen Ehe[2] und erfährt bald danach (September 1918) seine erste präzisere Konturierung mit dem „Gesetzbuch über die Personenstandsurkunden und über das Ehe-, Familien- und Vormundschaftsrecht". Dieses Experiment wurde in der Alten und in der Neuen Welt, je nach Einstellung, bald mit Begeisterung, bald mit Entsetzen begrüßt; unangesehen dieser Werturteile obliegt es jedoch dem Soziologen, einfach zu beobachten, was nun tatsächlich geschehen ist, und diese Beobachtung ist in der Tat außerordentlich aufschlußreich. Zeigt sich doch von heute aus gesehen, daß die Behauptung vom „familienfeindlichen" Charakter dieser Gesetzgebungsakte und der neugeschaffenen Einrichtungen mit äußerster Zurückhaltung aufgenommen werden muß. Denn unter dem fürchterlichen experimentellen Druck, dem dabei die Familie ausgesetzt wurde, bahnte sich eine Entwicklung an, die alle pessimistischen Prognosen radikal widerlegte (von 1917/18 über 1926/27, 1936, 1944, 1961, 1966 bis 1968). Mit anderen Worten: die Familie wußte diesem Druck durchaus Widerstand zu leisten, sie regenerierte sich ganz zweifellos; schließlich paßte sie sich den neuen wirtschaftlichen, sozialen und politischen Lebensbedingungen an, wie sie diese ihrerseits auch in dem Sinne umzuformen beitrug, daß am Schluß ein ausgebautes Familienschutzgesetz daraus erwachsen konnte. Das gleiche wiederholte sich übrigens nach 1945 in den sogenannten Satellitenstaaten der Sowjetunion: Polen, Tschechoslowakei, Ungarn, DDR, wie weiter unten wenigstens skizzenhaft gezeigt werden soll. In allen Fällen folgte nach einer revolutionären Gesetzgebung, die vor allem der Auflösung alter (insbes. religiöser) Formen dienen sollte, eine Periode des Neuaufbaus. *W. Müller-Freienfels* zeigte sogar einen entsprechenden Umschwung in China nach *Mao Tse-tungs* Politik des großen Sprungs[3].

Man greift wohl nicht fehl, wenn man diese Entwicklung als die *Familienpolitik der Transformationsperiode* bezeichnet. In der Tat handelt es sich hier um eine der schicksalsvollsten Transformationsperioden, die die Familie in der neueren Zeit durchgemacht hat. Die größte Schwierigkeit liegt angesichts dieser Entwicklung nicht einmal in der Information: die Quellen fließen sehr reichhaltig. Wohl aber ist die Bewertung der Entwicklung ungemein schwierig. Das Endergebnis sieht, was wenigstens die Familie betrifft, recht positiv aus. Wie läßt sich aber mit diesem Ende der Anfang zusammenreimen? Bedeutet, was zwischen Anfang und Ende geschehen ist, eine totale Änderung der russischen Familienpolitik? Oder läßt sich nicht im ganzen eine durchaus einheitliche Linie feststellen? Darf man diese Frage

---

[2] Abgedruckt bei *H. Klibanski*, Die Gesetzgebung der Bolschewiki, Leipzig und Berlin 1920, S. 139–144; dto. übersetzt von *J. Patouillet*, Paris 1928; englisch bei *Rudolf Schlesinger*, Changing Attitudes in Soviet Russia, The Family, London 1949.

[3] *Wolfram Müller-Freienfels*, Zur revolutionären Familiengesetzgebung, insbes. zum Ehegesetz der Volksrepublik China vom 1. Mai 1950, in: Ius Privatum Gentium, Tübingen 1969, S. 908.

überhaupt in der Form einer Alternative stellen? Haben wir nicht vielleicht in manchen Hinsichten mit einer Änderung der Generallinie, in anderen aber gleichzeitig mit einer gleichbleibenden Kontinuität zu rechnen? War das, was 1917 so sehr neu erschien, eigentlich wirklich neu? Oder holte Rußland damit nicht nur eine Entwicklung nach, welche die meisten europäischen Zivilisationen schon längst hinter sich hatten[4]? Fielen die „Neuerungen" eigentlich in Rußland selbst aus dem Rahmen, oder waren sie nicht seit langer Zeit vorbereitet? Dann würde unter Umständen von einer Tradition gesprochen werden dürfen, welche die jüngsten Entwicklungen in Rußland mit ältesten russischen Lebensordnungen rückverbindet. Ist nicht überhaupt der größte Teil jener (auch russischen) Stimmen, die 1917 von einer elementaren Befreiung der Menschen in seinen Sexualverhältnissen sprachen, nur rein ideologisch relevant, während dahinter ganz andere Probleme ausgetragen wurden? Auf alle diese Fragen soll die vorliegende Abhandlung eine unvoreingenommene Antwort zu geben suchen. Sie geht dabei von der theoretischen Annahme aus, daß Strukturanalyse der Familie von den Wertungssystemen getrennt werden kann (und auch getrennt werden muß). Offensichtlich können sich nämlich historisch gleiche Strukturen mit sehr verschiedenen Wertungssystemen verbinden.

Die angedeutete Entwicklung ist zunächst selbstverständlich von allgemeiner Bedeutsamkeit, erlaubt sie es doch der modernen Familiensoziologie, den überall zweifellos vorhandenen Auflösungserscheinungen der Familie gegenüber einen gemäßigten Optimismus einzunehmen. Wenn die Familie in der Tat im Stande war, solchen Belastungen standzuhalten, dann kann es mit ihrer Widerstandskraft nicht so arg bestellt sein, wie die redseligen, aber schlecht informierten Untergangspropheten gelegentlich meinen. Zum anderen aber kommen in dieser Entwicklung auch spezifisch russische Lebensmotive zum Ausdruck, die mit der Doktrin des Kommunismus nur sehr indirekt zu tun haben und diese zweifellos überleben werden, wie das russische Volk auch den Zarismus überlebte. Nachdem im Laufe von mehr als 50 Jahren die ursprüngliche Verblüffung über die Neuartigkeit des russischen Experiments einer gemesseneren Überlegung Platz gemacht hat, kann man heute durchaus sagen, daß sich das russische Leben nach der Oktoberrevolution darstellt als eine höchst eigenartige Mischung neuer Einrichtungen mit allerältesten Ordnungen. Schon der älteste russische Feudalismus sieht einem reinen Etatismus ähnlicher als dem europäischen Schutz-um-Treue-Verhältnis[5]. Die Kolchosenwirtschaft von heute kann man sehr wohl als eine Art von bürokratisiertem „Mir" bezeichnen; die Mirverfassung der Landwirtschaft, die heute nicht mehr als so alt wie früher

---

[4] Dazu *Max Rheinstein*, The Law of Family and Succession, in: *A. N. Yiannopulos*(Hrsg.), Civil Law in the Modern World, Baton Rouge, La., 1965, S. 30.

[5] *Peter Struve*, Medieval Agrarian Society in Its Prime: Russia, in: The Cambridge Economic History, Bd. I, Cambridge 1942, S. 427/428 u.ö.

angesehen wird, scheint selber aufzuruhen auf der russischen Großfamilie[6]. Auch die genossenschaftsartige Betriebsform des „Artel", die ganz einzigartig russisch ist (was von der Großfamilie und vom Mir nicht zu sagen ist), mag in den Vorstellungen gemeinschaftlichen Produzierens mit Gemeinsamkeit der Lebensführung noch nachklingen, wie sie weitgehend die moderne russische Wirtschaft kennzeichnen[7]. Nur muß man, was die Ausgestaltung der Einzelheiten betrifft, diese Erscheinungen der Moderne von den älteren sich abheben lassen, wie etwa auch die (im Russischen ebenfalls als Artel bezeichneten) Genossenschaften, die nach westlichem Vorbild entstanden, vom alten Artel zu unterscheiden sind. Aber es scheint doch aus allen diesen Erscheinungen eine Art von gemeinsamer Wirtschaftsgesinnung zu sprechen, die sich in der Schöpfung einer ganzen Reihe ähnlicher Wirtschaftsgestaltungen dokumentiert.

In engster Beziehung zum Familienproblem läßt sich übrigens selbst für die so radikal neuartig anmutende Einrichtung der „freien Ehe" (seit 1927), die zuerst in den Kreisen der Nihilisten gefordert und verwirklicht wurde, ein altes Vorbild aufweisen. So bestritten gewisse radikale Täufersekten, die sich im 17. Jahrhundert von der orthodoxen Staatskirche trennten, die sogenannten „Priesterlosen" (Bespopowtsi), die Möglichkeit einer legalen Ehe überhaupt. Während nun die Mönche im Zölibat lebten, gründeten die Laien auf ihre Weise doch Familien, was als eine Art „entschuldbarer Unzucht" angesehen wurde (bei den Theodosianern). Die Gemäßigteren hingegen behaupteten, ganz ähnlich wie nach 1917, daß die Ehe genausogut wie durch den Segen des Priesters durch den Willen der Verlobten begründet werden könne. Steht aber erst einmal fest, daß die Ehe nur im Willen der Ehepartner gründet, dann folgt auch, daß die Ehe jederzeit lösbar ist. Die Auswirkungen dieser Auffassung, die insbesondere in den Unterschichten des Volkes (Bauern, Gewerbetreibende und kleine Händler) lebendig war, waren je nach dem sozialen Milieu sehr verschieden. Auf dem Lande bauten sich unter dem Schutz der Sitte sehr feste Familienordnungen auf, in der Stadt entarteten diese Verhältnisse jedoch leicht. Einerseits herrschte die Meinung, daß die aus solchen Ehen geborenen Kinder einfach dem Staat zur Aufzucht zu überlassen seien, andererseits bürgerte sich weitgehend die Praxis des Kindermords durch „Aussetzung" in diesen Kreisen ein[8]. Schon im 18. Jahrhundert wurde es notwendig, in Moskau große Waisenhäuser zu

---

[6] Eine Entwicklungsgeschichte des Kolchos von der russischen Großfamilie und dem Mir her gab *Alexander Vaatz*, Sowjetische Kollektivwirtschaft, 2. Aufl., 2 Bde., Berlin 1941. Dort ist auch russ. Literatur bis Anfang April 1941 angeführt; vgl. auch *John Maynard*, The Russian Peasant, London 1943, S. 30.

[7] Kurz orientiert über das Artel *W.D. Preyer*, Artikel „A", in: Handwörterbuch der Staatswissenschaften, 4. Aufl., Bd. I, Jena 1923. Über die Unterscheidung des alten Artels von den Genossenschaften siehe *Paul Apostol*, Das Artjel, Stuttgart 1898.

[8] Über Kindermord vgl. *Richard Gebhard*, Russisches Familien- und Erbrecht, Berlin 1910, S. 58–68.

gründen, um den verlassenen Kindern der Theodosianer und anderer Altgläubiger (Raskolniki) Unterschlupf zu bieten, so daß nicht einmal die vielbesprochene Erscheinung der elternlosen Kinder (Besprisorni) für Rußland etwas Neues darstellt[9]. Zudem war die Macht dieser Kreise so groß, daß das ältere russische Zivilgesetzbuch von 1833, das ganz auf der kirchlich sakramentierten Ehe aufbaut, für sie eine Ausnahme zugestehen mußte[10]. Erst die Toleranzedikte von 1905 und 1906 brachten nach mancherlei Experimenten die endgültige Legalisierung der Ehe der Schismatiker durch restlose Anerkennung ihrer eigenen Eheformen[11]. Diese Sekten erfanden auch neue Zeremonien für die Eheschließung, die sich vor allem auf das Lösen des Zopfes der Braut und den Ersatz der Mädchenfrisur durch den Frauenkopfputz beschränkten[12].

Etwas sehr Ähnliches tat im Grunde nun auch die revolutionäre russische Gesetzgebung, die sich darüber klar war, daß ein „formloses Eingehen der Ehe" bei den an kirchlichen Pomp gewöhnten Massen unpopulär sein und sie doch nur wieder der kirchlichen Trauung zutreiben würde. So bemerkte es noch 1925 *D.I. Kurskij*, Volkskommissar für Justiz[13]. Darum kann auch nach revolutionärer Gesetzgebung nach wie vor die Ehe kirchlich eingesegnet werden (allerdings wird sie rechtskräftig erst nach der Ziviltrauung); die Brautleute können aber auch ihre Ehe vor Zeugen, im Kreise ihrer

---

[9] Die Findelhäuser in Moskau (1764) und Petersburg (1770) galten zu ihrer Zeit als die großartigsten in der Welt, aber die Zahl der ausgesetzten Kinder war auch ungeheuer groß. Vgl. *Gebhard*, S. 59.

[10] *S. H. Klibanski*, Handbuch des gesamten russischen Zivilrechts, Bd. I, Berlin 1911, § 78.

[11] Vgl. zum Ganzen *Anatole Leroy-Beaulieu*, L'empire des tsars et les russes, 3 Bde., Paris 1883–1889; *Johannes Gehring*, Die Sekten der russischen Kirche, Leipzig 1898, S. 93 bis 122; *Marianne Weber*, Ehefrau und Mutter in der Rechtsentwicklung, Tübingen 1907, S. 352–355; *Frederick C. Conybeare*, Russian Dissenters, Cambridge 1921, S. 189–213; *Pierre Chaplet*, La famille en Russie soviétique, Paris 1929, S. 140–149. Wie wenig durchschnittliche Geschichtsschreibung auf solche Dinge zu achten pflegt, wird durch den Umstand bewiesen, daß die im Text besprochenen Erscheinungen selbst in einem soziologisch so erleuchteten Werk wie *Valentin Gitermann*, Geschichte Rußlands, 3 Bde., Zürich 1944–1949, mit keinem Wort erwähnt werden.

[12] *Dmitrij Zelenin*, Russische (ostslawische) Volkskunde, in: Grundriß der slawischen Philologie und Kulturgeschichte, Berlin und Leipzig 1927, S. 317. Dort auch über die „geheimen Hochzeiten" der Altgläubigen, S. 318/319. Dabei erscheint als Hauptaufgabe des Hochzeitszeremonials die Anerkennung der Ehe durch die Gemeinde. So schon *Leroy-Beaulieu*, III, S. 439.

[13] *J. Magidson*, Das sowjetrussische Eherecht unter besonderer Berücksichtigung des Eheauflösungsrechts, Leipzig 1931, S. 8/9, 16/17. Über die Schaffung eines neuen Zeremonials siehe *L. Trotzki*, Fragen des Alltagslebens, Hamburg 1923, S. 68–75. So auch *D. M. Kauschansky*, Evolution des sowjetrussischen Eherechts, Berlin und Köln 1931, S. 8/9. Vgl. auch *Gabriel LeBras*, La famille en URSS, in: Connaissance de l'URSS, Bd. 2, Paris 1947, S. 49. *Kurskijs* Rede bei *R. Schlesinger*, S. 81 ff., bes. S. 85. Vgl. auch *Henri Chambre*, L'évolution de la législation familiale soviétique, in: Renouveau des idées sur la famille, édité par *Robert Pringent*, Paris 1954, S. 211. Die zeremoniale Ausgestaltung der standesamtlichen Registrierung der Ehe wurde später im Gesetz von 1944, Art. 30, sogar gesetzlich verankert; s. Anm. 17.

Verwandten oder im Arbeiterklub unter Absingen der Internationale schließen und als feierlichen Vertrag registrieren lassen, wobei ihnen letzteres seit 1927 freigestellt ist. *V. F. Calverton,* der radikalste Vertreter der freien Ehe, den die westliche Welt heute kennt, betont ausdrücklich, daß damit die Lehren von *Havelock Ellis, Bertrand Russel, Edward Carpenter*u. a. verwirklicht seien[14]. Genauso ist auch bemerkt worden, daß die Lehren der Schismatiker im Grunde die gleiche Meinung vertreten und verwirklichen[15], so daß ein weiter Bogen reichen würde von der Ehe der Priesterlosen bis zur Ehegesetzgebung der modernen Sowjetunion[16]. Im übrigen wird bei völliger Säkularisierung die „zeremonielle Ausgestaltung" der standesamtlichen Eheschließung bis in die Prinzipienerklärung vom 27. Juni 1968 über Ehe und Familie als Grundsatz der Familienpolitik durchgehalten[17].

II

Diese Erörterung, nach der im modernen Rußland gelegentlich allerneueste Einrichtungen in gewisser Weise als Umformungen alterältester Lebensformen auftreten, führt uns mit Notwendigkeit zur Frage nach der älteren Familienverfassung in Rußland. Hier ist zunächst festzustellen, daß der 1835 in Kraft gesetzte „Swod Sakonow" (Gesetzessammlung)[18] einzig die adeligen Grundbesitzer und Beamten, die sehr dünne Schicht städtischer Kaufleute und Handwerker und die ganz wenigen freien Bauern umfaßte, während er die leibeigenen Bauern ausschloß, die doch die überwältigende Majorität des Volkes darstellten. So lebten diese Bauern außerhalb des gesatzten Rechts weitestgehend nach lokaler Sitte und Brauch[19]. Das 1910 im Entwurf vorgelegte Zivilgesetzbuch ist bekanntlich nie in Kraft getreten, so daß der Swod Sakonow bis zur Oktoberrevolution gültig blieb. Betrachten wir nun zunächst die Volksordnung, nach der – wie gesagt – die Majorität der Russen lebte.

Bevor wir das konkrete Material betrachten, müssen hier jedoch einige grundsätzliche Erwägungen eingeschaltet werden, die das Problem der Regelung der Ehe und Familie durch die Sitte betreffen. Da für viele, ins-

---

[14] *V. F. Calverton,* Der Bankrott der Ehe (Bankruptcy of Marriage), deutsche Übers. Dresden 1931, S. 165.

[15] *M. Weber,* S. 354; *Leroy-Beaulieu,* III, S. 437/438.

[16] *P. Chaplet,* S. 146.

[17] „Fundamental Principles of Legislation of the USSR and Union Republics on Marriage and the Family", June 27, 1968, erschienen in der „Iswestija" am 28. Juni 1968, Art. 4, Abs. 4, engl. Übers.: Soviet Statutes and Decisions, in: IASPA Journal of Translations, IV, 4 (1968), S. 113.

[18] Von *Klibanski*wurde Bd. X (Zivilgesetzbuch) ins Deutsche übersetzt (Berlin 1902). Neue Ausgabe mit Kommentar von *Klibanski* in Anmerkung 10 erwähnt.

[19] Schon früh hervorgehoben von *Ernest Lehr,* Elements du droit civil russe, 2 Bde., Paris 1877/90, Bd. I, S. XI u.ö. Vgl. auch *B. Eliachevitch, P. Tager, B. Nolde,* Traité de droit civil et commercial des Soviets, 3 Bde., Paris 1930, Bd. III, S. 283/284 u.ö.

besondere Rechtswissenschaftler, als einzige Regelungsform die Rechtsnorm erscheint, kommt es leicht zu der Folgerung, daß Aufhebung einer Rechtsnorm notwendigerweise einen ungeregelten Zustand zeugen müsse. Vom soziologischen Standpunkt aus braucht über das Unsinnige einer solchen Meinung nichts gesagt zu werden. Sehr wohl müssen wir aber unterstreichen, daß es in Rußland auch nach Aufhebung der wesentlich von der orthodoxen Kirche bestimmten Rechtssysteme keineswegs zu einem Zustand chaotischer Regellosigkeit kommen mußte, vorausgesetzt, daß dieser nicht von anderen Faktoren verursacht wurde (Krieg, Niederlage, Bürgerkrieg, Hungersnot). Die Ehe und die Familie können sich eben nicht unabhängig von allgemein-gesellschaftlichen Entwicklungen halten. Prinzipiell wirken aber nach Aufhebung der Rechtsnorm die Sitte und überhaupt eine ganze Reihe anderer Regelungssysteme des Verhaltens weiter (lokales Gewohnheitsrecht, öffentliche Meinung), wie sie auch vor dem Aufbau einer Rechtsordnung wirksam waren. Für letzteres gibt ein gutes Beispiel eine der kanonischen Antworten des Metropoliten *Johann II.* in Kiew aus dem 11. Jahrhundert, in der sich deutlich ausspricht, wie sich das klerikale Recht an Stelle der Sitte zu stellen sucht: „Da Du gesagt hast, daß bei einfachen Leuten keine Eheeinsegnung und Trauung stattzufinden pflegt, sondern daß nur die Bojaren und Fürsten sich trauen lassen, die einfachen Leute aber ihre Frauen wie Beischläferinnen nehmen mit Tanz und Spiel, überlegen wir alles und sagen: wenn einfache Leute aus Unwissenheit solche Verbindungen schließen, ohne die Kirche Gottes und ohne Segen einen Ehebund eingehen, so heißt das eine heimlich geschlossene (wilde) Ehe; die so heiraten, denen soll man, wie Unzüchtigen, Kirchenbuße auferlegen"[20].

Gleichzeitig geht daraus hervor, daß die Regelung von Ehe und Familie bei den Russen praktisch immer in der Antinomie von Volksordnung, Gewohnheitsrecht und Sitte einerseits und Rechtsordnung der Oberklassen andererseits befangen gewesen ist. Von hier aus gesehen erhält auch der Umstand eine ganz neue Bedeutung, daß *Stenka Rasin* um 1670 eine Art von Ziviltrauung eingeführt zu haben scheint[21] (wie nicht ganz zwei Jahrzehnte früher *Oliver Cromwell* in England). Auch die Stellung des Raskol erscheint jetzt im Lichte einer sehr alten Tradition. Wenn schließlich im Verlaufe der revolutionären Gesetzgebung eine Reihe (übrigens keineswegs alle, wovon später) von Rechtsregeln aufgehoben werden, so bleibt also noch immer die Sitte als Regelungssystem erhalten. Und man könnte unter Umständen sogar sagen, daß die russische Familie aus der Sitte neue Kraft und auch ein neues Profil gewonnen hat. Darüber hinaus muß noch hervorgehoben werden, daß Eheformen, wie sie die russischen Schismatiker und die revolutionären Gesetzgeber vertraten, auch im übrigen Europa eine ganze Reihe von

---

[20] *L. K. Goetz*, Kirchenrechtliche und kulturgeschichtliche Denkmäler Altrußlands, Stuttgart 1905, abgedruckt bei *V. Gitermann*, I, S. 362.

[21] *V. Gitermann*, I, S. 295.

Parallelen haben, so etwa die römische „Usus-Ehe", die germanisch-recht-
liche „Friedel-Ehe", die angelsächsische Common-Law-Ehe u.a.m.[22]
Daß diese Eheformen (aus verschiedenen Gründen) aus dem Rahmen
der normalen Rechtsordnung fallen, sagt im übrigen nicht das Geringste
über ihre Stabilität oder Unstabilität, falls eben nicht andere Umstände der
gesamtgesellschaftlichen Entwicklung, wie oben gesagt, die Desorganisation
solcher Eheformen bedingen.

Wenn wir uns nach den hervorstechendsten Zügen der Familie in der
russischen Volksordnung fragen, so springen vor allem zwei hervor: ihr
betonter *Gruppencharakter* und der *Patriarchalismus.* Wir behandeln
die beiden Probleme, die, wie wir sehen werden, sorgsam voneinander
geschieden werden müssen, nacheinander.

Der Gruppencharakter der russischen Altfamilie kommt in den verschiedensten Ausgestaltungen zum Ausdruck. Vor allem in der starken
Sippenordnung, dann aber auch in der für das europäische wie asiatische
Rußland so bezeichnenden „Großfamilie", bei der eine Gruppe von Brüdern
in Hauskommunion oder in Siedlungsgemeinschaften zusammen lebt[23]
und unter der Leitung eines Oberhauptes (Vater, Großvater, Ältester, Vorstand) auf gemeinsam besessenem Land in ungeteilter Erbengemeinschaft
gemeinsam wirtschaftete[24]. Diese Großfamilie finden wir bei den eigentlichen
Großrussen wie bei den Weißrussen und Kleinrussen bis in die Karpaten
hinein; im übrigen spielt sie auch eine höchst bedeutsame Rolle bei den
anderen Völkern des russisch-eurasischen Raumes[25]. Daneben stehen dann
selbstverständlich auch Einzelfamilien stark patriarchalischen Charakters mit
Kaufehe und Frauenraub, die isoliert leben, sich zur Dorfgemeinde oder
sonstigen genossenschaftlichen Gebilden zusammenschließen. Dieser Typus
der Familie überwiegt ganz eindeutig (gelegentlich auch exklusiv) bei den
Westslawen (Polen, Tschechen und Wenden), welche die Großfamilie entweder überhaupt nicht kennen oder schon vor sehr langer Zeit verloren
haben, während bei den Russen immer wieder die Großfamilie auftritt wie
übrigens auch bei den verschiedenen Zweigen der Südslawen.

---

[22] So rechnet etwa *G. LeBras*, S. 50, selbst die kanonische Ehe bis zum Jahre 1563
(Tridentinisches Konzil) hierher.

[23] Diese Differenzierung erfolgt in kritischer Abhebung von der älteren Wirtschaftsgeschichte,
die meist ohne weiteres annahm, daß „Großfamilie" und ausgesprochene „Hauskommunion"
identisch seien. In Wahrheit besteht diese Identität keineswegs.

[24] Die Großfamilie mit stark kommunistischer Eigentumsordnung erscheint heute nicht
mehr wie früher als Urform der Eigentumsordnung (*Sumner Maine, de Laveleye,* teilweise auch
Bücher), vielmehr hat sie sich als auf bereits recht hoher und komplizierter Entwicklungsstufe
stehend herausgestellt. Darüber und überhaupt über das Problem der Großfamilie in Rußland
orientiert besonders gut *Paul Vinogradoff*, Outlines of Historical Jurisprudence, 2 Bde., Oxford
1920/22, Bd. I; vieles auch bei *J. Maynard*; gute Beschreibung bei *Lehr*, I, S. 67 ff.

[25] Über die geographische Verbreitung der Großfamilie siehe auch *Zdenko Vinski*, Die süd-
slawische Großfamilie in ihrer Beziehung zum asiatischen Großraum, Zagreb 1938, S. 48 ff.

Neben dem ausgeprägten Gruppencharakter dieser Familientypen wird in der Literatur als zweites Moment gemeinhin ihre außerordentlich strenge patriarchalische Ordnung hervorgehoben (bei Großfamilien wie Einzelfamilien), die Frauen und Kinder in ein ausgesprochenes Gewalt und Unterwerfungsverhältnis zum Familienoberhaupt bringt (und die damit von unserer eheherrlichen Gewalt sorgsam unterschieden werden muß). Gerade hier erheben sich aber eine ganze Reihe sehr schwerwiegender Probleme, so daß wir noch einmal zu einigen grundsätzlichen Erwägungen veranlaßt werden.

Zunächst muß betont werden, daß wir mit der unterschiedslosen Verwendung des Wortes „patriarchalisch" in diesem Zusammenhang außerordentlich vorsichtig sein müssen. Wenn wir unter diesem Begriff ausschließlich ein Gewaltverhältnis verstehen, das besonders zugespitzt ist auf die Person eines einzelnen Gewaltträgers, dann dürfen wir ihn in den meisten Fällen auf die Großfamilie nicht anwenden. Hier hat das Oberhaupt mehr die Funktion eines „Vorstands", eines „primus inter pares", dem unter Umständen sogar ein „Familienrat" zur Seite steht. In den meisten Fällen tritt dieser Familienvorstand übrigens ungefähr mit dem sechzigsten Lebensjahr zurück, um einem Nachfolger Platz zu machen, während der streng patriarchalische (römisch-rechtliche) „pater familias" bis zu seinem Tode Oberhaupt der Familie bleibt. Zumeist wird aber der Terminus „patriarchalisch" in einem völlig unangemessenen Sinne und höchst zweideutig verwendet, etwa um eine „einfache" Lebensweise mit strengen Ordnungen gruppenhafter Natur zu bezeichnen. In diesem Sinne haben die Reisenden immer wieder den „patriarchalischen" Charakter der Großfamilie hervorgehoben, womit sie in Wahrheit nur ein „einfaches Leben" im biblischen oder im homerischen Sinne meinten, eine gruppenhaft handelnde und wirtschaftende Großfamilie wie das Haus des *Priamos*, in dem fünfzig Brüder und zwölf Schwestern mit ihren Gatten und Kindern zusammen lebten. Es ist neuerdings wieder mit aller Deutlichkeit hervorgehoben worden, daß diese Verwendung des Terminus „patriarchalisch" denkbar unstatthaft ist[26]. Dieser Begriff bezieht sich vielmehr ausschließlich auf ein bestimmtes Gewaltverhältnis. Die Großfamilie bei den Südslawen wie bei den Russen hat aber in diesem strengen Sinne ursprünglich keineswegs extrem patriarchalischen Charakter, selbst wenn sie einen Vorstand hat.

Die zweite Frage, die sich hier erhebt, hängt mit der Natur der im eigentlichen Sinne „patriarchalischen Familie" zusammen. Dazu ist zu bemerken, daß 1. die Extremform des Patriarchalismus etwa im römischen Recht oder im Recht des Islam keineswegs die Durchschnittsform des Patriarchalismus ist; daß 2. dementsprechend die Gewaltunterworfenheit von Frau und Kindern im Patriarchalismus verschiedene Grade annehmen kann (in diesem

---

[26] *Emile Sicard*, La Zadruga sud-slave dans l'évolution du groupe domestique, Paris 1943, etwa S. 133–142, vor allem 138; dann auch S. 417 ff. Vgl. auch die ältere Literatur *F. Kraus, A. Dopsch, V. Bogišič*, u. a. m.

Sinne unterschied schon *E. Durkheim* zwischen famille patriarcale und famille
paternelle); daß 3. selbst in verhältnismäßig autoritären patriarchalischen
Systemen der De-jure-Gewaltunterwerfung de facto eine starke Selbständigkeit der Frau gegenüberstehen kann (wie bei der römischen „matrona"); daß
4. unter bestimmten historischen Umständen, etwa „Überschichtungen", ein
ursprünglich gar nicht so strenger Patriarchalismus eine außerordentliche Verschärfung erfahren kann. In diesem Sinne haben wir selber vom ursprünglichen Patriarchalismus mehr oder weniger ausgeprägter Natur einen
„Sekundärpatriarchalismus" unterschieden. Im folgenden werden wir nun
die Frage aufrollen müssen, wie es mit dem vielberedeten Patriarchalismus
der Russen steht, ob er mit jener Starrheit und Strenge, die immer an ihm
hervorgehoben werden, bei den Russen wirklich original ist oder ob nicht
andere Momente zu seiner Verhärtung beigetragen haben, mit denen
ursprünglich nicht gerechnet werden konnte. Wenn das letztere zutreffe
sollte, dann könnte man wiederum sagen, daß der Kampf der Revolutionäre
gegen den Patriarchalismus keineswegs die russische Familie als solche,
sondern nur eine bestimmte einseitige Extrementwicklung treffen wollte.

Betrachtet man unter den obigen Voraussetzungen die ältesten Rechte,
wie sie in der „Russkaja Prawda" (Anfang des 11. Jahrhunderts) nieder-
gelegt sind, so fällt deutlich ins Auge, daß der russische Patriarchalismus
– gemessen am radikalistisch-extremen römischen Recht – von Haus aus
verhältnismäßig milde gewesen ist (wie unter anderem auch das germanische
Recht). Zwar geht die „Russkaja Prawda" letztlich auf byzantinische Quellen
zurück; unter dem Einfluß des eingeborenen russischen Gewohnheitsrechtes
wurden aber viele Extremheiten des byzantinischen Rechts gemildert, etwa
die Prügelstrafe weitgehend durch Geldstrafe ersetzt[27]. Angesichts der
besonderen wirtschaftlichen Interessen dieser ältesten russischen Kaufleute-
und Transporteursgesellschaft mit nur geringen gewerblichen Interessen
erhält die Frau sogar einen überraschend hohen Grad an Geschäftsfähigkeit. Die bald darauf (im 13. Jahrhundert) einsetzenden Tatareninvasionen
und andere Entwicklungen schaffen jedoch in dieser Hinsicht sehr schnell
grundsätzlich andere Verhältnisse. Mit der Entscheidung über die Schollen-
pflicht des Bauern, die seine endgültige Unterwerfung unter den Gutsherrn
bedeutete, war nicht nur das patriarchalische Verhältnis zwischen Gutsherrn und Bauern im Sinne eines einseitigen Gewaltverhältnisses radikalisiert
worden, sondern es verschärft sich, im Gegenstoß gleichsam, als Dokument
des erwähnten Sekundärpatriarchalismus auch innerhalb der Bauernfamilie
der Patriarchalismus ganz außerordentlich (Ende des 16. Jahrhunderts).
Das wichtigste Ereignis dieser Art scheint uns aber die Verschärfung des
russischen Patriarchalismus unter dem Einfluß der tatarischen Eroberungen.
Erst damit und nicht so sehr auf Grund seiner eigenen Vergangenheit wird
Rußland, auch und gerade in bezug auf die Familienentwicklung, aus der

---

[27] Vgl. *V. Gitermann*, I, S. 65 ff.

Reichweite europäischer Ideen entrückt. „Da das russische Volk von den mongolischen Eroberern in seiner Gesamtheit geknechtet wurde, konnte auch der einzelne seine Freiheit nicht lange behaupten. Rechtlos wurde der Fürst vor dem Chan, der Bojare vor dem Fürsten, der Hörige vor dem Bojaren. Jeder duckte sich nach oben und trat, wenn er konnte, als Unterdrücker nach unten auf. Die Entwertung des Menschen drang in alle Stände ein, und sie wirkte sich naturgemäß auch darin aus, daß die soziale Stellung der Frau eine erhebliche Verschlechterung erfuhr. Sie sank, unter dem Einfluß des Tatarentums, auf die Stufe einer wehrlosen Sklavin, eines Eigentumsobjektes herab, so daß es auch in der vornehmen Gesellschaft zur Entwicklung des Begriffs der Dame gar nicht kommen konnte"[28].

Man erkennt aus diesem Vorgang deutlich, wie sich gesamtgesellschaftliche Machtumschichtungen auch in Strukturwandlungen der Familie bemerkbar machen. Zugleich darf der Vermutung Ausdruck gegeben werden, daß sich in dem ungeheuren Ressentiment, mit dem später gegen alle überlebenden Reste des Patriarchalismus angegangen wurde, das Emanzipationsstreben der Russen gegen das Tatarentum noch ein letztes Mal zu Worte meldete. Festzuhalten bleibt, daß auf Grund der Eigentümlichkeiten der russischen Geschichte, die weder Ritterwesen im strengen Sinne noch den Minnedienst kannte, genausowenig wie es später unter *Iwan III.* zu einer russischen „Renaissance" kam, alle die Momente nicht wirksam werden konnten, die im westlichen Europa den Patriarchalismus weitgehend abgebaut hatten, noch lange bevor auch auf der ideologischen Ebene ein ausdrücklicher Kampf gegen ihn anhob. So erhielt sich der Patriarchalismus in Rußland unangefochten praktisch bis ins 19. Jahrhundert hinein, wo man allmählich erkennen lernte, daß er keineswegs der sozialen Frühverfassung der Russen entsprach. Wir werden später noch einige Beispiele für diesen Patriarchalismus bringen. Entscheidend bleibt vorläufig, daß dieser Patriarchalismus keineswegs urtümlich, sondern zuhöchst vermittelt ist, weshalb wir ihn als „Sekundärpatriarchalismus" bezeichnen.

Bei vielen anderen Völkern des russisch-eurasischen Raumes wirkt sich unter dem Einfluß des Islam der Patriarchalismus ebenfalls mit großer Radikalität aus; diese Form ist übrigens viel weniger vermittelt als die vorher beschriebene, wie es sich hierbei auch häufig um relativ unentwickelte, wenn nicht gar „primitive" Völker handelt. Hier wurden Frauen und Kinder in der entschiedensten Weise der Verfügungsgewalt des Familienoberhauptes unterworfen[29]. Bei diesen Völkern (insbesondere Armenistan, Daghestan, Georgien, Aserbeidschan, Turkmenistan, Usbekistan, Tadschikistan, Kasachistan, Kirgisistan, Kalmükien und vielen anderen Völkern des Ostens und hohen Nordens) wirkte sich dann auch die Oktoberrevolution als die

---

[28] *V. Gitermann*, I, S. 102/103.

[29] Über das Familienrecht des Islam orientiert noch immer am besten *Reuben Levy*, An Introduction to the Sociology of Islam, 2 Bde., London 1931/33, vor allem Bd. I.

lang ersehnte Befreiung von einem unerträglich gewordenen Joch aus, das von den islamischen Mullahs nur immer bekräftigt worden war[30]. Es entstand ein wahrer Wirbelsturm der Befreiung, dessen Widerhall weit über die russischen Grenzen hinaus die benachbarten mohammedanischen Völker ergriff, wie ich selber auf Reisen in der östlichen Türkei in den Jahren 1925 und 1926 beobachten konnte. Auch hier fiel zugleich mit der alten patriarchalischen Ordnung der Schleier der Frauen, es kam die europäische Kleidung auf und das lateinische Alphabet für die türkische Sprache (worin übrigens die Sowjetunion vorangegangen war), schließlich wurden Unterrichtsmöglichkeiten für die weibliche Jugend geschaffen, bis 1931 die Frauen sogar ins türkische Parlament einzogen.

Gerade in der Türkei war es übrigens, wo *Ziya Gökalp* mit seinen Untersuchungen über die Entwicklung der Familie bei den turkotatarischen Völkern den Beweis zu führen suchte, daß auch für sie der Patriarchalismus nichts Ursprüngliches war, sondern ihnen erst im Laufe bestimmter geschichtlicher Umstände von außen her aufoktroyiert wurde. Allerdings spielen bei seiner Deutung zu viel gegenwartspolitische Motive mit hinein, so daß sie nicht ganz beim Wort genommen werden darf und mehr symptomatischen als theoretischen Wert besitzt[31]. Es steht dies hiermit im Grunde ganz ähnlich wie mit der seit dem Familienwerk von *Friedrich Engels* grassierenden Tendenz, die modernen Frauenrechte aus einem ursprünglichen Primat des Mutterrechts oder der Mutterfolge abzuleiten. In Wahrheit wachsen aber die Frauenrechte ganz unmittelbar aus der Verfassung der modernen Wirtschaftsgesellschaft heraus, in der die Frau im Kampf um die wirtschaftliche Selbsterhaltung als gleichberechtigter Partner des Mannes aufgetreten ist. Das hat aber mit Mutterrecht oder Mutterfolge nicht das Geringste zu tun.

Jenseits dieser mehr theoretischen Probleme war es für den staunenden Beobachter fast unbegreiflich, mit welcher Geschwindigkeit in manchen mohammedanischen Ländern der Sowjetunion und anderswo in den zwanziger Jahren die alten Sitten abbröckelten und mit welcher Selbstverständlichkeit – insbesondere von seiten der Frauen – von den neuen Lebensformen Gebrauch gemacht wurde. Dies ist wohl ein Zeichen dafür, daß die alte Ordnung in weiten Bereichen schon lange unterhöhlt gewesen war und daß es nur eines kleinen Anstoßes bedurfte, um das ganze Gebäude zum Einsturz zu bringen. Daneben kamen aber gelegentlich auch starke reaktionäre Kräfte zum Durchbruch; symptomatisch dafür ist etwa in Afghanistan die Absetzung von *Amanullah Khan* (1929), der sich wegen seiner Reformen gerade auch auf dem Gebiet der Frauenbefreiung sehr unbeliebt gemacht hatte, während *Kemal Atatürk* in der Türkei zur gleichen Zeit mit fast allen Reformen Erfolg hatte, die er in weitgehender Anlehnung an das

---

[30] *Fannina W. Halle*, Frauen des Ostens, Zürich 1938.
[31] *Ziyaeddin Fahri*, *Ziya Gökalp*, sa vie et sa sociologie, Paris 1936, S. 142/144.

Schweizerische Zivilgesetzbuch angebahnt hatte. Allgemein darf in diesem Zusammenhang nicht übersehen werden, daß es zweifellos jahrzehntelanger Anpassung bedürfen wird, bis in diesen östlichen Ländern die neue Ordnung ins Gleichgewicht kommt. Es kann sogar mit Sicherheit vorausgesagt werden, daß sich im russisch-eurasischen Raum ein Ausgleich zwischen Altem und Neuem herstellen wird. Dabei wird es von entscheidender Bedeutung sein, ob sich der Islam innerlich neu zu beleben und vor allem zu entwickeln vermag, da er von Haus aus und seiner ganzen Struktur nach stark patriarchalisch orientiert ist.

Zunächst versuchte man, im Zuge der revolutionären Gesetzgebung den Patriarchalismus bei den mohammedanischen Völkern der Sowjetunion mit Stumpf und Stiel auszurotten. Der Kampf ging gegen „schariat" und „adat", d. h. gegen das gesatzte Recht und die Gewohnheitsrechte des Islam. Dabei wurden jene Institutionen, die mit dem Patriarchalismus zusammenhängen, besonders aufs Korn genommen, nämlich der „kalym" (Brautpreis), überhaupt die von den Eltern erzwungene Ehe, die Kinderehe, Entführung und Brautraub, Polygamie und die Scheidung durch Verstoßen. In diesem Zusammenhang kam es zur Definition der sogenannten „Byt-Verbrechen" (adjekt. „bytovje"), d. h. der Verbrechen, die aus der Befolgung der traditionalen Sitte und des Stammesrechts entspringen. Am Anfang entstanden erbitterte Auseinandersetzungen zwischen beiden Parteien, auch Unruhen und gewaltsame Selbsthilfe; häufig wurden sogar Frauen ermordet, die sich zu Adepten der neuen Ordnung machten[32] und etwa den Gesichtsschleier ablegten. Wer genau an dieser Reaktion beteiligt war, ist einigermaßen undurchsichtig, da die offiziellen Anklagen gegen das Kulakentum als den Hauptschuldigen für die Byt-Verbrechen doch etwas verdächtig klingen. Viel bezeichnender scheint uns dagegen, daß selbst die sowjetischen Gerichtsorgane die Durchführung der Gerichtsverfahren durch Verschleppung zu sabotieren suchten. Es wird auch gesagt, daß die Richter den Sinn dieser Gesetze nicht zu erfassen imstande seien, weil sie selber im Traditionsrecht befangen sind. Neuerdings versucht man, eher einen Kompromiß zwischen Altem und Neuen zu schließen. So wird etwa im Strafrecht von Usbekistan und Turkmenistan die Polygamie als Überlebsel des alten Stammesrechts nicht ausdrücklich verboten; vielmehr wird der Tatbestand unter den Verbrechen gegen die öffentliche Ordnung abgehandelt, und zwar als Verschleierung eines Umstandes, der als Ehehindernis angesehen werden könnte. In andern Fällen (Aserbeidschan) ist Polygamie oder Bigamie nur dann strafbar, wenn der eheliche Verkehr mit der ersten (oder den ersten) Frau(en) fortgesetzt wird. Im übrigen zeigt die Rechtspraxis, daß die Auseinandersetzung zwischen den modernen, vom Staat erlassenen Gesetzen und der lokalen Sitte der verschiedenen Völker der Sowjetunion (z. B. Kinderehe,

---

[32] Dazu Angaben bei *S. Yakopov*, The Struggle against Offences Rooted in the Traditional Way of Life (1930), und *I. Babintzev* and *V. Turetsky*, On the Emancipation of Women in Azerbeijan (1936), abgedruckt bei *Rudolf Schlesinger*, S. 188–213.

Kaufehe, Polygamie, Verstoßung usw.) teilweise bis heute noch anhält. Die islamische Tradition scheint gelegentlich hartnäckiger, als man ursprünglich angenommen hat[33]. Aus alledem spricht ein außerordentlicher Realismus, wie auch die Tatsache lehrt, daß die verschiedenen Staaten den Verhältnissen entsprechend zum Teil recht abweichende Rechte haben[34].

Die Frage, die wir hier ganz vorläufig stellen, ist nun die, ob mit der berechtigten Überwindung des überalterten und erstarrten Patriarchalismus, die sich vor allem als Frauen- und Kinderbefreiung auswirkt, auch der Gruppencharakter der Familie überwunden worden ist zugunsten irgendeiner lockeren Assoziationsform von Mann, Frau und Kindern. Im Falle der islamischen Länder stellt sich, vor allem bei Betrachtung der Rechtspraxis, heraus, daß ein sehr deutliches Gefühl für die Integrität der Familiengruppe besteht, indem etwa ein Mann, der wegen Heirat einer minorennen Frau mit Gefängnis bestraft werden sollte, straflos ausgeht, um die Frau und die Kinder nicht ohne Rückhalt zu lassen[35]. Wir werden im folgenden zusehen müssen, wie es damit im übrigen Rußland steht, wo die Probleme natürlich völlig anders liegen als bei den islamischen Völkern der Sowjetunion.

III

Wenn auch die älteste russische Familienordnung nur schwach patriarchalisch betont ist, so sehen wir doch mit der Zeit, wie dieser Zug sich immer mehr akzentuiert. Beim Bauerntum, bei den Handel- und Gewerbetreibenden, beim niederen und höheren Adel[36] finden wir dementsprechend die gleichen Umstände, wie etwa aus dem *Domostroi* hervorgeht, einem Familien- und Hausbuch aus dem 16. Jahrhundert[37]. Wie die Wirklichkeit beschaffen war, kommt in einem 1549 erschienenen Reisebericht des Freiherrn *Sigmund von*

---

[33] Siehe *Soviet Statutes and Decisions:* Case of Datsaev 1965, S. 55; Case of Khushalaev 27. April 1966, S. 57, Khalimov v. Faizulaev 14. September 1960, S. 59.

[34] Vgl. dazu *O. Gordon*, Court Practice in Dealing with Delicts Against the Emancipation of Women (1941), in: *R. Schlesinger*, S. 213–233; sehr bezeichnend auch *Iskrow Karadsche*, Eherecht der Turkmenischen SSR, Breslau.

[35] So heißt es bei *O. Gordon*, a. a. O., S. 222: „In such cases it is necessary to check most carefully all the circumstances of the case and to approach the question of punishment with great care, taking into account the conditions of family life, the presence or absence of children, and bearing in mind that this punishment to some extent inflicts a burden on the woman whose rights the court upholds.".

[36] *Chaplet*, S. 61 ff.

[37] Le „Domostroi" trad. par *E. Duchesne*, in: Revue de l'histoire des religions, Bd. 50, 1904, S. 13–38. Nur eine kleine Probe über die Kindererziehung im Domostroi: „Comment il faut élever ses enfants et les sauver par la terreur. Punis ton fils dès sa jeunesse: il t'assurera une vieillesse paisible, et il sera la parure de ton âme. Ne faiblis par en battant ton fils: si tu le frappes avec un bâton, il n'en mourra pas, il n'en sera que plus sain: car, en frappant son corps, tu sauves son âme de la perdition ... Ne lui donne pas de liberté dans sa jeunesse, mais brise lui le coeur, tandis qu'il grandit, s'il résiste et n'obéit pas" (S. 28/29). Einen Auszug aus dem Domostroi bringt auch *V. Gitermann*, I, S. 434–440.

Herberstain, der 1517 und 1526 als kaiserlicher Gesandter in Moskau geweilt hatte, unmißverständlich zum Ausdruck: „In Moskau lebt ein deutscher Kugelgießer und Büchsenmeister, Jordan genannt, von Hall im Inntal; der nahm eine Russin zum Weibe. Und als sie schon lange verheiratet gewesen, sprach sie einmal freundlich zu ihm: ‚Warum hast du mich nicht lieb?' Er sagte, er habe sie sehr lieb. Sie erwiderte: ‚Ich habe von dir kein Zeichen davon.' Er fragte, was für ein Zeichen sie denn haben wolle. Da sprach sie: ‚Du hast mich doch noch nie geschlagen.' Daraufhin sagte er, er habe nicht gewußt, daß Schläge ein Zeichen der Liebe seien; es solle aber auch daran nicht mangeln. Bald darauf schlug er sie unbarmherzig, und er hat mir selbst gesagt, daß sie ihm mehr Liebe als je zuvor erzeigte …"[38].

Im Grunde begriff ja das Volk selbst das Verhältnis des Zaren zu seinem Lande (Mütterchen Rußland) und zu seinen Völkern als ein patriarchalisches Gewaltverhältnis. Für den größten Teil des Volkes blieben nun diese Zustände mit außerordentlicher Unterdrückung der Frauen und Kinder bis tief ins 19. Jahrhundert hinein erhalten, wo sie uns noch *Ostrowski* in seinem Theater zeichnet. Einzig in den obersten Klassen der Gesellschaft sollte sich schon relativ früh eine neue Entwicklung anbahnen. Während im alten Moskau die Ehefrauen und Töchter der wohlhabenden Leute ursprünglich von der Umwelt abgesondert und wie im Harem gehalten wurden[39], beginnen sie unter *Peter dem Großen* allmählich in der Öffentlichkeit zu erscheinen. Deutlich beschreibt der *Freiherr von Herberstain,* wie die Töchter vom Vater fortgegeben werden; der zukünftige Ehemann bekommt sie vorher überhaupt nicht zu Gesicht, weshalb die Braut auf russisch „njetwjèsta" heißt, die Unbekannte[40]. Im Reisebericht des *Adam Olearius,* der zu Beginn des zweiten Drittels des 17. Jahrhunderts dreimal in Rußland war, gibt es einen anschaulichen Bericht, in dem von den Frauen gesprochen wird, die „mit der Peitsche oder Prügel wohl durchgeholt" werden. „Gleichwie großer Herren und Kaufleute (weibliche) Kinder wenig oder gar nicht zur Haushaltung gehalten werden, so nehmen sie sich auch hernach im Ehestand derselben gar wenig an, sitzen nur, nähen und sticken mit Gold und Silber schöne Nasentücher auf weißem Taffet und klare Leinwand, kleine Geldbeutelchen und dergleichen. Sie dürfen weder Huhn noch anderes Vieh abschlachten noch zum Essen zurichten, meinen, es werde durch sie verunreinigt … In den Häusern gehen sie in gar schlechten Kleidern; wenn sie aber entweder einem fremden Gast auf Befehl der Männer Ehre antun und eine Schale Branntwein zuzutrinken herfür treten sollen, oder auch über die Gassen etwa zur Kirche wollen, müssen sie aufs Köstlichste angetan und am Gesicht und Hals dick und fett geschminkt sein"[41].

[38] *V. Gitermann,* I, S. 406.

[39] *Zelenin,* S. 341/342.

[40] *V. Gitermann,* I, S. 103, 405 f.

[41] Dokument im Auszug abgedruckt bei *V. Gitermann,* I, S. 483–493, besonders S. 487.

Noch am Ende des 17. Jahrhunderts hat die Ehe der oberen Klassen eindeutig den Charakter einer Kaufehe, die durch Heiratsvermittlung eingeleitet wird, wie es bei *Grigorij Kotoschidin* in seiner Beschreibung der Herrschaft des Zaren *Alexej Michajlowitsch* dargestellt wird (um 1664/65)[42]. Unter den Zarinnen *Elizabeth* und *Katharina* kam dann der entscheidende Umschwung, den schon *Peter der Große* vorbereitet hatte, und dieser Umschwung erschien durchaus wie eine „Revolution von oben", der große Teile des Patriarchalismus zum Opfer fielen. War dies in gewisser Weise ein Fortschritt, so bedeutete es doch zugleich die Begründung einer neuen Spannung in der russischen Gesellschaft, indem jetzt ein Teil der Oberschicht mehr nach westlichem Vorbild und das Volk nach altem patriarchalischem Gesetz weiterlebte. Beide Schichten trennten sich in der Folge immer mehr voneinander, bis die „Narodniki" im 19. Jahrhundert, abgestoßen von der Auflösung der oberen Gesellschaftsschichten, in romantischem Überschwang das Bauernvolk wiederentdeckten und buchstäblich ins Volk gingen. Die Spannung zwischen Ober- und Unterschicht war von jeher vom kleinen Beamtenadel besonders schmerzlich empfunden worden, aus dessen Kreisen sich auch weitgehend die Sozialkritiker der neueren Zeit rekrutierten. Die Narodniki aber sahen zuerst die drangsalierten und leidenden Frauen der Bauern und kleinen Gewerbetreibenden, wenn sie ihnen auch nicht helfen konnten. Das sollte erst später geschehen.

IV

Am Anfang der eigentlich kritischen Periode der Familienentwicklung steht nun die Gesetzessammlung des *Swod Sakonow*, dessen Familienrecht, das – wie gesagt – nur für die oberen Klassen galt, eine höchst eigentümliche Mischung von Altem und Neuem darstellt. Schon die alte Russkaja Prawda, die auf städtische Verhältnisse zugeschnitten war, hatte (im Sinne des gemilderten Patriarchalismus der ältesten Zeit) der Frau weitgehende Geschäftsfähigkeit zuerkannt und sie nach dem Tode des Mannes zur Hausherrin gemacht[43]. Dieser milde Patriarchalismus war, wie vorher ausgeführt, in der Folge zum Verschwinden bestimmt. Er lebt einzig weiter in bestimmten Ermahnungen des Domostroi an den Ehemann, die moralischen Rechte seiner Frau zu respektieren (Domostroi, Art. 20), wenn auch die Ermahnungen in der Abfassungszeit des Buches weitestgehend platonisch

---

[42] Vgl. *Jules Patouillet*, Ostrowski et son théâtre des moeurs russes, Paris 1912; vor allem *Wassilij O. Kliutschewskij*, Geschichte Rußlands, 4 Bde., Stuttgart 1925/26, III, S. 267 ff.; *Chaplet*, S. 83–95; *Fannina W. Halle*, Die Frau in Sowjetrußland, Berlin 1932, S. 45 ff.; *V. Gitermann*, I, S. 102/103.

[43] *Weber*, S. 346. Vgl. *Joh. Phil. Gust. Ewers*, Das älteste Recht der Russen, Dorpat 1826, S. 327; *Kliutschewskij*, I, S. 276 ff.

blieben[44]. Im Swod Sakonow schwingen noch deutlich dieselben Töne mit, wo von den persönlichen Beziehungen der Ehegatten zueinander die Rede ist (§§106, 107) und der Mann ermahnt wird, „seine Frau wie seinen eigenen Leib zu lieben; mit ihr in Eintracht zu leben, sie zu achten, zu schützen, ihre Mängel zu entschuldigen und in ihrer Krankheit ihr Erleichterung zu schaffen". Darüber hinaus aber erhält die Frau volle Geschäftsfähigkeit und Sondereigentum (§§109, 110, 114, 115)[45]. Weiter wird die väterliche Gewalt durchgehend durch eine ausgesprochene elterliche Gewalt" ersetzt (§§164, 165, 172 ff., 180 ff.).

Daneben treten aber auch stark patriarchalische Züge hervor, so vor allem die ausschließlich religiöse Sanktionierung der Ehe (mit Ausnahme der Ehe bei den Schismatikern, die im § 78 eine besondere Regelung erfährt), was sich vor allem in einer außerordentlichen Erschwerung der Ehescheidung ausspricht (§§45-56)[46]. Vor allem wird jede Ehescheidung auf Grund gegenseitiger Übereinkunft ausgeschlossen (§ 46), was schon relativ früh zur Forderung nach einer grundsätzlichen Reform des orthodoxen Scheidungsrechts führte[47]. Interessant ist ferner die Bestimmung, daß den Kindern ohne Einwilligung der Eltern das Eingehen der Ehe untersagt ist (§ 6), und zwar gilt das selbst bei Großjährigkeit der betreffenden Personen[48]. Allerdings wird dann diese Bestimmung durch die Auflage gemildert, daß sich die Eltern nicht nur um die Berufsausbildung der Söhne, sondern auch um die Verheiratung der Töchter zu kümmern haben (§ 174). Ganz stark in die Richtung des Patriarchalismus mit ausgesprochenem Ahnenkult weist aber jene Bestimmung, die den Kindern Achtung gegenüber den Eltern bei Lebzeiten und auch über den Tod hinaus zur Pflicht macht (§ 177)[49]. Veraltet ist schließlich das überspannte Züchtigungsrecht der Eltern den Kindern gegenüber, wie überhaupt der Kinderschutz völlig ungenügend ist[50].

---

[44] *Chaplet*, S. 76–81; für den Swod Sakonow dasselbe hervorgehoben von *E. Lehr*, I, S. 39/40. Mit Recht hebt auch *V. Gitermann*, I, S. 434, hervor, man dürfe – trotz aller Primitivität – den Domostroi nicht unterschätzen, denn die Verhältnisse in der Wirklichkeit waren eben um ein Vielfaches schlimmer.

[45] Hier liegt in der Tat eine ganz außerordentliche Überlegenheit des russischen Rechtes über die meisten anderen Rechte vor. Vgl. *E. Lehr*, I, S. 41 ff.; *Gebhard*, S. 72 ff.; *Eliachevitch, Tager, Nolde*, III, S. 284; *G. LeBras*, S. 44, betont ausdrücklich, daß der Swod Sakonow liberaler als der Code Napoleon sei, ebenso *H. Chambre*, S. 213.

[46] Siehe *Lehr*, I, S. 26 ff.; *Gebhard*, S. 17–36.

[47] *Gebhard*, S. 19/20, 29/30.

[48] *Klibanski*, Zivilrecht, S. 4. Auffällig ist die – auf ähnliche Entwicklungen zurückweisende – Parallele mit dem neueren chinesischen Familienrecht, siehe: Provisorisches Zivilgesetzbuch der Chinesischen Republik, Art. 1338, 1360. Vgl. dazu *Sing Ging Su*, The Chinese Family System, New York 1922, S. 54–64, insb. S. 56, 59 und auch 79.

[49] *Lehr*, I, S. 98. Auch dafür finden wir Parallelen im neueren chinesischen Familienrecht; *Sing Ging Su*, S. 84 ff.

[50] *Lehr*, I, S. 94; *Gebhard*, S. 37 ff., 41.

Was nun hier an neuen Momenten der Familiengestaltung für die oberen Klassen auftritt, begann sich seit Aufhebung der Leibeigenschaft (vom 19. Februar 1861) auch für das Bauernvolk anzubahnen. Seit jener Zeit lastete nur noch der Druck der Gemeinde und des Mir auf den Bauern, die sich jedoch vielfach aus den Großfamilien und aus der Gemeinde zu lösen begannen, was nicht ohne Unruhen vor sich ging[51]. Diese Unruhen wurden dann zur unmittelbaren Voraussetzung für die Stolypinschen Reformen (seit 1906). In sehr kurzer Zeit hatten 25 % aller zu einem Mir gehörenden Höfe ihren Wunsch auf Austritt aus der Feldgemeinschaft geäußert, von denen in den Jahren 1907–1916 zirka 40 % bearbeitet wurden[52]. Diese Reformen sind bekanntlich durch den Ersten Weltkrieg unterbrochen worden, nachdem alle weiteren Entwicklungen von der Revolution in die Hand genommen wurden. Die Stolypinschen Reformen hatten aber nicht nur wirtschaftliche Folgen für die Bauern, vielmehr waren sie es, die der russischen Altfamilie beim Volk den entscheidenden Stoß versetzten, so daß sich nun sogar auf dem Lande die Nuklear- oder Gattenfamilie mehr oder weniger gleichberechtigter Partner ohne ausgeprägten Patriarchalismus durchzusetzen begann.

Das entscheidende Resultat der vorgehenden Ausführungen ist, daß die eigentliche Auflockerung der patriarchalischen Altfamilie in Rußland bei den Oberklassen bereits um die Wende vom 18. zum 19. Jahrhundert vollzogen ist, wie der Swod Sakonow trotz aller altertümlichen Elemente deutlich erkennen läßt. Im 19. Jahrhundert entwickelt sich nun die russische Familie weitgehend auf der damit eröffneten Bahn und treibt sehr schnell – lange vor der Oktoberrevolution – ausgesprochen krisenhaften Erscheinungen entgegen, so daß man durchaus den Satz wagen kann, daß alle die Elemente der strukturell bedingten Familienauflösung, die 1917 explosionsartig hervortreten, bereits vorher da sind[53], wie überhaupt die Belastung der Familie durch die neuere Wirtschaftsgesellschaft im System des Kapitalismus speziell in seiner Anfangsphase auch für das übrige Europa eine schlechterdings nicht zu leugnende Tatsache darstellt. Dieser Umstand, daß die meisten Auflösungserscheinungen der Familie schon vor 1917 da waren, wird in der Gesamtdeutung der geschilderten Entwicklung eine entscheidende Rolle zu spielen haben.

Ein Meilenstein dieser Entwicklung ist die große Krise der vierziger Jahre des 19. Jahrhunderts, während der die ersten Nihilisten (auf den Spuren der Dekabristen) ihr propagandistisches Zerstörungswerk beginnen. Aber sie

---

[51] Die Auflösung der Großfamilie als Folge der Bauernbefreiung schon früh (1877) vorausgesehen von *Lehr*, I, S. 67, 70. Vgl. *Vaatz*, S. 35–47.

[52] Vgl. *Vaatz*, S. 50/51.

[53] Vgl. im gleichen Sinne schon *Eliachevitch, Tager, Nolde*, III, S. 285; ähnlich *J. Maynard*, S. 412: „... The business of the Communist Pary, far from being the business of destruction, was that of reconstruction upon the ruins, social, economic and political, of old Russia." Unserer Auffassung schließt sich auch an *Fritz Lieb*, Rußland unterwegs, Bern 1945, S. 206. Das gleiche betont *Emile Sicard*u. a.

hätten dies zweifellos nicht tun können, wenn nicht schon vorher die strenge Ordnung der russischen Altfamilie gelockert gewesen wäre, genau wie später die Auflösung der patriarchalischen Familie beim Bauern erst nach der Aufhebung des traditionellen Unterwerfungsverhältnisses unter den Gutsherrn ihren Anfang nehmen konnte. Die Tätigkeit der ersten Nihilisten fand zwar ein rasches Ende in Sibirien, ihnen aber folgte der moderne Roman, allen voran *Tschernyschewskij*, dann *Turgenjew*, *Gogol* und die ganze Reihe weiter bis zu *Tschechow* und *Gorkij*. Ein Fanal auf diesem Wege ist die höchst persönliche Ehe- und Familienkrise bei *Tolstoj* mit ihren täuferisch-asketischen Tendenzen. Dieser Asketismus findet im übrigen eine Parallele in den zahllosen Scheinehen junger Mädchen, die sich damit aus der häuslichen Obhut befreiten, ohne jedoch die ehelichen Beziehungen mit ihrem Gatten aufzunehmen. Der geschlechtliche Libertinismus beschränkt sich weitgehend auf die oberen Klassen; bei den Nihilisten bleibt er dagegen zu Anfang bloßes Postulat, dem in der Wirklichkeit eine ausgesprochene Askese gegenübersteht (wie übrigens auch bei vielen Vorkämpferinnen der „freien Liebe" zur Zeit der Revolution)[54]. (Am Ende des Zweiten Weltkrieges wurden bei den jugoslawischen Partisanen ganz ähnliche Erscheinungen beobachtet, indem im Maquis junge Männer und junge Mädchen gemeinsam lebten und kämpften, sich aber in strengster geschlechtlicher Enthaltsamkeit hielten.) Die Bewegung in Rußland wird dann aufgefangen durch die romantische Verklärung des Bauerntums bei den Narodniki, wobei allerdings gerade hier in der sozialen Arbeit der Studentinnen die Frauenbefreiung ihre ersten praktischen Früchte zu tragen beginnt[55].

Wenn Ehe und Familie in dieser Zeit und in diesen Kreisen erschüttert werden, so geschieht dies vor allem als ideologische Erschütterung und intellektuelle Kritik der alten Lebensformen, spielt sich doch überhaupt im 19. Jahrhundert das ganze russische Leben im Zwielicht „zwischen Philosophie und Wirklichkeit" ab, wie *Tolstoj* in *Krieg und Frieden* einmal bemerkt. Letzten Endes war ja selbst die Bewegung der Narodniki, so edel sie in ihren Motiven sein mochte, nichts anderes als ein Ausweichen vor der Wirklichkeit, wie es später *Lenin* mit aller Klarheit sagen sollte[56]. Und wenn diese Bewegung mit der Wirklichkeit in Berührung kommt, dann endet sie leicht mit einer Katastrophe. Dies zeigt etwa der Selbstmord der *Elisabeth Diakonowa* (1902) und so mancher anderen Studentin, eine radikale Entscheidung, die sich im Grunde von dem Selbstmord oder dem Gattenmord so vieler am Patriarchalismus verzweifelnder Bauernfrauen[57] nur unwesentlich unterscheidet. In beiden Fällen handelt es sich jedoch um individuelle Reaktionen, die zwar menschlich bedeutsam und symptomatisch sind,

---

[54] So etwa im Sinne von *Claude Anet*, Ariane.

[55] *F. W. Halle*, Die Frau in Sowjetrußland, S. 63 ff.

[56] Vgl. *V. Gitermann*, Narodniki und Marxisten, in: Rote Revue, XVI, Zürich 1936/37.

[57] Wurde doch das Recht des Ehemannes, seine Frau zu verprügeln, erst 1853 aufgehoben!

soziologisch gesehen aber noch nicht ins Gewicht fallen. Die Philosophie kommt erst dann zur Wirklichkeit, wenn „sie die Massen ergreift" (*K. Marx*). Damit ist das ganze Problem auf die Frage zugespitzt, wie sich der Übergang von der Philosophie zur Wirklichkeit bewerkstelligen lasse.

Die ersten positiven Wegstufen für diesen Übergang wurden ausgerechnet durch den Anarchismus ausgeschlagen: der *Fürst Kropotkin* war es, der neben dem individuellen Anarchismus, der meist im Nihilismus endet, den Gruppenanarchismus stellte und die geschlossene Gemeinde als die Urzelle zur Überwindung des bisherigen Staatswesens[58]. Diese Gedanken erhalten darum eine so außerordentliche Bedeutung, weil sie sich in eine große russische Traditionskette einordnen, die von *Alexander Herzen* über *Tschernyschewskij*, teilweise *Bakunin, Njetschajew, Lawrow* und *Michajlowskij* bis zu *Kropotkin* reicht. Damit war nicht nur theoretisch der Begriff der Gruppe als Grundgestalt des sozialen Lebens, sondern auch praktisch ein Regulativ der Ethik wieder entdeckt, wobei zugleich *Kropotkin* mit seinem Begriff der „gegenseitigen Hilfe" den Grundmechanismus der Gruppenordnung auf den präzisesten wissenschaftlichen Ausdruck brachte[59]. Damit war aber auch für die Familie eine neue Entwicklung angebahnt, die – wie wir vielfach schon gesehen haben – ihre Wurzeln tief in der Vergangenheit russischen Lebens findet. Denn die russische Familie hat sich von jeher durch einen sehr ausgeprägten Gruppencharakter ausgezeichnet, von dem, wie immer wieder betont werden muß, der Patriarchalismus sachlich und begrifflich getrennt werden muß. Der Patriarchalismus ist – insbesondere als Sekundärpatriarchalismus – eine Autoritätsordnung, die beim Fehlen echter Autorität gern zu Surrogaten der Autorität greift und damit häufig zum eigentlichen Zerstörer geschlossener Gruppenordnungen wird. Für den Begriff wie für die Wirklichkeit der Familie ist daher ihr Gruppencharakter von wesentlicherer Bedeutung als die patriarchalische Autoritätsordnung.

Diesen in die Zukunft weisenden Ansätzen steht seit Anfang des 19. Jahrhunderts die geschlechtliche Libertinage der oberen Klassen gegenüber, wo die Auflösung der Ehe und der Familie seit *Peter dem Großen* reißende Fortschritte gemacht hat, wie ein Blick in eine beliebige

---

[58] Sehr aufschlußreich dafür die Ausführungen bei *Peter Kropotkin*, Memoiren eines Revolutionärs, 2 Bde., Stuttgart 1908, wo er das Resultat seiner Erfahrungen in Sibirien zusammenfaßt: „Sodann ging mir ein Verständnis nicht nur für die Menschen und den menschlichen Charakter, sondern auch für die Triebfedern des sozialen Lebens auf. Die konstruktive Arbeit, die von der namenlosen Menge getan wird, aber so selten in den Büchern Erwähnung findet, und die große Bedeutung dieser konstruktiven Arbeit für die Entwicklung sozialer Formen trat mir überzeugend vor Augen. Wenn ich z. B. beobachten konnte, wie sich die Duchoborzengemeinden in der Amurgegend ansiedelten, wenn ich sah, welchen ungeheuren Vorteil ihnen ihre halbkommunistische brüderliche Organisation gewährte, wenn ich erkannte, wie wunderbar ihre Ansiedelungen, im Gegensatz zu all den Mißerfolgen der staatlichen Kolonien ringsumher, in Blüte standen, so lernte ich damit etwas, das sich aus Büchern nimmer lernen läßt" (I, S. 280/281).

[59] *P. Kropotkin*, Gegenseitige Hilfe in der Entwicklung, Leipzig 1908.

Sittengeschichte Rußlands lehrt[60]. Dazu kommt noch der erotische Auf-
stand der letzten, resignierenden Nihilisten am Vorabend des Ersten Weltkrieges, wie es etwa aus dem *Ssanin* von *Artzibaschew* und dem daraus sich
herleitenden „Ssaninismus" hervorgeht. Sehr bezeichnend schreibt hier
der deutsche Übersetzer in seiner Einleitung: „Man warf Bomben zum
Morgenimbiß und machte Expropriationen zum Nachmittagstee – am
Abend hing man am Galgen – eine Tageseinteilung, die auf die Dauer auch
den kaltblütigsten Menschen in besondere seelische Schwingungen versetzen
kann. – Derartige Vibrationen lösen sich am leichtesten in geschlechtlichen
Reizen aus; die terroristischen Gruppen der Anarchisten waren die ersten,
in denen die praktische Ausübung der freien Liebe zur Notdurft wurde"[61].
Im großen und ganzen kann man sagen, daß die geschlechtliche Libertinage
überwiegend zu den Auflösungserscheinungen der bürgerlichen Welt gehört
und mit der eigentlichen revolutionären Bewegung nichts zu tun hat[62]. Dazu
mag beigetragen haben, daß sowohl *Marx* wie *Lenin* in geradezu vorbildlichen Ehe- und Familienverhältnissen lebten, während die unübersehbare
Desorganisation der geschlechtlichen Verhältnisse nach 1917, während des
Bürgerkrieges und des Kriegskommunismus von völlig anderen Umständen
als der Familienpolitik der jungen Sowjetrepublik abhängig ist (wobei noch
immer die Frage offenbleibt, ob der theoretisch proklamierte geschlechtliche
Libertinismus auch wirklich immer gelebt wurde).

V

Nach einem kurzen Zögern von einigen Monaten ging der Umschwung
zur Wirklichkeit Schlag für Schlag vor sich. Die Kerenskij-Regierung
der Märzrevolution hatte für das Problem der Familie gar nichts getan;
um so energischer ging nach der Oktoberrevolution die Räteregierung
Lenin-Trotzki in dieser Frage voran. Der radikalen Diesseitigkeit des
bolschewistischen Denkens entspricht die Einführung der Zivilehe, wobei die
kirchliche Einsegnung der Ehe freigestellt bleibt (Dekret vom 18. Dezember
1917). Die einzige Formalität ist die Eintragung in das Ehestandsregister
(SAGS). Den Eheschließenden ist dabei freizustellen, ob sie künftig
den Familiennamen des Ehemanns oder den der Ehefrau oder den vereinigten Familiennamen führen wollen (dies letztere seit 16. Oktober 1924
unzulässig). Außereheliche Kinder sind hinsichtlich der Rechte und Pflichten
der Eltern gegen die Kinder den ehelichen vollkommen gleichgestellt[63].
Einen Tag später (am 19. Dezember 1917) erscheint das Dekret „Von der

---

[60] Zum Beispiel *Curt Moreck*, Kultur- und Sittengeschichte der neuesten Zeit, Dresden 1928,
Bd. 2, S. 307–382.

[61] *Mich. Petr. Artzibaschew*, Ssanin, Einleitung von *A. Villard*, 6. Aufl. Münden und Leipzig
1909, S. XI.

[62] *Otto Rühle*, Illustrierte Kultur- und Sittengeschichte des Proletariats, Berlin 1930, S. 484 ff.

[63] Abgedruckt bei *H. Klibanski*, Die Gesetzgebung der Bolschewiki, S. 141–143.

Ehescheidung", nach dem die Ehe auf Antrag beider oder auch nur eines der Ehegatten aufgelöst werden kann; im übrigen erfolgt die Scheidung auf Grund eines rechtlich geregelten Verfahrens. Ausdrücklich wird vermerkt (Art. 11), daß sich dies Gesetz auf alle Bürger der russischen Republik ohne Rücksicht auf die Zugehörigkeit zu diesem oder jenem Glaubensbekenntnis bezieht[64]. Zur weiteren Umgestaltung des Familienrechts gehört auch das Dekret betreffend die Aufhebung des Erbrechts (14./27. April 1918) und die Instruktion betr. die Inkraftsetzung des Dekrets über die Aufhebung der Erbfolge (vom 11. Juni 1918)[65]. Am 2. Dezember 1920 trat dann das neue „Gesetzbuch über die Personenstandsurkunden und über das Ehe-, Familien- und Vormundschaftsrecht" in Kraft[66], nachdem es am 16. September 1918 bereits beschlossen worden war.

Das Entscheidende dieser Gesetzgebungsakte (denen bald noch andere folgen sollten) ist ihr provisorischer und gleichsam „experimentierender" Charakter. Ein Grund dafür liegt in der typisch revolutionären Auffassung jener Zeit, daß alles Recht nur darum eingerichtet ist, um das Recht über- flüssig zu machen[67]. Der Soziologe aber, der jenseits der vorgeblichen Motive und Selbstinterpretationen des Handelns zu suchen gewöhnt ist, wird den provisorischen Charakter des revolutionären Rechts eher mit den Grundbedingungen der Transformationsperiode in Zusammenhang bringen, während der rein experimentierend gesucht wird nach den Voraus- setzungen, die für eine Institution unerläßlich sind. Unterdessen werden die nur historisch bedingten Modalitäten einer bestimmten Institution abgestreift. Dazu gehören z. B. der Patriarchalismus und die vom orthodoxen kanonischen Recht proklamierte Unscheidbarkeit der Ehe. Dagegen werden Gesichtspunkte, die den Gruppencharakter der Familie stärken können, wie z. B. die gegenseitige Unterhaltspflicht der Ehegatten, stark unterstrichen (Art. 107, 108), ebenso auch die Pflicht, für die Kinder zu sorgen (selbst bei Unehelichkeit) (Art. 154, 155, 156), wobei allgemein die „väterliche Gewalt" durch „elterliche Gewalt" ersetzt ist (Art. 150, 152, 153).

Die zentrale Schwierigkeit für die Analyse dieser Probleme liegt aber keineswegs im Inhalt der Gesetzgebungsakte, sondern vielmehr in der Bewertung. Denn schon die oberflächlichste Kenntnisnahme muß ja zeigen, daß mit diesen Gesetzen nichts anderes geschehen ist, als was anderswo schon längst realisiert war. Zugestandenermaßen haben hierbei das schweizerische,

---

[64] Bei *Klibanski*, S. 143/144; auch bei *R. Schlesinger*, S. 30/32.

[65] Bei *Klibanski*, S. 151–156.

[66] Abgedruckt bei *Heinrich Freund*, Das Zivilrecht Sowjetrußlands, Mannheim, Berlin, Leipzig 1924. Teile bei *R. Schlesinger*, S. 33–41.

[67] Vgl. *Josef Champcommunal*, Le droit des personnes d'après le code de famille soviétique, in: Bulletin mensuel de la société de législation comparée, 1925/26, S. 290 ff. Ebenso *Chaplet*, S. 38/39. Siehe auch *Grigorij Soloweitschik*, Das Eherecht Sowjetrußlands und seine Stellung im internationalen Privatrecht, Leipzig 1931, S. 11. Über die Zweideutigkeit dieses Satzes siehe *G. C. Guins*, Kap. 4, S. 47–61.

das schwedische und auch teilweise das neuere französische Recht der Dritten Republik Pate gestanden[68]. Dementsprechend wird gelegentlich auch die Gesetzgebung von 1918 als ein „Kompromiß" gekennzeichnet[69], indem die Eheschließung nach wie vor nach einem gesetzlich geregelten Verfahren erfolgt, wie auch aus der eingehenden und umständlichen Erklärung der Umstände hervorgeht, unter denen eine Ehe für nichtig erklärt werden kann (Art. 74–79). Schließlich müssen wir hier als entscheidend hervorheben, und das wird uns bald noch zu beschäftigen haben, daß die Diskussion auf der ideologischen Basis von der sachlichen Politik des Gesetzgebers vollständig unterschieden ist. Der ungeheuerlichen Propaganda innerhalb und vor allem außerhalb Rußlands für eine Lockerung der traditionalen Formen von Ehe und Familie steht unseres Erachtens eine genau umgekehrte Tendenz beim Gesetzgeber gegenüber – und zwar von allem Anfang an nicht nur seit 1936, wie zumeist gesagt wird. In Wahrheit stehen schon damals einander zwei Gruppen gegenüber, die Radikalen und die Reformatoren; während die ersteren nach 1918 äußerlich die Bühne beherrschten, so gehörte zu den zweiten der Vater der Revolution: *Lenin* mit seiner Frau, was man nicht übersehen sollte. Als wir dies zuerst im Jahre 1943 veröffentlichten, stießen sich manche Kritiker an dieser Behauptung. Heute herrscht bei den unvoreingenommenen Beobachtern eigentlich kaum mehr Uneinigkeit über die Legitimität dieser Behauptung, die im folgenden weiter erhärtet werden soll[70]. Nur muß zugestanden werden, daß dies Ziel erst nach einer ganzen Reihe von Experimenten erreicht werden konnte.

Einen solchen Versuch im Großen stellt insbesondere der im Zeichen der NEP-Politik und der Fünfjahrespläne entstandene neue Entwurf eines Familienrechts dar (1926), das am 1. Januar 1927 in Kraft getreten ist. Darin wird neben der Registrierehe auch prinzipiell die nichtregistrierte, bloß faktische Ehe anerkannt[71]. Dieses Unternehmen, das insbesondere zum Schutz jener Frauen eingeleitet worden war, die mit ihrem Mann in sogenannten „eheähnlichen" Verbindungen, also in faktischer Ehe lebten, ohne die Ehe jedoch beim SAGS eintragen zu lassen, und die darum auch keine Unterhaltsansprüche geltend machen konnten, stieß im Inland und im Ausland auf allergrößten Widerstand. Im Ausland vor allem darum, weil dieser Schritt im Sinne der kommunistischen Ideologie in Richtung der

---

[68] Zum Beispiel *Kauschansky*, Eherecht, S. 40 ff. Vom gleichen Verfasser auch: Evolution des sowjetrussischen Familienrechts, Berlin und Köln 1931, S. 32 ff. *Victor Bogorad*, La législation soviétique de la famille, in: Les Cahiers du Musée Social 1952, S. 149 f.; *M. Rheinstein*, S. 30.

[69] *Tomaso Napolitano*, La famiglia sovietica, Roma 1946, S. 35 ff.

[70] Vgl. etwa *T. Napolitano*, passim; *R. Schlesinger*, Introduction, z. B. S. 7.

[71] Vgl. dazu *Josef Champcommunal*, Le nouveau code de famille soviétique, in: Bulletin de la société de législation comparée, 1927, S. 254–287. Gegen Angriffe aus dem Westen wird das neue Familienrecht in Schutz genommen von *Prof. M. Grödinger* (Minsk), Zur Reform des Familienrechts in der UdSSR, in: Ostrecht, 1927, S. 33–41. Vgl. auch *M. Kauschansky*, Eherecht, und vom gleichen Verf. Familienrecht, passim. Text bei *R. Schlesinger*, Document No. 7, S. 154–168; dto. *T. Napolitano*, S. 181–233.

definitiven Abschaffung der Ehe zu führen schien. Im Inland kam der Widerstand vor allem von seiten der weiblichen und bäuerlichen Deputierten, als der Gesetzentwurf 1925 dem Zentralen Exekutiv-Komitee vorgelegt wurde[72]. Sie machten geltend, daß damit die Doppelehe gefördert und die Stellung der Frau eher verschlechtert werde, was also der Absicht des Gesetzgebers widersprochen hätte. Trotz gewisser Modifikationen erlangte jedoch das neue Gesetz Rechtsgeltung, indem also auch die nichtregistrierte Ehe anerkannt wurde. Dazu ist zu bemerken, daß die Übergehung des Widerstands eines Teils der öffentlichen Meinung in Rußland kein reiner Willkürakt war, hatte doch gerade die Praxis der Rechtsprechung mehr und mehr darauf geführt, daß auch die nichtregistrierten Ehen Pflichten und Rechte für die beteiligten Personen begründen[73]. Obwohl Rußland bis zu dieser Zeit nur die obligatorische Zivilehe kannte, gab es natürlich – wie überall – eine Menge rein faktischer Ehen, die eine Reihe von Vermögensnachteilen, insbesondere für die Frau, im Gefolge hatten. Dies gilt nicht nur für Rußland, sondern praktisch für viele andere Länder, die dementsprechend mehr oder weniger deutlich zu einer wenigstens teilweisen Anerkennung der faktischen Ehe oder eheähnlicher Verhältnisse gekommen sind (Frankreich seit 1912, Schweiz, Österreich, Tschechoslowakei u. a. schon lange vor der Sowjetunion). Gerade hier wird sich eine saubere Unterscheidung der ideologischen Sphäre von der realen Politik zu bewähren haben.

Die Voraussetzung für die Bewertung dieser Entwicklung liegen also darin begründet, ob wirklich neue Auffassungen über das Wesen der Ehe und der Geschlechtsgemeinschaft hier wirksam sind (also Ideologien) oder nicht etwas ganz anderes. Zweifellos gibt es die Vorstellung, dies eine im 19. Jahrhundert weitverbreitete Entwicklung, daß Geschlechtsgemeinschaft reine Privatsache sei. Wir müssen betonen, daß sich diese Auffassung keineswegs etwa allein in Rußland findet, sondern genauso in der übrigen Welt[74]. Die Gesetzgebung hat sogar schon einige Schritte zur Klärung und Regelung der hiermit neu aufstehenden Probleme gemacht. Für Rußland ist entscheidend, daß eine ganze Reihe von Ideologien in ziemlich unklarer Weise durcheinanderlaufen. So etwa, daß im Laufe der Emanzipation der Frau das Berufsdenken die Sehnsucht nach Neigung zu Ehe und Familie verdrängt habe. Eine stereotype, häufig wiederkehrende Wendung lautet: „Ich habe keine Zeit zum

---

[72] Vgl. dazu *Chaplet*, S. 40ff.l; *Eliachevitch, Tager, Nolde*, III, S. 292/294; *Magidson*, S. 7, 9; *Calverton*, S. 170ff.l; *Soloweitschik*, S. 8–10; *F. W. Halle*, Die Frau in Sowjetrußland, S. 171 ff.; bei *Schlesinger* sind eine Reihe dieser ungemein wichtigen Diskussionsbemerkungen abgedruckt, S. 81–153. Wir weisen noch darauf hin, daß die Ukrainische SSR, die allgemein in ihrer Gesetzgebung einen mehr konservativen Zug aufweist, diese Entwicklung nicht mitmachte.

[73] *Magidson*, S. 9; *Eliachevitch, Tager, Nolde*, III, S. 306; vgl. auch *Prof. E. Kelmann* (Kiew), Der Elimentationsanspruch eines Ehegatten aus einer nichtregistrierten Ehe, in: Ostrecht (N.F.), I, 1927, S. 138–142; dto. *Kauschansky*, Eherecht, S. 20 ff.; *G. LeBras*, S. 47ff.l, 50.

[74] Vgl. die einschlägigen Ausführungen bei *Edward Westermarck*, The Future of Marriage in Western Civilization, London 1936.

Heiraten"[75]. Dies mag ein letzter Ausläufer jener Askese sein, die uns bereits bei manchen Nihilisten begegnete; es kann aber auch ein Vorwand für jede Art der geschlechtlichen Libertinage sein. Man kann zur Rechtfertigung des obigen Satzes auch auf die Forderung *Lenins* zurückgreifen, nach der jede Köchin es lernen müsse, den Staat zu lenken; man kann behaupten, daß dies der russischen Frau außerordentliche Aufgaben der Selbsterziehung und des Lernens auferlege, weshalb sie frei sein wolle von den Bindungen der Ehe und der Familie. Die Frage ist nur, ob dies der Meinung *Lenins* jemals entsprochen hat, dann auch der Meinung derer, die die russische Familienpolitik tatsächlich lenkten. Vor allem machte sich *Alexandra Kollontaj* zur Sprecherin der neuen Frauenmoral der „freien Liebe"[76]. Wir müssen uns jedoch sehr ernsthaft fragen, ob wir darin ein letztes sachliches Ziel und nicht doch nur ein ideologisches Postulat zu erblicken haben, das im übrigen ein sehr typisches Übergangsphänomen ist. Wir müssen uns fragen, ob die eigentliche Absicht des Gesetzgebers nicht primär und wesentlich auf wirtschaftliche Emanzipation und Befreiung der Frau aus war und nicht auf eine geschlechtliche Befreiung. Wir müssen schließlich ins Auge fassen, daß *Lenin* sich ganz eindeutig von dieser Ideologie absetzte und daß keinerlei Beziehung besteht zwischen den Absichten des Gesetzgebers und den in der Tat außerordentlich gelockerten Verhältnissen des Kriegskommunismus.

Jedenfalls steht fest, daß sowohl *Lenin* wie (weniger ausgeprägt) *Trotzki* der Meinung waren, daß eine neue Familienordnung jenseits der alten gesucht und erreicht werden müsse. Zunächst sind sie sich alle klar über die außerordentliche Erschütterung der Familie während der Revolution. „In der erbarmungslosen und schmerzhaften Kritik der Familie prüft das Leben sich selbst", bemerkt in äußerster Zuspitzung *Trotzki*. Aber diese Prüfung war notwendig, schreibt er weiter, weil die herkömmliche Familie allen inneren Zusammenhang verloren hatte[77]. Er leugnet nicht die tiefe Zerrüttung der Sexualmoral während und nach der Revolution, die er durch eine kulturelle Erziehung der Arbeiterklasse zu steuern sucht. Allerdings bleibt für ihn dann noch das letzte Ziel des Menschen Aufgehen in die „vorbildlichen Lebensgemeinschaften" einer kollektiven Ordnung. Familie ist nur ein Provisorium, weil der Staat noch zu arm ist, um die notwendigen kollektiven Einrichtungen aufbauen zu können (Krippen, Kindergärten, zentrale Wäschereien, Küchen usw.). Horcht man aber weiter auf diese Worte, so spürt man selbst bei *Trotzki*, daß hier ein disziplinärer Wille am Werk ist, der denkbar weit von aller Libertinage entfernt ist. War doch auch schon *Lenin* sehr früh (1913) gegen die überspannte Geburtenkontrolle und den

---

[75] Zum Beispiel *F. W. Halle*, Frauen des Ostens, S. 197 u.ö. So antwortet auch Genia ihrer Mutter in *Alexandra Kollontajs* seinerzeit in Europa vielgelesenem Buche „Wege der Liebe".

[76] *A. Kollontaj*, La femme nouvelle et la classe ouvrière, Paris 1932; Free Love, London 1932; Wege der Liebe, 1925, u. a. Werke. Vgl. auch die Bücher von *F. W. Halle*, statt zahlloser anderer Namen.

[77] *L. Trotzki*, Fragen des Alltagslebens, S. 53–67.

„Neomalthusianismus", einer notwendigen Folge der freien Liebe und freien Ehe, aufgetreten[78]. So konnte es auch nur sehr uninformierte Beobachter wundern, daß im Jahre 1936 ein Abtreibungsverbot erging[79]. In Wahrheit war etwas Ähnliches nach der angeführten Bemerkung *Lenins* durchaus zu erwarten gewesen. Die Einstellung zum Abortus ist, wie wir bald sehen werden, in der Sowjetunion immer negativ gewesen. Ihr steht im Gegenteil eine ausgesprochene positive Einstellung zum Kind gegenüber[80]. Das ist letztlich fast eine Selbstverständlichkeit; denn Kinder sind die Zukunft der Revolution.

Ganz entscheidend ist in dieser Hinsicht die Einstellung *Lenins*(und die seiner Frau). In zwei Briefen an *Inesse Armand*von Januar 1915 nimmt er energisch Stellung gegen das Postulat der „freien Liebe"[81]. Ebenso tritt er später gegen die „Glas-Wasser-Theorie der Liebe" auf, nach der die Liebe rein als physiologischer Akt ohne weitere Bindungen erfaßt wurde (eine typische Ausgeburt des Revolutionskommunismus). Eindeutig brandmarkte *Lenin* in einem Gespräch mit *Clara Zetkin*(1920) diese Auffassung als rein bürgerliches Dekadenzphänomen – und in der Tat sahen wir ja vorher, daß die radikale Lockerung der Geschlechtssitten zunächst bei den Oberklassen einsetzte[82]. Der Wille der Revolutionäre war es also zweifellos, jede Sexualanarchie zu steuern, der *Semaschenko* geradezu Enthaltsamkeit entgegenhielt.

So sind also die Ausführungen von *Alexandra Kollontaj*zur neuen Liebesauffassung durchaus mit Vorsicht aufzunehmen. Sie geben keinesfalls die offizielle Meinung wieder, noch weniger den Sinn der Familienpolitik. Diese Bücher sind nur ideologisch relevant; sie wurden später übrigens verboten, was durchaus konsequent war. Diese Feststellung könnte übrigens auch durch eine Analyse des neueren Romans in Rußland bestätigt werden, in dem an vielen Orten das Bestreben spürbar wird, nach den ungeheuren

---

[78] Vgl. *W.I. Lenin*und *J. Stalin*, Über die Jugend, Moskau 1937, S. 103 ff. Im übrigen muß selbst der Feind der sowjetrussischen Gesetzgebung über den Abortus zugeben, daß dieser die Gebärwilligkeit des russischen Volkes nicht hat beeinträchtigen können. Vgl. *Albert Niedermeyer*, Die Eugenik und die Ehe- und Familiengesetzgebung in Sowjetrußland, in: Das kommende Geschlecht, Bd. VI, H. 4/5, Berlin und Bonn 1931, S. 28–30. Außerdem ist zu betonen, wie noch eingehend gezeigt werden soll, daß sich die Sowjetgesetzgebung über den Abortus darüber klar ist, daß hierin eine unerwünschte Erscheinung zu erblicken sei. Wie *Prof. Semaschenko* betonte, sollte der Abortus durch die Gesetzgebung nur aus der Sphäre des Verbotenen und Geheimen herausgezogen werden. Dazu *Hans Harmsen*, Ehe-, Familien- und Geburtenpolitik Sowjetrußlands, Berlin 1929, S. 21. Vgl. auch weiter unten die Anmerkungen 116–120.

[79] Zum Beispiel *F. W. Halle*, Die Frauen des Ostens, S. 285. Siehe auch *F. W. Halle*, Die Frau in Sowjetrußland, S. 200 ff.

[80] So etwa *J. Maynard*, S. 415: „The children have always been regarded as the treasures of the Socialist State, and, in periods of want they and their education have been the first charge upon scanty resources.".

[81] *Clara Zetkin*, Erinnerungen an Lenin, Wien-Berlin 1929, S. 51–85, abgedruckt bei *R. Schlesinger*, S. 26–29. Im gleichen Sinne *F. W. Halle*, Die Frau in Sowjetrußland, S. 160 bis 170; *J. Maynard*, S. 412; *F. Lieb*, S. 206–211, u. a. m.

[82] Siehe oben S. 140.

Erschütterungen der Revolution und der darauf folgenden Jahre den Geschlechtsverhältnissen eine neue Beständigkeit zu sichern. Das eigentliche Problem aber liegt, wie schon *Trotzki* bemerkte, in der Schaffung neuer menschlicher Beziehungen unter Voraussetzung der wirklichen Gleichheit von Mann und Frau in der Familie. Damit ist in der Tat ein totaler Umschwung in der vorkriegsmäßigen und vorrevolutionären Lockerung der Geschlechtssitten eingetreten.

Dieser Umschwung könnte nun eine doppelte Ursache haben. Einmal liegt in ihm, daß der Staat die Ehe zwar weitgehend Privatsache sein läßt, daß er sich aber sehr stark an den aus der ehelichen Gemeinschaft herauswachsenden Kindern interessiert im Sinne der kollektiven Heranbildung einer neuen Generation[83]. Zum anderen mag sich aber darin der Wille aussprechen, unter neuen sozialen und vor allem wirtschaftlichen Lebensbedingungen eine neue Familiengruppe sich aufbauen zu lassen, die dann allerdings von den bisherigen Formen der bürgerlichen Familie verschieden sein könnte. Die Entwicklung der Gesetzgebung in der Sowjetunion in den letzten rund vierzig Jahren läßt die zweite Wendung als die wahrscheinlichere erscheinen. Dies lehren eine ganze Reihe von gesetzlichen Maßnahmen, auf deren Besprechung bald einzugehen sein wird. Wir möchten aber auch auf die Stimmung hinweisen, die während der Diskussion um das Gesetz von 1926 herrschte; von ihr hat man sehr mit Recht bemerkt, daß bereits ein Teil jener Stimmen laut wurde, die später zur Gesetzgebung von 1936 und 1944 geführt haben[84]. Darum muß auch der Einstellung eines wichtigen sowjetischen Soziologen von damals, *S. Wolfsson*, mit Zurückhaltung begegnet werden. Er schrieb noch 1929: „Der Sozialismus bringt das Ende der Familie", womit ihm von politischer Seite *A. Goichbarg* vorangegangen war[85]. Wie wir aber bald sehen werden, gab es zur gleichen Zeit schon andere Stimmen, die im Gegenteil von einer Stabilisierung von Ehe und Familie in Rußland sprachen. Später (1936) versuchte dann *S. Wolfsson* seine vermeintlichen „Irrtümer" aus den zwanziger Jahren zu widerrufen (s. Anm. 131); aber angesichts der anderen Strömung darf man wohl sagen, daß unangesehen der wandelbaren politischen Wertungen vielleicht auch in dieser Hinsicht die Kontinuität größer ist, als der Bruch der Stalinschen Reaktion annehmen lassen würde.

[83] Zum Beispiel *Max Hodann*, Sowjetunion, Berlin 1931, S. 217 ff. Dies würde jener Auffassung entsprechen, die Ehe und Familie bagatellisiert, um für die Kollektiverziehung größeren Raum zu gewinnen, wie betont wird von *A. Egger*, Kommentar zum Schweizerischen Zivilgesetzbuch, 2. Aufl. Zürich 1936, Bd. I, S. 6/7, N. 8. Siehe auch *Chaplet*, S. 245 ff.; extrem *Soloweitschik*, S. 15 u.ö.; ebenso *Kauschansky*, Eherecht, S. 43.

[84] Siehe die Bemerkung von *R. Schlesinger*, S. 81, Anmerkung 1. Stimmen dagegen, wie die von *A. M. Sabsowitsch*, werden immer seltener und schon seit 1929 stark abgelehnt; a.a.O., S. 169–171. Noch immer dagegen *G. C. Guins*, S. 296.

[85] *G. C. Guins*, S. 428; *S. Wolfsson*, Soziologie der Familie (russisch 1929); *A. Goichbarg*, Sravnitelnoe semeinoe pravo (2. Aufl. 1927).

VI

Um die Tragweite dieser Problemstellungen begreiflich zu machen, bedarf es eines kurzen Exkurses über das Verhältnis von Ehe und Familie. Auf Grund sehr spezieller und auch recht einseitiger Entwicklungen in der westlichen Kultur ist es dazu gekommen, daß in der Moderne die Eheschließung als solche fundierend für die Familie geworden ist. Dem entspricht auch die weitgehend individuelle Ausrichtung der modernen Kultur. Wenn aber im zeitlichen Aufbau der Familie die Ehe vorangeht, so heißt das noch lange nicht, daß darum auch ihrer Natur nach die Familie in der Ehe gründe[86]. In der Tat folgt die Familie ganz anderen Entwicklungsgesetzen als die Ehe, die durch jede Umformung der Geschlechtssituation revolutioniert wird und sich überhaupt als ideologisch äußerst anfällig erweiste[87]. In dieser Einsicht, die auch einer allgemeinen Erkenntnis der modernen Soziologie entspricht, unterscheidet zunächst die sowjetrussische Gesetzgebung denkbar scharf zwischen Eherecht und Familienrecht. Die sowjetische Zivilehe von damals ist in der Tat westlichen Begriffen gegenüber wesentlich abgeschwächt, bezieht sie sich doch fast ausschließlich auf die Beziehungen der Ehegatten, dagegen nicht auf die Beziehungen der Eltern zu den Kindern[88]. Für die Verwandtschaft dagegen ist lediglich die Abstammung und nicht die Ehelichkeit entscheidend, womit jenen älteren Zuständen des Swod Sakonow endlich Abhilfe geschaffen ist, der sowohl Kinder- wie Mütterschutz vermissen ließ[89]. Zunächst also werden Ehe und Familie streng geschieden. Die Frage aber ist, ob sich nicht auch im Eherecht gewisse Regelungen aufweisen lassen, die im Hinblick auf die Familie erlassen sind. Bevor wir zu dieser ganz entscheidenden Frage übergehen, bedarf es einer kurzen Auseinandersetzung mit einigen Einwänden, die prinzipiell die Möglichkeit des Aufbaus einer neuen Familiengruppe unter den in der Sowjetunion gegebenen sozialen und rechtlichen Verhältnissen leugnen. Der erste Einwand bezieht sich auf die außerordentliche Erleichterung der Ehescheidung. Gewiß hat dies ein sprungartiges Ansteigen der Scheidungszahlen nach 1918 zur Folge gehabt. Die Frage ist aber wiederum, wie schon so oft, die gleiche, wie wir nämlich diese Entwicklung zu deuten haben. Wir müssen uns darüber klar sein, daß allgemein-gesellschaftliche Erschütterungen auch in der Familie wiederklingen. So ist also auch die Häufung der Ehescheidungen nach der unerhörten Erschütterung, die Revolution, Bürgerkrieg und

---

[86] Vgl. dazu etwa *Westermarck*, S. 9 u.ö.

[87] Vgl. dazu *R. König*, Artikel „Ehe", in: Soziologisches Wörterbuch, 2. Aufl. Stuttgart 1969.

[88] *Magidson*, S. 6; vgl. *Eliachevitch, Tager, Nolde*, III, S. 322 ff.; dto. *Kauschansky*, Eherecht, passim, u. a. m.

[89] Vgl. *M. Weber*, S. 350. Vor allem wurden uneheliche Kinder einem niederen Stande zugeschrieben; Swod Sakonow § 138. Bereits *Gebhard*, S. 63, 67, forderte einen Mütterschutz und meinte, daß dem Findlingswesen erst dann Abhilfe geschaffen werden könnte, wenn die Vorstellung zum Verschwinden gebracht würde, daß die Geburt eines unehelichen Kindes beschämend sei.

Kriegskommunismus mit sich brachten, durchaus zu begreifen. Ob darüber hinaus, wie vor einiger Zeit bemerkt worden ist, die „Praxis der Probeehe" sich hier ausgewirkt hat[90], wagen wir nicht zu entscheiden. Die Beobachter der Sowjetunion melden aber vielfach, daß nach einer ersten sprungartigen Zunahme der Ehescheidungen bald die Eheschließungen wie übrigens auch die Geburten zunahmen, so daß im ganzen recht früh schon von einer Stabilisierung der Sowjetehe gesprochen werden kann[91].

Nach neueren Veröffentlichungen können wir wenigstens für Moskau ein ungefähres Entwicklungsschema für die Zu- und Abnahme der Ehescheidungen aufstellen, aus dem sich ergibt, daß zwischen 1929 und 1935 die Scheidungshäufigkeit stark gesunken ist, d. h. also im wesentlichen noch vor der Erschwerung der Ehescheidung, die erst im Jahre 1936 stattgefunden hat[92].

Ehescheidungen in Moskau (Ehescheidungen auf 1.000 Persoenen)

Jahr	Ehescheidungen	Index 1924	= 100,0
1924	4,5	100,0	
1925	5,6	124,3	
1926	6,0	133,3	
1927	9,3	206,5	
1928	9,6	213,1	
1929	10,1	224,2	
1935	6,2	137,6	
1936	4,5	100,0	
1937	2,3	51,1	
1938	2,5	55,5	

Im übrigen bewährt sich auch hier wieder das altbekannte soziologische Gesetz, daß Scheidungen um so seltener durchgeführt werden, je mehr Kinder vorhanden sind. So zeigt eine Übersicht über die Kinder aus geschiedenen Ehen im Jahre 1928 (umfassend 13 Gebiete ohne Moskau und Leningrad) folgendes Ergebnis[93]:

---

[90] Vgl. *Gerhard Mackenroth*, Bevölkerungslehre, Berlin 1953, S. 382. Hierbei wird sehr richtig betont, daß dies keineswegs zur Auflösung der Ehe überhaupt, sondern nach einer zweiten und dritten Ehe schließlich doch zu einer stabilen Ehe führen kann.

[91] Zum Beispiel *F. W. Halle*, Die Frauen des Osten, S. 281; Die Frau in Sowjetrußland, S. 288. Besonders betont die Konsolidierung der Ehe in Sowjetrußland *A. Dworetzky*(Moskau), Ehe und Familie in Rußland, in: Münchener Medizinische Wochenschrift 1927, S. 597–600.

[92] Vgl. *S. N. Prokopowicz*, Rußlands Volkswirtschaft unter den Sowjets, Zürich 1944, S. 24, 35. Im übrigen steht dem Ansteigen der Ehescheidungen auch ein außerordentliches Ansteigen der Eheschließungen gegenüber; S. 16, 23 (insbes. in den Jahren 1919–1923).

[93] *M. Hodann*, S. 218, nach einer Abhandlung aus der Moskauer Rundschau vom 11. Mai 1930.

Zahl der geschiedenen Ehen

Kinderlos	21 733	60,7 %
Mit 1 Kind	8 469	23,6 %
Mit 2 Kindern	3 210	9,0 %
Mit 3 Kindern	1 184	3,2 %
Mit 4 und mehr Kindern	585	1,6 %
Zahl unbekannt	625	1,9 %
		100,0 %

Darüber hinaus bleibt selbstverständlich die Tatsache bestehen, daß zahllose Scheidungskinder immerfort zu der Gruppe der eltern- und heimatlosen Kinder stoßen, die seit der Revolution, seit dem Bürgerkrieg und insbesondere seit der großen Hungersnot von 1921/22 die Straßen Rußlands bevölkert haben[94]. Trotz der notorischen Unzuverlässigkeit des offiziellen Zahlenmaterials läßt sich vermuten, daß die Zahl der vagabundierenden Kinder ein außerordentliches Ausmaß erreicht haben muß. Dazu ist jedoch zu bemerken, daß auch der Umfang der Katastrophen, von denen Rußland nach 1917 heimgesucht wurde, ein ganz außerordentlicher war. In Westeuropa kann man sich wohl erst seit dem Zweiten Weltkrieg ein ausreichendes Bild von diesen Zuständen machen. Schließlich aber stellt die Erscheinung des massenhaften Auftretens der Besprisorni für Rußland nichts Neues dar, fanden wir sie doch bereits bei einem Teil der Altgläubigen. Zudem leistet dem die von jeher ganz erstaunliche soziale Mobilität des russischen Volkes Vorschub, wo selbst der Bauer nicht bodenständig, sondern von Haus aus Nomade ist, ein „Wiking des Festlandes", wie man gesagt hat. Dies ist dann durch die sowjetische Wirtschafts- und Arbeitspolitik und durch die massenhaften Deportationen nochmals verschärft worden, indem regelmäßig große Bevölkerungsmengen zur Erschließung neuer Gebiete bald hierhin, bald dorthin geworfen werden. Untersucht man diese und ähnliche Erscheinungen näher, so wird man regelmäßig auf Ursachen verwiesen, die sowohl weit über den Rahmen der Familie und der Familienpolitik wie auch über den Lebensbereich der Sowjetunion hinausgehen, indem sie entweder aus umfassenden Katastrophen oder aus besonderen Lagen erwachsen, deren Vorhandensein keineswegs auf Rußland allein beschränkt ist. So finden wir ganz ähnliche Erscheinungen auch in den USA nach der großen Wirtschaftskrise von 1929 oder in Europa nach 1945 (man denke nur an die Gestalt des „Sciuscià" in Italien).

Mit alledem soll natürlich nicht geleugnet werden, daß hier ein gefährliches Problem vorliegt, das nach Abhilfe ruft. In diesem Sinne erging im Jahre 1935 ein neues Gesetz betreffend das Jugendstrafrecht, nachdem schon früher die Disziplin in den Schulen verschärft worden war. Aufschlußreich ist an diesem Gesetz, daß es die Grenze der absoluten Unzurechnungsfähigkeit von 14 auf 12 Jahre herabsetzt und die Jugendlichen vor die ordentlichen Gerichte zitiert (was im übrigen nach österreichischem Vorbild auch im nationalsozialistischen

---

[94] *Vladimir Sensinow*, Die Tragödie der verwahrlosten Kinder Rußlands, Zürich und Leipzig 1930. Vgl. auch *G. Bjelyk*und *L. Pantelejew*, Schkid. Die Republik der Strolche, Berlin 1929.

Deutschland eingeführt wurde, um der steigenden Jugendverwahrlosung Herr zu werden). Außerdem wurden die Eltern angehalten, eine strengere Aufsicht zu führen, wovon sich *Prof. Anossow* im Taschkent (Usbekistan) eine Besserung der unhaltbaren Verhältnisse verspricht[95].

Welches sind nun die Merkmale, die in der Sowjetgesetzgebung erkennen lassen, daß die Ehe- und Familienpolitik der Transformationsperiode auf die Gründung einer neuen Form der Familie hinausläuft? Die meisten Analysen und Kommentare des sowjetischen Ehe- und Familienrechts lassen von solchen Problemen allerdings nichts spüren. Die einen sehen nur eine Abminderung, ja Destruktion der Ehe nach westlichen Begriffen[96]. Die anderen sehen die Auflösung der Ehe ganz ideologisch im Dienste der kommunistischen klassen- und familienlosen Zukunftsgesellschaft[97]. Bei wieder anderen heißt es, der ganze Sinn der Familienpolitik sei der politische Kampf gegen die alte Ordnung im Sinne der Jugend- und Frauenbefreiung und habe im übrigen die totale Auflösung der Ehe mit sich gebracht[98]. Wenn wir also die Meinung aussprechen, daß bereits in der Gesetzgebung nach 1920 Momente für eine aufbauende Familienpolitik sichtbar werden, so sind wir uns klar darüber, daß wir mit dieser Meinung weitgehend allein dastehen. Allerdings haben sich, seitdem diese Zeilen zuerst veröffentlicht wurden, mehr und mehr Beobachter unserer Meinung angeschlossen[99], so daß heute die Gesetzeswerke von 1936, 1944 und 1968 nicht mehr so aus dem Rahmen fallend erscheinen wie früher[100], als man darin, je nach

---

[95] *Westermarck*, S. 163. Gesetz vom 7. April 1935 betr. Bekämpfung der Kriminalität der Jugendlichen, Text in: Zeitschrift für osteuropäisches Recht 1935/36, S. 535; Gesetz vom 31. Mai 1935 betr. Liquidation der Kindervagabundage, Auszug in: Zeitschrift für osteuropäisches Recht 1935/36, S. 342. *Anossow*, Neues im Jugendstrafrecht der UdSSR, in: Monatsschrift für Kriminalpsychologie, Bd. 26 (1935), S. 357 ff.; *Reinhard Maurach*, Die Sowjetunion im Kampfe gegen die Kinderkriminalität, in: Monatsschrift für Kriminalpsychologie, Bd. 27 (1936), S. 215–236. Vgl. auch Zeitschrift für die ges. Strafrechtswissenschaft, Bd. 55 (1936), S. 475, 476, 881.

[96] Zum Beispiel *H. Freund*, Das Zivilrecht Sowjetrußlands; *H. Freund*, Das Eherecht in der USSR, in: *Leske-Loewenfeld*, Rechtsverfolgung im internationalen Verkehr, Bd. IV, Berlin 1932; ebenso *Chaplet*, S. 203 ff. u.ö.; dasselbe bei *Eliachevitch, Tager, Nolde*, III, S. 298 ff.; ebenso wenigstens teilweise *G. LeBras*, S. 48, der jedoch die Verstärkung der Unterstützungspflicht stark hervorhebt. Ganz negativ *H. Chambre*, S. 217 u.ö.; im gleichen Sinne noch *Norman W. Bell* und *Ezra F. Vogel*, Hrsg., A Modern Introduction to the Family, London 1960, S. 55 ff.

[97] Etwa *Soloweitschik*, S. 11–15; *Kauschansky*, Eherecht, S. 43 u. a. m.

[98] *Grégoire de Dolivo*, Le mariage, ses effets et sa dissolution en droit soviétique, Lausanne 1936, S. 140 ff. Sehr richtig bemerkt *R. Maurach* dazu, daß diese Arbeit an einer ungenügenden Berücksichtigung der neueren Rechtsprechung nach 1932/33 krankt; vgl. Zeitschrift für osteuropäisches Recht, Bd. III (N. F.), 1936/37, S. 351/352.

[99] Zum Beispiel von den bereits erwähnten *F. Lieb, T. Napolitano, E. Sicard, R. Schlesinger, G. Mackenroth, W. Müller-Freienfels, M. Rheinstein*. Für die neuesten Berichterstatter wird der Anfang dieser Stabilisierung erst um 1936 angesetzt, so z. B. bei *L. Liegle*, Familienerziehung und sozialer Wandel in der Sowjetunion, Berlin-Heidelberg 1970. Selbst *H. Chambre* muß zugeben, daß es „permanente" Züge in der sowjetischen Familienpolitik gibt; S. 226.

[100] So z. B. *G. C. Guins*, S. 295, der schon für 1926 das Verschwinden der „sozialistischen Träume" ansetzt.

Einstellung, entweder eine Rückkehr zur bürgerlichen Lebensform oder einen reaktionären Verrat an der Revolution erblickte.

Ganz abgesehen davon, daß in der russischen Gesetzgebung nach 1917 z. T. nur das eingeführt wurde, was in anderen demokratischen Gesellschaften schon längst gang und gäbe war, so lassen sich in der juristischen Literatur eine ganze Reihe von Zeugnissen zugunsten unserer Deutung dieser Entwicklung aufweisen.

VII

So ist etwa die Frage aufgeworfen worden, was denn nun das Wesen der Ehe in der Sowjetunion ausmache. Nach 1917 konnte in dieser Hinsicht auf den Akt der Registrierung hingewiesen werden. Dies mußte allerdings nach der Anerkennung auch der nichtregistrierten, faktischen Ehe hinfällig werden. So wurde denn vor allem Gewicht gelegt auf die Bekundung der ehelichen Beziehungen Dritten gegenüber in Wort und Schrift, auf das tatsächliche Vorhandensein der ehelichen Gemeinschaft und auf die gemeinschaftliche Kindererziehung[101]. Von hier aus gesehen, könnten wir noch einen Schritt weitergehen und von einem Grund der Ehe jenseits der Registrierung (auch jenseits der Konsenses im alten Sinne) in einer „affectio maritalis" sprechen, wie neuerdings immer deutlicher gesehen wird[102]. Damit wird es auch ganz einfach, das bloße Konkubinat von einer nichtregistrierten, faktischen Ehe zu unterscheiden[103]. Ausdrücklich wird in einem Gerichtsentscheid bemerkt, es komme nicht auf das formelle Kriterium der Registrierung an, sondern auf die „ethischen Merkmale, die eine eheliche Beiwohnung von einem zufälligen geschlechtlichen Verhältnis unterscheiden" (Mai 1926)[104].

In dieser „affectio maritalis" liegt aber zweifellos der Wille zu einer länger währenden monogamischen Gemeinschaft, die 1925 von *Trotzki* auch auf einer in Moskau tagenden „Konferenz zum Schutze der Mutterschaft und des Kindes" im Gegensatz zu allen lockeren Geschlechtsbeziehungen gefordert wurde. Es liegt darin zugleich der Wille zur Familie beschlossen. Ohne weiteres werden wir also von einer formal-juristischen zu einer material-soziologischen Bestimmung der Ehe fortgetrieben[105]. Eine Sonderstellung

---

[101] Diese „Bekundung" der Ehe ist von fundamentaler Bedeutung für die faktische Ehe. Daher ist auch die Terminologie von *Kauschansky*, Eherecht, S. 26, der von einer formlosen, „heimlichen", eheähnlichen Verbindung spricht, völlig abwegig. Richtig dagegen S. 20.

[102] *T. Napolitano*, S. 18; S. 74/76 hebte er die Parallele mit der römischen Ehe hervor, Hinweis auf „honor matrimonii" neben der „affectio maritalis"; ebenso S. 77/78, 91.

[103] *Magidson*, Berufung auf „affectio maritalis", S. 18/22. Dagegen *Dolivo*, S. 42 ff., 56, 59. Allerdings gelingt ihm dann die Unterscheidung des bloßen Konkubinats von der nicht-registrierten, faktischen Ehe nicht mehr; S. 60/61. Ähnlich wie im Text angegeben, entscheiden auch *Eliachevitch, Tager, Nolde*, III, S. 313.

[104] *Kelmann*, S. 139.

[105] So auch deutlich hervorgehoben von *G. LeBras*, S. 50/51.

nehmen jene Interpreten ein, die mehr die psychologischen Momente hervorheben; für sie gründet die Ehe nicht so sehr im formellen Willen, sondern im Instinkt oder in der bewußten oder unbewußten Gefühlsvereinigung[106]. Aber auch für sie gilt, daß der durch den Eheschluß begründete Zustand von entscheidender Bedeutung ist. Demgegenüber sind die Modalitäten des Eheschlusses relativ belanglos – wie sie auch in der Entwicklungsgeschichte der Ehe unverhältnismäßig spät in Erscheinung treten, während die Familienordnungen auf allen Entwicklungsstufen klar profiliert sind. In Rußland haben die Modalitäten des Eheschlusses nach 1917 mehr regulativen Charakter im Sinne der Bekämpfung der alten patriarchalischen Ehe und der Ungleichheit von Mann und Frau. Wichtig ist dagegen unter allen Umständen der Rechtsschutz für den aus dem Zusammenschluß zweier Menschen verschiedenen Geschlechts resultierenden Zustand, von dem oben gesprochen wurde. In die gleiche Richtung weist auch die Tatsache, daß die Eingehung einer registrierten Ehe zwecks geschlechtlichen Mißbrauchs der Frau mit der Absicht, sich darauf scheiden zu lassen, von der Gerichtspraxis als Vergewaltigung bestraft wird[107]. Schließlich weist selbst der Jurist *Brandenburgsky* in einer Diskussionsbemerkung vom 19. Oktober 1925 darauf hin, daß die Ehe nicht durch Gesetze, sondern nur durch das Leben selber stabilisiert werden könne[108].

In höchst entscheidender Weise wird jedoch der Zustand der Ehe ganz außerordentlich verstärkt durch die gegenseitige Unterstützungspflicht der Ehegatten bei Verdienstunfähigkeit eines Teils[109]. Das gilt nicht nur bei Bedürftigkeit, sondern auch bei Arbeitslosigkeit! Damit stoßen wir wieder auf das Prinzip der gegenseitigen Hilfe, das uns schon bei *Kropotkin* als Grundmodalität menschlichen Gruppenlebens begegnet war, und zwar ausgerechnet in jenem Gesetzgebungswerk, das bisher als das destruktivste aller sowjetrussischen Experimente angesprochen wurde. Weiter wurde mit dem neuen Familienrecht von 1926 eine Neuerung im ehelichen Güterrecht eingeführt, nach der das Vermögen, das den Eheleuten vor ihrer Eheschließung gehört hat, deren getrenntes Eigentum verbleibt (wie im Swod Sakonow); was jedoch während der Ehe erworben wurde, wird als gemeinsames Vermögen der Eheleute angesehen, weshalb dann bei Veräußerung, Verpfändung usf. das Einverständnis des Mannes sowie der Frau erforderlich ist. Bei einer eventuellen Scheidung wird dann der Ehefrau ihre Hausarbeit als Beitrag zum gemeinsamen Vermögen angerechnet[110]. Auch dies geschah im

---

[106] Dies vor allem bei *Eliachevitch, Tager, Nolde*, III, S. 313 u.ö.

[107] *Magidson*, S. 74/4; *Kauschansky*, Eherecht, S. 22.

[108] Abgedruckt bei *Schlesinger*, S. 104.

[109] *Chaplet*, S. 203 f.; *Dolivo*, S. 86 ff.; *Westermarck*, S. 4; *Kauschansky*, Eherecht, S. 35/37; *Napolitano*, S. 94/97; *G. LeBras*, S. 52.

[110] Prof. *A. M. Ladyzenskij* (Rostow), Eheliches Güterrecht nach dem Gesetz der RSFSR, betr. Ehe, Familie und Vormundschaft, in: Zeitschrift für Ostrecht (N. F.), I, 1927, S. 514–518; *Eliachevitch, Tager, Nolde*, III, S. 326; *Kauschansky*, Eherecht, S. 29–34.

wesentlichen als Frauenschutz, vor allem im Bauerntum. So kam es auch vor allem von bäuerlicher Seite zu scharfen Protesten gegen das Gesetz von 1926, als dies der nichtregistrierten Ehe die gleichen Wirkungen wie der registrierten Ehe zugestand. Denn jetzt konnten die Bauern bei einer evtl. Scheidung nicht mehr die Frau um ihren gesamten Arbeitsbeitrag bringen. Während das Gesetz von 1917 im Sinne der alten Frauenrechte auf Gütertrennung bestand, dringen bereits im Gesetz von 1926 Gesichtspunkte durch, die sich mehr auf die Solidarität der Familiengruppe beziehen[111].

So kann man wohl allgemein sagen, daß sich die Urformen der Beziehungen zwischen Mann und Frau durch keinerlei Gesetzgebung aus der Welt schaffen lassen. So konnte ein Moskauer Gelehrter schon 1927 den Satz wagen: „Die Liebe blieb, und die Ehe blieb...“[112]. Genauso bedeutsam aber scheint uns für den Aufbau einer neuen Familie die bereits mit dem Gesetz vom 1. Januar 1927 erfolgte Wiedereinführung der Adoption zu sein, die seit 1918 auf dem ganzen Gebiet der Sowjetunion (mit Ausnahme der mehr konservativen Ukraine) verpönt gewesen war. Dieser Akt der Gesetzgebung wird zwar primär von Motiven fürsorgerischer Natur genährt (im Sinne der Bekämpfung der Besprisorni), aber es folgt ihm doch notwendig eine Festigung der Familie auf dem Fuße[113]. Zugleich wird damit nach der kraß naturalistischen Einschränkung der Abstammung auf die reine Blutsverwandtschaft wenigstens die Möglichkeit wieder aufgeschlossen, ein anderes Prinzip (hier das der Fürsorge) für den Zusammenhalt von Eltern und Kindern wirksam werden zu lassen. Mit alledem ist aber prinzipiell der Weg geöffnet zu einer Abwendung von der revolutionären (regulativen oder polemischen) Gesetzgebung zu einem neuen Gesetz, das ohne polemische Nebenabsichten einzig der positiven Regelung bestimmter Ordnungen dienen will. Eingeleitet wurde diese Wendung durch zwei wichtige Reden *Stalins* vom 29. August 1934 und vom 4. Mai 1935 über die Notwendigkeit der Pflege der Familie. Am 17. Oktober 1935 vollzog dann *Stalin* einen höchst bedeutsamen Akt von außerordentlicher symbolischer Tragweite, indem er seiner alten Mutter in Tiflis einen Besuch machte. Das Staatsoberhaupt bekannte sich damit in aller Form und in größter Öffentlichkeit zur Familie[114]. Im selben Jahre macht sich diese neue Strömung in der Gesetzgebung und Rechtspraxis der Sowjetunion bemerkbar, zuerst im Strafrecht, dann aber auch in der allgemeinen Rechtspflege[115].

---

[111] Vgl. *R. Schlesinger*, S. 17, dann die sehr interessanten Dokumente von S. 81–153.

[112] *Dworetzky*, S. 597.

[113] *Grödinger*, S. 34/35; ähnlich auch und ausgeführter bei *Napolitano*, S. 139/148.

[114] Vgl. *F. Lieb*, S. 214 ff.; *Maynard*, S. 413.

[115] Vgl. *Reinhart Maurach*, Zur neuesten Wandlung in der allgemeinen Rechtslehre, im Strafrecht und Völkerrecht der Sowjetunion, in: Zeitschrift für osteuropäisches Recht (N. F.), Bd. III, 1936/37, S. 737–755; *R. Maurach,* Die Sowjetgesetzgebung in den Jahren 1935 und 1936, in: Osteuropa. Zeitschrift für die gesamten Fragen des europäischen Ostens, Bd. XII, 1936/37, S. 391–402.

Am deutlichsten aber kommt diese neue Strömung zum Ausdruck im Familienschutzgesetz der Sowjetunion vom 27. Juni 1936[116]. Dies Gesetz betrifft das Verbot der Abtreibung, die materielle Unterstützung Gebärender, die staatliche Subvention der Kinderreichen, die Erweiterung des Netzes der Gebäranstalten und Kinderheime, die Verschärfung der strafrechtlichen Haftung für die Verletzung der Unterhaltspflicht und die Abänderung des Ehescheidungsgesetzes. Die größte Sensation erregte hierbei das Verbot des Abortus, nachdem sowohl die Fürsprecher wie die Gegner der Sowjetgesetzgebung immer hervorgehoben hatten, der Abort sei in Rußland völlig freigegeben. Das letztere ist eine völlig unzutreffende Behauptung. Die Stellung des Gesetzgebers zum Abort ist in Rußland niemals positiv gewesen. Vielmehr wollte die alte Gesetzgebung von 1920 ihn einzig aus der Sphäre des Verbotenen herausholen und öffentlicher medizinischer Kontrolle zugänglich machen. Dabei galt der Abort höchstens als ein vorderhand unvermeidliches Übel[117]. Im Jahre 1927 fand in Kiew der Erste Ukrainische Gynäkologenkongreß statt, der reiches Material zu dieser Frage brachte. Damals wurde darauf hingewiesen, daß zwar die Zahl der Aborte im Steigen sei, dafür aber die geheimen und mit unzureichenden Mitteln durchgeführten Aborte im Fallen. Gleichzeitig wurden aber mehrere Untersuchungen vorgelegt (schon damals!), daß der Abort selbst bei sachgemäßer Ausführung gewisse nachteilige Konsequenzen für zukünftige Geburten im Gefolge habe. Damit kommt ganz eindeutig eine negative Einstellung zum Ausdruck, wie ein Blick in die betreffenden Dokumente zeigt, so daß sich der Kongreß am Schluß auf die Resolution einigte, statt des Abortes konzeptionsverhütende Mittel zu empfehlen und zu verteilen[118]. Daß aber auch dies nur ein faute de mieux war, wird unter anderem dadurch bestätigt, daß die verschiedenen an der Diskussion teilnehmenden Ärzte immer wieder auf Wohnungsnot und ähnlich abnorme Verhältnisse als eigentlichen Grund für die Geburtenkontrolle hinweisen. So kann man abschließend sagen, daß die Stellung der Sowjetautoritäten der Abtreibung gegenüber immer ablehnend gewesen ist und sie nur als ein „Zeitnotgesetz" angesehen hat[119], und das ganz unangesehen der vielen ideologischen Deklarationen über das Verfügungsrecht über den eigenen Körper. In Anbetracht all dieser Umstände kann uns das

---

[116] *R. Maurach*, Das Familienschutzgesetz der Sowjetunion vom 27. Juni 1936, in: Zeitschrift für osteuropäisches Recht (N. F.), Bd. III, 1936/37, S. 100–110; *Werner Markert*, Zum Familienschutzgesetz in der USSR, in: Osteuropa, Bd. XII, 1936/37; franz. Übersetzung in: La nouvelle législation familiale en U.R.S.S., Paris 1936; *T. Napolitano*, S. 235–239; *R. Schlesinger*, S. 269–279; *G. C. Guins*, S. 296 ff., betont ausschließlich den Bruch mit der Revolution.

[117] In diesem Sinne auch ganz eindeutig *Napolitano*, S. 34, Anmerkung 1, S. 39/40. Vgl. bei *R. Schlesinger* die interessanten Dokumente S. 172–187. Zur Diskussion von 1936 a.a.0., S. 251–269. Allgemein auch *V. Bogorad*, S. 154. Unklar *H. Chambre*, S. 220/221.

[118] *Schlesinger*, S. 187.

[119] *R. Maurach*, Das Familienschutzgesetz, S. 101/102; vgl. auch *Anossow*, Vor der Wiedereinführung der Strafbarkeit der Abtreibung in Sowjetrußland, in: Monatsschrift für Kriminalpsychologie, Bd. 27, 1936, S. 388/389. Vgl. auch oben die Anmerkung 78 und *G. Mackenroth*, S. 383.

schließlich ergangene Verbot nicht mehr wundern, wenn auch die Vorstellungen, die durchschnittlich in Westeuropa über diesen Teil der russischen
Gesetzgebung herrschen, an den Tatsachen weitgehend vorübergehen.

Dem entspricht auch der bereits am 1. Juli 1924 eingeführte
Registrierungszwang für die Abtreibungen, von dem man sich eine Einschränkung der Aborte versprach. Seit 1936 ist nach Art. I (Satz 2) des
Gesetzes die Vornahme der Abtreibung nur dann gestattet, „wenn die Fortsetzung der Schwangerschaft das Leben der Schwangeren gefährdet oder
deren Gesundheit schwere Schäden zuzufügen droht, ferner beim Vorhandensein schwerer Erbkrankheiten bei den Eltern", also ausschließlich bei
medizinischer und eugenischer Indikation (unter Ausschluß der sozialen). Im
übrigen bleibt die alte Bestimmung, daß die Operation einzig in Krankenhäusern und Gebäranstalten erfolgen dürfe[120]. Wenn man alles zusammennimmt, verliert schließlich auch das oft gehörte Argument sein Gewicht,
daß die Sowjetunion angesichts des näher rückenden Krieges eine geburten-
fördernde Familienpolitik einzuschlagen begonnen habe, wenn auch vielleicht
nicht von der Hand zu weisen ist, daß die Anordnungen des Ukasses vom 8.
Juli 1944 im Sinne einer positiven Bevölkerungspolitik gedacht und erlassen
worden sind[121].

VIII

Viel deutlicher wird aber die Absicht, die Einheit der Familie zu sichern, in
den neuen Artikeln zum eigentlichen Familienrecht von 1936. So wird (im
Art. 27) „zwecks Bekämpfung leichtsinnigen Verhaltens zur Familie und
den durch die Familie begründeten Pflichten" die Vorladung beider Gatten
zur Scheidung vor das SAGS und Eintragung der Scheidung in den Paß
gefordert. Dabei werden gleichzeitig die Gebühren für die Scheidung erhöht
und je nach der Zahl der Scheidungen gestaffelt (1. Scheidung 50 Rubel, 2.
Scheidung 150 Rubel, 3. Scheidung 300 Rubel; Art. 28). Dies Scheidungsverfahren bezieht sich naturgemäß nur auf die registrierte Ehe, und es läßt
die faktische, nichtregistrierte Ehe außer Betracht. Der Ausweg, auch die
nichtregistrierte Ehe in diese Regelung einzubeziehen, erscheint ungangbar,
da der scheidungslustige Ehegatte angesichts der Kosten der Scheidung wohl
stets das Bestehen einer faktischen Ehe in Abrede stellen wird. Es spricht
sich also in dieser Neufassung der Scheidungsgesetze ein deutlich sichtbares
Abrücken von der nicht-registrierten, faktischen Ehe aus[122], wie dann auch

---

[120] Über die medizinische und eugenische Indikation für die Abtreibung vgl. *Karl Werther*, Die
neueste Entwicklung des Familienschutzgesetzes in der USSR, in: Zeitschrift für osteuropäisches
Recht (N. F.), Bd. IV, 1937/38, S. 432 ff. Man vgl. damit auch die bei *Schlesinger*, S. 235–269,
abgedruckten Pressestimmen, die der definitiven Publikation des neuen Gesetzes vorangingen.

[121] *G. C. Guins*, S. 300.

[122] *R. Maurach*, Das Familienschutzgesetz, S. 107/108.

die mit dem Ukas vom 8. Juli 1944 erfolgte Aufhebung dieser Eheform bestätigt hat (Art. 19)[123]. Außerdem sieht das neue Gesetz noch verschiedene andere Erschwerungen der Ehescheidung vor. Bestimmte Scheidungsgründe werden zwar nach wie vor noch nicht gefordert, auch bleibt die Scheidung auf einseitigen Antrag noch zulässig. Aber die Scheidung ist nur dann zu registrieren, wenn beide Ehegatten vor dem SAGS erschienen sind und die Scheidungsgebühren bezahlt haben. Die Frage, ob mit der Ladung der Form genüge geleistet ist oder ob das Erscheinen des anderen Ehegatten erzwungen werden kann, bleibt vorläufig noch offen[124]. Weiter werden dann in den Art. 29 und 30 scharfe Bestimmungen und genaue Präzisierungen für die Unterhaltspflicht den Kindern gegenüber erlassen. Zugleich wird die Strafe für Nichtzahlung der gerichtlich festgesetzten Summen für die Bestreitung der Lebensunterhaltskosten der Kinder erhöht[125]. Die anderen Bestimmungen erstrecken sich insbesondere auf die Sicherung des Jugendschutzes und auf die Festsetzung einer staatlichen Hilfe für kinderreiche Mütter (Art. 10).

Auf genau der gleichen Linie wie das Gesetz von 1936 liegt nun auch der Ukas vom 16. Juli 1944, nur daß die Absicht eines ausgesprochenen und zusammenhängenden Familienschutzgesetzes immer deutlicher greifbar wird[126]. Genau wie die anderen kann aber auch dieses Gesetzeswerk nicht ohne Beziehung zu den allgemein-gesellschaftlichen Entwicklungen der Zeit gesehen werden. Vor allem muß dabei beachtet werden, daß dieser Ukas mitten im Krieg erging, als sich der Sieg schon deutlich abzeichnete. Dies erklärt sowohl die starken patriotischen Akzente wie die ebenso zweifellos vorhandene bevölkerungspolitische Tendenz, um die grauenhaften Verluste an Menschenleben (bis Kriegsende rund 15 Millionen) für die Zukunft einigermaßen wieder auszugleichen. Überhaupt muß darauf hingewiesen werden, daß wohl bei keiner anderen Gesellschaft der Welt die Berechtigung einer solchen bevölkerungspolitischen Aktion in die Augen springt wie bei Rußland, das seit 1914 in nur 30 Jahren 30 bis 40 Millionen Menschen verloren hat[127]. Die Kriegsnotwendigkeiten machten sich übrigens auch bemerkbar in der 1943 bereits erfolgten Aufhebung der Koedukation in den Schulen; dabei war hervorgehoben worden, daß die Notwendigkeiten vormilitärischer Erziehung die Trennung von Knaben und Mädchen im Unterricht forderten[128]. Daneben aber kamen darin auch ganz

---

[123] Abgedruckt bei *Napolitano*, S. 241–252, dto. *Schlesinger*, S. 367–377.

[124] *R. Maurach*, Das Familienschutzgesetz, S. 108; *K. Werther*, S. 437; scheinbar anderer Meinung *T. Napolitano*, S. 40, 101.

[125] Dazu *K. Werther*, S. 436/437. Allerdings werden seine Ansichten stark getrübt durch politische Voreingenommenheiten.

[126] Text abgedruckt bei *T. Napolitano*, S. 241–252; Sociologie et droit slaves, No. 3, 1946; *R. Schlesinger*, S. 367–377.

[127] Hervorgehoben von vielen Seiten, selbst *H. Chambre*, S. 223.

[128] Vgl. bei *R. Schlesinger*, S. 363–366, Dokument Nr. 16.

neuartige Tendenzen zum Vorschein, die nun in der Tat mit der Familienpolitik zusammenhängen[129], nämlich Mutterschaft als eine eigene Leistung
anzuerkennen bzw. zu betonen, daß die spezifisch weibliche Funktion in
der Gesellschaft nicht notwendig und ausschließlich eine wirtschaftliche
sein müsse, wie die älteren, mehr frauenrechtlich orientierten Ideologen der
Familie gemeint hatten. Dies war übrigens gelegentlich schon viel früher zum
Ausdruck gekommen, wie etwa Mai 1936 bei Gelegenheit einer Konferenz
der Aktivisten-Frauen der Ingenieure der Schwerindustrie[130], in der allgemein
als spezifisch weibliche Leistung die Verschönerung des Lebens neben der
sozialen Arbeit, der Fürsorge und dem Leben für die Familie hervorgehoben
worden war.

Ein weiterer gesamtgesellschaftlich bedingter Grund für eine Modifikation des Familienrechts lag darin, daß mit der Zeit jenseits aller Postulate
die wirkliche und materielle Gleichberechtigung der Geschlechter erreicht
worden war. Im Kriege war sie zudem einer ungeheuren Belastungsprobe
unterzogen worden, indem praktisch die russische Frau weitestgehend alle
wirtschaftlichen Funktionen und Produktionsleistungen zu übernehmen
bereit und imstande gewesen war und damit die Männer in größtem Ausmaß
für den Fronteinsatz freigemacht hatte. Dies, im Zusammenhang mit den
früheren Entwicklungen, machte in der Tat alle jene regulativen Züge des
älteren sowjetrussischen Familienrechts überflüssig, die wir besprochen
haben. Mit anderen Worten: ein neuer sozialer Lebens- und Produktions-
stil war jetzt faktisch erreicht; damit erübrigte sich die Polemik mit der alten
Wirklichkeit. Nachdem aber nun die Frau herausgelöst worden war aus
der Gefahr der „Ausbeutung", wie sie mit dem alten System gegeben war,
konnte jetzt an die positive Gestaltung eines neuen Familientypus herangegangen werden, ohne sich auf die polemische und regulative Note der
älteren kommunistischen Ideologen festzulegen und zu verbeißen. Auch dies
kommt schon verhältnismäßig früh in einer Abhandlung von *V. Swetlow* in
der hochoffiziellen Zeitschrift *Pod Znamenem Marxisma* von 1936 zum Ausdruck. Dabei gelingt es *Swetlow*, trotz der offensichtlich propagandistischen
Note seiner Ausführungen, leichter die neue Wirklichkeit zu umschreiben als
dem alten radikalistischen Familiensoziologen *S. Wolfsson* in einer gleichzeitig
erschienenen Abhandlung in der gleichen Zeitschrift[131], dessen Beteuerung
seiner früheren Irrtümer doch nicht ganz echt klingt.

Ein weiterer allgemeiner Zug dieser neuen russischen Familienpolitik liegt
in der gleichen Richtung einer sich trotz Krieg und Invasion zunehmend
stabilisierenden Gesellschaft. Mehr noch als andere Gründe scheint uns dies
für die Abschaffung der nichtregistrierten, faktischen Ehe verantwortlich

---

[129] Wie sehr richtig hervorgehoben von *R. Schlesinger*, S. 393 ff.

[130] Zwei Artikel aus der „Prawda" und „Iswestija" bei *R. Schlesinger*, S. 235–250.

[131] Beides im Auszug abgedruckt bei *R. Schlesinger*, S. 280–347. Änderung der tatsächlichen
Verhältnisse auch hervorgehoben von *V. Bogorad*, S. 153; ebenso schon für 1936 *G. LeBras*,
S. 54 ff.; ebenso *E. Sicard*, S. 11/12 u.ö.

zu sein. Dies zeigt auch der Mutterschutz und die Unterstützung unehelicher Mütter mit einem und mehreren Kindern (Art. 3 und 4); nicht die faktischen „eheähnlichen" Verhältnisse sollen durch Aufhebung der nicht-registrierten Ehe getroffen werden, sondern nur der Mangel an Registrierung (wie etwa besonders deutlich aus Art. 22 des Gesetzes von 1944 hervorgeht). Letzteres war natürlich in den Zeiten nach der Revolution und nach dem Bürgerkrieg mehr oder weniger die Regel und mußte einfach hingenommen werden. Mit der Stabilisierung der allgemeinen Verhältnisse verfestigt sich nicht nur die Gesellschaft, sondern sie bürokratisiert sich auch zunehmend. Außerdem wollte man wohl auch präventiv verhindern, daß nach dem Krieg ähnliche verworrene Verhältnisse auftraten wie um 1920/23. Daher eine wachsende Ausdehnung des Registrierungszwanges auf immer mehr Umstände. Neuerdings werden sogar Schwangerschaften registriert! Gleichzeitig liegt diese Tendenz im Dienste einer Verfestigung des Rechtswesens, einer zunehmenden Rechtssicherheit (wenigstens in Alltagsfragen) und einem Bedürfnis, die tatsächlichen bestehenden sozialen und rechtlichen Beziehungen zwischen Mann und Frau (und auch sonst) so offenkundig wie nur möglich zu machen.

IX

Von größter Tragweite ist beim Familienschutzgesetz von 1944 vor allem die Aufhebung der Art. 5–10 des Gesetzes von 1936 betr. die Unterstützung der kinderreichen Familien und ihre Ersetzung durch eine viel großzügigere Unterstützung, teils einmaliger, teils monatlich wiederkehrender Art, die nicht erst bei der Geburt des siebenten, sondern bereits bei der Geburt des dritten und jedes nachfolgenden Kindes beginnt (Art. 1 und 2). Der besseren Übersichtlichkeit halber geben wir die neuen Anordnungen in Tabellenform:

Mütter				*einmalige*	*monatl. wiederk. Zahlungen*
mit	2	Kindern bei Geburt des	3	400,- Rubel	–
mit	3	Kindern bei Geburt des	4	1 300,- Rubel	80,- Rubel
mit	4	Kindern bei Geburt des	5	700,- Rubel	120,- Rubel
mit	5	Kindern bei Geburt des	6	2 000,- Rubel	140,- Rube
mit	6	Kindern bei Geburt des	7	1 2 500,- Rubel	200,- Rubel
mit	7	Kindern bei Geburt des	8	2 500,- Rubel	200,- Rubel
mit	8	Kindern bei Geburt des	9	3 500,- Rubel	250,- Rubel
mit	9	Kindern bei Geburt des	10	3 500,- Rubel	250,- Rubel
mit	10	Kindern bei jeder weit. Geburt		5 000,- Rubel	300,- Rubel

Die monatlichen Zahlungen werden vom 2. bis zum 5. Lebensjahr ausbezahlt. Bei unehelichen Müttern mit 1–3 Kindern werden die monatlichen Zahlungen bis zum 12. Lebensjahr geleistet, und zwar in folgender Höhe (Art. 3):

für 1 Kind	100,- Rubel monatlich
für 2 Kinder	150,- Rubel monatlich
für 3 Kinder	200, Rubel monatlich

Bei drei oder mehr Kindern erhalten uneheliche Mütter die angegebenen Summen zuzüglich der Unterstützungen für kinderreiche Mütter wie oben angeführt. Wenn eine uneheliche Mutter ihr Kind in eine staatliche Erziehungsanstalt gibt, dann muß das Kind vollständig auf Staatskosten unterhalten werden, wobei natürlich die erwähnte Unterstützung fortfällt (Art. 4). Dafür wird dann im Art. 20 die Feststellung der Vaterschaft bei Unehelichkeit wieder aufgehoben, ebenso die Unterstützungspflicht durch den Vater, falls die Ehe nicht registriert ist. Wir haben oben schon auf den Registrierungszwang hingewiesen und werden im übrigen auf diese spezielle Konsequenz noch zurückkommen.

Die zweite Sektion des neuen Gesetzes, umfassend die Art. 6 bis 11, bezieht sich vor allem auf Schwangerenschutz. Der Schwangerschaftsurlaub für Arbeiter und Angestellte wird von 64 auf 77 Kalendertage erhöht (35 Tage vor und 42 Tage nach der Geburt); bei schweren und Zwillingsgeburten wird der Urlaub nach der Geburt auf 56 Tage erhöht. Ähnliche Schutzmaßnahmen gelten betr. Überstunden bei schwangeren und stillenden Frauen, Erhöhung der Lebensmittelzuteilung u. ähnl. Überdies werden die Zahlungen für Krippen und Kindergärten beträchtlich gesenkt (um 50 %) für Eltern mit 3 bis 4 Kindern und geringerem Einkommen (400–600 Rubel monatlich); bei 5 und mehr Kindern gilt dies sogar unangesehen der Höhe des Einkommens. Des weiteren ergehen sehr detaillierte Anordnungen betr. die Erweiterung von Mütter- und Kinderheimen (auch für uneheliche und geschwächte Mütter), die Erweiterung des Netzes der Beratungsstellen und Kinder-Milchküchen in den befreiten Gebieten, die zwangsweise Einrichtung von Krippen, Kindergärten, Aufenthaltsräumen zum Stillen von Säuglingen und überhaupt hygienischen Einrichtungen für Frauen in Betrieben und Ämtern, die Frauen beschäftigen, vor allem aber die Förderung der Produktion von Gebrauchsartikeln aller Art für Kinder (Wäsche, Kleider, Schuhe usw.).

Treten hier ganz eindeutig bevölkerungspolitische Gesichtspunkte hervor, so ist das in der Sektion III noch mehr der Fall, in der die verschiedenen Auszeichnungen für kinderreiche Mütter umschrieben werden bis hin zu „Helden-Mutter", die 10 Kinder geboren und aufgezogen hat. Diese Auszeichnungen werden jeweils verliehen, wenn das letzte Kind ein Jahr alt geworden ist und vorausgesetzt, daß die anderen am Leben sind. Bei Kriegsgefallenen oder Vermißten gilt letzteres natürlich nicht (Art. 12–15).

Die Kosten für diese verschiedenen Leistungen werden gesellschaftlich umgelegt (in Abänderung des Gesetzes über die Junggesellensteuer vom 26. Nov. 1941), indem kinderlose Männer von 20 bis 50 Jahren und ebensolche Frauen von 20 bis 45 Jahren wie auch andere Bürger mit nur 1

oder 2 Kindern eine Sondersteuer zahlen. Diese beträgt bei Einkommens-
steuerpflichtigen ohne Kinder 6 % des Einkommens, bei einem Kind 1 %
und 2 Kindern 1/2 % des Einkommens. Bei Mitgliedern von Kolchosen, bei
individuellen Bauern und Personal von Sowchosen, das den Agrarsteuern
unterliegt, betragen diese Zahlungen 150 Rubel jährlich bei Kinderlosigkeit, 50 Rubel jährlich bei einem Kind, 25 Rubel jährlich bei 2 Kindern.
Ausgenommen von dieser Regelung sind nur die Mitglieder der Armee und
deren Frauen sowie Frauen, die eine staatliche Unterstützung für das Aufziehen ihrer Kinder erhalten, Bürger, die ihre Kinder im Kriege verloren
haben, Studenten der höheren Stufe bis zum 25. Lebensjahr und Kriegsver-
letzte (Art. 16–18).

Die letzte Sektion des Gesetzes betrifft sodann die eigentlichen familienrechtlichen Neuerungen wie Abschaffung der nichtregistrierten Ehe (Art.
19), das Verbot der Vaterschaftsklage bei Unehelichkeit (Art. 20) und die
verschiedenen Anordnungen betr. Registrierung bei Ehelichkeit und Unehelichkeit (Art. 21 und 22). Der Rest (Art. 23 bis 27) bezieht sich schließlich
auf die Modifikation des Scheidungsrechtes, wie sie schon im Gesetz von
1936 angebahnt worden war. Nach wie vor ist die Scheidung erlaubt, aber
sie wird doch mit immer mehr Sicherungen umgeben, so daß ganz eindeutig ein Bestreben spürbar wird, die Verhältnisse durch eigene Regelungen
zunehmend zu stabilisieren. So heißt es (Art. 23), daß Scheidungsbegehren
in öffentlichem Verfahren (und nur bei gewichtigen Gründen unter
Ausschluß der Öffentlichkeit) zu verhandeln seien. Dabei müssen folgende
Bedingungen erfüllt sein (Art. 24): a) Vorlage eines Scheidungsbegehrens
unter Angabe der Gründe sowie der Personalien von Ehemann und Ehefrau.
Dabei ist eine Gebühr von 100 Rubel sofort zu entrichten; b) der beklagte
Gattenteil muß vor Gericht geladen und mit dem Scheidungsbegehren sowie
den angeführten Gründen bekannt gemacht werden; eventuell sind Zeugen
zu laden; c) Veröffentlichung des Scheidungsbegehrens in der lokalen
Zeitung, wobei die Insertionskosten von der klagenden Partei zu tragen sind.
Dieser letzte Punkt scheint uns ganz besonders schwerwiegend zu sein; denn
es ist eine alte Erfahrung, daß scheidungslustige Personen meist einen allzu
starken Kontakt mit der Öffentlichkeit scheuen. Im weiteren wird dann fest-
gesetzt, daß das Gericht die Gründe für das Scheidungsbegehren genau feststellen und Versöhnungsmaßnahmen ergreifen muß, wobei eine gerichtliche
Vorladung beider Parteien und eventueller Zeugen unter allen Umständen
erfolgen muß (Art. 25, Abs. 1). Dies bereitet der oben erwähnten Unklarheit
im Gesetz von 1936 ein Ende (siehe Anmerkung 124). Falls vor dem ordentlichen Gericht keine Versöhnung stattfindet, hat die antragstellende Partei
das Recht, an einem höheren Gericht das definitive Scheidungsbegehren zu
stellen. Bei Anerkennung der Scheidungsklage erkennt sodann das Gericht,
bei welchem Elternteil die Kinder verbleiben sowie wer und in welcher
Höhe für die Unterhaltskosten aufzukommen hat. Gleichzeitig ergehen vermögensrechtliche Entscheidungen wie Entscheidungen betr. der Namen, die

zukünftig von den geschiedenen Partnern getragen werden (Art. 26). Auf Grund dieses Entscheides stellt dann das SAGS die Scheidungsurkunde aus, worauf Eintrag der Scheidung in den Paß des Mannes wie der Frau erfolgt. Gleichzeitig wird eine vom Gericht festgesetzte Administrationsgebühr von 500 bis 2000 Rubeln fällig, die von einem oder beiden Teilen gezahlt werden muß.

Die Bewertung dieser neuen Gesetzgebung hat den europäischen Beobachtern weitere Schwierigkeiten bereitet. Unseres Erachtens fallen aber auch diese Schritte in keiner Weise aus dem Rahmen des Bisherigen, sowie man das Ganze im Zusammenhang sieht. Wenn wir für die früheren Gesetzgebungswerke seit der Revolution immer wieder – im Gegensatz zur durchschnittlichen Deutung – den aufbauenden Charakter hervorgehoben haben, so möchten wir jetzt unterstreichen, daß das neue Familienschutzgesetz einerseits konsequent auf dieser Linie liegt, zum anderen an allen Prinzipien festhält, die früher für das sowjetrussische Familienrecht bezeichnend waren. Wir stützen uns in dieser Deutung auch auf eine Abhandlung von *G. M. Swedlow* von 1946, die in einer wichtigen rechtswissenschaftlichen Zeitschrift in Rußland neben einigen kritischen Einwänden eine allgemeine Erklärung des neuen Gesetzes zu geben sucht[132]. Diese Abhandlung bezieht sich vor allem auf das neue Scheidungsrecht, das ja bei oberflächlicher Betrachtung am meisten aus dem Rahmen zu fallen scheint.

Allerdings muß allem voran hervorgehoben werden, daß Scheidbarkeit der Ehe nach wie vor prinzipiell anerkannt wird; ebenso steht einer Scheidung auf gegenseitiger Übereinkunft nichts im Wege. Im Gegenteil: dem ganzen Aufbau des Gesetzes nach ist letztere am meisten begünstigt, während bei einseitigem Scheidungsbegehren die Schwierigkeiten auf Grund des neuen Verfahrens groß werden. So hebt dann auch *Swedlow* hervor, daß hier eine prinzipielle Differenz vorliege[133]. Aber die Erfahrung habe gezeigt, daß die überwältigende Majorität aller Scheidungsfälle entweder auf gegenseitiger Übereinkunft beruhten oder, falls von nur einer Partei beantragt, von der anderen doch nicht bestritten wurde. Das heißt mit anderen Worten, daß die Gerichte gegenseitige Übereinkunft im Scheidungsbegehren als hinreichenden Scheidungsgrund im Sinne des neuen Gesetzes ansehen. Der völligen Freiheit der Ehewilligen beim Eheschluß steht also nach wie vor die Freiheit der Scheidung gegenüber. Dies wird auch durch den Umstand unterstrichen, daß das neue Gesetz zwar Gründe erwartet, diese aber nicht im Sinne der sogenannten „Scheidungsgründe" älterer Gesetzgebungswerke ausdrücklich definiert. Damit wird nicht nur der Wirklichkeit und der Mannigfaltigkeit von Schwierigkeiten Rechnung getragen, die aus ihr erwachsen,

---

[132] Abgedruckt bei *R. Schlesinger*, S. 377–390.

[133] A.a.O., S. 378. Vgl. auch *V. Bogorad*, S. 156. Ungewöhnlich primitiv und ohne jeden Blick für die materielle Problematik jenseits der juristischen berichtet *Dietrich A. Loeber*, Der Umbruch im Eherecht der Sowjetunion, in: Osteuropa, Zeitschrift für Gegenwartsfragen des Ostens, Jg. II, S. 169–176.

sondern auch dem Gericht bei der Rechtsfindung eine große Bedeutung und eine große Freiheit eingeräumt. Die Absicht des Gesetzgebers geht dabei eindeutig (wie schon 1936) auf „Bekämpfung leichtsinnigen Verhaltens zur Familie" und verlangt ganz einfach Garantien für das Vorhandensein einer wirklichen und freiwilligen Übereinkunft und eine ernsthafte Einstellung der Parteien zu diesem Entschluß. In diesem Sinne hebt *Swedlow* hervor, man solle den Gerichten auch das Recht zugestehen, den Entscheid für eine gewisse Zeit aufzuschieben, wenn dies nach Anhörung der Parteien und der Zeugen tunlich erscheine (wie es in mehreren skandinavischen u. a. Rechten der Fall sei)[134]. Der wesentliche Unterschied des neuen Scheidungsrechtes liegt aber darin, daß nunmehr die Registrierung der Scheidung ein wesentlicher Bestandteil derselben ist, was früher nicht der Fall war. Wir möchten aber betonen, daß dies – wie oben bemerkt – ein allgemeiner Ausdruck für sich stabilisierende Verhältnisse ist und keineswegs ausschließlich familienrechtliche Aspekte aufweist. Im übrigen versuchte sogar das Gesetz von 1926 das gleiche wenigstens anzubahnen, wie etwa ein Vergleich mit Art. 22 beweist[135].

Falls hingegen keine gegenseitige Übereinkunft der Parteien besteht, haben die Gerichte gelegentlich die Scheidung verweigert (etwa 5 bis 6 % aller von *Swedlow* untersuchten Fälle). So scheint also eine strengere Einstellung bei einigen Scheidungsbegehren vorzuwalten, bei denen der andere Partner protestiert. In diesen Fällen waren die Gerichte darauf verwiesen, eigentliche Gründe jenseits des bloßen Scheidungswunsches zu suchen. Ohne eine Systematik dieser Gründe zu versuchen, wird vor allem folgendes hervorgehoben: schweres einseitiges Verschulden (etwa eheliche Untreue) oder ein Verhalten, das ein Leben in Gemeinschaft für den anderen Partner unmöglich macht; beiderseitiges Verschulden der Gatten, das die Fortsetzung des gemeinsamen Lebens unmöglich macht; schließlich die objektive (also nicht verschuldete) Unmöglichkeit eines gemeinsamen Lebens (Verschwinden des Partners, Geisteskrankheit *u.ä.*).

Eine ungemein interessante Diskussion wird von *Swedlow* bei Gelegenheit der Frage der Unterstützungspflicht des geschiedenen Partners nach erfolgter Scheidung aufgerollt. Der Art. 26 des neuen Gesetzes läßt nämlich die Frage offen, so daß also das alte Recht von 1926 noch in Kraft ist. Dies sah nun bekanntlich auf Grund der verwirklichten wirtschaftlichen Gleichheit von Mann und Frau eine Reduktion der Unterstützungspflicht des Mannes auf nur ein Jahr nach der Scheidung vor, gerade um der Frau die Ergreifung eines ordentlichen Berufes zu ermöglichen. Diese ganz und gar im Sinne des Frauenrechtes bestimmter radikaler kommunistischer Ideologen erfolgte Regelung wird nun in ihrer Berechtigung von *Swedlow* angezweifelt[136].

---

[134] R. *Schlesinger*, S. 380, Anmerkung 4.
[135] A.a.O., S. 158, siehe auch Anmerkung 8, S. 167.
[136] A.a.O., S. 383/385.

Da das neue Gesetz die Verantwortung gegenüber der Familie zu steigern bestrebt ist, müsse auch eine Revision des Alimentationsanspruchs der geschiedenen Ehefrau erfolgen, insbesondere bei Arbeitsunfähigkeit. Dabei erhebt sich, wie man mit Recht hervorgehoben hat[137], die Frage, was denn unter Arbeitsunfähigkeit alles zu verstehen sei, z. B. auch die Notwendigkeit einer neuerlichen Berufsausbildung, nachdem die Berufsfähigkeiten während der langen Tätigkeit als Hausfrau verlorengegangen sind?

Wie stark aber die Rückverbindung der Einstellung von heute zu früher ist, wird durch *Swedlows* letzte Bemerkung über die Höhe und Bedeutung der bei gewährter Scheidung zu erhebenden Gebühren bewiesen. Hier scheint ihm alles noch im unklaren zu liegen, vor allem die Höhe der Zahlung. Bedeutet die Bemerkung, das Gebühren in Höhe von 500 bis 2000 Rubeln zu erheben seien, daß 500 Rubel ein obligatorisches Minimum sind? Oder dürfte das Gericht diese Summe evtl. ermäßigen? Wenn es sich hierbei um reine Gerichtsgebühren handele, dann bestehe die Möglichkeit einer Herabsetzung oder gar Streichung durch das Gericht bei Bedürftigkeit der Parteien. Und es müsse hervorgehoben werden, daß das Gericht die wirtschaftliche Lage der Parteien berücksichtigen müsse, damit die Scheidung nicht ein Privileg wohlhabender Kreise werde[138]. Auch diese Bemerkung weist wiederum darauf hin, daß vom Prinzip der Scheidungsfreiheit in keiner Weise abgegangen worden ist, so daß sich das neue Gesetz – trotz alles entgegengesetzten Anscheins – zwanglos in die ganze Entwicklung einfügt, wobei man nur berücksichtigen muß, daß die ganze Wirklichkeit Rußlands seit 1917 eine fundamental andere geworden ist.

Von hier aus gesehen fällt es uns schwer, in einer Kontroverse Stellung zu beziehen, die vor einiger Zeit um unseren Gegenstand ausgetragen worden ist[139], wobei es vor allem um die Unterscheidung zwischen zweckbewußten Aktionen und funktionalen Konsequenzen bestimmter Aktionen geht. Wenn wir auch der Meinung sind, daß die sowjetrussische Familienpolitik auf einer unerwartet einheitlichen Linie verläuft, die sich sogar in älteste russische Traditionen einordnet, so heißt das natürlich keineswegs, man habe hier einen einheitlichen und von Anfang an feststehenden Plan verfolgt. Ganz im Gegenteil: wir haben ja selber den experimentierenden und regulativen Charakter der älteren sowjetrussischen Gesetzgebung sehr betont hervorgehoben. Überdies muß auch gesagt werden, daß sich die Familienproblematik unter keinen Umständen isoliert von den gesamtgesellschaftlichen Entwicklungen Sowjetrußlands betrachten läßt. So muß nach Analyse der revolutionären Gesetzgebung von 1917/18 und ihres durchaus kompromißhaften Charakters, der in keiner Weise von irgendeiner

[137] A.a.O., Anmerkung 10, S. 385/386.

[138] A.a.O., S. 388/390.

[139] *Lewis H. Coser*, Some Aspects of Soviet Family Policy, mit einem Comment von *Alex Inkeles* und Erwiderung von *Coser*, in: The American Journal of Sociology, Bd. LVI, März 1951, S. 424–437.

„bürgerlichen" Gesetzgebung abweicht, auch hier noch hervorgehoben werden, daß die ungeheure Desorganisation der russischen Familie nach der Oktoberrevolution keineswegs eine Folge der Familienpolitik, sondern ganz allein und ausschließlich eine Folge der allgemeinen Verhältnisse gewesen ist. Später tritt dann der Kampf um die wirtschaftliche Gleichberechtigung von Mann und Frau alles überschattend hervor, wobei dieser Gesichtspunkt – ausgesprochen oder unausgesprochen – der eigentlichen Familienpolitik immer übergeordnet bleibt. Dies kann auch in einem technisch und industriell damals relativ unterentwickelten Lande wie Rußland nicht wundernehmen, dessen Wirtschaft (ähnlich wie der Frühkapitalismus) auf ein Maximum ungelernter Arbeitskräfte angewiesen war, so daß die Gesamtheit der Frauen als virtuelle Arbeiter angesehen werden mußte. Die eigentliche Frage sieht also folgendermaßen aus: wie angesichts der Arbeitsanforderungen einer sich ausweitenden Wirtschaft die Doppelaufgabe der Frau als Arbeiterin und als Familienmutter erfüllt werden kann. Bei sinkendem Lohnniveau muß das nach einer Familienpolitik der Subvention der kinderreichen Familien rufen, damit der sozialen Leistung des Aufziehens von Kindern eine entsprechende wirtschaftliche Gegenleistung gegenübersteht. So sind auch hier familienpolitische und allgemeingesellschaftliche Probleme unauflösbar miteinander verbunden. Wir haben also nicht so sehr auf die funktionalen Konsequenzen einer bewußten Aktion auf dem Gebiet der Familienpolitik zu achten, sondern vielmehr auf die funktionalen Konsequenzen eines bestimmten Wirtschaftssystems und einer bestimmten Wirtschaftspolitik für die Familie, die man durch eigene familienpolitische Maßnahmen so gut es geht zu steuern sucht. Die Voraussetzung dafür bleibt aber, daß die Familie erhalten bleiben muß, selbst wenn sie gleichzeitig ihre Form wesentlich zu ändern hat.

X

Dieser Aufgabe hat sich dementsprechend auch die weitere Entwicklung der Gesetzgebung in der Sowjetunion vom Kriegsende bis 1968 gewidmet. In diesem Jahr erscheinen die „Grundprinzipien" der Gesetzgebung über Ehe und Familie, die einen vorläufigen Schlußpunkt hinter alles Gewesene setzen. Dieser gewinnt, wie sich leicht zeigen läßt, noch dadurch an Gewicht, daß er nicht nur in den verschiedenen Sowjetrepubliken, sondern als Leitlinie gleichzeitig auch in die Gesetzgebungswerke der Satellitenländer der Sowjetunion aufgenommen wird, so daß man sagen kann, daß die „Grundprinzipien" die durchschnittliche heutige Auffassung der sozialistischen Länder Osteuropas darstellen.

Angesichts der kriegsbedingten Verwirrungen kann es nicht wundernehmen, daß sich die bereits früher bemerkbaren Bürokratisierungstendenzen in einer neuerlichen Verschärfung des Registrierungszwanges vieler Einzelheiten von Ehe und Familie neuerlich bemerkbar macht. Ein Edikt vom 16. April 1945 begründete das ausdrücklich „als im Interesse von Staat und

Gesellschaft und wegen des Schutzes der persönlichen und Eigentumsrechte der Gatten und Kinder". Gleichzeitig kann man an ein Gericht gelangen, um eine im Krieg vermißte oder gefallene Person, die in einer nichtregistrierten Ehe lebte, nachträglich zu legalisieren[140]. Alle diese Regelungen dienen sowohl der Durchsichtigmachung zahlloser demographischer Vorgänge (Geburt, Totgeburt, Namen, Legitimität, Alimentationspflichten, Scheidung, Tod) als auch der Sicherung der Rechtsansprüche Überlebender. Das Unterstützungsprinzip wird also nochmals hervorgehoben. Für das Scheidungsrecht tritt eine wesentliche Vereinfachung insofern ein, als nur noch an *einem* Gericht verhandelt werden muß, das jetzt, wenn das Scheidungsbegehren nur von einer Partei eingebracht wird, eine Vorladung der anderen Partei vorsieht (Art. 19 b) und damit den oben erwähnten Unklarheiten ein Ende macht. Das Gericht untersucht die vorgebrachten Motive, setzt unter Umständen eine Frist für eine Versöhnung und spricht bei Scheitern dieses Versöhnungsversuchs die Scheidung direkt aus (Art. 20 und 21 vom 18. Januar 1966). Wenn die Scheidung erfolgt ist, wird das Gericht, immer auf Grund der gleichen Neufassung, feststellen: die Zuweisung der Kinder und die Alimentationspflichten, die Teilung des Eigentums der Gatten vornehmen, je nach Wunsch jedem der Gatten den Nachnamen von vor der Eheschließung wiedergeben und die Gebührenanteile der Gatten für das Scheidungsurteil festlegen (Art. 22 a-d).

Nicht im Dienste der Bürokratisierung, wohl aber einer neuen Bevölkerungspolitik steht wohl die schon am 23. November 1955 ausgesprochene Aufhebung des Abortverbots; der Abort darf aber ausschließlich in staatlichen Kliniken vorgenommen werden. Man glaubt der zu erwartenden Verminderung der Geburten mit Hilfe von Mutterschaftsprämien entgegenwirken zu können[141].

Bezeichnend für die Nachkriegsgesetzgebung, wie sie in der Ausgabe des Familienrechts von 1968 zutage tritt, ist ferner die genauere Bestimmung der elterlichen Rechte im ausschließlichen Interesse der Kinder; falls das nicht erfolgt, können die elterlichen Rechte aberkannt werden (Art. 33, Abs. 1 und 2 vom 12. Februar 1968). Ein Elternteil, der von einem Kinde getrennt lebt, soll an seinem Unterhalt teilnehmen und auch mit ihm in Wort und Schrift verkehren dürfen; das Vormundschaftsgericht soll entscheiden, ob eventuell dieser Verkehr für die Entwicklung des Kindes schädlich ist und entsprechend dieses Recht des abwesenden Elternteils für eine bestimmte Zeit aufheben (Art. 40-1, 12. Februar 1968). Wenn ein schädlicher Einfluß nicht anzunehmen ist, kann das Gericht dem betreffenden Elternteil das Besuchsrecht einräumen (Art. 47). Die Unterhaltspflicht gilt grundsätzlich für beide Elternteile, aber auch die Kinder müssen bei Bedürftigkeit

---

[140] *Soviet Statutes and Decisions*, Code of Law on Marriage, the Family and Guardianship (12. Febr. 1968), Part 1, Chapter I, Art. 1; siehe auch Part IV über „Registration of Documents of Civil Status".

[141] A.a.O.: On Repeal of the Prohibition of Abortions, S. 47/48.

arbeitsunfähiger Eltern für sie aufkommen, es sei denn, daß gerichtlich erwiesen ist, das die Eltern ihrerseits der Unterhaltspflicht gegenüber dem Kinde nicht nachgekommen sind (Art. 49). Die Art. 50–1 bis 50–5, alle vom 12. Februar 1968, legen die genauen Umstände der Alimentation fest, wobei als besonders interessant festzuhalten ist, daß sich auch Personen freiwillig für die Übernahme der Alimentation für ein Kind bereiterklären können (Art. 50–1 und 2). Immer aber wird die arbeitgebende Institution die Alimente vom Lohn zurückhalten und monatlich überweisen; die Zahlungsverpflichtungen werden im Paß eingetragen (Art. 50–5). Es entspricht dem Geist dieser Anordnungen, wenn auch das Institut der Adoption eine neuerliche Verstärkung erfährt, teils während des Krieges (11. Oktober 1943), teils danach (12. Februar 1968) (Art. 57–67). Adoptierte Kinder werden solchen von Geburt völlig gleichgestellt (Art. 64).

Man mag nun mit Recht die Frage aufrollen, ob diese Regelungen „primär" im Sinne des Familienschutzes oder nicht doch vielmehr nur als eine Abwälzung der Unterstützungs- und Schutzpflicht des Staates auf die privaten Parteien anzusehen sind. Bei einer vom Kriege schwerstens betroffenen Wirtschaft und bei völlig neuartigen wirtschaftlichen Verpflichtungen des Staates in dem Vierteljahrhundert nach dem Kriege mag man eine solche Neigung des Staates sogar verstehen. Aber wir glauben, daß es falsch wäre, hier ausschließlich die direkten und bewußten Voraussetzungen und Folgen der Planung im Auge zu behalten; wir müssen noch an die funktionalen Nebenfolgen denken, und in dieser Hinsicht scheint uns nun durchaus festzustehen, daß sich diese Nebenfolgen in einer weiteren Stabilisierung der Familie auswirken werden. Wenn im Gesetzestext selber häufig die rein sozialpolitische Kasuistik im Vordergrund steht, so tritt die neue Familienkonzeption der Sowjetunion mit überragender Klarheit in einem hochinteressanten Dokument zutage, dem Gesetz zur Einführung der „Grundprinzipien des Familienrechts", die am 28. Juni 1968 in der *Iswestija* erschienen sind[142]. Diese sollten am 1. Oktober 1968 in Kraft treten, gleichzeitig sollten aber alle Republiken der Sowjetunion ihre Gesetzgebung in Übereinstimmung bringen mit diesen „Grundprinzipien" (Art. 7 und 8). Dieses „Gesetz" hebt eine wichtige Änderung des ursprünglichen Entwurfs vom 10. April 1968 bezüglich Art. 16 besonders hervor, daß nach Inkraftsetzung des neuen Familienrechts ein Gericht bei Unverheirateten über die Vaterschaft entscheiden kann. Bei vorher geborenen Kindern entscheidet eine gemeinsame Erklärung von Vater und Mutter. Beides wird standesamtlich registriert. Wenn auf diese Weise die Vaterschaft festgestellt ist, haben die Kinder dieselben Rechte und Pflichten gegenüber ihren Eltern und Verwandten wie ehelich geborene Kinder[143]. Im

---

[142] A.a.O.: Law of the Union of the Soviet Socialist Republics on the Confirmation of the Fundamental Principles of Legislation of the USSR and Union Republics on Marriage and the Family, 27. Juni 1968 (veröffentlicht in der Iswestija am 28. Juni), S. 107/108.

[143] A.a.O., Art. 2–5, S. 107/108.

gleichen Sinne entwickeln sich auch die „Grundprinzipien"[144], deren allgemeiner Teil zweifellos das Kopfschütteln der radikalen Revolutionäre von 1917 wie *Goichbarg* oder *Wolfsson* erregen würde. Ohne daß man darum eine reaktionäre „Abweichung" im Sinne des Stalinismus vermuten dürfte. Wir glauben im Gegenteil, daß sich hierin die Ideen von *Lenin* verwirklicht haben und aller jener, deren Bemühungen wir im vorhergehenden verfolgt haben. Das Ziel der sowjetischen Familiengesetzgebung ist „die weitere Stärkung der sowjetischen Familie auf Grundlage der kommunistischen Moralität; der Aufbau von Familienbeziehungen, die auf der freiwilligen ehelichen Verbindung einer Frau und eines Mannes und auf Gefühlen gegenseitiger Liebe, Freundschaft und Respekt für alle Familienmitglieder unabhängig von materiellen Berechnungen beruhen; das Aufziehen der Kinder durch die Familien in organischer Verbindung mit ihrem sozialen Aufziehen in einem Geist der Ergebenheit an das Mutterland, einer kommunistischen Einstellung zur Arbeit und einer Teilnahme der Kinder am Aufbau einer kommunistischen Gesellschaft; der Schutz der Interessen von Müttern und Kindern auf alle möglichen Weisen und die Sicherung einer glücklichen Kindheit für jedes Kind; die endgültige Ausrottung aus den Familienbeziehungen von allen schädlichen Überbleibseln und Sitten der Vergangenheit; die Festigung eines Verantwortungsgefühls gegenüber der Familie" (Art. 1).

Gleichzeitig behält sich der Staat das Monopol der Familiengesetzgebung vor (Art. 6), womit einzig und allein die zivilrechtliche Ehe anerkannt ist. Zusätzlich wird aus der Verfassung der USSR die Gleichberechtigung von Frauen und Männer (Art. 3) erwähnt sowie Schutz und Beförderung der Mutterschaft (Art. 5) durch Organisation eines weiten Netzwerks von Mütterheimen, Tageskrippen und Kindergärten, von Internatsschulen und anderen Kinderpflegeanstalten, von Schwangerschaftsurlaub für Frauen und Unterhalt für ihre Familien, von Privilegien für schwangere Frauen und Mütter, von Arbeitsschutz, von staatlichem Kindergeld für Frauen mit einem oder mit vielen Kindern sowie von anderen staatlichen Sozialhilfen an die Familie. Damit ist das Streben nach einer staatlichen Kollektiverziehung der Kinder außerhalb der Familie verschwunden, wenn auch der Staat große Hilfe leistet, um die Aufgabe der Frauen und Mütter zu erleichtern. Die Ehe ist auf das Wesentlichste reduziert, die Liebesverbindung von Mann und Frau, die Freundschaft und den gegenseitigen Respekt. Nach unserer Konzeption ist damit die Transformationsperiode abgeschlossen, womit sich auch viele regulative Gesetze gegen die Gesellschaft der Vergangenheit erübrigen.

Allgemein-soziologisch gesehen heißt das, daß der Aufbau der sozialkulturellen Person auch in einer sozialistischen Gesellschaft in der Familie erfolgt. Die Struktur dieser Familie ist wie in den westlichen Ländern weitgehend die der Kernfamilie, wenn auch die Verwandtschaftsbeziehungen

---

[144] A.a.O.: Fundamental Principles of Legislation of the USSR and Union Republics on Marriage and the Family (27. Juni 1968 veröffentlicht in der Iswestija am 28. Juni), S. 109–126. Deutsche Übersetzung in: Jahrbuch für Ostrecht, IX (1968), S. 211–235.

stärker als früher hervorgehoben werden. Auch die Rolle der Großeltern wird wieder sichtbar, was eigentlich bei einer Gesellschaft mit sehr niedrigem Heiratsalter eine Selbstverständlichkeit ist, da Großeltern nicht mehr alt zu sein pflegen. So heißt es auch: Rußland hat die besten Großmütter der Welt[145]. Selbst wenn im letzten Jahrzehnt die Scheidungszahlen enorm gestiegen sind, so daß sie zum erstenmal die der Vereinigten Staaten übertroffen haben, so garantiert doch das ausgebaute Unterstützungsrecht eine Stabilität bei sonst sehr mobilen und flüssigen Verhältnissen genau wie in anderen Industriegesellschaften mit verschiedener politischer Wertausrichtung. Der einzige Unterschied liegt also im Wertsystem und nicht in der Struktur der Familie. Aber auch das sozialistische Wertsystem könnte in der Zeit nicht überleben, wenn nicht die Familie den Aufbau der sozialkulturellen Person (Sozialisierung) der jeweils jungen Generation leisten würde, genau wie das in anderen Systemen der Fall ist.

Darin liegt nun auch der Hauptgewinn dieser umfangreichen historisch-empirischen Betrachtung für die allgemeine Soziologie und die Soziologie der Familie, worauf zu Beginn hingewiesen wurde. In der strukturellen Analyse erweist sich der dominante Familientyp in den kapitalistischen oder sozialistischen Gesellschaften als identisch, identisch sind auch seine Funktionen; die Differenzen liegen einzig und allein in den verschiedenen Wertsystemen. Das bedeutet also keineswegs eine Verminderung der Differenzen zwischen diesen verschiedenen politischen Systemen, impliziert auch keineswegs – weder direkt noch indirekt – die Behauptung nach einer wirtschaftlich-sozial-kulturellen „Konvergenz". Vielmehr wird damit einzig behauptet, *daß es eine einheitliche Struktur „Nuklearfamilie in fortgeschrittenen Industriegesellschaften" wirklich gibt.* Damit erweist sich auch das Absurde der Behauptung, die neuerdings in weiten Kreisen wieder einmal herumgeboten wird, daß die Struktur der Nuklearfamilie einzig der Selbsterhaltung der „bourgeoisen" Gesellschaft diene; in Wahrheit verbirgt sich hier ein viel allgemeineres Prinzip, nach dem alle Gesellschaften sich unter anderem durch die Struktur der Familie in der Zeit erhalten, unangesehen der im übrigen ungeheuer variablen Wertsysteme und politischer Ideologien. Damit wird auch ein internationales Gespräch zwischen den Familiensoziologen verschiedener Observanz und dementsprechend auch vergleichende Forschung ermöglicht.

Der repräsentative Vertreter der neuen Generation russischer Familiensoziologen ist *A. G. Khartschew*, der seit Anfang der fünfziger Jahre auf diesem Gebiet und in diesem neuen Geiste tätig ist und dessen Einfluß in manchen Teilen der sozialistischen Welt beachtlich ist. Leider ist sein Hauptwerk über die russische Familie noch nicht übersetzt[146], es wurden

---

[145] *Kent Geiger*, The Soviet Family, in: *M. F. Nimkoff*, Hrsg., Comparative Family Systems, Boston 1965; *David Mace* and *Vera Mace*, The Soviet Family, New York 1963, S. 262/263.

[146] *A. G. Khartschew*, Ehe und Familie in der UdSSR, russisch Moskau 1965.

aber jüngstens eine ganze Reihe von Abhandlungen von ihm in der DDR und auch in der Bundesrepublik veröffentlicht, so daß man sich unschwer ein Bild von seinen Ideen machen kann[147]. *Liegle* faßt sowohl den Sinn der „Prinzipien" von 1968 als auch die Intentionen von *Khartschew* bestens zusammen, wenn er von einer „kommunistischen Familie" spricht, „die auf Liebesehe aufbaut und von innerer Solidarität – ebenso von ideologischem Kollektivismus und gesellschaftlich-politischer Loyalität gekennzeichnet ist"[148]. Es ist sehr richtig, wenn jüngstens darauf hingewiesen wurde, daß damit die Ideen des Sozialpädagogen *A. S. Makarenko* aus den dreißiger Jahren wieder aufgegriffen werden[149], die ihrerseits wieder auf Ansätze bei *Clara Zetkin* und bei der *Krupskaja* zurücklaufen, nämlich die Familie als das „kleinste Kollektiv" der neuen Gesellschaft anzusehen, in deren Rahmen der Aufbau der sozial-kulturellen Person angebahnt wird. Das entspricht genau unserer eigenen These vom Gruppencharakter der russischen Familie, so daß auch hier wieder Beziehungen zwischen ältesten und neuesten Sozialformen sichtbar werden. Wie *Khartschew* heute hervorhebt, daß keinerlei Anstaltserziehung die Familienerziehung ersetzen kann[150], so betonte früher schon *Makarenko* die Bedeutung der Adoption in diesem Zusammenhang, indem sie es ermöglicht, eine Ein-Kind-Familie zu erweitern[151] und damit nicht nur die Probleme des „einzigen" Kindes zu überwinden, sondern außerdem zu verhindern, daß die Familie entweder in eine ganz lockere Assoziation von nur drei Personen ausartet oder zu einer „überorganisierten" Familie (nach *Makarenko* „distanzloses Freundschaftsverhältnis" zwischen Eltern und Kindern) wird[152]. Diese Zusammenhänge sind darum so besonders

---

[147] *A. G. Khartschew*, Liebe und Ehe in der Sowjetgesellschaft, in: Forum 1953, Nr. 33 (Beilage); Die Familie in der sozialistischen Gesellschaft, in: Die Presse der Sowjetunion 1955, Nr. 23; Die Familie in der sozialistischen Gesellschaft, in: Zeitschrift für Jugendhilfe und Heimerziehung I (1955), Heft 10, und 2 (1956), Heft 2; Die Familie und der Kommunismus, in: Sozialistische Erziehung 6 (1960), Heft 15 und 16; Vom sittlichen Wesen der sozialistischen Familie, in: Die Presse der Sowjetunion 1961, Nr. 24; Die Rolle der Familie in der kommunistischen Erziehung, in: Jugendhilfe 1 (1963); Familie und Kindererziehung im Sozialismus, in: Sozialistische Erziehung 9 (1963); Die Moral als Gegenstand soziologischer Forschung, in: Sowjetwissenschaft (Gesellschaftswissenschaftliche Beiträge) 1965; Ehe und Familie in der Sowjetunion. Versuch einer soziologischen Untersuchung, in: Neue Justiz 17 (1965); Methoden zur weiteren Stabilisierung der Familie in der USSR, in: *R. Ahlberg*, Hrsg., Soziologie in der Sowjetunion. Ausgewählte sowjetische Abhandlungen zu Problemen der sozialistischen Gesellschaft, Freiburg 1969. Vgl. auch *Friedrich W. Busch*, Familienerziehung in der sozialistischen Pädagogik der DDR, Düsseldorf 1972, S. 52–62; vorher schon *L. Liegle*, *K. Westen*, Zur Neuordnung des Familienrechts in der UdSSR, Bericht des Bundesinstituts für ostwissenschaftliche und internationale Studien, H. 10, Köln 1969.

[148] *L. Liegle*, S. 21.

[149] *Busch*, S. 43.

[150] *Busch*, S. 59.

[151] *Busch*, S. 46/47; siehe auch in diesem Band das Kapitel „Überorganisation der Familie als Gefährdung der seelischen Gesundheit".

[152] Siehe *Busch*, S. 47.

wichtig, weil sie bei *Makarenko* engstens mit seinen Theorien der Jugendverwahrlosung und Jugenddelinquenz zusammenhängen, die hier nicht zu
untersuchen sind.

XI

Die entsprechenden Entwicklungen in Osteuropa und Asien können hier
natürlich nur skizzenhaft dargestellt werden, wobei insbesondere ein
wesentlicher Zug unterstrichen werden soll, die Zweiphasigkeit zwischen
Transformations- und Aufbauperiode; in ihr waltet eine Art von Gesetzlichkeit vor, die uns für Entwicklungen des vorliegenden Typs bezeichnend zu
sein scheinen.

Allen voran steht der Sonderfall China, über den wir allerdings – insbesondere in der Nachkriegsphase – nur bruchstückhaft orientiert sind,
obwohl sich dennoch einige strukturell wesentliche Züge ausmachen lassen.
Zum Beispiel sind hier die einzelnen Phasen der Revolution viel weiter aus-
einandergezogen als in irgendeinem anderen Fall. Schon 1912 erscheint
das Provisorische Gesetzbuch der Chinesischen Republik, in dem bereits
entscheidende Reformen des alten Familiensystems im Sinne einer „Ver-
westlichung" angebahnt werden[153]. Das entspricht in etwa den russischen
Vorkriegsreformen des Zivilgesetzbuches, die jedoch nie rechtskräftig
wurden, und den Reformplänen des Kerenskij-Regimes. Während letzteres
in Rußland aber nur eine Episode blieb, zogen sich die Reformen *Sun Yat-
sens* länger hin (bis in die zwanziger Jahre), worauf dann Jahrzehnte von
Bürgerkriegen, Hungersnöten und kriegerischen Invasionen folgten, unter
deren Einfluß die chinesische Gesellschaft derart erschüttert wurde, daß man
radikale Experimente geradezu erwarten mußte. Diese traten dann auch unter
Mao Tse-tung und der Kulturrevolution tatsächlich ein.

Das entscheidende Gesetz für die Familie stammt vom 1. Mai 1950. Es
charakterisiert sich selber ganz eindeutig als regulativ-polemischer Natur,
indem es als sein Ziel feststellt, „vor allem das alte System zu zerstören ...
und dem Volk die volle Freiheit der Eheschließung zu garantieren"[154]. Auch
sonst ist das Gesetz dem alten sowjetischen sehr ähnlich, nur daß die Freiheit
der Eheschließung besonders betont wird, war doch noch im Provisorischen
Gesetzbuch Eheschließung von der elterlichen Einwilligung abhängig, selbst
wenn der Wille der Nupturienten als Einleitung der Ehe anerkannt wurde.
Hierin drückt sich deutlich die Polemik gegen das alte patriarchalische System
aus. Außerdem machen sich auch die Anstrengungen zur Mobilisierung der
Arbeiterschaft im Dienste der wirtschaftlichen Entwicklung bemerkbar, deren
Planziele einzig unter Einsatz von kollektiven Wohn- und Lebensgemein-
schaften erreicht werden konnten. So blieb der Begriff der „Kommunen"

---

[153] Siehe *Sing Ging Su.*
[154] *G. C. Guins*, S. 430, Anm. 53.

für lange Zeit mit dem Namen Chinas verbunden, obwohl sich auch in diesem Falle zeigte, daß die Experimente gar nicht so radikal waren, wie man angenommen hatte[155]. So hat z. B. auch in diesem Falle eine wenigstens teilweise Rückkehr zum alten System der Großfamilie begonnen, was *William J. Goode* dazu veranlaßt hat, geradezu von der chinesischen Familie als unabhängiger Variable im allgemeinen Entwicklungsprozeß zu sprechen[156]. Andere hoben den konservativen Charakter der Revolution hervor[157]. So durften selbst zur Zeit der extremsten Gemeinschaftsküchenbewegung die Mahlzeiten für Kranke, Alte, Kleinkinder und schwangere Frauen mit nach Haus genommen werden. Ferner konnten abseits Wohnende ebenfalls ihre Mahlzeiten mitnehmen, und die Privathaushaltungen hatten Öfen, Brennholz usw., um im Winter ihr Geflügel und Schweinefleisch selbst zu kochen, Fisch und Gemüse einzumachen[158]. *Max Rheinstein* hat demzufolge hervorgehoben, daß schon seit *Sun Yat-sen*, aber auch unter *Mao Tse-tung*, viele rechtliche Entscheidungen nachgeholt wurden, die andernorts schon längst durchgeführt worden waren[159]. *Wolfram Müller-Freienfels* hob noch zusätzlich die Bedeutung gewisser asiatischer und chinesischer Momente hervor und die deutliche Rückkehr zu mehr traditionalen Familienformen[160]. In unserer eigenen Deutung kann auch hier zwischen dem regulativ-polemischen Recht der Transformationsperiode und dem Recht des Neuaufbaus unterschieden werden. Für China kam noch hinzu die seit 1950 ungefähr beschleunigt anhebende Industrialisierung („Der große Sprung"). Bevor diese vorankommen konnte, mußten einfach viele Millionen isolierter Individuen aus dem traditionellen Familienverband freigesetzt werden, der ein schwerer Hemmschuh auf dem Wege der chinesischen Entwicklung war. Danach erst konnte eine neue Stabilisierungspolitik einsetzen.

Ganz anders sind dagegen die entsprechenden Entwicklungen in den größeren Satellitenländern des Nachkriegs, insbesondere Polen, Ungarn, Tschechoslowakei und DDR. Zunächst sollte man sich davor hüten, sie alle unter der gleichen Perspektive zu sehen; es gibt sogar beträchtliche Unterschiede zwischen ihnen. Nur ein Zug scheint uns allen gemeinsam, daß

---

[155] *Olga Lang*, Chinese Family and Society, New Haven 1946; *Han Yi-feng*, The Chinese Kinship System, Cambridge, Mass., 1948; *Francis L. K. Hsu*, Under the Ancestor's Shadow, New York 1948; *Marion J. Levy, Jr.*, The Family Revolution in Modern China, Cambridge, Mass., 1949; *Wolfram Eberhard*, Research on the Chinese Family, in: Sociologus 9 (1959); *C. K. Yang*, The Chinese Family in the Communist Revolution, Cambridge, Mass., 1959; *D. E. T. Luard*, The Urban Commune, in: The Chinese Quarterly 1960.

[156] *William J. Goode*, World Revolution and Family Patterns, London 1963.

[157] *M. H. van der Valk*, Conservatism in Modern Chinese Family Law, Leiden 1956.

[158] *New China News Agency*, Peking, 19. Dez. 1958; *Survey of China Mainland Press*, 5. Januar 1959.

[159] *Max Rheinstein*, S. 30.

[160] *Wolfram Müller-Freienfels*, Zur revolutionären Familiengesetzgebung, insbes. Zum Ehegesetz der Volksrepublik China vom 1. Mai 1950, in: Ius Privatum Gentium, Tübingen 1969, S. 908.

wir regelmäßig zwischen einer Transformationsperiode und einer Periode der Konsolidierung zu unterscheiden haben; vergleichen wir aber dies allgemeine Entwicklungsschema mit dem der Sowjetunion, dann zeigt sich, daß zwischen ihr und den Satellitenländern eine beträchtliche Zeitraffung in bezug auf die Transformationsperiode eingetreten ist. Die Transformationsperioden werden kürzer, die Stabilisationsperioden treten früher ein. Es kommt noch etwas anderes hinzu: die Satellitenländer übernehmen zwar weitgehend die sowjetische Gesetzgebung (natürlich mit einigen Modifikationen), aber sie setzen zumeist um 1944 an, also in einem relativ fortgeschrittenen Stadium der beginnenden Nachkriegskonsolidierung. Trotzdem ist auch hier noch manches aus der Frühzeit der Revolution erhalten, wie etwa im polnischen Gesetz „Über Ehe und Familie" vom 27. September 1945 der Kampf gegen den Katholizismus. Auch sonst folgt die neue polnische Gesetzgebung weitgehend der sowjetischen. Ein wichtiger Unterschied liegt jedoch darin, daß sich die polnische empirische Familiensoziologie schon sehr frühzeitig entwickelt, so daß wir insgesamt recht gut über die polnische Nachkriegsentwicklung informiert sind. Anders war es wiederum in der Tschechoslowakei, wohin das neue Recht nicht durch die russischen Okkupanten gebracht worden war; hier entstand eine eigene Revolution (1948), die auch ein neues Gesetz brachte. In Ungarn kam es nach einigen Übergangsbestimmungen erst 1949 mit der neuen Verfassung zu einigen Vorentscheidungen (speziell Gleichberechtigung von Mann und Frau) das zukünftige Ehe- und Familienrecht betreffend, das dann 1952 erlassen wurde[161]. In Art. 51 der Verfassung von 1949 kam es zur Anerkennung des Familienschutzes. Diese ersten Nachkriegsgesetzgebungen wurden seit den 60er Jahren durch andere ersetzt, in denen sehr deutlich die stabilisierenden Tendenzen hervortreten. Diese könnten allerdings erst dann zureichend analysiert werden, wenn man sie im Zusammenhang mit den entsprechenden wirtschaftlichen Entwicklungen darstellen könnte, was im vorliegenden Zusammenhang nicht möglich ist, weshalb wir uns hier zum Abschluß mit einem kurzen Überblick über die Deutsche Demokratische Republik begnügen wollen.

Wieder anders als in Polen, Tschechoslowakei oder Ungarn verläuft die Entwicklung in der DDR, was im wesentlichen auf eine durch die Begründung des neuen Staatswesens zurückgehende Verspätung zurückgeht (Begründung der DDR am 1. Oktober 1949). Dementsprechend gibt es in dieser Phase zwar Übergangsbestimmungen, aber noch kein eigenes Recht. In dieser Periode finden sich auch manche radikale Strömungen, vor allem unter dem Einfluß von *Hilde Benjamin*[162], die an die Zeit in Rußland unmittelbar nach 1917 zurückerinnern. Darüber hinaus treten naturgemäß die regulativ-polemischen

---

[161] Zur vergleichenden Betrachtung siehe das sehr interessante Werk von *Endre Nizsalovszky,* Order of the Family. Legal Analysis of Basic Concepts, Budapest 1968.

[162] *Hilde Benjamin,* Vorschläge zum neuen deutschen Familienrecht, (Ost-)Berlin 1949.

Anordnungen gegen das BGB und insbesondere gegen die nationalsozialistische Gesetzgebung hervor. Auch in der Folgezeit geschah zunächst nicht viel, wie noch gezeigt werden soll; die entscheidende Periode reicht vielmehr von der „Eheverordnung" von 1955 bis zur Verkündigung des Familiengesetzes von 1965[163]. Während der ganzen Zeit aber überwog ganz eindeutig eine positive Einstellung zu Ehe und Familie. Das kann nur den verwundern, der über die Familienpolitik der Sowjetunion, die im wesentlichen nachgeahmt wurde, völlig unorientiert ist[164]. Die entscheidende Formulierung aus dem „Entwurf" eines Familiengesetzbuches ist fast gleichlautend mit der russischen, die wir schon zitiert haben: „Die Ehe ist eine für das Leben geschlossene Gemeinschaft zwischen Mann und Frau, die, begründet auf Gleichberechtigung, gegenseitige Liebe und Achtung, der gemeinsamen Entwicklung der Ehegatten und der Erziehung der Kinder dient"[165].

Ein Punkt verdient allerdings, besonders hervorgehoben zu werden, das ist die starke Betonung der Erwerbstätigkeit der Frau, die zu Zeiten des „Entwurfs" geradezu als „Arbeitspflicht" (wie es im Arbeitsrecht der DDR heißt) oder als „sozialer Zwang" erschien[166]. Gewiß gilt das auch für die Sowjetunion, aber das muß insofern realistisch gesehen werden, als die DDR, wenn sie bei der Massenauswanderung nach Westdeutschland überhaupt überleben wollte, in der Tat alle Arbeitskräfte mobilisieren mußte, während in der im Vergleich zur DDR wirtschaftlich relativ noch immer unterentwickelten Sowjetunion die Frauen als zusätzliche Arbeitskräfte und nicht so sehr als „notwendige" eingesetzt wurden. So kann die gleiche Gesetzgebung mit völliger Gleichstellung von Frau und Mann je nach den Umständen ganz verschiedene Konsequenzen haben[167].

Nach einer ganzen Reihe von Sondergesetzen, auf die teilweise zurückzukommen sein wird, wurde in der „Verfassung der Deutschen Demokratischen Republik" vom 7. Oktober 1949 in den Art. 30–33 ausdrücklich der staatliche Schutz von Ehe und Familie aus den „Grundlagen des Gemeinschaftslebens" zugesichert (Art. 30, Abs. 1). Diese neue Familie steht unter der

---

[163] Zur Phasierung dieser Entwicklung siehe *F. W. Busch*, S. 96–103.

[164] So etwa Dr. *H. Ackermann*, in: Grundfragen der Bereinigung des Strafgesetzbuches. Verhandlungen des 39. Deutschen Juristentages, Strafrechtl. Abt. Tübingen 1952, S. 52ff.l, vor allem S. 62 in bezug auf das Verbot der Abtreibung. Eine vorzügliche Darstellung gibt *F. W. Busch*, S. 96 ff. Es heißt S. 101, daß „aus keinem der einmal gültigen oder heute noch gültigen Dokumente mit familienrechtlichen Bestimmungen ... eine ausgesprochene Familien- oder Kinderfeindlichkeit herauszulesen" ist. Oder nach S. 103, „daß in der 20jährigen Geschichte der SBZ/DDR eine ausgesprochen familienfeindliche Einstellung nicht nachgewiesen werden" kann.

[165] *Entwurf eines Familiengesetzbuches der „Deutschen Demokratischen Republik"* (hrsg. vom Präsidium des Nationalrates der Nationalen Front des Demokratischen Deutschlands), Berlin 1954. Siehe auch dazu *M. Hagemeyer*, Zum Familienrecht in der Sowjetzone, Bonn 1958.

[166] Siehe dazu mit Recht *Dietrich Storbeck*, Soziale Strukturen in Mitteldeutschland. Eine sozialstatistische Bevölkerungsanalyse im gesamtdeutschen Vergleich, Berlin 1964, S. 74, 106 u.ä.

[167] *D. Storbeck*, S. 122 ff.

Voraussetzung der Gleichberechtigung von Mann und Frau (Abs. 2). Die allgemein-gesellschaftliche Ausrichtung dieses Familienbildes kommt in Art. 31 besonders klar zum Ausdruck, in dem „die Erziehung der Kinder zu geistig und körperlich tüchtigen Menschen im Geiste der Demokratie" als das „natürliche Recht der Eltern und deren oberste Pflicht ... gegenüber der Gesellschaft" angesprochen wird. Die restlichen Artikel beziehen sich ziemlich unzusammenhängend auf Schwangerenschutz, Ankündigung eines Mutterschutzgesetzes und der Schaffung besonderer Einrichtungen zum Schutz von Mutter und Kind sowie auf die ausdrückliche Bemerkung, daß außereheliche Geburt „weder dem Kinde noch den Eltern zum Nachteil gereichen" dürfe.

Das Angeführte gewinnt erst an Relief, wenn wir die genaue Deutung verfolgen, die diesen Grundsätzen gegeben wird. Und diese liegt ganz eindeutig (unter dem Einfluß von *H. Benjamin*) in Richtung einer rein wirtschaftlich bedingten Gleichberechtigung von Mann und Frau. Dies wird sogar ausdrücklich in Gegensatz gestellt zu der „westlichen Auffassung, die meint, die Gleichberechtigung rein familienrechtlich fassen zu können"[168]. Dementsprechend wird auch die in Rußland praktizierte Einschränkung der Alimentationspflicht des geschiedenen Ehemannes aufgegriffen, wenn auch nach der Aussage von *Herbert Klar,* einem Richter am Obersten Gericht der DDR, nicht schematisch verfahren werden dürfe. So entfällt etwa die Forderung an die Frau, in einem Beruf zu arbeiten, wenn sie kleine Kinder zu versorgen habe. Ebenfalls müßten Frauen, die früher keinen Beruf gehabt hätten, bei der Scheidung geschützt werden. Eine neue Entscheidung des Obersten Gerichts lautet dahingehend, „daß der geschiedene Ehemann der schuldlos geschiedenen Frau unter Umständen, nämlich wenn sie bereits vor der Ehe berufstätig gewesen war und eine Berufsausbildung erhalten hatte, für die zur Auffrischung ihrer Berufskenntnisse erforderliche Zeit Unterhalt zu gewähren hat". Der Frau solle sogar eine Anlauffrist zum Finden einer dauernden, befriedigenden und lohnenden Beschäftigung eingeräumt werden, womit das verwirklicht wäre, was an der sowjetrussischen Gesetzgebung vermißt werde[169]. Trotz des Frauenschutzes zeigt sich also eine unübersehbare Tendenz „zu einer gewissen Beschränkung der Unterhaltsansprüche der Frau". „Das ist natürlich; es ist die notwendige Konsequenz der Durchsetzung des Gleichberechtigungsprinzips im gesellschaftlichen

---

[168] In diesem Sinne etwa *Fritz Niethammer* und *Hilde Neumann,* Das familienrechtliche „Vacuum" in Westdeutschland, in: Neue Justiz, 20. Nov. 1953 (VII, 22), (Ost-) Berlin, S. 703. Allgemein *Wilhelm Heinrich* und *Herbert Klar* (Richter am Obersten Gericht der DDR). Die Rechtsprechung des Obersten Gerichts auf dem Gebiet des Familienrechts, in: Neue Justiz, 5. Sept. 1953 (VII, 17), (Ost-)Berlin, passim. Von westdeutscher Seite orientiert *W. Rosenthal, R. Lange, A. Blomeyer,* Die Justiz in der sowjetischen Zone. Bonner Berichte aus Mittel- u. Ostdeutschland, Bonn 1952.

[169] Vgl. dazu oben Anm. 137 die Aussetzung *Schlesingers* und teilweise auch *Swedlow.* Zum ganzen *W. Heinrich* und *H. Klar,* S. 537–539.

Leben. Die Frau, die in der kapitalistischen Ehe, vermeintlich für ihre Lebenszeit ‚versorgt‘, sich in Wahrheit aber in wirtschaftlicher und gesellschaftlicher Abhängigkcit von dem Manne befand, hat in der neuen Gesellschaftsordnung ihre volle Selbständigkeit errungen. Aber gleichen Rechten entsprechen gleiche Pflichten, dem Recht auf Arbeit entspricht die Pflicht zur Mitarbeit an unserem Aufbau.“

Dieser Einstellung entspricht auch die radikal soziale Sinngebung von Ehe und Familie. So erfolgt etwa die Scheidung einer unheilvoll zerrütteten Ehe nicht, weil sie ihren persönlichen Wert für die Partner verloren hat, sondern einerseits mit Rücksicht auf die Kinder, andererseits aber weil sie ihren „gesellschaftlichen Wert“ verloren hat. Was das bedeutet, wird in folgenden Sätzen unumwunden ausgesprochen: „Sind Ehe und Familie die Grundlage des Gemeinschaftslebens und stehen sie als solche unter dem Schutze unserer Verfassung (Art. 30, 144), dann ergibt sich daraus die erstrangige gesellschaftliche Bedeutung der Ehe im neuen Staat. Sie ist also nicht mehr eine nur individuelle Angelegenheit der Eheleute, sondern sie hat auch gesellschaftlich erhebliche Ziele zu fördern, die Arbeitsfreude, das ständige Streben zur weiteren persönlichen Entwicklung, die Freude an der Familie. Dieser neue Inhalt der Ehe in der Rechtsordnung unseres Staates verbietet jede leichtfertige Beurteilung von Ehescheidungsgründen, jedes Nachgeben gegenüber lediglich individuellen, nicht objektiv begründeten und gewissenhaft überprüften Wünschen und Verlangen des einen oder anderen Ehegatten. Die Gerichte haben deswegen ihre Mitwirkung zu versagen, wenn Eheleute gesetzliche Bestimmungen über die Scheidung zur Verfolgung gesellschaftswidriger Zwecke ausnützen“[170]. Angesichts dieser Äußerungen darf man wohl sagen, daß die DDR das Familienrecht der Sowjetunion auf dem Punkte seiner höchsten Entwicklung von 1944 übernommen hat, selbst wenn gelegentlich gesagt wird, es werde auf diesem Gebiete noch immer experimentiert. Im wesentlichen ist also in der Tat das Gesetz über den „Mutter- und Kinderschutz und die Rechte der Frau“ vom 27. September 1950 nebst den Durchführungsbestimmungen zum § 10 (unnormale Geburt) vom 3. November 1950 und zu den §§2 und 3 (Kinderbeihilfen für eheliche und uneheliche Mütter) vom 20. Januar 1951 teils ein Abklatsch, teils eine Anpassung des sowjetrussischen Gesetzes an ostdeutsche Verhältnisse[171]. Auffällig sind dabei etwa die viel niedrigeren Ansätze für die staatliche Unterstützung kinderreicher Frauen[172]. Sonst aber folgt das Gesetz

---

[170] A.a.O., S. 541.

[171] Abgedruckt im GBL. Nr. 111/1950, S. 1037; GBL. Nr. 128/1950, S. 1139; GBL. Nr. 8/1951, S. 37.

[172] *Mutter Einmalige Zahlung monatl. Zahlung.*
bei Geburt des 3. Kindes DM 100,-.
bei Geburt des 4. Kindes DM 250,- DM 20,
bei Geburt jedes weiteren Kindes   DM 500,- DM 25;
Dagegen wird diese Unterstützung bis zum 14. Lebensjahr (und nicht nur bis zum 12. wie in Rußland) bezahlt.

getreulich seinem russischen Vorbild, etwa in der Gleichstellung der unehelichen Mutter, der Erweiterung von Kinderkliniken und Kinderheimen (§ 4), Kinderkrippen und Tagesstätten (§ 5), Einrichtung von Mütter- und Kinderberatungsstellen (§ 6), wobei die Registrierung der Schwangerschaften diesen Stellen obliegt. Des weiteren werden Maßnahmen getroffen für Errichtung von Erholungsheimen, Krankenhäusern und Entbindungsanstalten (§§7-9), für die Sicherung des Schwangerenurlaubs (§ 10) wie für die Regelung der künstlichen Schwangerschaftsunterbrechung (§ 11), worauf später zurückzukommen sein wird.

Wenn wir in Rechnung stellen, daß die Frau im nationalsozialistischen Deutschland anfänglich (d. h. vor dem Kriege) stark aus dem Berufsleben verdrängt wurde, so können wir verstehen, warum der ostdeutsche Gesetzgeber so ausführlich auf die Sicherung der Frauenrechte und ihre wirtschaftliche Gleichberechtigung eingeht (§§13-15, dann aber die ganzen Sektionen III und IV, §§19-29). Nicht nur in den traditionellen Frauenberufen soll die Frau arbeiten, sondern in einer Fülle anderer, die ausdrücklich aufgezählt werden, wobei die Arbeitsbedingungen den physischen Besonderheiten der Frau anzupassen seien. Auch in Verwaltungsämtern und Behörden seien Frauen „im richtigen Verhältnis zur tatsächlichen gesellschaftlichen Kraft der Frau", wie es etwas mysteriös heißt, anzustellen. Das gleiche gelte für Ehrenämter, Bürgermeisterstellen, Kreis-, Stadt- und Landräte usw. usw. Rein familienrechtlich relevant ist das gemeinsame Entscheidungsrecht beider Eheleute in allen Angelegenheiten des ehelichen Lebens (Wohnsitz, Wohnung, Haushaltsführung, Kindererziehung). Im Vordergrund gegenüber den Kindern steht die „elterliche Sorge", wobei einem alleinstehenden Elternteil auf Antrag ein Amtsvormund zur Seite gestellt werden kann (§ 16). Wesentlich abweichend vom sowjetrussischen Recht ist nur die Bestimmung (§ 17), daß die Verwaltungsbehörden als Beistand der unehelichen Mutter in der Festsetzung der Ansprüche gegen den Vater wirken, wobei der Unterhalt, den die uneheliche Mutter zu beanspruchen hat, sich nach der wirtschaftlichen Lage beider Eltern richten soll. Obwohl im § 18 festgelegt war, daß das Justizministerium bis Ende des Jahres 1950 der Regierung einen den Grundsätzen der Sektion II des Mutter- und Kinderschutzgesetzes entsprechenden Entwurf zum Familienrecht vorzulegen habe, ist nichts Entscheidendes in dieser Richtung erfolgt. Am 22. November 1951 ergingen nur als „Anleitungen" für die Richter „Rechtsgrundsätze für die Behandlung von Familienstreitigkeiten", die allerdings im Urteil nicht zitiert werden dürfen[173]. Den Geist dieser Rechtsgrundsätze erfahren wir am besten bei dem Richter *H. Klar*, dessen Ausführungen wir oben schon brachten. Dazu kommen noch eine Reihe anderer Entscheidungen über die Teilung des

---

[173] Von westlicher Seite orientiert darüber *W. Rosenthal, R. Lange, A. Blomeyer*, a. a. O., S. 91–100.

„Zugewinstes" bei Scheidung und Trennung, über Hinzufügung des Frauennamens zum Männernamen bei der Eheschließung, über die Anerkennung der Arbeit im Haushalt als Beitrag zum gemeinsamen Lebensunterhalt, zu dessen Leistung die Frau verpflichtet ist, all das im Sinne einer Betonung der „Partnerschaft" in der Ehe und im Sinne einer „einverständlichen Entscheidung". Erst 1954 wurde der Entwurf zur Diskussion gestellt[174], dann verschwand er in der Versenkung. Offensichtlich war er doch noch zu sehr experimentell und polemisch[175].

Schließlich wird auch das Verbot der Abtreibung in der DDR aus der russischen Gesetzgebung übernommen, und es zeugt auch hier nur von der durchschnittlichen Uninformiertheit westlicher Beobachter, wenn sie sich darüber wundern. Unmittelbar nach Kriegsende ergingen zwar eine Reihe von Verordnungen der Verwaltung, daß Schwangerschaftsunterbrechungen „unter bestimmten Voraussetzungen, die ein hierzu gebildeter Ausschuß bestätigen mußte, erlaubt seien"[176]. Später kamen dann weitere Anordnungen, welche sagten, es sollten keine Verfahren wegen § 218 StGB mehr eingeleitet werden, um „gesetzliches Unrecht" zu vermeiden. Dies klingt nun in der Tat sehr im Sinne der radikalen kommunistischen Ideologie. Wenn man aber genauer hinsieht, so erkennt man leicht, daß es auch hierbei um ein „Zeitnotgesetz" geht, wie etwa das Gesetz vom 29. August 1945 des Landes Thüringen über Unterbrechung der durch Sittlichkeitsverbrechen verursachten Schwangerschaften lehrt. Der Antrag mußte spätestens zwei Monate nach der Schwängerung gestellt werden, der Eingriff durfte nur vom Facharzt und im Krankenhaus vorgenommen werden. Ergänzende Gesetze erfolgten am 14. August 1946 und am 27. Juni 1947. Von Mitte 1947 bis Anfang 1948 wird aber alles aufgehoben. Die neuen Gesetze beginnen dann wieder mit Strafvorschriften gegen den verbotenen Eingriff und geben erst danach die Ausnahmen an. Einzig das Land Sachsen-Anhalt mit dem Gesetz vom 7. Februar 1948 beginnt mit den erlaubten Fällen, gibt dann die Regelung der Voraussetzung für diese Fälle, schließlich Strafvorschriften.

Aufschlußreich sind bei Betrachtung dieser Gesetze die erlaubten Ausnahmen. An erster Stelle steht die medizinische Indikation. Darauf folgt die „ethische" Indikation, die bei Schändung einer willenlosen Frau oder Notzucht gegeben ist. Daß hier eindeutig ein „Zeitnotgesetz" gegeben ist, wird durch den Zusatz bestätigt, daß die ethische Indikation gegeben ist, selbst wenn der Täter straflos bleibt, d. h. mit anderen Worten, wenn Vergewaltigung von seiten eines Mitglieds der russischen Armee vorliegt. Als

---

[174] *Hilde Benjamin*, Einige Bemerkungen zum Entwurf eines neuen Familiengesetzbuchs, in: Neue Justiz 8 (1954), Nr. 12 und 24. Ferner *M. Hagemeyer*.

[175] So vermutet *F. W. Busch*, S. 99.

[176] *Wolfgang Weiss*, Die neuen Gesetze zur Schwangerschaftsunterbrechung in den Ländern der sowjetischen Besatzungszone, in: Neue Justiz, (Ost-)Berlin 1948, S. 69 ff.; auch nach westl. Auffassung, vgl. *W. Rosenthal, R. Lange, A. Blomeyer*, a. a. O., S. 47. Zum Ganzen vgl. *W. Weiss*, a. a. O., S. 70 ff.

dritte wird die soziale Indikation genannt. Diese ist dann gegeben, wenn die sozialen Verhältnisse derart sind, daß sie eine „auf Gesundheit sich auswirkende Gefährdung für Mutter und Kind erwarten lassen und der Notlage durch soziale oder andere Maßnahmen nicht ausreichend abgeholfen werden kann" (Sachsen, Thüringen, Mecklenburg, Brandenburg). Also handelt es sich doch wieder nicht um eine „rein" soziale Indikation, sondern um eine enge Verbindung der sozialen mit der medizinischen Indikation; dieser Punkt fehlt übrigens im Lande Sachsen-Anhalt vollständig. Als letzter Punkt wird die eugenische Indikation teilweise anerkannt.

Die weiteren Bedingungen sind die üblichen, also Facharzt, Krankenhaus und (schriftliche) Einwilligung der Schwangeren. Nach dem dritten Schwangerschaftsmonat darf die Operation nicht mehr vorgenommen werden. Bei der „ethischen" Indikation muß das Ganze zudem „glaubhaft" gemacht werden und die Anzeige innerhalb einer begrenzten Frist erfolgen. Dies geschah, um den Mißbrauch zu steuern, der mit der „ethischen Indikation" getrieben wurde[177]. In allen Fällen muß aber ein Ausschuß angehört werden, der unter Schweigepflicht steht. Dieser entscheidet, ob die Voraussetzungen wirklich gegeben sind. Im übrigen wird der Hoffnung Ausdruck gegeben, daß die Frauen den Weg zu diesen Kommissionen finden möchten, um den Kampf gegen illegale Abtreibung erfolgreich zu führen. „Weiterhin bleibt zu hoffen, daß sich die allgemeinen wirtschaftlichen und sozialen Verhältnisse möglichst bald so weit bessern, daß das Anwendungsgebiet der neuen Gesetze immer kleiner wird, weil immer seltener Bedürfnisse nach Unterbrechung der Schwangerschaft auftreten"[178]. Deutlich heißt es dann am Schluß: „Maßhalten gegenüber weitergehenden Forderungen, die auf eine Anerkennung der rein sozialen Indikationen oder gar auf eine völlige Freigabe der Abtreibung gerichtet waren.".

Dies waren also die Voraussetzungen für die Entscheidung, die 1949 im Gesetz über den Mutter- und Kinderschutz (§ 11) die Abtreibung rundweg verbietet, mit Ausnahme der medizinischen und eugenischen Indikation. Das Ganze entspricht vollkommen der ursprünglichen russischen Einstellung, die – wie wir oben gezeigt haben – dem Abort gegenüber immer negativ gewesen ist. So zeigt sich, wenigstens im vorliegenden Falle, in der Tat eine interessante Parallele zwischen der sowjetrussischen Familienpolitik und der Politik in mindestens einem der russisch beeinflußten Gebiete. Das muß uns mehr oder weniger zu der Ansicht bringen, daß hier eine gemeinsame Konzeption vorliegt, die wir in dieser Abhandlung zu belegen suchten. Erst

---

177 *W. Weiss*, S. 72.

178 Siehe dazu *M. E. von Friesen* und *W. Heller*, Das Familienrecht in Mitteldeutschland. Mit dem Wortlaut des Familiengesetzbuches im Anhang, Bonn 1968, Ebenso *F. W. Busch*, S. 99/100. Im Gegensatz dazu die Interpreten aus Ostdeutschland, die *Busch* anführt: *L. Ansorg*, *A. Grandke* und gelegentlich sogar *Hilde Benjamin*, obwohl sie sich im Grunde über den experimentellen Charakter der Periode von 1945–1965 klar ist.

Februar 1972 wurde der Abort wieder erlaubt, aber betontermaßen nur „als letzter Ausweg", er bleibt also unwillkommen.

Allerdings ist andererseits eine gewisse Unsicherheit in der Entwicklung der ostdeutschen Gesetzgebung und auch in der Ideologie zwischen 1945 und 1965 nicht zu übersehen, wie schon von verschiedenen Seiten hervorgehoben worden ist[179]. So folgt etwa auf die Theorie des rücksichtslosen Einsatzes der Frau in den Produktionsprozeß die Einsicht von den dadurch provozierten Funktionsstörungen in der Familie, wofür auch die in Ostdeutschland im Vergleich zu Westdeutschland höhere Scheidungshäufigkeit spricht[180]. Trotz allem kam es aber bis 1965 zu einer völligen Neubewertung der Familie, wobei – ganz ähnlich wie früher in Rußland – gesagt wurde, das Leben selber hatte die Gleichheit von Mann und Frau erreicht, jetzt könne sich die Familie dem Aufbau der sozialistischen Persönlichkeit widmen[181]. Wir stehen vor dem gleichen Resultat wie vorher bei der Sowjetunion: die Struktur dieser Familie ist die der Nuklearfamilie mit der zentralen Funktion des Aufbaus der sozial-kulturellen Person; diese Familie unterscheidet sich also einzig durch das Wertsystem von der Familie in den anderen Teilen Europas. Entsprechend kam es auch in der neuen Verfassung der DDR vom 6. April 1968 zu einer verfassungsmäßigen Verankerung des Familienschutzes (Art. 38). Mit popularisierenden Darstellungen versucht man, diese neue Familienidee in der Bevölkerung zu verbreiten[182]. Für den Augenblick ist also in der öffentlichen Meinung zweifellos eine Stabilisierung erreicht, selbst wenn manche Störungsmomente sich in der DDR früher stärker bemerkbar gemacht haben sollten als in anderen sozialistischen Ländern.

XII

Wir kehren nach diesem Exkurs zurück zur Sowjetunion. Der entscheidende Fehler fast aller westlichen Analysen des sowjetrussischen Familienrechts scheint uns zu sein, daß sie das ganze Problem von der Ehe her aufrollen. Von den russischen Gelehrten wird diesem Verfahren entgegengehalten, daß es sich dabei um eine „bürgerliche" Einstellung handele, die sich notwendigerweise aus der „kapitalistischen" Wirtschaftsordnung herleite.

---

[179] *D. Storbeck*, S. 89. Siehe auch *F. W. Busch*, S. 69 ff. Ferner: Bericht des Obersten Gerichts der DDR zu Ursachen und Tendenzen der Ehescheidung in der DDR und sich daraus ergebenden Schlußfolgerungen für eine aktivere Durchsetzung der sozialistischen Familienpolitik (1971). Dagegen kamen auch entgegengesetzte Stimmen, die vor der Überschätzung der Familie warnten, wie z. B. *H. Zerle*, Sozialistisch leben. Arbeitsmoral-Familienmoral-Erziehung, (Ost)Berlin 1964.

[180] *A. Grandke*, Zur Herausbildung der sozialistischen Familie in der DDR, in: Staat und Recht 19 (1970), H. 11.

[181] *Karl-Heinz Beyer* und *Lili Piater*, Die Familie in der DDR, 4. Aufl. (Ost-)Berlin 1971.

[182] Aus diesem Grunde haben wir selber von einer „Ideologisierung" des modernen Eheideals gesprochen, siehe *René König*, The Family, in: International Encyclopedia of Comparative Law, Bd. V, Chicago 1973, Abschn. 43.

Damit ist für sie das Problem abgetan. Wir möchten dagegenstellen, daß es sich beim Ausgangnehmen von der Ehe vor allem um einen soziologisch falschen Ansatz handelt, da nicht die Ehe die Familie begründet, sondern genau umgekehrt die Familie die Ehe. Die Familie gründet in Gruppenordnungen eigener Art, denen gegenüber die Regelung der Ehe von relativ sekundärer Bedeutung ist. Einzig unter einer ganz bestimmten und sehr einseitigen historischen Entwicklung konnte das Institut der Ehe jene Bedeutung gewinnen, die es in der Moderne tatsächlich hat[183]. Es muß aber zugleich betont werden, daß dieser Entwicklung der Ehe mit der Reduktion der Familie auf die Gattenfamilie die große Erschütterung der Familie parallel läuft. Wenn dann noch die Ehe in allzu enge Verbindung mit der Liebes- und Geschlechtsgemeinschaft gebracht wird, dann kann sich schließlich jede Revolution der Liebe durch die Ehe hindurch als Erschütterung der Familie auswirken.

Der Sinn des großen Experiments, das in Sowjetrußland mehr oder weniger planmäßig unternommen wurde, liegt also vielleicht darin, daß man nach einer beispiellosen Erschütterung der Ehe, die ihre Wurzeln tief in der russischen Vergangenheit findet, den Raum frei gemacht hat für eine autonome und spontane Umformierung der Familiengruppe jenseits des Rechts im Rahmen der Sitte. Man könnte wohl auch vermuten, daß zweifellos viele angenommen haben, daß die Modifikation der alten Rechtsordnung allein genügen würde, um die Familie zum Verschwinden zu bringen. Andere mögen einfach abgewartet haben. Falls sich nun wirklich Auflösungserscheinungen der Familie gezeigt hätten, könnte man unter Umständen auch annehmen, daß die ganze russische Familienpolitik in eine andere Richtung gegangen wäre. Aber das sind Spekulationen. Was allein feststeht, ist dagegen völlig anderer Natur. Vor allem aber, daß die in Rußland nach der Revolution spontan aufbrechende Desorganisation der Familie und der Ehe und vieler anderer sozialer Ordnungen keinesfalls eine Folge der sowjetischen Familienpolitik, sondern der wahrhaft katastrophalen Lage des gesamten Lebens in Rußland zwischen 1917 und 1923 war. Sowie sich diese Verhältnisse änderten, kamen auch ganz neue Gesichtspunkte bei der Entwicklung der Familie zum Vorschein.

Im übrigen war man sich in der Öffentlichkeit seit der großen Diskussion um Anerkennung der nichtregistrierten, faktischen Ehe weitgehend darüber klar, daß diese eigenartige Gruppe Familie viel besser als alle Krippen, Kinderheime und staatlichen Erziehungsanstalten imstande ist, die erste soziale Erziehung des Kindes durchzuführen. Gerade indem man die Gestaltung der geschlechtlichen Paarung freistellte und aller äußeren Rücksichtnahmen auf Konventionsordnungen, wirtschaftliche Nebenabsichten (vor allem bei der Bauernschaft) und religiöse Traditionen entkleidete, erreichte man, daß der Durchschnittsmensch ohne Ressentiment und ohne

---

[183] Vgl. dazu *Lewis A. Coser*, a. a. O., passim.

das Gefühl, durch eine Zwangsordnung vergewaltigt worden zu sein, sich den natürlichen Gruppenordnungen der Familie überließ. Einzig im Sinne einer Befolgung dieser Linie sind unseres Erachtens die neuen Gesetze von 1936, 1944 und 1968 zu verstehen. Diese Wendung ist also weder als Ausdruck der Reaktion noch als ein Abweichen von den ursprünglichen Zielen der revolutionären Gesetzgebung zu deuten. Vielmehr entspricht sie einer Selbsterneuerung der Familie, die sich alle äußeren Umständen zum Trotz in neuer Form gestaltet hat, nachdem sie viele rein historisch bedingte Einseitigkeiten und Unausgeglichenheiten abstreifen konnte. Daß diese Familie dann in den Dienst der Stabilisierung eines unheimlich konsequenten autoritären Systems genommen wurde, ist eine ganz andere Geschichte. Auch dieses System ist nicht neu, weder für den Kommunismus noch für Rußland. Aber es ist doch in jeder Hinsicht viel komplexer bedingt als das Problem der Familie. Unangesehen dessen ist aber zu sagen, daß hier natürlich sicher nicht von einem vorgefaßten Plan gesprochen werden darf, ganz abgesehen davon, daß unserer Meinung nach der autoritäre Charakter dem Kommunismus wesentlich inhärent ist. Wohl aber darf man sagen, daß mit zunehmender Stabilisierung der Verhältnisse der Zusammenhang zwischen beiden Ordnungen zunehmend klar geworden sein dürfte.

Eine weitere offene Frage wäre die, wie nun diese neue russische Familie innerlich aussieht. Sicherlich hat sie mit der westlichen bürgerlichen Familie nicht mehr viel gemein, die ihr wesentliches Fundament im Intimcharakter der Familie und im Gefühl für die Einzigartigkeit der Familienmitglieder hat. Für die Sowjetmentalität sind wohl in der Tat Gefühle und Intimität ein bürgerliches Vorurteil, ganz abgesehen davon, daß alle autoritären Systeme die Intimität bekämpfen müssen, weil diese prinzipiell den Kreis ihrer Allmacht bricht (deutlich etwa in *Orwells* Utopie 1984). Andererseits können wir aber auch annehmen, daß sich die westliche Familie unter dem Einfluß des letzten Krieges wesentlich verändert und neue Formen familienhafter Solidarität produziert haben kann, denen gegenüber die kommunistische Kritik nicht standhält. Vor allem mag die Sowjetfamilie in der europäischen Arbeiterfamilie mit ihrer sehr sachlichen Ordnung ein Gegenstück finden. Die Struktur dieser Familie wird dabei ganz und gar vom Prinzip der gegenseitigen Hilfe bestimmt. Allerdings hat diese gegenseitige Hilfe ebenfalls eine Eigentümlichkeit ausgebildet. Handelt es sich doch bei ihr nicht mehr primär um persönliche Hilfsbereitschaft, sondern nur um eine ausgeprägte Gruppensolidarität. Es ist dies derselbe Zug, der auch dem Arbeitsleben in der Sowjetunion zugrunde liegt, wobei zu bedenken ist, daß Rußland auf Grund seiner eigenartigen Geschichte, die auch sehr wesentlich mit dem Wesen der Ostkirche (des „Dritten Rom") verbunden ist, niemals eine auch nur annähernde ähnliche Entfaltung des Individualismus gekannt hat wie die übrige westliche Welt. So kann man wohl sagen, daß mit dieser Ausgestaltung des generativen Lebens als Gruppe nicht nur das Wesen der Familie (auf einer neuen Entwicklungsstufe) eine neue Chance erhält, vielmehr bewährt sich darin auch ein Zug, den das russische Familien- und Arbeitsleben schon von jeher besessen hat.

Schließlich gewinnen wir, wenn wir diese Entwicklung im ganzen überblicken, eine auch für die allgemeine Familiensoziologie höchst bedeutsame Einsicht. Immer wieder kann es geschehen, daß rechtliche Ordnungen durch die Wirklichkeit überholt werden. Das ist ein Vorgang, der notwendigerweise mit aller sozialer Entwicklung gesetzt ist; denn niemals steht die Gesellschaft still, solange noch Leben in ihr ist. Doch darum heißt die Aufhebung einer bestimmten Rechtsordnung noch lange nicht die Unordnung; denn Wandel ist kein Untergang. So ist es an sich durchaus möglich, daß in diesem Umformungsprozeß viele Institutionen spurlos verschwinden, andere sich stark modifizieren. Wenn es sich aber um eine Institution handelt, die – wie die menschliche Familie – in der Natur des Menschen verankert ist, dann steht zu erwarten, daß sie sich selbst nach größten Erschütterungen im Brauch und in der Sitte regeneriert, um sich schließlich nach Abschluß der eigentlichen Transformationsperiode zu einem neuen Gesetz zu verdichten.

Überorganisation der Familie als Gefährdung der seelischen Gesundheit (1949/1974)

Jedes gesellschaftliche Gebilde, das in der Zeit fortdauert und nicht nur ephemer ist, verfügt über einen bestimmten Grad an sozialer Organisation. Unter sozialer Organisation verstehen wir jene Regelungen des Verhaltens, welche die gegenseitige Anpassung, Assimilation oder Kooperation der in einem gesellschaftlichen Gebilde vereinigten Personen bestimmen. Diese Regelungen bilden ein umfangreiches System, beginnend mit einfachen Gewohnheiten, Bräuchen und Verhaltensmustern über die Sitte, das Gewohnheitsrecht, allgemeine moralische Leitideen, das Recht bis zu religiösen, philosophischen und politischen Gedankenkomplexen. In diesem Sinne entsteht bereits mit der anthropologischen Grundscheidung des menschlichen Geschlechts in Mann und Frau und mit der Tatsache der bisexuellen Fortpflanzung ein organisiertes Gebilde, die Familie, die sich zunächst in einem geregelten Verhältnis zwischen Mann, Frau und Kindern kundtut. Mit einem Wort: auch die Familie ist eine Erscheinungsform organisierter Anpassung, Assimilation und Kooperation. Ihrem Ansatz in einem allgemein anthropologischen und biologischen Grundtatbestand verdankt sie zudem ihre außerordentliche Widerstandsfähigkeit in den Stürmen der geschichtlichen Entwicklung und des sozialen Wandels, ohne sich jedoch darum in den rein biologischen Funktionen der Zeugung und Brutpflege zu erschöpfen. Ihre zentrale Funktion liegt vielmehr in der sogenannten „zweiten Geburt" des Menschen, d. h. im Aufbau seiner sozial-kulturellen Persönlichkeit, die Trägerin und Vollstreckerin sozialer Regelungen und damit das unerläßliche Grundelement aller sozialen Organisation ist (zum Begriff der „zweiten Geburt" siehe in diesem Bande das Kapitel „Versuch einer Definition der Familie").

Wenn auch gesellschaftliche Gebilde nicht ohne eine Minimalausstattung an Organisation bestehen können, so bedeutet das dennoch nicht, daß die soziale Organisation nicht verschiedene, sehr wandelbare Festigkeitsgrade aufweisen könne.

Es liegt auf der Hand, daß eine Kirche oder ein Staat, die über zahllose Generationen hinreichen, einen anderen Organisationsgrad besitzen müssen als die Familie, die in der Gegenwart im wesentlichen zwei bis drei Generationen miteinander verknüpft; die Familie ihrerseits hat wieder einen höheren Organisationsgrad als etwa ein Verein, der einmal die Menschen nicht gesamthaft, sondern nur in Bezug auf ein bestimmtes Ziel, den Vereinszweck, zusammenbindet, zudem in seinen Statuten bereits die Bedingungen für seine Auflösung enthält. Sind dies vorläufig nur formelle Bestimmungen, die in großer Allgemeinheit gelten, so können auch bestimmte materielle Vorstellungsinhalte den Organisationsgrad einzelner Gebilde in verschiedenen Kulturhorizonten sich wandeln lassen. Wo Ahnenkult herrscht, reicht die Familienbindung über sehr viel mehr Generationen als in unserer modernen Individualkultur; entsprechend treten in jenen Kulturen außerordentlich straff organisierte Familientypen auf, die vor allem über eine ausgeprägte Machtordnung verfügen und gelegentlich geradezu staatsähnliche oder vorstaatliche Formen annehmen.

Wir haben also damit zu rechnen, daß erstens verschiedene soziale Gebilde über verschiedene angemessene Organisationsgrade verfügen, unter denen sich die Anpassung optimal vollzieht; zweitens kann aber auch ein und dasselbe Gebilde, in unserem Falle die Familie, in verschiedenen Kulturhorizonten in einer gewissen Variationsbreite wandelbare Organisationsgrade aufweisen. Für die Familie insbesondere gilt, daß auf Grund ihrer biologischen Fundierung dieser Variabilität relativ enge Grenzen gesteckt sind, wenn wir auch hier immerhin eine ganze Reihe von Varianten, von straff organisierten Formen bis zu lockeren Assoziationen finden. Vor allem gilt aus dem gleichen Grund der Satz, daß die Familienorganisation im Verhältnis zu anderen Gebilden (etwa der Wirtschaft) besonders langsam beweglich ist, woraus sich die Probleme der Anpassung der Familie an die Entwicklung der Wirtschaftsgesellschaft und auch die besonderen Probleme der Anpassung der Familienmitglieder aneinander unter dem Druck der sozialen Umwelt ergehen.

Das Problem der Organisation der Familie pflegt darum selten in seiner Tragweite erkannt zu werden, weil es bei einer wohlorganisierten Familie, in der die innere und äußere Anpassung anstandslos funktioniert, gar nicht ins Bewußtsein tritt (siehe dazu in diesem Bande das Kapitel „Zwei Grundbegriffe der Familiensoziologie").

So kann man auch sagen, daß das theoretische Fragen nach dem Aufbau der Familie erst in dem Augenblick in Erscheinung trat, als diese Organisation auf Grund besonderer Entwicklungen der Wirtschaftsgesellschaft regelmäßig und in einer Unmenge infinitesimaler Vorgänge gestört zu werden begann. An der Desorganisation der Familie als sozialer Massenerscheinung wurde die Bedeutung der Familienorganisation als Komplex jener Verhaltensregeln erkannt, die die Anpassung, Assimilation und Kooperation in der Familie lenken. Seit dieser Zeit wurde zunächst eine umfangreiche Lehre von der Desorganisation der Familie aufgebaut, bis schließlich Desorganisation als eigener Grundbegriff der Familiensoziologie erkannt wurde, mit Hilfe dessen auch der Aufbau der Normalfamilie beleuchtet werden konnte. Diese Entwicklung ist in gewisser Weise jener in der Psychologie zu vergleichen, die ebenfalls die entscheidenden Anstöße von der Psychopathologie empfing.

Es gibt also mit einem Wort ein Minimum an Organisation, das die Familie nicht unterschreiten darf, ohne der Desorganisation mit nachfolgender Auflösung anheimzufallen.

In anderem Zusammenhang konnten wir darauf hinweisen, daß die Desorganisation der Familie – von ihren Bedingungen aus gesehen – eine doppelte Form annehmen kann; sie kann sein: 1. gesamtgesellschaftlich, das heißt aus allgemeinen Vorgängen der Wirtschaft, des Staates, der öffentlichen Meinung und der gesteigerten Mobilität der Gesellschaft bedingte Familiendesorganisation oder 2. Binnendesorganisation der Familie, die mit der Störung ihres Gruppengefüges zusammenhängt (siehe das Kapitel „Zwei Grundbegriffe der Familiensoziologie").

Diese Problematik soll uns jedoch im vorliegenden Zusammenhang nicht interessieren; so genüge es, auf sie hingewiesen zu haben, obwohl sich in ihr für die Psychohygiene eine Fülle von Perspektiven ergibt. Wir wollen hingegen auf die Problematik eines anderen Zustandes der Familienorganisation hinweisen, den wir mit dem Begriff der „Überorganisation" zu umschreiben suchen.

Wenn es ein Minimum an Organisation gibt, das nicht unterschritten werden kann, ohne das betreffende soziale Gebilde der Desorganisation auszuliefern, so drängt sich die Vermutung auf, daß es auch ein Optimum geben muß, das nicht überschritten werden darf. Diese Vermutung wird allein schon darum nahegelegt, weil wir im Tierreich die Beobachtung machen können, daß sich die Tierfamilie nach einer bestimmten Zeit, meist mit Eintritt der Geschlechtsreife bei der Nachkommenschaft (oft aber auch früher), aufzulösen beginnt. Dieser Termin wird nach mehr oder weniger langer Zeit erreicht, je nach der Entwicklungszeit der betreffenden Tiere, aber das Ende der Tierfamilie tritt doch mit Sicherheit ein. Während bei manchen Tieren Eltern und Junge einfach und unauffällig „auseinandergleiten" oder die Jungen sich „emanzipieren" und selbständig machen, kann dies Ende bei anderen Tieren, z. B. dem Haushuhn, durch ausdrückliche Akte des „Abstoßens", des Abhackens von seiten des Muttertieres unterstrichen werden[1]. Die Jungtiere nehmen zuerst mit einem gewissen Erstaunen von dem veränderten Gehabe der Glucke Kenntnis, dann finden sie sich jedoch

---

[1] *Gustav Heinrich Brückner*, Untersuchungen zur Tiersoziologie, insbes. zur Auflösung der Familie, in: Zeitschrift für Psychologie 128 (1933), S. 84.

damit ab und leben fortan in der Kinderfamilie (dem Sympädium), bis aus ihnen ein neues Hühnervolk wird. Auch bei anderen Tieren mit ausgeprägter Familienbildung tritt regelmäßig mit Erreichung der Geschlechtsreife der Zustand ein, daß – selbst bei vorheriger zärtlicher Brutpflege – Eltern und Kinder einander nicht mehr kennen und unter Umständen ruhig inzestuöse Verbindungen miteinander eingehen[2].

Nun haben wir selber oben angedeutet, daß die biologische Fundierung der Familie in der Bisexualität des Menschengeschlechts und damit auch ihre Präformation im höheren Tierreich nicht überspannt werden darf, denn der entscheidende Aufbau der Familie kommt erst mit der Entfaltung der sozialen Kultur zustande. Wohl aber muß eingeräumt werden, daß gewisse biologische Grundsituationen auch in der Dimension der geschichtlich-gesellschaftlichen Welt, wenn auch in veränderter Gestalt (vor allem in viel größerer Varietät) wiederkehren. Wie sich das Zusammenfinden der Geschlechter, Zeugung und Aufzucht der Nachkommenschaft gleichsam als Eckpfeiler der Familie im Tier- wie im Menschenreich finden, so dürfte auch das Problem der Auflösung der Familie, das im Tierreich so auffällig in die Augen springt, seine Parallele in der Menschenfamilie haben. Dies ist die allgemeinste Voraussetzung, die uns zum Begriff der Überorganisation der Familie führt.

Überorganisation der Familie soll also zunächst in der Weise umschrieben werden, daß sie sich der gleichsam „naturgemäßen" Auflösung oder Lockerung der Familienbande beim Erwachsenwerden der Nachkommenschaft in den Weg stellt und die Familienorganisation auch dann noch in der ursprünglichen Form aufrechterhält, wenn die „natürlichen" Voraussetzungen dafür nicht mehr vorhanden sind. Dieser Satz bedarf jedoch zu seiner Klärung einer genauen Umschreibung dessen, was unter „naturgemäß" verstanden werden soll; denn es liegt auf der Hand, daß dies im Tier- wie im Menschenreich verschieden sein muß.

Im Tierreich und in der Tierfamilie beschränkt sich die „Erziehung" im wesentlichen auf Auslösung der artmäßig eingeborenen Instinkte und Dispositionen durch „Vormachen", bis die arteigenen Fähigkeiten in Funktion treten. „Eine Glucke ‚erzieht' ihre Küken nicht. Was sie vornimmt, ist, wie das für alle Tierarten gilt, eine unreflektierte Einführung der Jungen in die Biosphäre mit ihrem seit jeher und für immer fixierten Verhaltenskomplex der Art, wobei das Reifen der Anlagen von innen her das Sichhineinfinden erleichtert und von einem ausgesprochenen Nachahmungstrieb unterstützt wird"[3]. Es handelt sich dabei gewiß um psychische Prozesse, keinesfalls aber

---

[2] Wenn *Konrad Lorenz*, Durch Domestikation verursachte Störungen arteigenen Verhaltens, in: Zeitschrift für angewandte Psychologie 1940, es in Zweifel zieht, daß sich bei Wildtieren inzestuöse Verbindungen finden lassen, so möchten wir das bis zur Vorlage weiteren Materials mit größter Skepsis betrachten. Der an sich ausgezeichnete Beobachter L. scheint uns gerade an diesem Punkt nicht ohne kulturkritische Vorurteile zu sein, wie seine Parallelisierung des Gegensatzes Wildtiere-domestizierte Tiere mit dem von Land-Stadt zeigt (S. 52 f.).

[3] *Brückner*, a.a.O., S. 91.

um solche, die vom Selbstbewußtsein der betreffenden Wesen abhängig wären. Dementsprechend ist hier die „Erziehung" abgeschlossen, sowie das Jungtier im Vollbesitz seiner spezifischen Fähigkeiten ist, was je nach der Art mehr oder weniger lange Zeit beansprucht. Die Familie der Tiere findet also ihr „naturgemäßes" Ende in dem Augenblick, wo diese arteigene Grenze erreicht ist, die sowieso nicht überschritten werden kann.

Wesentlich anders steht dies alles beim Menschen und in der Menschenfamilie. Neben dem auch hier unerläßlichen Auslösen und Koordinieren der Instinkte (insbesondere in der Kleinkindererziehung) leistet die Familie vor allem den Aufbau der sozial-kulturellen Persönlichkeit. Darum sprechen wir in diesem Zusammenhang von einer „zweiten Geburt", um die Eigenständigkeit der Menschenfamilie von der Tierfamilie (und damit von allen biologisierenden Theorien) abzuheben. Während nun bei den Tieren ein Fortbestehen der Familienorganisation nach Ausbildung der arteigenen Fähigkeiten völlig sinnlos wäre, weil der naturgesetzte Rahmen sowieso unüberschreitbar ist, ist die sozial-kulturelle Persönlichkeit des Menschen außerordentlich plastisch. Damit ist zunächst gesagt, daß die Familienerziehung beim Menschen von Haus aus viel weiter gespannt ist, womit auch die Familienorganisation beim Menschen von ungleich größerer Bedeutung ist (so daß auch alle Ansätze zurückgewiesen werden müssen, diese durch eine allgemeine Vormundschaft des Staates und durch staatliche Kinderheime zu ersetzen). Das heißt also, daß die Auflösung der Familie beim Menschen, wenn sie erfolgt, unter allen Umständen später eintreten muß als beim Tier. Trotzdem aber wird das Problem dadurch nur verschoben, nicht aufgehoben, wie eine einfache Überlegung zeigen kann.

Sinn der Familienerziehung ist der Aufbau der sozial-kulturellen Persönlichkeit. Dieser erfolgt zunächst in dem Sinn, daß in der „Primärgruppe" Familie die sozialen Grundverhaltensweisen „eingeübt" werden, die später auf dem viel weiteren Felde der Wirtschaftsgesellschaft bewährt werden müssen. Allerdings geht dieser Übergang, vor allem wenn wir die moderne Sozialverfassung voraussetzen, keineswegs gleitend und kontinuierlich vor sich, vielmehr setzt er eine sich immer mehr verschärfende Umschaltung des gesamten Verhaltens voraus, einen totalen Wandel der Perspektiven. Haben wir doch heute damit zu rechnen, daß die Gebilde der modernen Wirtschaftsgesellschaft wie des Staates ihrem innersten Charakter nach vollständig „familienfremd" (um nicht zu sagen: „familienfeindlich") sind. Findet die Familie ihre wesentliche Funktion im „Einüben" der sozialen Grundverhaltensweisen, so kann man zugleich auch sagen, daß gerade dies auch ihre „naturgemäße" Grenze ist; denn die Vorstellungsinhalte, denen das Individuum außerhalb des Familienkreises begegnet, sind völlig neuartiger Natur. Also muß sich auch das Fortbestehen der Familienorganisation nach Erreichung eines bestimmten Alters geradezu schädlich auswirken, weil die Formung der sozial-kulturellen Persönlichkeit immer weiter geht, sich vor allem notwendigerweise schon von einem relativ frühen Zeitpunkt an in einer

Reihe familienfremder Milieus vollzieht (Spielgruppe, Kindergarten, Schule, Berufslehre, Studium usw.), innerhalb deren sich der junge Mensch als selbständige Persönlichkeit zu bewähren hat, wenn er nicht als „Muttersöhnchen" und „Nesthocker" erscheinen soll.

Überspannung der Familienorganisation bedeutet also von einem gewissen Augenblick an Beeinträchtigung der sozial-kulturellen Persönlichkeit.

Setzt in der Tierfamilie die relativ geringe Plastizität der Anlagen der Familie als „Zeugungsgruppe" ihre natürliche Grenze, so bedeutet die unendliche Variationsbreite der menschlichen Anlagen und der Übergang in soziale Ordnungen, die von der Familie völlig verschieden sind, das natürliche Ende der menschlichen Familie, in der von diesem Augenblick an die Familienbande durch lockerere Beziehungen etwa freundschaftlicher Natur ersetzt werden.

Wenn in der Tat die Hauptfunktion der Familie des Menschen im Aufbau und der ersten Entfaltung der sozial-kulturellen Persönlichkeit liegt, so können wir auch sagen, daß die Familie im Zustand der Überorganisation ihrer wesentlichen Funktion nicht mehr Genüge zu leisten vermag. Wir werden später zu zeigen haben, daß die Folgen der Überorganisation der Familie denen der Desorganisation außerordentlich ähnlich sein können (Gefährdung der seelischen Gesundheit), wenn auch die Verursachung eine andere ist. Entsprechend der anderen Verursachung fordern diese Erscheinungen auch eine andere Therapie; die Voraussetzung zur Klärung der hier vorliegenden Probleme ist indessen eine eingehende Analyse des Begriffs der Überorganisation der Familie.

Die angedeutete „naturgemäße" Lockerung und Auflösung der Familie beim Erwachsen der Nachkommenschaft wird durchgehend vom modernen Gesetzgeber anerkannt, der besondere Regelungen für die Mündigkeit und Eingrenzung der väterlichen bzw. elterlichen Gewalt erläßt und zudem einen Abbau dieser Gewalt bereits vor Erreichung des gesetzlichen Mündigkeitsalters anerkennt. Diese uns heute als völlig selbstverständlich erscheinenden Vorstellungen können wir erst dann in ihrer ganzen Tragweite ermessen, wenn wir sie mit anderen vergleichen, die diese Kindsrechte gar nicht oder nur in beschränktem Maße anerkennen. Wir greifen nur zwei Beispiele aus neuerer Zeit heraus: den russischen Swod Sakonow (der im wesentlichen bis 1917 in Kraft war) und das Provisorische Gesetzbuch der Chinesischen Republik, in denen etwa die Heirat der Kinder von der Einwilligung der Eltern abhängig ist, selbst wenn die Nupturienten großjährig sind (siehe in diesem Bande das Kapitel „Entwicklungstendenzen der Familie im neueren Rußland"). Wenn nun auch die Altersgrenze für die Mündigkeit in den modernen Rechtssystemen schwankend ist, so kann man doch durchschnittlich sagen, daß sie heute relativ früh eintritt, wie auch die Kindsrechte immer mehr erweitert werden. Damit ist jedoch sozusagen nur der allgemeine formale Rahmen umrissen, innerhalb dessen sich das Problem bewegt. Denn viel entscheidender als diese Rechtsregelungen sind die soziologisch-materiellen Voraussetzungen, mit denen wir hier zu rechnen haben und in denen ganz bestimmte Wirklichkeiten zum Ausdruck kommen.

Wir haben in der modernen Gesellschaft damit zu rechnen, daß sich die Familie nach vollzogener „Desintegration" aus allen gesamtgesellschaftlichen Zusammenhängen auf ihre eigenste Funktion der Gestaltung der „Intimsphäre" zurückgezogen hat – unter Ausschluß aller anderen (wirtschaftlichen, politischen usw.) Funktionen. Wir bezeichnen diesen Zustand auch als eine „funktionelle Reduktion auf rein familiale Leistungen". Die Familienorganisation erreicht in diesem Zustand ihr Optimum, sowie sie sich rein und ausschließlich auf Regelung des Verhaltens innerhalb der Familie beschränkt, die sich im übrigen durch ihren Intimcharakter von der sozialen Umwelt abhebt. Damit ist auch definitiv entschieden, daß die Familie eine ganze Reihe von Leistungen nicht mehr aufzubringen vermag, die von nun an von anderen Ordnungen der Gesellschaft übernommen werden. Dieser gemeinhin als besonderer Nachteil empfundene Zustand hat jedoch die positive Kehrseite, daß die Familie in diesem Augenblick ihre eigenste, durch keine andere Institution zu leistende Aufgabe gefunden hat, nämlich die Gestaltung der Intimsphäre des Menschen in einem aus nur wenigen Personen bestehenden Kreise. Das ist die eigentliche Wirklichkeit der modernen Familie. Organisation, Desorganisation und Überorganisation der Familie können einzig im unmittelbaren Bezug auf diese Wirklichkeit richtig verstanden werden.

Es liegt im Wesen der modernen Familie als ausgesprochener Intimgruppe, daß sie den Menschen in Tiefen formt, die sämtlichen anderen sozialen Institutionen unzugänglich sind. Daraus folgt die schicksalhafte Bedeutung der Organisation der Familie für den Aufbau der sozial-kulturellen Persönlichkeit. In der Intimsphäre werden alle objektiv-sachlichen Gegebenheiten soweit wie irgend möglich zurückgedrängt beziehungsweise in Gemeinschaftsbeziehungen von ganz besonderer Intensität verflochten; der persönliche Umkreis des einzelnen wird erweitert, bis er auch die anderen mit umfaßt. Gerade aus diesem Grunde kann man aber auch sagen, daß die Intimität nur solange besteht, wie sich die personale Eigensubstanz der einzelnen frei und ungehindert entfalten kann. Und dies ist zugleich der entscheidende Grund, der die Überorganisation der Familie zu einer besonderen Gefahr für die seelische Gesundheit wie auch für die Familie selber macht, weil die personale Eigensubstanz der Beteiligten durch sie bedroht wird.

In der modernen Ehe tritt Überorganisation in diesem Sinne regelmäßig dort in Erscheinung, wo sich überlebende patriarchalische Vorstellungen entgegen der neuen Wirklichkeit der Ehe durchzusetzen suchen, die im wesentlichen aus der Verbindung zweier selbständiger Personen besteht. So tritt also zum Problem der Desorganisation der Ehe in der Scheidung noch das Problem der überorganisierten Ehe hinzu, die nicht geschieden wird, obwohl die inneren Bedingungen der Ehe nicht mehr erfüllt sind. Lassen sich ganz eindeutig negative Folgen einer durch Scheidung desorganisierten Ehe sowohl auf die Ehepartner wie auf die Kinder nachweisen, so gilt das gleiche auch für die „nichtgeschiedene Ehe"; die beständigen Störungen führen auch hier bedenkliche seelische Schädigungen der Ehepartner wie der Kinder herbei, die nur darum schwer sichtbar gemacht werden können, weil im Zustand der Überorganisation die wahre Sachlage krampfhaft verdeckt und verschleiert wird. In diesem Falle würde Scheidung keine Desorganisation, sondern den einzig möglichen Weg zur Heilung bedeuten.

Die Überorganisation tritt aber nicht nur im Eheverhältnis, sondern mit viel handgreiflicheren Folgen in der eigentlichen Familiengruppe zutage. Wir geben diesen Folgen darum ein ganz besonderes Gewicht, weil sie sich vor allem auf die Kinder erstrecken und diese damit – wie schon oft bemerkt worden ist – von vornherein selber zu untauglichen Ehepartnern machen; denn es gibt keine größere Belastung für die Ehe als die Tatsache, selber in einer schlechten Ehe aufgewachsen zu sein. Das gleiche gilt für die Familie. Um jedoch in die Mannigfaltigkeit der hier vorliegenden Probleme Einblick zu gewinnen, ist es nötig, die möglichen Grundsituationen wenigstens skizzenhaft anzudeuten.

Es gibt im wesentlichen drei Grundsituationen, in denen Überorganisation der Familie auftreten kann: 1) In der vollständigen Familie, 2) in der sogenannten „unvollständigen" Familie und 3) als Sonderfall in der total verwahrlosten Familie.

1. In der vollständigen Familie tritt Überorganisation vor allem in der Form auf, daß die väterliche Autorität im Sinne des Patriarchalismus auch dann noch in Erscheinung tritt, wenn die gesellschaftliche, wirtschaftliche und sonstige Entwicklung die Voraussetzungen zum Verschwinden gebracht hat, in denen der Patriarchalismus gründet. Wir stehen hier vor einer der typischen Verspätungserscheinungen in der sozialen Anpassung der Familie an ihre Umwelt, deren negative Folgen gar nicht überschätzt werden können (siehe dazu in diesem Bande das Kapitel „Von der Notwendigkeit einer Familiensoziologie"). Dabei sind diese Folgen in den verschiedenen Schichten und Klassen der Gesellschaft recht verschiedene. Im selbständigen Bauerntum machen sich diese Folgen am wenigsten bemerkbar, weil hier noch gewisse Voraussetzungen für den Patriarchalismus vorhanden sind, nämlich das Zusammenfallen von Familien-, Besitz-, Produktions-, Betriebs-, Erwerbs-, Konsum-, Erziehungs- und Kulturgemeinschaft. Andererseits muß aber bemerkt werden, daß diese außerordentlich straffe Organisation auch der Entwicklung der Individualität im Wege steht, so daß es unter anderem diese strenge Familienorganisation ist, welche die lebhafteren und selbständigeren Elemente vom Lande in die Stadt treibt, so daß heute die ländliche Bevölkerung mit einem immer steigenden Verlust der Eliten rechnen muß[4]. Es liegt auf der Hand, daß diese Wanderer vom Lande in die

---

[4] *Willy Hellpach*, Mensch und Volk der Großstadt, Stuttgart 1939, S. 16ff.

Stadt damit einer ganz besonderen Belastungsprobe unterworfen werden. Außerdem schafft die gleiche strenge Familienorganisation oft Spannungen zwischen älterer und jüngerer Generation, die sich geradezu katastrophal äußern können (Romeo und Julia auf dem Dorfe). Mögen dies in gewisser Hinsicht vereinzelte Randerscheinungen sein, so sind beim städtischen Arbeiter die Auswirkungen dieses überlebenden Patriarchalismus verhängnisvoll. Die Arbeits- und Erwerbsbedingungen der modernen Wirtschaft haben dem Patriarchalismus restlos alle Unterlagen geraubt; versucht er, sich trotzdem durchzusetzen, so muß er zu Surrogaten der Autorität greifen, die das typische Bild einer überorganisierten Familie schaffen. Die Folgen sind eine Abkehr vom Vater und Zuwendung zur Mutter, was für Knaben und Mädchen gleichmäßig zutrifft[5]. Diese Abkehr kann sich verschärfen und zu eigentlichen Haßgefühlen gesteigert werden. Andererseits treten hier oft ausgesprochene Fluchtreaktionen auf, die dazu führen, daß die Jugendlichen schnellstens aus dem Familienkreis austreten, sowie sie die ersten Ansätze zur wirtschaftlichen Selbständigkeit erreicht haben. Bedenklicher ist aber diese Abkehr von der Familie beim jüngeren Arbeiterkind, da es auf diese Weise bei mangelnder Beaufsichtigung – insbesondere in den Armutsquartieren der Großstädte – bestimmten Gruppen oder besser Rotten („Gangs") von Kindern und Jugendlichen in die Arme getrieben wird, in denen es auf dem Umweg über die Gefährdung sehr leicht in eine ausgesprochene Verwahrlosungslage gerät. Die letzte Ursache ist auch hier Überorganisation der Familie durch eine (surrogatmäßige) überspannte väterliche Autorität.

Wieder anders liegt die angedeutete Problematik in den mittleren und oberen Klassen. Während in den Unterklassen Familienauseinandersetzungen relativ offen erörtert werden, so daß sie meist auch der Nachbarschaft durch ihre tumultuösen Begleiterscheinungen auffällig werden, pflegt in den oberen Klassen alles nach außen abgedeckt zu werden; die Überorganisation der Familie äußert sich hier vor allem im Aufbau einer „Verheimlichungssphäre"[6], deren der seelischen Gesundheit abträgliche Folgen bekannt genug sind, so daß es genügt, darauf hingewiesen zu haben. Dabei ist mit alledem nur die allgemeine Situation der überorganisierten vollständigen Familie beschrieben; die besonderen Folgen, z. B. im Parteinehmen der Kinder für den einen oder anderen Elternteil mit den daraus resultierenden übermäßigen Bindungen, die eine Fixierung an einen Elternteil oder gar einen Regreß auf eine frühere Lebensstufe implizieren, sind dabei noch gar nicht berücksichtigt. Ebensowenig die Folgen mangelnder Liebesbezeugung gegenüber den Kindern und Jugendlichen, die gerade in überorganisierten, aber inner-

---

[5] *Richard Gothe*, Der Arbeiter, Berlin 1934.

[6] Wir übernehmen hier, indem wir ihn zugleich erweitern, einen Begriff von *Hildegard Kipp*, Die Unehelichkeit, Leipzig 1933.

lich gestörten Familien aufzutreten pflegen. Damit befinden wir uns aber bereits mitten auf dem Arbeitsgebiet der Psychoanalyse.

Allgemein gesprochen gehört in den vorliegenden Zusammenhang die Problematik der sogenannten „erschütterten Ehe", bei der die beteiligten Personen zwar äußerlich beisammen bleiben, aber innerlich ihre Teilnahme von der Familiengruppe abgewendet haben. Auch hier kann man von Überorganisation sprechen, da bei innerer Gleichgültigkeit ein äußeres Zusammensein erzwungen wird, dessen Folgen für alle Beteiligten verhängnisvoll sind.

2. Auch bei der „unvollständigen Familie" haben wir mit der Möglichkeit von Überorganisation zu rechnen. Zunächst muß darauf hingewiesen werden, daß die modernen Gesellschaften einen ganz außerordentlich hohen Prozentsatz an unvollständigen Familien aufweisen. Da sich die moderne Gattenfamilie aus allen weiterreichenden verwandtschaftlichen Zusammenhängen herausgelöst hat, muß in der Tat ein Ausfall im Personalbestand, vor allem auf seiten der Eltern, eine große Erschütterung mit sich bringen, so daß das massenhafte Auftreten solcher unvollständigen Familien in der Tat ein besonderes Problem für die Psychohygiene aufwirft, das unsere Aufmerksamkeit beanspruchen darf.

Wir können auch hinzufügen, daß sich die Desorganisation der unvollständigen Familie gradmäßig verschieden auswirkt, je nachdem wir es mit natürlichen Ausfallerscheinungen (Ableben der Elterngeneration) oder mit mehr oder weniger gewaltsamen Ausfallerscheinungen (Scheidung) zu tun haben; einen Sonderfall stellt die Unehelichkeit dar.

Darüber hinaus ist aber noch viel zu wenig bemerkt worden, daß eine unvollständige Familie nicht immer und notwendig desorganisiert zu sein braucht. Zunächst kann sie sich nach einer Periode unruhiger Anpassungsversuche an die neue Situation reorganisieren, was bei einer ursprünglich wohlorganisierten Familie relativ leicht gelingt; es kann aber auch in diesem Falle Überorganisation eintreten, indem sich die überlebende Restfamilie übermäßig fest zusammenschließt. Das kann zum Aufbau einer sehr widerstandsfähigen Familie führen, die in jeder Hinsicht das Bild einer geschlossenen Gruppe aufweist; die Restfamilie kann sich aber auch überorganisieren mit allen entsprechenden Gefährdungen der seelischen Gesundheit. Sie führt dann unter Umständen zu einem Zustand, den man als „Familienanarchismus" bezeichnen kann. Von hier aus werden nicht nur Beziehungen zum abweichenden Verhalten und zur Kriminalität, sondern auch zu schweren psychischen Störungen sichtbar.

Wir stellen hier den Fall der unehelichen Mutterschaft voraus, weil er relativ gut untersucht worden ist. Neben eindeutigen Desorganisationsmerkmalen (Gleichgültigkeit der Mutter gegenüber ihrem Kind, Verwahrlosung der Mutter oder Versorgung des Kindes in einer lieblosen Fremdfamilie) treten gerade in den besseren Fällen unter dem Druck der Umwelt übermäßige Verzärtelung des Kindes durch die Mutter, entsprechend übermäßig starke Bindung der unehelichen Mutter an ihr Kind in Erscheinung, wobei die Lage häufig (in den guten Fällen regelmäßig) dadurch kompliziert wird, daß es sich um einzige Kinder handelt. Wenn dann später das Kind (meist durch eine herzlose Umwelt) über den wahren Tatbestand aufgeklärt wird, wandelt sich die vorher übermäßige Mutterbindung nur zu oft in eine ausgesprochene Aggressivität.

Ähnlich liegt es bei den anderen Typen der unvollständigen Familie, der Scheidungs- und der Witwerfamilie. Beide stellen zunächst desorganisierte Familien dar. Genau wie bei der unehelichen Familie kann aber auch in diesen Fällen Überorganisation auftreten, die verhängnisvolle Folgen für die seelische Gesundheit zeitigt. Wir nehmen die Witwerschaft voraus. Statistisch der häufigste Fall ist die Vaterverwaisung (bedingt durch das höhere Heiratsalter und die frühere Sterblichkeit der Männer). Neben der wirtschaftlichen Belastung der vaterlosen Familie, die an und für sich eine schwere Erschütterung bedeutet, finden wir auch in diesem Falle die Möglichkeit einer starken Mutterbindung, die sich vor allem bei Knaben (noch dazu, wenn sie einzige Kinder sind) verhängnisvoll auswirkt. Das gleiche gilt aber auch, wenn mehrere Kinder vorhanden sind; mit besonderer Radikalität, wenn etwa ältere Schwestern noch da sind, die den jüngeren Bruder verwöhnen. Wenn wir nun bedenken, daß Witwen mit Kindern eine viel geringere Tendenz zur Wiederverheiratung aufweisen als Witwer mit Kindern, können wir ermessen, daß die Chancen zu solcher Mutterbindung relativ hoch sind, so daß wir es hier in gewissem Ausmaß mit einer wirklichen sozialen Massenerscheinung zu tun haben. Im Fall der Wiederverheiratung der Witwe kann umgekehrt eine übermäßige Bindung an das Erinnerungsbild des verstorbenen Vaters mit entsprechenden Anpassungsschwierigkeiten an den Stiefvater auftreten, während in einer normal organisierten Familie bis zu einem gewissen Grade Auswechselbarkeit der Familienmitglieder festzustellen ist, wie auch Familienfremde (entfernte Verwandte, langjährige Dienstboten u. ä.) ohne weiteres in die Familiengruppe aufgenommen werden. Da Wiederverheiratung von Witwen mit Kindern relativ selten ist, tritt dieser Fall auch nur selten in Erscheinung. Wohl aber ist der umgekehrte Fall einer übermäßigen Bindung an das Erinnerungsbild der Mutter bei der Stiefmutterfamilie relativ häufig, weil – wie erwähnt – bei Witwern mit Kindern eine hohe Tendenz zur Wiederverheiratung besteht. Dagegen pflegt eine übermäßige Bindung der Kinder an den Vater in der mutterlosen Familie recht selten aufzutreten; hier überwiegt die reine Desorganisation, wie auch allgemein der Witwer eine viel geringere Fähigkeit zum Aufbau einer Normalfamilie zeigt als die verwitwete Mutter.

Bei der Scheidungsfamilie liegen die Verhältnisse komplizierter. Das fast mit Naturnotwendigkeit auftretende Parteinehmen der Kinder für den einen oder anderen Teil schafft hier eine besondere Form der Überorganisation, die noch dadurch belastet wird, daß die Kinder im Scheidungsverfahren meist nur einem Teil zugesprochen werden. Fällt dieser Teil mit demjenigen zusammen, für den vorher Partei ergriffen wurde, so kommt es wiederum zu ausgesprochenen Fixierungen – meist an die Mutter, weil in der Majorität der Fälle die Kinder der Mutter zugesprochen werden. Das ist noch der einfachste Fall. Falls mehrere Kinder vorhanden sind, die in den der Scheidung vorausgehenden Auseinandersetzungen verschiedene Parteien vertraten, dann tritt – falls die Kinder alle der Mutter zugesprochen wurden – einerseits eine übermäßige Mutterbindung ein, die durch das abschreckende Beispiel der für den Vater Partei nehmenden anderen Geschwister noch verschärft wird, während die anderen bei einer durch die räumliche Trennung verstärkten Vaterbindung eine starke Aggressivität gegen die Mutter entwickeln können, entsprechend auch gegen die Geschwister. Die Ursache ist auch hier eine in der unvollständigen Familie (nach starker desorganisatorischer Erschütterung) künstlich aufgebaute Überorganisation. Diese kann auch von außen bewirkt und gesteigert werden; wir erwähnen nur den häufigen Fall einer Einflußnahme des Vaters nach der Scheidung auf die der Mutter zugesprochenen Kinder.

Wir stehen damit vor einem auch für die Rechtsprechung äußerst delikaten Problem. Der Sinn der Ehescheidung liegt zweifellos in einer allgemeinen Auflösung der Familiengemeinschaft, die sowohl im Interesse der Ehepartner wie der Kinder auf Grund eines rechtlich geregelten Verfahrens vorgenommen wird. Die eigentliche Familienorganisation sollte also nach der Scheidung aufgehoben sein. Anderseits erhebt sich aber die Frage, ob nicht der Ehegatte, dem die Kinder entzogen sind, jenseits der elterlichen Gewalt, ein rein menschliches Recht auf „angemessenen persönlichen Verkehr mit ihnen" behält, und zwar auf Grund „der inneren Verbundenheit der Eltern und Kinder"[7]. Dies Dilemma ist nun – wie die Erfahrung zeigt – ganz ungemein schwer zu lösen. Aus diesem Grund haftet auch dem „Besuchsrecht" etwas höchst Fragwürdiges an, da damit unwillkürlich der Schein einer weiter bestehenden Familienorganisation im Zustand der Lösung hervorgerufen wird, der noch durch Versuche einer Beeinflussung der Kinder verschärft wird. Wie sind außerdem die Grenzen zu ziehen zwischen Ausüben der elterlichen Gewalt und dem rein menschlichen Recht am Kinde? Jedenfalls erfordert eine solche Situation ein ganz außerordentliches Maß an Takt und Feinfühligkeit, auf das keineswegs allgemein gerechnet werden kann, vor allem während der Zeit unmittelbar nach der Scheidung, in der noch die Bitterkeit der vorausgegangenen Auseinandersetzungen nachklingt. Von hier aus gesehen, ergibt sich zweifellos die Notwendigkeit, die ganze Frage des Besuchsrechts neu zu beleuchten und jenseits aller schablonenmäßigen Entscheidung dem richterlichen Ermessen die größtmögliche Freiheit einzuräumen.

---

[7] Vgl. *August Egger*, Das Familienrecht, 2. Aufl. Zürich 1936, Bd. I, S. 196.

3. Während sich in den bisher angeführten Fällen die Überorganisation der Familie durchschnittlich nur in einer allgemeinen Erschütterung der seelischen Gesundheit äußert, die einen fruchtbaren Grund für allerlei Neurosen mit nachfolgender sozialer Gefährdung schafft, liegt dies bei der dritten oben angeführten Möglichkeit einer überorganisierten, total verwahrlosten Familie wesentlich anders. Hier führt die Gefährdung, falls keine therapeutischen Eingriffe von außen erfolgen, meist unmittelbar zu Verwahrlosung und Kriminalität. Auch hier haben wir mit einer ganzen Skala verschiedener Gefährdungsgrade zu rechnen, die mit der zerrütteten Familie beginnen und bei der total verwahrlosten Familie enden. Wenn wir bedenken, in welchem Maße das Leben in der Familiengruppe zum Aufbau der sozial-kulturellen Persönlichkeit beiträgt, dann kann es nicht wunder nehmen, daß sich bei gefährlicher Zerrüttung oder Verwahrlosung der Familie diese Wirkung in unheilvollster Pervertierung zeigen muß, vorausgesetzt, daß die Familie in diesem Zustand noch zusammenhält (was im Falle des schon genannten Familienanarchismus die Regel ist). Die verwahrloste Familie wird im strengen Sinne zu einem negativen Erziehungsfeld, dem sich die Kinder von sich aus kaum zu entziehen vermögen. Gerade in diesem Fall muß jedoch sorgsam zwischen Desorganisation und Überorganisation unterschieden werden. Die totale Desorganisation der Familie wirkt sich in der Weise aus, daß auch der letzte Rest an Familienbindung und Familienerziehung fortfällt; die Folge ist eine große Unsicherheit in den urtümlichsten Formen der sozialen Anpassung, die in der Familie „eingeübt" werden, Labilität des Charakters usw. Die Überorganisation in einer verwahrlosten Familie wirkt sich in der Weise aus, daß eine pervertierte Familienerziehung eintritt, wie oben angedeutet; die Folge ist nicht ein bloß asoziales, sondern ein antisoziales Verhalten, indem Kinder und Jugendliche zu negativen sozialen Akten (Diebstahl, Prostitution) geradezu „abgerichtet" werden. Ist im ersten Falle die Sozialisierung der Kinder defizient, so tritt im zweiten Falle eine Verkehrung des sozialen Verhaltens ein. Denn es ist von entscheidender Bedeutung, daß die antisoziale Persönlichkeit nicht etwa die sozialen Ordnungen überspringt, sondern eine eigene, unter Umständen ganz besonders feste, ja despotische Sozialordnung ausbildet, die sich gegen die Umwelt wendet. Während sich im ersten Falle die Gefährdung der seelischen Gesundheit vorzugsweise in neurotischen Formen äußert, begegnen wir hier oft den eigentlichen Psychosen und Psychopathien. Die Überorganisation in der verwahrlosten Familie drückt sich also in der Weise aus, daß ein geregeltes Verhalten zwar durchaus vorhanden ist, jedoch an „verkehrten" Leitideen ausgerichtet wird, wie auch der Dieb die Geltung des Strafgesetzes wenigstens indirekt anerkennt, indem er sein Tun vor der Öffentlichkeit verbirgt.

Die Entstehung solcher verwahrlosten Familien, die sich als negatives Erziehungsfeld auswirken, ist natürlich auch abhängig von „endogenen", meist psychopathischen Bedingungen; darüber hinaus dürfen aber die „exogenen", d. h. spezifisch sozialen, wirtschaftlichen (Armut) und milieumäßigen Bedingungen (schlechte Nachbarschaft) nicht unterschätzt werden. Wir lassen dabei ausdrücklich die Frage außer acht, ob der Faktor Vererbung über die erworbenen Eigenschaften überwiegt, und schließen uns darin an *Heinrich Meng* an: „Die Frage ist noch unbeantwortet, ob schlechte Aufwachsbedingungen ein gesund veranlagtes Kind in der Art beeinflussen können, daß es sich so verhält, wie ein Kind mit angeborener Psychopathie, oder ob immer eine seelische Minderanlage auf Grund einer Organminder-wertigkeit das Kind gegen die schädigenden Umwelteinflüsse überempfind-lich macht"[8]. Jedenfalls wird die eigentliche Überorganisation weitgehend von der Umwelt ausgelöst, indem sich z. B. eine solche Familie angesichts eines Zusammenstoßes mit der Polizei oder bloßer polizeilicher Drohung und vormundschaftlicher Einflußnahme engstens zusammenschließt. Daneben sind es auch hier Reste von väterlicher Autorität, gelegent-lich bis zum Despotischen übersteigert, die eine ungeheuer straffe innere Organisation solcher Familien bedingen; die Identifizierung mit dem ver-wahrlosten Vater muß mit Notwendigkeit den Aufbau eines Über-Ichs, das als Gewissen funktionieren würde, verhindern oder wiederum pervertieren. Die eigentliche Therapie versucht zu Recht, die Familienbande zu lockern, indem sie die Kinder frühzeitig aus der Einflußsphäre eines solchen Milieus entfernt; dabei wurden oft gute Erfolge erzielt, was natürlich der radikalen Vererbungshypothese widerspricht. Anderseits aber zeigt sich, daß die in Fremdfamilien oder Anstalten versorgten Kinder solcher verwahrlosten Familien sehr oft nach kurzer Zeit wieder ausreißen und zu ihrem früheren Leben zurückkehren. Aber man darf eben die formende Gewalt einer pervertierten Familie nicht unterschätzen; wenn das negative soziale Training erst eine bestimmte Ausbildungsstufe erreicht hat, ist es kaum mehr möglich, diese Individuen in eine normale soziale Ordnung zurückzuführen[9]. Hierher gehört das vielzitierte Beispiel der „Familie Zero", von der *J. Jörges* zeigen konnte, daß die antisozialen Eigenschaften dieser Familie letztlich in den Ver-wirrungen des Dreißigjährigen Krieges wurzeln und sich seither mit unglaub-licher Zähigkeit bewahrt haben[10]. Daraus entspringt zugleich die Mahnung, der ungeheuren, heute noch völlig unüberblickbaren Anzahl verwahrloster Familien im Nachkriegseuropa eine ganz besondere Aufmerksamkeit zuzu-wenden und für rechtzeitige Hilfe zu sorgen.

Wenn in der vorliegenden Abhandlung der Begriff der Überorganisation der Familie untersucht wurde, so muß natürlich am Ende eingeräumt werden,

---

[8] *Heinrich Meng*, Präventiv-Hygiene des Verbrechens, in: *H. Meng,* Hrsg., Die Prophylaxe des Verbrechens, Basel 1948, S. 410. Umgekehrt sehr einseitig *F. Dubitscher*, Asoziale Sippen, Leipzig 1942, obwohl auch er die große Bedeutung des sozialen Faktors nicht leugnen kann (S. 218).

[9] *Mabel A. Elliott* und *Francis E. Merrill*, Social Disorganisation, 3. Aufl. New York 1951, S. 310ff.

[10] *J. Jörges*, Psychiatrische Familiengeschichten, Berlin 1919, S. 107.

daß es sich dabei um die durchaus künstliche, d. h. analytische Isolierung eines besonderen Tatbestandes handelt, der seine negativen Einwirkungen auf die seelische Gesundheit so gut wie niemals allein, sondern immer in Kombination mit anderen Umständen ausübt. Bei bloßer Überorganisation der Familie mögen vielleicht gewisse Unregelmäßigkeiten des Charakters auftreten; von da bis zu einer ausgesprochenen Gefährdung der seelischen Gesundheit ist aber noch ein weiter Weg. Damit er durchmessen werde, müssen noch eine Reihe anderer Faktoren auftreten. Es entspricht der Durchschnittsmeinung der heutigen Lehre, daß wir es bei der Gefährdung der seelischen Gesundheit immer mit einer Mannigfaltigkeit von Verursachungskomplexen zu tun haben.

Jenseits dessen war es unsere Absicht, einen Tatbestand aufzuweisen, der gemeinhin übersehen zu werden pflegt. Wenn man einschlägige Probleme bespricht, so treten diese meist als Einzelerscheinungen auf, ohne daß sichtbar gemacht würde, daß wir es bei der Überorganisation der Familie mit einem ziemlich breit gelagerten Tatbestand zu tun haben. Wir weisen zum Beleg nochmals auf die Tatsache des überlebenden Patriarchalismus hin, der vor allem für die Überorganisation der Familie verantwortlich ist und zugleich große Schichten der Gesellschaft beherrscht. Außerdem gewinnen wir mit diesem Begriff die Möglichkeit, in die Schädigungen der äußerlich scheinbar fest zusammenhängenden Familie hineinzuleuchten, unter anderem z. B. in die sogenannte „erschütterte Ehe", wie es oben geschehen ist. Bisher galt die ganze Aufmerksamkeit der Familiensoziologie, vorwiegend der desorganisierten Familie, und die Pathologie untersuchte vor allem die auffälligen Erscheinungen der eigentlichen Familiendesorganisation. Bald aber stellte sich heraus, daß die Beziehung zwischen irgendwie negativen sozialem Verhalten und der Familiendesorganisation keineswegs so eindeutig war, wie man zeitweise angenommen hatte. Ein überraschend hoher Prozentsatz jugendlicher Krimineller stammte z. B. aus äußerlich durchaus intakten Familien. Bei Befragen und näherer Untersuchung stellte sich jedoch heraus, daß diese Familien in sich einen sehr hohen Prozentsatz anderer Störungen aufwiesen, die nichts mit Desorganisation zu tun hatten. Der hier besprochene Begriff der Überorganisation der Familie beabsichtigt, wenigstens einen Grundzug dieser zwar intakten, aber dennoch innerlich gestörten Familien aufzuweisen; zugleich versuchten wir, umrißhaft eine Kasuistik seiner verschiedenen Äußerungsformen zu geben.

Als Nebenergebnis möchten wir zum Abschluß noch einen anderen Gesichtspunkt hervorheben, der dem kundigen Leser wahrscheinlich schon lange aufgefallen ist. Bei der Analyse unseres Begriffs konnten wir vielfach darauf hinweisen, wie sich bestimmte soziale Umstände in der Weise auswirken können, daß jene Tatbestände in gewissen (unter Umständen statistisch meßbaren) Mengen oder gar als soziale Massenerscheinungen auftreten, deren eigentlicher Untersuchung sich die verschiedenen Formen der Psychoanalyse widmen. Und dieser Gesichtspunkt scheint uns in der Tat von außerordentlichster Bedeutung zu sein. Denn es ist ein leidiges Faktum, daß die Familiensoziologie und die Psychoanalyse noch immer weitgehend kontaktlos nebeneinander her arbeiten, obwohl sie doch in manchen Hinsichten den gleichen Gegenstand bearbeiten, wenn auch unter verschiedenen Gesichtspunkten. Die Psychoanalyse, indem sie bestimmten Schwierigkeiten der individuellen Person nachgeht, die Soziologie, indem sie die Auswirkungen bestimmter sozialer Umstände in der Individualsphäre sichtbar macht. Die Soziologie würde gleichsam den sozialen Rahmen für bestimmte Erscheinungen umreißen, dessen Ausfüllung sowohl der Sozialpsychologie wie der Psychoanalyse obliegt. Die gegenseitige Stellung der beiden Disziplinen scheint uns die von Tunnelarbeitern zu sein, die den gleichen Berg von verschiedenen Seiten her anbohren, um sich dann nach erfolgtem Durchbruch in der Mitte die Hände zu reichen.

Sozialer Wandel in der westlichen Familie (1956/1974)

Die Probleme dieser Sektion[1] gehen aus von der Annahme, daß es einen Familientyp gibt, der mehr oder weniger allen westlichen Zivilisationen im Gegensatz zu den asiatischen[2], mittelöstlichen, weiß- und schwarz-afrikanischen Gesellschaften gemeinsam ist. Selbstverständlich schließt das nicht aus, daß die spezifischen Probleme, denen die Familie in den einzelnen Ländern begegnet, sehr verschiedenartig sein können. Aber das strukturell-funktionale Modell des modernen Familientyps scheint doch im ganzen Bereich der sogenannten „westlichen Industriezivilisationen", zu denen natürlich auch die sozialistischen Gesellschaften gehören, relativ einheitlich zu sein. Wir werden uns in dieser „Einleitung" die Frage zu stellen haben, ob das wirklich der Fall ist, und falls ja, wie weit man dieser allgemeinen Annahme Glauben schenken darf. Bevor wir jedoch diese entscheidende Frage direkt angehen, müssen wir einige mit ihr verbundene Umstände aufgreifen, die auf den ersten Blick von geringerer Bedeutung zu sein scheinen und gerade darum oft übersehen werden, die aber doch recht aufschlußreich sind für einige differenzielle Züge in den westlichen Zivilisationen, die man gemeinhin als eher homogen anzusehen gewohnt ist.

Wenn wir das Material überblicken, das als Ergebnis einer recht umfangreichen Korrespondenz mit Kollegen aus verschiedenen Ländern der westlichen Industriezivilisationen gesammelt worden ist, kann uns die recht ungleichmäßige geographische Verteilung unserer Berichte nicht verborgen

---

[1] Diese Abhandlung diente beim 3. Weltkongreß für Soziologie in Amsterdam 1956 als Einleitung in die Sektion über sozialen Wandel in der modernen Familie.

[2] Seit die vorliegende Abhandlung geschrieben wurde, wurde, von der *International Sociological Association* angeregt, eine solche vergleichende Untersuchung durchgeführt. Siehe dazu *Reuben Hill* und *René König*, Familie in East and West, Kinship Ties and Socialization Process, Paris-Den Haag 1970.

© Springer Fachmedien Wiesbaden GmbH, ein Teil von Springer Nature 2021   177
R. König, *Familiensoziologie,* René König Schriften. Ausgabe letzter Hand,
https://doi.org/10.1007/978-3-658-28247-9_6

bleiben. Natürlich sind wir uns dessen bewußt, daß das Sammeln von Material für eine Kongreß-Sektion normalerweise bestehenden persönlichen Kontakten folgt und damit ehcr für die Präferenzen des Vorsitzenden als für die Wirklichkeit repräsentativ ist. Andererseits scheint aber auch die Regel zu gelten, daß zwar viele Berichte schreiben möchten, aber nur wenige ihr Versprechen einzulösen vermögen, da in unseren Tagen die Soziologen mindestens so beschäftigt zu sein scheinen wie Industriemanager. Darum müssen auch die folgenden Abhandlungen als eine recht zufällige und willkürliche Auswahl aus der modernen Forschung auf dem Gebiet der Familiensoziologie angesehen werden. Es wäre nur zu leicht, sehr wesentliche Lücken aufzuweisen. Daher müssen wir, wenn wir allgemeinere Schlüsse aus dem vorliegenden Material ziehen wollen, uns mindestens zu gleichen Teilen auf eine allgemeine Konzeption der Familienentwicklung in den hochindustrialisierten westlichen Gesellschaften als auf unsere Forschungsberichte verlassen. Andererseits hoffen wir aber auch, daß diese Bemerkungen vielleicht einige Kommentare und weitere Informationen provozieren werden, so daß die Schlußdiskussion auf einer allgemeineren Grundlage, als sie diese Vorbemerkungen bieten können, geführt werden kann.

Während es sehr leicht fällt, interessante Forschungsmaterialien aus manchen europäischen Ländern und Nordamerika zu erhalten, fällt es recht schwer, uns entsprechende Informationen aus anderen Ländern zu beschaffen. Wir könnten uns geradezu eine Skala vorstellen, bei der Länder mit einem hohen Index des allgemeinen Industrialisierungsstandes auch reiche Forschungsmaterialien auf dem Gebiet der Familiensoziologie produzieren, während andere Länder, die eben erst die ersten Schritte der Industrialisierung machen, auf dem Gebiet der Familienforschung weniger interessant zu sein scheinen. Dieser Umstand ist an sich bedeutsam, weil er auf die allgemeinen Bedingungen hinweist, unter denen die Familiensoziologie entstanden ist, nämlich die desorganisierenden Wirkungen der Industrialisierung auf das Familienleben. Darum könnte man vielleicht sagen, daß die Tatsache der geringeren Produktion in manchen Ländern auf diesem Gebiet als Zeichen eines eher integrierten Familienlebens angesehen werden darf. Wo sich die Familie im traditionellen Rahmen der alten Volksgesellschaft entfaltet, scheint man keine Familiensoziologie zu benötigen. Man kann das auch so ausdrücken: wo keine wirklichen Wandlungen eintreten, oder nur wenige, ist das Problem des sozialen Wandels obsolet und verliert seinen Sinn. In einem solchen Fall können wir bestenfalls ein folkloristisches Interesse an der Beschreibung einzelner Züge des Familienlebens in einem gegebenen kulturellen Gebiet erwarten, aber keine soziologische Analyse unter dem Gesichtspunkt des sozialen Wandels.

Gerade hier erscheint aber eine Warnung nützlich. Die Existenz eines relativ integrierten Familienlebens bedeutet nämlich keineswegs, daß keine anderen Änderungen vor sich gegangen seien, z. B. im wirtschaftlichen Bereich. Man könnte sogar sagen, daß solche Änderungen bereits vor einiger

Zeit vor sich gegangen sein mögen, ohne sich im Bereich des Familienlebens bemerkbar gemacht zu haben. Aus diesem Grunde kann der Mangel an Familiensoziologie nur als ein *Mangel an Bewußtsein* der im sozialen System als Ganzem vor sich gegangenen Wandlungen und keineswegs als Mangel an sozialem Wandel als solchem angesehen werden. Es mag sein, daß diese vermeintlich wohlintegrierten Familientypen schon innere Spannungen aufweisen, die allerdings nur dem Soziologen und nicht so sehr den beteiligten Personen bekannt sind.

Unter diesem Gesichtspunkt ist das Kapitel von *E. W. Hofstee* und *G. A. Kooy* (Wageningen) von besonderem Interesse[3], weil es die verborgenen Spannungen des traditionellen Familientyps in bestimmten Gebieten der Niederlande in der Nähe der deutschen Grenze hervorhebt. Obwohl dies Gebiet mit seinen großen Verwandtschaftsgruppen noch immer die Züge des traditionellen Familienlebens aufweist, schafft die Tatsache, daß andere Teile des Landes sich im Sinne der modernen städtischen Industriezivilisation gewandelt haben, ein wachsendes Gefühl der Unruhe und der Unfreiheit bei den jüngeren Generationen. Es springt ins Auge, daß diese Situation für die Niederlande gewichtige Probleme im Gefolge haben muß, da „die Macht der alten Normen groß ist". Diese Macht ist sogar so groß, daß es im Holländischen zwei verschiedene Worte gibt, um diese beiden Familientypen zu bezeichnen, wobei das Wort Familie benutzt wird für „größere Familie" als Verwandtengruppe, während das Wort *„gezind"* benutzt wird, wenn man nur die Nuklearfamilie meint, d. h. den für die westlichen Industriezivilisationen bezeichnenden Familientyp. So weit ich sehen kann, kommt diese sprachliche Differenzierung heute nur noch im Holländischen vor, während sie aus den anderen europäischen Sprachen schon lange verschwunden ist (am längsten hielt sie sich noch in manchen speziell südslawischen Sprachen). Normalerweise wird stillschweigend unterstellt, daß das Wort für Familie einzig die Nuklearfamilie bezielt. Im Schweizerischen Zivilgesetzbuch von 1907 ist das alte Wort „Gemeinderschaft" (im franz. Text „raffrarage") wieder eingeführt worden zur Bezeichnung einer besonderen Art der größeren oder erweiterten Familie, nämlich der „Großfamilie" (joint family), bei der zwei oder mehr Brüder mit ihren Frauen und Kindern auf gemeinsam besessenem Grund und Boden gemeinsam wirtschaften und eventuell in Hausgemeinschaft oder Hauskommunion zusammen leben. Aber diese älteren Worte sind weder im Deutschen noch im Französischen jemals wieder populär geworden. Der Sache selber, die alte Großfamilie im Dienste der Agrarpolitik neu zu beleben, stellt sich die Nuklearfamilie in den Weg, wie es in dem Sprichwort zum Ausdruck kommt: „Doppeltes Haus ist der halbe Teufel".

---

[3] *E. W. Hofstee* und *G. A. Kooy*, Traditional Household and Neighboorhood Groups: Survivals of the Genealogical-territorial Societal Patterns in Eastern Parts of the Netherlands, in: Transactions of the Third World Congress of Sociology, vol. IV, London 1956, S. 75–79.

Man kann realistischerweise annehmen, daß die Familie als große Verwandtschaftsgruppe (manchmal sogar auf territorialer Basis) immer noch weitgehend typisch ist für manche südeuropäischen Länder (oder wenigstens Teile von ihnen) wie Spanien und dem italienischen „Mezzogiorno", wo sich auch das alte landwirtschaftliche System bis in die Gegenwart gehalten hat. Das gleiche gilt für den Südosten, insbesondere Griechenland und Jugoslawien. Speziell die vieldiskutierte jugoslawische Zadruga, die auch in Bulgarien eine wichtige Rolle spielte, zeigte die klassischen Züge einer erweiterten Familie als Gruppe von Verwandten, die auf gemeinwirtschaftlicher Basis miteinander arbeiteten (zumeist in der Landwirtschaft, daneben auch im Handel, Transport und Handwerk). Aber es ist auch ganz klar, daß dieser Familientyp unter dem Einfluß der Wandlungen in der Landwirtschaft und der Industrialisierung im Laufe der letzten hundert Jahre mehr und mehr verschwunden ist (obwohl er in Resten noch bis heute weiterlebt). *Rudolf Bičanić* (Zagreb) hat in einer sehr interessanten Untersuchung darauf hingewiesen, wie dieser Familientyp auf Grund von Wandlungen in der Landwirtschaft verschwand, lange bevor die Industrialisierung begann[4]. Die alte Pflügetechnik mit zwei, drei Ochsenpaaren, die von 4 bis 5 Männern dirigiert wurden, benötigte eine größere Familie für die Bereitstellung der erforderlichen Arbeitskraft nebst dem Unterhalt für die Familienmitglieder und die Tiere. Seit der zweiten Hälfte des 19. Jahrhunderts wurde das Pferd als Zugkraft in den entwickelten Teilen des Landes immer verbreiteter. „Man benötigte jetzt nur noch zwei Pferde und einen Mann mit Eisenpflug, so daß eine kleine Familie für die Aufgabe durchaus hinreichend war." *Bičanić* zeigt auch, daß die Ergebnisse dieses Wandels bis heute verfolgt werden können, insofern die Durchschnittsgröße der Familie mit dem Gebrauch von Kühen und Ochsen wächst, und er schließt: „Es gibt keinen Zweifel, daß die Einführung des Traktors eine große Wirkung auf die Optimalgröße der Familie haben wird." Wir müssen jedoch bedenken, daß die ersten Schritte zur Auflösung des traditionellen erweiterten Familientyps getan wurden in der Zeit des Wandels vom alten Pflugsystem mit Ochsen zum neueren mit Pferden. Darum kann man sagen, daß „die alte slawische Zadruga nicht durch moralischen Niedergang, auch nicht durch den Streit der Frauen, sondern durch die Einführung des Pferdes zerstört worden ist". Der wichtigste Punkt hierbei ist aber, daß das offensichtlich in einem vorindustrialistischen Wirtschaftssystem erfolgte, womit die üblicherweise als selbstverständlich angesehene Beziehung zwischen Industrialisierung und Dominanz der Kernfamilie eine beträchtliche Einschränkung erfährt.

Selbst wenn das alles sehr klar ist und durch die Tatsachen erhärtet wird, möchten wir noch besonders betonen, daß man hierzu sorgsam unterscheiden muß zwischen der strukturellen Bedeutung des Wortes

---

[4] *Rudolf Bičanić*, Occupational Heterogeneity of Peasant Families in the Period of Accelerated Industrialization, in: Transactions, S. 80–96.

„Familiengröße" und einer bloß quantitativen Bedeutung. Im *strukturellen* Sinne bedeutet Familiengröße eine Gruppe von Verwandten verschiedenen Umfangs, von denen einige Glieder auch Kinder sind, aber eine Vergrößerung im strukturellen Sinne impliziert nicht immer eine größere Zahl von Kindern in der durchschnittlichen Nuklearfamilie. Andererseits hat eine numerische Zunahme auf Grund erhöhter Geburten in der Nuklearfamilie keinerlei notwendige Beziehung zur Existenz einer erweiterten Familie oder Verwandtengruppe. Natürlich beziehen sich zumeist die verfügbaren statistischen Daten auf die Durchschnittsgröße im rein numerischen Sinne ohne Beziehung auf den strukturellen Familientyp. Darum würden wir vorziehen, diese Probleme unter dem Titel *„Haushaltsgröße"* zu fassen, um die strukturellen Veränderungen zu zeigen. *Bičanić* hat das in einer anderen Tabelle getan, in der die enorme Zunahme von unverheirateten Personen (von 62 auf 341 und 380 zwischen 1931, 1948 und 1953) in nichtlandwirtschaftlichen Haushaltungen im Gegensatz zur Zunahme von 78 zu 110 und 102 im gleichen Zeitraum bei landwirtschaftlichen Haushaltungen besonders unterstrichen wird[5]. Mit der Veränderung der zusammen wirtschaftenden Arbeitsgruppe hat sich in der Tat die Familienstruktur gewandelt.

Knut Pipping (Abo) ist sich völlig bewußt der Differenz zwischen Familiengröße und Haushaltungsgröße. Darum ist seine Abhandlung über „Sozialen Wandel in der Familienstruktur der Ostseeinseln"[6] besonders aufschlußreich und kann durchaus mit der Abhandlung von *Bičanić* verglichen werden. Wie in Jugoslawien scheinen in Finnland wirtschaftliche Veränderungen wichtige strukturelle Wandlungen in der Familie zur Folge gehabt zu haben. Für das ältere Wirtschaftssystem war eine große Familie eher ein Vorteil als eine Last; darum war der dominante Familientyp mehr oder weniger die erweiterte Familie. Mit dem Rückgang der Fischerei oder der kombinierten Fischerei-Landwirtschaft und der Zunahme einer intensiveren Landwirtschaft mit einer gleichzeitigen Ersetzung der Subsistenzwirtschaft durch eine marktorientierte Geldwirtschaft ist die Familiengröße kein Vorteil mehr, „da der Ertrag über ein bestimmtes Maximum hinaus nicht vergrößert werden kann, unangesehen davon, wie intensiv diese Höfe bewirtschaftet werden". Der Profit wird dann umgekehrt proportional zur Familiengröße, so daß schließlich eine große Familie eher zu einer Last als zu einem Vorteil wird. Mit der wachsenden Desorganisation der erweiterten Familie verwandelt sich diese definitiv zur Nuklearfamilie, die nur mit wenigen Verwandten unter einem Dache lebt.

Auch in diesem Falle möchten wir darauf hinweisen, daß offensichtlich die entscheidenden Veränderungen in der Familienstruktur lange vor dem Beginn der Industrialisierung stattgefunden haben. Dies Ergebnis sollte durch weitere historische Untersuchungen und Forschungen in der Art von

---

[5] *R. Bičanić*, S. 82.

[6] *Knut Pipping*, Changes in Family Structure in the Baltic Islands, in: Transactions, S. 97–100.

Bičanić und *Pipping* kontrolliert werden. Es liegt auf der Hand, daß vielerlei Materialien aus der Dritten Welt hier berücksichtigt werden könnten. Wir möchten in diesem Zusammenhang eine weitere Hypothese formulieren, daß sich die Wirkungen der Industrialisierung auf die Familienstruktur früher und intensiver bemerkbar machen werden, wenn ein sozialer Wandel der oben beschriebenen Art einige Zeit vorher vor sich gegangen ist. So könnte man sagen, daß die Wirkungen der Industrialisierung auf die Familienstruktur verschieden sind je nach der Ausgangsposition. Mindestens einige der üblicherweise ausschließlich auf die Industrialisierung zurückgeführten Wirkungen, wie z. B. die Isolierung der Nuklearfamilie, könnten auf spezifische Veränderungen im vorindustriellen System der Agrarwirtschaft wie z. B. in Jugoslawien und Finnland zurückgeführt werden.

Eine weitere wichtige Frage wurde von *Howard Stanton* in seiner Untersuchung über die Wandelerscheinungen in der puertoricanischen Familie aufgerollt[7]. Auf den ersten Blick könnte es scheinen, daß die Familienformen verschieden sind je nach den vorherrschenden Wirtschaftsformen. So finden wir die klassische patriarchalische Familie vor allem bei der Bergbevölkerung der Jíbaro, welche die Abkömmlinge der erweiterten Familien der alten halbfeudalen landbesitzenden Klasse von ungefähr 50 Jahren früher sind. Wir finden aber auch Arbeiterfamilien in der Ebene mit weniger ausgeprägter patriarchalischer Autorität und größere Freiheit für die Frauen, die jedoch noch weit entfernt ist von nordamerikanischen Vorstellungen. Schließlich gibt es noch die Familie der städtischen Arbeiter, deren Standard dem üblichen Stil des modernen Stadtlebens folgt. Hier ist die Freiheit der Frau noch größer, die gewöhnlich sogar einen eigenen Job hat. Jetzt erhebt sich die Frage, ob diese recht einfache Vorstellung von drei verschiedenen Familientypen, die sich mehr und mehr von der Norm der Jíbaro entfernen, ausreicht, um die gegenwärtige Situation zu erklären? *Stanton* betont das Bedürfnis nach Kontinuität und „die wirkliche Existenz und Annahme entgegengesetzter Wertordnungen", die die Herausbildung des neuen Lebensstils verhindern könnten, obwohl viele Einzelheiten und Züge der industriellen und städtischen Lebensweise übernommen worden sind. Ihre Wirkung mag aber sehr oberflächlich sein, während die alten Wertformen zu einem neuen selbständigen System umgeformt werden, in dem z. B. die Ehrerbietung der Frau gegenüber ihrem Mann auf ihren männlichen Vorgesetzten außerhalb der Familie übertragen wird. So droht der soziale Wandel, falls überhaupt von einem solchen gesprochen werden kann, „einzig ein Wandel zu neuen Formen der Stabilität zu werden, und zeitweise können diese neuen Formen offensichtlich genauso zwingend werden wie die alten". Das wäre ein Beispiel für einen abortiven sozialen Wandel, wie ich es nennen möchte, der vielleicht auf den Mangel einer Vorbereitungsphase zurückgeführt werden kann, wie es oben beschrieben wurde. In diesem Falle würde die zuhöchst

---

[7] *Howard Stanton*, Puerto Rico's Changing Family, in: Transactions, S. 101–107.

anpassungsfähige und mobile Nuklearfamilie vielleicht ausschließlich bei den Einwanderern in die USA und nicht im Herkunftsland auftreten. Andererseits kann die Situation in Puerto Rico selbst nur dann geklärt oder mindestens vereinfacht werden, wenn eine tragbare Lösung für die zweideutige Identität seiner Bevölkerung gefunden werden könnte, die jetzt zwischen dem American Way of Life und der spanischen Tradition hin- und herschwankt.

Unter den Desideraten für die Zukunft möchten wir die Notwendigkeit einer Intensivierung der Familienforschung in südeuropäischen Ländern wie Griechenland, dem italienischen Mezzogiorno und Spanien betonen. Wir wissen, daß *Franco Ferrarotti* (Rom) einiges in dieser Hinsicht unternommen hat, und hoffen, daß es noch für diesen Kongreß zur Verfügung steht. Leider haben wir nur sehr wenig Informationen über Griechenland, und in Spanien ist bisher ebenfalls in dieser Richtung noch nichts getan worden. (Zumindestens haben wir in der „Revista Internacionál de Sociologia" außer den interessanten Studien von *Severino Aznar* über die differentielle Geburtlichkeit spanischer Familien[8] keinerlei wichtige Spuren finden können.) All das hat sich erst lange danach geändert, als dieser Aufsatz geschrieben wurde[9], wobei man unterstellen darf, daß sich darin die anregende Wirksamkeit der „International Sociological Association" auf den verschiedenen Weltkongressen für Soziologie niedergeschlagen hat (Zusatz von 1973).

Eine erste Kenntnisnahme der Forschungen von *Ferrarotti*[10] legt nahe, daß der vorherrschende Strukturtyp der süditalienischen Familie leicht analysiert werden kann, indem man den verschiedenen Graden von Verwandtschaftsbeziehungen nachgeht, speziell der Duplizierung bereits existierender Verwandtschaftsbeziehungen durch Zwischenheiraten, z. B. zwischen Vettern und Kusinen, und die gleichzeitige Begründung vieler künstlicher Verwandtschaftsbeziehungen wie das „comparato" (Gevatternschaft), das üblicherweise bei Gelegenheit von Kindstaufen eingegangen wird und in einer engen Beziehung zur katholischen „geistlichen Verwandtschaft" steht. Diese Art der erweiterten Verwandtschaft scheint auch in Spanien (Compadrazgo) und im allgemeinen ibero-amerikanischen sowie lusitanischen Kulturbereich in Portugal und Brasilien eine hochbedeutsame Rolle zu spielen[11]. Auch in diesem Falle bedauern wir, daß wir zur Zeit der Abfassung dieser Abhandlung nur geringfügige Informationen über diesen Familientyp erhalten konnten. Vielleicht dürfen wir annehmen, daß in diesen Kulturregionen die Familienintegration noch so stark war, daß kein Bedürfnis für analytische Forschung

---

[8] *Severino Aznar*, La revolución Espanola y las vocaciones eclesiasticas, Madrid 1949.

[9] Siehe dazu z. B. *Salustiano del Campo*, La familia espanola en transición, Madrid 1960.

[10] *Franco Ferrarotti*, La piccola città, Milano 1959, besonders der dritte Teil; siehe auch *Guido Vincelli*, Una comunità meridionale: Montorio dei Frentani, Torino 1955.

[11] Siehe *Emilio Willems*, The Structure of the Brazilian Family, in: Social Forces 31 (1953); *ders.*, Die Familie in Portugal und Brasilien: Ein strukturvergleichender Versuch, in: Kölner Zeitschrift für Soziologie und Sozialpsychologie 7 (1955); *ders.*, On Portuguese Family Structure, in: *John Mogey*, Hrsg., Family and Marriage, Leiden 1963.

bestand. Andererseits möchten wir aber nochmals betonen, daß das keineswegs bedeuten soll, es hätten sich keinerlei Wandelerscheinungen in diesen Ländern abgespielt, welche dieser Familienstabilität entgegenwirken könnten. Darum können wir feststellen, daß mehr Forschung in diesen Teilen der westlichen Welt zuhöchst wünschenswert wäre, und zwar nicht nur, um die Neugierde zu befriedigen, sondern um eine rationale Familienpolitik vorzubereiten, wenn sich die desorganisierenden Wirkungen der fortschreitenden Industrialisierung auch in diesen sehr traditionalen Volksgesellschaften bemerkbar machen werden. In dieser Hinsicht hat sich seit Niederschrift dieser Abhandlung vieles verändert, sowohl in Südeuropa als auch insbesondere in Lateinamerika, wo es jüngstens zu einer beträchtlichen Vermehrung der Familiensoziologie gekommen ist, wie die große Bibliographie zur Familiensoziologie von *John Mogey*[12] lehrt. Auch das ist zweifellos mindestens teilweise auf die Anregungen durch die International Sociological Association und ihrer Weltkongresse wie insbesondere der Aktivitäten der Lateinamerikanischen Soziologengesellschaft zurückzuführen, die 1950 beim ersten Weltkongreß für Soziologie in Zürich gegründet wurde (Zusatz von 1973).

Sehr interessante Probleme der strukturellen Implikationen des sozialen Wandels können im Falle der Türkei aufgewiesen werden, den *Hilmi Ziya Ülken* (Istanbul) behandelt[13]. 1925 wurde das Schweizerische Zivilgesetzbuch ins Türkische übersetzt und ist seit jener Zeit speziell im Familienrecht und in der Familienreform wirksam gewesen. Natürlich mußte man damit rechnen, daß die meisten Regelungen durch jene Teile der Bevölkerung nicht angenommen werden würden, die nicht schon vorher unter dem Einfluß der westlichen Industrialisierung gestanden hatten. Konsequenterweise wurde das neue Gesetz zunächst von der Bevölkerung in den verwestlichten großen Städten und allgemein in der westlichen Türkei akzeptiert, während auf dem Lande und in den östlicheren Teilen des Landes die Tendenz noch immer sehr stark ist, beim alten islamischen Recht der Polygamie zu verharren. Neue Gesetze mußten eingeführt werden, um mit dieser besonderen Situation fertigzuwerden, z. B. das Problem der unehelich geborenen Kinder aus einer zweiten Ehe, die Erbschaftsprobleme usf. Wiederum erhebt sich das Bedürfnis für weitere Forschung auf diesem Gebiet, um mehr Information über das wirkliche Verhalten von Menschen zu erhalten, die letztlich unter drei verschiedenen Kultursystemen leben: der vorislamischen Sitte, dem Recht des Islam und dem Einfluß einer westlich orientierten Sozial- und Wirtschaftspolitik mit gleichzeitiger Industrialisierung, die mit wachsender Geschwindigkeit große Gebiete des Landes verwandelt.

[12] *John Mogey*, Sociology of Marriage and Family Behavior 1957–1968, in: Current Sociology 17 (1970), S. 1–346, insbesondere S. 70–92. Die Entwicklung setzt allerdings erst im Laufe der sechziger Jahre ein.

[13] *Hilmi Ziya Ülken*, Le changement du Code Civil et sa répercussion sociale en Proche Orient, in: Transactions, S. 108–112.

Es mag manchmal schwer sein zu entscheiden, ob ein Land in den Bereich der westlichen Zivilisation gehört. Für die Türkei kann eindeutig angenommen werden, daß es sicher der Fall ist, auch insofern wir selbst in westlichen Gesellschaften einem typischen Konflikt zwischen der traditionellen Volksgesellschaft und der zuhöchst industrialisierten Gesellschaft begegnen können. Aber für andere Länder wie Ägypten, Libanon und Syrien scheint die Lage anders zu sein, selbst wenn in ihnen der westliche Einfluß seit Jahrhunderten sehr stark gewesen ist. Natürlich hat die Säkularisation sehr wesentliche Teile des alten religiösen Gesetzes ausgeschwemmt, aber es scheint auch, daß diese Länder einen eigenen Kulturtyp aufzubauen im Begriff sind, der auf eine höchst interessante und völlig selbständige Weise die vorislamische Sitte und den Islam mit den Forderungen einer sich langsam industrialisierenden Gesellschaft zu kombinieren weiß. Darum möchten wir sagen, daß die Türkei vor allem aus eigenem Wollen zur westlichen Zivilisation gehört, während die anderen Länder des Mittleren Ostens, wiederum aus eigener Initiative und auf Grund der besonderen Bedingungen, die sie mit der Industrialisierung in Kontakt brachten, bevor sie noch eine Volksgesellschaft aufgebaut hatten, sich in eine andere Richtung zu bewegen scheinen. Es versteht sich von selbst, daß Aussagen dieser Art durch weitere empirische Forschung kontrolliert werden müssen.

Ein sehr interessanter Versuch in dieser Richtung wird von Frau *Nazahat Tanç* (Istanbul) vorgelegt[14]. Sie unternimmt eine vergleichende Studie der Selbstmordraten bei Verheirateten und Unverheirateten. Ein altes Gesetz, das von *Emile Durkheim* entdeckt und durch *Maurice Halbwachs* bestätigt wurde[15], zeigt ein Absinken der Selbstmordhäufigkeit bei verheirateten Personen im Gegensatz zu Junggesellen beiderlei Geschlechts. Bei der Untersuchung der türkischen Statistiken von 1926 bis 1946 entdeckt nun Frau *Tanç,* daß in der Türkei das Verhältnis umgekehrt ist, insofern Verheiratete eine viel höhere Selbstmordhäufigkeit aufweisen als Junggesellen. In ihrem Erklärungsversuch weist sie auf die Tatsache hin, daß während dieser Zeit nicht nur die Ehe allgemein, sondern auch der Status der Frauen und viele andere Züge des traditionalen türkischen Lebens derart tiefgehende Veränderungen erfahren haben, daß eine Krise erwartet werden mußte. Darum definiert sie die Welle an Selbstmorden unter Verheirateten als „anomischen Selbstmord", der auf gesamtgesellschaftliche revolutionäre Wandlungen zurückgeführt werden muß. Weitere Forschung dieser Art sollte in Ländern mit vergleichbarer Situation unternommen werden, um diese Hypothese zu kontrollieren.

Ein anderes Beispiel für die Entwicklung der Familie unter Bedingungen violenter Wandlungen gibt Frau *Y. Talmon-Garber* in ihrer Analyse der

[14] *Nazahat Tanç*, Note sur la famille Turque et les taug de suicides de gens mariés, in: Transaction, S. 113–115.

[15] Siehe *Emile Durkheim*, Le suicide, Neuauflage Paris 1960 (zuerst 1897) (dtsch. Übers. Neuwied 1973); *Maurice Halbwachs*, Les causes du suicide, Paris 1931.

israelischen Familie in Kollektivsiedlungen[16]. Hier hätte man, etwa in Analogie zur Entwicklung in Rußland unmittelbar nach 1917, erwarten können, daß die Familie im traditionellen westlichen Sinne als eine soziale Einheit für sich, die durch intime Gefühle zusammengehalten wird, unter dem Druck der Ideologie des Kibbuz zusammenbrechen würde. Es zeigt sich jedoch unerwarteterweise, daß das keineswegs überall der Fall ist. In manchen Siedlungen kann man feststellen, daß sich die Familie von der Kollektivität zu entfernen strebt. Frau *Talmon-Garber* betont „eine starke Tendenz zu einem mehr familistischen Stil", so daß manche der Kollektivsiedlungen ihre Politik gegenüber der Familie zu ändern gezwungen wurden. Der wichtigste Punkt scheint uns hier der verschiedene Grad an Identifikation mit dem Kibbuz und seiner eigentümlichen Wertordnung zu sein. Wir wissen aus anderen Erfahrungen, daß die Strukturen von Kollektivsiedlungen eine auffällige Tendenz zur Veränderung haben je nach der Länge der Zeit, die die Leute zusammengelebt haben. In neubegründeten Siedlungen scheint die Identifizierung mit der Kollektivität als solcher vorzuherrschen, während mit der Zeit andere Probleme auftauchen. Der ursprüngliche „Bund" der Pioniere wird zu einer Dorfgemeinschaft. Wir fragen uns, ob man Frau *Talmon-Garbers* Material auch im Hinblick auf die Zeitvariable auswerten könnte. Auch das sollte auf vergleichender Basis erfolgen, indem man etwa Kollektivsiedlungen in Israel mit anderen in den USA, Kanada oder der Sowjetunion vergleicht.

In diesem Zusammenhang müssen wir zu unserem größten Bedauern bekennen, daß es uns nicht gelungen ist, neuere Vergleichsdaten aus der Sowjetunion, aber auch aus Polen, der Tschechoslowakei, Ungarn, Rumänien, Bulgarien und der Deutschen Demokratischen Republik zu erhalten[17]. Es wäre eine interessante Frage zu wissen, ob die Erfahrungen in diesen Ländern, gerade auch in bezug auf die Entwicklung der Familie unter dem Einfluß einer kollektivierten Landwirtschaft, in die gleiche Richtung gehen werden wie in Israel. Natürlich ist die Familienpolitik in diesen Ländern keineswegs die gleiche. Aber wir müssen uns dessen bewußt bleiben, daß sich auch in der Sowjetunion die Familienpolitik von 1917 bis 1926, dann von 1926 bis 1934 und ferner nochmals nach 1944 bis 1968 mehrfach gewandelt hat. Darüber sind die kollektivistischen Ideen des Revolutions- und Kriegskommunismus zurückgetreten und durch eine realistischere Schutzpolitik gegenüber der Nuklearfamilie ersetzt worden. Ich persönlich bin der Meinung, daß mindestens in dieser Beziehung die Familienentwicklung in der Sowjetunion und im Rest der westlichen Zivilisation konformer verlaufen ist, unangesehen der politischen Differenzen, als man

---

[16] *Yonina Talmon-Garber*, The Family in Collective Settlements, in: Transactions, S. 116–126.

[17] Eine Ausnahme stellte im damaligen Moment einzig die wegen der Bedeutung ihres Autors sehr bedeutsame Abhandlung in einer anderen Sektion des Kongresses von *G. M. Sverdlov*, Changes in Family Relations in the USSR, in: Transactions, S. 50–59, dar, die sich allerdings mit der Beschreibung des Wandels der Gesetzgebung begnügt.

es auf den ersten Blick annehmen sollte. Andererseits wird man diese Frage noch nicht endgültig beantworten können, bevor keine weiteren Forschungsmaterialien zur Verfügung stehen. Wir haben uns selber bemüht, wenigstens für die Sowjetunion so viel Informationen wie immer möglich zusammenzutragen (siehe in diesem Bande die Abhandlung über „Entwicklungstendenzen der Familie im neueren Rußland").

Seitdem diese Abhandlung geschrieben wurde, hat sich die Situation in den meisten genannten Ländern ebenso verändert wie in anderen Fällen. Die Informationen fließen nicht nur reichlicher, insbesondere aus Polen, wo sich die Forschung völlig dem internationalen Niveau angeglichen und z. T. hervorragende neue Ansätze entwickelt hat. In der Sowjetunion repräsentiert heute das Werk von *A. G. Khartschew* am besten den neu erreichten Zustand (Zusatz von 1973).

Im Vergleich zu dieser Situation kann man sagen, daß in den Vereinigten Staaten eine enorme Fülle an Forschungsmaterialien in der Familiensoziologie zur Verfügung stehen. Im übrigen beschränken sich diese Materialien keineswegs ausschließlich auf die Vereinigten Staaten, sondern sie haben eine bemerkenswerte Tendenz, sich auch auf andere Länder auszubreiten. Während sich diese Bewegung ungefähr eine Generation früher vorwiegend mit den Familientypen in den Heimatländern der Einwanderer beschäftigte (als Klassiker das Werk von *W. I. Thomas* und *F. Znaniecki* über die polnische Familie in Polen und Amerika), haben sich neue Orientierungen in den letzten 15 bis 20 Jahren bemerkbar gemacht. Natürlich besteht noch immer ein großes Interesse an neuen Einwanderern wie etwa den Puertoricanern. Aber darüber hinaus hat sich die amerikanische Familiensoziologie neuerdings stärkstens in der Familien- und Gemeindeforschung in Lateinamerika engagiert und damit interessante Beiträge zur Familienstruktur in Volksgesellschaften geleistet. Wichtiger scheinen mir indessen eine Reihe von Untersuchungen, die sich mit Konflikten zwischen verschiedenen Familientypen innerhalb der USA befassen, z. B. den vorherrschenden Familientypen an der Ostküste, im Mittleren Westen und im Alten Süden. *Reuben Hill* (Chapel Hill, N.C., heute Minneapolis) hat in diesem Sinne eine wichtige Untersuchung über „Familienformen im sich wandelnden Süden" beigesteuert, die ein gutes Beispiel für den recht realistischen Trend in dieser Art von vergleichender Forschung darstellt[18]. Unangesehen aller Stereotypen über die erweiterte Familie des Südens geht *Hill* von der Annahme aus, daß die große Pflanzerfamilie im Süden nur für eine verschwindend kleine Minorität typisch war. Andererseits schuf aber diese Minorität das Stereotyp der südlichen Familie, während dagegen die durchschnittliche Familie des Alten Südens keineswegs so verschieden ist von der durchschnittlichen ländlichen Familie in allen Regionen der USA und auch in vielen nichtindustriellen Ländern der Welt. Wiederum rührt das wirkliche Problem von der rapiden

---

[18] *Reuben Hill*, Family Patterns in the Changing South, in: Transactions, S. 127–145.

Industrialisierung und Urbanisierung des Alten Südens im 20. Jahrhundert her. Die Tatsachen erweisen, daß *die Wirkungen* von Industrialisierung und Urbanisierung „völlig unproportional sind mit dem tatsächlich erreichten Grad der Urbanisierung". So hat die Fruchtbarkeit im Alten Süden schneller abgenommen als im Rest des Landes, die Scheidungsraten sind bemerkenswert höher usw. Das ist in meinen Augen insofern ein interessanter Hinweis für die Entwicklungstheorie der Familie in einer sich wandelnden Gesellschaft, als es anzudeuten scheint, daß die Anpassung an die Bedingungen des Lebens unter dem Einfluß von Industrialisierung und Urbanisierung um so leichter ist, je länger die Menschen unter diesen Bedingungen gelebt haben, und daß die stärksten desorganisierenden Wirkungen sich nur dann bemerkbar machen, wenn der Zusammenstoß (cultural clash) zwischen den zwei Lebensformen, der traditionalen und der modernen, zu plötzlich und ohne Übergangsstadium einer gewissen Dauer stattfindet. Wiederum scheint die Zeitvariable in dieser Hinsicht eine wichtige Rolle zu spielen. Wir möchten noch betonen, daß auch in Europa ein ähnliches Problem bei vergleichender Analyse der Auswirkungen von Industrialisierung und Urbanisierung auf die mehr progressiven protestantischen Bevölkerungen einerseits und die mehr traditionell orientierten Katholiken andererseits hervorgetreten ist. Die Tatsachen scheinen eine höhere Desorganisationsrate bei den katholischen Bevölkerungen als bei den Protestanten anzudeuten, die den industriellen Lebensstil schon vor mehr als einem Jahrhundert aufgenommen und sich mehr oder weniger an ihn angepaßt haben[19].

Lucien Brams (Centre d'Etudes Sociologiques, Paris) gibt ein anderes interessantes Beispiel für das Verhältnis zwischen Familienkohäsion und ihre allgemeine soziale Integration[20]. Sein Sample analysiert zwei verschiedenartige Populationen, die eine aus einem Vorort von Paris, die andere aus einem Industriedorf von 1500 Einwohnern, das vom nächsten städtischen Zentrum recht isoliert ist. In diesem Falle kann man leicht zeigen, daß die Form der erweiterten Familie noch immer überlebt, obwohl die Verwandtengruppe nicht mehr unter dem gleichen Dache lebt. Im allgemeinen ist die Teilnahme an Gemeindeangelegenheiten und anderen Vereinigungen recht hoch, weil die formellen Zusammenkünfte durch familiäre und nachbarschaftliche Vertrautheit verdoppelt werden. Andererseits ist die Familie in dem Vorort von Paris definitiv vom Typ der individuellen, isolierten Nuklearfamilie. Unter diesen Bedingungen ist die Teilnahme an Gemeindeangelegenheiten nicht mehr persönlich und direkt, sondern eher funktionalen Charakters mit mehr oder weniger klar definierten Zielsetzungen der einzelnen Vereinigungen. Es ist interessant zu vermerken, daß auch der industrielle Lebensstil dazu geeignet ist, eine neue Tradition aufzubauen. In diesem

---

[19] Das wurde schon früh für die Schweiz hervorgehoben von *Jakob Lorenz*, Katholische Eheprobleme in der Schweiz, in: Schweizerische Rundschau 30 (1930).

[20] *Lucien Brams*, Structures sociales et familles ouvrières, in: Transactions, S. 146–154.

speziellen Fall hat die Hauptindustrie in dem betreffenden Dorf schon seit 50 Jahren gearbeitet, so daß eine recht ausbalancierte Ordnung entstanden ist. Dagegen kämpfen die Vorortfamilien gegen eine feindliche und sich ständig verändernde Umwelt und sind gewissermaßen in einem dauernden Geburtsstadium und auf der Suche nach einem angemessenen Familientyp, der bewußt neu konzipiert werden muß im Gegensatz zu dem traditionellen Lebensstil der anderen Gruppe.

Gerhard Baumert, einer der früheren Mitarbeiter der Darmstadt-Studie, greift einen ähnlichen Gegenstand auf in der Gegenüberstellung von kurzfristigen Veränderungen und langfristigen Trends im Familienleben[21]. Es liegt auf der Hand, daß eine solche Betrachtungsweise für ein Land wie die Bundesrepublik von größter Bedeutung sein muß, wo in der Zeit von 1933–1945 und wiederum von 1945–1955 tiefgehende Veränderungen des gesamten Sozialsystems stattgefunden haben. Das erhebt die Frage, ob sich Deutschland und speziell die deutsche Familie in der gleichen Richtung bewegt wie die anderen westlichen Zivilisationen. Es wurde seit den dreißiger Jahren mehr oder weniger als selbstverständlich angenommen, daß eine besondere Anfälligkeit der deutschen Familie für den Patriarchalismus der Hauptgrund für die autoritäre Orientierung in der politischen Dimension der deutschen Gesellschaft gewesen sei. Andererseits zeigen aber die meisten Forschungen der Familiensoziologen in Deutschland, daß der patriarchalische Lebenstyp wie auch in vielen anderen Industriegesellschaften weniger dominant geworden ist, mindestens während der letzten Dekade. Andere Untersuchungen konnten zeigen, daß es sich hierbei um einen langfristigen Trend handelt, der schon um die Mitte des vorigen Jahrhunderts begonnen hatte (vgl. dazu in diesem Bande die Abhandlung „Familie und Autorität: Der deutsche Vater im Jahre 1955"). So muß die autoritäre Ausrichtung der deutschen Politik unter der Herrschaft des Nationalsozialismus viel eher auf eine ideologische Konstellation als auf die Realität der deutschen Familie zurückgeführt werden. Die enorme Scheidungswelle der unmittelbaren Nachkriegszeit wird als eine kurzfristige Anpassungsbewegung an die besonderen Umstände nach 1945 und nicht so sehr als langfristiger Trend interpretiert.

Eine ähnliche Unterscheidung zwischen kurzfristigen Anpassungen und langfristigen Trends wird auch in *Meyer F. Nimkoffs* Kapitel über die „Zunahme verheirateter Frauen auf dem Arbeitsmarkt in den Vereinigten Staaten" vorgenommen[22]. Es scheint, daß die meisten Motivanalysen ausschließlich kurzfristige Anpassungen berücksichtigen, wie z. B. den Wunsch nach einem höheren Lebensstandard oder die Notwendigkeit, Schulden beim Kauf eines Hauses oder eines neuen Autos abzuzahlen.

---

[21] *Gerhard Baumert*, Some Observations on Current Trends in the German Family, in: Transactions, S. 161–168.

[22] *Meyer F. Nimkoff*, The Increase in Married Women in the Labor Force in the United States, in: Transactions, S. 169–173.

Dagegen muß man konstantere Motive berücksichtigen, die mehr oder weniger mit weitreichenden Veränderungen in unserem sozialen und ökonomischen System zusammenhängen. Den gleichen Punkt betont *Judson T. Landis* (Berkeley) in einer sehr interessanten Studie über „Einige Aspekte der Unstabilität der Familie in den Vereinigten Staaten"[23]. Wieder wird die Differenz zwischen der isolierten Nuklearfamilie und der erweiterten Familie als Verwandtengruppe benutzt als wichtiges theoretisches Werkzeug zur Erklärung der verschiedenen Wirkungen des Familienzusammenbruchs durch die Ehescheidung. Mehr als jemals hängt heute das eheliche Glück von den persönlichen Qualitäten der beiden Ehepartner ab. Das bedeutet auch, daß die wirklichen Ursachen für die Ehescheidung nicht im Endstadium einer zusammenbrechenden Ehe, sondern sehr viel früher gesucht werden müssen. „Ein besseres Verständnis der Ehebeziehung zeigt die Scheidung als die legale Beendigung einer Ehe, die zwei oder drei Jahre früher gescheitert ist." Das bedeutet natürlich für den Familiensoziologen eine unmittelbare Erschwerung bei der Entwicklung seines Forschungsplans. Aber es eröffnet auch eine neue Perspektive für das Verstehen der Probleme und Schwierigkeiten der Ehe in unserer Zeit. Diese sind mehr oder weniger verbunden mit der allgemeineren Frage, wie man neue Persönlichkeitsformen in einer sich wandelnden Welt aufbauen kann, in der eine der größten Schwierigkeiten darin zu liegen scheint, wie man ein dauerhaftes Band zwischen zwei Personen verschiedenen Geschlechts schaffen kann. So können eine unglückliche Ehe und Scheidung für Eltern und Kinder viel traumatischer sein in einer eher individualistischen Gesellschaft isolierter Nuklearfamilien „als in Gesellschaften, wo die Kinder in einer größeren Verwandtengruppe absorbiert werden können"; das gleiche gilt natürlich auch für die Eltern.

Wenn man sich auf die langfristigen Trends im Familienleben konzentriert, erhält man ein ganz anderes Bild der gegenwärtigen Familienentwicklung als beim Festhalten an kurzfristigen Anpassungen. Das ist auch das eindeutige Ergebnis des Kapitels von *J. A. Ponsioen* über die Situation in den Niederlanden[24]. Da Holland eines der höchstindustrialisierten Länder Europas ist, müßte man dort eine höchst akute Krise erwarten, insbesondere wenn man die langfristigen Trends mit den unmittelbaren Nachkriegsproblemen des wirtschaftlichen Wandels bedenkt. Aber es scheint ein neuer Familientyp entstanden zu sein, der sich recht gut an die neuen Bedingungen des Wirtschaftslebens in einer modernen Gemeinde angepaßt hat. Wir weisen auch darauf hin, daß sich im Gegensatz zu den USA die Stellung der Frauen im Wirtschaftsleben im letzten halben Jahrhundert nicht wesentlich verändert hat. Die wichtigste Tatsache ist in diesem Zusammenhang die beträchtliche Abnahme verheirateter Frauen auf dem Arbeitsmarkt. Der Grund dafür

---

[23] *Judson T. Landis*, Some Aspects of Family Instability in the United States, in: Transactions, S. 174–179.

[24] *J. Ponsioen*, Qualitative Changes in Family Life in the Netherlands, in: Transactions, S. 180–185.

mag im Anwachsen der Versicherungen und Pensionen für Witwen und in der Betonung der Alimentationspflicht gegenüber geschiedenen Frauen zu suchen sein, wie *Ponsioen* vermutet. Ein anderer interessanter Umstand ist der hohe Prozentsatz (10 %) von Familien, die andere Verwandte wie z. B. Großeltern mit einschließen. Während eine ähnliche Tendenz in Deutschland durch die akute Wohnungskrise als Folge der Bombardierung des Zweiten Weltkrieges erklärt wurde, kann dies Argument in den Niederlanden nicht in der gleichen Weise benutzt werden, da dort die Bombardierungen viel seltener waren als in Deutschland. Wir fragen uns daher, ob dieser Umstand als Symptom eines sich wandelnden Familientyps oder nicht doch nur als eine kurzfristige Anpassung an spezielle Nachkriegsbedingungen aufgefaßt werden muß.

Obwohl der Verfasser selbst zugibt, daß das Hauptinteresse des neuen Forschungsprogramms in den Niederlanden darin lag, mehr Informationen über Freizeitbeschäftigungen zu erhalten, betont *P. Thoenes* in seinem Beitrag „Interviews über Freizeit, ein Ansatzpunkt für eine Typologie der Familie"[25], man könne auf diese Weise wichtige Informationen über das durchschnittliche Alltagsleben der Familie in einer gegebenen Gesellschaft erhalten. Der Umstand, daß diese Interviews nicht primär auf das Familienleben zielten, schuf eine zwanglose Gelegenheit für einen guten Einblick in das Alltagsleben der Familie. In seinen Ergebnissen hebt *Thoenes* die Stabilität der durchschnittlichen niederländischen Familie hervor; das stimmt gut zusammen mit entsprechenden Ergebnissen in Deutschland und Frankreich und unterstützt unseren eigenen Schluß, daß sich die gegenwärtige Situation insofern von der vom Anfang des Jahrhunderts und während der zwanziger Jahre unterscheidet, als die stabilisierenden Faktoren an Kraft gewonnen haben, obwohl Industrialisierung und Urbanisierung sich mit wachsender Geschwindigkeit während der ersten Hälfte unseres Jahrhunderts entwickelt haben. Das bedeutet vielleicht, daß die Anpassungsfähigkeit der Familie an die Bedingungen des modernen Lebens in der Perspektive des langfristigen Trends offensichtlich größer ist, als ein erfahrener Beobachter eine Generation früher angenommen haben würde.

Ich möchte zum Abschluß versuchen, einige Ergebnisse der vorangehenden Diskussionen und der verschiedenen Beiträge zu dieser Sektion in Begriffen der Theorien des sozialen Wandels zusammenzufassen. Die erste Hypothese könnte folgendermaßen lauten: es scheint, daß unter gewissen Umständen der Übergang von der erweiterten Familie zur Nuklearfamilie schon in vorindustriellen Perioden stattfindet. Die zweite Hypothese, die sehr eng mit dieser ersten verbunden ist, lautet, daß sich die Wirkungen der Industrialisierung dort intensiver bemerkbar machen, wo sich der erwähnte Übergang vor der Hauptperiode der Industrialisierung vollzogen hat, indem

---

[25] *P. Thoenes*, A Starting Point for a Family Typology, in: Transaction, S. 186–195. Man beachte die Parallelität des Ansatzes mit unserer Abhandlung „Familie und Autorität: Der deutsche Vater im Jahre 1955" in diesem Bande.

die überlebenden Reste der erweiterten Familie wenigstens für eine gewisse Zeit die desorganisierenden Wirkungen der Industrialisierung abbremsten. Wenn aber erst einmal die Industrialisierung in Entfaltung ist, wird die Variable Zeit von größter Bedeutung, indem wir grundsätzlich zwischen kurzfristigen Anpassungen und langfristigen Trends unterscheiden müssen. Das ist unsere dritte Hypothese. Obwohl es klar ist, daß die ersten Auswirkungen der Industrialisierung für die Familienorganisation verhängnisvoll waren, kann dieser Umstand nicht als endgültiger Trend angesehen werden, da er keineswegs grundsätzlich eine spätere Anpassung nach einer Periode akuter Krisen und zahlreicher Versuche zu ihrer Überwindung ausschließt. Das führt uns zu einer vierten Hypothese, die ich auf folgende Formel bringen möchte: jene Teile der Bevölkerung, die zuerst unter dem Einfluß der Industrialisierung zu leiden hatten, d. h. jene, die zuerst den Übergang von der erweiterten Familie zur Nuklearfamilie vollzogen haben, sind auch die ersten, die sich von diesem Druck erholt und eine systematische Anpassung an die neuen Lebensbedingungen entwickelt haben. Umgekehrt gehen heute jene Bevölkerungsteile, die zuerst der Industrialisierung widerstanden und gleichzeitig den erweiterten Familientyp aufrechterhalten haben, durch größere Krisen als die ersteren, insofern sie völlig unvorbereitet sind, den Wirkungen der Industrialisierung zu begegnen, die sich unterdessen selber beträchtlich weiterentwickelt hat. Aber es gibt eine gute Chance, daß sich auch diese Gruppen schließlich auffangen werden, vorausgesetzt, daß keine anderen Faktoren ins Spiel treten. Ich bin mir natürlich darüber klar, daß es sich hierbei vorläufig nur um einen provisorischen Bezugsrahmen handelt, der weiterer Diskussion und vor allem weiterer empirischer Forschung bedürftig ist.

Familie und Autorität: Der deutsche Vater im Jahre 1955 (1957/1974)

I

Als *Frédéric LePlay* 1855 eine zunehmende Auflösung der Familie gleichzeitig mit einem Abnehmen der Autorität, besonders der Autorität des Vaters, vorhersagte, da war es nicht seine Absicht, eine spezifische Theorie der Familienentwicklung, sondern vielmehr eine Sozialpolitik (réforme sociale) zu schaffen. Obwohl er einige wichtige Schritte in der Ausbildung von Forschungstechniken auf dem Gebiet der Familiensoziologie unternahm, speziell in bezug auf das Anlegen und Auswerten von Monographien, die Auswertung von Familienbudgets usw., müssen seine Theorien mit großer Zurückhaltung betrachtet werden. *LePlay* hatte bei seiner Familien- und Autoritätstheorie eine bestimmte Art der Familie, nämlich die landbesitzende Bauernfamilie seiner Zeit im Auge. Die Machtstruktur der Familie, wie sie von *LePlay* gesehen wurde, ist mit anderen Worten im wesentlichen an einen spezifischen historischen Bezugsrahmen gebunden, der als das Besitzsystem der Agrargesellschaft bezeichnet werden könnte. Damit ergibt sich auch das wesentliche Ziel der Sozialpolitik *LePlays,* dessen zentrale Erfahrung die offensichtlich mangelnde Stabilität der Arbeiterfamilie war, die sich vom Agrar- auf das Industriesystem umgestellt hatte. Sein Ziel war also, die Arbeiterfamilie durch Begünstigung der Bildung von „Stamm"-Familien (familles souches) wieder zu stabilisieren.

Abgesehen von der Frage der Durchführbarkeit eines solchen Programms erhebt sich die rein logische Frage nach der Legitimität eines solchen Austausches der konstituierenden Bezugsrahmen – des Besitzsystems der Agrargesellschaft auf der einen und des Lohnsystems der Industriegesellschaft auf der anderen Seite – bei der Analyse der Machtstruktur der Familie. Wenn man die Bauernfamilie als stabil bezeichnen kann, weil die Entscheidungsgewalt in Dingen wie Arbeitsteilung und Verwaltung des Familieneigentums eindeutig

© Springer Fachmedien Wiesbaden GmbH, ein Teil von Springer Nature 2021   193
R. König, *Familiensoziologie*, René König Schriften. Ausgabe letzter Hand,
https://doi.org/10.1007/978-3-658-28247-9_7

festlegt, so kann man dasselbe Kriterium keineswegs auf die Arbeiterfamilie anwenden. Hier hat Stabilität eine ganz andere Bedeutung und bezieht sich hauptsächlich auf der auf Lohnarbeit beruhenden Sicherung des Unterhalts für eine kleine Gruppe. Wir können daher davon ausgehen, daß das Familien- und Autoritätsproblem nicht in allgemeiner Form, sondern nur in unmittelbarer Beziehung zu einem spezifischen Bezugsrahmen aufgerollt werden kann.

Obwohl dies alles recht selbstverständlich zu sein scheint, ist es bei den verschiedenen Untersuchungen über die deutsche Familie nicht immer genügend berücksichtigt worden. Sicher ist außer der russischen Familie nach 1917 kaum ein anderer europäischer Familientyp so gründlich durchleuchtet worden wie der deutsche. Doch ist, so würde ich sagen, kaum eine andere nationale Familie so schlecht bekannt wie die deutsche. Es bleibt tatsächlich praktisch noch alles zu tun übrig, und trotz vieler jüngerer, von deutschen und ausländischen Gelehrten[1] durchgeführten Untersuchungen sind wir heute weiter von einer zufriedenstellenden Kenntnis der väterlichen Autorität in Deutschland entfernt, als *LePlay* es mit seiner recht einseitigen und stark voreingenommenen Methode war.

Der Deutsche *Wilhelm Heinrich Riehl* kann als Parallelfall zum Franzosen *LePlay* angesehen werden. *Riehl* veröffentlichte den dritten Band seines Hauptwerkes „Die Naturgeschichte des Volkes als Grundlage einer deutschen Sozialpolitik", der die Familie behandelt, in genau demselben Jahr, in dem *LePlay* den ersten Band seines Werkes über den europäischen Arbeiter herausbrachte. Das Jahr 1855 hat also sowohl in deutscher wie in französischer Perspektive den gleichen Bezug zur Familiensoziologie. In den Büchern von *LePlay* und *Riehl* begegnen wir auch der gleichen unangefochtenen Vorstellung von der Autorität des Vaters. Die Autorität des Ehemannes über Frau und Kinder ist für *Riehl* ein selbstverständliches Naturrecht. Die Verschiedenheit der Geschlechter wurde als echter Ausdruck der natürlichen Ungleichheit von Mann und Frau verstanden. „Indem ... Gott der Herr Mann und Weib schuf, hat er die Ungleichheit und die Abhängigkeit als eine Grundbedingung aller menschlichen Entwicklung gesetzt"[2]. Mit anderen Worten:

---

[1] *Max Horkheimer* (Hrsg.), Autorität und Familie, Paris 1936; *Bertram Schaffner*, Fatherland: A Study of Authoritarianism in the German Family, New York 1948; *David Rodnick*, Postwar Germans: An Anthropologist's Account, New Haven 1948; *Gerhard Wurzbacher*, Leitbilder gegenwärtigen deutschen Familienlebens, erste Auflage Dortmund 1952, vierte Auflage Stuttgart 1969; *Helmut Schelsky*, Wandlungen der deutschen Familie in der Gegenwart, erste Auflage Dortmund 1953, vierte Auflage Stuttgart 1960; *Gerhard Baumert*, Jugend der Nachkriegszeit, Darmstadt 1952; *Gerhard Baumert* und *Edith Hüninger*, Deutsche Familien nach dem Kriege, Darmstadt 1954; *Knut Pipping*, *Rudolf Abshagen* und *Anne-Eva Brauneck*, Gespräche mit der deutschen Jugend, Helsinki 1954; *Robert H. Lowie*, Toward Understanding Germany, Chicago 1954.

[2] *Wilhelm Heinrich Riehl*, Die Naturgeschichte des Volkes als Grundlage einer deutschen Sozialpolitik (Band 3: Die Familie), Stuttgart und Augsburg 1855, S. 3. Die Bedeutung dieses Werkes für die deutsche Mentalität wird dadurch unterstrichen, daß es immer wieder aufgelegt wird.

die Ungleichheit ist ein ewiges Naturgesetz und die Autorität des Vaters eine bloße Folge dieser „natürlichen" Ordnung.

Zu dieser Zeit, sechs Jahre vor der Veröffentlichung von *Johann Jakob Bachofens* „Mutterrecht", war, was wir das „patriarchalische Vorurteil" nennen möchten, noch unangefochten, obwohl schon viele Fakten über den unterschiedlichen Status der Frau in einigen anderen Gesellschaften bekannt waren. Während aber *LePlay* zumindest versuchte, sich auf empirisches Material zu stützen, richtete sich *Riehls* Bestreben, wie das *Hegels* und der Hegelianer des konservativen Flügels vor ihm, dagegen sofort auf eine These vom „natürlichen System"[3]. Er betrachtete sogar die Ungleichheit der Geschlechter als Voraussetzung eines Klassensystems. „Unmittelbar mit (dem) ‚Menschwerden' (hängt) die Unterordnung der weiblichen Persönlichkeit unter die männliche in der Familie zusammen, aus welcher, naturnotwendig wie aus dem Saatkorn die Pflanze, aufgesproßt ist die ungleichartige Gliederung der bürgerlichen und politischen Gesellschaft"[4]. Das kann als die ursprüngliche Quelle der berühmten drei „K" der deutschen Familienpolitik betrachtet werden, über die in den letzten fünfzig Jahren so viel gesprochen worden ist: „Kirche, Küche und Kinder" als Wirkungskreis der Frau. Aber obgleich *Riehl* seine Theorie der natürlichen Autorität des Vaters in recht allgemeine Worte faßte, so sind seine Schilderungen doch mit einem spezifischen Bezugsrahmen verbunden. Im Gegensatz zu *LePlay*, der ausschließlich das landbesitzende Bauerntum im Auge hatte, sah *Riehl* im wesentlichen die alte Bourgeoisie, die durch ein ihr eigentümliches Besitzsystem gekennzeichnet war. Das zentrale Symbol dieses Systems war das „Haus" in der feudalistischen Bedeutung des Wortes als Ausdruck der alten Ständegesellschaft[5]. Es scheint also, daß die Autorität des Vaters eher mit dem Besitz- und dem Statussystem der Gesellschaft als mit der Familie an sich in Zusammenhang stand, oder mit der Familie nur insoweit, wie sie als mit einem bestimmten Besitz- oder Machtsystem in direktem Zusammenhang stehend betrachtet werden konnte. Letzten Endes war aber das Problem für *LePlay* und *Riehl* nicht, festzustellen, was die Familie in einer gegebenen Gesellschaft zu einem gegebenen Zeitpunkt *wirklich war,* sondern was die Familie vermeintlich *sein sollte,* um ihre Funktion bei der Stabilisierung der Gesellschaft und ihrer Mitglieder erfüllen zu können. Es kann daher gesagt werden, daß der richtige Bezugsrahmen für ihre Urteile nicht nur ein bestimmtes Besitz- und Statussystem ist, sondern zumindest in gleichem Maße auch eine bestimmte Wertorientierung, die die Ideologie einer sozialen Klasse (der Bauern bei *LePlay,* der Bourgeoisie bei *Riehl*) vertritt. Die Bedingungen der Ideologie ist in dem Augenblick erfüllt, in dem ein bestimmtes historisches System sich als ein „natürliches" System bezeichnet.

---

[3] Siehe *René König*, „Familie und Familiensoziologie", in: Wörterbuch der Soziologie (*W. Bernsdorf*, Hrsg.), 2. Aufl. Stuttgart 1969, S. 116–117.

[4] *W. H. Riehl*, op. cit., S. 4.

[5] Ibd., S. 142, S. 260.

Wenn wir diesen Punkt einmal erreicht haben, treten gleich mehrere neue Probleme auf. Ein erstes läßt sich in der Feststellung zusammenfassen, daß es jenseits des ideologischen Anspruchs, die patriarchalische Familie sei die „natürliche", in der historischen Realität sehr gut einen oder gar mehrere davon völlig verschiedene Familientypen geben kann. Da der von *Riehl* als „natürlich" hingestellte Familientyp im wesentlichen einen autoritären Charakter hat, können wir die gleichzeitige Existenz eines anderen, z. B. eines nichtautoritären oder sogar eines antiautoritären Familientyps in derselben Gesellschaft vermuten. Tatsächlich kann leicht nachgewiesen werden, daß ein solcher liberaler Familientyp in den Jahren während und nach der Revolution von 1830 in voller Ausbildung begriffen war. Die Bewegung des „Jungen Deutschland" hat uns viele literarische Dokumente überliefert, die von dieser neuen Art der Gefährtenschaftsehe ein lebendiges Zeugnis ablegen[6]. Ebenfalls scheinen die Beziehungen zwischen Vater und Kindern während derselben Zeit liberalisiert worden zu sein. Das läßt uns den äußerst wichtigen Schluß ziehen, daß, obwohl die offizielle Ideologie der herrschenden Klasse ihren eigenen Familientyp als den einzigen (oder den einzig richtigen), den „natürlichen" ausgibt, doch sehr gut daneben ein oder mehrere Familientypen mit oder ohne ideologisches Sprachrohr bestehen können. Diese können sich dann ihrerseits entweder eine eigene Ideologie schaffen (wie es bei der Übernahme des französischen Saint-Simonismus und seiner Ehe- und Familiendoktrin in Deutschland, speziell im Rheinland, geschah)[7], oder sie können ideologisch stumm bleiben. Im letzteren Fall kann es sehr gut geschehen, daß diese abweichenden Familientypen vom Historiker überhaupt niemals entdeckt werden. Eine andere Möglichkeit ist, daß sich die abweichenden Familientypen die offizielle Ideologie ausleihen, so daß eine Bewußtseinsspaltung entsteht, da dann ja tatsächliches Verhalten und Werturteil auseinanderfallen.

Allgemein gesprochen lassen sich aus der skizzierten Situation zwei verschiedene Untersuchungsmethoden ableiten. Die erste beschäftigt sich mit der Aufdeckung unzureichender Ideologien, die im (offenen oder versteckten) Gegensatz zum tatsächlichen Verhalten stehen. Man bekennt sich leicht zur offiziellen Ideologie der herrschenden Klasse, ohne sich jedoch an ihre Forderungen zu halten, wenn man sich einer realen Entscheidung gegenübersieht. In der zeitgenössischen Forschung ist dieser Situation Rechnung getragen worden, indem man zwischen ideologischen Fragen (z. B. „Sind Sie der Meinung, daß Scheidungen erleichtert oder erschwert werden oder daß sie so wie bisher gehandhabt werden sollen?") und solchen

---

[6] Romane von *Heine*, *Börne*, *Gutzkow*, *Laube* und anderen.

[7] Über den Einfluß von *C. H. de Saint-Simon* auf die deutschen Vorstellungen von Ehe und Familie siehe *E. von Pustau*, Die Stellung der Frau im Leben und den Romanen der Jungdeutschen, Frankfurt 1928; *Alfred Bellebaum*, Das Bild von Ehe und Familie bei *K. L. Immermann* im Verhältnis zu dem des jungen Deutschland, Diplomarbeit Universität Köln 1955/56 (MS).

Fragen unterscheidet, die sich auf das tatsächliche Verhalten oder auf eine unmittelbare Entscheidung beziehen (z. B. „Was sollte Ihrer Meinung nach geschehen, wenn ein Ehemann regelmäßig und lange Zeit mit einer anderen Frau geschlechtlichen Verkehr hat?"). In beiden Fällen stellten sich die Antworten derselben befragten Bevölkerung als recht verschieden heraus; einerseits waren sie ausgesprochen gegen Scheidung, im anderen Fall dagegen für eine Scheidung.

Die zweite Untersuchungsmethode würde sich auf die Frage nach der quantitativen Bedeutung der verschiedenen Verhaltensschichten beziehen. Da die herrschende Klasse im allgemeinen eine Minderheit zu sein pflegt, kann es gut vorkommen, daß nur wenige Menschen in ihrem tatsächlichen Verhalten ihren Wertorientierungen folgen, während die große Mehrheit einem anderen Verhaltensschema zuneigt. Wir wissen von mindestens einem Beispiel für diese Situation und das ist die Entwicklung von Ehe und Ehescheidung im vorrevolutionären Rußland (siehe dazu in diesem Band „Entwicklungstendenzen der Familie im neueren Rußland"). Wenn wir den „Swod Sakonow" (Bürgerliches Gesetzbuch) von 1835 als legitimen Ausdruck der offiziellen Wertorientierung nehmen wollten, dann müßten wir vermuten, daß die ausschließliche Form von Ehe die Ehe als Sakrament war. Andererseits wissen wir aber auch, daß dieses Eherecht nur auf die herrschende aristokratische Klasse und einen Teil der Beamten wirksam angewendet wurde, während die überwältigende Mehrheit des Volkes, der Raskol, diesem Recht und diesem Verhaltensschema seine Anerkennung verweigerte. Für die „Altgläubigen" war jahrhundertelang eine Art freier Ehe, die ohne Intervention eines Priesters vor den Gemeindebehörden geschlossen wurde, die Regel gewesen. Wenn nun die Regulationen des offiziellen Rechts- und Wertsystems einen rein patriarchalischen Charakter hatten, so beweist das also noch keineswegs ein allgemeinpatriarchalisches Verhalten der ganzen russischen Gesellschaft. Wir wissen im Gegenteil, daß die durchschnittliche Einstellung der Russen in dieser Hinsicht ursprünglich recht großzügig gewesen ist und eine eher liberale (wenn überhaupt eine) Form des Patriarchalismus aufgewiesen hat, wie durch einen Vergleich der „Russkaya Prawda" (11. Jahrhundert) mit dem „Swod Sakonow" leicht gezeigt werden kann. Aber zwischen der ersten und der zweiten Gesetzgebung mußte die russische Gesellschaft die Invasion der Tataren über sich ergehen lassen, die das Klassensystem und die Machtstrukturen des alten Rußland völlig umwandelten. Unter diesem Einfluß vollzog sich die Wandlung der Ehe und der offiziellen Eheideologie zu einer strengeren, patriarchalischen Form.

Wir kehren nun zu der deutschen Situation zwischen der liberalen Bewegung der frühen 1830er Jahre und dem reaktionären Patriarchalismus *Riehls* von 1855 zurück. Nach dem, was oben gesagt wurde, können wir nun vielleicht begründete Zweifel an der Gültigkeit von *Riehls* Anspruch erheben. Es würde demzufolge falsch sein, von seinen Behauptungen ohne weiteres auf einen autoritären Charakter der wirklichen deutschen Familie jener Zeit oder auch nur der Mehrheit der deutschen Familien jener Zeit zu schließen, selbst wenn zugegeben wird, daß vielleicht die Familie der Bourgeoisie nach den von *Riehl* festgehaltenen Grundsätzen lebte. Darüber hinaus aber besteht ein anderes Problem, und zwar eine zureichende Erklärung dafür, wie und warum sich zwischen 1830 und 1855 ein so einschneidender Wandel ereignen konnte. Das führt zu einer neuen Theorie des Patriarchalismus und seiner Rolle in der Geschichte, die in einiger Ausführlichkeit erläutert werden muß.

Im Gegensatz zu der Konzeption des Patriarchalismus als der „natürlichen" Familienform hat die Soziologie seit vielen Jahren gezeigt, daß es viele verschiedene Familienformen gibt, die im Laufe der menschlichen Entwicklung in Erscheinung getreten sind. Mit besonderer Berücksichtigung der westlichen Ehe- und Familiengeschichte kann gesagt werden, daß allgemeine Strukturwandlungen gesamtgesellschaftlichen Charakters den vorherrschenden Familientyp stark beeinflussen können. Die tatarische Invasion in Rußland und die sich daraus ergebende Stärkung eines davor recht konzilianten Patriarchalismus kann als Beispiel für diese Behauptung betrachtet werden. Sehr viel mehr Beispiele könnten gegeben werden; etwa die industrielle Revolution, die steigende soziale Mobilität usw. Bisher sind diese Ereignisse jedoch einzig unter dem Gesichtspunkt einer *Zerstörung* des alten Patriarchalismus betrachtet worden. Das russische Beispiel stellt uns aber jetzt vor die Frage, ob nicht bestimmte Einflüsse eine *umgekehrte Wirkung* erzeugen, *d. h. einen ursprünglich gar nicht sehr stark ausgeprägten in einen extremen Patriarchalismus umwandeln können?* Das unterstreicht wieder die Tatsache, daß der Patriarchalismus, wie er von *Riehl* gesehen wurde, keineswegs natürlich, sondern eher das Ergebnis spezifischer historischer Umstände ist. Wir werden daher an dieser Stelle von „sekundärem" im Gegensatz zu „primärem Patriarchalismus" sprechen, wie er etwa in vielen primitiven Zivilisationen gefunden werden kann. Das bedeutet natürlich nicht, daß diese primitiven Zivilisationen ohne jede historische Entwicklung sind; es bedeutet dagegen durchaus, daß die Geschichte in primitiven Zivilisationen nicht dieselbe Rolle spielt wie bei uns. Wir möchten also die These vertreten, daß es, zumindest in Deutschland, einen Patriarchalismus gibt, der erst sekundär aus der Reaktion auf eine besondere (aus der historischen und sozialen Situation erwachsene) Herausforderung heraus entstanden ist. Es ist hier nicht möglich, tiefer in dieses Problem einzudringen, doch möchte ich betonen, daß die Niederlage der deutschen Bourgeoisie in der Revolution von 1848 (und damit der völlige Zusammenbruch aller liberalen Bewegungen der frühen 1830er Jahre) die Wirkung gehabt haben kann, daß sich die väterliche Autorität, die durch diese Umstände von der Mitbestimmung öffentlicher Angelegenheiten ausgeschlossen worden war, in die Intimität der Familie zurückzog. Das ist die genaue Bedeutung des Wortes vom „Patriarchalismus im Gegenstoß". Schließlich müssen wir nach dem wirklichen Gewicht dieses sekundären Patriarchalismus und nach seiner Relevanz für die verschiedenen Lebensbereiche fragen. Um diese Frage zureichend beantworten zu können, müßten wir wissen, ob sich der sekundäre Patriarchalismus auf ideologische Ansprüche beschränkt oder ob er auch dazu imstande ist, tatsächliches Verhalten umzuformen. Wenn bewiesen werden kann, daß das tatsächliche Verhalten wirklich umgewandelt wird, dann würde die nächste Frage sein, *wessen* Verhalten und in welchem Umfang es umgewandelt wird. Müssen wir eine allgemeine Entwicklung in Richtung auf einen solchen sekundären Patriarchalismus vermuten? Oder ist er nicht vielmehr auf die kleine Minderheit der herrschenden Klasse oder sogar nur auf einen Teil von ihr beschränkt, der jedoch mächtig genug ist, um seine Ansichten mittels der verschiedenen Kanäle der Massenkommunikationsmittel, Bücher, Zeitungen, Erziehungssysteme usw. zum Ausdruck bringen zu können? Auf diese Weise müßte noch nachgewiesen werden, ob ein Buch wie das von *Riehl* für die Gefühle eines großen Bevölkerungsteils oder etwa nur für die einer sehr kleinen Untergruppe repräsentativ ist. Solange wir aber keine neuen historischen Quellen entdecken, die uns über die Einstellungen der Mehrheit des deutschen Volkes (besonders der unteren Klassen) im Jahre 1855 berichten[8], solange kann diese Frage allerdings auch in keiner zufriedenstellenden Weise beantwortet werden. Andererseits kann es von Nutzen sein, diese Probleme im Auge zu behalten, wenn man ein Bild des deutschen Vaters im Jahre 1955 gewinnen möchte.

II

Unangesehen dieser einleitenden Bemerkungen grundsätzlich-theoretischer Natur müssen wir, bevor wir auf unsere Forschungsergebnisse zurückkommen, uns noch kurz bei einigen Aspekten der oben erwähnten (Anm. 1) Materialien aufhalten. Was uns angesichts der Ergebnisse dieser Materialien am meisten verwirrt, ist ihr offensichtlich widersprüchlicher Charakter. Wie kommt es, daß verschiedene Beobachter und Analytiker der väterlichen Autorität in Deutschland im gleichen historischen Moment zu höchst widersprüchlichen Ergebnissen gelangt sind?

Im großen und ganzen können wir für die fernere Vergangenheit annehmen, daß angebliche „Ergebnisse" der Forschung in starkem Maße von philosophischem und weltanschaulichem Denken, das die Dinge, wie sie sein sollten, mit ihrem wirklichen Sein verwechselte, beeinflußt worden sind. Wir können auch die vielen Fälle, in denen das „Wissen" von einer recht oberflächlichen politischen Betrachtungsweise hergeleitet wurde, stillschweigend übergehen und uns auf die Versuche beschränken, an unser Problem nach den Prinzipien methodisch durchgeführter Forschung heranzugehen. Tun

---

[8] Ich glaube, daß *R. H. Lowie* uns eine interessante Methode, neues Material aus Autobiographien zu entnehmen, gezeigt hat.

wir das, so liegt eine unserer wesentlichen Annahmen in der Überzeugung, daß die Interpretationsunterschiede keineswegs auf fragwürdigen Forschungsansätzen, sondern hauptsächlich auf das Fehlen einer ausreichenden Definierung des angewendeten Bezugsrahmens zurückzuführen sind. In den Fällen, in denen wenigstens einige Hinweise dieser Art gegeben wurden, werden die Konsequenzen nicht entsprechend beachtet.

Eines der hervorragendsten Paradoxe der gerade erwähnten Art ist der Widerspruch zwischen den Ergebnissen *Bertram Schaffners* einerseits und *David Rodnicks* andererseits. Beide Untersuchungen wurden unmittelbar nach dem Zweiten Weltkrieg durchgeführt. *Schaffner* faßt seine Ansichten in folgenden Worten zusammen: „Das Familienleben kreist um die Person des Vaters. Er ist allmächtig, allwissend und allgegenwärtig, so weit ein Mensch das überhaupt sein kann. Er ist die Quelle aller Autorität, Sicherheit und Weisheit, die seine Kinder zu erhalten hoffen. Jedes andere Familienmitglied hat geringeren Status und geringere Rechte als er"[9]. Im Gegensatz dazu trifft *Rodnick* die folgende Feststellung: „Jedes patriarchalische System, das es in der deutschen protestantischen Familie gegeben haben mag, ist überholt; es gibt keine Spuren mehr von ihm. Die Entwicklung geht in Richtung einer größeren Gleichheit und von Mann und Frau geteilter Ideale"[10]. Da *Schaffner* keine verläßlichen Hinweise auf die Zusammensetzung seines Samples gibt, sind wir leider nicht in der Lage, die von ihm und die von *Rodnick* befragten Personenkreise miteinander zu vergleichen. Letzterer gibt allerdings zu, daß seine Befragten meist Protestanten waren. Von einem rein ideologischen Gesichtspunkt aus betrachtet, könnte dieser Umstand von Bedeutung sein, wenn man nämlich annimmt, daß die Vorstellungen der Protestanten (und insbesondere der Lutheraner) von väterlicher Autorität völlig verschieden von denen der Katholiken sind. Wir müßten uns dann fragen, ob (und in welchem Ausmaß) diesem ideologischen Unterschied eine Differenzierung des tatsächlichen Verhaltens entspricht oder nicht. Schließlich könnten wir vielleicht folgern, daß der Unterschied der ideologischen Bezugsrahmen für den Widerspruch zwischen *Schaffners* und *Rodnicks* Forschungsergebnissen verantwortlich ist. Wir werden jedoch später sehen, daß das von den Tatsachen nicht bestätigt wird.

Wir können aber noch einen anderen Punkt heranziehen, der uns symptomatisch für die so grundsätzlich verschiedene Orientierung dieser Untersuchungen zu sein scheint. Während aus *Schaffners* Satzergänzungstest klar hervorgeht, daß er sich im wesentlichen an die ideologischen Überzeugungen der Befragten gehalten hat, ist *Rodnick* in viel stärkerem Maße am tatsächlichen Verhalten interessiert. Das ist nicht nur eine rein methodisch wichtige Frage, insoweit *Rodnick* beide Techniken, Befragung und Feldbeobachtung, anwendet; es hat auch eine grundsätzlichere Auswirkung auf den Bezugs-

---

[9] *B. Schaffner*, op. cit., S. 15 und passim.
[10] *D. Rodnick*, op. cit., S. 123 und passim.

rahmen. Der Psychiater *Schaffner* interessiert sich hauptsächlich für persönliche Syndrome von Meinungsbildung oder Wertorientierung; *Rodnick* betrachtet sein Material dagegen auf streng soziologische Weise, indem er es auf die deutsche Klassenstruktur projiziert, von der er vermutet, daß sie die Einstellungen des einzelnen stärker strukturiert als individuelle Ambitionen[11]. In dieser Hinsicht könnten *Rodnicks* Ergebnisse als mit *Riehls* Statussystem vergleichbar angesehen werden. Es ist sehr aufschlußreich, daß die Autorität des Vaters auf der Grundlage von *Rodnicks* Ergebnissen von Klasse zu Klasse verschieden ist und an Bedeutung zunimmt, wenn man von der Mittel- zur oberen Mittel- und zur Oberklasse hinaufsteigt[12]. Das stimmt mit unserer früheren Feststellung überein, daß *Riehl* selber mit seiner Theorie der unangefochtenen väterlichen Autorität in Deutschland die Ideologie der deutschen Bourgeoisie seiner Zeit widerspiegelt. Wir werden später sehen, daß dieser Bezugsrahmen besonders aufschlußreich für die Frage der väterlichen Autorität sein kann und daß die Stärke dieser Autorität gleichzeitig mit dem Aufstieg im sozialen Klassensystem zu wachsen scheint. Unter diesem Aspekt scheint die höhere Position im Klassensystem sogar wichtiger als die Konfession zu sein – zumindest heute –, wie an Hand unserer Kölner Ergebnisse und an einer französischen Untersuchung auf demselben Gebiet nachgewiesen werden kann. Andererseits ist die wichtige Stellung der Mutter in den unteren Klassen von verschiedenen Untersuchungen unterstrichen worden, zuerst von *Rodnick*[13].

Als sich *Max Horkheimer* 1936 zuerst der Frage der väterlichen Autorität in Deutschland zuwandte, behandelte er sie auf sehr allgemeine, philosophische und kulturgeschichtliche Art; zugleich versuchte er, zusammen mit seinen Mitarbeitern, zu einem konkreten Forschungsansatz vorzudringen. Seine Untersuchung über den deutschen Vater ist immer noch die wichtigste, die in den letzten fünfunddreißig Jahren durchgeführt wurde, obwohl einige Punkte von anderen vertieft worden sein mögen, etwa das Problem der Autorität an sich von der Gruppe um *Theodor W. Adorno*, die stark von *Horkheimer* beeinflußt worden ist[14]. Auch bei *Horkheimer* ist aber der besondere Typ der bourgeoisen Familie (wie er von *Riehl* gesehen wurde) zu einem Universalmodell gemacht worden, das die deutsche Familie insgesamt repräsentieren soll. Der Unterschied zwischen *Riehl* und *Horkheimer* besteht nur in der unterschiedlichen Wertschätzung dieses Typs. Für beide gibt es jedoch keinen anderen denkbaren Familientyp, wie an Hand der These *Horkheimers*, daß die Familie in dem Augenblick verschwinden muß,

---

[11] Ibd., S. 9.

[12] Ibd., S. 26–27.

[13] Siehe zum Beispiel *Wilhelm Brepohl*, Der Aufbau des Ruhrvolkes im Zuge der Ost-West-Wanderung, Dortmund 1948, S. 219.

[14] *Max Horkheimer* (Hrsg.), op. cit., *T. W. Adorno*, *E. Frenkel-Brunswick*, Dan J. *Levison*, R. *Nevitt Sanford*, The Authoritarian Personality, New York 1950.

in dem ihre autoritäre Struktur u. a. durch die Entwicklung der modernen Industriegesellschaft in Gefahr gerät, bewiesen werden kann[15].

Wir möchten dieses Vorgehen, wie es von *Horkheimer* und seinen Schülern demonstriert worden ist, „Nachahmung durch Opposition" nennen, wie *Gabriel Tarde* ein solches Verhältnis vor mehr als einem halben Jahrhundert genannt hat. Die Opposition kommt in der unterschiedlichen Wertschätzung der Autorität zum Ausdruck; die Nachahmung besteht in der Tatsache, daß *Horkheimer,* genau wie *Riehl,* in der autoritären Form die einzige Existenzform der Familie sieht. Er nimmt es ebenfalls als selbstverständlich hin, daß alle Familien einer gegebenen Gesellschaft, oder zumindest die meisten, demselben Verhaltensschema folgen.

Wenn wir uns nun den anderen Untersuchungen zuwenden, so fällt der Beweis dafür leicht, daß der autoritäre Familientyp sehr selten auftritt, sowie wir nur die Differenzierung der Familientypen in unvoreingenommener und vorurteilsloser Weise betrachten. *Robert H. Lowie,* der sich auf älteres Material, wie etwa die Familienmonographien *Alice Salomons* und *Marie Baums,* und auf neueres Material, wie die von *Hilde Thurnwald* unmittelbar nach dem Zweiten Weltkrieg in Berlin zusammengestellten Monographien stützte[16], hat unterstrichen[17], daß sowohl für ländliche als auch für städtische Gebiete der ausgesprochen autoritäre Familientyp wirklich selten zu sein scheint. Andererseits weist *Lowie* auf die Tatsache hin, daß z. B. in der Schweiz im Gegensatz zu Deutschland die Familie viel patriarchalischere Züge aufweist. Da ich selber mehr als 15 Jahre in der Schweiz gelebt habe, kann ich dieser Feststellung von *Lowie* nur vollauf zustimmen[18]. Nach allem, was bisher gesagt worden ist, kann uns diese Tatsache auch nicht in Erstaunen versetzen, da die Schweiz, jedenfalls in stärkerem Maße als Deutschland, die Merkmale der alten landbesitzenden Bauernfamilie und der bourgeoisen Familie in ihrer klassischen Form aufweist. Andererseits hat dieser autoritäre Charakter der durchschnittlichen Schweizer Familie nicht das Entstehen einer erfolgreichen Demokratie verhindern können. Das könnte zur Schwächung des alten Vorurteils beitragen, daß es notwendigerweise einen Zusammenhang zwischen dem vorherrschenden Familientyp und der politischen Machtstruktur der Gesellschaft geben müsse. Gleichzeitig können wir die Vermutung äußern, daß diese spezifische Schweizer Situation früher oder später verschwinden wird. In einigen Fällen kann fest-

---

[15] Siehe *Max Horkheimer*, Authoritarianism and the Family To-day, in: The Family: Its Function and Destiny, hrsg. von *Ruth N. Anshen*, New York 1949; dieser Punkt ist kürzlich von *Horkheimer* in einer Diskussion deutlich aufgeworfen worden, siehe *Erhard Wagner*, Protokoll der Sitzung über familiensoziologische Probleme vom 7. Januar 1955 im Institut für Sozialforschung, in: Kölner Zeitschrift für Soziologie und Sozialpsychologie, VII (1955).

[16] *Alice Salomon* und *Marie Baum*, Das Familienleben der Gegenwart, Berlin 1930; *Hilde Thurnwald*, Gegenwartsprobleme Berliner Familien, Berlin 1948.

[17] R. H. *Lowie*, op. cit., Teil IV „The Family".

[18] R. H. *Lowie*, op. cit., S. 245.

gestellt werden, daß die alten Züge der patriarchalischen Schweizer Bauernschaft mehr und mehr von dem, was ich die „ideologische Bauernschaft"
genannt habe, ersetzt werden, die noch immer die typischen Ansichten und
Wertorientierungen ländlichen Ursprungs manifestiert, aber ihre Lebensweise schon vor langer Zeit von der der Landwirtschaft auf die der hoch-
spezialisierten Industrieproduktion umgestellt hat[19].

Andere neuere Untersuchungen in Deutschland haben dazu beigetragen,
Lowies Beobachtungen zu bestätigen, etwa *Gerhard Baumerts* interessante
Untersuchungen der Nachkriegsjugend und -familien in Darmstadt[20]. Er
widerspricht in ihnen scharf *Schaffners* Theorie und weist auf die Tatsache
hin, daß sich *Schaffner* auf einen Familientyp stützt, der lange vor 1914
entstanden ist[21]. Andererseits kann *Baumert* zeigen, daß in den meisten
Familien der Einfluß der Mutter bei der Erziehung wichtiger ist als die
väterliche Autorität[22], und das stimmt mit *Rodnicks* Ergebnissen überein.
In einer anderen Untersuchung unterstreicht *Baumert* die Tatsache, daß
autoritär strukturierte Familien zwar eine große Stabilität haben können,
sofern Frau und Kinder die Vorherrschaft des Vaters akzeptieren[23]; daß aber
in Fällen, in denen seine Autorität von den Umständen unterhöhlt worden
ist, das Bestehen des Vaters auf seiner Autorität sehr gut die Zerstörung der
ganzen Familie bedeuten kann. Wir möchten vorschlagen, zur Betonung des
unnatürlichen Charakters dieser Situation den Begriff „Überorganisation" der
Familie zu verwenden (siehe Kapitel „Überorganisation der Familie").

Während *Baumerts* Ergebnisse auf methodischem und stichhaltigem
Vorgehen basieren, muß die Untersuchung von *Gerhard Wurzbacher*[24]
mit einiger Vorsicht betrachtet werden, da sein Sample alles andere als
repräsentativ ist. Auch *Wurzbacher* greift *Schaffner* an; da seine Opposition
jedoch ungenügend fundiert ist, können wir seinen Ergebnissen nicht
dasselbe Gewicht wie denen von *Baumert* zuschreiben. Auch hier haben wir
wieder eine „Nachahmung aus Opposition". Hielten sich viele frühe Kritiker
der deutschen Familie zu ausschließlich an den bourgeoisen Familientyp, so gab *Wurzbacher* seinen Interviewern volle Freiheit bei der Auswahl
der Familien für seine Untersuchung[25]. In einem solchen Fall hätte man
aber erst einmal eine genaue Charakterisierung der Interviewer selber geben
müssen. Das hätte in diesem Falle wahrscheinlich erwiesen, daß die meisten
der Wurzbacherschen Studenten ihrer politischen Überzeugung nach stark

---

[19] *René König*, Report an Some Experiences in Social Research Techniques in Switzerland and
Germany, in: Transactions of the Second World Congress of Sociology, London 1955, S. 69–70.

[20] *G. Baumert*, op. cit., siehe Anmerkung 1.

[21] *G. Baumert*, Jugend der Nachkriegszeit, S. 63–64.

[22] *G. Baumert*, op. cit., S. 79.

[23] *G. Baumert*, Deutsche Familien, S. 127.

[24] *G. Wurzbacher*, op. cit., siehe den methodischen Teil, S. 11–86.

[25] Ibd., S. 34.

voreingenommen waren, d. h. sie waren meist sozialdemokratisch orientiert, was von einer Schule, die damals im wesentlichen künftige Gewerkschafts- funktionäre ausbildete, nicht anders erwartet werden kann. Ohne hier auf unsere Einstellung den Sozialdemokraten gegenüber eingehen zu wollen, möchten wir doch unterstreichen, daß es seit fast hundert Jahren zu den besten Traditionen der deutschen Sozialdemokratie gehört, die Forderungen des alten bourgeoisen Patriarchalismus zu bekämpfen. Wir können also ver- muten, daß *Wurzbachers* Material wegen seiner einseitigen Erhebungsaus- wahl keineswegs ein repräsentatives Bild der deutschen Nachkriegsfamilie geben kann. In dieser Hinsicht ist *Helmut Schelskys* Untersuchung über die deutsche Familie nach dem Zweiten Weltkrieg sehr viel bezeichnender, obwohl sie weitgehend auf dem gleichen Material gründet wie *Wurzbacher.* Denn *Schelsky* lehnt es ausdrücklich ab, eine repräsentative Erhebung geben zu wollen, und beschränkt sich auf Strukturanalyse[26]. Auch widmet er dem Problem der väterlichen Autorität nur wenig Raum. Diese Eigentümlich- keit ist für sich allein schon wichtig, wenn wir ihr *Schelskys* Hauptthese von einer Entwicklung der deutschen Familie nach den schweren Krisen der nationalsozialistischen Herrschaft, des Krieges und der unmittelbaren Nach- kriegszeit (mit ihrer allgemeinen Verwirrung und Not) zur Stabilität hin, gegenüberstellen. Für *Schelsky* hat die Stabilität der Familie eben weitgehend nichts mehr mit väterlicher Autorität zu tun; deshalb kann er das von ihm behauptete Verschwinden des Patriarchalismus sehr leicht mit der neuen Ent- wicklung der deutschen Familie zur Stabilisierung in Einklang bringen.

In einer neueren, von UNESCO unterstützten Untersuchung kamen ein finnischer Wissenschaftler, *Knut Pipping*, und seine deutschen Kollegen gleichermaßen zu der Feststellung eines grundlegenden Wandels in der deutschen Familiensituation nach dem Zweiten Weltkrieg[27]. Diese Unter- suchung ist für uns von besonderem Interesse, weil das Sample im Gegen- satz zu *Wurzbacher* sehr sorgfältig geplant worden ist. Die Ergebnisse führen zu differenzierten Schlüssen, was vor allem deutlich wird, wenn man sie etwa von den Vorstellungen her betrachtet, die die befragte jugendliche Bevölkerung von ihren Eltern hatte. Während der Vater eine bedeutende Rolle in den sachlichen Bereichen, etwa bei der Berufswahl, spielte, wurde die Mutter als der gefühlsmäßige Kern der Familie betrachtet[28]. Hier haben wir wieder einen sehr vielversprechenden Versuch, von dem aus viele interessante Beziehungen zu weiteren Forschungen hergestellt werden könnten. Diese Differenzierung der Funktionen von Vater und Mutter bei den Kindern und den Heranwachsenden, die *Pipping* festgestellt hat, ist kürzlich von anderen

[26] *H. Schelsky*, op. cit., passim; siehe auch *H. Schelsky*, Die Aufgaben einer Familiensoziologie in D eutschland, in: Kölner Zeitschrift für Soziologie und Sozialpsychologie, II, 1949/50; Die gegenwärtigen Problemlagen der Familiensoziologie, in: Soziologische Forschung unserer Zeit, Hrsg. *K. G. Specht*, Köln-Opladen 1951.

[27] *K. Pipping* und andere, op. cit., siehe „Einleitung".

[28] Ibd., S. 124.

empirischen Untersuchungen über die deutsche Jugend, die auf verläßlichen Bevölkerungsquerschnitten beruhen, bekräftigt worden[29].

III

Als wir mit unserer Untersuchung begannen, versuchten wir als erstes, uns von jeder Art von Vorurteil zu befreien, und dann die bereits gemachten Erfahrungen praktisch auszuwerten. Das erforderte vor allem eine sorgfältige Unterscheidung des ideologischen Bezugsrahmens von dem realistischeren Bezugsrahmen des schichtspezifischen tatsächlichen Verhaltens; außerdem versuchten wir auch, alle theoretischen Fragen, die in den vorstehenden Abschnitten besprochen worden sind, zu berücksichtigen. Ferner wollten wir das sehr ernste Vorurteil, daß eine Stabilität der Familie nur durch eine autoritäre Machtstruktur gewährleistet und kein anderer Typ einer gut organisierten Familie gedacht werden könne, überwinden. Wie gezeigt wurde, kann die („liberale") Gefährtenschaftsehe dieselben Stabilitätsmerkmale wie der autoritäre Typ aufweisen. Man könnte sogar die Behauptung aufstellen, daß sich das Weiterbestehen autoritärer Züge unter neuen wirtschaftlichen und sozialen Verhältnissen unter bestimmten Umständen als ein destruktiver Faktor von großer Bedeutung erweisen kann. Schließlich bemühten wir uns, jede vorschnelle Verallgemeinerung, die so viele Untersuchungen nutzlos gemacht hat, zu vermeiden. Wir versuchten dagegen, die Vorzüge einer differenzierten Analyse zu zeigen, indem wir die Methode der Situationsanalyse als Bezugsrahmen wählten, weil sie uns für die Familienforschung die meistversprechende zu sein schien.

Die Untersuchung, auf die wir uns hier beziehen, wurde im Herbst 1954 in Köln auf der Grundlage von drei sehr sorgfältig ausgewählten Bevölkerungsauswahlen mit je 500 Fällen, also insgesamt 1500 Interviews, durchgeführt. Daß wir diese drei Erhebungsauswahlen – ein Wahrscheinlichkeits-, ein Gebiets- und ein Quoten-Sample – gleichzeitig anstellten, hatte rein methodische Gründe. Wir wollten Aufschlüsse über die Möglichkeiten, Ergebnisse und die relativen Kosten dieser verschiedenen Befragungsarten in einer durchschnittlichen deutschen Stadt erhalten. Wir verzichten hier auf eine detaillierte Analyse unserer Befragungen (die an anderer Stelle gegeben werden wird) zugunsten einer Darstellung ihrer wesentlichen Ergebnisse[30]. Wir möchten jedoch betonen, daß Köln mög-

---

[29] Siehe Jugend zwischen 15 und 24, *Emnid-Institut für Meinungsforschung*, Bielefeld 1954; *Karl Kurz*, Lebensverhältnisse der Nachkriegsjugend, Bremen 1949; *Helmut Schelsky* (Hrsg.), Arbeiterjugend gestern und heute, Heidelberg 1955. Eine neue Untersuchung des Kölner Instituts als Fortführung der vorliegenden brachte ähnliche Ergebnisse: *Horst Schmelzer*, Autorität und Familie, Dipl.-Arbeit Universität Köln 1961 (MS).

[30] Die oben erwähnte Untersuchung ist vom Forschungsinstitut für Soziologie der Universität zu Köln unter Leitung von Prof. Dr. *René König* und (damals) Priv.-Doz. Dr. *Erwin. K. Scheuch* (Forschungsassistent) durchgeführt und finanziert worden. Die Auswertung des Materials geschah in einer Diplomarbeit der Universität Köln von *Gerd Wolter*, Das Problem der Autorität, speziell untersucht an einem Sample Kölner Familien, 1955 (MS).

licherweise bestimmte Züge aufweist, die keineswegs für ganz Westdeutschland repräsentativ sind. Die Ergebnisse können also nur als auf die besondere Situation Kölns zutreffend betrachtet werden. Andererseits ist Köln von anderen deutschen Städten von etwa derselben Größe (rund 680.000 Einwohner zur Zeit der Untersuchung) auch wieder nicht so sehr verschieden, und wir können daher ruhig annehmen, daß die Ergebnisse nicht völlig vom nationalen Durchschnitt abweichen, wenn zweifellos auch Unterschiede da sein werden. Wir müssen dabei vor allem im Auge behalten, daß sich die Gültigkeit der Ergebnisse ausschließlich auf eine Stadtbevölkerung beschränkt und daß eine Landbevölkerung etwas andere Züge aufweisen würde, obwohl die Unterschiede zwischen Stadt- und Landleben von Jahrzehnt zu Jahrzehnt undeutlicher werden.

Unser Fragebogen fragte nach zwei Punkten: nach den Freizeitbeschäftigungen und der Familienstruktur im Hinblick auf die Autorität. Da Freizeitbeschäftigungen sowohl Einzelpersonen als auch die Familie als ganze betreffen, richteten sich unsere drei Befragungen in erster Linie an Einzelpersonen und nicht an Familiengruppen. Das erleichterte die Auswahl der Befragten, die sich aus verständlichen Gründen auf die über 21jährige Bevölkerung konzentrierte, natürlich erheblich. Andererseits mußten wir von der Summe der Befragten Ledige, Geschiedene und Verwitwete wieder abziehen. Da sich das Gebiets-Sample im Vergleich mit den offiziellen Statistiken in den meisten Merkmalen als das repräsentativste herausstellte, beschränken wir uns hier auf die aus ihm gewonnenen Ergebnisse. Wir kamen schließlich auf die Zahl von 234 Fällen verheirateter Leute mit oder ohne Kinder aus einer Gesamtzahl von 323 abgeschlossenen Interviews. Die restlichen 177 Fälle setzten sich aus verschiedenen Fehlmeldungen zusammen: Verweigerung einer Antwort (52 %), nicht angetroffene Personen (25 %) und verschiedene Gründe (23 %). Obwohl die Zahl der Fehlmeldungen ziemlich hoch zu sein scheint, kann die Repräsentativität der Befragung als gesichert angesehen werden; fünfprozentige Abweichungen ergaben sich nur in zwei Fällen, nämlich in der Altersgruppe der 45- bis 60jährigen und bei den Wählern, die beide unterrepräsentiert waren. Weitere Überlegungen brachten uns zu der Annahme, daß die Tatsache der Verweigerung eines Interviews an sich schon mit einer Autoritätsstruktur der Familie im Zusammenhang stehen könne; wir mußten uns daher noch neben den gewöhnlichen Standardfehlern mit einer systematischen Fehlerquelle auseinandersetzen. Um eine solche Möglichkeit zu überprüfen, stellten wir eine ergänzende Kontrolle der Fehlmeldungen an[31]. Diese erwies, daß unser Verdacht nicht stichhaltig war. In Tab. 1 fassen wir die allgemeinen Informationen über unser Gebiets-Sample zusammen. Wir fügen noch folgendes hinzu: da die Ergebnisse des Quoten-Samples eine erstaunliche Übereinstimmung mit denen des Gebiets-Samples

---

[31] Diese Untersuchung bestätigte im wesentlichen die Richtigkeit unserer Vermutungen. Vgl. *Christoph Rudolph*, Das Problem der Ausfälle bei Repräsentativbefragungen, Kölner Diplom-Arbeit 1960.

aufwiesen, haben wir sie manchmal zur Illustration oder zur Verstärkung der Ergebnisse des Gebiets-Samples mit herangezogen.

Tabelle 1

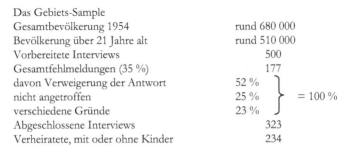

Das Gebiets-Sample		
Gesamtbevölkerung 1954		rund 680 000
Bevölkerung über 21 Jahre alt		rund 510 000
Vorbereitete Interviews		500
Gesamtfehlmeldungen (35 %)		177
davon Verweigerung der Antwort	52 %	
nicht angetroffen	25 %	= 100 %
verschiedene Gründe	23 %	
Abgeschlossene Interviews		323
Verheiratete, mit oder ohne Kinder		234

Unser Fragebogen unterschied sich von dem anderer Untersuchungen über Familie und Autorität durch die Methode der Situationsanalyse. Diese Methode leitet sich von der allgemeinen Annahme her, daß Autorität und Unterordnung von bestimmten Umständen geprägt werden, die als Schlüsselsituationen von recht aufschlußreichem Charakter betrachtet werden können. Wir vermieden es daher sorgfältig, *direkt* nach den Ansichten unserer Befragten zu fragen, da das nur Vorurteile und vorfabrizierte Schemata ideologischen Charakters hervorgelockt hätte. Statt dessen stellten wir die Befragten einer Reihe sehr konkreter Situationen gegenüber und baten sie, ihr übliches Verhalten in diesen Situationen zu schildern. Auf diese Weise fragten wir (1) nach der Verwaltung des Einkommens bei den täglichen Ausgaben, (2) nach der Entscheidung über große Investitionen (wie z. B. beim Möbelkauf), (3) nach der Entscheidung über Freizeitbeschäftigungen, (4) nach den Entscheidungen bei der Kindererziehung, aber auch (5) nach unwichtigeren Punkten, wie z. B. ob es zwischen Mann und Frau eine Aussprache über die täglichen Erlebnisse der Hausfrau gäbe oder nicht, (6) ob das Ehepaar gemeinsam aus- oder spazierengehe, (7) ob Mann und Frau immer gleicher Meinung sein müßten oder nicht. Wir fragten die Befragten schließlich auch, (8) wer ihrer Meinung nach in Familienangelegenheiten das „letzte Wort" haben sollte. Mit dieser Frage sollten die mehr ideologisch orientierten Kommentare provoziert werden.

Zusammengenommen gaben uns diese verschiedenen Fragen die Möglichkeit, das tatsächliche Verhalten mehr oder weniger unabhängig von all den trügerischen direkten Fragen nach der Autorität, die nur gängige Vorurteile und ideologische Stereotypen hervorgerufen hätten, zu überprüfen, und dies um so mehr, als wir unsere verschiedenen Testfragen in völlig verschiedenen Zusammenhängen eines über anderthalbstündigen Interviews „versteckt" hatten. Es war unsere Absicht, die Aufmerksamkeit vom eigentlichen Ziel unserer Fragen abzulenken und eine möglichst unmittelbare Reaktion von den Befragten zu erhalten. Das allgemeine Problem der Autorität wurde also in eine Reihe verschiedener Situationen aufgelöst. Ich weiß, daß hier die

Frage nach dem Umfang des Fragenbereichs gestellt werden muß, und ob wir das komplexe Phänomen der Autorität und die kritischen Situationen, in denen es auftritt, einigermaßen erreichen konnten oder nicht. Ich will nicht behaupten, daß wir dieses Problem gleich beim ersten Anlauf lösten, obwohl ich ganz sicher bin, daß unsere Methode der Situationsanalyse manche Unzulänglichkeiten der alten Forschungsmethode überwinden und sich in Zukunft als sehr nützlich erweisen kann.

Das technische Mittel für die Auswertung der Antworten auf unsere verschiedenen Fragen bestand in einer Verhaltensskala, die von einer völligen Vorherrschaft des Mannes zu einer völligen Vorherrschaft der Frau reichte und ein Vorwiegen des männlichen Einflusses, ein Gleichgewicht (Gefährtenschaft) und ein Vorwiegen des weiblichen Einflusses umfaßte. Um nun die Familientypen der Befragten zu klassifizieren, wurden die entsprechenden Antworten auf unsere acht Fragen wiederum in acht verschiedenen, mit einem sorgfältig abgewogenen Punktsystem arbeitenden Einzelskalen ausgewertet. Der nächste Schritt war dann, die verschiedenen Punktzahlen zu einem Gesamtindex zusammenzuziehen, der eine recht eindeutige Bestimmung der Fälle ermöglichte. Wenn wir nun die Fälle der 234 Verheirateten unseres Gebiets-Samples entsprechend ordnen, dann erhalten wir eine erste Roheinteilung. Sie kann verfeinert werden, wenn man die etwas differenzierteren Nuancen unserer Fälle in Betracht zieht. Wir teilten unsere Fragenbatterie daher in zwei Hälften, von denen die erste für die Roheinteilung und die zweite für eine verfeinerte Einteilung verwendet wurde. Die Ergebnisse sind in den Tab. 2 und 3 dargestellt.

Tabelle 2

Roheinteilung		
Patriarchalismus	3	Fälle
Vorwiegen des männlichen Einflusses	18	Fälle
Gleichgewicht (Gefährtenschaft)	150	Fälle
Vorwiegen des weiblichen Einflusses	34	Fälle
Matriarchalismus	6	Fälle
Andere	23	Fälle
Insgesamt	234	Fälle

Tabelle 3

Verfeinerte Einteilung		
Patriarchalismus	1	Fall
Vorwiegen des männlichen Einflusses	39	Fälle
Gleichgewicht (Gefährtenschaft)	116	Fälle
Vorwiegen des weiblichen Einflusses	65	Fälle
Matriarchalismus	1	Fall
Andere	12	Fälle
Insgesamt	234	Fälle

Diese Skala scheint uns gegen ideologische Einflüsse einigermaßen gesichert zu sein, da sie die Aufmerksamkeit fast ausschließlich auf das wirkliche Verhalten und nicht lediglich auf „Ansichten", „Wertorientierungen" und ähnliches richtet. Das Hauptproblem dieses Vorgehens besteht in der Anwendung der oben erwähnten Schlüsselfragen. Das wesentliche Ergebnis unserer Untersuchung ist, daß bei den einzelnen Stellungnahmen zu den verschiedenen Punkten, die wir in unserer Fragenreihe aufgenommen hatten, weder der Mann noch die Frau in mehr als der Hälfte der Fälle überwiegen.

Die nächste Frage wäre die nach der Diskriminationskraft unserer verschiedenen Fragen und ihrer Zentralpunkte. Wenn wir uns zum Beispiel die Ergebnisse der Frage nach der Verwaltung des Einkommens für die täglichen Ausgaben ansehen, so finden wir ein beträchtliches Überwiegen der Frau. In 49 % der Fälle verfügt die Frau über die Verteilung des Einkommens, in 24 % der Ehemann und in 27 % beide zusammen. Die Zahlen stehen für die große Masse der befragten Bevölkerung; nur einige wenige Fälle extremer (patriarchalischer oder matriarchalischer) Vorherrschaft und solche, die nicht klar bestimmt werden konnten, sind ausgeschieden worden. Wir können also behaupten, daß die Diskriminationskraft dieses Punktes sehr hoch ist, da im allgemeinen die Fälle, in denen der Ehemann vorherrschend ist, ebenfalls seine bedeutende Rolle bei der Verwaltung des Haushaltsgeldes (54 %) zum Ausdruck bringen. Dieser Zug wird sogar noch stärker betont, wenn die Frau bei der Verwaltung des Haushaltsgeldes (77 %) vorherrscht. Die Diskriminationskraft der anderen Punkte unserer kombinierten Skala ist in jedem Falle so groß, daß billigerweise angenommen werden kann, daß diese Skala auf der Grundlage ihrer inneren Konsequenz in hohem Maße sachlich relevant ist. Als Illustration dafür sollen die Ziffern über die Entscheidungen bei Investitionen (wie Anschaffung von Mobiliar usw.) dienen. Hier entscheiden sich Mann und Frau zu 75 % gemeinsam, der Mann überwiegt in 17 %, die Frau in nur 8 % der Fälle.

Als weiteres interessantes Ergebnis, das die Gültigkeit unserer Feststellungen stärken kann, möchten wir betonen, daß sowohl die Ehemänner als auch die Ehefrauen, wenn direkt danach gefragt, einander entgegengesetzte Reaktionen auf das Thema der Vorherrschaft des Ehemannes bzw. der Ehefrau zeigten. So waren 24 % der Ehemänner für eine Vorherrschaft des Ehemannes (gegen nur 11 % der Ehefrauen) und 37 % der Frauen für eine Vorherrschaft der Ehefrau (gegen nur 23 % der Ehemänner). Wenn die Gleichheit der beiden Geschlechter betont wurde, reagierten Ehemänner und Ehefrauen in mehr oder weniger symmetrischer Weise. Wir hätten dieses Ergebnis natürlich erwarten können, aber es beweist erneut die innere Konsistenz unserer Ergebnisse.

In den älteren Behandlungen unseres Stoffes hat, wie oben betont wurde, der gefährlichste Trugschluß entweder in einem bewußten oder unbewußten Festhalten des Autors an einem schichtspezifischen Familientyp oder in einer zu allgemeinen Behandlung des Problems gelegen. Der erste Fehler wurde von *LePlay* und *Riehl*, aber auch von *Horkheimer* und *Schaffner* begangen, wenn ihre Folgerungen untereinander auch ganz verschieden sein mögen. Der zweite Fehler wurde von *Adorno* und allen jenen begangen, die von der Autorität sprechen, als sei sie eine allgemeine, von Altersgruppe, sozialer Klasse, Konfession und Bildungsstand usw. unabhängige Erscheinung. Wenn wir nun versuchen, den Einfluß der sozialen Schichtung so konkret festzustellen, wie wir es oben umrissen haben, so kommen wir zu den erstaunlichsten Ergebnissen. Ich kann hier nicht im Detail darauf eingehen, nach welchen Gesichtspunkten wir die Klassenzugehörigkeit der Befragten ordneten[32]; ich möchte nur betonen, daß auch diese Skala aus einer Verbindung verschiedener Charakteristika, die nach einem besonderen Punktsystem bewertet wurden, hervorgegangen ist. Es scheint danach ganz deutlich zu sein, daß die soziale Klasse ein höchst entscheidender Faktor in der Autoritätsstruktur der Familie ist. Im großen und ganzen kann gesagt werden, daß die Ergebnisse unserer Kölner Untersuchung die Vermutungen unserer historischen Analysen vollauf bestätigen.

Wenn wir die modifizierte formale Klasseneinteilung *W. Lloyd Warners* nehmen, die mit der unteren Unterklasse und der oberen Unterklasse beginnt, über drei Mittelklassen (untere, mittlere und obere) geht und in nur einer Oberklasse endet, dann kommen wir auf der Grundlage unseres Punktsystems auf die folgende Verteilung ausgeprägter väterlicher Autorität in den verschiedenen Gesellschaftsschichten ($N = 234$ Fälle):

untere Unterklasse	25%
obere Unterklasse	19%
untere Mittelklasse	8%
mittlere Mittelklasse	25%
obere Mittelklasse	30%
Oberklasse	53%

Die Vorherrschaft der Frau verläuft dagegen meist in der entgegengesetzten Richtung:

untere Unterklasse	29%
obere Unterklasse	32%
untere Mittelklasse	34%
mittlere Mittelklasse	10%
obere Mittelklasse	16%
Oberklasse	0%

---

[32] Die Einzelheiten werden in einem Referat von *Ewin K. Scheuch*, An Instrument to Measure Social Stratification in Western Germany, in: Transactions of the Third World Congress of Sociology, Bd. VIII, London 1957, gebracht; vom gleichen Verfasser Family Cohesion in Leisure Time, in: The Sociological Review, VIII (N. F.), 1960.

Wenn wir in Betracht ziehen, daß die Klassenzuweisung vermittels einer komplexen Bewertung verschiedener Kriterien entsteht, dann können wir annehmen, daß diese, jeweils für sich allein genommen, nicht unbedingt alle in die gleiche Richtung weisen können. Der Gesamtindex ist also wiederum die Resultante der jeweils unterschiedlichen Gewichte in den einzelnen Skalen. Andererseits kann es interessant sein, die spezifischeren Einflüsse unserer verschiedenen Kriterien, wie etwa Beruf, Einkommen, Bildungsstand usw. auf die Autoritätsstruktur der Familie zu untersuchen. In dieser Hinsicht haben unsere Erfahrungen gezeigt, daß die Autoritätsstruktur verschiedener Berufe mehr oder weniger der allgemeinen Verteilung folgt, wenn die Zahlen auch nicht so deutlich wie in den beiden oben erwähnten Skalen sind. Das läßt vermuten, daß es entgegengesetzte Einflüsse, z. B. das Einkommen, geben kann. Auch der Bildungsstand weist Abweichungen auf, allerdings etwas anderer Art, denn die Autorität des Ehemannes mit geringer Bildung ist gering; sie erreicht mit dem mittleren Bildungsstand ihren Höhepunkt und nimmt mit steigendem Bildungsstand wieder ständig ab; die Unterschiede im Umfang der Autorität der Ehefrau haben eine der Bildung des Ehemanns genau entgegengesetzte Tendenz.

In diesem Zusammenhang könnte es höchst interessant sein, den Einfluß einiger anderer Einzelfaktoren, die für wichtig gehalten werden, mit dem der schon erwähnten Faktoren zu vergleichen. Nehmen wir zuerst die Konfession. Während der Katholizismus im Vergleich zum Protestantismus der Ideologie entsprechend einen bedeutenden Nachdruck auf die väterliche Autorität setzen sollte, fanden wir, daß bei einem Blick auf das wirkliche Verhalten dieser Unterschied nicht annähernd so wichtig ist. Hier scheint die Klassenzugehörigkeit die Konfession ganz eindeutig in den Hintergrund zu drängen. So brauchen also die Bewertungsunterschiede bei *Schaffner* und *Rodnick* nicht so sehr damit im Zusammenhang zu stehen, daß das von dem letzteren benutzte Material eine Überrepräsentierung der Protestanten enthalten hatte, sondern eher mit dem viel wichtigeren Umstand, daß *Schaffner* erstens wegen der besonderen Auswahl der Befragten, die überwiegend zu den Oberklassen gehörten, und zweitens wegen seiner Konzentration auf die ideologische Seite unseres Problems von einer offenkundigen Verzerrung im Sinne der Oberklassen in die Irre geführt wurde.

Diese verschiedenen Tendenzen werden sogar noch betonter, je mehr wir versuchen, spezifizierte Umstände zu berücksichtigen, z. B. wenn wir das wichtigste Einzelkriterium der Autorität, nämlich die Verwaltung des Einkommens für die täglichen Ausgaben, zu einer Berufsskala in Beziehung setzen. Väterliche Autorität steigt kontinuierlich mit der höheren Berufsposition (von 12 % in der Gruppe der un- und halbgelernten Arbeiter auf 50 % in der Gruppe der Freiberufler und unabhängigen Unternehmer), während die Vorherrschaft der Frau in fast den gleichen Proportionen (von 51 % auf 25 %) abnimmt. Die Fälle der Gleichheit von Mann und Frau bleiben etwa konstant. Wenn wir darüber hinaus die Verwaltung des Einkommens für die täglichen Ausgaben als Autoritätskriterium mit der Einkommenshöhe vergleichen, so finden wir wieder dasselbe Bild wachsender väterlicher Autorität mit wachsendem Einkommen und genau die entgegengesetzte Tendenz bei der Vorherrschaft der Ehefrauen.

Bei der Zusammenfassung dieser verschiedenen Ergebnisse unserer Kölner Untersuchung kommen wir zu dem Schluß, daß der Patriarchalismus im alten, klassischen Sinne nur noch in den Oberklassen existiert, zumindest in einer städtischen Bevölkerung, daß aber das Überwiegen väterlicher Autorität gleichmäßig mit der Einkommenshöhe wächst, mit der wesentlichen Ausnahme, daß die Berufsgruppen mit höherem Bildungsstand zum Gleichheitsschema hin tendieren. Die Ergebnisse bedürfen natürlich weiterer Kontrolle, aber zum gegenwärtigen Zeitpunkt scheint uns, daß die Methode der Situationsanalyse, die wir in diesem Bericht zu umreißen suchten, zumindest einige bedeutende Vorteile vor anderen Untersuchungsarten hat, die wir im zweiten Kapitel gekennzeichnet haben, und daß sie auch einen gewissen Schutz gegen die Trugschlüsse ideologischer Tricks und gegen Vorurteile jeder Art bietet. Gleichzeitig können unsere Ergebnisse von den historischen Betrachtungen des ersten Kapitels bekräftigt werden: daß in Deutschland das Abnehmen der väterlichen Autorität im tatsächlichen Verhalten schon in den 1830er Jahren begonnen hatte, während zur gleichen Zeit das Stereotyp des Patriarchalismus noch lebendig war und von vielen Sozialphilosophen (von *Hegel* zu *Riehl*) sogar noch sorgfältig gepflegt wurde. Das bringt uns schließlich dazu, eine alte Vermutung, die von so vielen Untersuchungen als selbstverständlich hingenommen wurde, aufzugeben. Dieser Vermutung zufolge soll eine allgemein-autoritäre Tendenz der politischen Machtstruktur in einer vorherrschend autoritären Familienstruktur wurzeln. Da die Ursprünge des Nationalsozialismus sehr oft in dieser Richtung gesucht worden sind, müssen wir jetzt der Notwendigkeit ins Auge sehen, daß wir zu seiner Erklärung uns eher den allgemeinen Wertorientierungen und ideologischen Stereotypen zuwenden müssen als der deutschen Familie, die im großen und ganzen derselben Entwicklung gefolgt zu sein scheint wie die anderen Familientypen der Industrieländer Westeuropas.

Alte Probleme und neue Fragen in der Familiensoziologie (1966/1974)

Wir können von dem Satz ausgehen, *daß es keine komplexere Gesellschaft gibt, in der nicht mehrere Familientypen gleichzeitig anzutreffen wären.* Selbst bei den archaischen Hochkulturen finden wir beim geringsten Grad an Zusammengesetztheit Differenzierung nach verschiedenen Familientypen, wobei diese Differenzierung ethnisch, wirtschaftlich, sozial, rechtlich und politisch bedingt sein kann. In manchen Fällen mögen alle diese Momente gemeinsam wirken.

An und für sich bedeutet diese Aussage eine einfache Tatsachenfeststellung, die keine weiterführende Bedeutung hat, solange wir sie nicht mit allgemeineren Theorien der Familiensoziologie konfrontieren. Das ist eine der Absichten der folgenden Ausführungen, die also sozusagen eine Revision gewisser theoretischer Aussagen der Familiensoziologie an Hand der erwähnten Tatsachenfeststellung anbahnen sollen. Aus der Revision alter Probleme hoffen wir, 1. neue Fragen ableiten zu können, die 2. sowohl eine Neuformulierung alter Theorien als auch 3. neue Forschung veranlassen sollen, um die zutage tretenden Ungereimtheiten aufzulösen. Wir greifen damit neuere Anregungen von *William J. Goode*[1] auf, die wir selber früher schon unabhängig von ihm in anderem Zusammenhang behandelt haben[2],

---

[1] *William J. Goode*, Die Struktur der Familie, 2. Aufl. Opladen 1966; *ders.*, World Revolution and Family Patterns, New York 1963; *ders.*, The Process of Role Bargaining in the Impact of Urbanization and Industrialization on Family Systems, in: *Reuben Hill*, Hrsg., The Sociology of the Family: Opatija Seminar, in: Current Sociology, XII (1963/64).

[2] Siehe in diesem Bande die Kapitel „Sozialer Wandel in der westlichen Familie" und „Familie und Autorität: Der deutsche Vater im Jahre 1955"; ferner *René König*, Art. „Familiensoziologie und Familie" und „Ehe und Ehescheidung", in: *W. Bernsdorf*, Wörterbuch der Soziologie, 2. Aufl. Stuttgart 1969.

© Springer Fachmedien Wiesbaden GmbH, ein Teil von Springer Nature 2021   213
R. König, *Familiensoziologie,* René König Schriften. Ausgabe letzter Hand,
https://doi.org/10.1007/978-3-658-28247-9_8

und versuchen, in der gleichen Richtung ein paar Schritte weiter voran zu tun.

I

Als wir im Jahre 1955 einige Zeit in einer kleinen Dorfgemeinde an der Ostküste von Teneriffa verbrachten, fiel uns eine eigenartige ökologische Differenzierung des Dorfes ins Auge. Der Dorfkern bestand aus stattlichen Häusern mit einer „Fonda" im Zentrum, während ringsherum auf kleineren Hügeln Wohnstätten in den vulkanischen Kalktuff eingegraben waren, in denen eine offensichtlich sehr arme Bevölkerung hauste. Die Haupttätigkeit der Einwohner dieser kleinen Gemeinde war der Anbau von Frühkartoffeln und Tomaten. Letztere wurden nicht nur als Früchte (hauptsächlich nach Nordeuropa) exportiert, sondern auch in einer kleinen Fabrik zu Konserven verarbeitet.

Eine erste historische Untersuchung ergab, daß das Dorf früher von Fischerei gelebt hatte, und zwar mit Hilfe von seegängigen Booten, die – da ziemlich groß – jeweils das Eigentum mehrerer Familien waren. Diese waren also ausgesprochene Großfamilien, die gemeinsam in ein gewerbliches Unternehmen einstiegen und damit einen gewissen Reichtum ins Dorf gebracht hatten. Diese Zeit lag damals etwa 60 Jahre zurück. Wir konnten nicht feststellen, wie diese Familienzusammenschlüsse entstanden waren, welche Verwandtschaftsgrade dabei bevorzugt wurden; aber dies müßte sich aus dem Studium der Kirchbücher relativ leicht feststellen lassen.

Aus irgendwelchen Gründen, die wir nicht in Erfahrung bringen konnten, war mit der Zeit die Hochseefischerei eingegangen (vielleicht, weil die benutzten Boote letzten Endes doch zu klein und darum nicht rentabel waren) und statt dessen erst der Anbau von Frühkartoffeln, die zu guten Preisen nach Europa exportiert wurden, und danach der Anbau von Tomaten im Winter eingeführt worden. Diese Umstellung hatte jedoch eine beträchtliche Bevölkerungsumschichtung zur Folge, da die neue Art der wirtschaftlichen Betätigung plötzlich eine Menge von Arbeitern erforderlich machte, über die das kleine Dorf nicht verfügte.

So waren seit ca. 45 Jahren Arbeiter von der benachbarten Insel La Gomera importiert worden, die man noch zur Zeit unseres Besuchs deutlich am Dialekt von den eingeborenen Tinerfeños unterscheiden konnte. Diese unverheirateten jungen Männer hatten sich rings um das alte Dorf in den Hügeln aus Kalktuff ihre Höhlenwohnungen gebaut und lebten zunächst als Saisonarbeiter von der neuen Landwirtschaft; später, als nach dem Ersten Weltkrieg die Landwirtschaft florierte und auch die Konservenfabrik eröffnet worden war, blieben sie ganzjährig am Ort und zogen junge Frauen von ihrer Heimatinsel nach, so daß sich bald ein Kranz von jungen Landarbeiterfamilien um das Dorf bildete. Die „Unternehmer" waren die ehemaligen Fischer, die nach wie vor ihren Großfamiliencharakter beibehielten, indem sie jeweils zu mehreren miteinander verwandten Familien gemeinsam in das neue Geschäft einstiegen, während die einzeln von La Gomera herübergekommenen jungen Männer unabhängige Gatten- und Kernfamilien gründeten. So bestand das Dorf zur Zeit meines Besuchs aus zwei ökologisch deutlich voneinander getrennten Zonen, die im übrigen durch das Vorherrschen zweier verschiedener Familientypen charakterisiert wurden; dazu kam noch als kulturelles Merkmal der deutlich unterschiedene Dialekt. Der Grund für diese Differenzierung war zu suchen in einer historisch entwickelten Umschichtung der Wirtschaftsstruktur von Hochseefischerei mit mittelgroßen Booten, die wegen des Kapitalaufwands den Zusammenschluß mehrerer Familien erforderten, zu extensiver Landwirtschaft, in die das Kapital der Fischereiflotte umdirigiert worden war; diese erforderte aber eine Menge Arbeitskräfte, die von auswärts importiert werden mußten. Da sie im individuellen Lohnverhältnis standen, gab es für sie keinerlei Anreiz, sich zu größeren Familien zusammenzuschließen.

Bei *W. J. Goode* finden wir nun eine interessante Hypothese ausgesprochen, die wir mit obigen Darstellungen konfrontieren wollen: „The lower strata in *most* societies live in small households; one should not, then, expect family systems closer to the conjugal type to change much in a period of economic expansion"[3]. Die erste Hälfte der Hypothese erfährt durch unser Beispiel eine neue Bestätigung. Die zweite Hälfte wird durch die Umstände sehr wahrscheinlich gemacht, kann aber mit unserem Material noch nicht bestätigt werden, da wir dazu das Dorf weiter daraufhin beobachten müßten, ob sich die eingewanderten Gatten- und Kernfamilien als beweglicher und leichter anpassungsfähig an die neuen Verhältnisse erwiesen haben. Bevor wir dazu kommen, bedarf es noch weiterer Untersuchungen.

Vorerst muß hervorgehoben werden, daß das bisher erreichte Ergebnis einer Menge älterer Theorien widerspricht, nach denen sich die Familie von ursprünglich „weiteren" Formen allmählich auf die Kernfamilie entwickelt haben soll. Wir bezeichnen diese Hypothese nach *Emile Durkheim* als das „Kontraktionsgesetz der Familie"[4]. Die entscheidenden Ursachen dafür sollen nach vorherrschender Meinung Industrialisierung und Verstädterung gewesen sein. Nun ist es nicht von der Hand zu weisen, daß die Gatten- und Kernfamilie in den Industriekulturen (mit einer noch zu erwähnenden Ausnahme) dominant ist. Die Frage aber ist ja gerade, wie wir das zu erklären haben. In unserem Falle ist es nun zweifellos so, daß sich die Kernfamilie nicht aus weiteren Familienzusammenhängen „entwickelt" hat, sondern sie ist unter ganz besonderen Umständen entstanden, indem eine importierte resp. eingewanderte Bevölkerung von jungen Männern ohne Anhang nach einer Weile Frauen der gleichen Provenienz nach sich gezogen hat, so daß die Kernfamilien gewissermaßen *spontan entstanden* sind und sich keineswegs aus

---

[3] *W. J. Goode*, World Revolution ..., S. 17 und passim.
[4] *Emile Durkheim*, La famille conjugale, in: Revue Philosophique 1921.

etwas anderem entwickelt haben. Wir können auch ohne weiteres annehmen, daß die jungen Männer zu diesem Vorgehen gezwungen wurden, da die eingeborenen Familien es sicher abgelehnt hätten, mit ihnen ein Konnubium einzugehen.

So zeigt sich, daß der obige Satz von der Kontraktion gewisse Nebentöne hat, die angesichts unseres Beispiels alles andere als selbstverständlich sind. Man löst gewöhnlich diese Theorie in eine Reihe von Hypothesen auf. Die erste (1) lautet, daß die Gattenfamilie in den Industriekulturen dominant *geworden* sei, nachdem sie sich aus weiteren Familienzusammenhängen herausgelöst habe. Das bedeutet (2), daß die Gatten- und Kernfamilie eine *neuere Erscheinung* sein soll, ferner (3), daß *allein die Industrialisierung sie prädominant gemacht hat*, d.h. daß andere Ursachen dafür nicht verantwortlich gemacht werden können. Schließlich (4) enthält die Kontraktionstheorie die stillschweigende Unterstellung, daß es früher ausschließlich weitere Familienzusammenhänge gegeben haben soll. Das heißt mit anderen Worten, daß die Hypothese 2 und 4 gewissermaßen als sich gegeneinander ausschließend gedacht werden müssen. Dazu kommt noch, daß die Entwicklung von 4 zu 2 laufend gedacht wird, woher auch der Name „Kontraktionsgesetz" erklärlich wird. Die einfachste Form einer Darstellung dieses Gesetzes würde dann in einer geraden Linie von verschiedenen Formen weiterer Familienzusammenhänge auf eine Dominanz der Gatten- und Kernfamilie auslaufen, wobei zwischen beiden Extremen eine lange Phase der Mischung verschiedener Formen angesetzt wird, während der in Interferenz ein gleichzeitiger Abbau der einen und Aufbau der anderen Familienformen angenommen wird. Damit erweist sich diese Auffassung als eine Ausgeburt des Evolutionismus, der auch bei *Durkheim* noch spürbar ist, obwohl er selber viele Schritte getan hat, um ihn im Sinne einer Strukturanalyse zu überwinden. Es würde übrigens auch bedeuten, daß eine (5) letzte Hypothese aufgestellt werden müßte, nach der das *spontane Entstehen weiterer Familienzusammenhänge im Zeitalter des Industrialismus* völlig ausgeschlossen werden muß. Diese macht nur einen Zug explizit, der in der Verkoppelung der Hypothesen 2 und 4 bereits enthalten ist.

II

Alle die angeführten Sätze widersprechen aber in entscheidender Weise dem Einleitungssatz dieser Abhandlung, nach dem es keine komplexere Gesellschaft geben soll, in der nicht mehrere Familientypen gleichzeitig angetroffen werden können. Es ist wichtig, bereits hier daran zurückzuerinnern, da wir damit eine Verengung unserer Optik erreichen können, was für eine Klärung der Probleme unerläßlich ist.

In seiner ursprünglichen Anwendung bezieht sich das Kontraktionsgesetz bei *Durkheim* nämlich auf die Herauslösung der Kernfamilie aus den weiteren Zusammenhängen des Clans. Im übrigen übernimmt er dabei eine alte

These von *Lewis H. Morgan* und *Friedrich Engels*[5], nach der das Vorhandensein dominanter Großfamilien die gleichzeitige Existenz von Kernfamilien innerhalb dieser Verbände nicht ausschließt, wie auch *George P. Murdock*[6] viel später wieder betont hat. Nur liegt das Schwergewicht der gesellschaftlichen Geltung nicht auf diesen Kernfamilien, sondern auf den großfamilialen Verwandtschaftszusammenhängen. Damit kann *Durkheim* eine ganze Reihe älterer Hypothesen von der Ursprünglichkeit der „Gruppenehe" zurückweisen, die der Annahme von Kernfamilien im Rahmen weiterer Verwandtschaftszusammenhänge im Wege stehen würden[7]. Aber die Hypothese vom Primat weiterer Verwandtschaftszusammenhänge wird sich niemals beweisen lassen. Darum ist sie zwar nützlich zur Ordnung der verfügbaren Materialien, sie bezieht sich aber mehr auf eine vermutete Ursprungsgeschichte der Familie im Sinne eines theoretischen Modells als auf eine Hypothese, mit der man die tatsächliche geschichtliche Entwicklung der Familie erklären könnte. Sie versagt jedenfalls total, sowie man sich mit der Analyse komplexerer Gesellschaften befaßt, wie sie uns allein in direkter Beobachtung zugänglich sind.

Nun ist es zwar unwahrscheinlich aber leider wahr, daß das, *was niemals der Beobachtung zugänglich gemacht werden kann, nämlich die Urgeschichte der Familie, viel mehr Aufmerksamkeit absorbiert hat als* die Entwicklung der Familie in geschichtlicher Zeit. Die Bemerkung Goodes[8], daß es keine Geschichte der Familie in Griechenland oder Rom gibt, zwei Kulturen, die uns sonst so vertraut sind, und daß wir überhaupt über keine allgemeine Geschichte der Familie verfügen, bleibt also nach wie vor leider wahr. Wir besitzen nur sehr begrenzte Teildarstellungen in Werken, die zudem häufig nur nebenbei auf die Familie zu sprechen kommen. Die zentral an der Familie interessierten Historiker sind eine verschwindende Ausnahme. Wenn schon Historiker auf das Problem der Familie zu sprechen kommen, so unterliegen sie entweder allen möglichen Vorurteilen aus der vorwissenschaftlichen Diskussion, ähnlich wie die Rechtshistoriker, oder sie erfinden selber allgemeine Entwicklungsmodelle, die genausowenig beweisbar (und darum mehr oder weniger müßig) sind wie die Hypothesen der Evolutionisten, die heute samt und sonders vergessen sind, obwohl das Motiv zu loben ist, aus dem sie erwachsen sind, nämlich das scheinbar Selbstverständliche nicht einfach hinzunehmen, sich auch nicht vor ausgefallenen Thesen zu fürchten, sondern einzig der Sache nachzugehen. Wenn auch der Inhalt der evolutionistischen Thesen für uns völlig uninteressant geworden ist, so ist es die Motivation keineswegs, aus der sie erwachsen sind, nämlich einen Zusammenhang von theoretischen Sätzen zu entwickeln, der es erlaubt, die Gegenwart auf einer

---

[5] Zur Literatur siehe *R. König*, Art. „Familiensoziologie und Familie", a.a.O.

[6] *George P. Murdock*, Social Structure, New York 1949, Kap. 2.

[7] Siehe Anmerkung 5.

[8] *W. J. Goode*, World Revolution ..., S. 367.

Linie mit der Vergangenheit zu sehen und die Entstehung bestimmter Züge der Gegenwart zu erklären.

Im Gegensatz zu alledem befassen wir uns hier ausschließlich mit geschichtlichen (bestenfalls frühgeschichtlichen) Kulturen, die im Gegensatz zu den vorgeschichtlichen Kulturen insgesamt als komplexere Gesellschaften angesprochen werden müssen. Mit den archaischen Hochkulturen stehen wir auch in einem geschlossenen Entwicklungszusammenhang, während die Verbindung mit den weiter zurückliegenden Kulturen äußerst unsicher ist. Auch steht die Analogie der vorgeschichtlichen Kulturen mit überlebenden Primitivgesellschaften darum auf höchst unsicheren Füßen, weil diese einzig im Sinne einer geringen technisch-wirtschaftlichen Ausstattung, nicht aber im Sinne der „Geschichtslosigkeit" primitiv sind, was sie als Vergleichsmaßstäbe unbrauchbar macht. So wahr nun diese Gesellschaften strukturell bereits hochkomplex sind, zeigt sich auch, daß bei ihnen zumeist mehrere Familien-typen gleichzeitig auftreten, was uns am Schluß zwingen wird, einige bis-her als fraglos hingenommene Hypothesen zur Entwicklung der Familie in geschichtlicher Zeit zurückzuweisen und durch andere zu ersetzen.

III

Wenn wir nun an die Einzelbetrachtung der oben erwähnten Hypothesen herangehen, können wir einen Teil der Hypothese (1) beibehalten, daß die Gattenfamilie in den Industriekulturen *dominant geworden* ist; dies läßt sich unmittelbar empirisch belegen. Es widerspricht im Grunde auch nicht der Hypothese (5), wenn weitere Familienzusammenhänge im Industriezeitalter überleben, falls nur gesichert ist, daß die große Majorität der Familien nach dem Typus der Gattenfamilie gestaltet ist. Das entspricht der Bedeutung des Begriffs „dominant". Es bleibt uns dann nur die Frage aufzurollen, wieso im Gegensatz zur Kontraktionstheorie angenommen wird, daß die Existenz weiterer Familienzusammenhänge und die Dominanz der Gattenfamilie einander nicht ausschließen.

Dies kann auf zweierlei Weisen verstanden werden, und zwar entweder ganz unverbindlich als einfaches „Überleben" älterer Formen der Familie in neueren Gesellschaftssystemen oder aber strukturell-funktional, d.h. mit theoretischer Stringenz, indem diese erweiterten Familientypen auch in den fortgeschrittenen Industriegesellschaften eine spezifische Funktion üben. Während die erste These als theoretisch irrelevant übergangen werden kann, verlangt die zweite nach unserer Aufmerksamkeit, weil sie dem Kontraktions-gesetz widerspricht.

In diesem Sinne war schon *Goode* das „Paradox"[9] aufgefallen, „that the families that are most successful in the industrialized and urbanized system are precisely those families which are farthest removed in pattern from the

---

[9] *W. J. Goode*, The Process of Role Bargaining ..., S. 8.

conjugal family which are thought to be so harmoniously adjusted to industrialization". Gemeint sind damit Familien aus den obersten Schichten der Gesellschaft. Das Paradox läßt sich aber leicht auflösen, wie uns scheint, wenn wir an unser Beispiel von Teneriffa zurückdenken und überhaupt an eine wesentliche Funktion der erweiterten Familienformen, die darin liegt, *einen Komplex wirtschaftlicher Güter mit einer Verwandtengruppe zu verbinden*. Darum spielt ja auch die Großfamilie eine so wichtige Rolle in den höheren Agrarkulturen seit der Antike, aber auch in den mittelalterlichen Gewerben. Wo immer die Ausübung wirtschaftlicher Tätigkeit an das Vorhandensein eines größeren Eigentums gebunden ist (z.B. Land, Gewerbebetrieb mit Produktionsmitteln), wird die Großfamilie positiv funktional, weil eine Gattenfamilie durchschnittlich gar nicht in der Lage wäre, ein größeres Eigentum aufzubringen. So taten sich auch in der Renaissance mehrere Familien zusammen, um etwa Banken und andere Unternehmungen zu begründen, wie in den italienischen Stadtstaaten oder in den süddeutschen, schweizerischen oder niederländischen Städten. Die ersten Kapitalgesellschaften sind zumeist als Familiengesellschaften entstanden; erst später folgen neutrale Gesellschaftsformen.

Nun ist dieser Zug des Frühkapitalismus über dem Eindruck der ersten Unternehmerpersönlichkeiten, die eigentliche „Übermenschen" waren, vergessen worden; die Wahrheit aber ist, daß sich der Kapitalismus *nach seiner Konsolidierung*, genau wie die großen Vermögen früher, *von neuem an Familien gebunden hat*. Er tut dies selbst da, wo die rechtliche Institution der Familiengesellschaften, wie etwa das Familienfideikommiß, verschwunden ist. Gewiß ist diese Institution in den meisten Gesellschaften gerade wegen des Mißtrauens gegen Vormachtstellungen von Familien verschwunden, aber sie hat sich informell auf neuer Basis wiederhergestellt, indem etwa der Aktienbesitz gewisser Gesellschaften auf einen kleinen Kreis von Verwandten begrenzt bleibt. Genau wie die älteren Adels-, Kaufmanns- und Patrizierfamilien damit ein Vermögen über viele Generationen in der Hand einer Familie erhielten, geschieht es noch heute. Im übrigen greifen auch die reichsten Familien der Industriesysteme zu den gleichen Techniken wie die alten Familien, wenn sie etwa im Mannesstamm aussterben, indem sie eine entsprechende Heirats- und Adoptionspolitik treiben. So waren etwa früher die Aktien der Friedrich Krupp AG (seit 1906) ausschließlich im Familienbesitz. 1902 hinterließ *Alfred Krupp* das ganze Unternehmen seiner ältesten Tochter *Bertha*, die 1906 *Gustav Krupp von Bohlen und Halbach* heiratete; dieser Name war von Kaiser *Wilhelm II.* dem Leiter des Werkes und seinem jeweiligen Nachfolger erblich verliehen worden.

So entstehen in der Tat spontan neue Großfamilien, nachdem sich die neuen Vermögen der Industriegesellschaften konsolidiert haben, selbst wenn das rechtliche Instrument der Familiengesellschaft verschwunden ist. Da dies durchwegs der Fall ist, sind wir natürlich sehr mangelhaft unterrichtet sowohl über die Existenz und die Anzahl wie auch über die faktische Ausdehnung dieser Familienvermögen, die sich nicht nur bei den obersten Oberschichten, sondern bis in die oberen Mittelklassen hinein finden. Die Entstehungs- und Entwicklungsgeschichte der großen Industrievermögen in Europa und Amerika gibt uns dazu mancherlei Hinweise, wobei wir grundsätzlich zwei Typen unterscheiden können: Aus der Vergangenheit her überlebende Familienallianzen, die sich an die moderne Industriegesellschaft angepaßt haben (hierher gehören insbesondere Teile des hohen Adels), und mit dem Industriesystem neu aufgestiegene Familien, die sich eventuell nach einigen Generationen mit den aristokratischen Familien verschwägern. Es ist auch wichtig zu vermerken, daß sich diese erweiterten Familien heute international verstreuen, um bei der internationalen wirtschaftlichen Verflechtung im Kriegsfall entsprechend handeln zu können (so wurde vor einiger Zeit ein Enkel des Kaisers *Wilhelm II.* britischer Staatsbürger, um die Interessen der Hohenzollern in Polen zu schützen, nachdem Polen eine Entschädigung britischen Besitzes im alten Polen zugesagt hatte). Das gleiche trifft nicht nur bei aristokratischen, sondern genauso bei bürgerlichen Familien zu.

So können wir sagen, daß erweiterte Familienformen spontan neu entstehen, und zwar mit der gleichen Funktion wie früher, indem sie ein Vermögen an eine Familie binden. Bemerkte *Goode* mit Recht, daß die Gattenfamilie immer die Durchschnittsform der Familie in den Unterklassen gewesen ist, so entspricht dem auf der anderen Seite des Gesellschaftssystems die Häufung erweiterter Familienformen in den Oberklassen. Das scheint uns eine wichtige Entscheidung strukturell- funktionaler Art, die uns gleichzeitig erlaubt, das Überleben wie das spontane Neuentstehen erweiterter Familienformen mit oder ohne Rechtsgrundlage in den modernen Industriegesellschaften zu erklären. Es besteht hier eine ausgesprochene Analogie zu dem spontanen Entstehen von Gattenfamilien in Systemen mit prädominanten erweiterten Familien. Damit zeigt sich, daß die vorher behauptete gegenseitige Exklusivität von Gattenfamilien und erweiterter Familie nicht besteht. Im Gegenteil: beide tauchen sowohl früher als auch in den fortgeschrittenen Industriekulturen gemeinsam auf, wobei sich ihre verschiedene Stellung zum Eigentum als entscheidendes Differenzierungsmerkmal erweist.

IV

Nachdem dies festgestellt wurde, wird uns nahegelegt, die vierte Hypothese und die zweite fallenzulassen sowie die dazugehörende, daß die Entwicklung in einer geraden Linie von weiteren Familienzusammenhängen zur Gattenfamilie verlaufen sein soll. Damit erfährt das Kontraktionsgesetz als Ausdruck für die stattgehabte historische Entwicklung eine erste entscheidende Widerlegung, der bald eine zweite folgen wird. Wir werden uns danach zu fragen haben, ob das Kontraktionsgesetz nicht *außerdem* noch eine strukturelle Bedeutung hat.

Vorläufig wollen wir die Hypothese 3 aufgreifen, nach der allein die Industrialisierung die Gattenfamilie dominant gemacht haben soll. Diese in vielen familiensoziologischen Untersuchungen meist als völlig selbstverständlich angenommene Meinung bedarf jetzt dringend einer Nachprüfung. Wenn wir zeigen können, daß es auch in Gesellschaften mit prädominanten erweiterten Familien Gattenfamilien gibt, kann deren Existenz also zweifellos weder durch Industrialisierung noch durch Verstädterung *allein* bedingt sein. Wir haben in einer anderen Arbeit schon vor längerer Zeit an Hand einer Reihe von Beispielen darauf hingewiesen „that, apparently, the essential changes in family structure have occurred long before the appearance of industrialization"[10]. In den erwähnten Fällen handelte es sich z.B. darum, daß gewisse Wandlungen der Agrartechnik plötzlich weniger Arbeitskräfte erforderlich machten, so daß sich die erweiterten Familien auflösten. *Gideon Sjoberg* erwähnt übrigens Fälle, wo in vorindustriellen Gesellschaften selbst auf dem Lande die Familie auf die Gattenfamilie reduziert wird, weil der Bodenbesitz zu geringfügig ist[11]. Im Gegensatz zu einer weit verbreiteten Meinung hebt er ausdrücklich hervor, daß die vorindustrielle Stadt und nicht so sehr das Land der Hauptsitz der erweiterten Familien sei. Andererseits betont auch er, daß in den untersten Klassen der Stadtbevölkerung Gattenfamilien zu finden sind, bei denen die schmalen wirtschaftlichen Lebensbedingungen die Bildung einer erweiterten Familie verhindern. Hier gibt es sogar eine unterste Schicht isolierter Individuen (meist Bettler), wobei isolierte Frauen entweder als Sklavinnen verkauft oder in die Prostitution abgestoßen werden. Diese Zeugnisse sind um so wichtiger, als sonst *Sjoberg* einigermaßen der romantischen Auffassung erlegen ist, es gebe in vorindustriellen Gesellschaften ausschließlich erweiterte Familien. Wir werden bald sehen, daß es höchst bedeutsame Zeichen gibt, die das Gegenteil bezeugen.

Ein weiteres, ungemein zu denken gebendes Beispiel ist die Thai-Gesellschaft, die *Ludwig Hamburger* als „fragmentierte Gesellschaft" bezeichnet[12]. Er findet in ihr einzig die Gatten-(oder Zwei-Generationen-) Familie, dies in ausgesprochenem Gegensatz zu China und Indien. Dabei betont er ausdrücklich, daß dies nicht etwa eine Folge westlicher Einflüsse ist, sondern tief in die Vergangenheit zurückreicht. Dabei können manchmal verwitwete oder bedürftige Personen in die Gattenfamilie aufgenommen werden, aber sie haben keinerlei Autorität. Auch sonst ist das Idealbild der Familie das einer außerordentlich lockeren Aggregation, die jederzeit wieder auseinandergehen kann. Einzig die königliche Familie hat eine konstante Identität.

---

[10] *René König*, Changes in the Western Family, in: Transactions of the 3rd World Congress of Sociology, vol. III, London 1956.

[11] *Gideon Sjoberg*, The Preindustrial City, Past and Present, Glencoe, Ill., 1960, S. 159 und passim.

[12] *Ludwig Hamburger*, Fragmentierte Gesellschaft. Die Struktur der Thai-Familie, in: Kölner Zeitschrift für Soziologie und Sozialpsychologie 17 (1965).

Darum kann man hier auch kaum von Gattenfamilie sprechen, da die Ehe leicht eingegangen und genauso leicht wieder gelöst wird. Bestenfalls kann man von einer Art „natürlicher Familie" als Kernfamilie sprechen, wobei aber dieser Kern außerordentlich unstet ist, weil es ursprünglich nicht einmal Familiennamen gibt (erst seit 1916) und Scheidungen, da relativ formlos, häufig sind und auch das Eltern-Kind-Verhältnis sehr locker ist. Ähnlich berichtet *John F. Embree*[13]. Leider werden wir nicht über die Hintergründe dieser sehr auffälligen Situation orientiert. Vielleicht hängt sie mit den früheren Wanderungen der Thai aus Süd-China zusammen; vielleicht ist auch die Prädominanz der Gatten- oder Kernfamilie die Ursache für die unverhältnismäßig große Anpassungsfähigkeit der Thailänder an neue Lebensbedingungen. Auch die Geschicklichkeit der siamesischen Könige, sich nicht kolonialisieren zu lassen, mag damit zusammenhängen, wie auch der Mangel an Familienfehden zweifellos die Konsequenzen der sonst so lockeren Fügung der Thai-Gesellschaft kompensiert.

Eine ähnliche Beziehung zwischen Staatswerdung und dem Vorhandensein von unabhängigen Individuen und ihren Kleinfamilien hatte schon der hervorragende französische Althistoriker *Gustave Glotz*[14] für die griechische Polis hervorgehoben. Für ihn baut sich der griechische Staat nicht in der Auseinandersetzung zwischen zwei Elementen, den Großfamilien und der Polis, sondern zwischen drei Elementen, nämlich außerdem noch dem unabhängigen Individuum und seiner kleinen Kernfamilie auf.

Die Entstehung dieser Sonderfamilien mag auf die verschiedensten Ursachen zurückgehen: sie sind etwa das Ergebnis der dauernden Fehden zwischen den Großfamilien, die sich gegenseitig dezimieren, so daß ständig sippenlose Personen anfallen; sie sind aber auch das Ergebnis von Wanderungen, Abspaltungen von Einzelhaushaltungen oder anderer Umstände (Verarmung). Außerdem gibt es die „Katoikountes", eine „nicht allzusehr am Schicksal der einzelnen Polis beteiligte und international fluktuierende umfangreiche Sondergruppe persönlich freier Menschen"[15] und die „Metoeken", gewissermaßen die Oberschicht der Katoikountes, die gegen Zahlung ein gehobenes Domizilrecht gegenüber den nicht dauerhaft wohnhaften Fremden erworben hatten.

Damit spielt aber natürlich die *soziale Schichtung* eine entscheidende Rolle mit ihren zahlreichen Abhängigkeitsverhältnissen differenziertester Art von der Klientel bis zum Sklaven, bei denen auf Grund ihrer zumeist sozial und wirtschaftlich prekären Lage eigentlich nur Sonderfamilien existieren (falls sie überhaupt rechtlich anerkannt werden). Manche dieser unabhängigen Sonderfamilien schlossen sich – angeregt durch das Vorbild der Großfamilien – ebenfalls zu künstlichen Verbänden von familienartigem Charakter

---

[13] *John F. Embree*, Thailand. A Loosely Structured Social System, in: American Anthropologist 52 (1950).

[14] *Gustave Glotz*, La cité antique, Paris 1928.

[15] *Fritz Heichelheim*, Antike Wirtschaftsgeschichte, Leiden 1938, Bd. I, S. 398ff.

zusammen (Thiases), die anfänglich mindern Rechts waren, aber bald aufstiegen. Andere blieben schon in homerescher Zeit freie, aber völlig recht-
lose Individuen, die bestenfalls kleine Familien gründeten und Lohnarbeiter
waren (Thetes). So finden wir hier eine neuerliche Bestätigung der schon
mehrfach erwähnten Einsicht, daß die Kern- und Gattenfamilie an die Unterschichten gebunden ist. Sie findet sich auch bei Fremden, Ausländern und
verstreuten nationalen Minoritäten. Davon unabhängig sind noch die natürlichen Familien der Unfreien und Sklaven[16].

Im alten Rom finden wir ebenfalls eine Gruppe von Menschen, die den
erweiterten Familien nicht angehören, die also Sippenlose sind, nämlich die
Klienten. Diese waren zwar im Gegensatz zu den Sklaven frei, konnten aber
keine Gens bilden. Sehr typisch heißt es: „Sie behielten ihre Habe, ihre Ehe,
ihre (Sonder-)Familie"[17]. Auch sie treten, wie in Griechenland, als Einzelpersonen in die römische Rechtsordnung ein. Sie spielten in der römischen
Gesellschaft eine große Rolle, da sie in Massen aufgenommen wurden (ganze
Bürgerschaften unterworfener Städte). So treten sie als Plebs dem Populus
der Patrizier gegenüber; dem Ursprung nach sind sie vielfach Ausländer,
und ihre Geschichte ist identisch mit ihrem Aufstieg zu Vollbürgern, wobei
allmählich auch ihre Ehe anerkannt wurde (die ja vor gentilizischem Recht
nichtig war, also nur „natürliche" Ehe sein konnte). Der Standesunterschied
für das Eherecht zwischen Plebejern und Patriziern wurde durch die lex
Canuleja (445 v. Ch.) aufgehoben, darum aber noch immer nicht die Ehe
zwischen römischen Bürgern und Peregrinen oder Latinern (eine Zwischen-
form zwischen Nicht-Bürgern und Bürgern) anerkannt. Eine ähnliche
Situation finden wir im germanisch-rechtlichen Bereich, wo neben den verschiedenen Formen der Großfamilien auch Sonderfamilien auftreten, die sich
in der sogenannten „Friedel-Ehe" sogar unverhältnismäßig früh eine eigene
Eheform geschaffen haben. Diese tritt auf, wenn sippenlose Frauen oder
Ausländerinnen geheiratet werden, und steht einer Konsensehe und Gattenfamilie außerordentlich nahe[18].

V

Wenn wir jetzt hier einhalten und zusehen, wieviel Familientypen wir *gleichzeitig* in den Gesellschaften der Alten Welt finden (und die Verhältnisse
dürften in zahllosen anderen Gesellschaften vom gleichen Typ ähnlich sein),
erhalten wir mindestens folgende Reihe:

---

[16] Viele Belege für die Feststellungen im Text finden sich bei *Walter G. Becker*, Platons
Gesetze und das griechische Familienrecht, München 1932; *Walter Erdmann*, Die Ehe im alten
Griechenland, München 1934.

[17] *Rudolf Sohm*, Institutionen. Geschichte und System des römischen Privatrechts, 17. Aufl.
München und Leipzig 1933, S. 33.

[18] *Rudolf Köstler*, Raub-, Kauf- und Friedelehe bei den Germanen, in: Zeitschrift der Savigny-
Stiftung für Rechtsgeschichte, Germanistische Abt., 1943, S. 119.

1. *Großfamilien* als Aggregat von verschiedenen Verwandten (meist Brüdern mit ihren Frauen und Kindern), die in ungeteilter Erbengemeinschaft die gleiche Wirtschaft betreiben (Landwirtschaft oder Handwerk, Transport und Handel);

2. *patriarchalische Familien*, die sich aus diesen Zusammenhängen herausgelöst und verselbständigt haben (die „Zyklopen-Familie" *Platons*). Hier handelt es sich ebenfalls um eine erweiterte Form der Familie (composite family), die die Söhne mit ihren Frauen und Kindern unter der lebenslänglichen Verfügung des Patriarchen („Erzvater") enthält, dazu noch Klienten, Sklaven u.a. Personen. Diese Familie kann polygam oder monogam sein;

3. die *Familien der Unterklassen*, die nichts besitzen, oder solche, die unter besonderen Verhältnissen zustande kommen (Ehe mit Personen minderen Rechts oder Ausländern). Diese bestehen nur aus Vater, Mutter und ihren Kindern. Vielleicht findet irgendein älterer Verwandter in sie Aufnahme; aber das ist weder die Regel noch fließen daraus irgendwelche Rechtsansprüche;

4. die *„natürliche Familie"* der Abhängigen (Sklaven verschiedener Art), die meist keine Rechtsform besitzt und in der es infolgedessen auch keine echte Ehe (justae nuptiae) gibt, sondern einzig Geschlechtsgemeinschaft (contubernium). Diese rein faktische Ehe hatte auch nur geringe rechtliche Auswirkungen auf die Verwandtschaft (cognatio servilis), obwohl berichtet wird, daß sich neben völlig ungeordneten Verhältnissen auch echte Familien fanden, deren Mitglieder über mehrere Generationen durch Liebe und Zuneigung verbunden waren[19].

Wenn wir von hier aus auf die früher aufgestellten Hypothesen zurückblicken, können wir nunmehr definitiv als bewiesen ansehen, daß die Hypothesen 2 und 4 einander gegenseitig nicht ausschließen, d.h. daß die Gatten- oder Kernfamilie und Großfamilien gleichzeitig vorkommen können, und war geschichtlich schon sehr früh. Da zudem die Trennung der beiden Typen parallel gelagert ist mit der sozialen Schichtung, können wir auch sagen, *daß ihr gemeinsames Auftreten nicht einem Zustand unverbindlicher „Mischung" zweier Typen entspricht, sondern strukturell bedingt ist*. Die besitzende Klasse entwickelt in den archaischen Hochkulturen verschiedene Formen von erweiterten Familien, während sich die verschiedenen Arten von nichtbesitzenden Klassen (Unabhängige, Freigelassene und Sklaven) auf die Kern- und Gattenfamilie beschränkt sehen. Diese Problemlage ist übrigens durchaus verschieden von jener, die schon oft hervorgehoben worden ist, daß sich innerhalb jeder Großfamilie einzelne Kernfamilien unterscheiden lassen; denn in diesem Falle handelt es sich gewissermaßen um die Elemente des Aggregats,

---

[19] *J. Declareuil*, Rome et l`organisation du droit, Paris 1924, S. 141/142.

wobei noch hinzukommt, daß rechtlich, wirtschaftlich, kulturell und politisch das ganze Schwergewicht der Großfamilie auf dem weiteren Verwandtschaftszusammenhang ruht. In dem oben geschilderten Fall liegt es hingegen so, daß nicht von Elementen und Aggregaten die Rede sein kann, da *die Kernfamilie buchstäblich alles ist, was wir vorfinden.* Gelegentlich finden wir zwar, wie oben schon angeführt, daß sich diese Kernfamilien bei ihrem sozialen Aufstieg zu erweiterten Familien zusammenschließen wie die der Oberklassen. Aber das bleibt immer nur einem Teil vorbehalten, nämlich jenen, die volles Bürgerrecht erreichen. Bei den anderen (Unfreien und Sklaven) ist dies hingegen grundsätzlich nicht der Fall.

Das führt sofort zu einer weiteren Überlegung, nämlich der Frage nach dem zahlenmäßigen Verhältnis der verschiedenen Familientypen zueinander. Hier muß zunächst zugestanden werden, daß sich eine präzise Aussage für die antiken Gesellschaften wahrscheinlich niemals wird geben lassen. Aber die Frage ist, ob wir das überhaupt brauchen und ob wir nicht einen indirekten Weg haben, der uns eine strukturell relevante Schätzung erlaubt. Ein solcher müßte wiederum an der Schichtung ansetzen. Dazu sagt schon *Glotz*[20]: „Les citoyens, en Attique, étaient une minorité." Ein hervorragender Wirtschaftshistoriker wie *Fritz Heichelheim* wird genauer[21] und glaubt auf Grund von Inschriftenstatistiken sagen zu können, daß „vielleicht 70 bis 80 Prozent der im Handel, Bankwesen und Handwerk tätigen Freien" in Griechenland Katoikountes und freigelassene Sklaven waren, also Personen mit vorwiegender Kernfamilie. Das erlaubt auch den Schluß, *daß sehr wahrscheinlich die Zahl der Kernfamilien in Griechenland die der Großfamilien bei weitem übertroffen haben muß.* Ähnliches gilt auch für Rom und andere archaische Gesellschaften.

Angesichts dieser Feststellung muß auch die Hypothese aufgegeben werden, daß die Entwicklung der Familie in der Alten Welt von einer ursprünglichen Dominanz verschiedener Typen von erweiterten Familien zu einer Dominanz von Kernfamilien gegangen sein soll. Wenn die Zahl der Kernfamilien schon sehr früh größer als die der anderen gewesen ist, dann ist eine solche Hypothese unsinnig. Von einer Kontraktion als *allgemeiner* Entwicklungstendenz kann also zweifellos angesichts des geschichtlichen Materials nicht mehr gesprochen werden. Ebenso kann gesagt werden, daß alle diese Probleme mit Industrialisierung nicht das geringste zu tun haben. Eher kann noch die Verstädterung dafür herangezogen werden. *Von überragender Wichtigkeit wird jedoch offensichtlich die Schichtstruktur der Gesellschaft,* die einen wesentlichen Einfluß auf die Gestaltung der Familie zu haben scheint. Das gilt nun nicht nur für die Oberklasse (wie vorher gezeigt wurde, daß Großfamilien mit neuen Oberschichten spontan neu entstehen können), sondern auch für die Unterklasse, die schon in den archaischen Hoch-

---

[20] *G. Glotz*, a.a.O., S. 149.
[21] *F. Heichelheim*, a.a.O., S. 399.

kulturen in großer Zahl Kernfamilien hervorbringen, die sogar sehr wahrscheinlich die Majorität darstellen.

VI

Wenn dem so ist, und die Wahrscheinlichkeit dafür ist sehr groß, erhebt sich die nächste Frage, wie wir dazu Stellung zu nehmen haben werden. Kann man etwa darum sagen, daß schon früh in den archaischen Hochkulturen die Kernfamilie dominant gewesen ist? Wie haben wir uns die Entwicklung vorzustellen?

Wir müssen dazu zunächst den *Begriff der Dominanz* genauer erklären. Dieser bedeutet offensichtlich nicht nur, daß eine numerische Überlegenheit einer bestimmten Erscheinung besteht, sondern daß sie der Bedeutung nach überwiegt. So kann man sagen, daß in der modernen industriellen Gesellschaft Großfamilien nicht dominant sind, obwohl sie unter Umständen eine ungeheure wirtschaftliche Macht in ihrer Hand vereinen können. Aber der Bedeutung nach sind sie unwesentlich, sei es, daß ein allgemeines Mißtrauen gegen sie besteht (wie etwa in den USA), sei es, daß es keine gesetzliche Handhabe für sie mehr gibt (wie etwa in Deutschland nach der Abschaffung des Fideikommiß). Im Schweizerischen Zivilgesetzbuch von 1907 ist zwar in den Art. 336-348 im Dienste der Agrarpolitik die „Gemeinderschaft", eine alte Form der Großfamilie, wieder eingeführt worden (die als „Ertragsgemeinderschaft" auch für die industrielle Welt brauchbar ist), aber sie hat sich in den Unter- und Mittelklassen nicht durchgesetzt und ist selten geblieben, weil vor allem auch politische Ideen dagegen standen. Selbst bei rechtlicher Möglichkeit muß sich eine Institution also nicht entwickeln, was wiederum die informelle Zusammenballung von Familienvermögen nicht ausschließt. Das Umgekehrte gilt für die Kernfamilien in den alten Gesellschaften, wo sie sich auch ohne rechtliche Handhabe unter verschiedenen wirtschaftlichen, sozialen und kulturellen Einflüssen entwickelten.

Auch wenn also die Kernfamilien in der alten Welt numerisch in der Überzahl gewesen sein müssen, bleiben sie der Bedeutung nach irrelevant. *Kulturell* ist die Großfamilie der reinste Ausdruck des herrschenden Ahnenkults. *Politisch* gehört sie zur herrschenden Schicht und stellt selbst ein Herrschaftssystem dar. *Rechtlich* ist die einzig voll anerkannte Eheform (die nuptiae justae) die von der Großfamilie nach religiösem Ritus zelebrierte Ehe, bei der die Familienpolitik eine größere Rolle spielt als das Paar der Eheleute, während demgegenüber alle anderen Eheformen minderen Rechtes sind. Auch *wirtschaftlich* ist die Großfamilie ursprünglich die entscheidende Instanz, selbst wenn sie bald durch unabhängige Personen konkurrenziert wird; aber die Eheschließung bleibt lange Zeit eine wichtige Gelegenheit (wenn nicht die wichtigste) für die Übertragung von Eigentum. Die Großfamilie und die ihr entsprechende Eheform ist also ursprünglich gewissermaßen die repräsentative und damit die dominante Form der

Familie, selbst wenn nur eine Minorität nach diesem Recht lebt. Das ändert sich erst mit der Entwicklung, die sowohl in Griechenland wie in Rom wie wahrscheinlich auch in anderen archaischen Hochkulturen allmählich die Großfamilien in den Hintergrund drängt, und zwar wirtschaftlich, politisch, rechtlich und schließlich auch kulturell.

Bei der Betrachtung dieser Entwicklung erhalten wir nun meines Erachtens die wichtigsten Bestandteile der neuen Entwicklungstheorie der Familie. Abgesehen von weiteren Komplikationen gegen früher steht grundsätzlich ihr mindestens *doppelter Ausgangspunkt* fest:

1. Die alten Formen der Großfamilie entwickeln aus sich heraus einen Familientyp, bei dem mit der Zeit und mit dem Aufstieg neuer wirtschaftlicher Akteure die weiteren Verwandtschaftszusammenhänge immer mehr abblassen, die religiös eingegangene Ehe zurück- und die Konsensehe als Grundlage der Kernfamilie hervortritt.

2. Die alten Formen der Gatten- oder Kernfamilie erleben gleichzeitig *mit dem sozialen Aufstieg* der nach diesem System lebenden Bevölkerungsteile in der alten Welt eine Aufwertung, die sie zunächst als nicht mehr minderen Rechts und danach als eigene Rechtsform erscheinen läßt, die mehr und mehr mit der Konsensehe, wie sie aus der Entwicklung der Großfamilie hervorgegangen war, verschwimmt und schließlich mit ihr eins wird.

Eine Entwicklung wie diese bezeichnen wir als echte *Konvergenz*. Diese entfaltet sich aus sehr verschiedenen, ja einander sogar entgegengesetzten Ansätzen. Die zwei wichtigsten sind folgende:

1. Die Großfamilien unterliegen einem Kontraktionsprozeß. Hier erweist sich *Durkheims* Gesetz als gültig. Es ist also nur ein adäquater Ausdruck für die partielle Entwicklung der Familie in den Oberschichten der Alten Welt und nicht etwa für die Entwicklung der Familie insgesamt. Aber in dem gezeichneten begrenzten Sinne ist es zweifellos gültig. Wir werden uns später zu fragen haben, ob es noch in anderer Weise anwendbar ist. Vorläufig bleibt, daß das Kontraktionsgesetz aus der Perspektive der sozialen Oberklasse konzipiert wurde.

2. Die Kernfamilien erfahren dagegen mit dem sozialen Aufstieg der nach diesem Typ lebenden Bevölkerung einen rapiden Bedeutungszuwachs und gleichzeitig bei wachsender Konvergenz mit der anderen Entwicklungslinie eine Universalisierung im Sinne der numerischen Ausweitung und Vermehrung. Damit sind die Voraussetzungen für die Entstehung einer neuartigen Dominanz gegeben, welche die bisherige der verschiedenen Großfamilienformen ablöst, ohne daß darum letztere total verschwinden müßten. Man kann diese Entwicklung als *Universalisierung des Familientyps der Unterklassen* bezeichnen, die das

Gegenstück zur Kontraktion darstellt. Sie blieb den Beobachtern bisher verborgen, welche die Dinge ausschließlich aus der Perspektive der bürgerlichen Oberklasse von der Mitte des 19. Jahrhunderts anzusehen pflegten, wie letztlich sogar *Durkheim*.

Der Aufstieg bestimmter sozialer Klassen in der Antike machte also ihren Familientyp gerade in dem Augenblick jedermann sichtbar, als der alte Familientyp den gleichen Stand der Kern- und Gattenfamilie erreicht hatte. So flossen nicht nur die sozialen Gebilde, sondern auch die Rechtsformen zusammen. Man kann dies in der Tat im strengen Sinne als Konvergenz bezeichnen.

Natürlich sind das vorläufig nur theoretische Hypothesen, die der Nachprüfung durch die Geschichte bedürfen. Aber sie werden doch auch ohne diese durch die bereits verfügbaren Materialien äußerst wahrscheinlich gemacht. Außerdem sind sie vorläufig von großer modellartiger Allgemeinheit und bedürfen weiterer Differenzierung. Trotzdem scheint uns, daß damit manche Ungereimtheiten der bisherigen Familiensoziologie eine erste Auflösung erfahren, was auch für die Wahl des Titels dieser Abhandlung entscheidend war: alte Probleme und neue Fragen in der Familiensoziologie. Wir betonen auch, daß wir uns damit auf denselben Bahnen wie *William J. Goode* bewegen und daß es uns vielleicht gelungen ist, einige der von ihm aufgerollten Fragen einer Lösung näherzubringen. Das aber ist noch nicht das Ende unserer Geschichte.

VII

Es ist im Vorhergehenden schon zweimal hervorgehoben worden, daß der Begriff der „Kontraktion" noch eine andere als nur entwicklungsgeschichtliche, nämlich eine strukturelle Bedeutung haben könnte. In diesem Falle würde er sich auf die innere Struktur der Familie beziehen, was insofern naheliegt, als die Kontraktion der Familie in engster Beziehung zum Begriff der Gattenfamilie steht, bei der letztlich das Gattenpaar die zentrale und einzig permanente Zone der Familie darstellt, nachdem die Kinder die Familie relativ früh verlassen. Diese zentrale Zone zeichnet sich zudem dadurch aus, daß die beiden Gatten durch stärkste Gefühle miteinander verbunden sind, und die Frage erhebt sich, wie wir dies Phänomen zu bewerten haben.

Die antike Literatur bringt zahlreiche Belege dafür, daß selbst in den Oberschichten Griechenlands und Roms einzelne Personen – trotz des völligen Überwiegens der Standes- und Konvenienzehe – einander persönlich zugetan waren, ohne daß dies jedoch rechtlich relevant geworden wäre. Allerdings hielt sich das im Lebensbereich der Großfamilien. Die Frage ist, ob wir auch in den Kernfamilien im oben angedeuteten Sinne eine Gattenfamilie als exklusive Intimgruppe finden, die in der gegenseitigen Zuneigung der Ehepartner gründet, weil sich bisher wegen der Dominanz der Großfamilie

in den Oberklassen und die Beschränkung der Kernfamilie auf die Unterklassen – von wenigen Ausnahmen abgesehen – niemand literarisch für die
Kernfamilie interessierte. Darum schweigen auch die Quellen darüber. Erst
in hellenistischer und kaiserlicher Zeit erfahren wir etwas mehr, während vorher die Kernfamilie derart wenig Beachtung erfährt, daß ihre bloße Existenz
vielen verborgen geblieben ist.

Es gibt allerdings mindestens zwei berühmte Ausnahmen davon: das ist die
Vorstellung von der Ehe, wie sie uns in den etruskischen Grabplastiken entgegentritt, und die jüdische Diaspora-Familie nach dem Brand des Tempels
und der endgültigen Vernichtung des Königreichs Juda im Jahre 70 n. Chr.
In beiden Fällen steht das Gattenpaar im Mittelpunkt der Familie, wie überhaupt ein hoher Grad an Intimität in dieser Familie vorherrscht, wie er durch
die erzwungene Abschließung vor einer feindlichen Umwelt bedingt war.
Viel später finden wir – unter ähnlichen Bedingungen wie bei den Juden der
Diaspora – bei den wandernden Puritanern eine ähnliche Form der gatten-
zentrierten Familie, wie schon *Max Weber* in seiner Abhandlung über die
protestantische Ethik aufgefallen war[22].

Diese Beispiele bleiben aber Ausnahmen, selbst wenn uns im Talmud die
erste Theorie der Gattenfamilie entgegentritt, in der Ehe, Familie, wirtschaftliche Tätigkeit und religiöser Kult eine Einheit bilden.

Neuerdings hat *Philippe Ariès*[23] eine auch methodologisch interessante
geschichtliche Darstellung der Familie in Nordeuropa, speziell in Frankreich,
gegeben, die sich unter anderem der Ikonographie als entscheidender Quelle
bedient, da wegen der Nichtbeachtung der Kernfamilien im germanischen
Kulturbereich auch hier die schriftlichen Quellen erst recht spät zu sprechen
beginnen. Aus seinen Darstellungen ergibt sich eine Systematik, die der vorher entwickelten sehr ähnlich ist, weshalb wir sie zum Abschluß noch kurz
besprechen wollen; gleichzeitig scheint sie uns einen wichtigen historischen
Beitrag zur Kontraktionsbewegung der Familie im strukturellen Sinne
in der Zeit vom Mittelalter bis heute darzustellen, wenn nicht gar den
bedeutendsten, der heute verfügbar ist.

Deutlich zeigen sich in Gallien neben der Gattenfamilie (oder *„mesnie"*)
die „Lineages" (Abstammungslinien) derer, die alle vom gleichen Ahnen
abstammen. Die Gattenfamilien hatten zwar gelegentlich Aggregations-
tendenzen, indem sie in ungeteilter Erbengemeinschaft beieinander
blieben (*frerèche* oder *fraternitas* und *indivision*). Aber diese großfamilialen
Tendenzen, die der Ansatz für die traditionalistischen Theorien über die
patriarchalische Großfamilie von der Mitte des 19. Jahrhunderts sind, waren
doch äußerst schwach ausgeprägt, wie auch *G. Duby*[24] gezeigt hat. Die Entwicklung ist in Wahrheit viel komplizierter. Im 10. Jahrhundert zeigt sich,

---

[22] *Max Weber*, Die protestantische Ethik und der Geist des Kapitalismus, 5. Aufl. Tübingen
1963; siehe auch *Edmund S. Morgan*, The Puritan Family, Boston 1944.

[23] *Philippe Ariès*, L'enfant et la vie familiale sous l'Ancien Regime, Paris 1960.

[24] *G. Duby*, La société au XIe et XIIe siècles, Paris 1953.

daß der alte Staat noch stark genug ist, so daß großfamiliale Zusammenhänge als Verbände zum gegenseitigen Schutz funktionslos sind. Dementsprechend überwiegt die Gattenfamilie, die nur ganz kurzfristig beim Tode der Eltern durch einen brüderlichen Zusammenhalt erweitert wird, dessen Bande aber sehr locker sind. Das ist der Ausgangspunkt.

Die Betonung der „Lineages" und der Großfamilien verschiedener Typen beginnt dagegen erst mit der Auflösung des alten Staates, also erst ca. seit dem Jahre 1000. Diese Wendung entspricht einem erhöhten Schutzbedürfnis wie auch andere damals entstehende Sozialformen, etwa das Lehnsverhältnis, das Herr-Gefolgschaftswesen und die Dorfgemeinde. In diesem Zusammenhang entwickelt sich erst vom 10. bis zum 12. Jahrhundert die ungeteilte Erbengemeinschaft, die von einer Großfamilie getragen wird. *Damit stehen wir also vor einem spontanen Neuentstehen der Großfamilie nach Jahrhunderten einer dominanten Gattenfamilie.* Die Ursache dafür ist das Zurücktreten des Staates, mit dem auch die Wirtschaft rezessiv wird, so daß ökonomische und politische Umstände (Schutzbedürfnis) für das neuerliche Hervortreten weiterer Verwandtschaftszusammenhänge und von Großfamilien verantwortlich werden, wie sie erst das Rittertum, später der Lehnsadel zeigen.

Interessanterweise vermutet *Duby,* daß die Bauernfamilie diese Erweiterung der Familie in geringerem Maße gekannt hat, da die Bauern die durch das Verschwinden des alten Staates entstandene Lücke anders gefüllt hätten als der Adel. Denn die Gutsherrschaft und die Seigneurie hatten sich sofort als Schutzmacht an die Stelle des Staates gesetzt; außerdem erwies sich die Dorfgemeinschaft als ein wirksameres Bollwerk gegen Gefahren von außen als die Familie. Die Dorfgemeinschaft soll danach für die Bauern am gleichen Orte stehen wie die „Lineages" für den Adel[25]. Das würde nochmals die Hypothese von *William J. Goode* bestätigen, nach der die Gattenfamilie bei den Unterklassen vorherrscht, und auch gut zu der anderen Tatsache passen, daß mit der Entwicklung des städtischen Bürgertums und der Entstehung eines neuen Reichtums aus den rapide aufsteigenden Gewerben und dem Handel sich ausgerechnet in den Städten starke Häufungen von Großfamilien in der patrizischen Oberklasse finden (mit gleichzeitiger Häufung isolierter Gattenfamilien in der Unterklasse, die in der Stadt nach Freiheit suchten).

Seit dem 13. Jahrhundert ändert sich die Situation nochmals. Die neuerliche Entwicklung der Geldwirtschaft, die Erweiterung des Immobilienbesitzes und die Intensivierung des Handels erreichen gleichzeitig mit der Stärkung der kapetingischen Zentralgewalt eine spontane Kontraktion der erweiterten Familien. Allerdings erhält die neue Gattenfamilie einen stark patriarchalischen Zug, der kein ursprünglicher, sondern ein vermittelter „Sekundärpatriarchalismus" ist. Hier finden wir also eine mehr-

---

[25] *P. Ariès,* a.a.O., S. 393ff.

fache Folge von Kontraktion und Erweiterung, die eine unmittelbare Folge der politischen Entwicklung ist. Trotzdem wurde dies nur sehr ungenügend von den Historikern erkannt, da die Integrität der großen Verwandtschaftszusammenhänge die literarische Phantasie entzündete, während die Existenz der engen Familiengemeinschaft im dunkeln bleibt, obwohl sie existiert und vielleicht auch numerisch in der Überzahl ist[26]. Dominant aber waren die „Lineages", die gewissermaßen kulturell repräsentativ waren, wie später die patriarchalische Familie unter dem aufsteigenden Absolutismus.

Das wichtigste Ergebnis der Untersuchungen von *Ariès* liegt nun darin, *daß die Kontraktion der Familie im Sinne eines Zusammenschlusses der Gatten um die Kinder erfolgt.* Das bedeutet eine wesentliche strukturelle Veränderung, die seit dem *16.* Jahrhundert immer deutlicher hervortritt. Vorher waren das Kind und der Jugendliche als Personen eigenen Gewichts nicht vorhanden. Die Altersklassenordnung stellte sich zwischen Eltern und Kinder. Mit dieser Kontraktion entwickelt sich erst die Familie als Intimgruppe, in der das Gattenpaar einerseits und die Kinder andererseits vereinigt sind. Dies ist ein völlig neuartiges Gefühl, das der Kernfamilie des Mittelalters, die damals im dunkeln blieb, auch eine neue Form verleiht, die dann bald in die Ikonographie und in die Literatur eingeht. In der Kontraktion wird die Gattenfamilie von einer rein sozialen Erscheinung zu einem Gefühlszentrum, das sich in den folgenden Jahrhunderten bis zu unserer Gegenwart immer weiter profiliert hat, während sich der Individualisierungsprozeß der patriarchalischen Großfamilie, welche die älteren Familiensoziologen als den einzigen Ausgangspunkt ansahen, genau wie in der alten Welt in Konvergenz mit dem Aufstieg der anonymen Gattenfamilie des Mittelalters vollzog. Allerdings sind von jetzt an diese Entwicklungen noch viel komplizierter als vorher, da mit dem Frühkapitalismus und dem Industrialismus ganz neue, vorher nicht gesehene Kräfte auftreten. Besonders auffällig scheint uns noch in diesem Zusammenhang, daß sich die im strukturellen Sinne verstandene Kontraktion meist im Sinne einer *Polarisation des Lebens* zwischen dem kleinen Kreise der Gattenfamilie einerseits und einem mächtigen Staate andererseits zu vollziehen scheint.

Es bleibt aber als greifbares Ergebnis, daß als Folge des hiermit eingeleiteten Revisionsprozesses vieler alter Theorien in der Familiensoziologie, die sich als durchaus ideologisch belastet erwiesen haben, mit größerer Dringlichkeit als jemals eine differenzierte Geschichte der Familie von der Antike bis heute zu fordern ist, die sowohl die Konvergenzerscheinungen in der Entwicklung, was Unterscheidung nach sozialen Klassen voraussetzt, wie auch die rhythmischen Schwankungen zwischen Kontraktion und

---

[26] Unter Anwendung der hier vorgetragenen Betrachtungsweise hat *Erik Grønseth* die Entwicklungsgeschichte der norwegischen Familie dargestellt. Siehe *E. Grønseth,* Notes on the Historical Development of the Relation between Nuclear Family, Kinship System and the Wider Social Structure in Norway, in: *Reuben Hill* und *René König,* Families in East and West. Kinship Ties and Socialization Process, Paris-Den Haag 1970.

Erweiterung sichtbar macht und ihren Ursachen nachgeht. Erst das wird uns instand setzen, die Belastungen der modernen Familie ideologiefrei und in ihrer wirklichen Bedeutung zu erkennen. Dazu kommt noch das zusätzliche Problem, daß wir mit dem Auftreten immer neuer Unterklassen zu rechnen haben, die jeweils langsam aufsteigen und ihren Kernfamilientyp allmählich zur Auskeimung bringen. Das bedeutendste Phänomen dieser Art ist wohl der Aufstieg der Familie des Industriearbeiters seit dem Ende des 18. Jahrhunderts. Hier vollzieht sich die für uns heute wichtigste Konvergenzentwicklung, indem unter dem Einfluß des modernen bürokratischen Staates auch die Familie des spätpatriarchalischen Bürgertums einem Kontraktionsprozeß unterlag, an dessen Ende die moderne Gattenfamilie steht als Ergebnis der Universalisierung der aufgestiegenen Arbeiterfamilie mit der für sie bezeichnenden Lohnabhängigkeit, mit der die bürgerliche Familie insofern zunehmend verschwimmt, als auch für sie wirtschaftliche Abhängigkeit zum allgemeinen Lebensgesetz geworden ist.

Das Problem der Frühehe (1966/1974)

Die Diskussion des Problems der Frühehe in der Bundesrepublik ist bezeichnend für den noch immer umstrittenen Stand der sozialwissenschaftlichen Forschung in der öffentlichen Meinung. Selbst wenn sich die Situation im letzten Jahrzehnt wenigstens auf akademischer Ebene verbessert hat, so wird doch in der Öffentlichkeit noch allzuoft auf einem Niveau diskutiert, das weit entfernt ist von einer sachlichen Erfassung der Probleme. Das kann man ganz besonders deutlich beim Problem der Frühehe sehen.

Von zahlreichen Seiten wurden seit Anfang der sechziger Jahre Stellungnahmen über das Problem der Frühehe veröffentlicht: in Tagespresse und Zeitschriften, in Rundfunkgesprächen und in Fernsehsendungen, wobei jedesmal auffällt, wie wenig sachliche Informationen diesen Äußerungen zugrunde liegen. Außerdem ist eine naive Dramatisierung der Situation bezeichnend, als bedeute die Frühehe in Deutschland heute überhaupt ein Problem. Wenn man sich über etwas ereifert, sollte man zuerst feststellen, ob die Sache, über die man sich ereifert, wirklich in nennenswertem Ausmaß besteht. Über das Problem der Frühehe in Deutschland läßt sich sagen, daß die Zahl dieser Frühehen ungewöhnlich niedrig ist, wenn man sie mit anderen Ländern, zum Beispiel den Vereinigten Staaten, vergleicht, aber auch mit anderen europäischen Ländern, so daß von einer akuten Problemlage überhaupt nicht gesprochen werden kann. Das schließt natürlich nicht aus, daß in einzelnen Fällen beträchtliche psychologische Probleme bestehen können; aber diese sind dann gerade nicht von sozialer, sondern nur von individueller Relevanz.

Dazu kommt noch eine weitere Schwierigkeit bezüglich der allgemeinen Bedeutung solcher Fragen, wenn man etwas weiter zurückblickt in die Geschichte. Gemeinhin werden die Dinge so dargestellt, als hinge die vermeintliche Vermehrung der Frühehen mit irgendeinem besonderen Zug der modernen Gesellschaft zusammen. Wir werden später einige der

© Springer Fachmedien Wiesbaden GmbH, ein Teil von Springer Nature 2021   233
R. König, *Familiensoziologie*, René König Schriften. Ausgabe letzter Hand,
https://doi.org/10.1007/978-3-658-28247-9_9

hierhergehörigen Probleme näher kennenlernen. Wenn man aber die Optik etwas weiter spannt und zum Beispiel einen Blick in ältere Gesetzgebungswerke wirft, dann kann man interessante Feststellungen machen: So lag zum Beispiel früher das Heiratsalter in allen römisch-rechtlich beeinflußten Gebieten bei 12 Jahren für Mädchen und 14 Jahren für junge Männer. Das heißt mit anderen Worten, daß damals durchschnittlich wesentlich früher geheiratet wurde als heute. Es läßt sich übrigens eine ziemlich genaue Angabe über den Grund dafür machen. Normalerweise pflegen nämlich Gesellschaften das durchschnittliche Heiratsalter in etwa den bestehenden wirtschaftlichen Systemen anzupassen, so daß also bei einer unterentwickelten Wirtschaft, die wenige Fertigkeiten benötigt, das Heiratsalter niedriger ist als in industriellen Gesellschaften. Das ändert sich erst wieder in den fortgeschrittenen Industriegesellschaften.

Der eigentliche Unterschied zwischen wirtschaftlich unterentwickelten und entwickelten Gesellschaften liegt aber gar nicht in diesen Problemen; vielmehr müssen wir zu seiner Beurteilung bedenken, daß damals die junge Generation auch nach der Eheschließung noch im Hause der Eltern wohnte. Dementsprechend war der Gesetzgeber auch gar nicht so sehr an der Festsetzung einer Altersgrenze, sondern vielmehr an der Regelung der Autoritätsverhältnisse solcher Großhaushalte interessiert. Das führt notwendigerweise dazu, daß man unterscheiden muß zwischen der Festsetzung eines Mindestalters für Eheschließung und dem Problem der elterlichen Einwilligung. Beides ist nicht immer klar geschieden. Für uns bleibt aber entscheidend, daß bis zur Französischen Revolution das Heiratsalter in den Gesetzbüchern durchschnittlich außerordentlich niedrig angesetzt war. In den obersten Klassen der Gesellschaft, speziell in dynastischen Familien, konnte man geradezu von „Kinderehen" sprechen.

Das ändert sich grundsätzlich erst unter dem Einfluß der Industrialisierung und der allgemeinen Modernisierung der Gesellschaft. Mit der Verlängerung der allgemeinen Schulpflicht und der Einführung von mehr oder weniger obligatorischen Berufsschulen verschiebt sich die Altersgrenze für die volle Erwerbsfähigkeit immer mehr nach oben. Man kann sich leicht ein Bild davon machen, daß die Altersgrenze für Eheschließung und der Eintritt in die volle Erwerbsfähigkeit parallel miteinander variieren, wenn man in den älteren deutschen Statistiken sieht, daß der Beginn der vollen Erwerbsfähigkeit mit 14 Jahren angesetzt wurde, was auch zumeist als das Eheschließungsalter für Männer angesehen wurde. Es entspricht nun dem eingetretenen Wandel der Verlängerung in der Berufsausbildung und auch dem damit notwendigerweise beträchtlich in die Länge gezogenen Reifungsprozeß, wenn man das Alter der vollen Erwerbsfähigkeit ebenso hinausschiebt wie das Heiratsalter. Damit sind wir auf die heutige Zahl von 21 Jahren für Männer und Frauen gekommen. Allerdings ist das keineswegs ein absoluter Maßstab, wie die Tatsache lehrt, daß diese Zahlen nur für die Bundesrepublik gelten. Es ist interessant festzustellen, daß die DDR das

Heiratsalter niedriger ansetzt, nämlich auf 18 Jahre für Männer und Frauen. Dementsprechend werden heute als Frühehen in der Bundesrepublik durchschnittlich solche angesehen, die unter 21 Jahren geschlossen werden, bei denen also eine vorzeitige Ehemündigkeit erklärt werden muß, speziell bei Männern, da Mädchen mit elterlicher Einwilligung bereits mit 16 Jahren ehemündig sind.

Es ist mit Recht schon vielfach hervorgehoben worden, daß diese Definition äußerst willkürlich ist. Allein das Beispiel der DDR beweist es, wo Männer und Frauen schon mit 18 Jahren ehemündig werden. So würde also in der Bundesrepublik als Frühehe gelten, was in der DDR eine vollständig normale Eheschließung ist. Die Definition erweist sich aber als noch schwieriger, wenn wir zum Vergleich etwa die Verhältnisse in den Vereinigten Staaten betrachten. Da das Ehemündigkeitsalter in den verschiedenen Staaten verschieden hoch ist, würde folglich auch der Begriff der Frühehe von Staat zu Staat variieren. Außerdem aber zeigt sich immer deutlicher, daß im 20. Jahrhundert eine allgemein verbreitete Tendenz besteht, das Heiratsalter neuerlich zu senken, wovon die große Zahl der verheirateten Collegestudenten zeugt. Das durchschnittliche Heiratsalter bei erster Eheschließung liegt heute in den Vereinigten Staaten bei wenig unter 20 Jahren für Mädchen und bei wenig über 23 Jahren für Männer. Das ist der Durchschnitt, was gleichzeitig bedeutet, daß zahlreiche Ehen in einem sehr viel niedrigeren Alter geschlossen werden. Man kann das leicht begreifen, wenn man die entsprechenden Zahlen in Deutschland betrachtet, wo das Durchschnittsalter bei erster Eheschließung im Jahre 1971 ca. 25,5 Jahre für Männer und etwas unter 23 Jahre für Frauen betrug. Trotzdem muß aber gesagt werden, daß auch in der Bundesrepublik das Eheschließungsalter eine allgemein fallende Tendenz hat, ohne jedoch die amerikanischen Zahlen einholen zu können. Das alles zwingt uns, deutlich zu unterscheiden zwischen einer allgemeinen Senkung des Eheschließungsalters im 20. Jahrhundert und zwischen der Frühehe. Und wenn wir versuchen, das zu tun, dann zeigt sich, daß die Zahl von Frühehen, also bei Männern unter 21 Jahren, zahlenmäßig kaum ins Gewicht fällt. Nach einer Aufstellung des Statistischen Bundesamtes waren es (1971) nur 9,5 % aller Männer unter 21 Jahren, die heirateten, und 6,9 % aller Frauen unter 18 Jahren. Eine neueste Untersuchung über Frühehen in Köln zeigt das gleiche Bild, daß nämlich der Anteil der Frühehen, gemessen an den Eheschließungen insgesamt, als höchst geringfügig bezeichnet werden kann (nur 4,4 % der männlichen Jugend waren unter 21 Jahren). Wichtiger als diese allgemeine Aussage ist die schon viel spezifischere, daß das Schwergewicht der eine Frühehe eingehenden minderjährigen männlichen Ehepartner bei den Zwanzigjährigen liegt, nämlich 2/3, wobei ich sofort daran zurückerinnere, daß in der DDR diese Fälle überhaupt nicht gezählt würden. Schließlich zeigt die Kölner Untersuchung, daß der Anteil der Frühehen, bei dem beide Partner unter 20 Jahre alt waren, überhaupt nur 1 % aller Eheschließungen ausmacht und somit praktisch gar nicht ins Gewicht fällt.

Diese Angaben, denen viele andere ähnlicher Art an die Seite gestellt werden könnten, beweisen wohl schlagend, daß es keinerlei Grund gibt, die Dinge zu dramatisieren. Insbesondere scheint das Phänomen quantitativ von nicht allzu großer Bedeutung zu sein. Davon unabhängig ist natürlich ein anderer Gesichtspunkt, nämlich der menschliche, von Bedeutung, für den die Zahl grundsätzlich irrelevant ist, wie schon zu Anfang betont. So kann man zweifellos sagen, daß Probleme bestehen, selbst wenn sie zahlenmäßig nicht ins Gewicht fallen und auch keine besondere soziale Belastung bedeuten.

Wenn wir uns vergegenwärtigen, welches die bestehenden Probleme sind, erhebt sich natürlich zuerst die Frage nach der wirtschaftlichen Lage. Angesichts des eben Gesagten, daß nämlich die volle Erwerbsfähigkeit heute später eintritt als früher, könnte man vermuten, daß sich bei Frühehen die größten Schwierigkeiten in der wirtschaftlichen Lage finden. Wenn wir nun hierzu die wenigen vorliegenden Untersuchungen befragen, ergibt sich zum Beispiel in Hamburg-Harburg, daß die Einkommensverhältnisse nur bei einer verschwindend kleinen Zahl der Fälle nichtgesichert oder allein mit elterlicher Unterstützung gesichert waren. Ähnliche Verhältnisse zeigt die Kölner Untersuchung, wo die Mehrzahl der Frühehen den Lebensunterhalt aus eigener Kraft bestreiten konnte. Nur ganz wenige lebten von Unterstützung der Eltern. Bei der Kölner Untersuchung standen zusätzliche Daten der Familienfürsorge zur Verfügung, die erstaunlich positiv lauten. So verstehen die jungen Eheleute in überwiegendem Maße zu wirtschaften, die Familienfürsorgerinnen bescheinigten 84 % der Ehepaare eine geordnete Wirtschaftsführung, und 94 % von ihnen bezahlten pünktlich die Miete. Nur in einer einzigen jungen Familie lag ein wirtschaftlicher Mißstand vor. Der junge Ehemann war Trinker und arbeitsunwillig und die junge Frau unfähig, mit Geld umzugehen. Das bisher gewonnene Bild wird noch durch die Feststellung unterstrichen, daß in 53 % der in Köln untersuchten Frühehen gespart wird. Ähnliche Beobachtungen lassen sich bei der Einrichtung des Haushalts machen, selbst wenn häufig Möbel von Eltern oder Freunden übernommen werden. Das Maß der von den Familienfürsorgerinnen in Köln als ausgesprochen dürftig ausgestatteten Wohnungen ist mit 3 % äußerst bescheiden, wie die Verfasserin des interessanten Berichts, Frau Verwaltungsrat Dr. *Gertrud Ziskoven*, bemerkt.

Auch die Untersuchung in Hamburg-Harburg betont, daß in den beobachteten Frühehen die Partner zumeist aus geordneten Verhältnissen stammten, wenn auch die Herkunft aus den unteren Bevölkerungsschichten auffällt. Ich weise noch darauf hin, daß die jungen Brautleute häufig Nachbarschaftskinder sind, das heißt mit anderen Worten, daß sie sich zumeist schon längere Zeit kennen. Das würde in gewisser Weise zurückerinnern an ältere Zeiten, als die Jungverheirateten einfach im Haushalt der Eltern wohnen blieben, denn die Nachbarschaftsbeziehungen bedeuten zweifellos, daß die Beaufsichtigung des jungen Paares durch die beteiligten Eltern stärker ist als bei einer nur vorübergehenden Beziehung. Untersuchungen aus der Stadt London haben in dieser Hinsicht geradezu sensationelle Ergebnisse gebracht, indem sie zeigten, daß die Nachbarschaft ausgerechnet in der Riesenstadt London eine noch überwältigend große Rolle spielt. In dieser Nachbarschaft bahnen sich dann schon früh Dauerverhältnisse zwischen den jungen Menschen an, für die die Amerikaner ein vorzügliches Wort geprägt haben: „going steady", das heißt, in einem festen Verhältnis leben, mit oder ohne Aufnahme regelmäßiger Geschlechtsbeziehungen. Und selbst wenn in vielen Fällen der unmittelbare Anlaß für die Eheschließung tatsächlich die Schwangerschaft der Braut ist, so ist das nicht unbedingt negativ zu bewerten. Die Erfahrung hat gezeigt, daß die Mußehe in unteren sozialen Schichten keine Belastung der späteren Ehe darstellt, während umgekehrt in bürgerlichen Kreisen Mußehen später gefährdet zu sein pflegen. Die unteren Bevölkerungsschichten haben ganz einfach völlig andere Vorstellungen vom vorehelichen Geschlechtsverkehr als die bürgerlichen Klassen. Für die Vereinigten Staaten ist besonders bezeichnend, daß diese festen Freundschaften (allerdings häufig ohne vollen Geschlechtsverkehr) sich auch bei den Mittelklassen finden, so daß auf Dauer angelegte Paarverhältnisse schon in der Mittelschule auftreten, die später im College zur Eheschließung führen.

Damit soll natürlich keineswegs ausgeschlossen werden, daß in vielen Fällen keine Reife vorhanden ist und gewisse Schwierigkeiten der gegenseitigen Anpassung und auch der Anpassung an die wirtschaftlichen Verhältnisse bestehen. Ob jedoch die Scheidungshäufigkeit in diesen Ehen wirklich höher ist als in den anderen, wie gelegentlich behauptet wird, scheint nicht ganz klar zu sein. Während auf Grund der Untersuchung von Hamburg-Harburg behauptet wird, daß die Scheidungsanfälligkeit der Frühehen rund doppelt so hoch liege wie die der normalen Ehen, so erhebt sich zunächst nochmals die schon zu Anfang gestellte Frage, wie man die Frühehe von der normalen Ehe genau trennen kann. Die Kölner Untersuchung zeigt, daß nach 5 Jahren von allen 1958 in Köln geschlossenen Frühehen 8 % geschieden waren, denen bei allen 1958 geschlossenen Ehen in der gleichen Periode 6,5 % Scheidungen gegenüberstanden. Der Unterschied betrug also nur 1½%. Das kann unter gar keinen Umständen die Behauptung rechtfertigen, daß Frühehen eine so sehr viel höhere Scheidungsanfälligkeit hätten. Selbst wenn sich aber herausstellen sollte, daß wirklich die Frühehen eine höhere Scheidungshäufigkeit aufweisen, wie etwa neuere Aufstellungen des Bundesamts für Statistik anzudeuten scheinen, dann bleibt noch immer die Frage, welcher Faktor dafür entscheidend ist: die Jugend der Beteiligten, der wirtschaftliche Faktor oder unter Umständen sogar die Einmischung der gegenseitigen Elternpaare?

Selbstverständlich soll mit alledem nicht behauptet werden, daß eine Frühehe völlig ohne Risiko sei. Trotzdem erweist sich aber aus den wenigen Untersuchungen, daß die Verhältnisse viel positiver sind, als man eigentlich erwartet hatte, wenn man insbesondere die vielen Alarmnachrichten in der öffentlichen Meinung beobachtet. Man wird dabei das Gefühl nicht los, daß man sich auf Nachrichten dieser Art wie auf einen Sündenbock stürzt und sie dramatisch aufbauscht, während damit die öffentliche Aufmerksamkeit von den eigentlichen Problemen abgelenkt wird.

Frau Dr. *Ziskoven* weiß dafür eine gute Begründung zu geben. In das Blickfeld der Öffentlichkeit treten nämlich zumeist nur die ungünstig verlaufenden Fälle, sei es bei der Sozialarbeit, sei es bei Gericht. Von diesen wenigen Einzelfällen wird dann in der Öffentlichkeit mit hoher Wahrscheinlichkeit auf die Gesamtheit der Frühehen geschlossen. Umgekehrt fallen die völlig harmonisch verlaufenden Frühehen überhaupt nicht auf, so daß es unbemerkt bleibt, wie stabil viele Beziehungen im Grunde sind, die in manchen Fällen schon in früher Jugend begonnen haben. Außerdem werden die Vorstellungen über die Frühehe noch durch allgemeine Vorurteile der Öffentlichkeit über die heutige Jugend belastet. Es wäre zweifellos besser, wenn man nüchterner an diese Probleme heranginge, da man dann die wirklichen Probleme erfassen könnte, die eine Jungehe bedrohen. So hat sich zum Beispiel die Wohnungsfrage in vielen Fällen als ein ausgesprochen Konflikte auslösender Faktor erwiesen. Meistens ist entweder keine Wohnung verfügbar oder nur eine Wohnung zu einem viel zu hohen Preis. Dazu kommen noch andere Probleme, von denen in der Folge gesprochen werden soll.

Ausgehend von amerikanischen Untersuchungen kann gesagt werden, daß die Frühehe zumeist von beiden Teilen eine außerordentliche Opferwilligkeit verlangt, indem etwa die Frau erwerbstätig bleibt, um dem Mann das Studium zu ermöglichen, selbst wenn ein oder mehrere Kinder vorhanden sind. Aus dieser Situation resultiert sehr häufig eine enorme Überlastung der Frau während mancher Jahre, vor allem, der Mann im Haushalt nicht entsprechend zugreift. In den Vereinigten Staaten kann allerdings damit gerechnet werden, daß Haushaltsaufgaben und Babypflege in der Regel von Mann und Frau gemeinsam bewältigt werden. So muß hier kein Konfliktstoff liegen, wohl aber bleibt als ernstes Problem die starke Überlastung der Frau.

Dies wird um so mehr spürbar, als die Jungehen in den Vereinigten Staaten häufig eine schnelle Geburtenfolge zeigen, so daß im Durchschnitt die Frau bis zum 28. Lebensjahr ca. 4 Geburten hinter sich hat. In vielen Fällen ist die Folge eine Erschöpfung der Frau. Daraus mögen ernsthafte Probleme in der Ehe entstehen, die sich in einer überhöhten Scheidungszahl aussprechen. Das wird noch durch einen anderen Umstand gefördert, daß nämlich bei Frühehen die Ehepartner zumeist altersmäßig näher aneinanderstehen, als wenn sie später heiraten. In diesem Fall muß sich ein schnelleres Altern der Frau auf Grund von Überlastung als eine gefährliche Hypothek für die Ehe auswirken. Umgekehrt scheint bei späterer Eheschließung der Altersunterschied zwischen den Partnern zu wachsen, so daß durchschnittlich der Mann mehrere Jahre älter ist als die Frau.

Weitere Probleme fallen ins Auge, wenn man nach den Ursachen fragt, die zu einer frühen Eheschließung führen. Allerdings müssen wir warnen, bevor wir in die Besprechung dieses Problems eintreten, denn die im folgenden erwähnten Verhältnisse sind in ihrer zahlenmäßigen Verbreitung in der Gesamtheit der Frühehen nicht erforscht. Wir verfügen hier also nur über psychologische Monographien, die in keiner Weise verallgemeinert werden dürfen.

Ein Grund für ein verfrühtes Anschlußsuchen an das andere Geschlecht und für eine frühzeitige Dauerbindung ist zweifellos die Enttäuschung durch das elterliche Haus. Kinder und Jugendliche, die bei ihren Eltern ein mangelndes Interesse an ihren Problemen spüren, flüchtig sich zu ihresgleichen, um in der Intimität einer Partnerschaft Schutz und Geborgenheit zu finden, die ihnen in der Familie ihrer Eltern nicht gegeben wird. Solche Verhältnisse mögen nur zu überspannten Freundschaften führen, die oftmals übrigens auch ergänzt werden durch schwärmerische Verehrung von älteren Personen. Aber in vielen Fällen bedeuten sie doch, daß Schutz gesucht wird bei einem Vertreter des entgegengesetzten Geschlechts, so daß die frühe Liebe ein Ersatz wird für die mangelnde Wärme im Elternhaus. Eine Untersuchung über Studentenehen in Graz macht in ähnlicher Weise die Anonymität des Universitätsbetriebs für manche Studentenehen verantwortlich.

Es liegt auf der Hand, daß sich hinter solchen Verhältnissen eine Flucht aus der Wirklichkeit verbergen kann, die dementsprechend auch leicht an der Härte der Wirklichkeit scheitert. Wieviel Selbstmorde von Jugendlichen mögen hier ihre Erklärung finden? Aber wir vermögen in der Tat vorläufig nicht das geringste über die zahlenmäßige Bedeutung dieser Fälle in unserer Jugend auszusagen. Es läßt sich auch feststellen, daß bei aller Irrealität solcher Verhältnisse gerade bei dem Zusammenstoßen mit der Wirklichkeit eine erstaunliche Beschleunigung des Reifungsprozesses eintritt, so daß die früh verheirateten Partner durchaus imstande sind, den schwersten moralischen, wirtschaftlichen und sozialen Belastungen Widerstand zu leisten.

Des weiteren läßt sich sagen, daß die gezeichneten Verhältnisse keine Zufallserscheinung darstellen, sondern einer allgemeinen Strömung neuartiger Vorstellungen über das Heiratsalter entspringen. Viele Untersuchungen, die man in den Vereinigten Staaten an Schülern vorgenommen hat, haben ergeben, daß fast alle betonten, sie wünschten, noch vor dem 25. Lebensjahr verheiratet zu sein. Es scheint darüber bei den jungen Menschen sehr große Klarheit zu bestehen, so daß man wohl von einer neuartigen Norm sprechen darf. Auch in Deutschland scheinen sich die Verhältnisse in dieser Hinsicht zu ändern, wenn auch hier die Verhältnisse nicht so ausgeprägt sind wie in den Vereinigten Staaten. Interessant ist hier insbesondere, daß sich die jungen Mädchen in Deutschland offenbar mehr mit diesem Problem befassen als die jungen Männer, von denen sich erst die 21-24 jährigen Gedanken über die Eheschließung machen, wie eine Untersuchung von DIVO zeigt. Immerhin muß zugestanden werden, daß hier alles im Fließen ist, und gerade darum sollte man sich vor einer voreiligen Verdammung von Erscheinungen hüten, die man noch nicht hinreichend eingeordnet hat.

Ein weiterer Faktor, der bei der Beurteilung der Frühehe berücksichtigt werden müßte, ist wohl auch eine geheime Unzufriedenheit mit dem Status der Jugendlichen. Unsere Gesellschaft hat noch immer keine Lösung der Jugendfrage gefunden, so daß sich die Jugend insgesamt von der Erwachsenengeneration beiseite geschoben fühlt. Insbesondere scheinen die Mädchen darunter zu leiden, was sie dazu treibt, nach einer engen Verbindung mit einem andersgeschlechtlichen Partner zu suchen. In dieser Hinsicht ist es beachtlich, daß die Kölner Untersuchung nachweist, daß sich die ersten Begegnungen der jugendlichen Partner zu fast 2/3 aller Fälle in der privaten Lebenssphäre vollzogen, vor allem in Familie, Nachbarschaft und Betrieb. Dagegen sind gesellige Veranstaltungen aller Art, die einen mehr öffentlichen Charakter tragen, selten der Ort, an dem sich feste Beziehungen anbahnen. Die Mitwirkung der Eltern bei der Begegnung der zukünftigen Ehepartner spielt ebenfalls eine nur geringe Rolle. Hier zeigt sich deutlich die Spannung zwischen der älteren und der jüngeren Generation, vor allem auch der Abbau patriarchalischer Familienformen und der Aufbau einer Freiheitszone der Jugendlichen, in der sie ihre Entscheidungen persönlich treffen und eigenen Normen folgen.

Wenn man bedenkt, daß der Aufbau einer eigenen Welt, abgelöst von der der Erwachsenen, wahrscheinlich eines der wichtigsten Motive für eine frühe Eheschließung ist, dann wird es verständlich, daß ein besonderes Interesse vorhanden sein muß, schnell eine eigene Wohnung zu finden. Die Kölner Untersuchung zeigt, daß ein erstaunlich hoher Prozentsatz der beobachteten Frühehen sofort nach der Eheschließung in eine eigene Wohnung einzog, selbst wenn eine bestehende Schwangerschaft keine allzu große Zeitspanne für die Beschaffung der Wohnung ließ. In einem möblierten Zimmer haben überhaupt nur 6 % der Ehepaare ihre Ehe begonnen, wobei noch hinzugefügt werden muß, daß in unverhältnismäßig kurzer Zeit in den meisten Fällen dieser unhaltbare Zustand durch Bezug einer eigenen Wohnung geändert wurde. Daneben gibt es natürlich auch noch solche Frühehen, bei denen die Partner getrennt in den Haushalten der Eltern weiterleben, was angesichts der erwähnten Voraussetzungen als eine ebenfalls schwierige Lage bezeichnet werden muß. Es wird darum nicht verwundern, daß in den meisten Fällen diese Situation bald nach Eheschließung aufgehoben wurde, indem sich das junge Paar eine eigene Wohnung suchte.

Die Ergebnisse eingehender Untersuchungen zeigen deutlich, daß die jungen Menschen unter 21 Jahren, die eine Frühehe geschlossen haben, mit diesem Problem überraschend gut fertiggeworden sind. Das beweist insbesondere die Kölner Untersuchung, die alle im Jahre 1958 geschlossenen Frühehen 5 Jahre später beobachtet hat. Gewiß ist zur Bewertung dieses Ergebnisses, wie die Verfasserin des Berichts bemerkt, die Tatsache in Rechnung zu setzen, daß diese ersten 5 Jahre der Ehe in eine Zeit wirtschaftlichen Wohlstandes fielen. Darüber hinaus lassen sich aber auch viele, von der wirtschaftlichen Frage unabhängige Gründe dafür anführen, daß selbst in sehr frühem Alter geschlossene Ehen sich festigen. Darum muß die Art und Weise, wie diese Dinge heute in der öffentlichen Meinung behandelt werden, wenn man sie mit den tatsächlichen Problemen vergleicht, als völlig abwegig bezeichnet werden. Selbstverständlich sind mit der Frühehe Probleme verbunden, diese sind aber auch nicht annähernd solcher Art, daß sie die Öffentlichkeit alarmieren müßten.

LITERATUR

Becker, Walter, und *Walter Salewski,* Die Frühehe als Wagnis und Aufgabe, Neuwied 1963.

Bumpass, Larry L., und *James A. Sweet,* Differentials in Marital Instability: 1970, in: American Sociological Review 37 (1972).

Dennebaum, Eva-Maria, Berufstätigkeit und Lebensphasen verheirateter Frauen, Kölner Dissertation 1970.

DIVO, Brave Leser stellen sich vor, München 1963.

Heiss, Jerold S., Variations in Courtship Progress Among High School Students, in: Marriage and Family Living, XXII (1960).

Kreutz, Henrik, Jugend. Gruppenbildung und Objektwahl, 2 Bde., Wiener Dissertation Stuttgart 1964.

Lüschen, Günter, und *René König,* Jugend in der Familie, 2. Aufl. München 1966.

Moss, Joel J., und *Ruby Gingles,* The Relationship of Personality to the Incidence of Early Marriage, in: Marriage and Family Living 21 (1959).

Nave-Herz, Rosemarie, Soziologische Aspekte der Frühehe, in: Kölner Zeitschrift für Soziologie und Sozialpsychologie 19 (1967).

Österreichische Hochschülerschaft an der Universität Graz, Studentenehe 1966. Eine soziologische Untersuchung (vervielfältigt), Graz, April 1966.

Pfeil, Elisabeth, Die 23jährigen. Eine Generationenuntersuchung am Geburtsjahrgang 1941, Tübingen 1941.

Storbeck, Dietrich, Die Familienpolitik der SED und die Familienwirklichkeit der DDR, in: *Peter Chr. Ludz,* Hrsg., Materialien zur Soziologie der DDR, Sonderheft 8 der Kölner Zeitschrift für Soziologie und Sozialpsychologie, Opladen 1964.

Tschoepe, A., Die Frühehe im sozialen Wandel, in: Soziale Welt 17 (1966).

Ziskoven, Gertrud, Frühehen in Köln, Köln, 1. Okt. 1965.

Staat und Familie in der Sicht
des Soziologen (1966)

Man kann sagen, daß in den modernen Verfassungswerken immer deutlicher eine Tendenz zutage tritt, der Familie eine größere Aufmerksamkeit zu schenken und eine Art Schutzgarantie des Staates zu geben. Für viele gegenwärtige Betrachter ist das etwas derartig Selbstverständliches geworden, daß sie sich darüber keinerlei Rechenschaft geben, welcher weitreichender gesellschaftlicher Umformungen es bedurfte, um diesen Punkt zu erreichen. Darum müssen wir unseren Ausführungen einige vorbereitende Bemerkungen vorausschicken.

I

Wenn wir einmal universalhistorisch denken und uns fragen, ob in der Entwicklung der menschlichen Gesellschaft die Familie und der Staat gewissermaßen den gleichen Rang haben und auch das gleiche Alter, so läßt sich diese Frage, ganz unangesehen aller sonstigen Kontroversen über die Entstehung des Staates ganz eindeutig zugunsten der Familie beantworten. Der Staat ist eine unverhältnismäßig junge Institution der menschlichen Gesellschaft, die eigentlich erst mit den archaischen Hochkulturen erscheint, während die menschliche Gesellschaft die Familie gekannt hat, soweit wir irgend zurückblicken können.

Das ist nun nicht nur eine Frage des Alters und des Vorrangs, sondern gleichzeitig eine Strukturfrage, die insbesondere jene spezielle Dimension der Wirklichkeit betrifft, die man gemeinhin dem Staate allein vorbehält: nämlich die Macht. Die primitiven Gesellschaften, die keinerlei staatliche oder auch vorstaatliche Organisation aufweisen, zeigen trotzdem ausgeprägte Machtstrukturen, die in der Hand bestimmter Familien sind. Diese Parallele zwischen der Machtschichtung der Familie und der Machtschichtung des Staates ist sogar derart ausgeprägt, daß man häufig die Wurzel des Staates

© Springer Fachmedien Wiesbaden GmbH, ein Teil von Springer Nature 2021   243
R. König, *Familiensoziologie,* René König Schriften. Ausgabe letzter Hand,
https://doi.org/10.1007/978-3-658-28247-9_10

in der Familie gesehen hat. Das gilt sogar noch für die moderne Prä- oder Protohistorie, die der Meinung ist, daß die archaischen patriarchalischen Hochkulturen in der Familienstruktur bereits eine Vorform des Staates ausgebildet hatten.

Entscheidend bleibt, daß offensichtlich die Familie auch als Machtsystem älter ist als der Staat, und zwar um mindestens 100.000 Jahre älter. Die Form der Familie in diesen archaischen Kulturen war allerdings wesentlich anders als das, was wir heute unter Familie verstehen. Das muß man sich sogar dann vergegenwärtigen, wenn man etwa alte griechische oder jüdische Texte liest, z. B. den *Homer* oder das Alte Testament. Die Familienvorstellungen, die in diesen Dokumenten lebendig sind, gehören durchaus zum Typ der sogenannten *erweiterten Familie,* die – wie wir gleich sehen werden – verschiedene Formen annehmen kann. Es bleibt aber bei aller Verschiedenheit, daß diese erweiterten Familien derartig komplexe Gebilde darstellen, daß man ihnen oft gesamtgesellschaftlichen Charakter zugesprochen hat. Trotzdem ist dies nicht der Fall. Denn selbst relativ primitive vorgeschichtliche Kulturen sind, soweit wir sehen können, immer aus einer Mehrheit von erweiterten Familien zusammengesetzt gewesen. In diesen Systemen lag die Macht weitgehend bei den *Familienvorständen.*

Wir haben mit Absicht im Vorhergehenden in zwei Hinsichten eine unbestimmte Terminologie verwendet, um eine einseitige Festlegung der gemachten Aussage zu verhindern. Diese unbestimmte Terminologie bezieht sich erstens auf den Begriff der erweiterten Familie und zweitens auf den Begriff der Familienvorstände. In beiden Fällen bestehen nämlich alternative Lösungen, die bei der durschnittlichen Betrachtung nicht berücksichtigt werden. Nehmen wir das zweite Problem zuerst, die Frage nach den Familienvorständen. Hier wird noch immer durchschnittlich die Sache so dargestellt, als seien die Familienvorstände in jedem Falle die ältesten Männer der betreffenden Gruppe, also die Patriarchen im eigentlichen Sinne. Das führte zum Vorurteil des Patriarchalismus, das für viele heute noch eine Selbstverständlichkeit zu sein scheint, während wir schon lange wissen, daß die Familienvorstände nicht immer nach der Vaterslinie, sondern häufig nach der Frauenlinie bestimmt werden. In diesem Fall ist dann die Respektperson die älteste Frau, respektive deren Bruder, der sogenannte Mutteronkel. Man nennt diese Herrschaftsform Avunkulat, also Onkelherrschaft.

Man mag nun einwenden, der Unterschied zwischen beiden Systemen sei gering, indem es offensichtlich nur ankommt auf die Abstammungslinie, während in beiden Fällen ein Mann entscheidet. Das ist aber eine ungenügende Auffassung der Situation. Denn die mutterrechtlichen Kulturen, um die es sich hierbei handelt, sind nicht nur strukturell, sondern auch kulturell derart verschieden von den patriarchalischen Kulturen, daß sie mit ihnen kaum verglichen werden können. Diese Verschiedenheit betrifft z. B. die Stellung der Frau. Während in den patriarchalischen Kulturen die Frauen immer mehr oder weniger entrechtet sind, spielen Frauen und junge Mädchen in den mutterrechtlichen Kulturen eine viel größere Rolle, auch rechtlich; ihre Freiheiten und Verfügungsmöglichkeiten sind dementsprechend auch größer, selbst wenn der Ausdruck vom Matriarchat, den man früher oft für dieses System verwendete, unangemessen ist. Es bleibt aber dabei: mit ganz wenigen Ausnahmen liegt auch hier die Herrschaft in der Hand des Mannes, nur ist es ein anderer Mann als in den patriarchalischen Gesellschaften.

Mit der verschiedenen Stellung der Frauen in diesen Gesellschaftssystemen ändert sich auch das gesamte Kulturbild. Das wird besonders deutlich sichtbar etwa in den antiken kretisch-minoischen Kulturen, aber auch in den kelto-iberischen Kulturen, bei denen Frauengestalten in der Mythologie und in der Kunst eine besondere Rolle spielen, der sich bei den patriarchalischen Kulturen nichts an die Seite stellen läßt. Wenn wir also in der Terminologie vorher mit Absicht unbestimmt waren, so ist das geschehen, um kein Präjudiz gegen eines der beiden Kultursysteme zu schaffen, das mehr vater- oder das mehr mutterbestimmte. Dabei schließen wir alle Entwicklungshypothesen aus: Es kann gar nicht die Rede davon sein, daß die Mutterrechtskulturen den vaterrechtlichen und patriarchalischen Kulturen vorausgehen. In manchen Fällen ist das der Fall gewesen, in anderen Fällen war es umgekehrt. Wir finden letzteres insbesondere dort, wo sich Jäger-Sammlerinnen-Kulturen, die weitgehend vaterrechtlich organisiert sind, in Jäger-Gärtnerinnen-Kulturen verwandelt haben. Wo die Frauen Gartenbau betreiben, während die Männer noch der unsicheren Jagd nachgehen, tritt das Mutterrecht ganz besonders stark in Erscheinung, wobei es durchschnittlich nach einem Vaterrecht auftritt. So gibt es in der Tat zwei Herrschaftsformen der alten Menschheit, die fertig ausgebildet waren, noch lange bevor es einen Staat gab.

Wir haben aber noch in einem anderen Punkt eine vorsichtige Terminologie verwendet: Wir sprechen nämlich von erweiterten Familien, statt, wie man häufig sagen hört, den Ausdruck von der Großfamilie zu verwenden. Diese Unbestimmtheit war ebenfalls Absicht; denn es läßt sich zeigen, daß es mehrere verschiedene Formen der erweiterten Familie gibt und nicht nur Großfamilie. Unter *Großfamilie* verstehen wir eine Familienform, bei der die Brüder beim Tode des Vaters nicht auseinandergehen, sondern mit ihren Frauen und Kindern in ungeteilter Erbengemeinschaft auf gemeinsam besessenen Grund und Boden weiterleben, und das für viele Generationen. Diese Form der Großfamilie hat sich insbesondere nach der Seßbarwerdung der Menschheit mit den höheren Formen des Ackerbaus weit verbreitet und z. T. bis in unsere Gegenwart erhalten (auch als Rechtsform). Diese Großfamilien werden beherrscht von einer Versammlung, nämlich dem Rat der alten Männer, dessen Vorsitzender eine Art von primus inter pares ist. Im Gegensatz zu anderen Formen der ausgesprochen patriarchalischen Familie hat diese Herrschaft einen ausgeprägten demokratischen oder genossenschaftlichen Charakter. Und das ist auch das wichtigste Unterscheidungsmerkmal zu der anderen Hauptform der erweiterten Familie, nämlich der *patriarchalischen Familie* im engeren Sinne, bei der ein Herrschaftsverband besteht, der unumschränkt bestimmt wird vom ältesten Mann, dem Patriarchen, von dem alle Söhne und Enkel lebenslänglich abhängig bleiben, außerdem noch eine Menge anderer Personen, wie Sklaven, Tributpflichtige, Hörige, Klienten usw. Der Prototyp dieser Herrschaftsform ist die Gestalt des pater familias im römischen Recht.

Während die erste Form der erweiterten Familie sich in die Breite ausdehnt, also unter den Kollateralen (Brüder und Vettern), reicht die andere Form der ausgedehnten Familie über mehrere Generationen, man nennt sie darum auch im Gegensatz zur Großfamilie *die Generationen-Familie*. Es versteht sich von selbst, daß zwischen diesen beiden Formen verschiedene Mittelformen existieren, bei denen bald mehr die Kollateralen, bald mehr die anderen Linien im Vordergrund stehen.

Es kann sogar gesagt werden, daß zwischen beiden Extremformen schärfste Konflikte auftreten können. In *Platons* „Gesetzen" finden wir eine deutliche Erinnerung an solche Auseinandersetzungen, wenn er von der Zyklopenfamilie spricht, die sich von der Großfamilie zu trennen versucht. In diesen Fällen bemüht sich ein Vater, das Erbe für seine eigenen Kinder und Kindeskinder zu sichern, während die Großfamilie eine solche einseitige Verteilung nicht anerkennt, sondern nur die sogenannte Universalsukzession, bei der die Fiktion der prinzipiellen Unsterblichkeit der Großfamilie leitend wird. Im alten Griechenland hat diese Auseinandersetzung eine große Kulturkrise hervorgerufen, deren Erlebnis noch deutlich bei *Platon* nachklingt. Solche Auseinandersetzungen bedeuten in der Tat Verschiebungen in der Gesamtorganisation der Macht einer Gesellschaft. Wir heben aber hervor, daß solche Auseinandersetzungen sich abspielen können, noch ohne daß überhaupt von Staat die Rede ist. Wir bewegen uns vorläufig ausschließlich in einem *familistischen System*. Selbst wenn die Schichtung der Macht in diesem System sehr stark sein sollte, so hat sie niemals den Charakter einer allgemeinen Macht, die allen Familien gegenüber neutral ist, sondern sie bleibt immer Ausdruck der Familienmacht. Man nennt diese Familie darum auch *Herrschaftsfamilie*. Sie steht nicht mehr in einem Unschuldsstadium vor der Macht, sondern hat vielleicht vorstaatlichen Charakter; aber darum ist sie noch kein Staat. Die Entwicklung des Staates beginnt erst wesentlich später und unter anderen Voraussetzungen.

II

Ohne hier einzutreten in die Diskussion um die Hypothesen von der Staatsentstehung, die sich in den letzten Jahrzehnten beträchtlich verändert haben, können wir doch ein gemeinsames Ergebnis hervorheben, das für alle Staatsentstehungen maßgebend ist: In dem Augenblick, wo der Staat fertig vor uns steht, hat er die Tendenz, sich zu befreien von der Familie und ein selbstständiges Herrschaftssystem zu werden, das noch bis an die Schwelle der

Gegenwart mit den Familien um seine Autonomie zu kämpfen hatte. Das führt uns zu einem wichtigen Satz, der unser Thema zentral beleuchtet und gleichzeitig erkennen läßt, in welchem Ausmaß die Situation heute in den modernen Staaten von früher verschieden ist. Ganz gleich, wie der Staat entstehen mag, als Verlängerung einer einzelnen Herrschaftsfamilie zu einer Despotie mit entsprechender Reichsbildung, oder als bürokratisches System neben einer Gruppe von Herrschaftsfamilien, oder noch auf lokaler Gemeindebasis als Dorf- oder Stadtgemeinde, immer bleibt der Grundsatz, *daß der Staat als Feind der Familie auftritt.* Um sich als Staat etablieren zu können, muß ein soziales System zunächst die Macht der traditionellen Familien brechen. Daher dann auch die Tendenz der alten Formen des Staats, sich hierzu Hilfstruppen zu beschaffen, nämlich etwa Personen ohne Familienanhang als Sklaven und Kriegsgefangene, die eine besondere Miliz bilden und es erlauben, eine neutrale Machtorganisation gegenüber den Familiengruppen zu errichten.

Die ältere Theorie, der vor einiger Zeit noch der verstorbene *Alexander Rüstow* Ausdruck verliehen hatte, glaubte die entscheidende Voraussetzung für die Ausbildung solcher Machtsysteme in einer Überschichtung durch Eroberung sehen zu können. Diese Eroberungen haben in der Tat in der alten Geschichte eine große Rolle gespielt, wobei besonders bemerkenswert ist, daß typische Konstellationen auftreten, wie etwa die Überschichtung von Bauernvölkern durch Reitervölker, speziell die Pferdehirten, die Rinderhirten und die Kamelhirten. Die Bauern können nicht ausweichen und werden damit ein Opfer der Hirten, die sich später zwischen den Bauern in Herrenburgen ansiedelten und sie bewirtschafteten, wie sie vorher nur das Großvieh bewirtschaftet hatten. So entsteht eine Form der Symbiose, die in der alten Geschichte eine große Rolle gespielt hat und in der Tat für die Entfaltung des Staats bedeutsam gewesen ist.

Andererseits ist dies aber keineswegs die einzige Form der Staatsentstehung. Man muß sich darüber nur klar sein, daß einerseits die scharfe Machtschichtung bei den Hirten bereits vorhanden ist, bevor sie die Bauern überschichten, und daß andererseits auch die bäuerlichen Kulturen schon Ansätze eines neutralen Staats auf familiärer Basis haben, etwa durch Entstehung eines Königtums, das sich deutlich von den Fürst-Gott-Despotien der Erobererkulturen unterscheidet.

Ohne jedoch in dieser Hinsicht eine einseitige Entscheidung fällen zu wollen, können wir sagen, daß *in allen Fällen die Macht eine Tendenz hat, sich von der Familie zu entfernen.* Das wird insbesondere dann in höchst ausgeprägtem Maße der Fall, wo sich die Bevölkerungszusammenballungen vergrößern, etwa durch Städtebildung. Damit ist ein Punkt gegeben, an dem eine natürliche Überwindung der erweiterten Familienverbände anhebt. Es ist bezeichnend, daß sich die Städte überall dadurch auszeichnen, daß in ihnen eine flüssige Bevölkerung zusammenströmt, die familienmäßig nicht gebunden ist, und *die damit ihrerseits ein großes Interesse daran gewinnt, vor der Ausbeutung durch einzelne Familien geschützt zu sein.* Sie wird sich daher willig in den Schutz einer neutralen Macht begeben. So erwachsen in den alten Stadtstaaten nicht nur Bevölkerungen von familienmäßig unabhängigen Individuen, sondern auch der *Staatsbürger,* der sich in gleicher Weise dem neutralen Staat und den alten Familienverbänden gegenübersieht. Diese Position kann z. B. besonders gut im alten Athen studiert werden, etwa zur Zeit des *Perikles.*

Die weiteren strukturellen Verschiebungen gehen in einer langwährenden Auseinandersetzung zwischen den überlebenden Bestandteilen der alten Familienherrschaft und den Ansätzen zur Begründung einer neutralen Machtorganisation vor sich. Man muß sich darüber klar sein, daß diese ganze Entwicklung äußerst prekär ist, und daß man sich das keineswegs so vorstellen darf, als habe sich der Staat eines guten Tages selbständig gegenüber den Familien etabliert. Gewiß ist das im alten Rom in sehr ausgeprägtem Maße der Fall gewesen. Aber gerade das Beispiel Roms zeigt, daß das neue Staatssystem keineswegs unangefochten ist, sondern unter Umständen einer spontanen Rückkehr der alten Familienverfassung weichen muß, wenn etwa äußere Umstände dieses Staatssystem untergraben und zum Sturz bringen, wie das mit dem Römischen Reich der Fall gewesen ist. So zeigen sich überall in den Nachfolgegebieten des Römischen Reichs neue Formen der Herrschaftsfamilien als Großfamilie oder als aristokratische Generationenfamilie, und die ganze Entwicklung hebt von neuem an.

Es kann jedoch nicht unsere Aufgabe sein, als Historiker diesen Formen in allen Einzelheiten nachzugehen. Für uns kommt es nur auf die strukturelle Problematik an und dabei auch nur auf die sich verändernde Stellung zur Familie, die ihrerseits bedingt ist durch eine strukturelle Umformung der Familie selbst.

Im Gegensatz zu früher verbreiteten Vorstellungen, daß in den alten Kulturen ausschließlich Großfamilien vorhanden gewesen wären, wissen wir heute, daß Gesellschaftstypen von einer großen Komplexität immer auch verschiedene Familienformen gleichzeitig aufweisen, also gleichzeitig die erweiterte Familie einerseits und die Kernfamilie andererseits. Die Kernfamilie finden wir vor allem bei den unteren Bevölkerungsschichten. *Die Existenz der Kernfamilie ist weitgehend bedingt durch eine Ausschaltung aus der Machtapparatur.* Dementsprechend sind alle Unfreien und Halbfreien seit jeher in Kernfamilien vereint gewesen, ohne daß jedoch die Kernfamilie irgendwie eine Bedeutung in diesem Gesellschaftssystem gewonnen hätte. Das kann auch gar nicht geschehen, solange die ganze Macht in Händen der Familienvorstände ist. Ihre wirtschaftliche, religiöse und politische Macht ist dermaßen groß, daß ihr gegenüber die Kernfamilie praktisch ins Nichts versinkt. Das ändert sich jedoch in dem Augenblick, wo sich gegenüber dem Herrschaftssystem der erweiterten Familien ein neutraler Staat erhebt, der zu seinem Schutz an den Staatsbürger appelliert, der unabhängig ist von den großen Familienverbänden. So kommt die Kernfamilie erst in dem

Augenblick zum Zug, wo die Herrschaft der erweiterten Familienformen im abbröckeln ist. Dies läßt sich besonders gut an der Entwicklung Roms verfolgen. Es liegt auf der Hand, daß diese Verschiebung vor allem strukturell relevant ist, insofern jetzt ein völlig neuer Kultur- und Gesellschaftstyp entsteht, der mit den archaischen Kulturen nicht das Geringste mehr gemeinsam hat. Staat und Staatsbürger verdrängen zunehmend die alten Geschlechter, deren Bedeutung noch lange nachklingt in einer besonderen aristokratischen Aura, die ihnen hohes Prestige verleiht. Aber die wirkliche Macht liegt nicht mehr bei den Familienvorständen, sondern bei einem mehr und mehr sich neutralisierenden Staat.

Es ist übrigens interessant zu vermerken, daß es Zwischenformen gibt, die man heute besonders glücklich in Lateinamerika studieren kann. Dort ist etwa die Entwicklung eines neutralen Staats seit den Revolutionen von 1820–1845 in vollem Gange. Trotzdem aber ist die wahre Situation noch weithin die, daß sich zwar ein neutraler Staat für die Mittelklasse schon entwickelt hat, daß er aber noch dirigiert wird oder sogar besessen wird von den alten Geschlechtern, die damit ihre Monopolstellung zu schützen versuchen. Das kann erst dann geändert werden, wenn die aufsteigende Mittelklasse den Staat restlos übernommen haben wird, was sich übrigens in unseren Tagen abspielt. Ähnliche Entwicklungen können wir auch in anderen unterentwickelten Gesellschaftssystemen verfolgen. Es gibt also große Teile der Welt, in denen heute noch die Herrschaft der alten Geschlechter mehr oder weniger unangefochten besteht, obwohl sich das gerade mit der wirtschaftlichen Entwicklung rapide verändert.

III

Neben diesem Seitenblick auf moderne Entwicklungen müssen wir jedoch unser Augenmerk jetzt einem anderen Problem zuwenden. Praktisch ist es mit der Staatsentstehung entschieden, daß die große Menge der Staatsbürger in Familiengruppen lebt, deren Macht rückläufig ist, deren Umfang aber auch zu schrumpfen beginnt. In einer relativ primitiven Wirtschaft wie der des europäischen Mittelalters fiel das nicht so sehr ins Auge; dementsprechend finden wir bei allen führenden Mächten des mittelalterlichen Europas und auch der Renaissance verschiedene Formen erweiterter Familien, die in einer gewissen Weise der Entwicklung eines neutralen Staats im Wege stehen. In diesen Familien tritt vor allem die *Verwandtschaft* als ein Verband auf, innerhalb dessen man sich gegenseitig Hilfe leistet. Abgesehen von den aristokratischen Familien kann man sagen, daß viele Verbände keine so ausgesprochene Machtstruktur mehr haben wie die großen Geschlechter in den archaischen Hochkulturen. Damit ist der Ausdruck *Verwandtschaftsfamilien* für sie angemessener als der Ausdruck Herrschaftsfamilie. Mit der Betonung der Verwandtschaft zieht sich in gewisser Weise die Familie zunehmend aus dem öffentlichen Leben zurück.

Dazu kommt aber, von den Städten ausgehend und gefördert durch die moderne Wirtschaft, eine zunehmende Vorherrschaft der *Kernfamilie,* bei der die Rolle der Verwandtschaft immer blasser wird. Aus dieser Familie entwickelt sich dann alles, was wir als die moderne Familie bezeichnen.

Gerade an diesem Punkt beginnt aber unser Problem des Verhältnisses von Staat und Familie, eine neue Form anzunehmen. Die alte Auffassung von diesen Problemen läßt sich leicht zusammenfassen. Sie meinte, daß mit der zunehmenden Herauslösung der Familie aus allen weiteren Zusammenhängen die Familie immer lockerer werden müsse. Man sprach in diesem Sinne etwa vom Funktionsverlust der Familie, die im Laufe dieser Entwicklung ihre religiösen, politischen, wirtschaftlichen und kulturellen Funktionen verloren habe, die alle miteinander mehr und mehr auf eigene gesellschaftliche Institutionen übergegangen seien. Und das habe eine Lockerung der Familie zur Folge gehabt, ja das könne sogar das völlige Verschwinden der Familie bedeuten. Gerade in dieser Hinsicht hat sich aber die Auffassung in den letzten paar Jahrzehnten beträchtlich verändert.

Selbstverständlich läßt sich die Kontraktion der Familie auf einen immer kleineren Kreis nicht leugnen. Die Frage ist nur die, wie wir das zu beurteilen haben. Hat damit die Familie tatsächlich alle ihre Funktionen verloren? Es ist ein leichtes nachzuweisen, daß die Familie damit ihre eigene Funktion nicht nur nicht verloren hat, sondern im Gegenteil sie überhaupt erst gefunden hat. Was sie hat abgeben müssen, sind alles Funktionen, die andere soziale Institutionen besser leisten können als sie. Sie hat sich dafür aber konzentriert auf eine Aufgabe, die keinerlei gesellschaftliche Institution, die wir kennen, aufzubringen vermag: nämlich die Gestaltung der sozialkulturellen Person des Menschen durch den umfassenden Sozialisierungsprozeß, dem das Kind in der Familie unterliegt und während dessen es langsam zur voll erwachsenen und geschäftsfähigen Person heranwächst. Diese Funktion vermag in der Tat keine andere Institution der menschlichen Gesellschaft zu leisten. So hat man auch gesagt, daß die Familie im Laufe dieser Entwicklung eine ihrer Funktionen nach der anderen verloren hat, um am Schluß ihre eigenste zu finden, die in der Sozialisierung der sozialkulturellen Person besteht. Angesichts dieser Situation kann von einem Verschwinden der Familie überhaupt nicht mehr gesprochen werden. Selbst wenn ihre öffentliche Funktion noch so zusammengeschrumpft ist, so ist doch ihre sachliche Bedeutung außerordentlich gewachsen. Das Schicksal der Person in den modernen Gesellschaften liegt in der Tat ganz und gar in der Hand der Familie.

Da diese Familie sich aber weitgehend auf die Kernfamilie reduziert hat, ist sie zweifellos gebrechlich, wenn wir sie mit den großen Machtverbänden der alten Geschlechter vergleichen. Aber auch wenn sie gebrechlich ist, ist sie dennoch nicht zu vernachlässigen. So zeigen viele Ereignisse, in denen bestehende Gesellschaften durch größte Krisen gingen, daß die Familie imstande ist, die allerschwersten Belastungen durchzustehen. Deutschland im Jahre Null stand voll und ganz auf den Familien, die sich in gewisser Weise hermetisch abschlossen gegen eine feindliche und gefährliche Umgebung, um auch nur einigermaßen ihr Leben fristen zu können. Der Familie von damals wohnte geradezu ein fast anarchischer Charakter inne, indem sie einzig bedacht war, das Überleben ihrer Mitglieder zu sichern, wobei ihr alle gesamtgesellschaftliche oder staatliche Ordnung gleichgültig war. Ähnliches konnte man schon nach 1917 in der Sowjetunion beobachten, wo ebenfalls die Familie unter dem Einfluß neuer Gesetzgebungen und extremer kultureller Strömungen einem furchtbaren Druck ausgesetzt war. Gerade hier zeigte sich aber, daß diese kleine und vermeintlich so gebrechliche Institution durchaus imstande war, sich gegenüber diesen Umwälzungen zu behaupten und sogar ein neues Gesetzgebungswerk zu erzwingen, in dem die Familie wachsenden staatlichen Schutz erhielt.

Gerade an solchen extremen Entwicklungen kann man besonders deutlich die Umkehr der vorher geschilderten Problematik erkennen. Tritt ursprünglich der Staat auf als der natürliche Feind der großen Familienverbände, so wird der Staat mehr als ein Jahrtausend später umgekehrt dazu veranlaßt, der Familie jeden Schutz zu gewähren, den er nur immer kann, weil die Familie die eigentliche Ursprungsstätte des Staatsbürgers ist und als Kernfamilie keine Machtkonkurrenz mehr für den Staat darstellt.

Die Familie ist jetzt die Sphäre der Privatheit, der der Staat als die Öffentlichkeit gegenübersteht. Dementsprechend sind auch von jetzt an Privatrecht und öffentliches Recht getrennt, was früher typischerweise nicht der Fall war. Man kann sich leicht davon ein Bild machen, wenn man den gleichzeitig privatrechtlichen und öffentlichrechtlichen Charakter des alten römischen Familienrechts der gentilizischen Verfassung betrachtet. In dem Zustand, in dem wir uns jetzt befinden, fallen alle diese Vermengungen dahin, was natürlich nicht ausschließt, daß immer noch einzelne große Familienverbände bestehen und auch noch eine gewisse Macht darstellen. Aber unter den heutigen Umständen ist die Sachlage so, daß die Existenz dieser Machtgruppen von der öffentlichen Meinung mißbilligt wird und man auch alles tut, um solche familiären Machtzusammenballungen, die dann auch unter Umständen zu Interessenverbänden werden, zu verhindern.

Am deutlichsten ist das der Fall in den Vereinigten Staaten, wo das tiefe Mißtrauen gegen alle Herrschaftsfamilien letztlich auf die Gründerzeit der Vereinigten Staaten und die Unabhängigkeitskriege zurückgeht. Das ist der große Unterschied in der Machtstruktur der Vereinigten Staaten im Vergleich mit den Ländern Südamerikas, die in dieser Hinsicht eine völlig andere Situation darstellen, wie schon oben angedeutet wurde. Dem widerspricht auch nicht, daß sich selbstverständlich auch in den Vereinigten Staaten hinter den Kulissen noch immer gewisse Herrschaftsfamilien halten. Das gilt sogar für die Industrie. Man denke dabei nur etwa an die Familie Ford, die ihren Mitgliedern Namen gibt, wie sie sonst nur dynastische Familien kennen, also etwa Henry Ford II. Der Kampf gegen diese Großfamilien in der Industrie ist vorwiegend über die alte Trust-Gesetzgebung gegangen, so daß sein antifamilistischer Charakter nicht immer ganz einsichtig ist, aber auch allgemein besteht in den Vereinigten Staaten ein tiefes Mißtrauen gegen jede Zusammenballung von Macht in einer Familie.

Trotzdem kann man interessante Schichtungen in den Familienstrukturen der Vereinigten Staaten feststellen, wenn man etwa die Familien, die vor dem Bürgerkrieg schon reich waren, mit denen vergleicht, die später aufstiegen. Es ist ganz eindeutig, daß die großen Familien der Periode vor dem Bürgerkrieg ein ausgesprochenes aristokratisches Prestige haben, was für die anderen nicht im gleichen Maße gilt, selbst wenn ihre wirtschaftliche Macht unter Umständen viel größer ist als die der anderen, die teilweise infolge des Bürgerkrieges verarmt sind.

Es zeigt sich also in der Tat, daß große Familienzusammenhänge noch lange weiterleben können, nachdem sich neutrale Staaten begründet haben. Aber diese Existenz ist dann doch eine andere als die, die sie vorher hatten. Während sie vorher im Licht der großen Öffentlichkeit standen, ziehen sie sich jetzt in die Anonymität und in die Unauffälligkeit zurück. Sie treiben gewissermaßen Mimikry nach unten, indem sie ihre wahre Machtstellung zu verstecken suchen. Das ist der Ausdruck einer völlig veränderten Weltordnung, in der jetzt nicht mehr Herrschaftsfamilien, sondern einzelne Staatsbürger mit ihren Kernfamilien im Vordergrund stehen.

IV

So kann man auch den Grundsatz aller staatlichen Verwaltung verstehen, daß sie sich bemüht, ohne Ansehen der Person zu entscheiden. Dieser Satz ist Ausdruck der veränderten Einstellung zur Familie. Der Mensch erhält, nicht mehr einen verschiedenen Wert je nach Zugehörigkeit zu der einen oder anderen Familie; sondern er hat seine Bedeutung allein auf Grund seiner Leistung als Privatmann. Damit ist der Familismus definitiv neutralisiert. Umgekehrt aber wird damit, wie schon angedeutet, *dem Staat eine Fürsorgepflicht für die Familie* auferlegt, die nicht mehr über die gleichen Möglichkeiten wie früher verfügt, sich gesellschaftlich durchzusetzen.

Es ist interessant zu sehen, daß diese Vorstellung von den neuen Pflichten des Staates gegenüber der Familie keineswegs von Anfang dieser Entwicklung an deutlich hervortritt. Erst in den letzten Jahrzehnten beginnt man sich Rechenschaft über diese Notwendigkeit zu geben. Das schließt aber nicht aus, daß schon früher zahllose Bestimmungen des Gesetzes eine deutliche Nebenfunktion insofern hatten, als sie nicht nur der Abwehr bestimmter negativer Verhaltensweisen dienten, sondern gleichzeitig dem Schutz der Familie, ohne daß dies jedoch ausgesprochen wurde. Das gilt etwa ganz eindeutig für das Strafrecht, aber auch noch für andere Teile des Rechts, worüber andernorts berichtet wird. Wir möchten hier nur die ganzen Kämpfe um das *Arbeitsrecht* erwähnen, die sich selbstverständlich zunächst den Schutz des Arbeiters zur Aufgabe setzten, wie etwa die ersten Fabrikgesetze in England oder in Deutschland. Wenn wir diese jedoch ihrem Inhalt nach betrachten, dann tritt plötzlich deutlich eine familienschützlerische Funktion hervor. So ist das Verbot von Kinderarbeit und die Einschränkung von Frauenarbeit nicht nur gedacht, um solche Personen vor Ausbeutung zu schützen, die sich selbst nicht schützen können, sondern gleichzeitig im Dienst des Familienschutzes. Die Voraussetzung für solche Gesetzgebungswerke ist ganz einfach die Einsicht, daß die arbeitende Frau eine Doppelrolle hat, nämlich nicht nur als Arbeiterin, sondern auch als Mutter. Dazu kommt die weitere Einsicht, daß unter den obwaltenden Umständen in der Entwicklung der Familie Kinder nur dann zu einwandfreien Menschen heranreifen können, wenn sie nicht zu früh der Familie entrissen werden, die für den Aufbau der sozialkulturellen Person entscheidend ist.

Die nächste Konsequenz dieses Ansatzes liegt auf der Hand: wenn Kinderarbeit untersagt wird und Frauenarbeit eingeschränkt, dann muß der Mann, respektive der Vater in eine solche Lage versetzt werden, daß er seine Familie ernähren kann. Sowie man diese Frage aufrollt, muß man also gleichzeitig das *Lohnproblem* mit ins Auge fassen. Die Lohnkämpfe des 19. Jahrhunderts und die entsprechenden Gesetzgebungswerke, die mit der Entwicklung der Gewerkschaften zusammenhängen, stehen allesamt indirekt im Dienste des Familienschutzes. Um das zu verstehen, muß man sich nur von der Vorstellung befreien, daß unsere Gesellschaft, und speziell unsere Wirtschaftsgesellschaft, zusammengesetzt sei aus isolierten Individuen, die als Einzelne Arbeitsverträge eingehen, zu deren Schutz dann die Lohngesetzgebung dienen würde. Das ist aber eine rein rechtliche Fiktion, die keineswegs ausschließt, daß letztlich der Lohnschutz darum erfolgt, weil der mit dem Unternehmer einen Arbeitsvertrag eingehende Arbeiter eben gerade nicht für sich allein steht, sondern Mitglied einer kleinen Gruppe ist, nämlich der Familie. Konsequenterweise müßte man annehmen können, daß sich von hier aus eines Tages eine Art von Familien-Gruppen-Recht entwickeln wird, das dann der letzte Ausdruck einerseits der überragenden Rolle der Kernfamilie in der modernen Gesellschaft und andererseits der familienschützlerischen Funktion des Staates wäre.

In die gleiche Richtung weisen auch die Kämpfe um die *Beschränkung der Arbeitszeit*. Wiederum kann man die Dinge unter einem doppelten Aspekt sehen. Wenn *Karl Marx* sagte, daß der Acht-Stunden-Tag der „Sieg eines Prinzips" sei, so meinte er damit natürlich nur die Beschränkung der Willkür des kapitalistischen Unternehmertums durch den Staat, aber weder er selbst noch andere Beobachter von damals merkten, daß mit diesem Prinzip nicht nur eine Machtauseinandersetzung zwischen Arbeiterschaft und Unternehmertum besiegelt, sondern gleichzeitig indirekt eine sehr wesentliche Maßnahme zum Schutze der Familie entwickelt worden war. Ein Arbeiter, dessen Lohn für acht Stunden Arbeit dermaßen geschützt ist, daß er für den Unterhalt seiner Familie ausreicht, steht ganz anders da als jener, der unter äußerstem Lohndruck 12, 14 oder sogar 16 Stunden arbeiten muß, wie es in den ersten Zeiten des Kapitalismus der Fall war. Er gewinnt plötzlich Zeit, sich seiner Familie zu widmen. Wenn wir die Schlafenszeit mit ca. acht Stunden ansetzen, die Arbeitszeit zu weiteren acht Stunden, dazu die Zeit für den Arbeitsweg und die Mahlzeiten, so bleiben bei vorsichtiger Schätzung 4–5 Stunden am Tage übrig, die der Arbeiter seiner Familie widmen kann. Schon im 19. Jahrhundert sind die verhängnisvollen Folgen erkannt worden, die aus einer ständigen Abwesenheit des Arbeiters vom Familienheim resultieren. Große Untersuchungen sind in dieser Hinsicht zunächst in England, sodann in Frankreich unternommen worden, die sich speziell mit den negativen Folgen der Arbeitsverfassung für die Arbeiterfamilie befaßten. Es waren damals eigentlich nur die Soziologen im engeren Sinne, oder auch die Sozialpolitiker, die sich der wahren Bedeutung dieser Entwicklungen bewußt waren. Die Arbeiterschaft selbst sah in den Arbeitskämpfen nur die Auseinandersetzung zwischen den verschiedenen Klassen oder zwischen dem Arbeitertum und der Unternehmerschaft. Heute sehen wir immer deutlicher, daß das Gesetzgebungswerk, das aus diesen jahrzehntelangen Kämpfen erwachsen ist, nicht nur indirekt, sondern vielfach direkt dem Familienschutz dient. Dementsprechend hat auch der Staat im rechten Verständnis dieser Situation die Entwicklung des Arbeitsrechts gleichberechtigt neben die anderen Rechtsteile gesetzt als Bestandteil seiner Legitimität.

Mittlerweile hat sich dieses Recht immermehr verzweigt. Außer dem Acht-Stunden-Tag, der 48-Stunden-Woche und später der 42-Stunden-Woche sind besonders Bestrebungen zur Regelung der Schichtarbeit, der Nacht- und Sonntagsarbeit aufgetreten, aber auch solche zur Regelung der Arbeitsruhe, des Wochenendes, der Ferien; zu dem Schutz der Jugendlichen und der Frauen kommen noch besondere Maßnahmen für den Schutz der Schwangeren und der Wöchnerinnen, die letzten Endes hinüberleiten in das umfangreiche Werk der *Sozialversicherung,* das ebenfalls in allen modernen Staatswesen einen immer mehr integrierten Teil der Gesamtgesetzgebung bildet.

Auch diese Entwicklung ist nicht von der Hand zu weisen und strukturell durch die Entwicklung der modernen Familie bedingt. Die Macht der älteren Familienverbände bedeutete nicht nur politischen Einfluß, auf nationaler oder auf Gemeindeebene, sondern gleichzeitig Sicherung. Dort, wo große Familienverbände gemeinsam wirtschaften, besteht die Chance, nicht nur die Arbeitsunfähigen und Invaliden, sondern auch die Alten und die Kranken ohne weiteres aus dem gemeinsamen Einkommen mitzuversorgen. Auch diese Funktion der Familie ist dem allgemeinen Funktionsverlust erlegen, von dem wir vorher sprachen, und dies ist sogar unausweichlich so, so daß wir noch einen Moment dabei verweilen müssen. Nehmen wir als Beispiel die chinesische Familie der alten Zeit. Sie stellt in hervorragendem Maße einen solchen politischen und wirtschaftlichen Verband dar, der für seine Mitglieder größte Sicherheiten schuf. Der Nachteil dieses Systems, das von manchen Betrachtern sentimental verklärt wird, liegt jedoch auch auf der Hand: Ein

System, das eine so große Sicherheit bietet, muß notwendigerweise alle private Initiative ersticken, die immer mit einem Risiko verbunden ist. Dementsprechend hat sie auch in China entscheidend dazu beigetragen, daß sich die Wirtschaft über Jahrhunderte nicht entwickeln konnte, obwohl die technischen und geistigen Möglichkeiten dafür durchaus dagewesen wären. Die großen Familienverbände ernährten nämlich auch eine Unmenge von Parasiten, von Arbeitsunwilligen und auch von unsicheren Elementen, die der Härte einer modernen wirtschaftlichen Entwicklung einfach nicht gewachsen gewesen wären. Dementsprechend beginnt die chinesische Revolution von *Sun Yat-sen* von 1911 mit einer gesetzlichen Einschränkung der großen Familienverbände, um das Land der wirtschaftlichen Entwicklung zu öffnen.

In Europa und Nordamerika hingegen hat sich das viel früher vollzogen, so daß sich gewissermaßen die Meinung schon lange durchgesetzt hat, daß jedermann seines Glückes Schmied ist. Das heißt aber mit anderen Worten, daß er für sich selbst und seine Familie einstehen muß, ohne auf den Schutz und die Sicherung durch einen Familienverband rechnen zu können. Andererseits aber ist der Mensch kein Übermensch und nicht imstande, für sich allein all den Unfällen gegenüber gesichert zu sein, die seine Existenz bedrohen. So entstand schon früh ein Versicherungssystem, und zwar sowohl privater als auch staatlicher Natur, mit anderen Worten: Die Funktion, die früher der Familienverband üben konnte, nämlich als Sicherung in vielerlei Notsituationen zu dienen, wird jetzt ebenfalls vom Staat übernommen, nachdem der Einzelne mit seiner Kernfamilie auf dem Arbeitsmarkt durchschnittlich nicht imstande ist, sich selbst gegen alle Unfälle im weitesten Sinne abzusichern. So hat der Staat auch zahllose Formen von Versicherungen entwickeln müssen, Kranken- und Unfallfürsorge, Alters- und Hinterbliebenen-Versicherungen usw., mit denen er Funktionen auf sich konzentriert hat, die früher die Familie von sich aus leisten konnte.

Es liegt auf der Hand, daß es längere Zeit gehen mußte, bis man auf allen diesen Gebieten des Familienschutzes Erfahrungen sammeln konnte. So wird es niemanden verwundern, daß gelegentlich die familienschützlerischen Bemühungen des Staates über das Ziel hinausschießen. Man kann das deutlich erkennen etwa an dem Allgemeinen Preußischen Landrecht, das im Sinne des aufgeklärten Despotismus das Familienrecht nicht nur zum Familienschutz, sondern gewissermaßen auch zur Belehrung der Familienmitglieder, ihrer Rechte und vor allem ihrer Pflichten benutzte. Man erkennt das besonders deutlich, wenn man etwa den Begriff der ehelichen Pflichten in diesem Gesetzgebungswerk betrachtet. Die Zukunft ging denn auch andere Wege, indem sie alles, was nur einer Bevormundung der Personen gleichkommt, aus dem Gesetz entfernte und seine Regelung der Sitte überließ. Dies folgte aus der richtigen Einsicht, daß die sozialkulturelle Person vor allem ein soziales Wesen ist und aus ihrer Erziehung zahlreiche Normen übernommen hat, die ihr Verhalten in zahllosen Teilbereichen der Wirklichkeit regeln, so also auch im Ehe- und Familienleben.

Ein einziger Blick über die existierenden Familienrechte zeigt, wie sich diese Tendenz ausgewirkt hat: die Zahl der Regelungen im Familienrecht ist einfach geringer geworden. Auf der anderen Seite haben sich nur diejenigen Regelungen zugespitzt, die sich mit dem Kern der modernen Familie befassen, nämlich mit der Ehe. Dies geschieht aus der Einsicht heraus, daß die Ehe die zentrale und einzig permanente Zone der Kernfamilie ist, die heute überwiegt. So dient also auch das Eherecht nicht nur der Sicherung der Ehe als solcher, sondern darüberhinaus der Sicherung der Familie.

Wenn alle diese staatlichen Maßnahmen ihren mehr oder weniger eindeutigen Sinn haben, so ist das mit manchen anderen nicht so klar. Wir denken dabei etwa an staatlich begründete Systeme der Bevölkerungspolitik im Sinne einer eugenischen Politik, auch im Dienste der Bevölkerungsvermehrung. Während des Nationalsozialismus traten diese Gesichtspunkte sehr stark in den Vordergrund. Dabei sind manchmal die Grenzen zwischen sinnvollen und übertriebenen staatlichen Maßnahmen in dieser Hinsicht sehr schwer zu ziehen. Ehestandsdarlehen können entweder im Dienste des Schutzes der jungen Familie oder aber im Dienste der Bevölkerungsvermehrung gesehen werden. Das Gleiche gilt für die verschiedenen Formen von Kindergeld. Darum hat man auch geschwankt, ob diese Leistungen in Geld oder in Natura zu erbringen seien, wie eine Diskussion beweist, die sich etwa in Schweden über rund 30 Jahre hingezogen hat. Man muß aber nicht so weit gehen, um ein System der staatlichen Schutzmaßnahmen zu entwerfen. Allgemein sollte man im Prinzip damit so zurückhaltend wie möglich sein, weil eben diese ganze Dimension weitgehend in den Lebensbereich der Person fällt, die selbstverantwortlich zu handeln weiß und der Bevormundung nicht benötigt. Andererseits sind aber die Belastungen in der modernen Wirtschaftsgesellschaft gelegentlich so stark, daß der Einzelne nicht imstande ist, seinen Pflichten nachzuleben. In dieser Hinsicht finden wir eine interessante weitere Entwicklung des modernen Familienrechts, indem etwa zahllose Beziehungen zwischen Eltern und Kindern gelockert erscheinen, während nur die *Unterstützungspflicht* wesentlich verstärkt wurde. Dies entspricht der Einsicht, daß die Familie als Gruppe nur dann fortbestehen kann, wenn sie *Solidarität* übt. Der wichtigste Ausdruck der Solidarität ist gegenseitige Unterstützungspflicht. Als eine revolutionäre Gesetzgebung in der Sowjetunion zunächst viele Beziehungen in der Familie gelockert hatte, wurde typischerweise einzig die Unterstützungspflicht verstärkt.

Zur Unterstützungspflicht gehört auch die *Aufsichtspflicht* der Eltern gegenüber ihren Kindern. Versuche dieser Art, einen staatlichen Familienschutz durchzusetzen, finden sich in vielen Gesetzgebungswerken. Zumeist sind sie veranlaßt durch die Erfahrung mit der zunehmenden Jugenddelinquenz in den modernen Gesellschaften. Man versucht, mit dieser Erscheinung fertig zu werden, indem man die Eltern für ihre Kinder verantwortlich macht. Da wir über keine vergleichenden Untersuchungen verfügen, läßt sich nicht sagen, ob dieses System erfolgreich gewesen ist. Wir glauben auch, in letzter Zeit eine Rückläufigkeit solcher Regelungen feststellen zu können.

Ganz gleich, wie man den einzelnen Maßnahmen gegenübersteht, so bleibt doch eine Linie deutlich sichtbar. Auf Grund der ganz besonderen Lage der Kernfamilie in der modernen Gesellschaft muß der Staat auf den verschiedensten Wegen familienschützlerische Maßnahmen entwickeln, deren Funktion darin liegt, der Familie gewissermaßen Krücken zu geben, die ihr eine einigermaßen anstandslose Entwicklung erlauben. Wir übersehen die Phänomene noch zu wenig, um ein geschlossenes System solcher Maßnahmen entwickeln zu können. Auch haben sich die einzelnen Versuche geschichtlich zu verschiedenen Momenten und unter verschiedenen Anlässen entwickelt, so daß die einheitliche Linie nicht immer klar sichtbar bleibt. Das Prinzip ist dennoch unabweisbar, daß der Staat den Schutz der Familie ausdrücklich in seine Verfassung aufnehmen muß, selbst wenn die Diskussion darüber offen ist, wie das am besten gestaltet werden kann. Der Grund dafür liegt in der weitreichenden Umformung, die die alten Familienverbände erfahren haben, weshalb das Verständnis der gegenwärtigen Situation einzig und allein mit Hilfe eines Rückblicks auf die Vergangenheit eröffnet werden kann.

Zur Motivation der menschlichen Fortpflanzung (1973)

Daß der Mensch zu den höheren Säugetieren gehört und sich wie diese durch sexuelle Vereinigung fortpflanzt, ist zunächst nichts weiter als ein biologisches Faktum ohne darüberhinausgehende Bedeutung. Diese würde sich erst dann erschließen, wenn wir die *Spiegelung* dieses Tatbestandes *im Bewußtsein des Menschen* verfolgten, womit auch die Motivationsebene erreicht würde. Allerdings klingt das einfacher, als es sich realisieren läßt; denn um diese Motivationsebene und damit die soziale Kultur zu erreichen, müßten wir den Menschen als Säuger hinter uns lassen und ihn als sozial-kulturelles Wesen ins Auge fassen. Als solches ist er aber kein Säugetier mehr. Dabei eröffnet sich allerdings die Gefahr, daß man seine „Natur" beiseite läßt, als wäre er ausschließlich eine sozial-kulturelle Entität.

Dieser Fehler ist nicht nur von den Geisteswissenschaften, sondern auch von den Sozialwissenschaften früher oft und gern begangen worden, wohl um sich vor einem unhaltbaren Biologismus zu bewahren oder um den Anschein zu vermeiden, als bestehe Kontinuität zwischen der organisch-biologischen und der sozial-kulturellen Dimension. Aber diese Zeit liegt inzwischen ganz und gar hinter uns, so daß wir heute unbefangener an das Problem herangehen können. Die neue Auffassung hat sich von der monistischen Kosmologie befreit und diese durch eine Art „Stufentheorie" des Lebens ersetzt, die eine *gleichzeitige* Verankerung der menschlichen Existenz in verschiedenen Dimensionen erlaubt. Das ist auch die Voraussetzung, von der die moderne Verhaltensforschung ausgeht, speziell die vergleichende Verhaltensforschung, die uns sowohl die biologisch bedingten Strukturen menschlichen Verhaltens als auch die Einzigartigkeit menschlicher Existenz erkennen läßt.

So kann man zunächst ganz eindeutig behaupten, daß die sozialen Einrichtungen, in denen der Mensch sich fortpflanzt, auch bei zahlreichen sozialen Tieren zu finden sind. Ehe und Familie sind also keineswegs ein

R. König, *Familiensoziologie*, René König Schriften. Ausgabe letzter Hand, https://doi.org/10.1007/978-3-658-28247-9_11

menschliches Privileg, sondern finden sich durchaus bei zahlreichen Tierarten vorgeformt, und zwar bei all denen, deren Nachkommenschaft eine
besondere Pflege erfordert, so daß sie ohne Mitwirken von Männchen und
Weibchen oder auch nur von einem Elternteil nicht lebensfähig wäre. Das
gilt nicht nur allgemein, sondern auch spezifisch. Mit anderen Worten: wir
finden nicht nur eine allgemein der Ehe entsprechende Sozialordnung
bei Tieren, sondern auch eine gewisse Varietät von Formen, genau wie
beim Menschen. Dabei müssen wir uns klar werden, um welche Formen es
geht. Beim Menschen besteht die Ehe im Rahmen einer weiteren Gesellschaft; beim Tier entspricht dem die Ehe innerhalb der Horde. Es gibt auch
Eheschließungen außerhalb der Horde, diese sind aber mit der menschlichen
Ehe nicht vergleichbar. Hier lebt jedes Paar mit seiner Nachkommenschaft für
sich, ohne soziale Beziehungen zu einer übergeordneten Einheit. Nur jene
tierischen Eheformen sind der menschlichen vergleichbar, die sich innerhalb
eines größeren sozietären Zusammenhanges aufbauen; die anderen können
wir für unsere Zwecke ausschalten, wobei wir die Frage unbeantwortet lassen,
ob nicht auch der Mensch irgendwann nicht in „Gesellschaft", sondern nur in
einzelnen, voneinander isolierten Familien gelebt hat.

Betrachten wir nun diese Eheformen der Tiere, dann machen wir eine
überraschende Feststellung: nicht nur die gleiche Varietät von Eheformen
findet sich beim Tier wie beim Menschen, sondern auch die Häufigkeitsverteilung der verschiedenen Formen ist ähnlich. Die häufigste Form von
allen ist die Polygamie als Poly*gynie,* das heißt ein Männchen mit mehreren
Weibchen, wobei es diese gleichzeitig oder nacheinander haben kann. Die
umgekehrte Form der Polygamie als Poly*andrie,* das heißt ein Weibchen
mit mehreren Männchen nacheinander oder gleichzeitig, ist die seltenste bei
Tier und Mensch. Zwischen beiden liegt dann die Häufigkeit einer relativen
Monogamie, die sich selbstverständlich auch beim Tier findet, und zwar sogar
als lebenslängliche Monogamie, wenn auch seltener als die polygynen Formen
der Polygamie mit Haremsbildung usw.

Ich erwähne diese Verhältnisse darum, weil die Art und Weise, wie die
Geschlechter jeweils zueinander stehen, selbstverständlich einen Einfluß auf
das Fortpflanzungsverhalten hat. Dementsprechend gibt es auch verschiedene
Familienformen, innerhalb deren die Aufzucht der Nachkommenschaft
vor sich geht. So unterscheidet man je nachdem die *Elternfamilie* von der
Mutter- und der *Vater*familie. Ihre Häufigkeitsverteilung scheint ebenfalls bei
Tier und Mensch recht ähnlich zu sein, indem die Elternfamilie wahrschein-
lich die größte Frequenz hat.

Vorläufig verzeichnen wir all das als bloße Tatsachen, ohne nach ihrer
Bedeutung zu fragen. Der Zoologe wird sich zum Beispiel nach der
Bedeutung der verschiedenen Arten von Ehe und Familie unter Tieren für die
Arterhaltung fragen. Hierbei kommt es zu äußerst subtilen Fragestellungen,
so etwa, wenn man die Eheformen mit den Autoritätsformen kombiniert.
Bei der Mutterfamilie des Haushuhns kommt es zum Beispiel speziell bei

älteren Hennen gelegentlich zu einem extrem autoritären Gebaren, so daß
die Henne schließlich auch alle Annäherungsversuche des Hahns abwehrt
und ihn davonjagt. Durch diese extreme Haltung wird dann sogar die Arterhaltung in Frage gestellt, da diese Henne künftig nur noch unbefruchtete
Eier legt. Der weibliche Tyrann scheint – biologisch gesehen – eine Sackgasse
der Entwicklung zu sein. Die gleichmäßige Betonung der Rolle von Männchen und Weibchen sichert der Fortpflanzung dagegen eine große Kontinuität und wirkt sich dementsprechend im Sinne der Arterhaltung aus.

Überlegungen dieser letzteren Art werden selbstverständlich von außen
an die Wirklichkeit herangetragen, also von seiten der Wissenschaft. Ein
Bewußtsein dieser Zusammenhänge können wir beim Tier nicht voraussetzen. Es lebt zwar im Rahmen seiner artgemäßen Ausstattung mit einer
gewissen Variationsfähigkeit des Verhaltens, aber von einem auch nur
rudimentären Bewußtsein dessen, was es im Dienste der Arterhaltung tut,
kann wohl keinerlei Rede sein.

Beim Menschen dagegen liegen gerade diese Verhältnisse auf eine sehr
grundsätzliche Weise anders, und damit sind wir bei unserem Thema. Wir
haben bisher von Fortpflanzung und Abstammung gesprochen, wobei wir
wesentlich nur zwischen zwei Generationen, Eltern und Kindern, unterschieden haben. Das entspricht dem Modell der bisexuellen Fortpflanzung
der höheren Säugetiere und, insofern der Mensch ein Säuger ist, selbstverständlich auch des Menschen. Was geschieht aber danach? Nehmen wir nochmals das Beispiel der Henne mit ihren Küken. Solange Glucke und Küken
beieinander sind, können sie sich in gewisser Weise identifizieren, das heißt,
die Henne kennt ungefähr ihre Kükenschar und die Küken kennen ihre
Henne – jedenfalls bis zu einem gewissen Moment. Tritt die „führende"
Glucke etwa eines Tages bei der Futtersuche zurück und läßt den Küken
den Vortritt, so ändert sie plötzlich ihr Verhalten: Sie stößt die Küken buchstäblich ab, die von nun an allein weiterkommen müssen. Während jetzt
zwischen den jungen Hähnen und den jungen Hennen sehr bald Rivalitäten
ausbrechen, die gewissermaßen die nächste Welle bisexueller Vereinigung
einleiten, erlischt das Verhältnis zur Mutter vollständig. Das liegt bei vielen
anderen Tieren ähnlich. Mit anderen Worten: im Gegensatz zum Menschen
gibt es bei Tieren *keine Verwandtschaft,* die über das Pflegeverhältnis von
Muttertier und Nachkommenschaft hinausginge. Hier versagt offensichtlich
das biologische Gedächtnis. Man könnte – vorsichtig – daraus schließen, daß
seine Rolle für die Arterhaltung in der animalischen Welt vielleicht nicht so
groß ist, während es beim Menschen, wie wir zeigen wollen, damit grundsätzlich anders steht.

Mit einem Wort: das Verhältnis der Nachkommenschaft zu ihren
Erzeugern beschränkt sich beim Menschen nicht auf die physiologische
Abstammung, sondern wird unmittelbar in ein System von *Beziehungen* einbezogen, das wir als „Verwandtschaft" bezeichnen. Es gibt beim Tier dazu
kein Analogon; hier beschränkt sich Abstammung auf ihre einfachste Art,

das Verhältnis des Erzeugers zum Erzeugten, das sich etwa in der Brutpflege ausdrückt. Sowie der arteigene Reifezustand erreicht ist, erlischt diese Beziehung, während sie beim Menschen weit darüber hinaus andauert. Damit erst beginnt die Kultur.

So ist es gewiß richtig, wenn man darauf hinweist, daß ein neugeborenes Menschenkind ohne Hilfe von Erwachsenen bestenfalls ein paar Stunden leben würde, die Bindung mindestens eines Elternteils an das Neugeborene sich also arterhaltend auswirkt und eine Conditio sine qua non für das Fortbestehen der Art darstellt. Das ist aber grundsätzlich auch bei vielen Tieren so, die ohne Pflege nicht überleben würden. Also ist die Brutpflege nicht der entscheidende Punkt, sondern vielmehr die *Stabilisierung* und *Institutionalisierung* des Pflegeverhältnisses als Vater- oder Mutterschaft. In diesem Sinne kann man analogisch sagen, daß ein Tier eine Mutter besitzt, die es geboren hat; aber von Mutterschaft im Sinne der Verwandtschaft kann beim Tier keinerlei Rede sein.

Damit ist es aber noch nicht getan: Ein Mensch, der Vater und Mutter hat, hat gleichzeitig Großeltern, Onkel und Tanten, Geschwister, Vettern und Kusinen, Neffen und Nichten. Die menschliche Fortpflanzung unterscheidet sich insofern völlig von der der höchsten Säuger, als sie im Moment der Geburt den Menschen automatisch in einem Verwandtschaftssystem „ortet". Ein Mensch wird niemals einfach nur „geboren", sondern er ist mit einem sozialen Status geboren, der über das Verhältnis von Erzeuger und Erzeugtem weit hinausgeht. Gewiß sind Verwandtschaftsbeziehungen für den Neugeborenen nur eine „Möglichkeit", die erst später beim Heranwachsen eine gelebte Wirklichkeit wird. Aber er ist im Moment seiner Geburt, soziologisch gesehen, doch schon das, was er vollgültig erst später sein wird. Man kann sogar sagen, daß ein Teil des Sozialisierungsprozesses, dem jedes Kind in unserer Welt unterworfen ist, darin besteht, ihm allmählich seine „Ortung" in dem gegebenen System zum Bewußtsein zu bringen. So durchläuft der Mensch im Heranwachsen nicht nur mehr oder weniger wohldefinierte Phasen mit verschiedenen Rollendefinitionen, wie Baby, Kleinkind, Kind, Heranwachsender, Jugendlicher (Adoleszent), Jungmann oder Jungfrau bis zum Erwachsenenstadium, sondern er orientiert sich gleichzeitig zunehmend in dem Verwandtschaftssystem. Und ein gewichtiger Teil der Erziehung ist eben die Übernahme der verschiedensten Rollen gegenüber sehr verschiedenen Menschen, verschieden nach Geschlecht, Alter und sozialem Rang.

Für die Menschheitsgeschichte ist es nun von entscheidender Bedeutung, daß alle diese verschiedenen Beziehungen im Verwandtschaftssystem *eigene Namen* haben. Das Verwandtschaftssystem ist also von der Sprache nicht zu lösen; mit der Sprache lernt der Mensch nicht nur, mit anderen Menschen zu kommunizieren, sondern er lernt vor allem, *wo* er im Verwandtschaftssystem steht, und dementsprechend, *wer* er ist. Die Fortpflanzung des Menschen ist insofern verschieden von der aller anderen Lebewesen, die wir kennen, als *er allein* über ein Verwandtschaftssystem verfügt und auch eine eigene Terminologie für die Verwandtschaftsgrade ausgebildet hat.

Wenn wir von hier aus auf das vorher Gesagte zurückblicken, dann bekommt menschliche Fortpflanzung einen viel präziseren Sinn als bisher. Bezeichnend ist für sie nicht das, was sie mit der tierischen Fortpflanzung gemeinsam hat und was sich bis in die Dimensionen von Gesellschaft und Kultur hinein verlängert, sondern vielmehr umgekehrt etwas, was die Gesellschaft von aller Natur trennt. So sagt der hervorragende Pariser Anthropologe *Claude Lévi-Strauss*: „Ein Verwandtschaftssystem besteht nicht in objektiv gegebenen Abstammungs- oder Blutsbindungen zwischen den Individuen; vielmehr lebt es einzig im Bewußtsein der Menschen, es ist also ein willkürliches System von Vorstellungen und nicht die spontane Weiterentwicklung einer faktischen Situation". Natürlich darf man darüber die faktische Situation nicht ignorieren; selbstverständlich rechnet man in allen Gesellschaften damit. Aber entscheidend bleiben doch die Vorstellungssysteme, sie sind die unabhängige, die Blutsbindung ist die abhängige Variable. Damit erst haben wir die Dimension erreicht, aus der heraus das menschliche Fortpflanzungsverhalten adäquat verstanden werden kann. Es stehen dabei nicht nur zwei verschiedengeschlechtliche Individuen im Spiel, die sich sexuell vereinigen und ihre Nachkommenschaft gemeinsam aufbringen, sondern immer umfangreichere Sozialsysteme, die unter allen Umständen mehr als zwei Personen umfassen.

Dieser Umstand konnte nur darum verborgen bleiben, weil in unseren modernen Gesellschaften mit der sogenannten „Kernfamilie" eine soziale Organisationsform dominant geworden ist, die dem biologischen Modell gefährlich ähnlich ist. Dazu kommt die Ideologie der Blutsverwandtschaft, welche die Zentrierung des Fortpflanzungsverhaltens auf nur zwei Personen verstärkt. Aber selbst in unseren fortgeschrittenen Industriegesellschaften zeigen sich weitere Verwandtschaftskreise; da diese in einem anderen Beitrag behandelt werden, begnüge ich mich mit diesem Hinweis. Dagegen muß aber gesagt werden, daß gerade in den fortgeschrittenen Industriegesellschaften vielerlei „Ideen" wirksam sind, die das Fortpflanzungsverhalten bestimmen. Diese beziehen sich zum Beispiel sehr entscheidend auf das Berufssystem und die Einschätzung der Bedingungen, um in diesem System mit Erfolg zu bestehen. Als die Anforderungen an die berufliche Ausbildung immer höher wurden, hielten sich insbesondere die Familien der Mittelklassen in der Fortpflanzung zurück; nicht die Quantität der Nachkommenschaft konnte ins Gewicht fallen, sondern die Qualität. So lief der Verkleinerung der durchschnittlichen Familiengröße eine Verlängerung der Ausbildung parallel. Das zeigt wohl denkbar eindeutig, daß selbst in unseren Gesellschaften noch immer gesamtgesellschaftliche Vorstellungen das Fortpflanzungsverhalten bestimmen, das also immer mehr als nur zwei Individuen ins Spiel bringt.

Gleichzeitig liegt auf der Hand, daß diese gesamtgesellschaftlichen Systeme verschieden sind, so daß der Bezugsrahmen für das Fortpflanzungsverhalten auch jeweils ein anderer ist. Von besonderer Wichtigkeit ist in der jüdisch-griechisch-römischen Kulturtradition das System des Patriarchalismus geworden, das sich auch bei den Hindu, den alten Chinesen und Japanern wiederholt. Hier wird das Fortpflanzungsverhalten durch die Verpflichtung bestimmt, die Ahnenlinie ununterbrochen zu erhalten. Gleichzeitig waltete die Vorstellung, daß sich diese Linie nur durch die Männer erhielt. Römischrechtlich heißt es bezeichnenderweise: Mulier est finis familiae – eine Frau bedeutet das Ende der Familie. Das Fortpflanzungsverhalten war dementsprechend ganz und gar auf die Geburt von Söhnen ausgerichtet. Weibliche Erstgeburten wurden häufig als schlechtes Omen angesehen und darum ausgesetzt, bis ein männliches Kind geboren war. Der Volksmund sagt heute noch scherzend: es werden nur darum so viele Mädchen geboren, weil man sich einen Sohn wünscht. Man spricht auch vom „Stammhalter", wobei man sich als Beobachter nur verwundert fragen kann, welche Rolle der Stammhalter in einer Gesellschaft haben kann, in der Abstammungslinien mit geringen Ausnahmen (etwa dynastische Familien) keine Rolle mehr spielen. Aber dem Soziologen sind Erscheinungen wie diese nur allzu vertraut: häufig leben gewisse Ideen weiter, nachdem die ihnen entsprechenden institutionellen Realitäten schon längst vergangen sind.

Aus solchen Vorstellungen erwachsen die seltsamsten Praktiken, um bei hartnäckig widrigem Schicksal in der Fortpflanzung wenigstens den Schein dessen zu erreichen, was man allgemein für wünschenswert hält. So gaben zum Beispiel die Japaner häufig weiblichen Erstgeburten männliche Namen; der Standesbeamte trug dann in die Rubrik „Geschlecht" im Standesregister automatisch „männlich" ein, woran ihn der Vater des Kindes nicht hinderte. Da diese fromme Lüge ein von vielen Familien praktiziertes Verfahren war, waren die japanischen Statistiken in bezug auf die Geschlechtszusammensetzung der Bevölkerung früher natürlich notorisch falsch.

Wieder andere Vorstellungen finden sich in den arabischen Kulturen, wo als beste Chance für die Fortpflanzung einer Familie die Heirat des Sohnes mit der Tochter seines Onkels, und zwar des Vaterbruders, angesehen wird. Das gilt noch bis heute, selbst wenn es keinerlei gesetzliche Handhabe dafür gibt. Im übrigen hängt dieses Verhalten auch mit einer besonderen Eigentumspolitik zusammen, bleibt doch bei dieser Heiratsform das von den beiden Brüdern besessene Eigentum in der Familie. So spielt diese parallele Vettern-Kusinen-Ehe heute eine besondere Rolle bei den arabischen Mittelklassen, die ihre Position im wirtschaftlichen, sozialen und politischen Wandel ihrer Gesellschaften zu sichern suchen. Neben dieser Eheform gibt es noch die Kreuz-Vettern-Kusinen-Ehe, bei der Kinder von Bruder und Schwester einander mit Vorliebe heiraten. Auch dieses System kann im Dienste der Vermögenspolitik stehen, wobei hier selbst angeheiratete Verwandte, nämlich der Mann der Schwester und eventuell dessen Verwandte, mit einbezogen werden. Schließlich gibt es geradezu eigene Eheformen, die der Erhaltung der Abstammungslinien und gleichzeitig der Vermögenspolitik dienen. Das ist etwa dort der Fall, wo eine Frau nach dem Tode ihres Mannes dessen jüngeren Bruder heiratet. Nach dem hebräischen Wort für den jüngeren Bruder heißt diese Eheform Leviratsehe. Entscheidend dafür ist vor allem der Wille zum Erhalten der Abstammungslinie, wie die klassische Begründung für die Leviratsehe heißt: damit der „Name" des Toten in Israel nicht aussterbe. Es gehört dazu, daß die Kinder aus einer solchen zweiten Ehe häufig dem Verstorbenen zugerechnet werden, vor allem, wenn die erste Ehe kinderlos geblieben ist. Im übrigen springt ins Auge, daß dieses System gleichzeitig eine vorzügliche Art der Witwenversorgung bedeutet. Das Fortpflanzungsverhalten steht in all diesen Kulturen, denen noch viel mehr angeschlossen werden könnten, ganz eindeutig im Dienste der Erhaltung des Mannesstammes.

Dieser Wille zur Fortpflanzung in der Manneslinie ist so radikal, daß selbst bei hochreligiös eingegangenen Formen der Ehe, die dadurch fast unauflösbar wurden, Kinderlosigkeit der Frau als Scheidungs- oder Verstoßungsgrund angesehen wurde. Es entspricht dem System, wenn die Ursache für die Unfruchtbarkeit zumeist nur bei der Frau gesucht wurde. Es gibt aber auch Ausnahmen; eine solche ist zum Beispiel die Einrichtung der sogenannten „Zeugungshelfer", also bestimmter Männer, die einer kinderlosen verheirateten Frau mit Wissen und Billigung des Ehemannes beiwohnten. Die aus dieser Vereinigung gezeugten Kinder wurden wiederum dem Ehemann der Frau zugeschrieben und nicht dem Zeugungshelfer. Diese Einrichtung ist im übrigen viel verbreiteter, als man meint; so erlaubt noch *Martin Luther* einer Frau, die durch Schuld des Mannes kinderlos geblieben ist, eine sogenannte „heimliche" Ehe einzugehen, die ausschließlich der Kindeszeugung dient.

Das Fortpflanzungsdenken in Abstammungslinien wird schließlich derart übermächtig, daß es sich von der Fortpflanzung im engeren Sinne trennt und zu einem eigentlichen Weltdeutungssystem wird. In diesem erscheinen kosmische Abhängigkeiten als genealogische Beziehungen, Götter sind die Ahnen der Menschen. Das bedeutet dann gleichzeitig, daß die Verwandtschaftsbeziehungen sich nicht auf Blutsabhängigkeiten beziehen können, sondern im strengen Sinne Symbole sind; das heißt aber mit anderen Worten, daß wir jetzt bei der Betrachtung des menschlichen Fortpflanzungsverhaltens die Ebene der bio-physiologischen Abstammung längst hinter uns gebracht haben. Trotzdem waren aber unsere anfänglichen tiersoziologischen Betrachtungen nicht überflüssig, denn einerseits ordnet sich der Mensch selbstverständlich in die allgemeine Lebenswelt ein; andererseits eröffnet er aber mit der Symbolik eine eigene Welt, die sich von der anderen absetzt.

Wir fragen uns zum Abschluß noch, welche Funktion die Entwicklung der Symbole für die Problematik der Fortpflanzung haben kann. Denn es erscheint doch mindestens verwunderlich, wieso jetzt das, was früher alles zu sein schien, die physiologische Fortpflanzung, nun zu einer abhängigen Variablen werden soll. Im Grunde ist das aber leicht zu verstehen. Jene, die immer wieder die menschliche Fortpflanzung nach Analogie der biologischen Zeugung interpretieren, vergessen allzu leicht die große Brüchigkeit des sogenannten Blutsbandes. Elterntiere und Jungtiere „vergessen" einander einfach beim Heranwachsen, während sich der physiologischen Fortpflanzung beim Menschen sofort eine eigene soziale Organisationsform zuordnet, die – im Gegensatz zum Tier – auf Dauer ausgerichtet ist. Selbst wenn es, wie wir gesehen haben, auch bei Tieren Ehe- und Familien-Institutionen gibt, so reichen diese doch nie über eine Generation hinaus. Die nächste Generation mancher Tiere gedeiht zwar nur auf Grund der Kooperation von Männchen und Weibchen in der Brutpflege, ist das Ziel aber einmal erreicht, das heißt die Nachkommenschaft erwachsen, dann erlöschen alle Beziehungen, während bei der menschlichen Fortpflanzung eben jeweils eine sehr komplexe Beziehung entsteht, die sich dann durch das System der Verwandtschaft über viele Generationen erstrecken kann und letztlich auch das kosmogonische Geschehen als eine Fortpflanzungsbeziehung auffaßt, in der viele Wellen von Generationen aufeinander folgen.

Selbstverständlich spielen auch beim menschlichen Fortpflanzungsverhalten Paarung und Zeugung eine entscheidende Rolle, aber sie erhalten ihren Sinn erst durch die damit kooperierenden sozialen Assoziationen und Symbolketten der Verwandtschaft, in denen sich ein eigenes generatives Verhalten aufbaut. In diesem Sinne ist es auch legitim, von „generativen Stilen" zu sprechen, wie *Gerhard Mackenroth* das nannte, das heißt, die Fortpflanzung wird bestimmten weitreichenden wirtschaftlichen, sozialen und kulturellen Systemen untergeordnet, wobei ein Gedächtnis der Spezies Mensch sichtbar wird, für das es bei den Tieren keinerlei Parallele gibt.

Damit allein wird dann letztlich auch gesichert, daß Verhaltensweisen entfaltet werden können, die eine gewisse Tendenz zur Regelmäßigkeit und Dauer aufweisen. So wird am Schluß noch die Frage aufgeworfen werden müssen, welches denn im einzelnen die Mechanismen sind, die diese Dauer einleiten und erhalten. Es ist von Bedeutung zu sehen, daß gerade hierbei eine Beziehung hervortritt, die wieder engstens mit dem Fortpflanzungsverhalten zusammenhängt. So ist schon seit langem klargeworden, welche Bedeutung dem Frauentausch zwischen verschiedenen befreundeten Gruppen (etwa relativ isolierten Verwandtschaftsverbänden, Clans usw.) zukommt, bei dem sich durch Leistung und Gegenleistung *das Prinzip der Gegenseitigkeit* entfaltet, das vielleicht an der Wurzel aller Gesellschaftsentstehung steht. Deutlich zeigt das, wie das Fortpflanzungsverhalten des Menschen offensichtlich in weitere Zusammenhänge eingebettet ist, die nach Dauer streben. Denn wenn eine Leistung eine Gegenleistung zeugt und diese wiederum eine weitere Leistung, die mehr oder weniger terminiert sein kann, dann heißt das nichts anderes, als sich auf Dauer einzurichten. Diese reicht dann selbstverständlich weit über das bloße Fortpflanzungsverhalten hinaus und wird somit zu einer Grundvoraussetzung aller Kultur.

Zur Geschichte der Monogamie (1979)

Bevor wir in eine Darstellung der Geschichte der Monogamie eintreten, müssen wir uns darüber verständigen, was wir unter „Monogamie" verstehen wollen. Dieser Begriff ist nämlich keineswegs so selbstverständlich, wie es scheinen mag. Der französische Familiensoziologe *Emile Durkheim* hat zum Beispiel schon vor Jahrzehnten hervorgehoben, daß man nicht einfach von Monogamie sprechen kann, wenn *ein* Mann mit *einer* Frau in einer festen Beziehung zusammenlebt. Von Monogamie spricht man erst, nachdem erwiesen ist, daß der Mann bestraft wird, wenn er mit mehr als einer Frau zusammenlebt, oder daß er wenigstens an allgemeiner Achtung verliert. Wenn dem nicht so wäre, müßte man die meisten Mohammedaner als Monogamen einstufen, da die großen Massen weitestgehend nur eine Frau haben, obwohl das religiöse Gesetz ihnen bis zu vier Frauen erlaubt, dazu noch Nebenfrauen und zeitweilige Frauen – zum Beispiel auf Wallfahrten, Reisen und Kriegszügen. Trotzdem leben die meisten mit nur einer Frau, weil der Besitz mehrerer Frauen den Reichen vorbehalten ist. Übrigens ist das teilweise in die Gesetzgebung moderner mohammedanischer Staaten eingegangen, insofern, als ein Mann bei der Heirat einer zweiten Frau nachweisen muß, daß er sie auch ernähren kann.

Monogamie und Polygamie sind also Regelungssysteme eigener Natur, womit der Weg in die Dimension der Kultur aufgeschlossen ist, die in den verschiedenen Völkern darüber entscheidet, was als richtig und wünschenswert angesehen wird. Bestimmte kulturelle Ideale entscheiden also über die Eheformen, womit gleichzeitig darüber entschieden ist, daß diesen Idealen nicht immer nachgelebt werden kann. Wo Polygamie als Ideal herrscht, leben trotzdem die meisten Menschen in Einehe; umgekehrt bei der Monogamie, wo die Regel auch nicht immer streng eingehalten wird.

© Springer Fachmedien Wiesbaden GmbH, ein Teil von Springer Nature 2021   267
R. König, *Familiensoziologie,* René König Schriften. Ausgabe letzter Hand,
https://doi.org/10.1007/978-3-658-28247-9_12

Das bisher Gesagte ist aber noch immer recht allgemein, wenn auch der Blick auf besondere Randbedingungen frei geworden ist, die bestimmte Entwicklungen befördern. Dazu gehören etwa besondere Eigentumsverhältnisse, die Polygamie und Haremsbildung begünstigen. Umgekehrt muß man fragen, unter welchen Bedingungen sich Monogamie intensiver ausgestaltet. Auch diese Frage kann allgemein leicht beantwortet werden; sie hängt zusammen mit dem Abbau des alten Patriarchalismus, der etwa den Orient bis heute bestimmt, und dem entsprechenden Aufbau einer individuellen Ehebeziehung, die es früher nicht gab, weil die Ehe weitestgehend unter der Vormundschaft der Familie stand. Vielleicht konnten ein junger Mann, eine junge Frau ihren Ehewunsch einer Vertrauensperson kundtun; dieser Wunsch aber war keine hinreichende Bedingung für die Eheschließung, sondern nur eine Randbedingung. Für die Ehe konstitutiv war dagegen der Entschluß der Familienvorstände. Der radikalste Gegensatz dazu ist der emphatisch hervorgehobene Wille der Eheschließenden, also nicht nur der eheliche Konsens, sondern die damit verbundene Vorstellung der Exklusivität des Liebesverhältnisses der Ehesuchenden sowie die freiwillig übernommene Verpflichtung zur gegenseitigen Hilfeleistung und Treue. Damit entfallen auch die letzten Machtverhältnisse des Patriarchalismus; insbesondere Frau und Kinder sind nicht mehr Machtunterworfene, sondern Personen eigenen Rechts. Das Verhältnis von Mann und Frau wird zum Partnerschaftsverhältnis. Natürlich dauerte es viele Jahrhunderte, bis dieses Ziel sichtbar wurde, das im übrigen wiederum durch manche Randbedingungen eingeschränkt wird. Trotzdem wird jetzt nicht mehr allgemein von Ehe gesprochen, sondern es steht eine historisch individualisierbare Entwicklungslinie zur Diskussion, die mit der Gegenwart und der Moderne engstens zusammenhängt. Sie wird gemeinhin als Individualisierung der Ehe angesprochen, was ein einzigartiges Verhältnis zweier Partner verschiedenen Geschlechts darstellt, das auf Dauer ausgerichtet ist. Die Frage, ob das die Scheidbarkeit der Ehe einschließt oder nicht, soll nicht aufgerollt werden. Zunächst ist also Monogamie in diesem Sinne auf Dauermonogamie ausgerichtet. Die entscheidende Bedingung für diese Monogamie ist also eine zunächst persönliche Beziehung zwischen zwei Personen verschiedenen Geschlechts, die zugleich exklusiv ist, d. h. die Einmischung Dritter ausschließt. Letztlich bezieht sich das zunächst auch auf die Kinder, indem sich die Paargemeinschaft der Partner selbst genügt. Man bedenke dazu, daß alle großen Liebespaare der Weltgeschichte ohne Kinder sind! Bedingungen dieser Art konnten wohl einzig dort auftreten, wo menschliche Individualität stärkstens ausgeprägt war, wie man etwa schon bei ägyptischen Grabmälern sehen kann, die Mann und Frau gemeinsam darstellen. Besonders eindringlich sind im alten Europa die vielen etruskischen Sarkophage mit Deckelfiguren, die beide Gatten darstellen, wie auch die Malereien im Inneren der Gräber. Da wir aber nicht über schriftliche Dokumente verfügen, fällt es schwer, mehr darüber auszusagen als das, was unmittelbar augenfällig ist, nämlich daß sich zwei Menschen als derart zusammengehörig empfinden, daß sie diese Gemeinschaft auch über den Tod hinaus zu erhalten wünschen. Von Paaren dieser Art ist aber in der antiken Literatur Griechenlands und Roms schon viel die Rede, so daß man zu der Annahme verleitet wird, daß Liebesehen, in diesem Sinne als Dauermonogamie, in Wirklichkeit wesentlich älter sein müssen als ihre „Theorie".

Um die Zeitenwende treten jedoch neue Lebensformen in Erscheinung, die sich auch auf das Bild der Ehe auswirken, und zwar sowohl in römischen Weltanschauungssekten, wie der jüngeren Stoa, die ein neues Menschenbild prägte, das bis in die Frührenaissance weiterwirkte (etwa bei dem Venezianer *Francesco Barbaro* und seinem Ehebuch), wie in den vielen verschiedenen judenchristlichen und griechisch-christlichen Sekten von damals. Allerdings sind die hier auftretenden Wandlungen sehr subtiler und indirekter Natur, da das Christentum ursprünglich ehefeindlich war (im Gegensatz zum alten Judentum). Ferner lebte der Patriarchalismus der orientalischen Völker zunächst vollständig unberührt weiter. Als die recht emanzipierten Frauen Kleinasiens, zum Beispiel in Korinth, reale Freiheiten für sich im Diesseits verlangten, wurde ihnen vom Apostel Paulus im I. Korintherbrief (um 55. n. Chr.) ziemlich unverblümt mitgeteilt, daß sie ihren Gatten untertan seien. Gleichheit von Mann und Frau bestand einzig vor dem Tode und im Jenseits; von einer Gleichheit im Diesseits, der unabdingbaren Voraussetzung für Paargemeinschaft und Partnerschaft, konnte also gar keine Rede sein. Eine plastische Formel erhielt diese Auffassung viel später im englischen Landrecht, wo es hieß: „Husband and wife are one, and the husband is this One" („Mann und Frau sind eins, und der Mann ist dies Eine").

Trotz der zunächst unerschütterten Weiterexistenz des orientalischen Patriarchalismus, die einzig durch das weniger extreme germanische Recht und durch die stark feminin ausgerichtete Kultur der Kelten gemildert wurde, machten sich doch indirekte Einflüsse des Christentums im Sinne einer Neubewertung der Frau, und zwar sowohl auf religiöser Ebene als auch im Diesseits bemerkbar. Auf religiöser Ebene wirkte sich die auf dem Konzil zu Ephesus (431) definierte Stellung Mariae als „Mutter Gottes" aus, womit der Marienkult angebahnt war, der bald eine immer größere Verbreitung erfahren sollte. Das leitete eine deutliche Höherwertung der Mutterschaft und damit indirekt auch der Frau ein. Im Diesseits kamen andere Anreize zur Wirkung, die sich, wie etwa in der römischen Provence, aber auch in Burgund, zunächst in einer religiös-ästhetischen Dimension hielten, bis sie sich im Rittertum und im Minnesang in mehr weltlicher (höfischer) Form ausprägten. Allerdings wurde die „Dame" in einer sehr kuriosen Weise verehrt, indem man die Galanterie auf die Frau des anderen wandte und nicht auf die eigene. Gelegentlich kam auch eine starke Weltflüchtigkeit hierbei zum Zuge; trotz allem veränderte sich die Position der Frauen langsam, aber sicher, selbst wenn es Jahrhunderte dauerte, bis die Spuren der alten Welt verschlissen waren. So entfaltete sich langsam eine neue Idee der Ehe, für die die Dauermonogamie das Fundament darstellte. Wir können hier nicht auf Einzelheiten eingehen; soviel aber läßt sich sagen, daß sich um das Jahr Tausend herum die christliche Ehevorstellung als Monogamie durchgesetzt hatte, selbst wenn die gekrönten Häupter noch lange das Privileg der Mehrehe für sich in Anspruch nahmen. Trotzdem fehlten noch entscheidende Elemente der monogamen Dauerehe, die sich erst mit den tiefgehenden Umwandlungen der europäischen Gesellschaften seit Renaissance und Reformation anbahnten. Das eigentliche Mittelalter mit seinem wirtschaftlichen Niedergang und dem Wiederauftreten überalterter Haushalts- und damit auch Autoritätsformen bedeutete dagegen eine ausgesprochene Neubelebung des alten Patriarchalismus, der erst allmählich wieder abbröckelte. Aber diesmal geschah das unter anderen Voraussetzungen, die eine spontane Befreiung der Individualität anbahnten. Diese beschränkte sich von nun an nicht mehr auf die Oberklassen, sondern ergriff in einem umfassenden Diffusionsprozeß immer breitere Bevölkerungsmassen.

Da dieser Diffusionsprozeß gleichzeitig größte politische Konsequenzen hatte, wird man sich nicht wundern, wenn man die Dokumente für diese Entwicklung in der modernen staatsrechtlichen Literatur findet. Das gilt schon seit der Reformation, verstärkt sich aber schnell mit der naturrechtlich orientierten Kritik an der traditionellen Monarchie, die praktisch das System des Patriarchalismus in Reinkultur repräsentierte. In diesem Sinne vereinte der Engländer *John Locke* die politische Kritik mit einer Kritik des Patriarchalismus in der Ehe, in der die bisher unangefochtene Autorität des Mannes durch „elterliche" Autorität ersetzt wurde, womit die Partnerschaft von Mann und Frau wenigstens indirekt anerkannt wurde. Ferner – und das ist ein wichtiger Punkt – wurde der Grund für die Abhängigkeit der Kinder von den Eltern nicht in einem minderen Status, sondern in ihrer Minderjährigkeit und Schutzbedürftigkeit gesehen. Das bahnte allmählich nicht nur größte politische Umwälzungen an, die von der englischen Revolution von 1640 bis zu den kontinentalen Revolutionen von 1848 reichten, sondern wirkte sich auch in der Ehe aus, und zwar sowohl in den vorwaltenden Ideen als auch im wirklichen Verhalten der Menschen. Jetzt standen einander zwei Partner gegenüber, die in der Ehe kooperierten und mehr und mehr die von seiten der Verwandtschaft arrangierten Ehen ablehnten. Gerade an diesem Punkt zeigte aber die liberale Eheidee des Naturrechts, wenn man sie mit unseren Vorstellungen von heute vergleicht, noch ein bedenkliches Defizit, respektive eine Einengung, die sie in gewisser Weise dem Zugriff der Kultur wieder entrückte. Wie primitiv die naturrechtliche Konzeption der Monogamie gelegentlich werden konnte, ist am besten an der berühmtberüchtigten Formel von *Immanuel Kant* abzulesen, der in der Ehe einzig die lebenslängliche Nutzung der gegenseitigen Geschlechtseigenschaften sehen konnte. Damit war das kulturelle Moment aus der Ehe praktisch ausgeschaltet, sie war gewissermaßen juristisch ausgetrocknet, wie man etwa am Allgemeinen Preußischen Landrecht von 1796 deutlich erkennen kann. So bedurfte es schon einer neuen Initiative, um dieses Moment, das zuerst von den schottischen und englischen Moral- und Gefühlsphilosophen aufgewiesen wurde, in die naturrechtliche Konzeption der Ehe wieder einzubringen. Dieses Moment erfuhr dann später in der romantischen Kunst des Romans eine enorme Diffusion über die aufsteigenden Schichten zuerst des englischen Bürgertums, später auch auf dem europäischen Kontinent.

Konzentriert war dieses neue Menschenbild in dem Werk von *Shaftesbury*, der zum Beispiel *Goethe* zutiefst beeinflußt hat. Die Vorstellung von den „Wahlverwandtschaften", die letztlich in der Ehe zum Ausdruck kommen, geht eindeutig auf *Shaftesbury* zurück, wie dieser auch die ersten Stufen zu einer psychologischen „Schicksalsanalyse" ausschlug, die sich in der Entscheidung für einen Ehepartner realisiert und durch Konstellationen seelischer Potenzen („interior numbers") gelenkt wird. Natürlich war diese Philosophie zunächst nur wenigen zugänglich, aber nachdem sich in England die Literatur solcher Vorstellungen bediente, um – wie etwa *Samuel Richardson* – in mehreren Frauenromanen (vor allem *Pamela* oder *Clarissa Harlowe*) die neue Stellung der Frau in der Gegenwart, vor allem auch das Ideal der Liebesgemeinschaft, zu umschreiben, erreichte sie nicht nur die Eliten, sondern größte Menschenmassen der allgemein Gebildeten. In Übersetzungen wurden diese Romane auch auf dem Kontinent bekannt.

An diesen Entwicklungen, die hier nur skizziert werden konnten, wird man am deutlichsten ablesen, wie seit dem 18. Jahrhundert aus der Kumulation verschiedenster Kulturelemente allmählich ein eigentlicher Kulturkomplex der monogamen Ehe entsteht. Gleichzeitig läßt sich verfolgen, wie dieser immer weitere Bevölkerungsschichten erreicht, so daß sich bereits am Vortag der Französischen Revolution eine neue Realität der Ehe etabliert hat, die im wesentlichen bis in unsere Tage lebendig geblieben ist. In seiner bürgerlichen Tragödie *Le père de famille* (1758) zeigt der Franzose *Denis Diderot* zuerst den Vater nicht mehr als autoritären Herrn, sondern als Familienversorger. Um diese früheren Entwicklungen recht einzuschätzen, muß man sich nur Rechenschaft darüber geben, daß die Französische Revolution von 1789 nicht ein Anfang, sondern die politische Quittung und der Abschluß einer umfassenden Kulturrevolution ist, als deren Folge unter vielem anderen auch eine neue Realität der Ehe in Erscheinung tritt.

Da viele Paare sich der Tradition entzogen hatten, wird es nicht verwundern, daß im Rahmen der vorrevolutionären Strömungen zahlreiche Ehen als rechtlich nicht sanktionierte Paargemeinschaften existierten. Diese nahmen während der revolutionären Wirren naturgemäß beträchtlich zu. Man hat das oft als eine Welle spontaner sozialer Desorganisation deuten wollen, die sich im Gefolge der Revolution anbahnte. Meines Erachtens liegt darin aber vielmehr die massenhafte Selbstbezeugung einer neuen Realität, die sich definitiv aus der Umklammerung der alten Welt emanzipiert hatte und nun nach neuen Lebensformen suchte. Das sollte sich in Europa noch lange nach der Wende zum 19. Jahrhundert fortsetzen, teils in romantisch-kleinbürgerlichem Gewande, teils in den libertären Strömungen des neuen politischen Radikalismus, teils aber auch in einer bohèmehaften Unabhängigkeit einzelner Männer und Frauen – man denke nur an die Beziehungen der französischen Schriftstellerin *Georges Sand* zu *Alfred de Musset* und *Frédéric Chopin* –, die fest entschlossen waren, allen Konventionen den Rücken zu kehren. Das Ganze aber nicht als Ausdruck der Desorganisation, sondern einzig und allein, um einen Freiraum zu schaffen, innerhalb dessen sich wahre Gattenliebe im Gegensatz zur gesellschaftlich-verlogenen Konvention entfalten konnte.

Die bisher erreichte Diskussionsebene erhielt nun aber einen neuen Impuls durch ein weiteres Kulturelement, das seither gewissermaßen zum tragenden Bestandteil der Ehe geworden ist. Dieses Element läßt sich am besten unter einem Schlüsselwort der deutschen Romantik fassen, das schon im Sturm und Drang und seiner Gemeinschaftsphilosophie einen wichtigen Vorläufer hatte. Das ist die Idee der Gemeinschaft von Mann und Frau, die in der erotischen Spielerei beginnt, sich dann in der Liebe „kristallisiert", wie *Stendhal* in seinem Essay über die Liebe (von 1822) sagen sollte, damit aber eine Einheit von fast metaphysischem Charakter zwischen Mann und Frau begründet; sie wird zur Zentralzelle jener neuen Eheform, die *Thomas Mann* in den zwanziger Jahren unseres Jahrhunderts als „Hochehe" bezeichnete. Erst Mann und Frau gemeinsam sind das ganze Menschengeschlecht, wie *Ludwig Feuerbach* in seiner ersten Philosophie sagte, die sich demzufolge auch konsequenterweise als Geschlechter-philosophie darstellte. In all diesen Konzeptionen steht die monogamische Ehe im Mittelpunkt, was den französischen Soziologen *Emile Durkheim* zu dem Ausdruck der „famille conjugale" als Prototyp der modernen Familie brachte, also der Gattenfamilie im strengen Sinne, einem Begriff, der seither in der ganzen Welt akzeptiert worden ist.

Allerdings bedeutet das nicht, daß damit die Entwicklung zum Stillstand gekommen wäre. Im zwanzigsten Jahrhundert bahnte sich eine bisher noch nicht gesehene Revolution der Liebe und Sexualität an, insbesondere nach dem ersten Weltkrieg, die fast blitzartig größte Bevölkerungsschichten erreichte und Sexualität zu einem eigentlichen Gegenstand der Mode machte, was sich teilweise als Herausforderung für die gegenseitige Treuepflicht in der monogamen Ehe auswirkte.

Gerade mit letzterem Faktor ist neuerdings ein unübersehbares Moment der Unsicherheit in die moderne Ehe und in die Monogamie eingedrungen, das von Zeit zu Zeit immer wieder als „Krise der Ehe" bezeichnet wird. Waren früher Entscheidungen darüber, wer mit wem die Ehe eingehen konnte, Ergebnisse langwieriger Verhandlungen zwischen zwei mehr oder weniger großen Verwandtengruppen, die gewissermaßen auch für die Stabilität der Ehe hafteten, so trat jetzt ganz eindeutig der persönliche Entschluß in den Vordergrund. Das impliziert aber sofort einen beträchtlichen Risikofaktor, so daß entsprechend immer neue Versuche auftauchten, ob sich wohl in diesen persönlichsten Entscheidungen irgendwelche Gesetzmäßigkeiten aufweisen lassen, die gewissermaßen „im Rücken" der beteiligten Partner dahin wirken, tragende und die Willkür der Wahl überdauernde Gemeinsamkeiten auszubilden. Die moderne Familiensoziologie hat zweifellos Wesentliches dazu beigetragen, das Auftreten einer ganzen Reihe stabilisierender Elemente in diesem scheinbaren Chaos persönlichster Entscheidungen aufzuweisen.

Das beginnt schon im Vorbereitungsstadium der Ehe insofern, als die Chancen, daß einander relativ ähnliche oder sich in der Verschiedenheit komplementarisierende, das heißt ergänzende, junge Menschen verschiedenen Geschlechts begegnen, relativ hoch sind. Der Grund dafür ist der selektive Charakter der Verkehrskreise von Jugendlichen, die keineswegs einer reinen Zufallsauswahl von möglichen Ehepartnern begegnen, sondern einer vorstrukturierten Auswahl. Das soll und kann natürlich nicht heißen, daß diese Auswahl „bewußt" getroffen würde; vielmehr ist sie durchaus strukturell bedingt, das heißt, den einzelnen Personen unbewußt. Viele Variablen stoßen hier zusammen: ethnische oder regionale Affinitäten, soziale Klassen und Schichten, religiöser oder kultureller Hintergrund, berufliche und durch Ausbildung bedingte Homogenitäten und vieles andere mehr. Und wenn schon einmal Vereinigungen über alle Klassengrenzen hinweg zustande kommen, so heißt das auch nur, daß sich die Partner darin einig sind, Klassenschranken nicht zu beachten. Es bleibt allerdings dahingestellt, ob alle diesen Partnern anhängenden Personen genauso denken, was einen neuen Risikofaktor sichtbar werden läßt. Während die Verwandtschaft früher in der Ehe meist stabilisierend wirkte, kann sie sich unter Verhältnissen erhöhter Mobilität außerordentlich störend auswirken. In menschlichen Verhältnissen gibt es in der Tat viele Ungewißheiten; aber man darf darum auch nicht kleinmütig werden, da der Unsicherheit menschlicher Verhältnisse auch soziale Stabilisierungsfaktoren gegenüberstehen, deren Tragfähigkeit sich bis heute für die überwältigende Majorität der Menschen zweifellos bewährt hat. Man darf sich durch das allgemeine Krisengeschwätz darüber nicht hinwegtäuschen lassen.

Trotzdem muß zugestanden werden, daß die Situation nicht eindeutig ist, weder im Positiven noch im Negativen. Wir müssen uns aber darüber klar bleiben, daß wir es bei der Entwicklung der Monogamie mit einem kumulativen Prozeß von außerordentlichen Ausmaßen zu tun haben, der uns vorläufig als irreversibel, das heißt unumkehrbar, erscheint. Selbst wenn die Geschichte der Monogamie durch viele kulturelle Revolutionen gegangen ist, denen zweifellos andere folgen werden, so bleibt doch die Logik dieses Prozesses überzeugend genug, wenn wir nur die Dokumente in der richtigen Ordnung zusammenhalten.

B. Handbuch der empirischen Sozialforschung Bd. 7

„Soziologie der Familie" (1969/1976)

Vorbemerkung des Herausgebers zu Band 7

Dieser Band stellt im engsten Sinne eine Fortsetzung des vorangehenden Bandes 6 dar, indem er das Thema des menschlichen Lebenslaufs von der Jugend in die Familie und ins Alter verfolgt. Auch in diesem Falle treten die gesamtgesellschaftlichen Vorstellungen von Ehe, Familie, Alter hervor, so daß ständig neben der Einzelanalyse die übergreifenden Strukturen sichtbar und spürbar werden. Wiederum erfahren altüberlieferte Begriffe eine empfindliche Modifikation, allen voran der naive Begriff von der Universalität der Nuklearfamilie, wobei unter Kernfamilie nur die zusammenlebende Gruppe von Mann, Frau und minderjährigen Kindern verstanden wird. Gewiß gibt es überall eine „kleinste" Einheit der Familie, aber gleichzeitig entscheidet sich aus gesamtgesellschaftlichen Vorstellungen, wie „klein" diese Kernfamilie jeweils ist. Sie kann beträchtlich über den genannten Personenkreis hinausgehen und trotzdem als „kleinste Einheit" begriffen werden. Trifft das vor allem zu in der anthropologisch-vergleichenden Forschung, so ist das auch in ganz ausnehmendem Maße der Fall in der lebensläuflichen Behandlung des Familienzyklus, der jener Aspekt des Problems ist, in dem die beiden Beiträge dieses Bandes verklammert sind.

Das Ergebnis dieser Vorgehensweise ist von der größten Bedeutung für eine bisher als völlig fraglos angenommene Konzeptualisierung der Familiensoziologie, nämlich die der *isolierten* Kernfamilie. Falls in diesem Falle die Beobachter nicht irregeführt worden sind durch eine Art von (leicht biologisch beeinflußtem) „Modellplatonismus" von der „Fortpflanzungsfamilie", die das Kernphänomen mit einem vermeintlich „einfachen" (und stillschweigend als „klein" unterstellten System) verwechselt, mögen beim Hauptvertreter dieser Auffassung, *Talcott Parsons,* auch Nachwirkungen aus seiner eigenen Entwicklungsperiode in den zwanziger Jahren dafür ver-

© Springer Fachmedien Wiesbaden GmbH, ein Teil von Springer Nature 2021   277
R. König, *Familiensoziologie*, René König Schriften. Ausgabe letzter Hand,
https://doi.org/10.1007/978-3-658-28247-9_13

antwortlich sein. Das wäre ein neuerlicher Hinweis auf die Historisierung der Theorie, die jeweils neue Paradigmata im gleichen Sektor der Forschung hervortreten läßt. Dementsprechend sind sich beide Teile dieses Bandes darin einig, daß die Theorie der isolierten Kernfamilie in ihrer bisherigen Form aufgegeben werden muß. Sie ist im strengsten Sinne falsifiziert worden und bedarf der Neuformulierung.

Mit dieser Entscheidung hängen Ausstrahlungen auf das andere Begriffsbündel von Orientierungsfamilie und Fortpflanzungsfamilie zusammen. Die radikale Ausschaltung biologistischer Vorstellungen, die oben angedeutet wurde, führt auch in diesem Falle zu einer Neuformulierung etwa in der Entgegensetzung von passiv erfahrener und aktiv geübter Sozialisierung, die auf einer gemeinsamen Achse aufsitzen, während sich die alten Begriffe als falscher Gegensatz resp. als inhomogen widereinander erweisen.

Die Folgen dieser wichtigen theoretischen Entscheidungen machen sich nicht nur in Umdeutung hergebrachter, sondern auch im Auftauchen neuer Probleme bemerkbar, die durch zahlreiche intervenierende Variablen verstärkt werden. Zu diesen gehört das insgesamt erniedrigte Heiratsalter in den Industriegesellschaften und die sich wandelnden Vorstellungen von Jugend und Alter. Das hat insofern das übliche Bild geändert, als heute die Masse derjenigen Familien immer größer geworden ist, bei denen bei einem Stau von „jungen Großmüttern" die Trennlinie zwischen alt und jung nicht mehr zwischen den Großeltern und Kindern, sondern zwischen Urgroßeltern oder -müttern und Enkelkindern verläuft. Mit dieser gegenseitigen Annäherung der Generationen hat sich schon rein statistisch die Chance erhöht, daß nicht nur soziale Verflechtungen zwischen den Generationen, sondern auch feststellbare und wirksame gegenseitige Hilfeleistungen sichtbar werden, die dazu beitragen, das Stereotyp der isolierten Kernfamilie zu beeinträchtigen, wenn nicht gar zu zerbrechen.

Das wird sich unseres Erachtens in den zukünftigen Beziehungen zwischen Jugend und Alter immer stärker auswirken, wofür im deutschen Sprachbereich *Leopold Rosenmayr* einen vorzüglichen Ausdruck gefunden hat: „Intimität auf Distanz". Aber auch die Familiensoziologie erhält ganz neue Dimensionen, die sowohl die Entwicklungsvorstellung betreffen wie das Verhältnis von Industriegesellschaften und vorindustriellen Gesellschaften. Sie sind jetzt nicht mehr anzusehen als überwiegend auf Kernfamilien oder überwiegend auf erweiterte Familien ausgerichtet. Vielmehr erweist sich bei genauerem Zusehen, daß kein auch nur einigermaßen komplexer Gesellschaftstyp existiert, der nicht mehrere Familienformen gleichzeitig aufwiese. Damit kompliziert sich die Vorstellung der Entwicklung ganz beträchtlich, indem neue Variablen sichtbar werden, deren Einfluß viel wichtiger ist als die früher ausschließlich betrachteten von Industrialisierung und Verstädterung, nämlich die soziale Schicht- und Klassenlage, überhaupt das „niveau de vie" und die allgemeine soziale Lebenslage.

I. Vorbemerkung

In Memoriam
Gerhard Baumert

Die Soziologie der Familie ist heute bereits so alt, daß man in ihren neueren Entwicklungsphasen deutlich das zeitweise Hervortreten durchaus verschiedener, ja in gewisser Weise widersprüchlicher Hauptprobleme beobachten kann. Selbst wenn es sich dabei manchmal nicht um völlige Neuorientierungen, sondern mehr um Akzentverschiebungen handelt, so ist doch der erwähnte Wandel derart ausgesprochen, daß er eine *Historisierung der Theorie* rechtfertigt und geradezu herausfordert, die ihrerseits *als Indiz für eine allgemein gewandelte Situation der Familie im letzten Drittel des 20. Jahrhunderts* genommen werden kann.

Während man sich im 19. Jahrhundert mehrheitlich um das Problem der „Entwicklung" und des „Ursprungs" von Familie und Ehe kümmerte, konzentrierte sich das Interesse zu Anfang des 20. Jahrhunderts auf den Zusammenstoß von Familie und Industrialismus in allen seinen Aspekten, also im Hinblick auf das Schicksal der Kinder, auf die Frauenemanzipation und die Frauenarbeit sowie auf die schwindende Autorität des Mannes. Das führte nach einigen spektakulären Ereignissen wie der russischen Revolution von 1917, der allgemeinen Säkularisierung der Türkei unter *Kemal Atatürk* nach 1923, sowie der Übernahme des Schweizerischen Zivilgesetzbuches in der Türkei und den verschiedenen kontinentaleuropäischen Reformströmungen der unmittelbaren Nachkriegsperiode und der zwanziger Jahre zu einer ausgesprochen skeptischen und sogar negativen Bewertung der Chancen von Familie und Ehe im 20. Jahrhundert. Man war allgemein der Meinung, sie würden den Belastungen durch die moderne Wirtschaftsgesellschaft nicht gewachsen sein, selbst ein Liberaler wie *Edward Westermarck* (1936) war sehr skeptisch; gelegentlich betrachtete man sie als bloße Relikte aus vergangenen Zeiten. „Bankruptcy of Marriage" – „Bankrott der Ehe" – war nur eines der Schlagworte der Zeit (*V. F. Calverton* 1931), eine Auffassung, die sich bei einigen Überlebenden dieser Periode bis in unsere Gegenwart erhalten hat (*C. C. Zimmermann* 1947). In den Vereinigten Staaten, wo sich die Familiensoziologie schon seit der Zeit unmittelbar vor dem ersten Weltkrieg sehr intensiv zu entwickeln begann, drängte sich dementsprechend *das Problem von der Desorganisation der Familie als Zentralthema der Familiensoziologie* in den Vordergrund, als lasse sich darin alles resümieren, was an der Familie in der Gegenwart wissenschaftlich erforschungswürdig ist.

Man spürt die Wirkung dieser pessimistischen Einstellung noch immer, selbst in eigentlich wissenschaftlichen Darstellungen der Familiensoziologie, mehr noch in den populären Erörterungen dieser Problematik und in der allgemeinen öffentlichen Meinung, die sich gern an kristallisierte Stereotypen anklammert, ohne sich zu fragen, ob diese noch der Wirklichkeit entsprechen.

Mit der zunehmenden Entfaltung der Forschung in der Familiensoziologie sind aber allmählich neue Probleme und Fragestellungen in den Vordergrund getreten, die sich teilweise auch als Ergebnis neuer methodologischer Entwicklungen ergeben haben. Es stellte sich insbesondere heraus, daß es durchaus bezeichnend ist für das Frühstadium einer Wissenschaft, daß sie sich zunächst für die dramatischen Akzente des Gebiets interessiert, was dann leicht abfärbt auf die Gesamtbewertung der Entwicklungschancen einer Erscheinung, in unserem Falle der Familie. Dazu kommt noch ein zweiter methodologischer Umstand, daß man sich in der empirischen Forschung praktisch seit *Frédéric LePlay* (1855) ausschließlich der *monographischen Methode* bediente und bis zum Ende der dreißiger Jahre an *Einzelfallstudien* hielt, die häufig gerade wegen der besonders extrem gelagerten Umstände unternommen wurden. Je intensiver die Analyse war, desto leichter mußte die Versuchung aufkommen, *von den Ergebnissen dieser Fälle, bei denen niemals die Frage der Repräsentativität* (diese taucht bei *LePlay* nur ganz am Rande auf) *gestellt worden war, auf den Zustand der Gesamtheit der Familien zu schließen.* Diese Art der naiven Extrapolation war aber bis vor ganz kurzem noch die Regel, obwohl schon *Emile Durkheim* in seinen mehrfachen Kritiken der Le-Play-Schule deutlich auf diese grundsätzliche Schwäche der monographischen Methode hingewiesen hatte. Eine bekannte deutsche Erhebung von *Alice Salomon* und *Marie Baum* (1930) befolgte noch in der Zwischenkriegsperiode diese Methode. Selbst in der Nachkriegszeit wurde in zwei deutschen Erhebungen die monographische Methode befolgt (*H. Thurnwald* 1949; *G. Wurzbacher* 1952). Da aber diese Einstellung, wie gesagt, sehr weit verbreitet war, kann man sie eigentlich niemandem recht zum Vorwurf machen, obwohl sich gleichzeitig mit den erwähnten Studien auch in Deutschland etwa bei *Gerhard Baumert* (1954) ein anspruchsvolleres methodisches Bewußtsein bemerkbar machte, das Einzelfallanalysen soweit immer möglich mit repräsentativen Auswahlen zu kombinieren sucht, um über die quantitative Verbreitung einer Erscheinung in einer gegebenen Bevölkerung genauere Auskünfte zu erlangen.

Es wäre aber durchaus ungenügend, wollte man die Änderung in der Linie der Familiensoziologie einzig und allein auf Schärfung des methodischen Bewußtseins festlegen. Wir haben es in Wahrheit auch mit einem *Wandel in der Ausrichtung des Forschungsinteresses* zu tun, also in der Thematik, von der gleichzeitig mehr oder weniger deutlich gesagt wird, daß sie für die heutige Situation bezeichnender sei als die Desorganisation der Familie. Ohne diese völlig unter den Tisch fallen zu lassen, möchten wir selber vor allem die „*Überorganisation der Familie*" in den Vordergrund stellen (*R. König* 1949, in: *R. König* 1974). Überhaupt scheint sich allmählich ein Bewußtsein dessen zu verbreiten, daß in den fortgeschrittenen Industriegesellschaften gelegentlich eine Tendenz hervortritt, *die Familienintimität zu überfordern.* Stimmen dieser Art sind übrigens älter, als man meint, und gehen bis ans Ende der dreißiger Jahre zurück. So äußerte sich *Robert S. Lynd* schon 1939 über dies spezielle Problem, das ganz eindeutig aus dem Rahmen herausfällt, den man in den zwanziger Jahren für selbstverständlich hielt. Seine Meinung erscheint uns auch heute noch so wichtig, daß wir sie wörtlich wiedergeben wollen: „As a result, family members are thrown back upon each other as a small group of overdependent personalities who must work out a common destiny in a family situation which has lost many of its functions and, hence, forces them to rely overmuch upon intimacy. When the values of a culture are split into two sharply conflicting systems, with each sex assigned the rôle of carrying one system, the family becomes perforce, as *Horney* points out, the battleground not merely for the resolution of differences among the individual personalities of family members but also for the attempted resolution of the larger conflicts of the entire culture. Too little stress has been laid upon this toll which the casualness of our culture exacts of persons at the point of greatest potential richness in personal intimacy"[1].

Ein noch erstaunlicheres Beispiel ist *Robert MacIver*, der schon am Anfang der zwanziger Jahre die negative Standardbewertung des Funktionsverlustes der Familie in der geschichtlichen Entwicklung als ein Positivum wertete, weil es die Familie von allen nicht-familialen Funktionen entlastet, die durch andere Institutionen der Gesamtgesellschaft viel besser betreut werden können, und sie auf ihre eigenste zurückführt, eine Assoziation intimer Art zu sein, in der die Menschen durch starke Gefühle miteinander verbunden sind. *„As the family lost function after function it found its own. It became an association, the primary association within which husband and wife became father and mother, bound by a simple tie, animated by a clarified emotion which begins in the love of the sexes and develops into the affection, intimacy, and devotion of parents and children. Only in this unitary family can these emotions find free expression, and as the community grows the family takes this unitary form. What it looses in extent it may more than regain in quality"*[2].

Mit dieser Bewertung der Familienintimität, die damals außergewöhnlich war, stimmt erstaunlich überein die Stimme moderner Beobachter, wie etwa in Deutschland *Horst-Eberhard Richter* (1967, 1972), der von der „Beobachtung der engen psychischen Abhängigkeitsverhältnisse" spricht, die in vielen Familien herrschen, und das als wichtigen Faktor der Diagnostik in der Psychologischen Medizin ansieht. Es ist dies die gleiche Problematik, die *Leopold Rosenmayr* (1974) jüngstens mit Recht so stark hervorgehoben hat, und deren Folgen wir später zu untersuchen haben werden. Für ihn handelt es sich heute darum, die „Qualität" der Lebensformen in der Familie neu zu gestalten, damit sie die Person nicht erdrückt, statt sie zu fördern. Er hebt dabei eine sehr interessante neuartige „Verspätungserscheinung" (s. *R. König* 1974, S. 41ff.) in der Familienentwicklung hervor, welche die gegenwärtige Situation gut zu treffen scheint. „Der soziale Wandel verlief

---

[1] *Robert S. Lynd*, Knowledge for What? Princeton, N. J., 1939, S. 98.

[2] *Robert MacIver*, The Elements of Social Science, zuerst London 1921, S. 162; siehe auch *Ders.*, Society, zuerst New York 1937.

zu rasch, als daß jenen Eltern, die eine Neuorientierung der Erziehung und der Gestaltung des familiären Zusammenlebens ideologisch akzeptiert hatten, auch die *emotionale* Flexibilität zur Umstrukturierung von Einstellungen hätte gelingen können, die notwendig gewesen wäre, um die neuen Erkenntnisse im Leben entschieden zu verwirklichen. – Die Realisierung blieb hinter der einstellungsmäßigen *Bereitschaft* zurück, und daraus ergaben sich neue Probleme und Konflikte, entstanden Ambivalenzen, Pendeln zwischen zwei oder mehr Erziehungsstilen, insbesondere in jener Phase des Familienzyklus, in der die Eltern die ‚mittleren Jahre‘ erreichen und die Kinder selbständig zu werden beginnen" (*L. Rosenmayr* 1974, S. 38).

Gibt es also in der modernen Familiensoziologie Gründe genug, die den aufmerksamen Betrachter für einen historischen Wandel der Problemlage sensibilisieren, so mag es nicht verwundern, wenn man von hier aus gleichzeitig mit neuen und geschärften Ansprüchen an die Familiensoziologie herantritt und auch ansprechbar geworden ist für die offenen oder die verdeckten ideologischen Bestandteile der älteren Versuche, die der Ausbildung der Familiensoziologie als empirischer Wissenschaft im Wege standen. Wir heben schon hier hervor, daß damit auch bisher unbezweifelte Lehrstücke der Familiensoziologie in ihrer Geltungsweite einigermaßen beschnitten worden sind, wie z.B. *Emile Durkheims* vermeintliches „Gesetz" von der „Kontraktion" der Familie unter dem Einfluß des Industrialismus (siehe dazu V).

II. Ursprung und Entwicklung der Familiensoziologie

Während die allgemeine Beschäftigung mit der Familie uralt ist, kann man von den Anfängen einer wissenschaftliche Ansprüche stellenden Familiensoziologie erst seit etwas mehr als hundert Jahren sprechen. Dieser Umstand zwingt jede Betrachtung des Ursprungs und der Entwicklung der Familiensoziologie zu einer Zweiteilung, welche die philosophische oder universalhistorische Beschäftigung mit der Familie von der Familiensoziologie im engeren Sinne abhebt.

a) Die universalhistorischen Betrachtungsweisen

Seit *Platon* und *Aristoteles* wird die Familie im Zusammenhang mit der Diskussion um die Entstehung des Staates erwähnt, wobei sie beide auf eine Stelle bei *Homer* zurückgreifen, die von der isolierten „Zyklopenfamilie" handelt (Literatur bei *R. König* 1968 a). Gerade in diesem Zusammenhang kann man aber deutlich erkennen, daß das Interesse gar nicht zentral, sondern nur nebenbei auf die Familie gerichtet ist, und das bleibt sich in der klassischen Staatstheorie im Grunde gleich bis in die Neuzeit. So diskutiert zwar *John Locke* im Rahmen seines weltlichen Naturrechts als erster den Begriff der „elterlichen Autorität", er tut dies aber nicht, um eine neue Familienrealität der Forschung zugänglich zu machen, sondern ausschließlich in der politischen Auseinandersetzung mit *Sir John Filmers* Staatsschrift „Patriarcha", die die absolute Autorität des Monarchen unter anderem mit der Autorität in der patriarchalischen Familie begründet hatte. Umgekehrt versuchte *Locke* seine neue Staatsidee durch ein neues Familienmodell zu unterstützen. Am Herzen lag also beiden nicht das Problem der Familie, sondern die Autoritätsstruktur des Staats. Das ändert sich nicht in der alten Staatstheorie, im Grunde bis zu *Hegel* und sogar darüber hinaus. Das liegt alles derart auf der Hand, daß es sich kaum mehr lohnt, darüber Worte zu verlieren. Wichtiger als solche Betrachtungen scheint uns dagegen das Aufspüren des verborgenen Weiterlebens solcher Auffassungen in neueren theoretischen Ansätzen, mit denen man normalerweise den Beginn der sogenannten wissenschaftlichen Familiensoziologie verbindet.

b) Die Überwindung der Ideologien

Die anerkannten Klassiker der empirischen Familiensoziologie sind *Frédéric Le Play* und *Wilhelm Heinrich Riehl*, deren Hauptwerke beide im Jahre 1855 erschienen, das entsprechend als der Beginn der Familiensoziologie angesehen wird (vgl. dazu *G. Schwägler* 1970, S. 33–60). Es ist jedoch ein leichtes, in beiden Fällen die Absolutsetzung (und damit Ideologisierung) eines jeweils einseitigen und sehr spezifischen Familientyps nachzuweisen, der des bodenbesitzenden Bauerntums bei *LePlay* und der des mittelständischen

Bürgertums bei *Riehl*. Trotz gegenteiligen Anscheins bieten beide Autoren keineswegs eine Deskription der Familie ihrer Zeit, sondern es versteckt sich hinter ihren Ausführungen eine naturrechtliche Konstruktion, die von einem besonderen Blickpunkt aus die Wirklichkeit bewertet, statt sie zu analysieren. Dementsprechend ist auch für beide die Vorstellung undenkbar, daß es verschiedene Familientypen geben könnte. Die Allgültigkeit der Familie mit patriarchalischer Autoritätsstruktur ist für beide fraglos und unbestritten (vgl. dazu *R. König* 1957, in: *R. König* 1974).

Wenn das zutrifft, dann wäre man geneigt, den Anfang der empirischen Familiensoziologie dort anzusetzen, wo zum ersten Male eine Klassifikation verschiedener Familientypen versucht wird; das trifft bei *J. J. Bachofen* und seiner Entdeckung des Mutterrechts im Gegensatz zum Vaterrecht zu (1861). Sieht man jedoch genauer hin, so entdeckt man bald, daß auch hier naturrechtliche Vorurteile obwalten, nur daß sie nicht – wie bei *Sir Henry Sumner Maine*, dem „Historiker" des Patriarchalismus – im Naturrecht *Rousseaus*, sondern in der triadischen Dialektik *Hegels* wurzeln und eine „Entwicklung" vom Hetaerenstadium der „Promiskuität" über das „Mutterrecht" zum „Vaterrecht" postulieren. Das gilt bis zu *Karl Marx* und *Friedrich Engels* (1884).

Neben den manifesten ideologischen Bestandteilen dieses Ansatzes in der Familiensoziologie gibt es aber noch subtilere und latente, wie etwa die als selbstverständlich vorausgesetzte Meinung, daß Verwandtschaft immer im modernen Sinne „Blutsverwandtschaft" sein müsse. Einzig unter dieser Voraussetzung kommt man nämlich zu der Annahme, daß *Mutterrecht vor Vaterrecht* angesetzt werden müsse, *weil bei der Mutterschaft das Verwandtschaftsband unzweifelbar und evident sei im Gegensatz zur stets ungewissen Vaterschaft.* Läßt man diese Voraussetzung fallen und definiert man *Verwandtschaft* soziologisch als die Art und Weise wie Status, Rang und Würden, Namen und Eigentum in einer Gesellschaft übertragen werden, dann verschwindet sofort jegliche Veranlassung, das eine System dem anderen vorausgehen zu lassen, was nun der Wirklichkeit bereits viel näher kommt, in der wir in manchen Fällen Mutterrecht vor Vaterrecht, in anderen Fällen aber auch umgekehrt Vaterrecht vor Mutterrecht finden. Es dauerte recht lange, bis die verborgenen naturrechtlichen Bestandteile aus der Lehre vom Mutterrecht ausgetrieben wurden. Selbst wenn er später (1877) selber diesen Vorurteilen teilweise anheimfiel, so hat doch der Amerikaner *Lewis H. Morgan* in seiner ersten Phase mit der Formulierung des Begriffs der „klassifikatorischen Verwandtschaft" (1871) einen wesentlichen Schritt zur realistischen Betrachtung der vorliegenden Probleme getan.

Unangesehen aller Schwierigkeiten, die sich vor der Entwicklung der Familiensoziologie erhoben, bleibt aber ein entscheidender Zug, daß im 19. Jahrhundert, trotz der ursprünglich von der Gegenwartssituation ausgehenden Problemstellung bei *LePlay* und *Riehl*, letztlich das Interesse gebannt blieb auf die Fragen nach „Ursprung" und „Entwicklung" der Familie. Dies wirkte sich weithin als eine Ablenkung von der Forschung aus und eröffnete der Spekulation Tür und Tor, so daß es trotz der zweifellosen Verdienste der ersten Vorläufer noch eine ganze Weile dauerte, bis sich eine wissenschaftlichen Ansprüchen genügende Familiensoziologie anbahnte. Ein erstes brauchbares Programm entwarf eigentlich erst *Emile Durkheim* in seiner Schrift von 1888 *„Introduction à la sociologie de la famille"*, der dann bald eine ganze Reihe verschiedener Beiträge zur Forschung folgten, vor allem in seinem Hauptwerk über den Selbstmord (von 1897), das eine ganze Familiensoziologie in nuce in sich enthält. Aber auch für *Durkheim* bleibt die Aufmerksamkeit noch zu einem guten Teil durch Entwicklungsprobleme gefesselt, so daß eine spezifische Beschäftigung mit der Gegenwartsfamilie als Hauptaufgabe der Familiensoziologie doch erst nach ihm einsetzt, dann aber stärkstens durch ihn beeinflußt bleibt, im Grunde bis heute. Stammt doch der weitverbreitete Begriff der *„Gattenfamilie" (famille conjugale)* letztlich von ihm (*E. Durkheim* 1921). Ein weiterer Begriff, der ebenfalls auf ihn zurückgeht, ist der von der *„Kontraktion der Familie"* als Ausdruck für die Gesetzlichkeit, die in der Entwicklung der Familie zum Ausdruck kommen soll. Natürlich darf dieser nicht so verstanden werden, als könne man mit seiner Hilfe die Entwicklung der Familie im ganzen erfassen; denn schon in der jüdisch-griechisch-römischen Antike finden wir eine Einengung der Familie auf einen engsten Kreis. So kann man davon ausgehen, daß sich dieser Vorgang in der Geschichte mehrfach abgespielt hat. Dazu kommt aber selbst in diesem Falle ein Restbestand ideologischer Verzerrung, indem sich der Kontraktionsvorgang überwiegend bei der Entwicklung der Oberschichten nachweisen läßt, dagegen nicht immer bei den Unterschichten, die – soweit wir sehen können – meist von vornherein in Kern- oder Gattenfamilien gelebt haben. Der Begriff der Kontraktion ist also aus der Perspektive der sozialen Oberklassen konzipiert worden, deren letzte Entwicklungsphase *Durkheim* vor sich sah, als er den Begriff formulierte (*R. König* 1966 a, in: *R. König* 1974). Umgekehrt scheint die Problematik der Kern- oder Gattenfamilie weitgehend eine Frage der Unterklassen zu sein, für die sich die offizielle Geschichtsschreibung meist nicht besonders interessierte (*W. J. Goode* 1963); dieser Mangel an Information wurde zum Anlaß vieler Vorurteile.

Die folgende Entwicklung der Familiensoziologie ist zunächst durch ein weiteres Auseinandertreten der ethnosoziologischen und der gegenwartssoziologischen Analyse gekennzeichnet, wobei in beiden Fällen der Gesichtspunkt der Entwicklung stark zurückgetreten ist. Das hat sich für beide Zweige der Forschung als ein großer Vorteil erwiesen, da damit ein viel unbefangenerer Zugang zu den Problemen gefunden wurde als früher. Vor allem hat das später auch erlaubt, beide Forschungszweige einander wieder anzunähern, indem man etwa *vergleichende Untersuchungen* anbahnte zwischen Familienformen von Kulturen mit geringer technischer Ausstattung einerseits und den Industriekulturen andererseits (*Ruth Benedict, Margaret Mead* u.a.). Das schärfte nicht nur das Verständnis für die Verschiedenheiten, sondern zog auch die Aufmerksamkeit auf die selbstverständlich vorhandenen Gemeinsamkeiten, womit die Frage nach den „Universalien" wieder aufgerollt werden konnte (*G. P. Murdock* 1949). Das war im Grunde auch das Vorgehen *Durkheims*, als er in seinem ersten Programm (1888) die vergleichende Methode betonte, die in gleicher Weise gleichbleibende Strukturen sowie wandelbare geschichtliche Formen zu differenzieren erlaube.

Die größte Entfaltung fand aber die Soziologie der Familie in den Vereinigten Staaten, wo sie bis heute eines der beliebtesten Forschungsgebiete der Soziologie geblieben ist. Dies hängt zweifellos mit der stürmischen Entwicklung der amerikanischen Gesellschaft im 20. Jahrhundert zusammen, hat sich aber in Europa angesichts ähnlicher Entwicklungen, insbesondere nach dem Zweiten Weltkrieg, ebenfalls angebahnt, so daß heute familiensoziologische Forschung überall in der Welt eine immer wachsende Bedeutung gewonnen hat. Es liegt auf der Hand, daß wir hier auf die Einzelheiten dieser Entwicklung nicht eingehen können; wir verweisen dafür auf die einschlägigen Bibliographien, um deren methodische Ausgestaltung sich unter der Leitung von *Reuben Hill* insbesondere das *Committee on Family Research* der *International Sociological Association* verdient gemacht hat (*R. Hill* 1958 und *Andrée Michel* 1963/4; vgl. auch *R. König* 1968a; ferner die letzte von ISA veranlaßte Bibliographie: *J. Mogey* 1970).

III. Die antinomische Struktur der Familiensoziologie

Wenn *Max Horkheimer* (1936) davon spricht, daß die Familie in der bürgerlichen Gesellschaft „die Reproduktion der menschlichen Charaktere (besorgt), wie sie das gesellschaftliche Leben erfordert", so ist damit im Grunde eine doppelte Aussage gemacht. Er beschreibt nämlich 1. einen empirisch nachprüfbaren Typ der bürgerlich-autoritären Gesellschaftsordnung sowie das Medium, in dem die dafür benötigten Menschen erzogen werden, und 2. sagt er etwas aus über die Voraussetzungen, unter denen allein eine Gesellschaft sich erhalten kann; die Gesellschaft beeinflußt nicht nur die Familie, sondern diese letztere trägt auch wesentlich dazu bei, die Gesellschaft zu erhalten, da sie der Ort ist, an dem der „*Transfer*" der Normen von einer Generation auf die andere stattfindet. Damit ist genau umschrieben, was wir als *die antinomische Struktur der Familiensoziologie* bezeichnen, indem sie sich einmal mit empirisch nachprüfbaren Problemen bestimmter Gesellschaften, dann aber mit allgemeinen Voraussetzungen von Gesellschaft überhaupt befaßt. Im ersten Falle ist sie eine empirische Wissenschaft, wie sie uns hier interessiert, im zweiten aber ist sie ein wichtiger Bestandteil der Allgemeinen Soziologie, indem sie sich nicht nur mit dem Verhältnis der Person zur Gesellschaft, sondern darüber hinaus auch mit jenen Mechanismen befaßt, auf Grund derer allgemein Gesellschaften in der Zeit fortdauern (*system maintenance*). Hier ist das Verhältnis zur Empirie in der Tat ein ganz anderes, da es um „die kategorialen oder axiomatischen Voraussetzungen des Sozialen" (*R. König* 1967a) geht, die zwar empirisch illustriert werden können, aber selber insofern nicht empirisch sein können, als sie vielmehr die Voraussetzungen für die Existenz des sozialen Faktors darstellen[3]. Es hat einiges zur Verwirrung beigetragen, daß die beiden Gesichtspunkte meist miteinander vermengt worden sind. Andererseits zeigt sich hier auch die besondere Bedeutung der Familiensoziologie für die Allgemeine Soziologie, die aus ihr mehr macht als nur ein spezielles Forschungsgebiet der Soziologie unter anderen. Selbst wenn sich ähnliche Aspekte gelegentlich in anderen Teildisziplinen der Soziologie bemerkbar machen, sind sie doch nirgends so aufdringlich wie in der Familiensoziologie.

---

[3] Vergl. dazu *René König*, Grundlagenprobleme der soziologischen Forschungsmethoden: Modelle, Theorien, Kategorien, in: *F. Karrenberg* und *H. Albert* (Hrsg.), Sozialwissenschaft und Gesellschaftsgestaltung, Berlin 1963. Vergl. auch *René König*, Art. „Allgemeine Soziologie" und „Soziologische Theorie", in *R. König* (Hrsg.), Soziologie (Fischer-Lexikon), Neuausgabe Frankfurt 1967, letzte Aufl. 1973.

a) Die paradigmatische Bedeutung der Familiensoziologie für die Allgemeine Soziologie

Man wird verleitet, die Formel *C. G. Jung* (1927) vom *„Zauberkreis der familiären Situation"* von der Psychotherapie auf die Soziologie zu übertragen, wenn man die Bedeutung der Familie für die systematische Analyse der zeitlichen Existenz des „sozialen Systems" bedenkt. Darum wird auch immer wieder paradigmatisch auf den Prozeß der Familienerziehung verwiesen, wenn das Problem der „Internalisierung" der Normen diskutiert wird, ohne die kein System in der Zeit existieren könnte. So dürfen wir sagen, daß es kein Zufall war, als *Emile Durkheim* auf die Familiensoziologie stieß; bestenfalls war es ein Zufall, daß sein Lehrstuhl an der Sorbonne der Pädagogik gewidmet war. Es gelang ihm indessen leicht, die Problemstellung der Pädagogik mit der der Familiensoziologie zu kombinieren, womit er den ersten Versuch vorlegte, dem Problem der Institutionalisierung des *Internalisierungsprozesses* der sozialen Normen nachzugehen bzw. dem *Sozialisierungsprozeß* der Kinder in der Familie und seiner späteren Erweiterung durch formelle Erziehung[4]. *Talcott Parsons* hat recht, wenn er bemerkt (1955, S. 16); daß *Sigmund Freud* und die Psychoanalyse diese Problematik erst ganz aufgeschlossen hätten; aber es ist nicht von der Hand zu weisen, daß *Durkheim Parsons* darin um mehr als 50 Jahre vorangegangen ist, und zwar auf eine Weise, die der Psychoanalyse in keiner Weise entgegengesetzt ist, sondern mit ihr konvergiert. Nur hat zeitlebens *Durkheim* mehr den Akzent auf die Strukturanalyse des sozialen Systems gelegt und das personelle System dagegen in den Hintergrund geschoben, auf dessen Analyse sich seinerseits *Freud* konzentriert hatte. *Parsons* führt beide expressis verbis zusammen: „How can the fundamental phenomenon of the internalization of moral norms be analyzed in such a way as to maximize the generality of implications of the formulation, both for the theory of personality and for the theory of the social system?"

Ganz unangesehen aller Möglichkeiten, hier weiterzukommen, scheint uns entscheidend, *daß sich in beiden Fällen der „Familienroman" als Paradigma dieser Vereinigung anbietet.* An und für sich könnte man Sozialisierung der Person im Sinne der Internalisierung eines Normensystems auch in beliebigen anderen sozialen Systemen studieren, und in der Tat hört ja auch der Sozialisierungsprozeß der Person nicht mit der Familienerziehung auf, sondern läuft das ganze Leben bis ins Alter immer weiter, sofern der Mensch in immer neue Situationen gerät, die bewältigt werden müssen. Ein großer Teil der soziologischen Forschung befaßt sich mit der Analyse und theoretischen Durchdringung solcher Prozesse, die regelmäßig mit der

---

[4] Siehe dazu *Emile Durkheim*, Education et sociologie, Paris 1923; *Ders.*, L'education morale, Paris 1925.

Interaktion einer Mehrheit von Personen anheben. Aber die Sozialisierung des Kindes in der Familie (*E.H. Erikson* 1950) bildet dennoch insofern eine Vorwegnahme aller späteren Internalisierungsprozesse, als sich in ihr die Grundlage der Person aufbaut (basic personality, personalité de base). Dazu gehört das Erlernen der Geschlechtsrolle nach der allgemeinen Erfahrung der Zweigeschlechtlichkeit des Menschengeschlechts; ferner gehört dazu die besondere Betonung der Mutterrolle, die für Knaben und Mädchen zunächst gleich erlebt wird; danach erfolgt die Abwendung der Knaben von der Mutter und ihre Identifizierung mit dem Vater, während die Mädchen sich mit der Mutter identifizieren und damit ihre Geschlechtsrolle lernen. Es ist überflüssig, alles zu wiederholen, was hier gesagt werden könnte; man versteht von selbst: alle diese Vorgänge sind in der Familie zusammengefaßt, so daß sie sich unausweichlich als Paradigma für Sozialisierung überhaupt anbietet, ohne daß darum geleugnet würde, daß sich die Sozialisierung auch in anderen sozialen Situationen vollzieht. Wir betonen das ausdrücklich, nachdem *Gerhard Wurzbacher* (1963) in einem völligen Mißverständnis dieser Problematik gerade den letzteren Umstand gegen die Theorie von der Sozialisierung zu wenden sucht. Da er völlig unberührt ist von der Problematik der Psychoanalyse kann ihm auch der hier vorliegende Zusammenhang gar nicht aufgehen, für den hingegen *Dieter Claessens* eine ganz ausgezeichnete Darstellung gegeben hat (1962, 1967), die als mustergültig bezeichnet werden kann. Seine Formel gibt die beste Zusammenfassung der vorliegenden Problematik, wenn er von der „Soziabilisierung" des menschlichen Nachwuchses in der Familie spricht, welche die weitere Sozialisierung erst ermöglicht (S. 62).

Talcott Parsons hatte nun schon früh die Beziehung dieser speziellen Problematik zu der viel allgemeineren vom Überleben der Gesellschaft in der Zeit erkannt (1951, 1952), so daß damit die paradigmatische Bedeutung der Familiensoziologie für die Allgemeine Soziologie zum ersten Male ganz klar gemacht war. Das gleiche tritt bei *Marion J. Levy, Jr.* (1952), einem Schüler von *Parsons* hervor. In einer späteren Arbeit (1955) versuchte *Parsons,* diesen Ansatz für die Erkenntnis der amerikanischen Familie der Gegenwart anzuwenden, womit also ein Übergang aus der Allgemeinen Soziologie in die empirische Familiensoziologie angebahnt ist. Wir müssen uns nun hier fragen, ob dieser Übergang legitim ist und ob dabei nicht besondere Schwierigkeiten auftreten, die dadurch bedingt sind, *daß kategoriale Grundverhältnisse empirischen Gegebenheiten substituiert werden,* was die paradigmatische Rolle der Familiensoziologie vielleicht umwandelt in einen ausgesprochenen Modellcharakter ihrer Aussagen, der das Ausweichen in einen „Modellplatonismus" (*H. Albert*) nahelegt. *Parsons* selbst stellt die Verhältnisse so dar, als bedeuteten sie eine kontinuierliche Verlängerung seiner „theoretischen" Erörterungen von früher in die „Empirie", ohne sich darüber klar zu sein, daß Allgemeine Soziologie und ihre Kategorien nicht

direkt mit speziellen soziologischen Theorien zu tun haben, sondern nur vermittelt durch bestimmte Schematismen, welche die Forschung allmählich
und sehr tastend (trial and error) zwischen den Begriffen der Allgemeinen
Soziologie und der zunächst recht ungerichteten naiven Erfahrung einbaut,
bis spezielle theoretische Begriffe und Begriffszusammenhänge entstehen, die
von denen der Allgemeinen Soziologie durchaus getrennt werden müssen.

Stattdessen werden aber sehr handgreifliche theoretische Behauptungen
aus den unbezweifelbar richtigen allgemeinsoziologischen Einsichten von
der paradigmatischen Bedeutung der Sozialisierung (oder Sozialisation) in
der Familie sowohl für die Entfaltung der sozial-kulturellen Person und ihre
Stabilisierung als auch für das Überdauern der Gesellschaft insgesamt (also
Erhaltung des „sozialen Systems") hergeleitet, die angesichts der Ergebnisse der Forschung äußerst fragwürdig sind. So heißt es (*T. Parsons* 1955,
S. VIII): „With special reference to the relations of social systems and
personalities, we feel that the study of the process of socialization in the
family constitutes a particularly strategic case. This is because we are here
dealing with the relations of the two classes of systems on the simplest
possible level. By virtue of being a small group, the nuclear family is
relatively a very simple social system, and we believe this fact to be of the
greatest importance for its functioning as an agency of socialization and of
personality stabilization. At the same time we believe that an essential aspect
of the development of personality is a process of structural differentiation;
hence, this system also will, in its earlier stages of development, be a relatively
simple system in a structural sense. We are, therefore, in early socialization
in the family, dealing with a situation where both the systems concerned are
relatively simple. We feel that in these circumstances it should be easier to
discern certain fundamental relationships between them than it is on the
more complex levels where for example problems of ‚national character'
arise". In diesen Sätzen findet sich eine ganze Reihe äußerst fragwürdiger
Behauptungen, die allesamt daraus resultieren, daß Beziehungen, welche die
Allgemeine Soziologie paradigmatisch sichtbar gemacht hat, als empirische
Zusammenhänge dargestellt werden. Wenn es richtig ist, daß die Fundierung
der sozial-kulturellen Person und der zeitlichen Dauer des sozialen Systems
im durch die Familie vermittelten Transfer die Normen von einer Generation
auf die andere besteht, so kann dies keinesfalls mit der weiteren Aussage
gekoppelt werden, das System der Familie sei als „Kernfamilie" ein „sehr
einfaches System". Das legt gleichzeitig die weitere Annahme nahe, die „Entwicklung" schreite vom „einfachen" zum „komplizierten" weiter. Selbst
wenn die allgemeinsoziologischen konzeptuellen Verhältnisse wirklich
relativ „einfach" sind, so erlaubt das doch keinerlei Rückschluß auf eine einfache Strukturierung der realen Verhältnisse. Wenn gleichzeitig plötzlich der
zusätzliche Begriff der „kleinen Gruppe" eingeführt wird, werden sofort
weitere Möglichkeiten von empirischen Schlüssen sichtbar, die ebenfalls alles
andere als selbstverständlich sind. Dazu gehört die Annahme, die Familie
sei ein „einfaches System", weil sie klein ist. Damit wird etwas postuliert,

was erst zu beweisen wäre, daß nämlich die Kernfamilie wirklich auf einen allerkleinsten Kreis von Personen reduziert ist, wobei ganz offensichtlich, und das soll im folgenden sofort gezeigt werden, die Versuchung auftritt, das „Modell" der „Kernfamilie als kleine Gruppe" mit irgendeiner Realität der Familie zu verwechseln, was in der Analyse, die *Talcott Parsons* von der amerikanischen Familie gibt, ganz offensichtlich der Fall ist. Das bedeutet dann in der Tat, der empirischen Erfahrung ein Modell zu substituieren, das als *gedankliches Experiment* für die Entwicklung einer *allgemeinsoziologischen Minimumdefinition der Familie* sicher sehr nützlich ist, wie die früheren Ausführungen von *Parsons* zeigen, aber in der Forschung bestenfalls als Folie benutzt werden darf, die bei zugestandener Künstlichkeit einzig zum Einstieg in die Forschung benutzt werden kann, um bestimmte reale Verhältnisse sichtbar zu machen, niemals aber als Ansatz zu einer Theorie, es sei denn, die Erfahrung bestätige diese Minimumdefinition. Dies ist aber nicht der Fall, wie leicht gezeigt werden kann (gute Darstellung der Position von *T. Parsons* bei *H. Rodman* 1965).

Die Minimumdefinition der Familie wird deutlich sichtbar, wenn *Morris Zelditch, Jr.*, einer der Mitarbeiter von Parsons, seine *Alter-Geschlecht-Matrix von der Familie* entwirft (*T. Parsons* 1955, S. 313), die man bildlich am besten folgendermaßen darstellen kann (Abb. 1):

Abb. 1   Alter-Geschlecht-Matrix der Familie

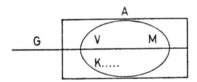

In der Zeile G finden wir Vater und Mutter, in der Spalte A die Generationen der Eltern und Kinder. Der Kreis um diese Matrix steht für die „kleine Gruppe". Die zwei Hauptprobleme von *Zelditch* sind nun auszumachen, 1. daß in Anwendung der Kleingruppenexperimente von *Robert F. Bales* die „*Dualstruktur*" der Führung als instrumentale und expressive, die bei anderen Kleingruppen nachgewiesen werden konnte, auch in der Familie in Form einer Zweiheit der Eltern wiederkehrt („Why after all are *two* parents necessary?"); 2. daß dieser Zug ein *Gattungsmerkmal* des Phänomens Familie insgesamt sei, das dementsprechend überall (empirisch) aufgewiesen werden könne („The generic significance of nuclear family structure"). Wir werden übrigens gleich sehen, daß *T. Parsons* dieses System unverzüglich in der gegenwärtigen amerikanischen Familie wiederfindet (1955, Kap. I) – und zwar keineswegs nur *Parsons*, sondern auch neuere Autoren, wie etwa *Norman W. Bell* und *Ezra F. Vogel* (1960): „ ...we shall regard the family as a structural unit composed, as an ideal type, of a man and woman joined in a socially recognized union and their children ... This social unit we shall call the *nuclear family* or simply the *family*. This unity is familiar and easily identifiable in American society, and it is the expected household unit" (S. 1). Damit wird also volle Übereinstimmung zwischen einem „Modell" (der Matrix) und der Wirklichkeit postuliert, wobei nur der von *Bell* und *Vogel* verwendete Ausdruck vom „Idealtyp" vermuten lassen kann, daß das Verhältnis vielleicht gar nicht so einfach ist, wie es erscheint. Die Verfasser sind mit dieser Aussage wesentlich weniger vorsichtig als etwa *Kurt Lewin* (1948, S. 88ff.), der aus dem Charakter der Familie als einer kleinen Gruppe nur darauf schloß, daß ihre Mitglieder *stärkstens voneinander abhängig* sind, also eine typisch „gruppendynamische" Aussage, die er in seinen Ausführungen erfolgreich zu belegen sucht. Damit vertieft er die alte recht undifferenzierte Lehre von der „Primärgruppe" (*Ch. H. Cooley*), was ganz etwas anderes ist als die Intentionen von *Parsons, Zelditch, Bell* und *Vogel*.

Zur Kritik der Matrix und ihrer Anwendbarkeit auf die Forschung bemerken wir zunächst, daß die vermeintliche „Einfachheit" des Schemas ausschließlich für die paradigmatische Verwendung in der Allgemeinen Soziologie zutrifft, sich aber sonst genau so weit von der Wirklichkeit entfernt, wie es normalerweise jeder „Idealtyp" tut. Mit *Max Weber* zu sprechen: eine solche Konstruktion kann in der Forschung bestenfalls die durchaus provisorische („utopische") Funktion haben zu messen, in welchem Ausmaß sich die Wirklichkeit diesem Modell, das ein reines Gedankengebilde ist, annähert, oder wie und auf welche Weise sie sich von ihm entfernt. Ist dies einmal festgestellt, dann muß der Idealtyp fallen gelassen und durch andere Konzepte ersetzt werden, wie sie durch die vorgefundenen wirklichen Verhältnisse nahegelegt werden.

Ein zweiter Einwand geht dahin, daß mit der Applizierung des allgemeinsoziologischen Paradigmas auf die Wirklichkeit, indem ihm also eine theoretische Bedeutung vindiziert wird, die Realität Familie resp. Kernfamilie *bedenklich nahe an die rein biologische Konstellation der Geschlechtszeugung herangerückt wird*, was an sich für die strukturell-funktionale Analyse einigermaßen unerwartet kommt, wenn es auch in der Allgemeinen Soziologie nicht ungewöhnlich ist, wie etwa das Beispiel von *Leopold von Wiese* belegt, der es deutlich ausdrückt: „Ehe und Familie sind in erster Linie Gegenstände der Biosoziologie, nicht der allgemeinen Soziologie"[5]. Damit wird aber alles wieder aufgegeben, was schon früh von *E. Durkheim* festgestellt worden war, daß der Familienzusammenhang nichts mit Blutabstammung zu tun hat. So heißt es bei ihm: „Pour qu'il y ait famille, il n'est pas nécessaire qu'il y ait cohabitation et il n'est pas suffisant qu'il y ait consanguinité. Mais il faut de plus comme nous l'avons déjà dit, qu'il y ait des droits et des devoirs sanctionnés par la société, et qui unissent les membres dont la famille est composée" (1896/7 b, S. 329). Bei *Bell* und

---

[5] *Leopold von Wiese*, System der Allgemeinen Soziologie, 3. Aufl., Berlin 1955, S. 464, Anm. 1.

Vogel wird zwar erwähnt, daß es in der Familie außer Blutsabstammung auch „Adoption" gibt, ohne daß jedoch weiterreichende Schlüsse daraus gezogen würden (a.a.O.).

Viel entscheidender ist aber die Einsicht, daß Geschlechtsgemeinschaft und Zeugung grundsätzlich auch außerhalb der Familie möglich sind und daß man darum vermeiden sollte, sie als zentrale Merkmale anzusetzen. Uns scheint aber, daß die Übertragung des paradigmatischen Modells (der Minimumdefinition) aus der Allgemeinen Soziologie auf die empirische Familiensoziologie notwendigerweise eine solche Verengung des Familienbegriffs im empirischen Gebrauch zur Folge hat, die ihn im Grunde für die Forschung unbrauchbar macht. Am deutlichsten wird das heute bei *Claude Lévi-Strauss* (1958, vorher schon 1949), für den – in Fortführung von Gedanken, die zuerst *Marcel Mauss* entwickelt hatte (siehe *R. König* 1972) – Verwandtschaft primär ein System der Allianzen ist, das neben einer sprachlichen Verwandtschaftsterminologie ein Verhalten mit zahlreichen Verpflichtungen entwickelt. Verwandtschaft ist also nicht Blutsverwandtschaft, sondern *ein System von Vorstellungen*, das sich von Gesellschaft zu Gesellschaft wandelt (über das Verhältnis von Sprache und Verwandtschaft auch *R. König* 1973, 1974).

Es mag ein Zufall sein, daß der Begriff der *Kernfamilie*, wie er vielfach verwendet wird, de facto mit dem biologischen Modell der Familie identisch ist; nicht zufällig scheint uns aber die eindeutig biologische Färbung des Begriffs „Zeugungsfamilie" (family of procreation) zu sein, die der „Orientierungsfamilie" gegenübergestellt wird[6]. *Es ist bis heute noch viel zu wenig aufgefallen, daß die beiden Begriffe Orientierungs- und Zeugungsfamilie inhomogen widereinander sind, indem der eine auf dem Prozeß der Sozialisierung gründet, der zweite auf dem der Abstammung.*

Wir haben bisher nur einen einzigen Familiensoziologen gefunden, der diese Begriffsantinomie mit dem gleichen Argument ablehnt wie wir, nämlich den Schweden *Börje Hanssen* (1956, S. 127). Sinngemäßer wäre wohl ein Begriffspaar, bei dem der *Gegensatz zwischen mehr oder weniger passiv erfahrener und aktiv gelenkter Sozialisierung* hervorgehoben würde, dann wäre auch der leiseste Anklang an biologische Beziehungen verschwunden.

---

[6] Das Begriffspaar „family of orientation" und „family of procreation" geht unseres Wissens auf *W. Lloyd Warner* (1958, Kap. III) zurück, der es zuerst 1937 einführte. Dabei liegt die ursprüngliche Bedeutung ganz *in Richtung einer strukturellen Lokalisierung von Ego in bezug auf Sozialisierungsprozesse, denen Ego entweder unterliegt oder die Ego auslöst.* Dementsprechend sind auch die Rollenträger in beiden Fällen verschieden, in der Orientierungsfamilie Vater und Mutter, Brüder und Schwestern (Ego); in der Prokreationsfamilie Vater und Mutter (Ego), Söhne und Töchter. In beiden Fällen handelt es sich um die „immediate", „limited", „elementary", „restricted" family, also um die Kernfamilie. Die Meidungsvorschriften zwischen Bruder und Schwester erzwingen allerdings eine Heirat außerhalb der Orientierungsfamilie (Inzest–Tabu), so daß die Zeugungsfamilie immer aus einer Vereinigung außerfamilialer Personen erwächst. Ähnlich noch *W. L. Warner*, Social Class in America, Chicago 1949.

Man käme damit auch viel näher an die Bemerkung von *T. Parsons* heran, daß die menschliche Person nicht „geboren" wird, sondern als Ergebnis eines Sozialisierungsprozesses erscheint, der die zentrale Funktion der Familie darstellt (*T. Parsons* 1955, S. 16). Wir haben selber viel früher (*R. König* 1946, heute 1974) für diesen Tatbestand den Begriff der *„zweiten Geburt als sozialkulturelle Persönlichkeit"* geprägt, der sich ziemlich durchgesetzt hat (siehe D. *Claessens* 1962, 1967).

Abgesehen von dieser Gefahr ist aber eine andere gegeben, der unseres Erachtens *T. Parsons* erlegen ist, wenn er in der empirischen Anwendung der Minimaldefinition dauernd den Charakter der *„Isolierung"* der Kernfamilie, insbes. *Isolierung von verwandtschaftlichen Beziehungen weiterer Art hervorhebt*, wobei in seiner bekannten Definition der gegenwärtigen amerikanischen Familie (1955, S.10) ausdrücklich gesagt ist, daß zwar manchmal Verwandte noch mit der jungen Familie leben (Vater oder Mutter von Mann oder Frau), daß dies aber nicht als der „Normalfall" angesehen werden darf, wie es auch statistisch nicht ins Gewicht fällt. Wir fragen uns, ob diese Aussage nicht ebenfalls durch das Ausgehen von der Minimaldefinition präjudiziert wird, wobei gleichzeitig die räumliche Trennung des Familienheims von dem der älteren Generation mit einer allgemeinen Isolierung identifiziert wird. Das kommt auch in dem anderen Bilde zum Ausdruck, das *T. Parsons* an anderem Orte verwendet (1954, Kap. IX), wo er von der Entfaltung der amerikanischen Familie in Form von ineinander greifenden „Paaren von Gattenfamilien" spricht, die jeweils von allen anderen isoliert sind. Angesichts dieser Aussage muß darauf hingewiesen werden, *daß Beziehungen auch bei relativer räumlicher Trennung aufrechterhalten werden können*. Relativ früh ist schon von *E. Faris* (1935) darauf hingewiesen worden, daß eine solche Trennung sogar mit dem Begriff der „Primärgruppe" vereinbar ist[7]. Neuere Forschungen, auf die später eingegangen werden wird, haben in diesem Zusammenhang gezeigt, daß das Zusammenleben im gemeinsamen Haushalt ersetzt werden kann durch Siedeln in der Nachbarschaft, das häufige Besuche ermöglicht. Wenn man die große Bedeutung der Nachbarschaftsbeziehungen, insbesondere in großstädtischen Verhältnissen bedenkt, kann man ebenfalls auf den Gedanken kommen, daß sich dahinter auch erweiterte Familienbeziehungen verbergen, ganz abgesehen noch von den spontan neu entstehenden erweiterten Familien in den Oberschichten (*R. König* 1966a, in: *R. König* 1974), die ebenfalls der Regel von der Isolierung der Kernfamilie widersprechen. Uns will scheinen, daß eine völlige Neuorientierung der Forschung auf diesem Gebiet erforderlich wäre; das hat aber zur Voraussetzung eine Trennung der allgemeinsoziologischen Begriffe von denen der eigentlichen soziologischen Theorie, was gerade auf dem Gebiet der

---

[7] *Ellsworth Faris*, Primary Groups: Essence and Accident, in: American Journal of Sociology, Bd. 38 (1932).

Familiensoziologie wegen ihrer antinomischen Struktur eine äußerst störende Wirkung gehabt hat.

Nicht unbedenklich scheint uns auch die Vorstellung von *Dieter Claessens* (1970) von der Familie als „Insulationsgebilde". Diese Vorstellung ist zwar verschieden von der von *Parsons, aber Claessens übersieht dennoch biologisch einen entscheidenden Punkt, der von vornherein jeglicher Insulationstendenz beim Menschen entgegenwirkt.* Würde die Spezies Mensch wie der Orang Utan in Gruppen von Einzelpaaren mit ihrer Nachkommenschaft leben, dann hätte er zweifellos recht. *In Wahrheit aber lebt die Spezies Mensch in Familiengruppen innerhalb einer Horde (wie etwa der Pavian) und das schafft von vornherein ganz andere Verhältnisse, bei denen zwischen (Klein-)Gruppen innerhalb einer (größeren) Gesellschaft unterschieden werden muß. Zwischen beiden Systemen steht beim Menschen die Verwandtschaft, die ganz ausschließlich menschlich ist und sich erst mit der Sprache entwickelt (Cl. Lévi-Strauss 1949; R. König 1974).*

Ferner ist zu sagen, daß sich in der „Soziabilisierung" und nachfolgenden „Sozialisierung" nicht nur persönliche Vorstellungen der Pflegepersonen auf das Kind übertragen werden, sondern Vorstellungen gesamtgesellschaftlicher Art, die immer über das System Familie hinausreichen. Und das „Klima", von dem *Claessens* spricht, wird zweifellos nur teilweise von der Familie im engeren Sinne getragen, vielmehr vor allem von der „Horde", die zwar als solche ein reines Denkgebilde ist, das wohl niemals in Wirklichkeit vorgefunden werden wird, aber als Repräsentant einer „weiteren" Gesellschaft angesetzt werden kann (und muß). Diese weitere Gesellschaft übt aber erst die entscheidenden Schutzfunktionen, während eine isolierte Familie niemals eine Überlebenschance gehabt hätte. Hier stehen wir zwar nicht gerade vor einer Verwechslung der kategorialen Rolle der Familie in der allgemeinen Soziologie mit ihrer empirischen Wirklichkeit, wohl aber vor einer nicht weniger problematischen anthropologischen Verwechslung der Familie als eines relativ autonomen Sozialisierungssystems mit der weiteren Gesellschaft. Das Verhältnis zwischen beiden läßt sich folgendermaßen bestimmen: einzig aus der Dimension der weiteren Gesellschaft, ihrer Wirtschaftsstruktur und traditionellen Kultur entscheidet sich, was Familie ist; letztere überträgt die Techniken, Verhaltensweisen, Wirtschaftsformen, Kulturzüge der Gesamtgesellschaft auf die Repräsentanten der nächsten Generation und vermittelt ihnen damit mit der modalen Person auch eine einzigartige Persönlichkeitsqualität, ohne sich aber jemals aus dem Horizont der zugeordneten Gesamtgesellschaft lösen zu können. Ihre Autonomie kann immer nur eine relative sein. Wenn sie zu einer totalen wird, dann beginnt eine pathologische Entwicklung, wie wir sie heute in vielen Fällen der „Überorganisation" beobachten können (siehe dazu VII b).

Wir betonen noch zum Abschluß, daß die geschilderte antinomische Struktur der Familiensoziologie nichts zu tun hat mit der jüngstens als methodologisches Forschungsprinzip aufgenommenen Antinomie zwischen „idealen" und „realen" Situationen. Wenn *William J. Goode* (1963 u.ö.) diese Scheidung einführt, so dient sie ihm dazu, um unter den gegebenen Materialien des Forschers eine Differenzierung einzuführen, welche ihre jeweilige Bewertung erleichtert. Bei Befragungen geben nämlich die Gewährsleute oft an, *wie die Verhältnisse nach den Wertmaßstäben der betreffenden Gesellschaft sein sollten, und nicht, wie sie tatsächlich sind.* Das gleiche gilt für literarische Quellen. So wird etwa behauptet, es gebe kaum Ehebruch, weil ein Wert besteht, nach dem Ehebruch tadelnswert sei. Darüber verschwindet dann die Wirklichkeit, daß Ehebruch tatsächlich sehr häufig vorkommt. *A.N.J. den Hollander*[8] hat unter methodologischen Gesichtspunkten neuerdings diese Schwierigkeit besonders unterstrichen. Auch bei *Marion J. Levy, Jr.* (1965) ist die gleiche Frage aufgerollt worden, wobei er ausgerechnet die effektive Ausdehnung der erweiterten Familie als Beispiel bringt „...the family which time and time again has been described as *the traditional Chinese family* was certainly the ideal family of that society, but it was also certainly never the actual family of any except for a small proportion of the members of that society" (S.9). Wenn diese Maxime auch voll akzeptabel ist, so gilt sie doch einzig für die empirische Familiensoziologie und nicht für die Allgemeine Soziologie; letztere interessiert sich allein für die strukturellen Voraussetzungen von Gesellschaft überhaupt und für keine besondere Gesellschaft. Sie sollte darum auch sorgfältig getrennt werden von jedem Eindringen spezifischer Züge oder idealer Aspirationen, weil beide gleichermaßen das kategoriale Strukturmodell fälschen. Das ist auch genau der Inhalt unserer Kritik an *T. Parsons*, die sich übrigens – trotz aller guten Vorsätze seinerseits – auch auf *M.J. Levy* bezieht, wie schon mehrere seiner Unterredner in dem zitierten Symposion hervorgehoben haben. In der Tat liegt die Versuchung nur zu nahe, den idealen Familientyp einer Gesellschaft in der antinomischen Betrachtung nach den zwei Dimensionen von „real" und „ideal" zu verwechseln mit dem Modell der Allgemeinen Soziologie, dessen Funktion wesentlich die Erhaltung des Systems (system maintenance) in jeder beliebigen Gesellschaft darstellt. Die Tiefe dieses Irrtums wird leicht sichtbar, wenn man bedenkt, daß der „ideale" Familientyp (ebenso wie der reale) aus *der Perspektive einer lebenden Gesellschaft gewonnen wird, während das Modell einzig für den Analytiker gilt.* Hier gilt es, auch wenn keine einzige existierende Gesellschaft das Modell adäquat realisiert, also gewissermaßen „transzendental"[9]. Es wäre aber absurd, dies Modell nun in der Wirklichkeit suchen und finden zu wollen.

---

[8] *A. N. J. den Hollander*, Soziale Beschreibung als Problem, in: Kölner Zeitschrift für Soziologie und Sozialpsychologie, Bd. 17 (1965). Siehe auch *Ders.*, Die fremde Ferne: Kognitive Prozesse und soziale Wirklichkeit in: *Alphons Silbermann* (Hrsg.), Militanter Humanismus. Von den Aufgaben der modernen Soziologie, Frankfurt 1966, Neuerdings *Ders.*, Viesie en verwoording, Assen 1970.

[9] Zum Ausdruck der „transzendentalen" Geltung siehe *R. König*, Grundlagenprobleme ..., a.a.O.

b) Familiensoziologie als empirische Wissenschaft

Die vorgehenden Ausführungen sollen keineswegs in dem Sinne verstanden werden, als wollten wir die Bedeutung der Allgemeinen Soziologie bestreiten; im Gegenteil, wir sind davon überzeugt, daß eine zureichende, d.h. systematische soziologische Theorie, die von einer ad-hoc-Theorie unterschieden ist, nur durch enge Verbindung mit der Allgemeinen Soziologie aufgebaut werden kann. Das gilt allgemein, also auch für die Familiensoziologie. Andererseits muß man aber immer damit rechnen, daß zeitgebundene Momente in die Allgemeine Soziologie eingehen, die ebenso der ständigen Revision bedarf wie die soziologische Theorie. Das würde in unserem Falle z.B. die Aufrollung der Frage bedeuten, *ob nicht unversehens in jene Modellvorstellungen der Familie, von denen vorher gesprochen wurde, Elemente der älteren Familiensoziologie eingegangen sind, welche bestimmte Strukturverhältnisse eher präjudizieren, statt sie aus der Forschung zu belegen.* Angesichts neuerer Entwicklungen dürfte sich auch hier eine kritische Zurückhaltung empfehlen, was uns zwingt, die Hauptvorgehensweisen der empirischen Familiensoziologie wenigstens zu skizzieren, bevor wir zur Darstellung und Diskussion der vorliegenden Ergebnisse schreiten.

Es gibt auch in der Familiensoziologie *keine Empirie ohne Theorie*, d.h. mit anderen Worten, daß etwa eine bloße „Inventarisierung" von Phänomenen irgendwelcher Art sachlich ohne jede Bedeutung ist, sofern sie nicht nach bestimmten Begriffen aufgestellt ist. Allein der Begriff „Familie" macht schon theoretische Voraussetzungen, indem sich bei der oberflächlichsten Analyse zeigt, daß unter dem gleichen Wort durchaus verschiedene Sachen verstanden werden können. So gibt es keinen Eingang in die Familiensoziologie *ohne vorausgehende Erkenntnis von der Existenz einer Mannigfaltigkeit von Familientypen.* An dieser Einsicht scheitern nicht nur die meisten Laien, sondern auch jene, die im Sinne einer allgemeinen Theorie der Gesellschaft von der Annahme eines „absoluten" Familientyps ausgehen, der in Wahrheit nichts anderes darstellt als die Systematisierung einseitiger kultureller Vorurteile. Wie stark Familientypen voneinander unterschieden sein können, wird etwa durch folgendes Beispiel erhärtet. In dem bei uns dominanten Familientyp der städtischen Mittelklassen tritt eine Intimität der Beziehungen hervor, die sowohl dem Eltern-Kinder- wie auch dem Kinder-Eltern-Verhältnis eine ganz einzigartige individuell gefärbte Bedeutung gibt. Dagegen stehen etwa die Kinder in bestimmten Arten von „erweiterten Familien", wie sie heute noch in ausgedehnten Schichten der meisten sogen. wirtschaftlich unterentwickelten Gesellschaften vorkommen, als Gruppe (von Geschwistern plus Vettern und Kusinen oft sehr entfernten Grades) einer Gruppe von Erwachsenen gegenüber, wobei die Verpflichtungen und Beziehungen der „Altersklassenordnung" die persönlichen Verhältnisse vollständig überspielen. Dies Beispiel könnte sowohl auf andere Typen als auch auf andere soziale Beziehungen erweitert werden.

Damit ist auch der erste grundlegende Schritt aller Familiensoziologie als empirische Wissenschaft angegeben: *sie hat vergleichend vorzugehen* (siehe dazu auch *W.J. Goode 1960*a, S. 15). Hierbei spielt *der interkulturelle Vergleich* eine besondere Rolle, indem er es erlaubt, die Variationen strukturell relativ einheitlicher Familienformen unter dem Einfluß verschiedener kultureller Variablen zu studieren. Das ergibt sogar in den fortgeschrittenen Industriegesellschaften interessante Ergebnisse. Ein Beispiel dafür wäre etwa die Frage, welcher Elternteil in einem jungen Haushalt den größeren Störungsfaktor darstellt. In europäischen Familien wird die Mutter des Mannes eine gewisse Hypothek für die junge Familie, indem sie den Sohn für sich zu behalten sucht; in der Durchschnittsfamilie in den Vereinigten Staaten ist es dagegen die Mutter der Tochter, weil sie für ihre Tochter soviel wie möglich herauszuholen sucht. In Japan machen sich die Belastungen für die junge Frau durch den überlebenden Patriarchalismus nicht so sehr durch den Ehemann als vielmehr durch dessen Mutter bemerkbar, nicht etwa indem sie – wie in Europa – den Ehemann für sich zu behalten sucht, sondern indem sie die junge Ehefrau als Gewaltunterworfene behandelt. Ähnlich liegt es auch bei der Hindu-Familie in Indien (zu letzterem etwa *Dhirendra Narain* 1970, S. 477/8). In diesen Situationen kommen voneinander völlig verschiedene Positionen der Schwiegermutter in der Familie zum Ausdruck, die wesentlich kulturell bedingt sind. (Über das Schwiegermutterproblem allgemein *M. Komarowsky* 1950, 1956).

Angesichts des eben Gesagten ergibt sich von selbst, daß die interessantesten Anregungen für eine vergleichende Familiensoziologie *von der Sozialanthropologie oder der Ethnologie* kommen müssen. So haben Forscher wie *Bronislaw Malinowski, Richard Thurnwald, A. R. Radcliffe-Brown* und seine weitverzweigte Schule ganz entscheidend zur Entwicklung der vergleichenden Familiensoziologie beigetragen, die seinerzeit von *Emile Durkheim* inauguriert worden war (*E. Durkheim* 1888, 1896/7 a, b, 1900/01, 1903/4, 1912). War sie bei letzterem gelegentlich noch evolutionistisch ausgerichtet, so stammt doch von ihm das entscheidende methodologische Grundpostulat (1895), das die evolutionistischen Anklänge definitiv ausschaltet: „Die vergleichende Soziologie ist nicht etwa nur ein besonderer Zweig der Soziologie; sie ist soweit die Soziologie selbst, als sie aufhört, rein deskriptiv zu sein, und danach strebt, sich über die Tatsachen Rechenschaft zu geben"[10].

War bei diesen Forschern das Interesse an der Familie in den Industriegesellschaften relativ sekundär relevant, so gilt das nicht mehr für jene Gruppe von „*Kulturanthropologen*", die seit den dreißiger Jahren die gleiche Aufgabe neu aufgegriffen und in sehr spezifische konkrete Probleme weiter-

---

[10] Vergl. dazu auch *René König*, Art. „Interkultureller Vergleich", in: *W. Bernsdorf* (Hrsg.), Wörterbuch der Soziologie, 2. Aufl., Stuttgart 1968 über die theoretische Bedeutung des interkulturellen Vergleichs.

geführt haben, die sich vor allem auf den Aufbau der sozial-kulturellen Person in der Familie bezogen. Hierzu gehören zunächst *Ruth Benedict* (1934) und *Margaret Mead* (1928, 1930, 1935, 1949), ferner *Abraham Kardiner* (1939, 1945), *Clyde Kluckhohn* (1948, 1949) und *Ralph Linton* (1936). Letzterer insbesondere hob hervor, daß die Ähnlichkeit der modernen Familie mit der biologischen Reproduktionseinheit außerordentlich verwirrend gewirkt hat, so daß dieser Gesichtspunkt nicht einmal zur Erklärung der modernen Familie und ihrer Struktur hinreichend ist. Ein besonders interessanter Fall in diesem Zusammenhang ist *William Lloyd Warner*, der als Ethnologe in Australien begann (1937, 1958) und zu einem der interessantesten Analytiker der modernen amerikanischen Gesellschaft wurde. Für ihn war das entscheidende Ziel „*a comparative science of the social life of man*". Dann heißt es: „Once a comparative sociology seems possible, the next step is to include modern society in the scheme of classification. Euro-American society is one of a few highly differentiated cultures which lie at the extreme pole of complexity. Obviously, if we are to study properly variations in human behavior and arrive at adequate generalizations, it is necessary to examine the most complex groups along with the simplest ones. Inevitably, we must bring our own society into such a study. For example, any examination of simple societies demonstrates that most of them have fully developed family and kinship systems, which pervade their whole community life, but simple, undifferentiated economic orders. In more complex societies – as in China and India – economic institutions have grown in importance, and those of family life have decreased. Yet the latter are still of great influence, and much is to be learned from the interdependence of the two. When our own society is added to the range of complexity, our understanding of the connections of these two kinds of social behavior is greatly increased. Our family life has declined, and our economic life has grown immensely in scope and the mechanism of change can be compared with that in more simple societies" *(W. L. Warner* 1940, S. VIII/IX). An anderer Stelle (1941, S. 3) betont er, „that my fundamental purpose in studying primitive man was to get to know modern man better", womit er eine Devise wiederholt, die *Durkheim* schon zu Beginn seiner ethnologischen Studien (1896/7) geprägt hatte (siehe auch *Oscar Lewis* 1950; *Emilio Willems* 1951).

Die vergleichende Methode in der Familiensoziologie ist übrigens in einem sehr speziellen Fall mit *Tiefenpsychologie* kombiniert worden. Diese geht davon aus, daß frühe Kindheitserlebnisse nicht nur für die erwachsene Person eine besondere Rolle spielen, sondern überdies dazu beitragen, gewisse Verhaltensweisen derart zu „fixieren", als seien sie eine „zweite Natur" (*E. H. Erikson* 1950). Das ergibt eine willkommene Vertiefung des Begriffs der „Sozialisierung" als der Hauptfunktion der Familie in bezug auf eine vergleichende Betrachtung differenter Lösungen des gleichen Sozialisierungsproblems, z.B. das Reinlichkeitstraining bei Babies mit entsprechend differenten kulturellen Auswirkungen (siehe auch *M. Dufrenne* 1953). Man hat das gelegentlich überspannt, als könne man durch Wickel-techniken und ihre Varianten die Verschiedenheiten nationaler Charaktere erklären. Aber *Clyde Kluckhohn* hat sehr eindeutig betont, daß niemals von einer unmittelbaren Verursachung des Charakters von Erwachsenen durch die Formen der Kleinkindererziehung die Rede sein könne. Vielmehr darf hier einzig von einer Wechselbeziehung die Rede sein, in der beide Momente einander verstärken. Eine unvermittelte Änderung des Erziehungssystems führe dementsprechend auch zu nichts anderem als einer Rückkehr zu den alten Formen oder einer Rebellion gegen sie, ohne aber etwas Neues schaffen zu können (*Cl. Kluckhohn* 1949, S. 199). Überdies stehen zwischen den drei Polen Person-Kultur-Gesellschaft strukturell äußerst verschiedene spezifische wirtschaftliche, politische und soziale Systeme und sehr ver-schiedenartige Familientypen, die gern von der Kulturanthropologie und auch von der Tiefenpsychologie vernachlässigt werden. Darum gelten häufig ihre Aussagen nur für das „Heranwachsen überhaupt" in der Gesell-schaft, während in Wahrheit eine Menge vermittelnder Instanzen zwischen der gesamtgesellschaftlichen (und auch kulturellen) Ordnung und der konkreten Person stehen. Das starke Bedürfnis nach integrativer Erfassung von kulturellen Komplexen im Gegensatz zur atomisierenden Betrachtung der älteren Anthropologie mag hier mitgewirkt haben: ebenso das Bedürf-nis nach einer kategorialen Einordnung des Problems der sozial-kulturellen Person. Der Soziologe wird aber eine stärkere Betonung struktureller und institutioneller Momente für wünschenswert erachten (siehe auch *R. König* und *A. Schmalfuß* 1972). Darum wird er auch statt nach allgemeinen Dis-kussionen dieser Probleme nach konkreten, meist monographischen Dar-stellungen greifen, die das Aufwachsen eines Kindes in einer individuellen Gemeinde einer besonderen Kultur beschreiben; diese stellen vielleicht das beste Material für die vergleichende Analyse dar, was unter dem Einfluß dieser Ideen produziert worden ist. Führend sind hierbei natürlich wiederum die Ethnologen und Sozialanthropologen. Wir verzichten darauf, die sehr zahlreiche Literatur dazu anzuführen, und verweisen auf die vorhandenen Spezialbibliographien. Neben den amerikanischen Werken aus dem Kreise der Kulturanthropologen (*Wayne Dennis* 1940; *Cora Du Bois* 1944; *Fred Eggan* 1939, 1950; *Clyde Kluckhohn* und *Dorothy C. Leighton* 1951; *Gordon MacGregor*, 1946; *Laura Thompson* und *Alice Joseph* 1944; *B. Whiting* 1963; *John W. M. Whiting* 1941; *ders.* und *Irvin L. Child* 1953) können auch zahl-reiche Gemeindestudien herangezogen werden, von denen wir hier nur eine ägyptische Studie von *H. Ammar* (1954) und eine amerikanische von *Robert J. Havighurst* (1962) erwähnen. Zwei neuere Publikationen von *Oscar Lewis* (1959, 1967) über Mexiko leiden an dem Nachteil, daß besonders extreme Fälle geschildert werden, andererseits gewinnen sie durch eine außerordentliche psychologische Vertiefung der Einzelfallstudien.

Neueste Darstellungen finden sich bei A. L. *Baldwin* 1968; U. *Bronfenbrenner* 1970; J. A. *Clausen* 1968; F. *Elkin* und G. *Handel* 1972; E. H. *Erikson* 1963; D. A. *Goslin* 1969; R. A. *Hoppe*, G. A. *Milton* und E. C. *Simmel* 1970; E. *McNeil* 1969; E. *Zigler* und I. L. *Child* 1969. Zur theoretischen Einleitung W. R. *Heinz* 1974; für deutsche Verhältnisse speziell W. *Gottschalch* und Mitarb. 1971 und G. *Wurzbacher* 1963, 1969.

Trotz aller Einschränkungen bleibt aber, daß jede Kultur ihre eigene Weise hat, den Wachstumsprozeß des Menschen von der frühesten Kindheit bis zum Erwachsensein zu gestalten, und daß dabei der Familie eine besondere Funktion zukommt. Im Zusammenhang mit der großen Strenge, mit der z.B. japanische Babies zur Reinlichkeit erzogen werden, sagt etwa *Ruth Benedict* (1946, S. 259): „What the baby learns from the implacable training prepares him to accept in adulthood the subtles compulsions of Japanese culture". Damit wiederholt sie, was *Geoffrey Gorer* schon früher (1943) bemerkt hatte, der dann sehr eindeutig weit auseinanderliegendes zu vereinigen suchte, was die dagegen gerichtete Kritik rechtfertigt. Wir bemerken ausdrücklich, daß mit dem eben Gesagten die Beziehung zwischen Meisterung der Harntriebhaftigkeit durch frühkindliche Familienerziehung und der Entstehung der sozialkulturellen Persönlichkeit keineswegs geleugnet werden soll (vergleiche *Hans Christoffel* 1944), sondern einzig die Versuchung, solche sehr allgemeinen Leistungen mit sehr spezifischen Elementen der Kultur zu verbinden. Hier müssen mindestens die Verwandten und die Geschwistergruppe mit berücksichtigt werden, aber auch andere intermediäre Gruppen zwischen Familie und Gesamtgesellschaft (Kindergarten, Schule usw.). In anderen Werken *Gorers* tritt diese Tendenz, weit auseinander Liegendes zu verklammern, gelegentlich weniger hervor (etwa 1938), oder kombiniert mit der Analyse konkreter Gruppen, also vor allem der Familie. Letzteres trifft vor allem für sein bekanntestes Werk über den amerikanischen Nationalcharakter zu (1948), in dem der Nachweis erbracht wird, in welchem Ausmaß die Vater- oder Mutterrolle unter bestimmten Voraussetzungen (z.B. in einem Einwanderungslande) modifiziert werden können (etwa Kap. I und II). In einem anderen Buche über den russischen Nationalcharakter (1950) wird hingegen die Konfrontierung eines vermeintlichen Nationalcharakters mit höchst begrenzten Erscheinungen wie dem festen Wickeln russischer Babies unerträglich; nur nebenbei fallen einige Bemerkungen über die relative Unpersönlichkeit der Eltern-Kind-Beziehungen in der russischen Familie (S. 103). Wiederum soll in keiner Weise von der Hand gewiesen werden, daß die Art, wie Babies gewickelt, zur Reinlichkeit erzogen oder entwöhnt werden, für die spätere erwachsene Person von Bedeutung werden kann, sofern nur auch andere Umstände in die gleiche Richtung weisen. Aber man muß sich hüten, aus solchen Erkenntnissen eine „Windel-Philosophie" (diaper philosophy) zu entwickeln, welche es vermeidet, diese Erscheinungen funktionell in den Rahmen der vielen sozialen Teilkreise einzuordnen, die dabei ins Spiel treten, und von der Familie bis zur Gesamtgesellschaft und ihrer allgemeinen Kultur reichen. Das erklärt auch, warum die gleiche Art des Wickelns von Babies in verschiedenen sozialen und kulturellen Systemen, wie etwa dem russischen oder dem bei den Navajos in Arizona (*D. Leighton* und *C. Kluckhohn* 1948, S. 23ff.), ganz verschiedene Ergebnisse erzielt (vgl. zum ganzen Komplex zusammenfassend *Irving A. Hallowell* 1953, 1954). Andererseits aber steht es fest, daß ein Zusammenhang besteht zwischen der durchschnittlichen Struktur der Persönlichkeit in den Industriegesellschaften, wo Babies in der Regel in der ersten Lebensphase isoliert in einem Bettchen liegen und nur von Zeit zu Zeit von der Mutter versorgt werden, und der Persönlichkeit bei den Navajos oder – wie wir hinzufügen können – auch bei den europäischen Mittelmeervölkern, wo Babies schon früh an der Gesellschaft der Erwachsenen teilnehmen und überallhin mitgenommen werden (weitere Materialien in *R. Hill* und *R. König* 1970).

Aus dieser vergleichenden Methode ist eines der bedeutendsten Werke der modernen ethnologischen Familienforschung von *George P. Murdock* (1949) hervorgegangen, dessen zugestandene Absicht dabei war, „that social behavior in our own modern society can best be comprehended from a background of the comparative study of earlier and simpler peoples" (S. XII). Dies Werk versuchte mit Hilfe des *Cross Cultural Survey* (begründet 1937), später *Human Relations Area Files* an der Yale University zum ersten Male eine allgemeine Theorie von Familie, Verwandtschaft, Ehe und Sexualverhalten auf quantifizierender Basis zu entwickeln. Daß gerade in bezug auf die Analyse der Familie seine Darstellung einige Mängel enthält (vgl. *R. König* 1968a), dürfte gegenüber dem grundsätzlichen Versuch, *durch Vergleich Universalien ausfindig zu machen*, weniger ins Gewicht fallen. Vor allem gelingt es ihm, alle jene Mißverständnisse definitiv auszuschließen, die sich aus der Tatsache herleiten, daß in den modernen Gesellschaften die Grade der Verwandtschaft zumeist mit denen der biologischen Blutsverwandtschaft identisch sind. Das ist aber in der Tat kein Universal. So definiert er *Abstammung* folgendermaßen: „Descent refers solely to a cultural principle whereby an individual is socially allocated to a specific group of consanguineal kinsmen" (a.a.O., S. 43). Damit erst ist die spezifische Soziologie der Familie angebahnt, welche die biologischen Analogien hinter sich gelassen hat. Mit den Worten von *William J. Goode* (1960a, S. 26): „Das Biologische bietet nur den Ansatzpunkt, von dem aus Familiensysteme und Familienbeziehungen sich aufbauen. Das Biologische bestimmt also die Form und Struktur der Familie nur auf eine allgemeinste Weise; die soziale Bedeutung dieser Verhältnisse läßt sich von hier aus überhaupt nicht erfassen". Es genügt aber natürlich nicht, eine negative Aussage zu treffen, um den Eingang in die Familiensoziologie zu eröffnen, vielmehr muß unter diesen neuen Voraussetzungen auch ein eigenes Instrumentarium an Grundbegriffen und Hypothesen entwickelt werden, was in den weiteren Kapiteln dieser Abhandlung geschehen soll. Vorläufig interessieren wir uns nur für die allgemeine Begründung der Familiensoziologie als empirischer Wissenschaft, was sie vor allem als vergleichende Wissenschaft verwirklicht.

Allerdings haben wir vorerst die vergleichende Methode relativ einseitig als Vergleich zwischen verschiedenen Gesellschaftstypen aufgefaßt, insbesondere zwischen solchen mit relativ geringer technischer Ausstattung und den fortgeschrittenen Industriegesellschaften. Darüber hinaus gibt es jedoch noch andere Möglichkeiten des Vergleichs, z.B. zwischen den verschiedenen Entwicklungsphasen der modernen Gesellschaften. Dabei können wir uns bei der vergleichenden Methode nicht auf das Heranziehen des Zeugnisses von Sozial- und Kulturanthropologie oder der Ethnologie beschränken, *sondern müssen außerdem die Geschichte mit heranziehen*. Das bietet bei der Familiensoziologie ganz besondere Schwierigkeiten, nicht nur wegen des allgemein recht rudimentären Standes der Sozialgeschichte, sondern wegen des speziellen Stands der Unterentwicklung auf dem Gebiet der Familie. Die älteren Darstellungen leiden an vielen Resten von naturrechtlichen Vorstellungen, außerdem gibt es in ihnen, auch Nachklänge an evolutionistische Konstruktionen. So bleiben nur einige Monographien aus verschiedenen Kulturen, die aber selber recht heterogene soziale Strukturen verkörpern, so daß Vergleiche schwer sind, da die methodischen Mittel für die Vergleichung globaler Systeme noch recht unentwickelt sind. Gewisse Ansätze finden sich früher bei *Marianne Weber* (1907), später bei *Carle C. Zimmermann* (1947, obwohl wegen vieler Werturteile mit Vorsicht zu benutzen) und neuerdings bei *Philippe Ariès* (1960).

Die neueste deutsche Sozialgeschichte hat ebenfalls vielversprechende Ansätze aufzuweisen (siehe dazu mit vielen Literaturangaben *Ingeborg Weber-Kellermann* 1974). *William J. Goode* hat aber zweifellos Recht, wenn er sagt, daß eine Geschichte der Familie seit der Antike bis heute noch immer aussteht. Das ist wahrscheinlich eines der größten Hindernisse auf dem Wege zur Ausbildung einer Familiensoziologie als empirische Wissenschaft, die auch der historischen Dimension die gebührende Aufmerksamkeit schenkt. Ein neuer Ansatz jüngstens bei *J. Kocka* 1975.

Die seit dem Versuch von *Talcott Parsons* und *Robert F. Bales* (1955) sich anbahnende *Vereinigung von Familiensoziologie und Kleingruppen-forschung* ist bis heute weitgehend Programm geblieben. Das heißt nicht, daß sich dieser Weg als unfruchtbar erwiesen hätte, sondern hängt wohl mehr davon ab, daß die Kleingruppenforschung seit ihrer Hochkonjunktur um 1950 allgemein in ein Stadium der Stagnation getreten ist, das auch mit gewissen methodologischen Problemen zusammenhängt, die seither aufgetreten sind[11]. Außerdem widerspricht sie in gewisser Weise einem Postulat, dem im nächsten Kapitel nachgegangen werden soll, *die Familie zunächst in ihrer*

---

[11] Vergl. dazu *Günther Lüschen* (Hrsg.), Kleingruppenforschung und Gruppe im Sport, Sonderheft 10 der Kölner Zeitschrift für Soziologie und Sozialpsychologie, Opladen 1966, darin insbesondere *René König*, Die Gruppe im Sport und die Kleingruppenforschung; *Hans Anger*, Kleingruppenforschung heute; *Grigory P. Stone*, Begriffliche Probleme in der Kleingruppenforschung.

gesamtgesellschaftlichen Verflechtung zu beobachten und nicht von vornherein zu isolieren, weil damit die Gefahr einer akuten Verarmung des Phänomens an lebendigem Gehalt sowie auch einer falschen Bewertung der auf die Familie von außen einwirkenden Kräfte gegeben ist. Schließlich spielt auch die emotionale Komponente in den untersuchten Kleingruppen eine wesentlich geringere Rolle als in der Familie (*R. F. Bales* 1955, S. 304).

Einen weiteren Ansatz zu einer empirischen Familiensoziologie, nämlich den tiefenpsychologischen, werden wir nur am Rande betrachten. Das soll nicht bedeuten, daß wir ihn unterschätzen. Im Gegenteil sind wir der Meinung, daß heute dazu bereits soviel Material vorliegt, daß es endlich an der Zeit wäre, *eine Vereinigung von Sozialpsychologie der Familie und der Tiefenpsychologie herbeizuführen.* Bevor das geschehen kann, müssen jedoch erst die zentralen Ansätze der Familiensoziologie entwickelt werden; wir werden dabei jeweils diejenigen Punkte besonders herausheben, an denen die Tiefenpsychologie ansetzt, wie es z.B. auch im Vorgehenden bei Besprechung der Kulturanthropologie geschehen ist.

Vor allem müßte die strukturell-funktionale Analyse mit der psychologischen oder tiefenpsychologischen vereinigt werden, wie es neuerdings *Robert F. Winch* (1962 und 1970) in seiner Theorie der Identifikation anbahnt. Das würde das schon erwähnte Vorurteil vieler Tiefenpsychologen brechen helfen, als spielten sich die von ihnen analysierten Vorgänge in Dyaden (Mutter-Kind) ab ohne Orientierung an der Gruppe Familie und der weiteren Gesellschaft (z.B. soziale Klassen), also gewissermaßen in einem „soziologischen Leerraum". Damit gewinnen auch alle die Probleme eine Vertiefung, die später theoretisch unter IV, b und empirisch unter VI, VII und VIII behandelt werden sollen.

IV. Die zwei Grundbetrachtungsweisen der Familie

Anschließend an die letzten Ausführungen läßt sich sagen, daß das soziale System der Familie als Kleingruppe offensichtlich zwischen zwei anderen Systemen eingeordnet ist, dem der Gesamtgesellschaft als einem umfassenden System von Systemen einerseits und dem der Person andererseits. Da uns die Problematik der Person und der Persönlichkeitsdynamik in ganz andere Wissenschaftsgebiete ableitet, wollen wir sie im vorliegenden Zusammenhang ausschalten, ohne jedoch damit behaupten zu wollen, daß sie für unsere Zwecke von sekundärer Bedeutung seien. Im Gegenteil wird sich zeigen, daß trotz der bewußt vorgenommenen Ausschaltung dieser Dimensionen diese durchaus ungewollt ihre Bedeutung spüren lassen. So werden wir immer wieder auf sie verwiesen, wie allein die überragende Rolle der Sozialisierung als zentraler Funktion der Familie beweist. Diese Bedeutung aufzeigen, anerkennen und sie in ihrem Gewicht zu umschreiben, bedeutet aber noch lange nicht, ihr im einzelnen nachzugehen. Das würde den Rahmen unserer Darstellung sprengen; denn die sozialen Prozesse der Personwerdung sind heute derart eingehend erforscht worden, daß sie nicht mehr als Nebenerscheinung behandelt werden können, *selbst wenn zugestanden werden muß, daß sich die Soziologen heute weit klarer sind über die Verlängerung sozialer Strukturen und kultureller Vorstellungen in den Bereich der Person als die Vertreter der Persönlichkeitsdynamik über die Rolle „unpersönlicher" Agentien wie sozialer Strukturen und kultureller Traditionen beim Aufbau der Persönlichkeit.* Hier liegt wohl eine besondere Ideologie vor, die nur wissenschaftshistorisch sichtbar gemacht werden könnte, indem man in der Psychologie, der Psychodynamik, der Charakterologie und insbesondere der Pädagogik nach wie vor weitgehend von einem Bilde der Person ausgeht, die in einer Dimension jenseits des Sozialen angesiedelt ist, als gelte noch immer die Antinomie von „Individuum und Gemeinschaft", die schon *Theodor Litt* vor fast einem halben Jahrhundert kritisierte und *Georges Gurvitch* als ein falsch gestelltes Problem bezeichnete[12]. In den letzten Jahren ist gerade diese Auffassung in der sogenannten „kritischen" Soziologie auf eine höchst unkritische Weise wieder in den Vordergrund geschoben worden. Es ist aber nicht unsere Aufgabe, diese Schwierigkeiten der überlieferten Psychologien zu lösen, darum genüge es, auf sie hingewiesen zu haben. So bleiben zwei Grundbetrachtungsweisen der Familie für den Familiensoziologen:

a) die Familie in gesamtgesellschaftlicher Betrachtung, d.h. sowohl in bezug auf den gesamtgesellschaftlichen Zusammenhang wie in bezug auf die Teilsysteme der Gesamtgesellschaft (z.B, Staat, Gemeinde, Wirt-

---

[12] *Theodor Litt*, Individuum und Gemeinschaft, 3. Aufl. Leipzig 1926, zuerst 1919; *Georges Gurvitch*, La vocation actuelle de la sociologie, Bd. 1, Paris 1963, zuerst 1950.

schaft, Politik, öffentliche Meinung, allgemeine sozial-kulturelle Leit-ideen usf.) und

b) die Familie als eigenes System, d.h. als Kleingruppe mit ihrer Struktur und ihren Funktionen.

Es entspricht einer verborgenen Ideologie, wenn in neuerer Zeit die zweite Betrachtungsweise eine ausgesprochene Inflation erfahren hat. Diese war wohl bedingt durch die schlechten Erfahrungen, die man früher mit den uni-versalhistorischen und evolutionistischen Betrachtungsweisen gemacht hatte (siehe II, a), zusätzlich wurde sie gefördert von einer kurzfristigen Mode, die durch die Kleingruppenforschung am Anfang der fünfziger Jahre aus-gelöst worden war. So hat zweifellos auch *T. Parsons* (1955) diese Tendenz bekräftigt, selbst wenn er (S. IX) ausdrücklich darauf hinweist, daß die Mikro-analyse kleiner Gruppen mit den makroskopischen Aspekten der Sozial-struktur zusammengeschlossen werden müsse. In dem angeführten Werk tut er das aber zweifellos nicht, so daß dieser Gesichtspunkt in der Folge einigermaßen vernachlässigt worden ist. Erst in jüngster Zeit bahnt sich hierin ein Wandel an, der sowohl bei den mehr historisch ausgerichteten Unter-suchungen der Entwicklung der Familie in der neueren Welt, als auch bei den mehr strukturell orientierten Soziologen hervortritt, welche die Beziehung der Familie zur Gesamtgesellschaft wie zu ihren Teilstrukturen untersuchen.

a) Makrosoziologie der Familie

1. Familie und Gesellschaft

Sowie man diese Frage auch nur oberflächlich angreift, tritt sofort hervor, welche außerordentlichen Kräfte gesamtgesellschaftlicher Natur das Schicksal der Familie in den entwickelten Industriekulturen beeinflussen. In primitiven Kulturen, auch in den archaischen Hochkulturen der Antike oder den wirtschaftlich unterentwickelten Gesellschaften der modernen Welt, ist dies grundsätzlich anders. Da bei ihnen der Staat noch keine entscheidende Rolle spielt, falls er überhaupt existiert, steht es in extremen Fällen so, daß die erweiterte Familie gewissermaßen selbst den gesamtgesellschaft-lichen Zusammenhang darstellt. Man spricht hier sehr zu Recht von einer „*familistischen Sozialstruktur*". Hier kann – rein theoretisch – überhaupt kein Konflikt zwischen Familie und Gesamtgesellschaft stattfinden, da eben die Ordnung der Familien das Ganze der Gesellschaft darstellt, was den Aus-druck „*Familismus*" rechtfertigt. Dieser Ausdruck wurde früher zumeist auf die chinesische Großfamilie angewendet, hat dann aber eine zunehmende Erweiterung erfahren, so daß man ihn durchaus als einen allgemeineren theoretischen Begriff zur Charakterisierung eines ganz bestimmten Verhält-nisses von gesamtgesellschaftlicher Ordnung und Familie benutzen darf, auf das weiter unten bei Besprechung der Familie in den sogen. wirtschaft-lich unterentwickelten Gesellschaften zurückzukommen sein wird (V, c).

Emilio Willems (1952) gab eine gute Charakteristik dieses Verhältnisses, als er darauf hinwies, daß der Staat (also eine der mächtigsten gesamtgesellschaftlichen Organisationen) in vielen lateinamerikanischen Ländern buchstäblich von einer kleinen Gruppe von erweiterten Familien „besessen" wird, die für eine entsprechende monopolartige Sicherung der Erwerbschancen in diesen Gesellschaften sorgen. Ähnliches gilt noch heute in manchen Ländern des mittleren und fernen Ostens, sofern sie noch nicht von sozialistischen Revolutionen erreicht wurden. Unter solchen Umständen ist die Vorstellung von einer gesamtgesellschaftlichen Determination der Familie natürlich nur in höchst beschränktem Sinne (falls überhaupt) anwendbar. Selbstverständlich gibt es in solchen Kulturen nicht nur erweiterte Familien, sondern auch Kernfamilien; letztere sind dann wie der Rest der Teilgruppen wirtschaftlicher und sonstiger Natur in der Hand der erweiterten Familien, die als ausgesprochene Herrschaftsfamilien eine noch weitgehend unbegrenzte Macht ausüben. Die Kernfamilien können bestenfalls unter dem Titel der „Armut" behandelt werden, da sie regelmäßig den untersten Klassen angehören und allen gesamtgesellschaftlichen Einflüssen schutzlos ausgeliefert sind, wie *Oscar Lewis* (1959) sehr eindringlich gezeigt hat.

Diese Situation ändert sich grundlegend mit der *Entstehung des Staates* als einer familienmäßig gesehen „neutralen" Organisation, selbst wenn sich diese Wirkung nicht sofort bemerkbar machen sollte, indem etwa bestimmte Familien um die Kontrolle des Staates kämpfen (*R. König* 1966b). Aber es läßt sich nicht vermeiden, daß neben dem Staat sofort andere Organisationen gesamtgesellschaftlicher Natur ein prägnantes Profil erhalten, z.B. die der Wirtschaft. Ist in primitiven Kulturen Wirtschaft immer mehr oder weniger als Subsistenzwirtschaft eigentliche Familienwirtschaft (*D. M. Goodfellow* 1939; *M. J. Herskovits* 1952), so tritt in der staatlichen Organisation sofort das wirtschaftende Individuum hervor, das sich von den alten lokalen Familienwirtschaften unabhängig macht und weitere Wirtschaftsräume mit Austausch von größeren Warenmengen erschließt. So hob schon vor längerer Zeit der Althistoriker *Gustave Glotz*[13] hervor, daß im Moment der Entstehung des antiken Staats *nicht nur zwei Konkurrenten, nämlich der Staat und die erweiterte Familie, sondern in Wahrheit drei auftreten, der Staat, die erweiterte Familie und das unabhängige (d.h. auch anhanglose) Individuum,* das bestenfalls in Kernfamilien lebt, wenn auch teilweise diese Kernfamilien den alten Vorbildern der erweiterten Familien nachzueifern und sich mit dem Erwerb voller Bürgerrechte auch als neue erweiterte Familien zu etablieren suchen (vgl. *R. König* 1966a). Trotzdem aber ist damit insofern eine andere Situation gegeben, als hier ein Familientyp vorliegt, dessen Bedeutung gegenüber den gesamtgesellschaftlichen Organisationen von Staat und Wirtschaft relativ geringfügig ist, und das heißt mit anderen Worten, daß ein durchaus einseitiges Determinationsverhältnis gegeben ist.

---

[13] *Gustave Glotz*, La cité antique, Paris 1928.

Das kommt auch in anderen Zusammenhängen zum Ausdruck. Während in vorstaatlichen Kulturen rechtliche und familiäre Beziehungen auf einer Ebene stehen und sogar weitgehend nicht voneinander unterschieden werden können, verhält sich das in Gesellschaften mit staatlicher Organisation grundsätzlich anders. Hier wird das Recht ein wesentliches Merkmal und auch ein Monopol des Staates, was aus ihm eventuell – mindestens dem Anspruch nach, der allerdings nicht unbestritten ist – ein Mittel der „sozialen Kontrolle" macht. Aber auch unangesehen dieser speziellen Frage bleibt, daß unter diesen Voraussetzungen staatliches Recht (und nicht mehr die Tradition der Sitte) „definiert", wer mit wem die Ehe eingehen kann, die Wirkungen der Ehe, Geburt, Verwandtschaft usw. Also die „internen" Beziehungen der Familie sind rechtlich geregelt, ebenso ihre „externen" Beziehungen zu anderen Gruppen. Mit anderen Worten: *die Familie wird zu einer „Institution", als solche unterliegt sie rechtlicher Regelung.* Da aber das Recht nicht nur wie die Sitte aus der Tradition heraus regelt, sondern gleichzeitig „dispositiv" in die Zukunft vorgreift, geschieht es auch, daß dem Recht, etwa nach Erkenntnis besonderer Schwierigkeiten der Familie in der Gegenwart, im Interesse des „Familienschutzes" neue Aufgaben auferlegt werden, die entweder direkt im Familienrecht ihren Niederschlag finden oder aber sich in anderen Teilen des Rechts niederschlagen, die indirekt am Familienschutz mitwirken, wie etwa das Arbeitsrecht im weitesten Sinne mit den Verboten von unbegrenzter Arbeit von Frauen und Kindern, Mütterschutz, aber auch Lohnschutz des Mannes (Kündigungsbeschränkungen), Beschränkung der Arbeitszeit, Schutz der Freizeit, Regelung der Ferien usw., bis hin zu den zahlreichen Formen der Sozialversicherung und der Sozialarbeit (*R. König* 1966b). Es genügt, diese Probleme auch nur anzudeuten, um zu erkennen, daß sie ein bedeutendes Gewicht haben, wenn auch zugestanden werden muß, daß sich die moderne Familiensoziologie nur sehr ungenügend mit diesem institutionalistischen Aspekt befaßt hat, wie schon vor vielen Jahren *Helmut Schelsky* (1953, 1967) sehr mit Recht hervorgehoben hat.

Diese Probleme gewinnen auch wegen ihrer unmittelbar praktischen Folgen an Bedeutung. Zu diesen gehört etwa die alte Frage nach den „Grenzen der Wirksamkeit des Staates" und damit der Rechtssphäre. Betrachten wir ältere Gesetzgebungswerke wie z.B. das Allgemeine Preußische Landrecht, so kommt in ihm nicht nur die Absicht des Familienschutzes zum Vorschein, sondern gleichzeitig im Sinne des aufgeklärten Despotismus eine Absicht nach „Belehrung" des Staatsbürgers über seine Pflichten. Man betrachte einmal daraufhin die Abschnitte über die „ehelichen Pflichten", so wird man vom heutigen Standpunkt mit Recht geltend machen, daß sich der Staat mit der detaillierten Regelung dieser Beziehungen zweifellos auf ein Gebiet begibt, auf dem er auf die Dauer nichts ausrichten kann, weil ihm hier die Sitte überlegen ist. Außerdem stehen dem auch gewisse Wertideen entgegen, die der „Privatsphäre" eine größere Bedeutung einräumen als früher. So zeigt sich auch entsprechend eine Rückläufigkeit dieser Art von Regelungen in den modernen Gesetzgebungswerken.

Ein weiterer Eingriff des Staates entwickelt sich über die Ehegesetzgebung bei besonderen Rechtsmaßnahmen im Dienste der Bevölkerungspolitik, im Sinne einer eugenischen Politik und der Bevölkerungsvermehrung. In Deutschland traten diese Fragen während des Nationalsozialismus besonders kraß hervor. Ähnliches findet sich in der Sowjetunion, in der DDR, in Belgien, Frankreich, Schweden u.a. (sozialistischen und nicht-sozialistischen) Ländern jeweils unter anderen Voraussetzungen. Dabei sind manchmal die Grenzen zwischen sinnvollen und übertriebenen staatlichen Maßnahmen in dieser Hinsicht sehr schwer zu ziehen. Ehestandsdarlehen können entweder im Dienste des Schutzes der jungen Familie oder aber im Dienste der Bevölkerungsvermehrung gesehen werden. Das gleiche gilt für die verschiedenen Formen von Kindergeld. Darum hat man auch geschwankt, ob diese Leistungen in Geld oder in Natura zu erbringen seien, wie eine Diskussion beweist, die in den dreißiger Jahren durch *Alva Myrdal* (1941) ausgelöst wurde und sich über fast 20 Jahre hingezogen hat (*I. Iverus* 1953). Bedauerlicherweise ist nie methodisch einwandfrei untersucht worden, in welchem Ausmaß und wie sich sozialpolitische Maßnahmen tatsächlich auf die Familie auswirken. Im Falle Schweden kann man heute sagen, daß sich das Werk der Bevölkerungskommission zunächst in einer Erhöhung der Geburten (seit 1934) auswirkte, die bereits 1944/45 einen Höhepunkt erreichten, um dann bis 1960 auf einen neuen Tiefpunkt zu sinken; seither steigen die Zahlen wieder leicht an (*E. Dahlström* 1965). Im ganzen also eine recht unregelmäßige Bewegung, die mit den sozialpolitischen Bemühungen kaum in Einklang gebracht werden kann. Bestenfalls könnte man sagen, daß die Geburtenzahlen vielleicht noch weiter gesunken wären, wenn keine Familienpolitik entwickelt worden wäre – nur beweisen läßt sich das nicht. Einen wichtigen Testfall stellen heute die Vereinigten Staaten dar, wo seit der Präsidentschaft von *Lyndon B. Johnson* zahlreiche Familienschutzprogramme entwickelt wurden und trotzdem die Geburtenzahlen fielen – mit Ausnahme der unehelichen (*W. F. Kenkel* 1973, Kap. 9; siehe auch unten VIIa, 4).

Die gesamtgesellschaftliche Determination von Ehe und Familie auf dem Umweg über das Gesetz ist aber noch wesentlich subtiler, als es in den vorangehenden Hinweisen hervortritt. Im System des Familismus steht die Ehe im weitesten Sinne unter der Vormundschaft der Familie; in einem System mit staatlicher Regelung des Rechtswesens kehrt sich dies Verhältnis gewissermaßen um, indem jetzt die Ehe nicht mehr aus der Perspektive der Familie, sondern die Familie aus der Perspektive der Ehe gesehen wird: die Ehe wird zur sachlichen (und nicht nur zeitlichen) Voraussetzung der Familie, wobei zumeist naturrechtliche Momente hervortreten (weltlich und theologisch). Das hat nicht nur zur Folge eine besonders intensive Regelung der Ehe (durch zwingendes Recht), sondern gleichzeitig eine nicht zu übersehende ideologische Umformung der Ehe, wobei der Staat gerade nicht als Wächter einer „neutralen" Ordnung, sondern häufig als Sanktion für bloß klerikale Ansprüche hervortritt (z.B. in Portugal, Spanien und Italien). Die „Ehe als Sakrament" ist dann in Wahrheit keineswegs Ausdruck einer allgemein-staatsbürgerlichen Rechtsordnung, sondern eines ganz einseitigen kirchlichen Postulats, womit die Ideologisierung des Begriffs anhebt. Wenn sich nun dieser Vorgang ausschließlich auf den Begriff der Ehe beschränkte, so könnte man ihn hier übergehen; in Wahrheit werden aber dadurch gewisse Konsequenzen für die Realität der Familie mitgesetzt, z.B. Erschwerung oder Verunmöglichung der Ehescheidung! Damit erweist sich neuerlich die weitgehende Determinationskraft rechtlich sanktionierter staatlicher Regelungen für die Familie, die im Grunde außerhalb der Definitionen des staatlichen Rechts kaum mehr existieren kann. Wenn wir nun bedenken, daß regelmäßig Vorstellungen der Mittelklassen die Ausgestaltung der Rechtsregeln bestimmen, so zeigt sich, daß „eheähnliche Verhältnisse" der Unterklassen z.B. von vornherein als zweideutige Abweichungen von der Norm, als „Unzucht", wenn nicht gar als kriminell angesehen werden müssen, selbst wenn sie die Tradition der Sitte für sich haben (*K. Saller* 1966). Die Konsequenzen dieser Entwicklung sind bisher empirisch noch nicht untersucht worden. Gerade damit aber erhebt sich von neuem die Frage nach der Fähigkeit des Rechts, „soziale Kontrolle" zu üben. *Werden Gesetze, welche die Ehescheidung erschweren, zur Stabilität der Familie beitragen?* Kann die allgemeine „Formalisierung" des Verfahrens bei Eheschließung im Gegensatz zu den zahllosen Arten des formlosen Eingehens der Ehe einen Einfluß auf die „Ernsthaftigkeit" des Eheentschlusses und des Ehewillens üben? Die Stigmatisierung illegitimer Verbindungen durch das Gesetz als „Konkubinate" hat sich seit jeher als völlig wirkungslos erwiesen (*M. Rheinstein* 1972, S. 281). Zahllose andere Fragen dieser Art könnten hier aufgerollt werden, die alle primär dadurch ausgelöst werden, daß die Notwendigkeit einer weitgehenden Determination der Ehe durch staatlich sanktionierte Regeln einfach als selbstverständlich unterstellt wird (*K. I. Dean* und *M. W. Kargman* 1966). Wenn gewissermaßen eine allgemeine Vormundschaft des Staates die Vormundschaft der Familie über die Ehe wirksam ersetzen soll, dann müßte ein dahinzielendes Gesetzgebungswerk zweifellos in engster Arbeitsgemeinschaft mit der Familiensoziologie ausgearbeitet werden, um der Gefahr zu entgehen, daß das Gesetz nur zum Ausdruck ideologischer Postulate der Kirchen oder bestimmter Teilgruppen der Gesellschaft (von der professionellen Gruppe der Juristen bis zu den akademischen Mittelklassen) wird und nicht primär ausgerichtet ist auf die objektiven Interessen aller sozialer Klassen und der verschiedenen Partner in der Familiengruppe (Mann, Frau und Kinder), deren effiziente Regelung alleiniges Ziel der Gesetzgebung sein sollte. Das wirkt sich dementsprechend auch in allen Systemen der Sozialpolitik aus, in denen der Staat als allgegenwärtiger Partner der Beziehungen zwischen den Ehepartnern und ihren Kindern auftritt. In Wahrheit gibt es aber außer eigentlich rechtswissenschaftlichen Untersuchungen kaum solche, welche sich die Analyse des Verhältnisses von Rechtsdimension und Wirklichkeit zur Aufgabe setzen. Eine erste löbliche Ausnahme von dieser Regel stellt das Werk von *Ernst Wolf, Gerhard Lüke* und *Herbert Hax* (1959) dar, das neuerlich die Behauptung widerlegt, eine Erleichterung der Ehescheidung durch den Gesetzgeber wirke sich in

einer mehr als nur vorübergehenden Vermehrung der Ehescheidungen aus.
Heute hat *Max Rheinstein* diesen Ansatz wesentlich vertieft durch seinen
Aufweis eines Konfliktes zwischen dem kodifizierten Recht und der Rechts-
wirklichkeit, der auf die Dauer sicher untragbar ist (*M. Rheinstein* 1972, S.
51 bis 105). Abgesehen von dem ideologiekritischen Resultat dieser Untersuchungen tritt in ihnen die geringe Macht des Rechts zur direkten „sozialen
Kontrolle" wie auch seine Distanz zu den Problemen der Wirklichkeit hervor,
was sich insbesondere in einer falschen Entwicklung der Rechtspolitik mit
ihrer Tendenz zur Erschwerung der Ehescheidung äußert. Es wird später bei
Besprechung der Ehescheidung darauf zurückzukommen sein (VIII, a). Eine
positivere Einstellung zur Möglichkeit des Scheidungsrechts auf die soziale
Kontrolle der Familie nimmt *Eugene Litwak* ein (1956).

2. Der Institutionalismus

Wenn die durch das Recht bestimmte gesamtgesellschaftlich orientierte Analyse der Familie zweifellos unterentwickelt ist, so trifft das nicht zu für das,
was man neuerdings in den Vereinigten Staaten gern als *institutionalistische
Analyse* bezeichnet (*R. Hill* und *D. Hansen* 1960; *J. Sirjamaki* 1964; *D.
J. Koenig* und *A. E. Bayer* 1966). Dieser Ausdruck ist jedoch einigermaßen
mißverständlich, da er auch in anderen Disziplinen auftaucht (z.B. in
der amerikanischen Sozialökonomie); außerdem könnte man ihn in
Anlehnung an eine Darstellung von *Emile Durkheim*, *Marcel Mauss* und
Paul Fauconnet[14] als Äquivalent für die soziologische Analyse schlechthin
bezeichnen, wenn Soziologie allgemein als wissenschaftliche Erforschung
der sozialen Institutionen bezeichnet wird. In der Tat überwiegt auch diese
Betrachtungsweise allgemein in der älteren Soziologie und ist erst später
durch andere Methoden erweitert und teilweise verdrängt worden. Im vorliegenden Falle kommt aber ebenfalls der gesamtgesellschaftliche Ausgangspunkt zum Zuge, nur daß er weder auf die staatliche noch auf die rechtliche
Determination der Familie begrenzt ist, sondern grundsätzlich weiterblickt
und die Familie als eine Institution der Gesellschaft unter anderen ansieht,
die bestimmte persönliche und soziale Bedürfnisse erfüllt. Dabei kann der
gesamtgesellschaftliche Horizont gar nicht ausgeschaltet werden, insofern
als alle sozialen Institutionen miteinander zusammenhängen. In dieser Hinsicht ist die institutionalistische Analyse nicht nur die früher vorwaltende
Art gesamtgesellschaftlicher Betrachtungsweise der Familie, sondern auch
gewissermaßen die verbreitetste, und das in einem solchen Ausmaß, daß man
sich ihrer Eigenart oft gar nicht bewußt geworden ist. Hierzu gehört dementsprechend nicht nur die Sozialanthropologie insgesamt (und teilweise
auch die Kulturanthropologie), sondern vor allem die schon vorher hervor-

---

[14] *Emile Durkheim* und *Paul Fauconnet*, Sociologie et sciences sociales, in: Revue Philosophique
Bd. 55 (1903); siehe auch *Paul Fauconnet* und *Marcel Mauss*, Artikel „Sociologie", in: Grande
Encyclopédie, Paris 1901; *E. Durkheim*, Die Regeln der soziologischen Methode (Hrsg. *R. König*),
4. Aufl. Neuwied 1976, S. 100 am Ende des „Vorworts zur zweiten Auflage".

gehobene *vergleichende Forschung*, die ja fast immer die gesamtgesellschaftlichen Hintergründe dem Einzelvergleich spezifischer Institutionen voraussetzen muß, und schließlich auch die *historische Forschung*. Bei letzterer stehen im Vordergrund alle jene Arbeiten, *welche den Wandel der Familie im Zusammenhang mit dem gesamtgesellschaftlichen sozialen Wandel betrachten.* Ein interessanter Fall ist dabei das weitverbreitete Buch von *Ernest Burgess* (1945), dessen Untertitel lautet „*From Institution to Companionship*", womit im Grunde ein Rückzug der Familie aus allen gesamtgesellschaftlichen Verhältnissen in die „Privatsphäre" behauptet wird. Die Ursache dafür wird im Wandel der gesamtgesellschaftlichen Verhältnisse erblickt.

In diesem Sinne ist in der Tat die institutionalistische Analyse im Grunde unaufgebbar. So steht sie nicht nur im Zentrum der älteren Familiensoziologie (seit *E. Durkheim*), sondern kehrt in allen einigermaßen komplexen Darstellungen wieder, selbst wenn diese unabhängig davon noch andere Gesichtspunkte und theoretische Ideen verfolgen (wie etwa die strukturell-funktionale, sozialpsychologische u.a.). Das zeigt sich insbesondere an dem Interesse für die durch gesamtgesellschaftlichen sozialen Wandel bedingte Umgestaltung der Familie in der neueren Zeit, wobei allerdings ein wesentlicher Unterschied zu früher darin gesehen werden muß, daß diese Entwicklungslehre weder an evolutionistischen Konstruktionen über den „Ursprung", noch an unilinearen Entwicklungsreihen von „niederen" zu „fortgeschritteneren" Formen interessiert ist. Ihr Ausgangspunkt ist von Anfang an viel komplexer, entsprechend ihrer Beeinflussung durch die moderne Sozialanthropologie und ihrem Interesse am Vergleich, der nicht nur zwischen verschiedenen Kulturen, sondern auch innerhalb jeder einzelnen angewendet wird, indem man etwa die Verschiedenheit der Familientypen in verschiedenen sozialen Klassen oder sozialen Milieus (Stadt-Land) oder auch die differentielle Fruchtbarkeit in verschiedenen Berufen und Bevölkerungskategorien vergleicht. Es wird später (V) zu zeigen sein, daß unter dem Einfluß dieser komplexeren Betrachtungsweise neuerlich auch weitgehend als selbstverständlich angenommene Theoriestücke betreffs der Reichweite ihrer Geltung in Frage gestellt worden sind, wie z.B. *Durkheims* „Kontraktionsgesetz". Ähnliche Zweifel sind an der Allgemeingültigkeit des Einflusses städtischer Lebensformen auf die Familie aufgetaucht, nachdem sich herausgestellt hat, daß sich die Entwicklung der Kernfamilie auch auf dem Lande verfolgen läßt. Darin erweist sich unseres Erachtens die andauernde Fruchtbarkeit dieses Ansatzes, dem wir dementsprechend auch in den verschiedenen Teilen des Abschnittes V eine eingehende Darstellung widmen werden.

Diese Auffassung von der Unaufgebbarkeit der institutionalistischen Analyse tritt auch bei *Reuben Hill* (1962) auf, wenn er sie auch anders begründet als wir. Er hat zweifellos recht mit der Bemerkung, daß früher die institutionalistische Analyse alle anderen verdrängt hat, die sich erst langsam aus dieser Umklammerung befreit und selbständig gemacht haben. Nachdem nun alle anderen Möglichkeiten durchgeprobt wurden, kehrt die institutionalistische Analyse gleichsam wieder. Gegenüber dieser Auffassung einer zirkulären Wiederkehr möchten wir nicht nur die Unaufgebbarkeit der institutionalistischen Analyse betonen, sondern gewissermaßen ihre dauernde Gegenwärtigkeit. Für die Kultur- und Sozialanthropologie ist das eine Selbstverständlichkeit wie oben unter III, b schon gezeigt wurde; aber wir müssen uns gleichzeitig darüber Rechenschaft geben, daß die institutionalistische Analyse häufig stillschweigend vorausgesetzt wird, wenn man sich mit den sozialpsychologischen (interaktionistischen) strukturellen und gruppenhaften Aspekten der Familie befaßt. Außerdem sind die Auffassungen des Institutionalismus teils engere, teils weitere. Bei der engsten Auffassung, die aber eigentlich von so gut wie niemandem mit Ausschließlichkeit vertreten wird, stehen einander einzig die staatliche Rechtsordnung und die Familie gegenüber. So wahr aber die Ausbildung einer autonomen Rechtsdimension bereits eine auf die gesamtgesellschaftliche Struktur bezügliche und von ihr abhängige Konstellation impliziert, gibt es auch andere strukturell bedingte Einrichtungen spezifischer Natur, die stärksten Einfluß auf die Familie ausüben. Dazu gehört etwa die Wandlung der Herrschaftsformen von patriarchalisch-autoritären zu mehr demokratischen Formen (*C. Zimmermann* 1947); ferner – ebenfalls als stillschweigende Voraussetzung – die Tatsache des „sozialen Wandels" (social change) und der Ergründung der Ursachen für diesen Wandel, die sich vielleicht auch auf die Familie auswirken: so haben *William F. Ogburn* und *Meyer F. Nimkoff* (1955) ihre Aufmerksamkeit insbesondere dem Einfluß des technologischen Wandels auf die Familie zugewandt. Dabei muß ein wesentlicher Unterschied zu früher hervorgehoben werden: von unilinearen Konstruktionen kann in keinem Falle mehr die Rede sein; die Begriffe der sozialkulturellen „Verspätung" bestimmter Einrichtungen der Familie vor den gesamtgesellschaftlichen Entwicklungen (cultural lag) wie der des *Kulturkonflikts* erlauben heute eine viel differenziertere Analyse. Ohne sich an *Ogburns* ursprünglichen Einseitigkeiten vom allgemeineren Primat des technisch-wirtschaftlichen Wandels zu stoßen, kann man sagen, daß die Familie gegenüber dem gesamtgesellschaftlichen Wandel in der Tat insofern grundsätzlich benachteiligt ist, als sie nur in relativ geringem Ausmaß und vor allem ganz besonders langsam wandelbar ist, so daß sich hierin unter anderem die *Notwendigkeit der Familiensoziologie* begründen läßt (*R. König* 1946, heute in: *R. König* 1974), aus der sich dann eine rationale Familienpolitik entwickelt, die nicht nur unerreichbaren Fernzielen und ideologischen Zwangsbildern nachlebt. Der Grund für diese langsame Beweglichkeit der Familie findet seine Erklärung in mehreren, teilweise voneinander unabhängigen Umständen, deren Relation zueinander nicht ganz klar ist. Selbst wenn – wie oben betont – das Biologische nur den Ansatzpunkt darstellt, von dem aus sich Familiensysteme aufbauen, so *ist es eben doch trotzdem da*, und das bleibt insofern nicht ohne Folgen, als die *spezifische Beziehungsmatrix der Reproduktion einer beliebigen Variierung des Systems sehr enge Grenzen setzt*. Mit anderen Worten: es muß in allen Formen der Familie gesichert sein, daß Mann und Frau sich vereinigen und danach zusammenbleiben, um ihre Nachkommenschaft gemeinsam aufzuziehen. Am entgegengesetzten Ende zu diesen biologischen Begrenzungen finden wir die ideologischen Momente, die etwa einen Typ der Familie vermeintlich als „natürlichen Typ" erklären, womit jeglicher Wandel ebenfalls unterbunden ist. Zwischen beiden Extremen steht eine Reihe anderer (kulturell stark wandelbarer) Ursachen, welche die beliebige Variabilität der Familie beeinträchtigen und ihre Anpassungsfähigkeit außerordentlich verlangsamen. Letzteres gilt insbesondere für die Unbeweglichkeit der ideologischen Momente, die unter Umständen mit den reellen Verhältnissen in schärfsten Konflikt kommen, so daß notwendigerweise die Konfiguration der „doppelten Moral" in der Familie zur Regel wird. So hat sich „situationell" die Familie an vieles angepaßt, obwohl sie in der ideologischen Ebene noch weit davon entfernt ist, wie die Tatsache beweist, daß speziell in Deutschland die Familienideologien heute noch immer der Situation etwa vom zweiten Drittel des 18. Jahrhunderts entsprechen, während sich im Verhalten vieles unter dem Druck der wirtschaftlichen Entwicklung verändert hat (*R. König* 1957, in: *R. König* 1974). Wir heben noch hervor, daß es sich also bei der Familie *um einen doppelten „lag" handelt*, indem sie 1. als reale Institution der Entwicklung anderer Institutionen nachhinkt und 2. zusätzlich belastet wird durch den spezifischen „cultural lag" in der sozial-kulturellen Anpassung, was seinerseits durch kulturelle Zwangssysteme und ideologische Stereotypen bedingt wird.

Ferner untersuchten *Ogburn* und *Nimkoff* (1955) den sozialen Wandel in der speziellen Form des *technologischen Wandels*. Obwohl hier die gesamtgesellschaftliche Organisation die unabhängige und die Familie die abhängige Variable ist, kehren sich die Verhältnisse gelegentlich um. So zeigen sie z.B. (S. 269), daß die ersten Traktoren in der Landwirtschaft ursprünglich sehr groß und für kleinere Familienhöfe nicht brauchbar waren; aber diese kleine Wirtschaftseinheit erzwang eine Verkleinerung der Traktoren, wobei also eine technologische Änderung in diesem Falle zur abhängigen Variablen wird. Überhaupt scheint es ungewöhnlich schwer, die vermeintlich so handgreiflichen Einflüsse der sich wandelnden Gesamtgesellschaft zu operationalisieren, wie die am Anfang des Werkes angeführten Äußerungen von 18 Experten beweisen, welche die entscheidenden Veränderungen der Familie aufzählen sollten (S. 4ff.). Nur in einem einzigen Punkte waren sich alle einig, nämlich dem Anwachsen der Scheidungsfrequenz; sonst war die Übereinstimmung erstaunlich gering. Dazu kommt noch, daß das Auftreten von intervenierenden Variablen völlig im dunklen bleibt, so daß die einschlägige Forschung nach wie vor derart kasuistisch ist, daß es schwerfällt, daraus die ersten Elemente einer soziologischen Theorie der Familie zu entwickeln.

In Fortführung dieser Gedankengänge kam *Eugene Litwak* (1970) zu interessanten Feststellungen, die im wesentlichen darauf hinauslaufen, daß der Gegensatz zwischen technologischem Wandel und der Familie vielleicht ursprünglich doch zu simpel aufgefaßt worden war. Ist die Familie das ideale

Feld für nicht-uniforme Ereignisse, so tendiert die technologische Entwicklung auf Uniformierung bestimmter Vorgänge. So lautet jedenfalls
die gängige Meinung, der auch *Ogburn* folge. *Litwak* zeigt dagegen, daß
technologischer Wandel die Nicht-Uniformität sowohl verstärken als auch
vermindern kann, was aber zur Konsequenz führt, daß die technologische
Entwicklung die Familienfunktionen weder notwendigerweise abschwächen,
noch sie verstärken wird. Wohl aber wird sie ständigen Veränderungen unterliegen, denen sie gerade dank ihrer Nicht-Uniformität durchaus gewachsen
sein kann.

Auf diesem Wege erfährt jedoch der Institutionalismus eine bedeutende
Vertiefung nach zwei Richtungen hin gleichzeitig, die zum Abschluß nacheinander behandelt werden sollen.

3. Wirtschaft und Familie

Der erste Punkt bezieht sich auf das *allgemeine Verhältnis der Wirtschaft
und ihres Wandels auf die Familie.* Es ist merkwürdig zu sehen, daß der
institutionelle Charakter der Wirtschaft meist nicht berücksichtigt wird,
wenn von Familie geredet wird. Das ist sogar bei *Reuben Hill* und *Donald
A. Hansen* (1960) der Fall, wie *Ann S. Rice* (1966, S. 223/4) richtig
bemerkt, obwohl einmal die Familiensoziologie damit begonnen hat, wie
etwa bei *F. LePlay* und *Ernst Engel* mit dem „Engelschen Gesetz". Auch
bei *Karl Marx* und *Friedrich Engels* (1884) war dies ein klassisches Parade-
pferd der Familiensoziologie, wie es aus der Sozialanthropologie niemals
verschwunden ist, sondern im Gegenteil immer im Vordergrund gestanden
hat. Aber es ist auch festzustellen, daß sich mit wenigen Ausnahmen, die
noch erwähnt werden sollen, die Formulierungen dieser Probleme bei den
Soziologen reichlich eintönig wiederholen und – überraschenderweise –
auch wenig an eigentlicher Forschung hervorgebracht haben. Außerdem
ist häufig die dabei befolgte theoretische Logik alles andere als eindeutig
und zwingend. So kann man etwa regelmäßig lesen, die *Tatsache der Lohnabhängigkeit* sei verantwortlich für den Schwund der väterlichen Autorität in der modernen Familienwirklichkeit und Familienkonzeption. Genau
so gut ließe sich aber die entgegengesetzte These vertreten, daß sich der in
der Wirtschaft lohnabhängig gewordene Vater für seine entgangene Selbständigkeit in der Familie entschädigt und dort nun gerade auftrumpft. Es
gäbe etwa eine interessante Studie zu schreiben über *Wilhelm Heinrich
Riehl* und sein Familienbuch (1855), in dem er ausgerechnet nach der
gescheiterten Revolution von 1848 in Deutschland die väterliche Autorität in
der Familie zu restaurieren sucht, nachdem sich die politische Emanzipation
des deutschen Mannes wieder einmal als eine Illusion erwiesen hatte. So hat
man gezeigt, daß er nach einer vorrevolutionären liberalen Haltung später zu
einem starren Konservatismus übergeht (*G. Schwägler* 1970, S. 35, Anmerk.
4). Es könnte geradezu sein, daß unter diesen Umständen mit der damals sich
auch in Deutschland bemerkbar machenden wirtschaftlichen Entwicklung
genau umgekehrt, wie durchschnittlich angenommen, sich eine Verschärfung

des väterlichen Autoritarismus angebahnt hat, der dann im Wilhelminischen Reich mit Glanz, Donner und Doria eine eigentliche Apotheose erlebte. Im Gegensatz dazu mildere sich der Patriarchalismus in der Weimarer Republik, während die deutschen Männer ihre ersten Schritte auf der politischen Bühne taten. Vielleicht besteht also ein viel engeres Verhältnis zwischen *Herrschaftssystem und väterlicher Autorität* als zwischen Wirtschaft und väterlicher Autorität, und zwar in Form einer eigentlichen Polarität, indem einer politischen Entmündigung ein starker innerfamiliärer Autoritarismus entspricht und umgekehrt politische Mündigkeit eine Lockerung der väterlichen Autorität zur Folge hat. Leider muß zugestanden werden, daß bisher noch kaum Forschung zu dieser Fragestellung vorliegt, so daß von nicht mehr als Vermutungen gesprochen werden kann. Bestenfalls wird soviel klar, daß vor der Frage nach dem Grad der politischen Mündigkeit oder Unmündigkeit die nach der Lohnabhängigkeit vielleicht von mehr sekundärer Bedeutung ist. Allerdings war die Aufmerksamkeit bisher recht einseitig auf die zweite Problemstellung ausgerichtet.

Das zeigt sich schon seit den ersten Forschungsansätzen dieser Art in Europa und Amerika, die sich seit den älteren britischen Gemeindestudien mit dem *Problem der Armut und der Familie* befaßten (*Ch. Booth, B. S. Rowntree* u.a.), was sich bei einigen bis heute durchgehalten hat (*F. Zweig* 1949; *B. S. Rowntree* und *G. R. Lavers* 1951). Ähnliches findet sich auch bei den amerikanischen „muck-rakers" und kehrt im Grunde wieder in den Untersuchungen von *Oscar Lewis* über die *Subkultur der Armut* in Mexico oder in Puerto Rico (1960, 1967). In Italien ist diese Position jüngstens von *Danilo Dolci* (1956) sehr eindrucksvoll vertreten worden. Es wurde auch mit Recht hervorgehoben, daß in Deutschland die empirische Sozialforschung mit Armutsstudien begonnen hat (etwa *Otto Rühle*). Allerdings sind die Bezüge zur Familie doch zumeist recht oberflächlich: man studiert einfach *Armut in der Familie*, ohne wesentlich über den Zustand der Deskription hinauszukommen und sich nach zugehörigen strukturellen Änderungen zu fragen. Während der großen Weltwirtschaftskrise von 1929 versuchte man die Beziehungen zwischen langwährender Arbeitslosigkeit und Familienorganisation herauszustellen (zuerst die klassische Arbeit von *M. Jahoda, P. Lazarsfeld, H. Zeisel* 1933; später *R. C. Angell* 1936; *R. S. Cavan* 1938; *W. L. Morgan* 1939; *M. Komarowsky* 1940; *E. W. Bakke* 1940; *H. W. Gilmore* 1940), womit einige theoretische Probleme sichtbar wurden, z.B. Rollentausch zwischen Mann und Frau, Wandlungen in der Autoritätsstruktur u.ä. Das Verhältnis von akuter Not und Familienstruktur untersuchte *Hilde Thurnwald* (1948) bei Berliner Familien in der unmittelbaren Nachkriegssituation. Vertieft wurden diese Ansätze jedoch erst, wenn spezifisch strukturelle Probleme mit in die Erwägung einbezogen wurden, etwa die Wirkung der Abwesenheit des Vaters im Kriegsdienst (*R. Hill* 1949) oder bei erwachsenen Söhnen norwegischer Seeleute in ihrer Anpassung an die Umwelt (*E. Grönseth* und *P. O. Tiller* 1957). Das verweist uns auf den Begriff der „Unvollständigkeit" (*M. Wynn* 1964) und damit auf die eigentliche Gruppentheorie der Familie, die später behandelt werden wird (VI und VII).

Auch bei der Frage nach der Bedeutung der weiblichen Erwerbstätigkeit für die Familie, d.h. der sogenannten „Doppelrolle" (*A. Myrdal* und *V. Klein* 1968) der Frau als Mutter und Erwerbsperson häufen sich die Unklarheiten. Obwohl die soziologische Problematik in die Augen zu springen scheint, ist es ungemein schwer, diese zu handgreiflichen theoretischen Hypothesen zu operationalisieren. Insbesondere wird es nur selten klar, ob es sich dabei um Studien handelt, die sich auf die allgemeine Stellung der Frau in der Gesellschaft oder im strengen Sinne auf die Stellung der Frau in der Familie beziehen. Frauenarbeit ist in der Tat ein sehr bedeutsames wirtschaftliches Problem; das hat aber zunächst keinerlei selbstverständliche und unmittelbare Implikationen für die Familie, solange kein struktureller Rahmen da ist, innerhalb dessen weibliche Erwerbstätigkeit eine gewisse Funktion ausübt oder auch nicht ausübt. So wichtig die Erörterung dieser Frage wäre, um den Begriff des „Familieneinkommens" zu erfassen, so sehr überwiegen doch noch immer allgemeinwirtschaftliche Überlegungen vor den eigentlichen familiensoziologischen, weshalb wir sie hier zurückstellen. Entsprechend überwiegen auch noch immer die Kontroversen über eine relativ einheitliche Theorie, wie eine neuere amerikanische Sammelbesprechung zeigen konnte (*Lois Stolz* 1960). Auch müssen die Variablen systematisch ins Spiel gebracht werden, wie sie a) durch die verlängerte Lebenserwartung, b) durch den veränderten Familienzyklus und c) durch die verschiedenen Lebensphasen der Frau bedingt werden (*R. König* 1967b, in: *R. König* 1974). Das kann u.U. die Erwerbstätigkeit der Frau als abhängige und nicht mehr als unabhängige Variable erscheinen lassen, was uns wiederum auf die strukturelle Analyse der Familiensituation verweist.

In dieser Hinsicht wird von besonderer Bedeutung der *Begriff des Familieneinkommens,* für den allerdings noch viel zu wenig empirische Untersuchungen vorliegen, um zu entscheidenden Konklusionen vorzustoßen. Dieser Begriff ist aus mehreren Gründen recht unklar geblieben. Wir nennen hierzu insbesondere die These a) vom Vater als (der Regel nach) alleinigem Familienernährer und b) die weitere von der Familie als „bloßer" Konsumgemeinschaft, die vermeintlich keinerlei produktive Funktionen mehr hat. Nicht nur, daß die Frau mehr und mehr als Miterwerbende auftritt, es muß noch darauf hingewiesen werden, daß der Haushalt nach wie vor produktive Funktionen hat, die man sogar indirekt in Geldeswert messen kann, wenn etwa ein Familienmitglied regelmäßig auswärts essen oder schlafen muß und damit Mehrkosten verursacht. Aber man mußte erst die Erfahrung der Auswirkungen langwährender Arbeitslosigkeit machen, um zu erfahren, wieviel Einkommensquellen es außer den „offiziellen" noch gibt. Vor allem setzt dies voraus *das Abgehen von der Vorstellung des individuellen Lohneinkommens und seine Ersetzung durch das Familieneinkommen* (siehe *J. N. Morgan* u.a. 1962), wobei Schwarzarbeit, Sonderverdienst von Frau und Kindern, Einkommen durch finanzielle Beiträge von Haushaltsgenossen, bei unterentwickelten Gesellschaften auch traditional geregelte Geschenke von Verwandten u.a. mit eine Rolle spielen. Dazu gehören auch die zahllosen Dienstleistungen der Familienmitglieder, die das Realeinkommen beträchtlich erhöhen können, etwa durch Mitwirken beim Hausbau, durch Bewirtschaftung eines Gartens und anderer Besitztümer. Häuslicher (meist weiblicher) Gewerbefleiß schaffte längst vor der Do-it-yourself-Bewegung eine unter Umständen beträchtliche Erhöhung des materiellen Wohlstands, ebenso die Betätigung der Männer, Jugendlichen und Kinder beim Basteln (frz. bricolage) und ähnliche Tätigkeiten. Davon abgesehen gibt es noch Gelegenheits- und Zufallseinkommen bei allen Familienmitgliedern, das nicht nur in den untersten Schichten, sondern bei vielen kleinen Selbständigen eine Rolle spielt. Familieneinkommen ist also ein äußerst komplexer Begriff (*P. Nickel, J. Dorsey* und *M. Rudolfson* 1959), so daß man aus einer vollständigen Kenntnis dieser Größe auf die Struktur der Familie zurückschließen kann, was schon *F. LePlay* vorgeschwebt hatte (*Ann Smith Rice* 1966, S. 248).

Dem Begriff des Familieneinkommens zugeordnet ist der des *Haushaltes*, aber genau so unterentwickelt wie die soziologische Einkommenstheorie ist die Soziologie des Familienhaushalts (siehe dazu *G. Schmölders* 1969). Dabei wäre eine solche Disziplin gerade im Zusammenhang mit der Lehre vom Familienzyklus von besonderer Wichtigkeit, da diese deutlich macht, daß auch der Familienhaushalt keine feste Größe ist, sondern sich mit der Entfaltung des Familienzyklus nach einem ersten Aufbau in einem zweiten Schritt erweitert und schließlich wieder verengt (s. *Martinus Emge* 1973). Es liegt auf der Hand, daß sich in der ersten Phase vor allem die Hilfe der Eltern des jungen Ehepaares bemerkbar macht, die unter anderem mit zur Formulierung des Begriffs der „modifizierten erweiterten Familie" Veranlassung gegeben hat (siehe V, b, c). In der zweiten Phase eines Ehepaares mit jungen und heranwachsenden Kindern stellt sich die Wohnfrage mit ganz besonderer Dringlichkeit, indem das Familieneinkommen in vielen Fällen noch keine adäquaten Wohnverhältnisse erlaubt; dies ist hingegen sehr häufig dann der Fall, wenn die Kinder das Haus zu verlassen beginnen (*W. F. Kenkel* 1973, S. 400/1; vor allem aber *Nelson Foote* und Mitarb. 1960), so daß eine sehr enge und zwar kritische Beziehung besteht zwischen dem Familienzyklus und der Wohnfrage. Deutlich kommt das in der für USA geltenden Feststellung zutage, daß der Eigenheimbesitz dann am höchsten war, wenn das älteste Kind bereits 16 Jahre alt war (oder sogar darüber), also bald die Familie verläßt, um eine Ausbildung zu beginnen. Das ist zweifellos eine paradoxe Situation; wenn der Hausbesitz erreicht ist, wird er auch bald überflüssig. Ähnliches gilt, wenn Familien mit kleinen Kindern in die Vorstädte ziehen, möglichst mit dem Traum eines freistehenden Hauses, und dann bald mit zuviel Raum dastehen, wenn die Kinder gehen. Es ist nun zweifellos wahr, daß man sich leichter mit zu viel Raum abfindet als mit zu wenig. Es bleibt aber, ob diese Verhaltensweise nicht reichlich unwirtschaftlich ist. Von politisch interessierter Seite (wie etwa dem französischen Sozialphilosophen *Henri Lefebvre* und seinen Mitarbeitern) ist der Ausdruck des *„monde pavillonnaire"* geprägt worden, womit die Eigenheimbewegung getroffen werden soll, und zwar darum, weil nach dieser Auffassung insbesondere Arbeiter wirtschaftlich derart angespannt werden, daß sie politische und gewerkschaftliche Tätigkeiten vernachlässigen (siehe dazu *N. Haumont* 1966; *R. Raymond, N. Haumont, M. G. Raymond, A. Haumont* 1966). Es ist allerdings unmöglich, hier die Wohnfrage in ihrer ganzen Ausdehnung aufzurollen, es sollte einzig auf ihre enge Beziehung zum Familienzyklus hingewiesen werden.

Was nun den Haushalt selbst betrifft, so muß von ihm ohne Zweifel eingeräumt werden, daß er von der Soziologie nicht nur gröblichst vernachlässigt, sondern überdies ausgesprochen *ideologisch verzerrt* gesehen wird. Zum letzteren trägt besonders jene kulturkritische These bei, nach der die Familie heute von einer ursprünglichen Produktionsgemeinschaft auf eine bloße Konsumgemeinschaft reduziert sei, die sich schon seit *W. H. Riehl* angebahnt, in den zwanziger Jahren erneuert und heute um die Schreckkonzeption von vermeintlichem „Konsumterror" erweitert hat. Es ist ja gerade die große Frage, wieviel der Haushalt „produziert", auch wenn er selber zweifellos nicht „vermarktet" ist. Hier wird aber der Begriff des Wirtschaftens zu eng gefaßt, wie *Fritz W. Meyer* (1967) bemerkt hat. Im Anschluß daran betont *Dieter Smolinski* (in: *M. Emge* und *D. Smolinski* 1973, S. 86), „daß es zu keiner befriedigenden theoretischen Ausformung der sich aus der realen Wirtschaftätigkeit der privaten Haushalte ergebenden Unterhaltswirtschaft gekommen ist, die mit der Theorie von der Erwerbswirtschaft ein theoretisches Gesamtgebäude hätte bilden können". Die ökonomische Problematik soll und kann hier nicht aufgerollt werden, das überschreitet den Rahmen dieses Kapitels. Wohl aber muß darauf hingewiesen werden, *daß familiensoziologisch gesehen eine der wichtigsten Rollen der Frau in der Familie als Hausfrau von vornherein in die Gefahr gerät, unterschätzt zu werden, was zu dem wachsenden Unmut vieler Hausfrauen geführt hat.* Das verstärkt sich, wenn man den arbeitsteiligen Charakter der Erwerbswirtschaft der „Arbeitsvereinigung" (*K. Bücher*) der Hausfrau gegenüberstellt, die als besonders primitiv angesehen wird. Dabei wird nur vergessen, daß sich der moderne Haushalt zunächst aufgrund einer besseren schulischen und beruflichen Ausbildung der Frau, ferner aufgrund seiner hohen Mechanisierung beträchtlich verändert hat. Zahlreiche andere Tätigkeiten, die mit dem Haushalt mindestens indirekt zusammenhängen, wie z.B. das Sparen, werden ebenfalls weitgehend von Frauen kontrolliert. Schließlich aber tritt sie in der überwältigenden Zahl der Fälle als Konsumkäuferin auf, womit sowohl kurz- wie langfristige Lebensplanung verbunden ist, sie budgetiert, disponiert und ist damit wesentlich für das verantwortlich, was man neuerdings „Lebensqualität" genannt hat. Das alles sind wesentliche Leistungen der Unterhaltswirtschaft, die im Dienste der Gruppe Familie steht, genau wie das Einkommen auch nur als Familieneinkommen gesehen werden sollte.

Für den Familiensoziologen besonders relevant sind die hierbei zu Tage tretenden *Solidaritätsbeziehungen innerhalb der Familie* (siehe *R. König* 1969), die nicht nur in einer vermeintlich gar auf individuellen Nutzen ausgehenden Erwerbswirtschaft aus dem Rahmen fallen, sondern auch einen wesentlichen Beitrag leisten zur Widerlegung der oben schon diskutierten

These von der Isoliertheit der Kernfamilie. Nicht nur, daß sich gerade hier Beziehungen zu Verwandten als wichtiger Faktor für die Gestaltung des Familieneinkommens zeigen, es treten auch unter dem Eindruck neuerer Erscheinungen, wie z.B. der Vermehrung von Frühehen in den Vereinigten Staaten, deutlich Tendenzen zu verstärkter Hilfeleistung zwischen der elterlichen Kernfamilie und der ihrer verheirateten Kinder hervor, was schon *Marvin B. Sussman* als Symptom für die Entstehung von erweiterten Verwandtschaftsnetzen (der „modifizierten erweiterten Familie") gerade in den Mittelklassen ansah (*M.B. Sussman* und *L. Burchinal* 1962; *M.B. Sussman* 1953a; *E.M. Rogers* 1958; *V.J.S. Christopherson* und *M. Drenger* 1960; *A.B. Clark* 1962 u.a.). Das regte gleichzeitig eine neue Diskussion über die Unterschiede der Begriffe „Familismus", „Familienintegration" und „Orientierung an der Verwandtschaft" an (*E.M. Rogers* und *H. Sebald* 1962). Es wird später mehrfach auf diese Problematik zurückzukommen sein. Im übrigen ist auch in Deutschland die Frage nach Unterstützung von Frühehen durch die Eltern hervorgehoben worden, ohne daß daraus jedoch weiterreichende theoretische Schlüsse gezogen worden wären (*R. König* 1966c, dort weitere Quellen).

Mußten wir mehrfach bemerken, daß bisher das Verhältnis der Familie zur Sphäre der wirtschaftlichen Institutionen mehr der Spekulation als systematischer Forschung offenstand, so gibt es auch eine wichtige Ausnahme, nämlich das *Studium der Familienbudgets,* womit einmal die Familiensoziologie bei *F. LePlay* und *Ernst Engel* angefangen hatte. Hierbei kommt es insbesondere auf das Eindringen soziologischen Denkens in die ursprünglich rein statistischen Analysen an. So ist das „Engelsche Gesetz" sicher wichtig, nach dem der Prozentsatz an Ausgaben für Lebensmittel mit steigendem Einkommen sinkt; aber es ist für uns wichtiger zu wissen, daß bei gleichem Einkommen Arbeiter mehr für Lebensmittel ausgeben als etwa Angestellte, weil dies den Begriff gewisser Regelmäßigkeiten des Verhaltens impliziert, die familienweise fixiert sind, wie *Maurice Halbwachs* in einer Reihe klassischer Untersuchungen gezeigt hat (1913, 1914, 1921, 1933). *Damit verschieben sich die Fragestellungen von der bloßen Sammlung von Tatsachen auf die Analyse, was theoretische Ansätze und Hypothesen voraussetzt.* Sicher war das Interesse auch bei den älteren Forschern gelegentlich lebendig, wie etwa bei dem Belgier *Edouard Ducpétiaux* und seiner Untersuchung von Arbeiterbudgets (1855), denen eine Erhebung über die Armut in Flandern vorausgegangen war (1850). Aber wenn bei diesen Untersuchungen nicht das Reformbedürfnis und die Ansprüche der Sozialpolitik überwogen, standen mehr im Vordergrund rein statistische Fragen, wie etwa die Repräsentativität der gesammelten Budgets, die Zuverlässigkeit der Mittelwerte und die Verhältnisse der klassischen Posten für Ernährung, Wohnung, Kleidung und Diverses zueinander und der Wandel dieser Verhältnisse in der Zeit, wobei das Engelsche Gesetz im wesentlichen die Interpretation begründete, *als die Projektion dieses ganzen Komplexes auf bestimmte reale Familien, die in ihrem Verhalten jeweils einem bestimmten klassenbedingten „Lebensstil" folgen* (*M. Halbwachs: Niveaux de vie*). In diesem Sinne wurden zahllose Budgetstudien in vielen Ländern (Belgien, Vereinigte Staaten, England, Schweiz, Deutschland, Frankreich usf.) bis in die jüngste Gegenwart unternommen, die es zwar erlauben, relative Veränderungen in der Zeit oder zwischen verschiedenen statistischen Gruppen (Berufe etc.) festzustellen, für die es aber zunächst grundsätzlich gleichgültig ist, ob es sich bei diesen Budgets um solche von Einzelpersonen (Mann oder Frau) oder von Ehepaaren und Familien handelt, wie *M. Halbwachs* schon früh (1908, S. 546) feststellte. Er betonte auch (1913, S. 416), daß die Familie als Ganzes über die Relativität der Bedürfnisse entscheidet, wobei er selber allerdings der sozialen Klasse die größere Aufmerksamkeit zuwandte. Er sieht aber genau (S. 421) wie später *Paul H. Chombart de Lauwe* (1956, S. 203ff.) die zentrale Bedeutung (auch im Sinne der Sozialisierung) der Mahlzeitengemeinschaft bei der Arbeiterfamilie. Für *Chombart de Lauwe* wird diese Gemeinschaft zum Zentrum des intimen Meinungsaustausches, wobei gerade die Enge der Beziehungen in einem kleinen Raum darüber entscheidet, daß Mißhelligkeiten in den Interaktionen der Familienmitglieder völlig unerträglich werden können. Das setzt eine indirekte Beziehung zwischen Konsumgewohnheiten und Familienkohäsion voraus, die insbesondere an Sonn- und Feiertagen hervortritt, an denen neben dem Lebensnotwendigen ungebundenere Interessen des Lebensgenusses hervortreten. Daher rührt schließlich auch die Beziehung zwischen Familienkohäsion und Freizeit (*E. K. Scheuch* 1962). *W. F. Ogburn* und *M. F. Nimkoff* (1955) fanden sogar, daß manche neue technische Entwicklungen die Familiensolidarität stärken konnten, indem sie sowohl einzelne produktive Aktivitäten verstärkten, als auch wichtige Möglichkeiten für die Verlagerung vieler Freizeitaktivitäten in die Familie schufen (siehe in diesem Handbuch das Kapitel von *Erwin K. Scheuch* über Freizeit). Diese Probleme werden heute in der Soziologie des Konsums weiterverfolgt (siehe in diesem Handbuch das entsprechende Kapitel von *Gerhard Scherhorn*), als deren eigentlicher Begründer ebenfalls *Maurice Halbwachs* angesehen werden muß.

Im großen und ganzen muß man also sagen, daß die überwiegende Menge von Budgetstudien soziologisch ohne jeden Ertrag bleibt, selbst wenn etwa bei *Pierre de Bie* (1960) das Engelsche Gesetz in der Hinsicht bestätigt wird, daß bei steigender Kinderzahl einerseits die Ausgaben für Ernährung zu- und andererseits die für Verschiedenes abnehmen, was insbesondere Prognosen für eine geringere Ausbildungschance dieser Kinder erlaubt. Deutsche Untersuchungen bestätigen diese Erkenntnis (*Helga Schmucker* 1961; *Gesellschaft für sozialen Fortschritt* 1959), bleiben allerdings völlig stehen bei Kostenfragen und der Idee vom Überwiegen eines alleinigen Einkommensbeziehers, statt vom Familieneinkommen auszugehen, so daß letztlich sowohl die reine Kostenfrage unklar bleibt, als auch die Strukturprobleme der Familie überhaupt nicht in Erscheinung treten. Allerdings wird man auch mit einem solchen Anspruch diesen Studien nicht ganz gerecht, die zugestandenermaßen nur Unterlagen für die Sozialpolitik bieten wollen, was vom Interesse der Familiensoziologie aus gesehen völlig unergiebig bleiben kann. Sie zeigen allerdings deutlich die durchschnittliche Unterprivilegiertheit der Familien mit mehreren Kindern selbst in einem Lande mit hochentwickelten Sozialleistungen wie Schweden (Abb. 2).

Abb. 2 Alterszyklus und Lebensstandard für Familien verschiedener Größe in Schweden (ohne Kinder, mit einem Kind, mit 2, 3, 4 Kindern). Quelle: *E. Dahlström* 1967, S. 29

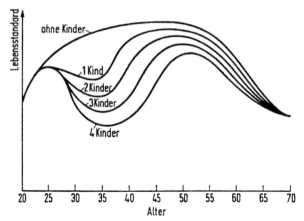

Andererseits muß auch gesagt werden, daß selbst die wirtschaftlichen Probleme, die familienintern von struktureller Bedeutung sind, in diesen Studien nicht in Erscheinung treten, selbst wenn sie einen noch so großen Aufwand an Statistiken treiben. Aber es fehlt, wie schon bei *M. Halbwachs* hervorgetreten, bei *P. Chombart de Lauwe* wesentlich vertieft, vollkommen der Begriff des in einem gegebenen Familienbudgets *„frei verfügbaren Betrags"*, der beim Samstagsessen oder bei Familienfesten aber auch bei allen Arten der Freizeitgestaltung bis zu den Ferien gewissermaßen in die Familienkohäsion investiert wird. Hier spielen auch eine wichtige Rolle die subtileren Analysen von *M. Halbwachs* (1933) über den Zusammenhang zwischen dem Konjunkturzyklus und der Verteilung der Ausgaben, indem diese sich in der Prosperität umschichten, so daß alternierende Phasen der Budgetgestaltung im Sinne von Ausdehnung und nachfolgender Konsolidierung auftreten. *Chombart de Lauwe* zeigt, wie sich die Ausgaben erweitern, wenn die Einkommen schneller steigen als die Preise, und sich konsolidieren, wenn die Einkommen wieder zurückgehen. Je nach den Grundposten des Familienbudgets wandeln sich diese Bewegungen in verschiedener Weise. In der der Expansion unmittelbar vorausgehenden Konsolidierungsphase, die auch meist eine Einengung bedeutet, findet man auch den Ursprung bestimmter Bedürfnisse, die häufig an das Auftreten neuer Industrieprodukte gebunden sind oder auch an alte, die nun einer größeren Zahl von Menschen zugänglich werden (1956, S.123ff.). Das wiederum macht sich bemerkbar in den Vorstellungen vom angemessenen Konsum, die mit dem sozialen Status einer bestimmten Familie oder Gruppe von Familien verbunden sind (siehe dazu *D. Riesman* und *H. Roseborough* 1955 und ihren Begriff des „Lebensstils"). Trotz einiger erfreulicher Fortschritte ist aber insgesamt die konkrete Verwirklichung der institutionalistischen Behandlung der Familie im Zusammenhang mit der Wirtschaft noch recht zurückgeblieben. In jüngster Zeit rückt gerade bei der Konsumforschung der Familiengesichtspunkt stärker in den Vordergrund durch Betonung der Rolle des *familiären Entscheidungsprozesses*. Damit erhalten allmählich die Begriffe von Budget, Lebensstandard, Reichtum, Armut, Existenzminimum, Wohlstand, Einkommen, Konsum und Bedürfnisse einen immer mehr familienbezogenen Charakter, was für die Zukunft beträchtliche Umorientierungen in der Wirtschaftssoziologie erwarten läßt.

4. Massenkommunikation und Familie

Die zweite Vertiefung erfährt der Institutionalismus durch das *Studium des Einflusses der Massenkommunikationsmittel auf die Familie*. Während sich die wirtschaftliche Seite dieses Problems vor allem auf das tatsächliche Verhalten bezieht, erstreckt sich die Wirkung der Massenkommunikationsmittel insbesondere auf die *sozialmoralischen Leitideen*. Es ist unseres Erachtens noch viel zu wenig gesagt worden über den institutionellen Charakter der Massenkommunikation, die in unseren fortgeschrittenen Industriegesellschaften einen unaufgebbaren Aspekt der Gesamtgesellschaft darstellt (unaufgebbar wie die Wirtschaft). Man ist nicht gewohnt, die Mittel der Massenkommunikation als verschiedene Institutionen zu sehen, selbst wenn man ohne weiteres von ihrer Funktion der sozialen Kontrolle spricht, die sich insbesondere auf die Dimension der sozialen Werte bezieht. Letzteres hat insofern eine besonders enge Beziehung zur Familie, als diese schon früh unter anderem als ein Kommunikationssystem erkannt wurde; von hier zur Erkenntnis, daß der Kommunikationsstrom in der Familie nicht nur auf den internen Austausch bedeutungsvoller Gesten und Laute (Sprache) beschränkt ist, sondern gleichzeitig am gesamtgesellschaftlichen Kommunikationsprozeß partizipiert, insofern jede Familie Teil eines gesamtgesellschaftlichen Systems ist, ist nur noch ein kleiner Schritt. In Wahrheit ist auch dieser Aspekt häufig in Gemeindestudien hervorgehoben worden, wo der gesamtgesellschaftliche Kommunikationsprozeß sehr wesentlich über den Status der einzelnen Familie entscheidet. Die Lokalisierung einzelner Familien im Statussystem einer gegebenen lokalen Gemeinde macht regelmäßig Gebrauch von jenem Schichtmodell, das in den Köpfen aller oder der meisten Gemeindeglieder lebendig ist und in einem unabgerissenen Kommunikationsprozeß ständig umgeformt und an die sich wandelnden Verhältnisse angepaßt wird. Verkehrsnetze in einem Schichtsystem sind immer auch Kommunikationskanäle, die mit der Erfahrung von der Existenz bestimmter anderer Einheiten (Familien) zugleich die Identifizierung der jeweils eigenen erlauben. Allerdings ist dies Kommunikationssystem auf Gemeindeebene mehr oder weniger informell, was jedoch nicht in dem Sinne mißverstanden werden darf, als sei es unwirksam. Insbesondere bei der sozialen Kontrolle, d.h. der Abwehr möglicher abweichender Handlungen, ist die Kommunikation auf der Gemeindeebene allgegenwärtig.

Wenn wir von Gemeinden auf Gesamtgesellschaften höherer Ordnung übergehen, verstärkt sich dieser Zug. Von einem begrenzten und übersehbaren Kreis von Teilhabern erweitert sich der Kommunikationskreis sofort beträchtlich, wobei es entscheidend ist, daß mit dem damit parallel laufenden Formalisierungsprozeß eine Institutionalisierung erfolgt, d.h. ein System von organisierten Verfahrensweisen entwickelt wird, die nun je nach den Medien die verschiedensten Formen annehmen können (Buch, Zeitungen, Magazine, Illustrierte, Filme, Radio, Fernsehen), *denen aber allen gemeinsam ist, daß sie direkten Zugang in die Familie haben und dort auf die verschiedensten Weisen regelmäßig konsumiert werden.* Hierher gehören schon früh (seit dem 16. Jh.) die Haushaltsbücher, deren Wirkung auf die Familie gar nicht zu unterschätzen ist (*L. L. Schücking* 1964; *R. König* 1968a und b; *O. Brunner* 1966); besonders interessant sind in dieser Hinsicht die japanischen „Manierenbücher" (*C.F. Tappe* 1955; *Katsumi Yokoe* 1970). Von Büchern dieser Art ergießt sich ein kontinuierlicher Strom von Kommunikation und Information in die Familie, durch den nicht nur Tatsachenkenntnis, sondern insbesondere Wertvorstellungen, sozial-moralische Leitideen, Bilder aller Art vermittelt werden, die sich zu einem großen Teil auch mit der Familie und allem, was damit zusammenhängt, befassen. Selbstverständlich werden von hier aus auch „Mißverständnisse" über Ehe und Familie verbreitet (*E. K. Scheuch* 1966), völlig verzerrte Vorstellungen etwa von der Frau (*A. Silbermann* und *U.M. Krüger* 1971; siehe auch *R. König* 1967b in: *R. König* 1974), verkitschte „heile Welt" im Stil des „Heimatfilms" (*W. Höfig* 1973). Dementsprechend ist eine ständige Auseinandersetzung des innerfamiliären Kommunikationsprozesses mit diesen gesamtgesellschaftlich institutionalisierten Kommunikationsströmen zu erwarten, dessen Wirkungen untersucht werden müssen, wenn die sozial-moralischen Leitideen der Familie erkannt werden sollen. Wir sind uns klar darüber, daß dies nicht unmittelbar das Verhalten erfassen muß: aber die innerfamiliäre Kommunikation insbesondere in der Wertdimension kann sich einfach diesem System nicht entziehen, weshalb wir es als einen wesentlichen Bestandteil der institutionalistischen Analyse der Familie ansehen möchten. So hat man auch hervorgehoben (*D.R. Miller* und *G.E. Swanson* 1958), daß das Verhalten der Eltern ihren Kindern gegenüber sich nicht nur in der Zeit wandelt, sondern auch innerhalb eines gegebenen Zeitraums in verschiedenen sozialen Gruppen (Schichten, sozialen Klassen, Berufsgruppen) verschieden ist. Die Verfasser versuchen damit, die sehr vagen Spekulationen von *David Riesman* über die wandelnde Wertorientierung der modernen amerikanischen Gesellschaft konkreter auszugestalten. Unangesehen dessen, ob ihre Typenscheidung zwischen mehr unternehmerisch oder bürokratisch orientierter Mentalität ausreicht, um die möglichen Variablen zu erfassen, bleibt die prinzipiell richtige Einsicht von der gesamtgesellschaftlichen Determination des elterlichen Verhaltens in der Kleinkindererziehung (siehe auch *D. G.*

McKinley 1964), die ohne Existenz der Massenkommunikation nicht begreiflich ist. In der Lehre von der Massenkommunikation ist dementsprechend
viel Aufmerksamkeit auf diese Frage gewendet worden, weshalb wir hier auch
auf das entsprechende Kapitel dieses Handbuchs von *Alphons Silbermann* verweisen (siehe etwa zum Thema Familie und Fernsehen *R. T. Bower* 1973).
Die Lehre von der Massenkommunikation ergänzt die Familiensoziologie
in entscheidender Weise genau wie das im vorigen Abschnitt mit der Soziologie des Konsums der Fall war. Sie bezieht sich gewissermaßen auf einen
Teilaspekt des Familienkonsums, den Kulturkonsum in seinen verschiedenen
Formen, wobei insbesondere jene Ideen, Bilder und Wertvorstellungen
unsere Aufmerksamkeit beanspruchen müssen, die sich unmittelbar auf
die Familie beziehen. Die Vorstellungen von Liebe und Geschlechtsleben,
von Ehe, Familie, Kindererziehung, Jugend und Alter werden in den fortgeschrittenen Industriegesellschaften dauernd von den institutionalisierten
Medien der Massenkommunikation berührt, und zwar sowohl in ihren
positiven Gestaltungsmöglichkeiten wie in den Grenzen des Möglichen oder
Erlaubten, so daß sich diese Betrachtungsweise geradezu aufzwingt (siehe
dazu *M. Wolfenstein* 1953).

Ein noch wenig untersuchter Aspekt der Massenkommunikationsmittel
ist ihre *Funktion als parallele Sozialisierungsinstanz neben der elterlichen*,
speziell mit Bezug auf sprachliche Sozialisierungsdefizite der Kinder aus den
Unterklassen. Im Gegensatz zur primitiven Sprache der Familie kommen
Kinder am Fernsehen mit der von Schauspielern gesprochenen Hochsprache
in Kontakt, was sich durchaus kompensatorisch zur Familienerziehung auswirkt. Hier wird man manches lernen können von der Einwirkung der
Massenkommunikationsmittel (Presse, Illustrierte, Radio, Fernsehen) auf
die dialektale Mannigfaltigkeit vieler Sprachen der Dritten Welt. Wie deren
Angehörige hier zum ersten Mal mit einer einheitlichen Hochsprache in
Verbindung kommen, so lernen Unterschichtskinder in den Industriegesellschaften zweifellos eine bessere Sprache als in der Familie.

Wir betonen zum Abschluß, daß die Erziehungspraxis heute von
allen Mitteln der Massenkommunikation Gebrauch macht, um die für
die Erziehung, Hygiene, Ehefragen usw. verfügbaren wissenschaftlichen
Materialien an immer breitere Bevölkerungsschichten heranzutragen. Das gilt
für Aufklärungsschriften (wie die berühmten Babybücher von *Dr. Benjamin
Spock* u.a.), Flugblattaktionen (Letters of Pierre the Pelican, die sich bis nach
Westberlin verbreiteten), Broschüren, wie sie von den „Elternschulen" in
vielen Ländern herausgebracht werden (ausgehend ursprünglich von *F. A.
Isambert* und seiner „Ecole des Parents" in Paris; siehe dazu *R. Nave-Herz*
1964), aber auch vom gemeinsamen Anhören von Radioprogrammen in
unterentwickelten Ländern mit nachfolgender Gruppendiskussion (siehe
dazu *Werner Mangold* im zweiten Band dieses Handbuchs). Allerdings
beschränken sich diese Aktionen zunächst auf Information, während andere
mehr die Wertdiskussion angehen. Das gehört aber nicht mehr in den
engeren Bereich der Familiensoziologie, nicht einmal der angewandten,

sondern in den viel weiteren der Familienpolitik, der hier nicht zur Diskussion steht.

b) Mikrosoziologie der Familie

1. Die strukturell-funktionale Analyse der Familie
Während in der institutionalistischen Analyse noch vieles ungeklärt ist und insbesondere in vielen Fällen die elementarsten empirischen Informationen fehlen, ist die strukturell-funktionale Analyse mindestens theoretisch besser fundiert. Sie hat ebenfalls eine lange Entwicklungsgeschichte, da sie auf *Emile Durkheim* zurückgeht, der sich seit den ersten Jahren seiner Unterrichtstätigkeit in Bordeaux um ihre Grundlegung bemühte (1888). Andererseits hat sie in den letzten zwei Jahrzehnten nicht nur selber Entwicklungen durchgemacht, sondern auch kritische Vorbehalte provoziert, so daß sie noch nicht – wenigstens in der heutigen Form nicht – als das letzte Wort angesehen werden kann. Trotzdem gehen wichtige Einsichten auf sie zurück, wobei uns immer wieder aufgefallen ist, wie eng sie in vielen Hinsichten den vorher besprochenen Ansätzen verwandt ist, was die Annahme zukünftiger konvergenter Entwicklungen nahelegt.

Entscheidend scheint uns für diese Konzeption, daß die primitive Erklärung einer Institution aus ihrem „Nutzen" einer komplexeren Auffassung gewichen ist, die den inhärenten sozialen Individualismus der Nutzenvorstellung, die letzten Endes naturrechtlichen Ursprungs ist, ersetzt durch eine konkrete Vorstellung von Gesellschaft, in der andere Vorstellungen von der Beziehung einer sozialen Teilinstitution zum Ganzen der Gesellschaft bestehen als im konstruktiven Naturrecht. Das heißt dann, daß soziale Einrichtungen, wie etwa die Familie, nicht nur aus einer geistigen Antizipation ihres Nutzens (d.h. ihrer Funktion) entstehen, *vielmehr besteht diese Funktion umgekehrt in der Erhaltung der strukturellen Voraussetzungen, aus denen sie erwachsen sind.* Damit ist auch eine subjektive Bewertung weitgehend ausgeschaltet. Allerdings bestehen andere Schwierigkeiten darin festzustellen, *zu welcher strukturellen Ebene jeweils eine bestimmte Institution zugerechnet werden muß,* wenn man nur voraussetzt, daß selbst Gesellschaften einer noch so geringfügigen Komplexität immer aus einer Mannigfaltigkeit von Systemen, Subsystemen und Sub-Subsystemen bestehen. Wenn die funktionale Beziehung zum Gesamtsystem klar scheint, so mögen sekundäre Beziehungen zu einem (oder mehreren) Sub-Systemen genau wie vorher eine Reihe von intervenierenden Variablen ins Spiel bringen, was uns bis heute noch lange nicht hinreichend geklärt zu sein scheint (dazu *J. McIntyre* 1966, S. 66ff.; ebenfalls *J. R. Pitts* 1964, S. 54ff.).

Das gilt übrigens in abgewandelter Form und in noch ausgeprägterem Maße von der damit verwandten Problematik, *welchem Typ von Familie jeweils gewisse Funktionen zugeschrieben werden,* und das noch ganz abgesehen davon, ob sie sich auf die Gesamtgesellschaft, eines ihrer Sub-Systeme oder gar nur eines der Sub-Subsysteme beziehen. Der so oft in diesem Zusammenhang auftauchende Begriff vom *Funktionsverlust der Familie* hat mindestens zwei ganz verschiedene Bedeutungen, je nachdem er sich auf die Kernfamilie oder irgendeine Form der erweiterten Familie bezieht. Meist wird darüber aber nichts ausgesagt, was übrigens durch die oft paradigmatische Verwendung des Begriffs der Familie in der strukturell-funktionalen Theorie, speziell bei *Talcott Parsons* und manchen seiner unmittelbaren Fortführer nahegelegt wird (siehe oben III, a). Dann erscheint der Funktionsverlust unmittelbar und ganz selbstverständlich gebunden an die Kernfamilie. Das aber ist wirklich höchst problematisch; denn wo nichts ist, kann auch nichts verloren gehen, ohne daß das Verhältnis zu bestehen aufhört. Außerdem verliert man darüber die Frage aus den Augen, *ob wirklich die Kernfamilie früher so viel mehr Funktionen gehabt haben kann als heute.* Man darf diese Frage auch umkehren und sagen, *hat denn die Kernfamilie heute wirklich weniger Funktionen als früher?* In Wahrheit steht aber all das nicht zur Diskussion, vielmehr betrifft der Funktionsverlust ausschließlich alle Formen der erweiterten Familie, während man von der Kernfamilie ohne weiteres annehmen kann, daß sie auf Grund ihrer Strukturverfassung, die mit der Enge des bezielten Personenkreises entschieden ist, *früher wie heute ungefähr gleich wenig (oder gleich viel) Funktionen ausgeübt hat.*

In der paradigmatischen Behandlung der Familiensoziologie schleicht sich aber diesbezüglich eine ganze Reihe von theoretischen Vorurteilen ein, ohne deren vorgängige Auflösung die Kritiker wohl immer mehr an Boden gewinnen werden. Zu diesen Vorurteilen gehört die auf *George P. Murdock* (1949) zurückgehende Auffassung von der Universalität der Kernfamilie. Mit Recht hat *Marion J. Levy* fast gleichzeitig (1955, 1959, vorher 1949) bemerkt, daß dieser Satz *Murdocks* zweifellos Ausdruck eines westlichen ethnozentrischen Vorurteils ist. Um es deutlich zu sagen: diese Einschränkung bezieht sich nicht etwa auf die Frage der Universalität der Institution Familie, sondern einzig auf die Beschränkung dieser Universalität auf die Kernfamilie. Im übrigen hat diese Auseinandersetzung ihr Vorbild in einer viel älteren Diskussion im Rahmen des Evolutionismus, wo es hieß, daß die Existenz von erweiterten Familien selbstverständlich gleichzeitige „Sonderpaarungen" nicht ausschließt (*L. H. Morgan* 1877; *F. Engels* 1884; *E. Durkheim* 1896/7b), nur daß sie nicht im Zentrum des bestehenden Obligationensystems stehen. In diesem Sinne ist die Kernfamilie Fortpflanzungsgemeinschaft, die nicht eigentlich Gegenstand der Soziologie, oder bestenfalls ein „Grenzbegriff" ist. In Wahrheit muß also eine vergleichende Betrachtung von einem anderen Familienbegriff als dem von *Murdock* und *Parsons* ausgehen, wie *Levy* vorgeschlagen hat, *indem er von der kleinsten Verwandtschaftseinheit spricht, die in einer gegebenen Gesellschaft jeweils als Institution angesehen wird* (1955). Das bedeutet schon einen wesentlichen Schritt voran. Insbesondere ist durch eine solche Auffassung nicht von vornherein ausgeschlossen, daß sich die Verhältnisse in ein und derselben Gesellschaft mit der geschichtlichen Entwicklung ändern können. Das würde etwa die Aussage erlauben, daß der extreme Isolationismus von *Parsons* u.a. auf die Erfahrung einer früheren Periode (etwa der zwanziger Jahre) zurückgeht, während jene, die heute diesen Isolationismus auf Grund empirischer Erhebungen bestreiten, von der gegenwärtigen Situation ausgehen. Das wäre ein gutes Beispiel für die Historisierung der Theorie, von der wir zu Beginn gesprochen haben.

Um aber wirklich weiterzukommen, bedürfen noch mehrere weitere Vorurteile der Auflösung, z.B. als müsse die Kernfamilie klein sein, als müsse sie isoliert sein, als stelle sie mit allen diesen Eigenschaften die entscheidende Voraussetzung im strukturell-funktionalen Sinne für die Industrialisierung dar. Letzteres Vorurteil ist wohl viel allgemeiner verbreitet als im Rahmen dieser Betrachtungsweise, so daß wir uns später eingehend damit werden befassen müssen. Dagegen muß schon hier darauf hingewiesen werden, daß der *Ausdruck Kernfamilie oft synonym mit „Kleinfamilie" verwendet wird.* Das ist in mehreren Hinsichten fragwürdig, indem er sich etwa auf die Zahl der Kinder bezieht und gleichzeitig unterstellt wird, daß diese gering sein müsse. Es stimmt gewiß, daß heute eine viel geringere Geburtenzahl erforderlich ist, um eine stabile Bevölkerung zu erzielen. Aber abgesehen von der Bedenklichkeit der Verkoppelung familienstruktureller Analysen mit demographischen oder gar bevölkerungspolitischen Betrachtungsweisen, muß hervorgehoben werden, daß selbst in den fortgeschrittenen Industriegesellschaften mit neuen Einstellungen zur Familie eine außerordentliche durchschnittliche Vergrößerung der Kernfamilie erfolgen kann, wie etwa in den Vereinigten Staaten seit 1940. Es gibt schließlich in den Industriekulturen nicht nur stabile Gesellschaften, sondern ebenso ausgesprochene Bevölkerungsexplosionen, die etwa in den USA bis 1957 angehalten hat. Damit allein entscheidet sich aber, daß man gut daran tut, Kernfamilie nicht mit Kleinfamilie zu verwechseln. *Letztere scheint uns vielmehr einer historischen Phase der bürgerlichen Gesellschaft zu entsprechen, die ihre Kinderzahl vorübergehend klein hielt, um in dem neuen Industriesystem sozial aufzusteigen.* Nachdem dies gelungen war, änderte sich das Verhalten, und zwar typischerweise zunächst in den Oberklassen, die zuerst arriviert waren und sofort die Kinderzahl vergrößerten, so daß man von einer Tendenz hat sprechen können, die Zahl der Kinder mit der Höhe des Einkommens in Übereinstimmung zu bringen (in verschiedenen Ländern schon seit den 30er Jahren des 20. Jahrhunderts sichtbar). Wenn aber in diesem Sinne die Kleinfamilie eine historisch lokalisierbare Erscheinung ist, die von sehr spezifischen Ursachen abhängig ist, dann sollte man sie nicht zur Strukturanalyse heranziehen, und zwar weder manifest, noch – was wichtiger ist – latent. Genau die gleichen Vorbehalte gelten natürlich auch gegenüber dem deutschen Begriff „Großfamilie", der sich keineswegs auf die Zahl der Kinder, *sondern allein auf das Strukturphänomen der erweiterten Familie (extended family) bezieht,* und zwar in ihren verschiedenen Formen der Mehrgenerationen- und der Großfamilie im engeren Sinne (= *joint family*). Die Kernfamilien innerhalb der einzelnen erweiterten Familien können bezüglich der Zahl der Kinder durchaus klein sein; was dagegen groß ist, ist allein die Zahl und Ausdehnung der kooperierenden Verwandtschaftskreise.

Das Moment der Kooperation steht auch im Vordergrund bei den gelegentlich sich selbst als „Großfamilien" bezeichnenden *Kommunen*. Dies schon seit langem insbesondere von bestimmten religiösen Sekten bekannte Phänomen (mit oder ohne Sexualgemeinschaft oder Partnertausch) zeichnete sich seit jeher durch eine ungewöhnliche Unbeständigkeit aus (die auch durch den ständigen Austausch der Mitglieder unterstrichen wird). Das gilt auch für heute, sowie z.B. in diesen „bundartigen" Vereinigungen irgend-welche Sachfragen (auch Rechtsfragen) geklärt werden müssen (*R. König* 1975). Bei den chinesischen Kommunen vom Anfang der fünfziger Jahre handelte es sich dagegen um etwas völlig verschiedenes, nämlich um ein politisches Werkzeug der Transformationsperiode, während der alte Familien-formen bewußt abgebaut werden, um Raum für neue zu schaffen. Abgesehen davon, daß die Kommunenbewegung in China nie total durchgeführt wurde (siehe *R. König* 1974a und b), hat sich später die chinesische Familie wieder „emanzipiert" (*W.J. Goode* 1963) und ist gewissermaßen eine „unabhängige Variable" in einer neuen Familienpolitik geworden, nachdem die alte ihr Ziel, nämlich die Freisetzung großer Massen isolierter Arbeiterindividuen, erreicht hatte.

Einsichten dieser Art erzwingen, auch im Anschluß an die oben zitierte Kritik von *Marion J. Levy*, eine besondere *Definition der Kernfamilie,* die sich am besten als *die Gruppe von Mann und Frau mit ihren unverheirateten und unmündigen Kindern* angeben läßt. Dabei sind beide Merkmale unver-heiratet und unmündig gleich wichtig, weil sich herausgestellt hat, daß sich in manchen Fällen bei sinkendem Heirats- und relativ hohem Mündig-keitsalter die Zahl der Eheschließungen, bei denen ein Teil unmündig ist, quantitativ vermehren können. In diesem Moment stellt sich aber sofort eine *strukturelle Umschichtung der Familie* ein, indem das junge Ehepaar dem Elternpaar mit einer gewissen Selbständigkeit gegenübertritt. Selbst in Europa oder in Deutschland, wo man gemeinhin eine stärkere Tendenz zum Dreigenerationenhaushalt annimmt, geht die Tendenz überwiegend auf die Begründung eines eigenen Haushalts bei dem jungen Ehepaar (*R. König* 1966c). *Allerdings darf das nun unter gar keinen Umständen in dem Sinne mißverstanden werden, als bedeute das eine gegenseitige Isolierung der verschiedenen Haushalte*; darum sprachen wir auch von struktureller Umschichtung und nicht von Separation. Was jeweils wirklich geschieht, darf aber nicht präjudiziert werden und bedarf noch der Untersuchung; die Ergebnisse der Forschung mahnen jedenfalls zur Vorsicht. Übrigens besteht gerade hier eine eklatante Möglichkeit zur Verwechslung verschiedener struktureller Ebenen, wie vorher angedeutet wurde, *indem häufig die Auf-lösung der (rechtlichen oder nur in der Sitte begründeten) Vormundschaft der Eltern mit der Auflösung der Familienbeziehung verwechselt wird,* die selbst-verständlich völlig unabhängig von der ersteren existiert.

Hingegen tritt deutlich die Bedeutung der Ehe für den modernen Typ der Kernfamilie hervor, was ja auch bei *E. Durkheim* den *Begriff der „Gatten-familie"* (famille conjugale) provozierte (1921). Mit der Begründung der Gattengemeinschaft setzt sich die zukünftige Familie von der alten in gewisser Weise ab, wie umgekehrt *nach Abschluß der eigentlichen Familien-phase mit der Verlängerung der Lebenserwartung von Mann und Frau im 20. Jahrhundert am Schluß das Ehepaar wieder für sich allein bleibt*, ohne natürlich darum alle Beziehungen zu den Jüngeren aufzugeben (siehe dazu die Ausführungen über den „Familienzyklus" in VI, b). Diese Situation bedeutet also nicht notwendig eine Isolierung oder Separation, wenn man nur zugesteht, daß Interaktionen auch bei räumlicher Trennung möglich sind. So hatten schließlich schon *William I. Thomas* und *Florian Znaniecki* (1918 bis 1920) in ihrem berühmten Werk über die polnischen Bauern in Europa und Amerika zeigen können, daß der Intimzusammenhang der Familie bei großer Entfernung durch Korrespondenz aufrechterhalten werden kann. Gerade diese Möglichkeiten haben sich aber heute durch die Entwicklung des Verkehrs (insbesondere des privaten Verkehrs durch das Auto), durch eine allgemein vergrößerte Bereitschaft zur zeitweiligen Ortsveränderung (Wochenende, Ferien) und schließlich durch neue Kommunikationsmittel, wie z.B. das Telefon, beträchtlich vermehrt, so daß selbst große räumliche Trennung immer weniger eine Beeinträchtigung der Interaktionen im Rahmen der Familie bedeutet. Damit erweist sich schließlich, *daß die strukturell-funktionale Analyse der Familie letztlich ohne das Mittel der Inter-aktionsanalyse auf halber Strecke liegen bleiben muß*. So war es auch kein Zufall, als *Talcott Parsons* seinen Begriff der Sozialisierung mit der Klein-gruppenforschung von *Robert F. Bales* verband (1955). Es gibt aber noch andere Möglichkeiten der Interaktionsanalyse (s.u.).

Während sich die Analyse bei *Parsons* in einem mehrheitlich para-digmatischen Strukturalismus verliert, der insbesondere an den funktionalen Voraussetzungen und den funktionalen Äquivalenten der Gesamtgesell-schaft mit ihren Haupt- und Untersystemen interessiert ist, unterstreicht *William J. Goode* (1960a) eher das innere strukturelle System der Familie, vor dem die gesamtgesellschaftliche Ausrichtung sekundär wird (selbstver-ständlich ohne darum zu verschwinden). Nicht Reproduktion ist danach die Zentralfunktion der Familie, denn diese kann – wie schon *Durkheim* wußte – grundsätzlich außerhalb der Familie vor sich gehen; vielmehr „kann die menschliche Gesellschaft (soziologisch gesehen) die biologische Erzeugung und damit den Eintritt des Kindes in das soziale Leben so lange nicht gestatten, bis Klarheit darüber besteht, daß für die Unterhaltung und die Für-sorge dieses Kindes Vorsorge getroffen ist. So wird mit anderen Worten die Zeugung nicht zugelassen, solange nicht die Verantwortung für den Unter-halt, die Fürsorge und die Sozialisierung des Kindes festliegt" (S. 33). Haupt-funktion der Familie ist also die „soziale Placierung des Kindes", aus der unzweideutige Rollen sowohl den Familienangehörigen als auch Fremden gegenüber erwachsen. Das geht sogar der Sozialisierung voraus: „Ein Kind kann nicht leicht sozialisiert werden, wenn der soziale Status, der durch seine Geburt geschaffen wird, in der Struktur der anerkannten verwandtschaftlichen Positionen nicht existiert" (S. 34). Von hier aus werden nun nacheinander die strukturell-funktionalen Probleme des Inzests, der Illegitimität, der Partnerwahl besprochen, über die insgesamt eine Menge empirischer Aussagen gemacht werden können. Damit werden die strukturellen Eigenschaften der Kernfamilie sichtbar. Die Verwandtschaft ist grundsätzlich zweiseitig nach Vater- und Mutterseite (cognatisch), d.h. es gibt keine getrennten Verwandtschaftslinien (lineages) mehr. Das hat zur Folge, daß kollektives Zusammenarbeiten größerer Verwandtenkreise selten ist, ohne daß darum alle Verwandtschaftsverhältnisse ausgeschaltet würden. Das zeigt auch nochmals – was bei *Goode* nicht ganz klar wird –, daß wir der *Parsonsschen* Konzeption der Verwandtschaft als Einheit von nur zwei Ringen nicht folgen müssen (wie oben schon gesagt); diese Konzeption ist als empirisch widerlegt anzusehen. Andererseits widerspricht das nicht dem nächsten Satz von *Goode,* daß gegenüber weiteren Verwandtschaften nur geringe soziale Verpflichtungen bestehen. Wenn dieser Satz zweifellos wahr und empirisch gesichert ist, so ist darum der andere Satz noch lange nicht bewiesen (er ist auch nicht logisch notwendig), daß der Mensch nur mit zwei Familien zu tun habe, der Orientierungs- und der Fortpflanzungsfamilie (S. 77/9). Zwischen der weiteren Verwandtschaftsfamilie und der einzig auf zwei Gruppen reduzierten Verwandtschaft steht noch ein mittlerer Verwandtschaftskreis, der mindestens durch das Vorhandensein eines oder zweier Großelternpaare oder einzelner Großelternteile charakterisiert ist. *Goode* hat, genau wie *Parsons*, den empirisch gesicherten Tatbestand a) der längeren Lebenserwartung, b) eines generell sinkenden Heiratsalters vergessen, *was ein für mehr und mehr Familien feststellbares Überschneiden der Lebensläufe von drei Generationen zur Regel macht.* Wenn längere Lebenserwartung aber ein strukturelles Merkmal der fortgeschrittenen Industriegesellschaften ist, dann wird die eben angedeutete strukturelle Konsequenz unabdingbar, was auch empirisch nachweisbar ist. Noch nicht empirisch geklärt ist das Verhältnis zu den Kollateralen, also Vettern und Kusinen ersten und zweiten Grades. Wir möchten vermuten, ohne es vorläufig empirisch belegen zu können, daß diese Erweiterung in Industriegesellschaften strukturell etwas weniger hervortritt, während sie bei den in Auflösung befindlichen Formen der erweiterten Familie bei wirtschaftlich Unterentwickelten im Vordergrund steht, wie die Erfahrung zeigt. Man spricht hier von einer Vetterngesellschaft (*G. Tillion* 1966: société des cousins).

Die neuartigen strukturellen Voraussetzungen in der Bevölkerungsentwicklung, die der Isolierungshypothese widersprechen, werden von den Strukturalisten nur selten gesehen. Eine wichtige Ausnahme ist *Jesse R. Pitts* (1964, S. 90), der die Situation mit folgenden Worten zusammenfaßt: „Thus, the average American girl is more likely to attend her granddaughter's wedding and, in fact, is likely to have for her great-granddaughter the position in relative age and closeness to death that her mother had with her own grandmother. Young grandmothers and numerous great-grandmothers are two results of the present trend". Es ist ungemein bezeichnend, daß mehr und mehr Stimmen auftauchen, und zwar in Europa wie in Amerika, die die Isolierungstheorie bestreiten; dies ist insgesamt das Ergebnis empirischer Forschung. Der Gerechtigkeit halber muß zugestanden werden, daß für *Parsons* die Isolierungshypothese eher modellartigen Charakter hat, wie es seiner paradigmatischen Verwendung der Familienproblematik für die der allgemeinen Soziologie entspricht, und nicht sosehr empirischen Charakter. Letzteres ist bei ihm eher der Fall mit der anderen Hypothese, welche die isolierte Kernfamilie und das Phänomen der Industrialisierung miteinander verknüpft, wovon später zu sprechen sein wird. Wir haben hier wahrscheinlich den bedeutendsten Fehler vor uns, der aus der Verwechslung der verschiedenen analytischen Ebenen, der allgemeinsoziologischen und der theoretisch-empirischen, resultiert.

2. Interaktionsanalyse

Letztlich können die wirklichen Verhältnisse in einem gegebenen Familientyp *einzig und allein durch die Interaktionen der verschiedenen Familienmitglieder untereinander erfaßt werden,* weshalb die strukturell-funktionale Analyse unbedingt der Ergänzung durch die Interaktionsanalyse bedarf. Insofern als Interaktionen und ihre Häufigkeit ein wichtiger Maßstab bei der Identifizierung von Gruppen darstellen, leitet der interaktionistische Ansatz kontinuierlich über zu einer *Gruppentheorie der Familie,* die unseres Erachtens die glücklichste Form der Verbindung aller gesamtgesellschaftlichen mit den strukturell-funktionalen Betrachtungsweisen darstellt, insofern der Begriff „Gruppe" allen gleichmäßig angehört und es damit gewissermaßen erlaubt, familiensoziologische Probleme auf einer Ebene mit einer Fülle anderer soziologischer Probleme abzuhandeln; selbst die Kleingruppentheorie kann mit ihren Ergebnissen hier herangezogen werden. Die Interaktionstheorie der Familie geht auf eine klassische Definition von *Ernest Burgess* (1926) zurück, nach der die Familie *„a unity of interacting personalities"* sei. Damit ist gewissermaßen der Kreis am engsten gezogen, obwohl deutlich gesagt werden muß, daß diese Betrachtungsweise keineswegs an mikrosoziologischer Beschränktheit leidet, was insbesondere deutlich wird, wenn man an die theoretischen Voraussetzungen des Interaktionismus in der Familiensoziologie denkt. Wie *Sheldon Stryker* (1964, S. 127–133) sehr richtig hervorhebt, sind die theoretischen Väter des Interaktionismus in der Familiensoziologie nicht nur *William James, James M. Baldwin* und *John Dewey,* sondern im spezifisch soziologischen Sinne noch *Charles H. Cooley, William I. Thomas* und *George H. Mead.* Damit ist wohl schlagend klar gemacht, daß in dieser Konzeption nicht nur die Gruppenproblematik, sondern gleichzeitig die Frage nach dem Aufbau der sozial-kulturellen Person in einem gegebenen gesamtgesellschaftlichen Rahmen und die Relation der Familiengruppe zu den anderen sozialen Systemen und schließlich zur Gesamtgesellschaft behandelt wird.

Die entscheidende Stärke des interaktionistischen Ansatzes scheint uns jedoch in seiner Brauchbarkeit als Instrument der empirischen Forschung zu liegen. Er ist unbelastet von offenen oder versteckten Annahmen über den Umkreis der Familie, insbesondere der Kernfamilie (aber nicht nur dieser); denn er weist ganz einfach jenen Kreis von Personen als zusammengehörig aus, die zueinander in regelmäßigen Interaktionen einer bestimmten Art stehen. Als Definition der Art des Zusammenwirkens dient bis heute der Begriff der „Primärgruppe", wie ihn zuerst *Ch. H. Cooley* entwickelt hat. Über den Begriff der Gruppe bleibt der Interaktionismus zudem rückverbunden mit der empirisch gewordenen strukturell-funktionalen Analyse. Der Rollenbegriff vermittelt dabei zwischen der Struktur und spezifischen Interaktionen. Damit dient das Ganze in hervorragendem Maße der Analyse des alltäglichen Geschehens, wie es sich auch in der sozialen Praxis als nützlich erweist. Eine ganze Reihe wichtiger (älterer und neuerer) Gesamtdarstellungen der Familiensoziologie ist hieraus entsprungen (*E. Burgess* und *H. J. Locke* 1945; *Robert D. Herz* und *G. Handel* 1959; *W. F. Kenkel* 1973; *Cl. Kirkpatrick* 1955; *E. L. Koos* 1958; *E. Mowrer* 1939; *R. H. Turner* 1970; *W. Waller* 1938; *W. Waller* und *R. Hill* 1951); der Einfluß auf die Forschung ist überragend und eigentlich von keiner Seite bestritten. Die zentralen Themen werden durch den Ausgangspunkt bestimmt als die Analyse relevanter Interaktionssituationen wie Partnerwahl, eheliche Anpassung, Eltern-Kinder-Verhältnis, Beziehungen in der Gruppe, zur Verwandtschaft, zur Umwelt usf. Da durch den Ansatz keinerlei Präjudizierung über die zu verwendenden Forschungstechniken erfolgt, können in der Tat alle benutzt werden, wobei seit *John Dollard* (1935) auch die Bedeutung der lebensgeschichtlichen Analyse hervorgehoben worden ist, was schon früh eine enge Verbindung mit der Psychiatrie angebahnt hat (*H. S. Sullivan* 1953; *V. W.* 1953; *N. W. Ackerman* 1954). Obwohl die bereits vorliegenden Leistungen erstaunlich sind, bleibt doch noch viel zu tun, weshalb wir uns dem Urteil von *Sheldon Stryker* (1964) anschließen, wenn er die weiteren Entwicklungsmöglichkeiten des Interaktionismus in der Familiensoziologie hervorhebt. Wir betonen zum Abschluß, daß man darum natürlich die makrosoziologischen Bezüge nicht außer Acht lassen darf, wie es etwa die Kleingruppenforschung häufig getan hat. So nützlich die strukturell-funktionale und die interaktionistische Analyse der Familie auch gewesen sind, so kann man natürlich darüber die gesamtgesellschaftlichen Determinanten nicht vernachlässigen, die sich etwa bei der Frage anmelden, ob die Kernfamilie eine Voraussetzung oder ein Produkt des Industrialismus ist. Dies zentrale Problem soll im nächsten Kapitel für sich behandelt werden.

V. Das „Kontraktionsgesetz" in der Entwicklung der Familie und der Industrialismus

Die entscheidendsten Schwierigkeiten in der Familiensoziologie rühren daher, daß die Stelle und die Rolle der Kernfamilie in der menschlichen Gesellschaft nicht nur allgemein, also z.B. die Frage ihrer Universalität, sondern überdies auch noch historisch problematisch ist, und zwar sowohl bezüglich ihrer Entstehung als auch bezüglich ihres Verhältnisses zum Industrialismus.

Bezüglich der vermeintlichen Universalität der Kernfamilie haben wir schon gesehen, daß diese Theorie die Gefahr im Gefolge hat, den human-soziologischen Begriff der Familie mit dem biologischen der Fortpflanzungs-gemeinschaft zu verwechseln. Hierzu muß gesagt werden, daß die Familie zweifellos ein Universal darstellt, *daß aber jeweils gesamtgesellschaft-liche Vorstellungen darüber entscheiden, was als kleinste Verwandtschafts-einheit angesehen wird.* Dazu kommt noch die Auswirkung struktureller Umstände, die den Kreis der in der Familie kooperierenden Personen bald größer, bald kleiner erscheinen lassen. Wir haben schon mehrere Bei-spiele für die Vergrößerung dieses Kreises gehabt; wir geben noch ein Bei-spiel für die umgekehrte Erscheinung. So können etwa in den israelischen Kibbutzim die Kinder von den Eltern räumlich in gewisser Weise getrennt sein, ohne daß darum die Kernfamilie zu bestehen aufhörte, wie die Existenz gehäufter Interaktionen zwischen Eltern und Kindern beweist. Darum kam ein israelischer Beobachter, *Melford E. Spiro* (1960) dazu, auch seinerseits eine Revision der Universalitätsdefinition von *G. P. Murdock* (1949) zu ver-langen, indem er in diesem speziellen Fall auf die nur relative Bedeutung der Familienlokalität hinwies. Hier wäre dann das personelle Inventar der Familie sogar kleiner als in *Murdocks* universeller Definition.

Das wurde in der ganzen Welt viel diskutiert, speziell als der vorausgesagte „Hospitalismus" (*R. Spitz*) bei den israelischen Kindern gar nicht aufzutreten schien, so daß Erziehung durch eine Schwester (*Metapelet*) offensichtlich besser war als die durch die leiblichen Eltern. Besonders war es *Bruno Bettel-heim* (1969), der diese These vertrat, obwohl auch er nie so einseitig war wie die (alten) und neuen Kibbutz-Ideologen, auch nicht wie die deutschen (*L. Liegle* 1971a und b). Zu einem ausgewogeneren Urteil kommt *William F.* (1973), daß zwar der nicht-elterliche Einfluß wirklich existiert, wenn auch nicht in allen Kibbutzim, und daß „collective child rearing is ‚just as good as' family child rearing" (S. 137, 145). Von keinem der Beobachter wird aber beachtet, a) daß der Kibbutz erstens nie die allgemeine Bedeutung erhalten hat, die man von ihm erwartete (höchstens 4% der Gesamtbevölkerung und 25% der ländlichen Bevölkerung lebten so); zweitens, daß die Kibbutz-Ideologie seit ca. 1960 deutlich im Rückgang ist. b) Man vernachlässigte aber in den meisten Untersuchungen *die kompensatorische Bedeutung der Gruppe von Gleichaltrigen, die auch gemeinsam aufwachsen, als Eltern-„Ersatz".*

Schließlich aber hatte *Yonina Talmon-Garber* (1957, 1959, 1962) schon lange nachweisen können, daß sich die elterliche Fürsorge auch im Kibbutz durchsetzt, wie insbesondere in den Gemeinschaftsdörfern (*Moschawim*) die Verwandtschaftszusammenhänge über die Struktur von Gemeinde und Nachbarschaft entscheiden (*Y. Talmon-Garber* 1970).

Aber alle diese Fragen sind von nur sekundärer Bedeutung angesichts der viel brennenderen a) nach dem Verhältnis von weiteren Familienformen zur engeren (oder gar engsten im Sinne der Kernfamilie) und b) nach dem Verhältnis der engeren zum Industrialismus, nachdem sich herausgestellt hat, daß die engste Form der Familie im Industriesystem zahlenmäßig mindestens überwiegt, um es vorsichtig auszudrücken.

a) Kernfamilie und erweiterte Familie

Ohne hier auf entwicklungsgeschichtliche Spekulationen einzugehen, muß hervorgehoben werden, daß etwa *E. Durkheim* dazu neigte, in den archaischen Hochkulturen eine Entwicklung von weitesten zu immer engeren Familienformen anzunehmen, wobei er allerdings nicht ausschloß, daß frühere Formen in späteren Perioden überlebten. In dieser Weise konnte man etwa in der Antike folgende Typen unterscheiden:

1. Weiteste Verwandtschaftszusammenhänge gentilizischer Natur;
2. Großfamilien (Brüder mit ihren Frauen und Kindern in ungeteilter Erbengemeinschaft);
3. Die klassische patriarchalische (Generationen-)Familie;
4 Die Vaterfamilie aus Mann, Frau (Frauen), unmündigen Kindern mit jeweils mehr oder weniger im Haushalt lebenden Verwandten.

Wenn man diese Gruppen nach dem Personenbestand verglich, so mußte man zur Vorstellung einer Einengung der Familie auf einen immer engeren Personenkreis gelangen. Dies wurde von *E. Durkheim* als *„Kontraktionsgesetz"* bezeichnet, wobei *grundsätzlich zwei Interpretationsmöglichkeiten* gegeben waren, a) die strukturelle und b) die historische. *E. Durkheim* hat jeweils beide Aspekte behandelt, ohne sich aber hinreichend Rechenschaft darüber zu geben, daß sie fundamental verschieden waren. Die strukturelle Interpretation ging aus von einer *Abnahme der Dichte der gegenseitigen Beziehungen* in der Vaterfamilie (die der Kernfamilie nahe verwandt ist); hier wurde also die Frage nach der *Kohäsion der Familie* zum zentralen Thema, das er etwa in seinem Werk über den Selbstmord (1897) behandelte. Die historische Interpretation ging aus vom Postulat, daß die strukturelle Abfolge der Typen auch einer *historischen Entwicklung* entsprach, *die unumkehrbar war.* Gerade hier beginnen die Probleme.

Es ist mit Recht schon vielfach darauf hingewiesen worden, daß wir noch immer nicht über eine brauchbare Geschichte der Familie von der Antike bis heute verfügen. Weder die allgemeinen Historiker noch die Sozial- und Wirtschaftshistoriker haben jemals – mit nur wenigen Ausnahmen – ihre Aufmerksamkeit diesem Thema zugewandt. Ein typisches Beispiel für eine inadäquate Darstellung, die sich in dem sonst vorzüglichen Handbuch von *Harold T. Christensen* (1964) findet, ist die von *Panos D. Bardis* (1964), in der mit einem totalen Mangel des elementarsten historischen Verständnisses einfach an Hand einiger Rechtsbegriffe Familientypen umrissen werden, *ohne daß jemals nach ihrem Verhältnis zur Wirklichkeit gefragt würde.* Insbesondere wird der Eindruck erweckt, als habe bei den alten Hebräern, Griechen, Römern, Christen usw. *immer nur je ein einziger Familientyp bestanden,* was nicht nur hinter den Analysen *E. Durkheims* zurückbleibt, sondern letztlich auch den überlieferten Rechtsregeln Gewalt antut, *da es wirklich in allen den genannten Gesellschaften mehrere Familientypen gegeben hat.* Das Problem ist hier zu wissen, in welchem zahlenmäßigen Verhältnis diese Typen zueinander stehen, wie sich ihre Verteilung über die verschiedenen Klassen der Gesellschaft darstellt, welche kulturellen Dominanzen festzustellen sind usw. Wir kamen selber von hier aus zu einer Hypothese, die auch von *William J. Goode* mehrfach vertreten wird, *daß zum Verständnis des Ganzen die Klassenschichtung einer Gesellschaft insofern mit herangezogen werden muß, als die Kernfamilie offensichtlich überall bei den Unterklassen vorwiegt, während die verschiedenen Formen der erweiterten Familie den Oberklassen zuzuordnen sind* (*R. König* 1966a), vorausgesetzt, daß die Unterschichten (etwa Sklaven) nicht überhaupt familienlos bleiben oder sich auf ephemere Gruppen beschränken.

Damit kommen wir zu einer ganz anderen Fragestellung als *G.P. Murdock, indem wir nach dem Nebeneinander verschiedener Familienformen und nicht mehr nach der vermeintlichen Universalität der Kernfamilie im Rahmen erweiterter Familien fragen.* Dieser Ansatz erweist sich insbesondere geschichtlich von hervorragendem hermeneutischem Wert, wie auch ganz neuartige Perspektiven für den Entwicklungsgedanken daraus gewonnen werden können. Es sieht jetzt nicht mehr so aus, als würde ein Typ in einen anderen gewissermaßen „umspringen", ohne daß irgendwelche Spuren des ersteren verbleiben; vielmehr kommt es bei grundsätzlicher Varietät von Typen zunächst auf strukturelle und kulturelle Betonungen jeweils des einen oder eines anderen Typs an, auf Konvergenzen oder Divergenzen, indem Typen zusammenschwimmen oder voneinander völlig unabhängig werden. Manche dieser Erscheinungen können wir heute besonders gut bei den in rapider Umformung befindlichen Gesellschaften verfolgen, wo etwa die Typen der erweiterten Familie in der Oberklasse aus verschiedenen Gründen schnell schrumpfen, ohne daß darum das rechtliche Regime der erweiterten Familie verschwinden müßte, und sich den Kernfamilien der Unterklassen immer mehr angleichen, so daß man sie bald sachlich nicht mehr wird voneinander unterscheiden können. Damit entsteht eine Konvergenz aus zwei einander ursprünglich entgegengesetzten Typen auf einen neuen, der bald die Majorität in der Wirklichkeit darstellt, während daneben erweiterte Familientypen weiterexistieren, solange sie nur eine Funktion haben, z.B. ein Vermögen an eine Familie zu binden. Sie werden allerdings zu einer Minorität und verlieren ihr kulturelles Gewicht; dafür vermögen sie als informelle Assoziationen auch weiterzuleben, wenn die ihnen entsprechenden Rechtsinstitutionen schon längst verschwunden sind (wie z.B. in den meisten westlichen Gesellschaften von Europa bis Nordamerika); nur in den sozialistischen Gesellschaften dürften diese informellen Assoziationen völlig verschwunden sein (was allerdings nicht unbedingt ausschließt, daß sie vielleicht unter veränderten Verhältnissen eines Tages spontan neu entstehen werden). Entscheidend aber bleibt, daß damit die alte Lehre vom bloßen „Überleben" gewisser Institutionen definitiv abgelöst wird von der strukturell-funktionalen Analyse, die die Existenz bestimmter Typen annimmt, solange die ihnen entsprechenden Funktionen wirklich sind, z.B. die Sicherung eines Familienvermögens, wie eben gesagt. Aber diese Analyse bezieht jetzt Familie nicht mehr auf die Gesamtgesellschaft, sondern jeweils nur auf einzelne soziale Schichten, in denen die genannten Notwendigkeiten verschieden verteilt sind. Damit ist die gleichzeitige Existenz verschiedener Familientypen in einer auch nur leidlich komplexen Gesellschaft strukturell-funktional begründet. Selbstverständlich gibt es auch dabei ein gewissermaßen a-funktionales Nachleben gewisser Institutionen, aber in diesem Fall muß man sich fragen, wie lange eine Institution a-funktional sein kann, ohne dys-funktional zu werden. Sie kann auch para-funktional werden, indem sie etwa ein besonderes „Prestige" auszustrahlen beginnt, das soziale Anerkennung erhält, auch wenn jedermann weiß, daß ihm keinerlei adäquate Leistung mehr entspricht (z.B. beim Adel). Die Regel aber wird sein, daß im Normalfall mehrere Varietäten der Familie gleichzeitig vorhanden sein werden, geschieden nach sozialen Schichten.

Von „Kontraktion" im engeren Sinne kann man dann nur noch bei den schrumpfenden erweiterten Familien sprechen, während sich die Kernfamilien der Unterklassen während der ganzen Zeit entweder überhaupt nicht verändern oder umgekehrt unter bestimmten Umständen sozial aufsteigen und zu erweiterten Familien werden (vgl. *R. König* 1966a). Das wäre also 1. strukturell der genau umgekehrte Vorgang zur Kontraktion und 2. wäre auch die zeitliche Folge umgekehrt. Dafür gibt uns *Philippe Ariès* (1960) ein besonders schlagendes Beispiel, das uns zugleich erlauben wird, die ideologische Position genau zu umschreiben, von der aus *E. Durkheim* zu seinem „Kontraktionsgesetz" gekommen ist.

Ariès zeigt, zusammen mit *G. Duby* (1953), wie etwa in Gallien nach jahrhundertelanger Vorherrschaft der Kernfamilie unter römischem Einfluß ca. seit dem Jahre 1000 unter verwandelten Umständen, während deren insbesondere der alte Staat und damit der Friedensverband verschwindet, spontan neue Großfamilien als gegenseitige Schutz- und Hilfsverbände entstehen. Der Grund dafür ist leicht angegeben: in den unsicheren Verhältnissen, die nach dem Zusammenbruch des alten Staates entstehen, wird die

Großfamilie wieder positiv funktional. Das geschieht vor allem im Lehns- und Gefolgschaftswesen, während sich die bäuerliche Unterklasse im Dorfverband zum gegenseitigen Schutz zusammenschließt. Nach der Entwicklung des neuen Staatswesens, d.h. nach dem 13. Jahrhundert, kommt es zu einer Ablösung eines Typs der erweiterten Familie durch einen anderen, nämlich Ablösung der aristokratischen „Lineages" von großfamilialem Typ durch die patriarchalische Generationenfamilie (wie sie auch schon im alten Rom existiert hatte). Das bedeutet eine erste Stufe der Kontraktion, die allerdings keine vollkommene ist, sondern noch immer recht umfangreich ist und die klassische, d.h. repräsentative Form der Familie unter dem Ancien Régime darstellt. Von ihr völlig unabhängig bleibt aber zunächst sehr lange die Kernfamilie der Unterklassen, sowohl auf dem Lande als auch in den Städten. Die großen Pioniere der Familiensoziologie in der Mitte des 19. Jahrhunderts, wie etwa *F. Le Play*, sahen aber zunächst nur das wachsende Zurücktreten der patriarchalischen Generationenfamilie (der „famille souche") und entwickelten daraus das Gesetz der Kontraktion, dem sich später auch *E. Durkheim* anschloß, *ohne zu merken, daß er damit ausschließlich das Schicksal der bürgerlich-großbürgerlichen Familie beschrieb. Die überwältigende Majorität der Familien in den Unterklassen konnte aber schon darum keinem Kontraktionsprozeß unterliegen, weil sie niemals erweitert gewesen waren.* Sie blieben einfach, was sie seit jeher gewesen waren: Kernfamilien. Für sie war der entscheidende Vorgang ein ganz anderer: nämlich sozialer Aufstieg aus der kulturellen Unauffälligkeit zu einer allmählich immer mehr in den Vordergrund tretenden Form der Familie als der um das Gattenpaar zentrierten Kernfamilie von wirtschaftlich Unselbständigen, die in der Industriewirtschaft nicht nur eine immer größere zahlenmäßige, sondern allmählich auch eine wachsende kulturelle Bedeutung gewann. *E. Durkheims* Kontraktionsgesetz gibt also nur einen Teil der Geschichte wieder: es verallgemeinert die Entwicklung der bürgerlichen Familie und wird damit ideologisch. Der andere Teil der Geschichte, nämlich die Lebensform der Kernfamilie in den Unterklassen, bleibt aber noch immer zu schreiben. Vor dieser Aufgabe haben die Historiker in aller Welt bisher völlig versagt. Es gibt nur wenige Ausnahmen von dieser Regel, die uns allerdings zu denken geben können, nämlich etwa die Darstellung der Familienverhältnisse bei den Negersklaven in Nordamerika und Brasilien, über deren außerordentliche Unstabilität einige klassisch gewordene Studien berichten, deren Ergebnisse jedoch nicht ohne weiteres auf die weißen Unterprivilegierten übertragen werden dürfen, obwohl das Prävalieren der mutterzentrierten Familie in beiden Fällen ein wichtiges strukturelles Indiz darstellt, dem man weiter nachgehen sollte (*E. F. Frazier* 1939, 1948, 1966; *G. Freyre* 1933).

Zusammenfassend kann an *Jean Gaudemet* (1963, Teil 3) angeschlossen werden, der betont, daß von einer geradlinigen Entwicklung von weiteren Familienformen zu engeren gar keine Rede sein kann. Bestenfalls kann man von einer „rhythmischen", manchmal sogar „zyklischen" Entwicklung sprechen, die jeweils von besonderen Bedingungen abhängig ist. Förderlich für erweiterte Familienformen sind politische und geographische Isolierung, Mangel einer staatlichen Organisation, wirtschaftliche Umstände (Großviehzucht, kollektiver Landbesitz); in die entgegengesetzte Richtung wirken Verstärkung der patria potestas (welche die Großfamilie der Kollateralen auf die Generationenfamilie reduziert), Zunahme des mobilen Eigentums (das Teilung erleichtert), Entwicklung des Handels und der Privatinitiative. So kommt es, daß die Historiker bald das Herauswachsen engerer aus weiteren Familienformen, bald umgekehrt die spontane Neuentstehung erweiterter Familienformen aufweisen können. Davon zu unterscheiden sind dann noch die Konvergenzerscheinungen, von denen oben gesprochen wurde. Außerdem müssen wir auch damit rechnen, daß in manchen Fällen mehrere Ordnungen *nebeneinanderstehen,* wie etwa Stamm, Phratrie, Clan, Großfamilie und Kernfamilien. Auch hier wäre es falsch, wollte man eines aus dem anderen ableiten; es handelt sich einfach um Gruppen verschiedener Zuordnung die je nach den Umständen bald hervortreten, bald zurücktreten können.

b) Industrialismus und Kernfamilie

Unter den Ursachen, die zumeist für das Schrumpfen der erweiterten Formen der Familie angegeben werden, ragen zwei hervor, die innerlich einigermaßen zusammenhängen, nämlich *die Industrialisierung* und *die Verstädterung.* Man kann die in der „Vorbemerkung" zu dieser Abhandlung hervorgehobene „Historisierung der Theorie" in der Familiensoziologie nicht deutlicher machen, als wenn man dagegen die heutige Position stellt, *nach der die Beziehungen zwischen der Kernfamilie, dem Industrialismus und der Verstädterung alles andere als geklärt sind* (W. J. *Goode* 1963, S. 369/70), während noch vor dreißig Jahren kaum ein Soziologe daran zu zweifeln gewagt hätte. Viele neuere Entdeckungen mahnen zur Vorsicht. So allein die Erkenntnisse der Sozialgeschichtsschreibung, nach der vielfach die bäuerlichen Familien wegen des Erbrechts in immer kleinere Gruppen zerfielen, als überhaupt noch von keiner Industrialisierung die Rede sein konnte, und daß sich umgekehrt die erweiterten Familien ausgerechnet in den Städten häuften (G. *Sjoberg* 1960), wo sie bald eine Rolle spielen sollten, die die der aristokratischen erweiterten Familien in den Schatten stellte. Die Periode, die wir gemeinhin als „Frühkapitalismus" zu bezeichnen pflegen, zeichnet sich durch eine ausgesprochene Führungsfunktion der verschiedenen Formen erweiterter Familien aus. In diesem Sinne hat schon *William J. Goode* (1963/4) das „Paradox" hervorgehoben, „that the families that are most successful in the industrialized and urbanized system are precisely those families which are farthest removed in pattern from the conjugal family which is thought to be so harmoniously adjusted to industrialization". Wir haben selber früher hervorgehoben, „that, apparently, the essential changes in family structure have occurred long before the appearance of industrialization" (R. *König* 1956b; heute in: R. *König* 1974). Wir dachten dabei insbesondere an Wandlungen des Agrarsystems, wie etwa die Einführung von Pferden (statt Ochsen) in die Landwirtschaft in Jugoslawien im 19. Jahrhundert, was eine intensive Wirkung auf die Auflösung der bäuerlichen Großfamilie (Zadruga) hatte, weil zur Bearbeitung des gleichen Landstückes wegen der größeren Zugkraft von Pferden plötzlich weniger Männer auf dem Hofe erforderlich waren; das hatte eine spontane Auflösung vieler Großfamilien zur Folge, ohne daß man von Industrialisierung reden könnte (*R. Bičanić* 1956). Viel früher schon hatte in vielen Landstrichen Europas das Erbrecht den Landbesitz dermaßen parzelliert, daß nur noch Kernfamilien übrig blieben; auch das hatte weder mit Urbanisierung noch mit Industrialisierung zu tun.

H. J. Habakkuk (1955) wies neuerdings wieder auf diese Probleme hin, wobei auch die Auswirkung bestimmter Erbsysteme auf die Bevölkerungsvermehrung hervorzuheben ist. Das Anerbenrecht (mit Primogenitur) führt zunächst zur Geburtenbeschränkung, wo der Landbesitz zwar groß, aber der Menge nach beschränkt ist, um nicht unnötig viel Personen auf einem Besitztum ernähren zu müssen. Es kann aber auch die jüngeren Söhne zum Wandern zwingen; diese gingen auf Arbeitssuche gern in die Stadt, wo sie Kernfamilien gründeten. Da sie nicht mehr die Hemmungen der alten Bauernklasse hatten, vermehrten sie sich dort sehr schnell. Sie waren die zukünftigen Proletarier der ersten Phase des Industrialismus. Umgekehrt wurden die jüngeren Söhne der aristokratischen Familien zu den ersten Unternehmern. Bei unbeschränkter Erbteilung blieben auf den parzellierten Einzelhöfen schließlich ebenfalls nur Kernfamilien, die aber gern Heimarbeit annahmen, weil sie einen willkommenen Nebenverdienst gab. Aus ihnen erwächst die Gruppe der Nebenerwerbsbauern, von denen *Neil J. Smelser* (1959) zeigen konnte, eine wie bedeutende Rolle sie in der Entwicklung der britischen Baumwollindustrie gespielt haben. Sehr ähnliche Verhältnisse werden aus dem Zürcher Oberland in der Schweiz berichtet (*R. Braun* 1960). Auch hier ist die Kernfamilie unabhängig von der Industrie entstanden, die vielmehr umgekehrt sowohl in der Stadt als auch auf dem Lande von der bereits vorhandenen verarmten bäuerlichen Überschußbevölkerung Gebrauch machte. Das Verständnis für diese Situation setzt nur voraus die Befreiung von der Marxschen Ideologie, daß die Industrie das Proletariat geschaffen habe.

Deutlich kommt diese Auffassung noch in einem neuesten Buch zum Vorschein, wo es heißt: „Die *Kleinfamilie* (Gattenfamilie) des 19. Jahrhunderts entstand im Zusammenhang mit der Industrialisierung und der Trennung von Wohnplatz und Arbeitsplatz" (*I. Weber-Kellermann* 1974, S. 16). In Wahrheit hat das aber nichts miteinander zu schaffen, denn Kernfamilien, sogar in beträchtlicher Anzahl, d.h. als Majorität gegenüber wenigen ausgedehnten Herrschaftsfamilien hat es schon immer gegeben, man denke nur an das enorme Bauarbeiterproletariat und die Masse der Prostituierten als dem wichtigsten Teil des weiblichen Proletariats in den mittelalterlichen Städten. Im übrigen ist schon früh darauf hingewiesen worden, daß in Haushalten mit Primogenitur meist nur ein Sohn im Hause der Eltern bleibt (*G.*

C. Homans 1941), so daß diese Familien relativ klein sind. Dieser Umstand ist jüngstens auch *rein theoretisch* unter Anregung von *Marion J. Levy, Jr.* wieder diskutiert worden, als er die Frage aufrollte, daß *in Realität* die erweiterte Familie meist gar nicht so groß gewesen sein kann, wie die *idealen Vorstellungen* der betreffenden Gesellschaften postulieren. Uns scheint hier in der Tat die empirische Scheidung zwischen realer und idealer Familie in einer gegebenen Gesellschaft von großer Bedeutung zu sein, solange man sich nur gegenwärtig hält, daß dies nichts mit der Antinomie zwischen allgemein-soziologischer und empirischer Betrachtung der Familie zu tun hat, wie oben erwähnt (III, a). Dann würde die historische Betrachtung der einen durch demographisch-statistische Theorien der anderen nur bestätigt werden, was ein gutes Beispiel für die Erhärtung einer empirischen Theorie durch interdisziplinäre Kooperation darstellt.

In anderen Fällen geht die Vorstellung vom Überwiegen erweiterter Familienformen auf rein ideologische Mißverständnisse zurück, wie etwa schon früh *Reuben Hill* (1956) am Beispiel der amerikanischen Südstaaten zeigte. Die erweiterten Pflanzerfamilien stellten eine verschwindende Minorität dar, die aber das allgemeine Stereotyp der Familie im Süden beeinflußte, während sich diese Familien in Wahrheit überhaupt nicht von anderen ländlichen Familien in den Vereinigten Staaten unterscheiden. Andererseits aber zeigten sich disproportionale Entwicklungstendenzen im Vergleich mit der relativ geringen Industrialisierung und Urbanisierung; so fiel die Geburtenhäufigkeit schneller, die Scheidungszahlen stiegen schneller als in anderen Teilen der Vereinigten Staaten, womit sich eine allgemeine Theorie vom sozialen Wandel anbahnt, die von der bisherigen abweicht. Wir haben selbst hervorgehoben (*R. König* 1956b; vgl. auch den Aufsatz in Teil A: „Sozialer Wandel in der westlichen Familie"), daß in diesem Falle der Zeitfaktor insofern eine Rolle spielt, als die Plötzlichkeit des Wandels entscheidend ist für die beobachteten Krisenerscheinungen, während in Fällen langwährender Umformungen auch Anpassungsvorgänge sich bemerkbar machen, speziell also bei jenen Gruppen der Bevölkerung, die die Industrialisierung und Urbanisierung schon vor längerer Zeit durchgemacht haben. Damit erhebt sich aber die weitere Frage, ob nicht ein Teil der Wirkungen, die sonst ausschließlich auf die Industrialisierung und Urbanisierung zurückgeführt zu werden pflegen, wie z.B. die Isolierung der Kernfamilie, auf gewisse Wandlungen im Agrarsystem der vorindustriellen Gesellschaft zurückgehen. Dagegen stünde dann die andere Erfahrung, daß sich in den fortgeschrittenen Industriegesellschaften, die auch schon lange unter dem Einfluß der Verstädterung stehen, neue Ansätze zu einer erweiterten Familie zu zeigen scheinen, die *Eugene Litwak* (1959/60) zu dem Begriff der „modified extended family" gebracht haben. Dazu gehört die weitere Frage von *Marvin Sussman* (1959): „The Isolated Nuclear Family: Fact or Fiction?" Wenn wirklich Industrialismus und Urbanisierung verantwortlich wären für die Universalisierung der Kernfamilie, dann wäre eine solche Entwicklung in der Tat undenkbar. In einer vergleichenden Studie über verschiedene Gesellschaften zeigte *Sidney M. Greenfield* (1961), *daß sich Industrialisierung und Verstädterung mit oder ohne Vorwiegen der Kernfamilie entwickeln können.*

Nun sind heute Informationen darüber erhältlich, nach denen nicht nur die *Realität der Kernfamilie viel älter ist als die Industrialisierung, sondern auch die Ideologie bzw. das Wertsystem.* Hier spielt offensichtlich die Reformation eine viel wesentlichere Rolle als Industrialisierung und Urbanisierung, wie schon früh *Max Weber* und *Ernst Troeltsch* und unter ihrem Einfluß noch andere Historiker erkannt hatten (*E.S. Morgan* 1944). *Levin L. Schücking* (1964) weist sogar auf vorreformatorische Strömungen wie die der Wicliffiten und der „Lollards" hin. Dabei wird auch klar, daß sich dieser Familientyp nicht bei der aristokratischen Oberklasse findet, sondern insbesondere bei der gewerblichen Mittelklasse, ebenso natürlich bei den verschiedenen Unterklassen.

Angesichts dieser Hinweise beginnt eine andere Betrachtungsweise vordringlich zu werden, die etwa von der Grundeinsicht ausgeht, daß auch die Entstehung des modernen Wirtschaftsdenkens auf die Reformation zurückgeht, wie ebenfalls seit *Max Weber* und *Ernst Troeltsch* trotz der zahlreichen Modifizierungen der ursprünglichen These durch mannigfaltige Zeugnisse belegt worden ist. Wenn wir uns zunächst auf diese Konzeption beschränken, *müßte schon die alte Theorie modifiziert werden, indem das Vorwalten der Kernfamilie nicht das Ergebnis der wirtschaftlichen Entwicklung sein kann, sondern sich parallel zu ihr eingestellt haben muß.* Das ändert die Dinge schon beträchtlich, obwohl wir damit nur einen ersten Schritt getan haben, der im Grunde noch völlig ungenügend ist. Hier weisen wir nochmals darauf hin, *daß die Wirklichkeit der Kernfamilie in Wahrheit viel älter ist als die Reformation, welche nur die entsprechenden Wertideen geprägt hat.* Wenn das wahr ist, muß obige These nochmals modifiziert werden: die Kernfamilie hat sich allein darum nicht unter dem Einfluß der Industrialisierung entwickeln können, weil sie schon vorher da war. Und wenn wirklich insofern eine Beziehung zwischen dem Industriesystem und der Kernfamilie besteht, als etwa letztere vermeintlich besonders geeignet ist für die Anforderungen der abhängigen Arbeit des Industrialismus und der von ihm geforderten Mobilität, *dann müßte sich die Kernfamilie überhaupt nicht verändern.* So kommt unter ähnlichen Voraussetzungen auch *William J. Goode* (1963, S. 17) zu folgendem Schluß: „The lower strata in *most* societies live in small households; one should not, then, expect family systems closer to the conjugal type to change much in a period of economic expansion". In der Tat: die Kernfamilie hat sich strukturell nur unwesentlich verändert, wohl aber haben sich die erweiterten Familientypen der mittleren und oberen Klassen beträchtlich modifiziert, und zwar zumeist im Sinne der Kontraktion. Das Kontraktionsgesetz gilt also nur für diese Minorität, für die überwältigende Majorität der Gesellschaft trifft das Kontraktionsgesetz offensichtlich nicht zu. Wo nichts ist, kann auch nichts einschrumpfen. Hier können nur kulturelle Veränderungen der inneren Temperatur dieser Kernfamilien auftreten, wie später noch gezeigt werden soll.

Wie kompliziert die Beziehungen zwischen Familie und Industrie gelegentlich sein können, zeigt *Neil J. Smelser* (1959) in einer Arbeit über die britische Baumwollindustrie von 1770 bis 1840. Auch hier ist die Kernfamilie in den unteren Klassen schon vor der Industrialisierung da; sie ist sogar der Träger der Hausproduktion. Von Selbständigkeit kann allerdings nicht gesprochen werden, hängen doch diese Familien vom Verleger ab, dem Vorläufer des industriellen Unternehmers, von dem sie die Rohstoffe beziehen und an den sie die Produkte abführen. Diese Familie hat aber als Produktionseinheit eine gewisse *„Isolierung"*. In diesem System war der Vater der Familienversorger, worin er von der ganzen Familie unterstützt wurde, und lehrte gleichzeitig die Kinder spinnen und weben, nachdem die alte handwerkliche Regel einer siebenjährigen Lehre bei einem Meister mehr oder weniger verschwunden war. Diese Familien waren aber relativ klein, so daß auch ihre Produktivität nicht sehr groß war. Wenn man mehr produzieren wollte, mußte man schon Arbeit an andere Familien ausgeben. Mit der Entwicklung des Fabriksystems im 19. Jahrhundert wurde nun zunächst dies traditionale System der Familienproduktion mit übernommen. Oder der Mann arbeitete beim gleichen Unternehmer beim Straßen- und Brückenbau, während Frau und Kinder in der Fabrik beschäftigt waren. Zunächst also hat das Fabriksystem keinen speziellen Einfluß. Dies ändert sich erst nach 1825 mit der Vervollkommnung der Technik und der Entstehung größerer Betriebe, in denen ein einzelner Industriemeister bald mehr Gesellen benötigte, als ihm seine eigenen Kinder bieten konnten. Damit wurden die Betriebe gezwungen, andere Frauen und Kinder anzustellen, und das Verhältnis zwischen Arbeitern und Meistern (den Familienvätern) verschob sich immer mehr zu Ungunsten der letzteren. So verschwand nicht nur das Familienprinzip aus der Fabrik, sondern es wandelte sich auch die Stellung des Familienvaters, der nun nicht mehr seine Kinder anlernte, sondern ein Arbeiter unter vielen anderen war, den man sogar durch Frauen- und Kinderarbeit weitgehend ersetzen konnte, was zu den Arbeitskämpfen der Zeit führte. Gleichzeitig machte das Schulsystem seine ersten Schritte, womit auch die Sozialisierungsfunktion der Familie beeinträchtigt wurde. Das Ergebnis der Industrialisierung ist also, wie *Smelser* wenigstens für eine Industrie zeigen kann, nicht so sehr die Entstehung der isolierten Kernfamilie, denn diese war schon vorher da, sondern *die Entfaltung einer neuartigen Differenzierung der Familie und eine neue Form der Arbeitsteilung, die die Erwachsenen und die Kinder definitiv voneinander trennte.* Wir möchten hervorheben, daß dies im strengen Sinne der eigentlich strukturelle Aspekt der Frage ist. Im übrigen bleibt die Erhaltung der Familie nach wie vor das Hauptmotiv für die Arbeit, nur daß diese jetzt in neuartigen Formen verläuft. Es ist übrigens interessant zu vermerken, daß dieser Familientyp des britischen Baumwollarbeiters eine starke Färbung durch die Moral der Methodisten und Wesleyaner erhielt, die nicht nur den Wert der wirtschaftlichen Selbständigkeit, sondern auch die Werte der Arbeit, der Nüchternheit und eines ordentlichen Lebenslaufs unterstrichen, womit sich eine neue kulturelle Ausformung der Gattenbeziehung anbahnt.

Eine ähnliche Entwicklung berichtet *Rudolf Braun* (1960) aus dem Zürcher Oberland in der Schweiz, wo eine landlose Bevölkerung von Dorfarmen, die in kleinen Familien lebten (falls sie überhaupt heiraten konnten), schon vor der Industrialisierung da war. Auch hier ist es das Verlagswesen, das diesen Familien Lebensmöglichkeiten gibt. Darum kann man auch nicht sagen, daß die Industrialisierung die Tendenz zur Kernfamilie ausgelöst habe, sie fand diese vielmehr schon vor und diese mußte sich überhaupt nicht verändern, sondern blieb durchaus, was sie schon seit langem war. Diesem Typ entspricht auch die Wohnweise in kleinen Reihenhäusern. In manchen Fällen kann der Verfasser das Herauswachsen von neuen Großfamilien aus den Kleinhaushalten dieser Kernfamilien nachweisen (S. 75ff.), was dem üblichen Schema widerspricht (*R. König* 1966a). *Braun* betont auch, daß die Großfamilien nicht notwendig unter einem Dach wohnen müssen, „sondern auf einem kleinen isolierten Siedelungsraum". Dagegen ändert sich die Ehe ganz beträchtlich, indem sie zu einer „intimen, persönlichen Übereinkunft" wird, womit also die Gattenfamilie in den Vordergrund tritt mit neuartigen sozialen Beziehungen der Ehepartner. Im übrigen kommt es auch hier später, genau wie in England, nach dem Übergang vom Verlagswesen und der Heimarbeit zur Fabrikproduktion zu einer neuen Form der Arbeitsverteilung in der Familie. In der Schweiz geht ein Teil der Familie in die Fabrik, der andere verbleibt in der Heimarbeit (S. 256), teilweise bis heute. Im wesentlichen wird aber der Mann zum hauptsächlichen Familienernährer, während die Frau nur einen Nebenverdienst erarbeitet und die Kinder in die Schule gehen, so daß sie erst nach 14 Jahren zur Arbeit herangezogen werden können.

Im übrigen kann es nicht verwundern, wenn die angedeutete Beziehung zwischen Kernfamilie und Industrialismus wirklich besteht (was noch nicht ganz entschieden ist, wie bald zu zeigen sein wird), daß die schrumpfenden erweiterten Familien aller Art sich ihrerseits der Kernfamilie anpassen. Es kommt dann zu einer echten Konvergenz. Abgeschlossen ist aber der Vorgang erst, wenn die Kernfamilie allmählich aus ihrer bisherigen Unauffälligkeit heraustritt, ein eigenes Wertsystem ausbildet und damit kulturell dominant wird und die alte Ideologie der erweiterten Familie ablöst, ohne daß darum deren Wirklichkeit verschwinden müßte; sie ist nur kulturell und eventuell auch rechtlich bedeutungslos geworden, was nicht ausschließt, daß sie noch immer wirtschaftlich eine beträchtliche Macht darstellen kann. Daneben baut sich nun die neue Ideologie der Kernfamilie auf.

Wichtiger noch als diese Frage ist aber eine andere, die sich den vorhergehenden anschließt: ist diese Situation allgemein verbindlich oder nicht nur auf den „Westen" (Europa und Nordamerika) beschränkt? Wir kennen schon eine Abweichung, nämlich die sozialistischen Länder, in denen die erweiterte Familie weitgehend verschwunden ist (V, c, 3). Wir werden uns bei Behandlung der wirtschaftlich unterentwickelten Gesellschaften zu fragen haben (V, d), wie sich dort die gleichen Probleme stellen. Ferner müssen wir uns noch vergegenwärtigen, ob wenigstens für den Westen die gezeichnete Situation endgültig ist, ob nicht unter wieder neuen Bedingungen Veränderungen struktureller Art eintreten können, die den engen Bereich der Kernfamilie sprengen werden. Angesichts der langen Existenz dieses Familientyps muß man annehmen, daß die Bedingungen, die eine solche Veränderung herbeiführen könnten, äußerst tiefgreifende sein müßten. In der Tat kann man mit Leichtigkeit einen Komplex solcher Bedingungen ausmachen: das ist die totale Veränderung der Lebenserwartung im 20. Jahrhundert auch bei den mittleren und unteren sozialen Schichten, die nicht nur den Familienzyklus (VI, b) ändert, sondern die auch den Zusammenhang zwischen den Generationen notwendigerweise wieder festigen muß, so daß gerade in den fortgeschrittenen Industriesystemen ein starker Anreiz dafür gegeben ist, einen neuen Typ der Familie in der Realität auszubilden, der der „modified extended familiy" von *Eugene Litwak* entspricht. Er wird früheren Entwicklungen entsprechend erst dann in völliger Deutlichkeit hervortreten, wenn er sein eigenes Wertsystem entwickelt haben wird, was vorläufig noch nicht der Fall ist.

Unabhängig von der historischen Kontraktion bleibt selbstverständlich noch *die strukturelle Kontraktion.* Diese wird gemeinhin sehr leicht mit der ersten verwechselt, ihre Konsequenzen müssen aber deutlich von ihr abgehoben werden. Hierbei wird insbesondere der Begriff der „Gattenfamilie" *(famille conjugale)* relevant, der eine wesentliche Aussage über die Kernfamilie enthält, die strukturell von höchster Bedeutung ist. Dieser von *E.* Das ist in der Tat eine besondere Erscheinung, die etwa wesentlich unterschieden ist von der mutterzentrierten Kernfamilie unterprivilegierter Schichten; denn mit der Ehe wird das Vorhandensein einer zentralen Assoziation vorausgesetzt, die überdies rechtlich institutionalisiert ist, was im anderen Falle häufig nicht zu finden ist. Das entscheidet auch sofort *über eine weitere zentrale Problematik der Soziologie der Gattenfamilie, nämlich die der Partnerwahl* (VI, a). Wenn in strukturell-funktionaler Analyse die Familie über den Status einer Person im sozialen System befindet, dann wird die Entscheidung bei der Partnerwahl zu einer wichtigen Voraussetzung für die Statuszuweisung. Bei der Gattenfamilie ist das unabtrennbar mit dem Begriff der Ehe verbunden. Damit erhebt sich die *Frage nach dem Verhältnis von Gattenfamilie und Kernfamilie,* das zum Abschluß noch besprochen werden soll.

Gattenfamilie und Kernfamilie entwickeln sich keineswegs gleichzeitig und auf der gleichen Ebene. Während die isolierte Kernfamilie insbesondere die Konsequenz einer prekären wirtschaftlichen Situation ist, die auch soziologisch unter Umständen Züge höchster Instabilität aufweist, wie etwa bei den nordamerikanischen oder brasilianischen schwarzen Sklavenfamilien, so fundiert der Begriff der Gattenfamilie in einer kulturellen Überhöhung der Einheit des Gattenpaares, die – wie *W. J. Goode* es einmal ausdrückt (1963, S. 7ff.) – im strengsten Sinne ein Ideal ist. Eine solche Einheit des

Gattenpaares mag zwar gelegentlich auch bei den genannten farbigen oder etwa bei römischen Sklavenfamilien oder überhaupt bei unterprivilegierten Schichten *rein faktisch* vorhanden gewesen sein (*R. König* 1966a, S. 12), wie wir manchen Quellen entnehmen können; aber das war dann nur rein menschlich bedingt, strukturell irrelevant und auch in keiner eigenen kulturellen Tradition begründet. Das ändert sich – geschichtlich gesehen – erst im Moment der Entstehung der gebotenen Monogamie (im Gegensatz zur bloß faktischen Monogamie), und zwar typischerweise zuerst in der Oberklasse, wo Monogamie als ausgesprochen kulturelles Ideal auftaucht, das sich bewußt der Wirklichkeit entgegensetzt, die in der Antike alle Varietäten der Polygamie repräsentiert. Zu letzterer gehören etwa die legale simultane Polygamie (Haremsbildung), die legale sukzessive Polygamie (Wiederverheiratung nach Verwitwung oder Scheidung), die verschiedenen Formen des regelmäßigen (d.h. auch rechtlich geregelten: z.B. Nebenfrauen mit teilweiser Standesfolge für die Kinder) oder unregelmäßigen Konkubinats (ohne Standesfolge), der Hetärenkult, schließlich die Herausnahme gelegentlicher oder durch die Sitte reglementierter sexueller Freiheiten (mit oder ohne Prostitution), entweder allein für den Mann oder (seltener) für den Mann und die Frau gleichzeitig.

Die Gattenfamilie in diesem Sinne ist ein kulturell äußerst komplexes Gebilde, worüber kurz unter VI, a berichtet werden soll. Wichtiger sind für uns die strukturellen Unterschiede zur Kernfamilie. Während letztere der Definition nach starke Isolierungstendenzen aufweist, hat die Gattenfamilie zwar einerseits im Zentrum die intensivste Verbindung des Gattenpaares, aufgebaut auf exklusiver Intimität, aber die Gatten pflegen überdies kraft persönlicher Entscheidung Beziehungen zu verschiedenen Verwandtenkreisen – im Gegensatz zur Kernfamilie. Aus diesem Grunde scheint uns auch der Begriff der Gattenfamilie geeigneter, um die moderne Familie zu kennzeichnen, weil er den Aufbau weiterer Verwandtschaftszusammenhänge grundsätzlich nicht ausschließt, wie auch *W.J. Goode* hervorhebt (1963, S. 370/1).

Im Gegenteil: hier sind alle Möglichkeiten offen, Beziehungen zu den gegenseitigen Schwiegereltern, zwischen Großeltern und Enkeln, zwischen Onkeln und Tanten einerseits, Neffen und Nichten andererseits.

c) Die Familie in den Industriegesellschaften

Angesichts dieser Ergebnisse müssen jetzt zwei Fragenkomplexe aufgerollt werden: 1. Wie entwickelt sich die Familie in den verschiedenen Industriegesellschaften? und 2. Welche Probleme ergeben sich bei den sogenannten wirtschaftlich unterentwickelten Gesellschaften bzw. jenen, die sich heute in rapider Veränderung befinden? Diese Fragen sollen an Hand der bestehenden Forschung behandelt werden, wobei zu einem Teil der Industriegesellschaften, nämlich den sozialistischen, leider zu wenig zuverlässige Forschungsmaterialien vorliegen. Wir hoffen dabei auch noch einige Lichter auf die theoretische Problematik werfen zu können, die erst in Kap. 6 behandelt werden soll, so daß wir uns hier auf einige allgemeine Bemerkungen beschränken wollen, die insbesondere die Stellung der Familie zu den vorher erörterten Fragen in verschiedenen Gesellschaften betreffen.

1. Vereinigte Staaten

Da die Familiensoziologie heute zweifellos in den Vereinigten Staaten ihre höchste Entfaltung erreicht hat, wollen wir sie in unserer Darstellung auch vorausnehmen, was überdies noch den Vorteil hat, daß es sich dabei zugleich um die höchst industrialisierte Gesellschaft der Welt handelt. Das sollte erwarten lassen, daß sich die entscheidenden Züge der Familie in der fortgeschrittenen Industriegesellschaft hier am deutlichsten ausmachen lassen. Wir betonen schon jetzt, daß sich auch die Umstände, die zu unserer Forderung einer Historisierung der Theorie geführt haben, in diesem Falle besonders deutlich studieren lassen, indem eine beträchtliche Frontänderung der neueren Familiensoziologie im Vergleich mit der älteren der zwanziger und dreißiger Jahre sichtbar wird, insbesondere in bezug auf die Frage der Ausdehnung der Familie. Das *Prädikat der Isolierung* wird z.B. regelmäßig auf beide Begriffe der Kernfamilie und der Gattenfamilie ununterschieden angewendet, wobei gleichzeitig die Unstabilität dieser Systeme unterstrichen wird. Das ist in gleicher Weise unbezweifelbar für *Margaret Mead* (1935) wie für *Talcott Parsons* (1954) in einem Aufsatz, der zuerst 1943 veröffentlicht wurde. Bei anderen, die zur älteren Generation von Familiensoziologen gehören, wie etwa *Meyer F. Nimkoff* (1965), wird dieser Gesichtspunkt bis in die jüngste Zeit hinein vertreten. Es ist nutzlos, mehr Zeugen zu nennen, da sich für die ältere Periode eigentlich alle Beobachter über diesen Tatbestand einig sind, der auch in allen klassischen Lehrbüchern herausgehoben wird. *Kernfamilie, Distanz zur Verwandtschaft inklusive der eigenen Eltern,* entsprechend *Neolokalität der jungen Familie mit finanzieller Unabhängigkeit sind die entscheidenden Züge, die immer wieder hervorgehoben werden,* speziell auch in vergleichenden Untersuchungen zwischen der amerikanischen Familie und anderen, die auf einem früheren Entwicklungsstadium stehen, wie sie klassischerweise *Margaret Mead* (1928, 1930, 1935) vorgelegt hat. Deutlich tritt das auch hervor in einer von *Parsons* entworfenen Graphik (1954, S. 179), in der die amerikanische Familie buchstäblich auf einen engsten Kreis beschränkt wird.

Andererseits ist es erstaunlich zu sehen, wie früh andere Familiensoziologen schon Ausnahmen hervorheben, wie z.B. *Robin M. Williams, Jr.* (1970, S. 40/1; zuerst 1951), wo es heißt: „American society has a very simplified kinship structure. *But even in this society the kinship system includes much more than just the family system"* (Hervorhebung von uns). Allerdings bleibt er unentschieden und unsicher; so sagt er wenig später (S. 51), die Verwandtschaftsstruktur der Kernfamilien sei „greatly simplified", das Zusammenleben mehrerer Generationen im gleichen Haushalt finde sich nur bei Wohnungsnot und in Depressionszeiten. Der Begriff Familie impliziere immer stillschweigend unmittelbare Familie im Sinne der isolierten Kernfamilie: Ausnahmen finden sich nur bei der obersten Oberklasse. Davon gänzlich unterschieden sind etwa die Verhältnisse in französisch Kanada, wo im Gegensatz zu den Vereinigten Staaten noch ein älterer Typ der Familie mit erweiterter Verwandtschaft vorwaltet (*Ph. Garigue* 1956, 1962).

Allerdings muß uns gerade bei dem Werk von *Williams* eine Wendung stutzig machen, so wenn es etwa heißt: „The relatively independent conjugal unit is regarded as desirable, right, and proper by social consensus. It is felt that each 'family' ... *should* be an autonomous group. It is considered unfortunate if for any reason other relatives have to reside in the household. Except in extraordinary crises parents are specifically expected not to 'interfere' with the families of their children" (a.a.O., S. 51). Aus dieser Formel geht nicht ganz klar hervor, ob sie sich auf gesellschaftlich akzeptierte Normen sowie tatsächliches Verhalten oder auf eine Ideologie der Kernfamilie bezieht, was nicht verwunderlich ist, wenn man die allgemeine ideologische Anfälligkeit des Begriffs Ehe bedenkt, wie wir in anderem Zusammenhang hervorgehoben haben (*R. König* 1968b, ferner 1974a und b). Das wird um so aufdringlicher, *als man sich bei obiger Feststellung fragen muß, ob sie Ergebnis empirischer Forschung oder nicht doch nur Spekulation ist.* Forschung, um den Umfang der faktisch praktizierten Verwandtschaftsbeziehungen festzustellen, ist früher kaum durchgeführt worden; so besteht die akute Gefahr, den Idealtyp für die Wirklichkeit zu setzen. Als man aber in jüngster Zeit diesen Punkt mit gezielter Forschung anzugehen suchte, kamen teilweise sehr andere Verhältnisse zu Tage, wie gleich gezeigt werden soll. Wir wollen aber annehmen, daß die älteren Beobachter auch spezifische Gründe für ihre extremen Annahmen gehabt haben, die sich in der genannten Ideologie niederschlugen, so daß die Änderung in der theoretischen Ausrichtung in der Tat einem historischen Wandel in der Problematik entspricht. Dieser könnte vielleicht mit der neuen Phase des Industrialismus in der zweiten Hälfte des 20. Jahrhunderts und mit der Entfaltung der Wohlfahrtsgesellschaft in Zusammenhang gebracht werden.

Andererseits müssen wir aber hinnehmen, daß wir nicht mehr werden feststellen können, wie die Verhältnisse in dieser Hinsicht früher wirklich gewesen sind. Es kommt auch noch ein theoretisches Problem hinzu: *Neolokalität, d.h.* Trennung des Wohnsitzes der jungen Familie von dem der Eltern, *muß ja nicht unbedingt das Aufhören der Interaktionen bedeuten.* Sollte man vielleicht früher in der Beurteilung dieser Fragen von der Ideologie der Hauskommunion belastet gewesen sein? Der Begriff der Hauskommunion hat nämlich in der Tat insofern etwas Zweideutiges, als diese im wörtlichen Sinne auch bei ausgesprochenen Großfamilien nur selten bestanden hat. *Vorfindbar war meist nur räumliches In-der-Nähe-Siedeln, was von Hauskommunion im engeren Sinne völlig verschieden ist.* Außerdem wird das ganze noch durch den Begriff des „ganzen Hauses" (*W.H. Riehl*) belastet, der oft mit dem ersten zusammenfließt. Genau das scheint aber heute eine größere Rolle zu spielen, als gemeinhin angenommen wird. *Dann würden sich also Neolokalität und Zusammenhang der verschiedenen*

Generationen in nachbarlicher Interaktion nicht ausschließen. Ganz gleich, wie es sich damit früher verhalten haben mag, es bleibt, daß Interaktionen auch über große räumliche Distanzen möglich bleiben. Gerade hier scheinen aber Probleme der Deutung aufzutauchen, wie die Interaktion zu denken sei.

Von Seiten der neueren Theoretiker geht insbesondere *Jesse R. Pitts* (1964) auf diese Frage ein, wobei er richtig hervorhebt, daß das Mißverständnis im Begriff der „Isolierung" begründet sein könnte (S. 88ff.). Gerade dieses Unverständnis, respektive eine große Einseitigkeit scheint uns aber auch bei ihm selber vorzuwalten, indem er – genau wie *Talcott Parsons* (1954, S. 183, 190) – *die Isolierung vorwiegend wirtschaftlich interpretiert.* Er scheint uns darin die rein wirtschaftswissenschaftliche Konzeption vom wirtschaftenden Individuum, das einen privaten Arbeitsvertrag eingeht, auf die Familie zu übertragen, was wir als sehr fragwürdig empfinden. Wir haben schon vorher betont, daß für den Soziologen allein der Begriff des Familieneinkommens tragbar ist, was an sich schon der Auffassung von *Parsons* und *Pitts* widerspricht, weil es jeweils auch von einem familiären Entscheidungsprozeß abhängt, wann und unter welchen Voraussetzungen auch an Verwandte, die nicht zur Kernfamilie gehören, Hilfe geleistet wird, etwa bei Katastrophen (*M. Young* 1954; *E.L. Quarantelli* 1960); wichtiger ist aber finanzielle Hilfe an jungverheiratete Kinder (*M.B. Sussman* und *L. Burchinal* 1962; *B.N. Adams* 1966), die sich einbaut in ein allgemeines System von Hilfeleistungen bei Mittelklassen-Familien (*M.B. Sussman* 1953a). Auch Einflußnahme auf die Wahl der Ehepartner spielt hier eine Rolle (*M.B. Sussman* 1953b). Selbst wenn die Hilfe in finanzieller Form geleistet wird, ist doch primär eine (allerdings sehr persönlich gefärbte) verwandtschaftliche Beziehung da, wie schon früh bei der amerikanischen Arbeiterklasse beobachtet wurde (*F. Dodson* 1951). Speziell in städtisch-großstädtischen Gebieten scheint das eine große Rolle zu spielen, wie eine ganze Reihe von Untersuchungen zeigt (als einer der ersten *S. Riemer* 1952, ferner: *H. Sharp* und *M. Axelrod* 1956; *S. Greer* 1956; *M. Axelrod* 1956; *W. Bell* und *M.D. Boat* 1957; *E. Litwak* 1961; *E. Cumming* und *D.M. Schneider* 1961; *B.N. Adams* 1968). Das bezieht sich auch auf gemeinsame Aktionen im Dienste des sozialen Aufstiegs und bleibt sowohl bei geographischer wie bei beruflicher Mobilität weitgehend erhalten (*E. Litwak* 1959/60, 1960a, 1960b, 1965, 1969, 1970, S. 373 bis 381). Demgegenüber ist es kein Argument, wenn man hervorhebt, daß etwa Arbeiter bei akuter wirtschaftlicher Not einen Bankkredit der Hilfe von seiten Verwandter vorziehen; denn der Grund dafür kann ja sein, daß die Verwandten finanziell nicht leistungsfähig sind. Wichtiger als die Art der Hilfe ist die Anerkennung der Gegenseitigkeit, wie *Mirra Komarowsky* (1964) für die von ihr untersuchten Arbeiterfamilien hervorgehoben hat. Aber wir sollten darüber die große Bedeutung anderer Leistungen als geldlicher nicht unterschätzen. Das Familieneinkommen setzt sich wirklich aus sehr vielen verschiedenen Quellen zusammen. Auch hat sich das Gefühl verwandtschaftlicher Verpflichtungen gewandelt, indem es sich durch freundschaftliche Beziehungen verdoppelt. So hebt *George C. Homans*

(1955) hervor, daß in der amerikanischen Verwandtschaftsterminologie die verschiedenen Verhältnisse deutlich unterschieden werden, wobei gleichzeitig eine starke Personalisierungstendenz hervortritt. Dann genügt es nicht mehr, einfach verwandt zu sein, um einander gegenseitige Hilfe zu leisten, sondern es muß noch ein besonderes Gefühl der Verbundenheit hinzukommen, was gut zusammenpaßt mit dem Entscheidungsdenken der Ehepartner sowohl in Bezug auf das Familienbudget und die Verteilung der Ausgaben, als auch in Bezug auf die Auswahl der Verwandten, mit denen engere Beziehungen gepflegt werden. Darunter stehen an erster Stelle die Beziehungen zu den Eltern resp. Großeltern (*D. Apple* 1956; *M. B. Sussman* und *R. C. White* 1959; *M. Young* und *H. Geertz* 1961; *E. Shanas* 1961; *S. S. Bellin* 1962; wir verweisen dafür zusätzlich auf das Kapitel von *Leopold Rosenmayr* über das Alter in diesem Bande). *William J. Goode* (1963, S. 70–76) gibt eine Reihe von anderen Aufstellungen, welche die zum Teil außerordentlich hohe Dichte der Interaktionen zwischen Verwandten beleuchten (siehe dazu auch *J. Stehouwer* 1965). Insbesondere hat die *Detroit Area Study* Belege hierfür erbracht. Eine vergleichende Studie zwischen London und San Francisco (*M. Young und H. Geertz* 1961) zeigte, daß über 40 Prozent der Töchter ihre Eltern mindestens einmal täglich sahen. Eine reiche weitere Literaturzusammenstellung gibt neuerdings *Marvin B. Sussman* (1965). So kommt *Goode* zu dem überraschenden Schluß: „The extended kin network continues to function and to include a wide range of kin who share with one another, see one another frequently, and know each other. Moreover, if we consider the difficulties of transportation and communication of a hundred years ago, and the numbers of relatives in interaction compared with their frequency of interaction now, common sense suggests that the frequency of social participation between the average modern nuclear family and its relatives may not have been reduced at all" (1963, S. 75). Diese Probleme werden noch mehr an Relief gewinnen, wenn wir diese amerikanischen Daten mit den europäischen vergleichen, wo sie zwar nicht so gut untersucht worden sind wie in den Vereinigten Staaten, wo aber trotzdem ähnliche Züge zum Vorschein kommen.

Besonders aufschlußreich werden diese Erfahrungen, wenn man die Beziehungen zur Verwandtschaft mit Freundschaftsbeziehungen vergleicht. Es zeigt sich, daß unter den freundschaftlichen Verkehrsnetzen, die insbesondere bei im Sinne der Stabilität „guten" Familien eine große Rolle spielen, auch viele Verwandte unter den engsten Freunden auftauchen. Beides wurde in einer Studie von *Carle C. Zimmermann* und *Lucius F. Cervantes* (1960) bestätigt, was ebenfalls die These von der „isolierten" Kernfamilie widerlegt (*L. F. Cervantes* [1965] hebt im gleichen Sinne Verwandtenhilfe bei der Schulentwicklung der Kinder hervor). Von hier erhebt sich als neues Problem, *das Verhältnis zwischen Freundschaft und Verwandtschaft neu zu bestimmen*. Durchschnittlich scheint einem heute Verwandtschaft nicht mehr einfach „zuzufallen", sondern man entscheidet auf Grund eines mehr oder weniger bewußten Selektionsprozesses, mit wem man umgeht.

2. Europa

Die aufschlußreichsten europäischen Daten zum Problem der Ausdehnung der Gattenfamilie heute stammen aus *England*. Natürlich gab es hier zunächst, wie auch anderswo, gewissermaßen „naive" Untersuchungen, die sich mit erweiterten Familienformen befaßten, ohne damit einen Beitrag zur Theorie der Familie in der Gegenwart leisten zu wollen. Diese untersuchten etwa arme Familien oder Arbeiterfamilien in der Stadt wie praktisch alle älteren Gemeindesoziologen. Wieder andere befaßten sich mit speziellen Dorfstudien, wie etwa der Amerikaner *Conrad M. Arensberg in* Irland (*C. M. Arensberg* und *S. T. Kimball* 1940). Andere Dorfstudien in England können in die gleiche Kategorie eingeordnet werden (*A. D. Rees* 1950; *A. Curle* 1952; *W.M. Williams* 1956). Das änderte sich erst grundsätzlich, als der Sozialanthropologe *Raymond Firth* (1956) in die Diskussion eingriff. Es scheint uns wichtig, daß es ausgerechnet ein Anthropologe war, der eine Umorientierung anbahnte; denn ein Anthropologe ist gewöhnt, eine Gesellschaft so anzusehen, als wisse er nichts von ihr, und das sichert ihm auch eine besonders kritische Haltung seiner eigenen Kultur gegenüber zu. In diesem Sinne brach *Raymond Firth* das Vorurteil von *Talcott Parsons*, daß die in der Tat als Realität zu beobachtende wirtschaftliche Isolierung der Kernfamilien automatisch eine allgemeine Isolierung auch in anderen Hinsichten beinhalten müsse (1956, S. 13/4, 19). Vielmehr gibt es ganz andere Formen von Beziehungen zur näheren und ferneren Verwandtschaft wie z.B. gegenseitige Besuche bei Festen (Weihnachten u.a.) oder bei persönlichen Ereignissen wie Verlobungen, Hochzeiten, Taufen und Begräbnissen. *Firth* betont für England gegenüber der wirtschaftlichen Trennung, die vor allem durch die unerhört differenzierte Arbeitsteilung bedingt ist, die große Rolle positiver sozialer Kontakte bei Besuchen, in der Freizeitbeschäftigung, beim Austausch von Nachrichten und Ratschlägen, bei der Anwesenheit zu gewissen Zeremonien, auch bei Krisen oder Katastrophen aller Art, wie schon *Michael Young* (1954) hervorgehoben hatte. *Elizabeth Bott* (1957) zeigt interessante Zusammenhänge zwischen lockeren und festen „Verkehrsnetzen" einerseits und dem Verhältnis des Gattenpaares resp. seiner Segregation und Arbeitsteilung andererseits. Das weist in die gleiche Richtung wie die Rolle der „Vertrauenspersonen" für Mann und Frau und ihre psychische Entlastung (bei *M. Komarowsky* 1964, S. 205ff.). Der Begriff der „Isolierung" beginnt damit seinen Sinn zu ändern oder sich zu präzisieren. Auf dem Lande sind Beziehungen zwischen Verwandten darum eng, weil sie in relativer Nachbarschaft wohnen und darum auch oft wirtschaftlich kooperieren. In der Stadt dagegen wird die Kernfamilie gerade wegen des relativen Mangels an Nachbarschaft von Verwandten unterstützt, wobei die moralischen Verpflichtungen gegenüber den rechtlichen überwiegen. Aber es ist auch erstaunlich zu sehen, wie gering gelegentlich Nachbarschaftsbeziehungen auf dem Lande sind, während umgekehrt die Verwandtschaftsbeziehungen in der Stadt eine große Variabilität aufweisen. Damit zeigt sich, daß die Isolationsthese von *Parsons* zweifellos für westliche Kulturen nicht allgemein gültig ist;

mindestens in England sind die Verwandtschaftsbeziehungen in der Stadt noch immer sehr stark ausgeprägt, selbst wenn sie sich wirtschaftlich wenig auswirken. Aber man darf die anderen Arten der Interaktion nicht unterschätzen. Entsprechend zeigt die Untersuchung von *Judith Djamour*, einer Mitarbeiterin von *R. Firth*, die erstaunlichen Kenntnisse über Verwandtschaft bis zu einer Tiefe von 5 oder 6 Generationen, die klar definiert wurden; die effektiven Verwandtschaftsbeziehungen wiesen natürlich immer ein Defizit auf gegenüber den genealogisch möglichen Beziehungen, aber auch in diesem Falle war es erstaunlich, zu wievielen Personen wirkliche Kontakte bestanden (*R. Firth* 1956, S. 33–63, insbes. die Abbildung auf S. 47). Im übrigen werden die untersuchten Familien als „patrinominal" und stark „mutterzentriert" charakterisiert (in letzterem drückt sich vielleicht aus, daß es sich um Arbeiterfamilien handelte). Ein wichtiges Indiz für vorhandene Verwandtschaftsbeziehungen waren übrigens Photos, die in der Familie aufbewahrt wurden. Auch spielten oft gewisse Schlüsselpersonen eine Rolle für die Kenntnis der Verwandtschaftsbeziehungen und ihre Realisierung durch Besuche und ähnliches.

Die patrinominale Familie ist übrigens besonders typisch für die angelsächsischen Kulturen in Europa und Amerika und allgemein in den überseeischen Gebieten; dasselbe gilt für Deutschland und auch für Frankreich. In anderen deutschsprechenden Ländern, etwa der Schweiz, ist die Vereinigung der beiden Namen der Ehegatten üblich, interessanterweise auch in Italien und insbesondere in den spanisch-lusitanischen Kulturen in Europa und Lateinamerika. In der Sowjetunion (und unter ihrem Einfluß in anderen sozialistischen Ländern) ist diese Frage in den verschiedenen Phasen der Familiengesetzgebung immer wieder aufgegriffen und in allen ihren Möglichkeiten durchgespielt worden (Ehegatten haben den Namen des Mannes, beide Namen von Mann und Frau, den Namen der Frau oder behalten beide ihre Namen von vor der Eheschließung bei).

Der Ansatz von *R. Firth* wurde von den Mitarbeitern des *Institute of Community Studies* weiterverfolgt, von denen mehrere aufschlußreiche Arbeiten vorgelegt wurden. *Michael Young* und *Peter Willmott* (1957) brachten stark differenzierte Züge in das Bild, als sie die Wirkung einer Umsiedlung von Arbeiterfamilien aus der Stadt in eine neue vorstädtische Wohnkolonie untersuchten; hier scheint sich die Familie wirklich isoliert zu haben, wobei offensteht, ob sich das nicht später ändern wird. Aber in den alten Stadtquartieren waren die Verwandtschaftsbeziehungen stark. Auch hier spielte die Mutter-Tochter-Beziehung eine große Rolle, die schon vorher von *L. A. Shaw* (1954) hervorgehoben worden war. Die Verfasser der ersten Studie hoben auch hervor, daß in vorkapitalistischen Zeiten vielleicht die Vater-Sohn-Beziehung überwogen haben muß (a.a.O., S. 157). Besonders wird schließlich unterstrichen, daß die Sozialleistungen des modernen Staates mit Alterspensionen, selbst wenn diese oft unzureichend sind, die Drei-Generationen-Familie gefördert haben, indem alte Eltern jetzt nicht mehr eine wirtschaftliche Last sind. Das belegt auch die Studie von *Peter Townsend*

(1957), der im gleichen Londoner Stadtquartier arbeitete. Hier kommt vor allem zum Vorschein, daß Kernfamilien äußerlich zwar isoliert scheinen mögen, indem in einem Haushalt einzig Eltern und Kinder zu finden sind. Aber die Großeltern leben entweder im gleichen Hause oder in der näheren Nachbarschaft, wobei die Frequenz der täglichen Besuche erstaunlich hoch ist. Wir verweisen nochmals auf die Abhandlung zur Soziologie des Alters in diesem Bande. Übrigens scheint auch der Umstand bei der starken Familienintegration in dem Londoner Stadtviertel eine Rolle zu spielen, daß hier praktisch ausschließlich Arbeiter wohnten, während die Bevölkerung in der Vorstadt-Wohnkolonie klassenmäßig gemischt war (*P. Willmott* und *M. Young 1960*), speziell mit Mittelklasseelementen, was einen Einfluß auf die Isolierung der Familien zu haben scheint. Eine andere Untersuchung im gleichen Stadtviertel über ein Sample von 72 relativ jung verwitweten Frauen (von 25 bis 56 Jahren) zeigt ebenfalls die starke Wirkung der Familiensolidarität im Katastrophenfall (*P. Marris* 1958). Diese Studien sind für uns besonders wertvoll, weil sie vergleichbare Erkenntnisse bieten, die erstaunlich konsistent sind.

In der *deutschen Forschung* zur Soziologie der Familie macht sich in bezug auf unser Problem, das Verhältnis der Kernfamilie zur Verwandtschaft, einigermaßen störend bemerkbar, daß viele der neueren Studien in der unmittelbaren Nachkriegszeit entstanden sind und somit die Reaktion auf eine akute Krisensituation zeichnen (*H. Thurnwald* 1948; *G. Wurzbacher* 1951; *H. Schelsky* 1953; *G. Baumert* 1954). *Hilde Thurnwald* sieht ihre Arbeit im Zusammenhang mit den Erhebungen von *Alice Salomon* und *Marie Baum* (1930) an der *„Deutschen Akademie für soziale und pädagogische Frauenarbeit"* und hebt die Besonderheit der Krisenzeit deutlich hervor. Bei *Gerhard Wurzbacher* ist die Problemlage nicht ganz klar. Einerseits spricht er von „Bejahung einer verwandtschaftlichen Verbundenheit" bei gleichzeitigem Anspruch auf Isolierung der Kernfamilie. Andererseits scheint es, daß die „Notzeit der letzten Jahre" die Wichtigkeit der Verwandtschaftsbeziehungen gegen „eine zu starke Isolierungstendenz" gelehrt habe. Es wird dabei nicht geklärt, ob nun die Verwandtschaftsbeziehungen krisenbedingt oder ein Dauerzug sind, da das verwendete Material natürlich an die damalige Zeitlage gebunden bleibt. Immerhin tritt bei ihm die Möglichkeit „individuell ausgewählter Verwandtschaftsbindung" wenigstens vorübergehend auf. Auch bei *Helmut Schelsky*, der sein Buch auf das gleiche Material aufbaut wie *Wurzbacher*, wird *die Beziehung der Isolierung mit der Krise deutlich hervorgehoben* (1953, S. 95). Dementsprechend ist auch der Titel seines Buches irreführend; er dürfte nicht lauten „Wandlungen der deutschen Familie in der Gegenwart", sondern „Wandlungen der deutschen Familie in der Nachkriegsperiode". Je nachdem, wo man nun das Ende des „Nachkriegs" ansetzt, würden also die Ergebnisse des Buches empfindlich relativiert; in Wahrheit werden zeitlich vorübergehende Krisenphänomene mit langfristigen Entwicklungstendenzen verwechselt. Dieser Gefahr, die *Gerhard Baumert* (1956) sehr deutlich hervorgehoben und an einem Beispiel (der Ehescheidung, siehe dazu VII, a 3) schlagend illustriert hat, ist *Schelsky*, wie auch in anderen Schriften, völlig kritiklos erlegen, was leider die Brauchbarkeit seiner Forschungen empfindlich beeinträchtigt (siehe auch *G. Baumert* 1954, S. 166/7, Anm. 34, S. 185). Er teilt dies mit einer Soziologie, die eigentlich Tagesschriftstellerei ist und nicht nach ihren manifesten Aussagen beurteilt werden sollte, sondern als Dokument einer spezifischen aber vorübergehenden Konstellation. Auch er sieht die Beziehungen zur Verwandtschaft als aus der Nachkriegsnot geboren und glaubt daher, mit der Überwindung dieser Not auch an einen Abbau dieser Beziehungen (S. 116ff.), denen er „die Konzentration der Familie auf den sozialen Wiederaufstieg" (S. 178) gegenüberstellt. So bleiben seine Ausführungen trotz ihrer reichen Anschaulichkeit theoretisch völlig ertraglos, sie sind an einen sehr engen zeitgeschichtlichen Moment gebunden, der weit hinter uns liegt.

Machen wir einen Sprung in die Gegenwart, so finden wir etwa bei *Friedhelm Neidhardt* (1966) die gleiche Behauptung von einer Schwächung des Verwandtschaftssystems in der Gegenwart. Er illustriert das mit einer Aufstellung der statistisch erfaßten Haushalte in der Bundesrepublik für das Jahr 1961, nach der in nur 9% aller Haushaltungen entweder drei Generationen oder Eltern mit entfernten Verwandten zusammenleben (zu gleichen Ergebnissen kommt auch *D. Claessens* 1966; für Österreich *A. Kaufmann* 1971). Hier liegt das Gewicht auf der Bedeutung des Wörtchens „nur". Denn 1. würde diese Zahl einzig dann an Aussagewert gewinnen, wenn man sie mit gleichartigen von früher vergliche; 2. scheint sie uns unverhältnismäßig hoch (so fand etwa *Gerhard Baumert* 1954 in der Stadt Darmstadt „nur" 5% solcher Haushaltungen); 3. *aber verdeckt sie das wahre Problem, nämlich das räumlich nahe Beieinanderwohnen in verschiedenen Haushalten, aber mit intensiven Interaktionen* (außerdem gibt es verschiedene Haushalte in der gleichen Wohnung). Leider ist aber diese Beschränkung auf den Haushalt in Deutschland allgemein verbreitet (siehe auch *E. Egner* 1966, der übrigens noch einem anderen groben Fehler anheimfällt, für die vorkapitalistische Zeit ausschließlich von den Großhaushalten der Bauern, Handwerker und der Oberschicht zu sprechen und die Zwerghaushalte der Hintersassen und der Unterprivilegierten einfach zu „vergessen"; er teilt diesen Fehler mit *Otto Brunner* [1966], der ebenfalls die Haushaltsform des „ganzen Hauses" universalisiert – für Stadt und Land – und die Kleinhaushalte der Unterschichten so gut wie ganz vernachlässigt). Wir verfügen erst seit jüngster Zeit in Deutschland über Untersuchungen von der Art der zitierten englischen und amerikanischen, die von der Beschränkung auf den Haushalt abgehen und etwa die Nachbarschaft mit einbeziehen (darüber unten mehr). Darum kann man sagen, daß vorläufig die Frage noch nicht beantwortet ist, wie sich in Deutschland das Verhältnis der Kernfamilie zur Verwandtschaft darstellt, obwohl die Zahl der im gemeinsamen Haushalt Wohnenden erstaunlich hoch erscheint. Die wichtigste, den erhobenen Forderungen nachkommende Untersuchung stammt von *Gerhard Baumert* (1960), der schon früh die Notwendigkeit hervorhob, *zwischen einem alten und einem neuen Typ von*

Dreigenerationen-Haushalt zu unterscheiden. Beim alten Typ bleibt grundsätzlich ein Kind mit den Eltern und führt ihr Geschäft fort; beim neuen Typ gründen die Kinder erst eigene Haushaltungen, um später erneut die Eltern oder einen Elternteil zu sich zu nehmen.

Eine aufschlußreiche Analyse gab vor kurzem *Annerose Schneider* (1970), bei der für Deutschland mit überragender Klarheit zutage trat, daß in den „expressiven Verkehrskreisen" die Verwandtschaft bei weitem im Vordergrund steht, und zwar gilt das, wie die folgende Tabelle erweist, für die drei häufigsten Interaktionspartner. Außerdem hat kein anderer Verkehrskreis einen auch nur annähernd gleich hohen Stellenwert, dagegen treten sogar die Nachbarn zurück.

Tab. 1   Herkunft der drei häufigsten Interaktionspartner (in v. H.)

Herkunft	Häufigster IP	Zweithäufigster IP	Dritthäufigster IP
Verwandter	38,9	36,8	34,4
Kollege	15,1	15,9	16,6
Nachbar	12,4	8,8	7,1
Vereinsmitglied	5,9	7,6	7,6
Jugendbekannter	13,7	15,6	17,4
Sonstige	13,8	15,1	16,5
Keine Angaben	0,2	0,2	0,4
Total	100,0	100,0	100,0
(N=)	(967)	(912)	(813)

In Deutschland stand in der Nachkriegszeit in Wahrheit ein ganz anderes Problem im Vordergrund der Familiensoziologie, nämlich insbes. die Frage nach der Gestaltung der väterlichen Autorität in der Familie. Diese war letztlich ausgelöst durch eine ältere Schriftensammlung von *Max Horkheimer* (1936), in der mehrfach die Idee auftauchte, die Anfälligkeit der Deutschen für Autoritarismus gehe vorwiegend auf die patriarchalische Struktur der deutschen Familie zurück. Einige amerikanische Untersuchungen der unmittelbaren Nachkriegsperiode, wie die von *Bertram Schaffner* (1948) und *David Rodnick* (1948) und die von UNESCO veranstaltete Untersuchung des Finnländers *Knut Pipping* (1954), griffen das Thema auf und kamen zu teilweise widersprechenden Ergebnissen. Das gleiche Thema wurde auch in Schriften über die Nachkriegsjugend bearbeitet, wie bei *Gerhard Baumert* (1952) und vielen anderen, die im Kapitel über Soziologie der Jugend behandelt werden. Einen wichtigen vermittelnden Beitrag leistete der amerikanische Anthropologe *Robert H. Lowie* (1954), der aufwies, daß die Familie in der Schweiz viel autoritärer organisiert ist als in Deutschland, was trotzdem die Entstehung einer Demokratie in der Schweiz nicht verhindert hat. Das allein widerlegte die alte These *Horkheimers.* Entscheidend wurde hier die Klärung der methodologischen Frage, indem die einen Beobachter

sich an die ideologischen Aspekte hielten, die anderen an die realen Verhältnisse (*R. König* 1957, in: *R. König* 1974). Gegen *G. Wurzbacher* wies insbesondere *Gerhard Baumert* (1954) auf die mangelnde Repräsentativität
des Materials hin, was übrigens auch für *H. Schelsky* (1954) zutrifft. So fand
Baumert in seinem Darmstädter Sample mehr vaterbetonte Familien als wir
selber in einem Kölner Sample (*R. König* 1957), hob aber zugleich hervor,
was uns sehr wichtig erscheint, daß die Dominanz des Mannes „nur in der
geringeren Zahl der Fälle noch Ähnlichkeit mit der früheren Autorität und
Macht des Vaters in der bürgerlichen Familie zeigt" (S. 167), womit er sich
dem „halb-patriarchalischen Typus", von dem *Reuben Hill* (1948) spricht,
anschließt, was von großem Realismus zeugt.

In jüngster Zeit ist aber auch in Deutschland wie in Österreich hervor-
getreten, daß im Gegensatz zur vermeintlichen Isolierung der Kernfamilien
selbst in Stadt und Großstadt weitere verwandtschaftliche Verkehrs- und
Kooperationsnetze erhalten bleiben. Es ist insbesondere das Verdienst von
Elisabeth Pfeil (1971, 1972) hier korrigierend eingegriffen zu haben. So
zeigte sie schon relativ früh (*E. Pfeil* 1959, aber auch 1965), daß keinen
Verkehr mit Verwandten oder Bekannten im Raum der Stadt nur 3% der
Familien in 4 Hamburger Stadtteilen, 4% in der Dortmunder Nordstadt
hatten. „Die Familie ist zwar in sich geschlossen, wendet sich aber auch
in Abständen nach draußen: sie öffnet sich rhythmisch den Verwandten,
Freunden und Bekannten, sie nimmt teil am Leben anderer Familien, indem
sie ihr Revier verläßt und auf Besuch geht. Wir sprechen von ‚Besuchsverkehr'
und nennen die Gesamtheit der Verwandten, Freunde und Bekannten den
‚*Verkehrskreis*' einer Familie. Die mannigfachen Funktionen dieses Kreises:
Belebung, Anregung, Austausch, Erheiterung, Entlastung, Rat, Hilfe in Not-
fällen, Bestätigung der eigenen Wertwelt und Verhaltensstützung zeigen die
Familien als gebend und nehmend; man verleiht und empfängt Bestätigung;
man nimmt Einwirkung an und nimmt Information auf, aber man nimmt sich
auch zurück und setzt sich ab als anders und besonders" (1972, S. 249/50).
Eine interessante Tabelle zeigt folgenden Vergleich (*P. Young* und *P. Wilmott*
1957; *E. Pfeil* 1965; *P. H. Chombart de Lauwe* 1961; *J. Ganzert*).

Damit kann nun wirklich das „Schlagwort" von der isolierten Kernfamilie aufgelöst (*E. Pfeil* 1971) und durch differenziertere, adäquatere Vorstellungen abgelöst werden. In diesem Sinne wies auch *Leopold Rosenmayr*
(1963) für Wien darauf hin, daß die Dreigenerationenfamilie auch in der
Großstadt einen sozial-funktionellen Zusammenhang darstellt – und das
bei grundsätzlich getrennten (aber mehr oder weniger nachbarschaftlichen)
Haushaltungen. Es ist gewissermaßen eine „Intimität auf Distanz". Im
übrigen sind es besonders die Frauen, die diese Beziehungen pflegen, genau
wie in England oder den Vereinigten Staaten. Auch versuchen Neuzuzügler
gern, Verwandte an ihren neuen Wohnort nachzuziehen.

In *Frankreich* finden wir eine zweifellose Betonung der historischen
Forschung, die sich insbesondere dadurch auszeichnet, daß sie die
gleichzeitige Existenz erweiterter Familien (*lignage*) und der Kernfamilie

(*mesnie*) erkennt (*P. Petot* 1955; *Ph. Ariès* 1960; auch *J. Gaudemet* 1963); gleichzeitig werden die politischen Hintergründe der Vernichtung der aristokratischen Großfamilien durch die zentrale Macht und die sich daran anschließende Stärkung der väterlichen Autorität in der bürgerlichen Familie klar hervorgehoben. So wichtig diese Einsichten für die allgemeine Theorie der Familienentwicklung sind, so wenig ist andererseits auf dem Gebiet der Erforschung dieser Verhältnisse in der Gegenwartsfamilie getan worden. Im Lande *E. Durkheims* ist die Familiensoziologie ausgesprochen unterentwickelt nach dem Zeugnis von *Maximilien Sorre* (*Sociologie comparée de la famille contemporaine* 1955, S. 5; so auch *Lucien Brams* 1955, S. 185/6). Die Forschung ist, wie man am angegebenen Orte leicht feststellen kann, durchaus konventionell: demographisch-regionale und statistische Analysen (*A. Girard* 1957) und Analysen der Familie in verschiedenen Schichten (bäuerliche und bürgerliche, Arbeiterfamilien) sind ungefähr alles, was man vorfindet. Nur gelegentlich weisen etwa *Jean Sutter* und *L. Tabah* (1948) auf eine Häufigkeit von Verwandtenheiraten in der Großstadt oder *Alain Girard* (1955, S. 63) darauf hin, daß junge Ehepaare mit ihren Eltern Kontakt halten, aber letzterer beschränkt sich auf die im gleichen Haushalt lebenden Personen, was wir schon als ungenügend erkannt haben. Nebenbei erwähnt *Jacques Doublet* (1955, S. 164), daß beim Arbeiter die gegenseitige Hilfe von der Solidarität der Arbeiterklasse und der Nachbarschaft getragen wird, ohne dem jedoch im einzelnen nachzugehen. Dies Thema wird in der bedeutendsten Untersuchung eines Teilaspekts der französischen Familie durch *Andrée Michel* (1959) in interessanter Weise analysiert. Ähnliche Gesichtspunkte waren vorher schon von *Lucien Brams* (1955) angedeutet worden, der auf die Isolierung der Arbeiterfamilie trotz aller Kommunikationsmittel hinweist, wobei ihn allerdings nicht so sehr die Frage der Familie als solche, sondern mehr die Enthaltung der Arbeiter von der politischen Aktion interessiert. Gleichzeitig zeigt er die überragende Rolle der Mutter in der Arbeiterfamilie, führt aber sonst das häufige Zusammenleben von Großelternteilen, Schwiegereltern ausschließlich auf die Wohnungsnot zurück und fordert zugleich eine Intensivierung der Forschung (vgl. auch *L. Brams* 1956). *Jacques Doublet* (1955) betont die hohe Variabilität des Verhältnisses zu den Großeltern und hebt zugleich die *Rolle der Nachbarschaftshilfe als funktionales Äquivalent für die gegenseitige Hilfe von Familienangehörigen* hervor (S. 164). *Andrée Michel* (1959) nimmt einen Extremfall vor, die Pariser Hotel-Familie, die aus Parisern und Einwanderern aus der Provinz, aus Nordafrika und aus dem sonstigen Ausland besteht. Die 276 Familien ihrer Erhebungsauswahl zeigen eine starke Isolierung vom Verwandtschaftskreis, der sich bestenfalls über die Frau aufschließt. Mit Ausnahme von Brüdern und Schwestern sieht man kaum jemanden; das Wort „cousin" ist praktisch verschwunden (S. 348). Ausnahmen von dieser Regel finden sich nur bei Nordafrikanern (insbes. Kabylen) und Spaniern, für welche breite Verwandtschaftsbindungen – trotz der Emigrantensituation – noch lebendig sind. Bei den französischen Arbeitern wird die Verwandtschaftsbindung durch parafunktionale Gruppen bestimmt, wie die informellen Gruppen am Arbeitsplatz, Freizeitgruppen, Nachbarschaft (zum letzteren *A. Michel* 1954). Es erhebt sich die Frage, ob es sich hierbei nicht um extreme Erscheinungen der unmittelbaren Nachkriegszeit handelt (die Erhebungen wurden 1954, 1955 und 1956 durchgeführt), die auch klassengebunden sind, also nur für die untersten Arbeitergruppen zutreffen. Jedenfalls sticht die bürgerliche Familie in Frankreich beträchtlich davon ab, wie *Jesse R. Pitts* (1958, 1963) zeigen konnte.

Aufgrund eines längeren Aufenthaltes in den Vereinigten Staaten wurde *Andrée Michel* mit dem Begriff der „modified extended family" bekannt und führte ihn auch in Frankreich in die Diskussion ein (*A. Michel* 1972, S. 121–125). Allerdings war sie von vornherein skeptisch, da sich für sie der Begriff der erweiterten Familie ausschließlich auf die alte und die „primitive" Welt bezieht, während sie für die Familie der Industriegesellschaften die Freiheit hervorhebt, Verwandtschaft zu akzeptieren oder zu verwerfen. Nun – wir haben gesehen, daß diese Vorstellung auch bei den Theoretikern der „modified extended family" vorwaltet; wir selber haben mehrfach bemerkt, daß man das Verhältnis von Verwandtschaft und Freundschaft einer Überprüfung unterziehen müsse. Darin liegt also der Unterschied nicht. Vielleicht könnte es aber sein, daß daraus eine andere „Temperierung" der französischen Familie von heute spricht, in der – ähnlich wie in den 20er Jahren in den USA – die Isolierung der Kernfamilien aufgrund bestimmter kultureller Züge überwiegt, und sei es nur aufgrund des französischen Individualismus, jener „sauvagerie", die eine Art von cordon sanitaire um jede Familieneinheit legt. Eine empirische Untersuchung, die sie Ende der sechziger Jahre unternahm (*A. Michel* 1970), zeigte, daß in Bordeaux die städtische Familie ältere Züge aufwies als in Paris. Allerdings geht auch sie fälschlich davon aus, daß in erweiterten Familien die Verwandten im Haushalt wohnen (S. 413/5). Trotzdem aber zeigen die tatsächlich geübten Hilfeleistungen ein erstaunlich niedriges Maß (S. 415–439). In Tab. 2 zeigt Paris

Tab. 2 In der vergangenen Woche wurden von den befragten Hausfrauen, die die betreffenden Verwandten am Orte haben, gesehen (PfeilPfeil, Elisabeth 1972, S. 255)

	East London	Hamburg 1964	Paris	Hamburg 1968
die Mutter der Frau von	81%	68%	71%	68%
die Mutter des Mannes von	66%	56%		
die Schwiegermutter der Frau von	57%		62%	60%
die Schwiegermutter des Mannes von	70%			
die Brüder des Mannes von	27%	11%		
die Brüder der Frau von	42%	16%		
die Schwestern des Mannes von	35%	17%		
die Schwestern der Frau von	52%	32%		
der Vater der Frau von				62%

eine niedrigere Besuchshäufigkeit als London, auch bei *Chombart de Lauwe*, aber die Differenz ist klein. Es erhebt sich die Frage, ob bei ihm nicht *die Frage des Verwandtenbesuchs in der Nachbarschaft* im Vordergrund steht und nicht das Bezugs- und Verkehrsfeld der ganzen Stadt (*P. H. Chombart de Lauwe* 1969). Dann wäre der Unterschied zwischen den Ergebnissen der beiden durch Ansatz eines verschiedenen räumlichen Umkreises bedingt, was auch durch das Übergewicht des „espace vécu" und des „petit quartier" bei ihm nahegelegt wird. Darüber hinaus scheinen aber auch gewisse ideologische Momente in der Bewertung der Einfamilienhäuser in den Vorstädten vorzuliegen, die gewissermaßen wie eine Festung die eine Familie von der anderen trennen, wie es unter denn Einfluß von *Henri Lefebvre* eine Gruppe junger kulturkritisch ausgerichteter Forscher getan haben (*R. Raymond, N. Haumont, M. G. Raymond* und *A. Haumont* 1966; *N. Haumont* 1966), die sich mit den „pavillonnaires" beschäftigt haben. Jedenfalls scheinen diese Probleme in Frankreich noch nicht hinreichend diskutiert und geklärt worden zu sein, wenigstens im städtischen Milieu. Dagegen hat man Licht werfen können auf die Rolle der Familienallianzen in der Heiratsstrategie bestimmter Gewerbe und Industrien in kleinen Städten, wo sich etwa zeigte, daß Verwandtenehen derart häufig waren, daß oft kirchlicher Dispens von Eheverboten verlangt werden mußte (*M. Segalen* 1972).

Besonders hoch entwickelt ist die Familiensoziologie in den *Niederlanden, wo* gleichzeitig sprachlich (im Gegensatz zu allen anderen europäischen Sprachen) ein Unterschied gemacht wird zwischen der Kernfamilie (*het gezin*) und der erweiterten Familie (*familie*). Die Familiensoziologie befaßte sich nun schon seit langem mit der Verteilung dieser verschiedenen Typen in den einzelnen Regionen des Landes (seit *J. P. Kruijt* 1938; *E. W. Hofstee* 1954; *W. H. Douma* 1961; *G. A. Kooy* 1957, 1959, 1965, 1970), wobei sich zeigte, daß erweiterte Formen der Familie vor allem in den unterentwickelten Teilen des Landes auftraten. Auch das Land hatte die weiteren Familien, obwohl auch da Veränderungen anzutreffen waren. *Gerrit A. Kooy* war aber in der Lage aufzuweisen (1958), daß in den erweiterten Familien Spannungen zwischen der älteren und jüngeren Generation auftauchten, indem sich letztere dem Einfluß der anderen zu entziehen sucht.

Ein weiterer Faktor ist der Grad von Isolierung einer Gemeinde, die das Überleben älterer Familienformen befördert (*G. A. Kooy* 1970; siehe auch für Deutschland *B. van Deenen* 1960).

Es kam dann zu einer interessanten Kontroverse, als ein indischer Soziologe, *K. Ishwaran* (1959), eine Arbeit über die Familien (gezin) von Studenten aus der Mittelklasse veröffentlichte. Obwohl der Verfasser aus einem Lande stammt, in dem erweiterte Familien häufig sind, und er daher eher hätte eine Neigung haben können, die Isolierungstendenzen überzubetonen, kommt er auf Grund seiner Erhebung zu dem Schluß, die Verwandtschaftsbeziehungen seien in Holland immer noch sehr stark. Das rollt die Frage auf, ob nicht bei den älteren Beobachtern eine Art Untergangs-Ideologie lebendig gewesen ist, die sie zu extremen Bewertungen brachte. Jedenfalls erweist sich auch in diesem Falle, daß die empirische Beobachtung verwandtschaftlicher Interaktionen ein Bild von der Kernfamilie geben würde, das dieselbe nicht in totaler Isolierung zeigt, wie früher so oft angenommen, obwohl von ökonomischer Kooperation der erweiterten Familie wirklich nur noch in den unterentwickelten Gebieten gesprochen werden kann.

3. Sozialistische Gesellschaften

Die Beobachtung der Entwicklung der Familie in den sozialistischen Gesellschaften zeigt vor allem, daß man schon *die Existenz revolutionärer Eingriffe annehmen muß, wenn es zu einer Verallgemeinerung der isolierten Kernfamilie kommen soll.* Wir haben bereits vorher bei der Besprechung der israelischen Kibbutzim gesehen, daß unter bestimmten wirtschaftlichen Notwendigkeiten vorübergehende Umformungen der Familie erzwungen werden können, ohne daß darum die Familie verschwindet. Wir haben heute überhaupt gelernt, viele sogenannte „Reformen" der Familie im Licht der Notwendigkeit wirtschaftlicher Entwicklung zu sehen, wie wir sie seit der russischen Revolution von 1917 und der türkischen von 1923 erlebt haben. So *kann staatliche Familienpolitik im Dienste des geplanten wirtschaftlichen Wandels stehen. In* dieser Hinsicht kann man die Sowjetunion als die erste wirtschaftlich unterentwickelte Gesellschaft sehen, die die Entwicklung planmäßig anbahnte und alle Maßnahmen in den Dienst beschleunigter Industrialisierung stellte. Hier stellte sich also das Problem der isolierten Kernfamilie ganz anders als in den westlichen Industriegesellschaften. Die Auflösung der verschiedenen Formen der erweiterten Familie erscheint als eine „Voraussetzung" der wirtschaftlichen Entwicklung und nicht als eine „Folge", wie es früher im allgemeinen angesehen wurde. Ähnlich hatte auch *Sun Yat-sen* im provisorischen Gesetzbuch der Chinesischen Republik von 1911 die ersten Schritte zur Auflösung des chinesischen „Familismus" unternommen.

Davon zu trennen ist die andere Frage, inwiefern die Existenz erweiterter Familienformen in manchen sozialistischen Ländern die Einführung kollektiver Wirtschaftsformen gefördert hat. Wir haben selber im Falle der Sowjetunion auf Grund einer Reihe von Quellen darauf hingewiesen (*R. König* 1974); die gleiche Stellung bezog für Jugoslawien *Emile Sicard* (1943, 1949, 1953) und neuerdings wieder *Jean Gaudemet* (1963). Dann könnte man einerseits von einer „zyklischen" Entwicklung sprechen, bei der der aufgezwungene Trend zur isolierten Kernfamilie nur ein vorübergehender Zustand wäre (bezeichnend für die „Transformationsperiode"), bevor eine völlig kollektivierte Wirtschaft auftritt, andererseits muß man sich aber darüber klar sein, *daß unter dem Einfluß der Transformationsperiode auch ein radikaler Motivwandel erfolgt.* Das Bindeglied zwischen alten und neuen Kollektivformen der Wirtschaft stellen häufig genossenschaftsähnliche Gebilde dar (etwa anknüpfend an das alte russische Artjel), aber man darf daraus natürlich nicht schließen, daß eines zukünftigen Tages die Familie wieder zum Zuge kommen könnte. Der Staat ist definitiv zum tragenden Organisationsrahmen geworden, innerhalb dessen sich die kollektiven Wirtschaftsgebilde entfalten.

Eine wichtige Sonderform wirtschaftlicher Planung, die hier erwähnt werden muß, findet sich in *Japan*, wo im Gegensatz zu China der feudale Charakter der Familie mit ihrer zentralistischen Ausrichtung auf den Kaiser zur Befehlsübermittlung benutzt werden konnte (siehe dazu *M. J. Levy, Jr.* 1955). Dies im Verein mit anderen Zügen wirkte im Sinne einer potentiellen Industrialisierung, wie *William J. Goode* (1963, S. 321ff.) hervorgehoben hat. Auch wird das Eltern-Kind-Verhältnis (das *oyako-Verhältnis*) im Sinne des Vasallenverhältnisses gesehen und auf das Verhältnis von Arbeitgeber zu Arbeitnehmer übertragen, so daß der Arbeitnehmer mit seiner Familie dem Arbeitgeber Gehorsam und Loyalität schuldete[15]. Dies benutzten die Reformer der Meiji-Periode im Dienste der Industrialisierung. So wurde hier mit der feudalen Unterwerfungsordnung das System der Familienkontrolle über die Individuen verstärkt, um die Fähigsten zur maximalen Ausbildung ihrer Fertigkeiten zu bringen. Daß damit zugleich – gewissermaßen nebenbei – das Individuum einen ersten Schritt zur Befreiung tat, war ein unerwartetes Nebenprodukt der Entwicklung, das sich allerdings mit der Alphabetisierung der ganzen Bevölkerung und mit der allgemeinen Schulpflicht allmählich einstellen mußte.

Der *russischen Revolution* war eine solche Möglichkeit aus vielen Gründen versagt. Da Feudalismus und Kirche die wesentlichen Hemmblöcke für die Entwicklung gewesen waren, mußten zunächst alle Elemente ausgerottet werden, die in irgendeiner Verbindung mit diesen Größen standen; danach kam die Emanzipation der Frau, die insbesondere ihre völlige wirtschaftliche Gleichstellung mit dem Mann zur Folge hatte und nicht etwa eine geschlechtliche Befreiung, wie seinerzeit viele westliche Beobachter meinten. Sowohl *Lenin* wie *Trotzki* suchten in der neuen Ehegemeinschaft eine disziplinäre Ordnung, die voll und ganz in den Dienst der Revolution gesetzt werden konnte. Vor allem interessierte sich der Staat für die Kinder, die kollektiv zu einer neuen Welt herangebildet werden sollten. Dafür war aber die Reduzierung der Familie auf die Kernfamilie unerläßlich. Dem entspricht auch die rechtliche Reduktion der Verwandtschaft auf Abstammung und nicht auf Ehelichkeit, was eine Sicherung der unehelichen Kinder bedeutet. Wenn viele alte Bestimmungen gelockert wurden, so wurden doch die Verpflichtungen der Eltern den Kindern gegenüber verstärkt. Man kann in der Tat die ganze russische revolutionäre Gesetzgebung als ein Mittel erfassen, die Kernfamilie zu sichern im Dienste des wirtschaftlichen und politischen

---

[15] Siehe dazu *J. C. Abegglen*, The Japanese Factory. Aspects of Its Social Organization. Glencoe, Ill., 1958. Die gleiche These vom Zusammenhang zwischen Familismus und Industrialisierung in Japan bei *Harry K. Nishio*, Analyse der Arbeiterklasse in Japan, in: Kölner Zeitschrift für Soziologie und Sozialpsychologie, Bd. 15 (1963).

Aufbaus. In einem technisch und industriell (damals!) unterentwickelten Lande, dessen Wirtschaft zunächst auf eine Menge ungelernter Arbeitskräfte angewiesen war, mußte einerseits virtuell die Gesamtheit der Frauen als mögliche Arbeiter angesehen, andererseits auch das Aufbringen von Kindern als wirtschaftliche Leistung anerkannt werden, was sich in einem großzügigen Mütterschutzsystem mit Geburtenprämien niederschlug. Aber vielleicht hat sich doch in Rußland insgesamt weniger geändert, als man meint (*K. Geiger* 1965).

Das wurde bereits von *Max Rheinstein* (1965) und *Wolfram Müller-Freienfels* (1969) hervorgehoben, die beide darauf hinwiesen, daß sowohl in der russischen als auch in der chinesischen Revolution zunächst einfach vieles nachgeholt wurde, was für den Westen schon längst selbstverständlich gewesen war. Im gleichen Sinne hob *René König* (1974) die Bedeutung der „Transformationsperiode" für die meisten Revolutionen (auch bei den sowjetischen Satellitenstaaten des Nachkriegs) hervor, indem erst ein provisorisches Gesetz zur Auflösung des Alten erlassen wird, um danach ein neues Familien- und Familienschutzgesetz zu erlassen. „Allgemeinsoziologisch gesehen heißt das, daß der Aufbau der sozial-kulturellen Person auch in einer sozialistischen Gesellschaft in der Familie erfolgt. Die Struktur dieser Familie ist wie in den westlichen Ländern weitgehend die der Kernfamilie, wenn auch die Verwandtschaftsbeziehungen stärker als früher hervorgehoben werden. Auch die Rolle der Großeltern wird wieder sichtbar, was eigentlich bei einer Gesellschaft mit sehr niedrigem Heiratsalter eine Selbstverständlichkeit ist, da Großeltern nicht mehr alt zu sein pflegen" (*R. König* 1974, S.188). Dazu noch: „Der einzige Unterschied liegt also im Wertsystem und nicht in der Struktur der Familie. *Aber auch das sozialistische Wertsystem könnte in der Zeit nicht überleben, wenn nicht die Familie den Aufbau der sozial-kulturellen Person (Sozialisierung) der jeweils jungen Generation leisten würde, genau wie das in anderen Systemen der Fall ist*" (ebda.).

Um das zu verstehen, muß man sich nur Rechenschaft davon geben, *daß auch Revolutionen einen familiensoziologischen Aspekt haben,* selbst wenn dieser regelmäßig vernachlässigt zu werden pflegt. Das tritt unter anderem in dem Familienrecht der Transformationsperiode hervor. Dazu schreibt *William J. Goode* (1966, 1973): „Darin können wir das auffallende Paradox aller Revolutionen sehen, besonders derer, auf die die Marxschen Kriterien einer Änderung der klassenmäßigen Verteilung politischer und wirtschaftlicher Macht sowie des Sozialprestiges zutreffen. Das Ziel einer Revolution wie auch das der Revolutionäre ist es, von Macht und Geld nicht nur die einzelnen Menschen, die sich dieser Privilegien erfreuen, zu entfernen (oder das System, das ihnen solche Vorteile gestattet, zu zerstören), sondern ebenfalls deren Familien. Besonders der Druck moralischer Entrüstung, der Zwang und die politisch-schöpferische Kraft ist gegen die Macht der Herrschenden gerichtet, 1. einige *Familien* vom Aufstieg in der Hierarchie fernzuhalten und 2. ihren eigenen Familien solche Vorteile zu verschaffen, daß sie mit großer Wahrscheinlichkeit in der nächsten Generation in einer hohen sozialen Rangstellung verbleiben" (S. 236).

So folgt regelmäßig auf eine experimentierend-destruktive Phase der revolutionären Familiengesetzgebung eine aufbauende, in der Sowjetunion und ihren Satelliten wie in China (zu den Satelliten und China siehe *R. König* 1974, S. 190–199).

Eine ähnliche Reihe von Rechtsreformen bezüglich der Familie finden wir auch in *China* seit 1911. Bereits bei *Sun Yat-sen* war es klar, daß das alte System der erweiterten Familie sowie das konfuzianische Gesetz zum Respekt der Älteren unangesehen ihrer Leistungsfähigkeit einer wirtschaftlichen Entwicklung Chinas im Wege standen (*M. J. Levy, Jr.* 1949). Zur Bildung einer Nation im modernen Sinne mußte also das Individuum aus den Fesseln der Familie befreit werden. Daß dies nicht so einfach war, beweisen die vielen Wiederholungen der Versuche von 1911, um das neue Gesetz auch populär zu machen. Deutlich kommt dies Bestreben in dem Familienrecht von 1930, von 1950 und der „Erinnerung" von 1953 zum Vorschein. So versuchte das neue Regime allmählich die Kommune anstelle des alten Clans zu stellen (seit 1958), der dann die Fürsorge für Kleinkinder, die Erziehung, die Alten, die Kranken und Invaliden, die Witwen und Waisen überantwortet wurde (*C. K. Yang* 1959). Damit ist in der Tat ein Schritt über die russische Revolution hinaus getan, die Frage ist nur, wohin er führt (*M. J. Levy, Jr.* 1965, S. 18 Anm. 17; *W. Müller-Freienfels* 1969). Zunächst scheint uns, ähnlich wie in den israelischen Kibbutzim eine Verstärkung der Gattenbeziehung und eine leichte Schwächung der Eltern-Kinder-Beziehungen die Folge zu sein. Während wir allerdings *wissen*, daß im Falle der Kibbutzim intensive Interaktionen zwischen Eltern und Kindern trotz räumlicher Trennung stattfinden, *verfügen wir weder im Falle Chinas noch im Falle Rußlands über die elementarsten Kenntnisse bezüglich der tatsächlichen Gestaltung der Familienverhältnisse, weil bisher noch zu wenig soziologische Forschung existiert.* Es ist immer eine mißliche Sache, von Rechtssätzen auf die Wirklichkeit zu schließen, insbesondere wenn Rechtssätze von politischen Ideologien getragen werden. Nur allzu leicht ergibt sich die Versuchung, das rechtliche und ideologische Wunschbild mit der Wirklichkeit zu verwechseln. Immerhin bemerken erfahrene Beobachter, daß die „Babuschka", die Großmutter (und die Russen behaupten nach wie vor, sie hätten die besten Großmütter der Welt) noch immer eine wesentliche Rolle in der Familie spielt, daß sie auch gern bei ihrem verheirateten Sohn lebt (siehe *L. Gordon, V. Klopov* und *E. Gruzdewa* 1972, S. 1, 12), wie übrigens Kinder nicht nur den Eltern, sondern auch den Großeltern gegenüber unterhaltspflichtig sind (*D. Mace* und *V. Mace* 1963, S. 262/3). Das würde eindeutig auf ein Durchbrechen des Lebenskreises der Kernfamilie schließen lassen, dem in diesem Falle sogar das Gesetz unter gewissen Umständen (Not) Vorschub leistet.

Die Frage, die sich hier erhebt, ist folgende: ist diese Rolle der Großmutter in der Sowjetunion vielleicht die Folge der fürchterlichen Verluste im Zweiten Weltkrieg, die zahllose junge Witwen hinterließen, die jetzt bei ihren verheirateten Kindern Anschluß suchen? Dann würde diese Erscheinung keine große Zukunft haben. Oder kommt darin wirklich eine dauerhafte Aufschließung des Kreises der Kernfamilie zum Ausdruck, was auch durch den hohen Prozentsatz an Erwerbstätigkeit russischer Ehefrauen mit Kindern nahegelegt wird (*D. R. Brown* 1968; *N. T. Dodge* 1966; *W. F. Kenkel* 1973, Kap. 5)?

Die wenigen Ausnahmen, wo Forschung verfügbar ist, zeigen etwa in *Polen,* daß sich die Kernfamilie durchaus noch für Familie der Eltern interessiert und auch die Heirat der Kinder beaufsichtigt (*J. Chalasinski* 1958; *J. Lutyński* 1959). Eine Inhaltsanalyse populärer Zeitschriften ergab für Polen eine interessante Änderung zwischen 1950/1 und 1956/57, indem die Gefühlswerte stärker in den Vordergrund traten (*A. Kloskowska* 1958). Allerdings sind die sozialen Verhältnisse in Polen sehr verschieden von denen in Rußland, da Polen schon eine längere Industrialisierungsperiode hinter sich hat, so daß es einer westlichen Gesellschaft ähnlicher ist als einer sozialistischen im eigentlichen Sinne. Trotzdem bleibt dies Zeugnis für uns insofern wichtig, als es zeigt, daß selbst in einem sozialistischen Lande die Kernfamilie und eine vermeintlich radikale Isolierungstendenz nicht universal akzeptiert sind, so daß mindestens in diesem Falle die Wirklichkeit beträchtlich von der Rechtsideologie abweicht.

Jan Szczepański (1970) weist übrigens, wie auch wir selber im Falle der Sowjetunion, auf das Interesse des revolutionären Staats an der Familie in der „Transformationsperiode" hin, um eine *„neue"* Generation zu fördern. Aber er hebt gleichzeitig eine unerwartete Nebenfolge des Umstands hervor, daß wegen der wirtschaftlichen Umstände die meisten Frauen erwerbstätig wurden und die Kinder zur Besorgung den Großmüttern überließen, was zur Intensivierung einer ausgesprochen konservativen Erziehung führen mußte. Das wirkte zusammen mit anderen polnischen Traditionen: „Almost all families were three-generation families, and the influence of the grandparents was pronounced; even if the grandparents did not live with married children, they exercised a strong influence on the conduct of family affaires" (S. 182). Eine solche Stärkung hatten die Familienbeziehungen schon vorher unter der deutschen Besetzung erfahren, wo die Familie zur entscheidenden Institution (ähnlich wie im jugoslawischen Untergrund) des Widerstands und der nationalen Organisation wurde. Aber selbst wenn sich der traditionelle polnische Patriarchalismus unter dem Einfluß von Industrialisierung und wachsender Erwerbstätigkeit der Frau gemildert hat, bleibt bei sehr niedrigem Heiratsalter die Dreigenerationenfamilie durchwegs erhalten und auch eine ausgesprochene Stabilität, was sich u.a. in besonders niedrigen Scheidungszahlen kundtut, worauf in Abschnitt VIII zurückzukommen sein wird. Wenn man die folgenden Ausführungen liest, wird man geradezu an die „modifizierte erweiterte Familie" erinnert, also auch hier keine isolierten Kernfamilien. „Although the traditional economic functions of the household have been taken over by various service institutions, family solidarity is revived in the mutual help of family members employed in various fields of the economy or public activity. Thus, the members of peasant families employed in towns help their relatives to obtain jobs and get access to schools in exchange for economic benefits from the peasants in the country. This family solidarity is thus 'institutionalized' in an informal allocation of services, goods, and benefits. It is, of course, a transitional phenomenon characteristic of periods of scarcity, which disappears with growing prosperity but meanwhile has a significant influence on family ties" (S. 186). Selbst wenn am Schluß etwas zurückgenommen wird, bleibt doch die unmittelbare Wirkung auf die Familienstabilität erhalten trotz der schweren Katastrophen, durch die Polen im Krieg und Nachkrieg gegangen ist.

Ähnliches gilt für *Jugoslawien,* wo insbesondere der rechtlichen Gleichberechtigung die größten Hemmnisse in der Tradition entgegenstehen (*I. Stanojčić* 1957). Allgemein gilt, „daß man ein irreführendes Bild erhält, wenn man sich bei der Schilderung der heutigen Familie nur auf die bestehende Familiengesetzgebung stützt" (*V. Bonač* 1960, S. 423). Wichtig ist hierbei, daß auch ganz andere Wirkfaktoren auftreten, die sich genauso in nichtsozialistische Ländern finden, etwa daß Bauernkinder nach erfolgter Ausbildung in der Stadt bleiben, so daß viele alternde Bauern den Hof allein bewirtschaften müssen (S. 431). Selbst wenn der Erwerb von Eigentum nach dem neuen Gesetz beschränkt ist (Eigentum war eine der wesentlichsten Voraussetzungen für die Ausbildung erweiterter Familienformen), so bedeutet das keineswegs, daß die Solidarität zwischen Eltern und Kindern aufgelöst werden müsse; es scheint, daß mit Hilfe mitverdienender Kinder und die Erwerbstätigkeit der Frau der Lebensstandard gehoben wird (S. 426), was ein starkes Gefühl von Familiensolidarität auch bei Selbständigkeit der Kinder voraussetzt.

Wie umfangreich die alte Jugoslawische „Zadruga" auch unter dem sozialistischen Regime ist, geht aus einer brieflichen Mitteilung meines Kollegen *M. Barjaktarović* hervor. Er berichtete mir über eine Großfamilie Osmanaj in Djurakovac bei Péc: „In der Region von Metohija sind die gentilizischen Gemeinschaften oder Großfamilien noch nicht verschwunden. Eine der größten nach der Zahl ihrer Mitglieder ist die Großfamilie Osmanaj im Dorf Djurakovac bei Péc. Vor dreißig Jahren hatte sie 30 Mitglieder, fünfzehn Jahre später betrug die Zahl 56, heute (im Jahr 1959) sind es 85 und in zwei, drei Jahren werden es mindestens 100 sein. Sie denken nicht daran, jedenfalls momentan nicht, die Güter aufzuteilen. Das Haus hat 20 Kinder in der Schule. – Das Leben in dieser Gemeinschaft ist noch stark patriarchalisch. Alle Mitglieder gehorchen widerspruchslos dem Familienvorstand und den alten Männern. Die Osmanaj leben von der Landwirtschaft (sie haben 17 Hektar Land unter dem Pflug), von der Viehzucht (sie haben 100 Schafe, 40 Kopf Großvieh und 7 Pferde) und vom Fuhrgeschäft. Außerdem besitzen sie eine Mühle mit 4 Mahlstellen. Die Frauen produzieren Leinen und Tuch für Kleider. Von allen Mitgliedern der Gemeinschaft Osmanaj ist nur ein einziger Angestellter. Die Organisation und Arbeitsteilung sind ausgezeichnet.

Die Beschäftigung jedes einzelnen Mitgliedes ist festgelegt: es gibt Schaf- und Rinderhirten, eine Frau kümmert sich um die Milchwirtschaft, es gibt einen Müller, einen Gärtner usw. Die Frauen bereiten das Brot und versorgen reihum die Küche (jede jeweils für drei Tage). Sie verbrauchen nach ihren Angaben pro Tag ungefähr 100 Kilo Brot. Im Sommer lösen sie sich in drei Gruppen auf: die einen gehen mit den Herden in die Berge, die anderen bleiben zu Hause im Dorf und kümmern sich um die Felder und einige Männer leisten Arbeiten für den Staat. Diese Gemeinschaften repräsentieren den Rest des alten patriarchalischen Lebens".

Nebenbei möchten wir darauf hinweisen, daß es eine höchst reizvolle Aufgabe wäre, die Familienentwicklung in Jugoslawien von den Zeiten der türkischen Herrschaft über die ersten Stufen der Modernisierung bis zur Entstehung eines sozialistischen Staatswesens zu verfolgen. In diesem besonderen Falle verfügen wir über eine beispiellose und nahezu lückenlose Fülle von Material, beginnend mit den Wirtschaftshistorikern aus dem letzten Drittel des 19. Jahrhunderts bis zu der besten neueren Darstellung von *Emile Sicard* (1943). Auch *Jean Gaudemet* (1963) griff diesen Gegenstand wieder auf. Dazu kommt aber noch die große Erhebung aus der zweiten Hälfte der dreißiger Jahre von *Vera St. Erlich*, die trotz Krieg, deutscher Invasion, Flucht und Verfolgung glücklich fertiggestellt wurde und 1964 in Zagreb in serbokroatischer und 1966 endlich in englischer Sprache erschien. Wenn auch dies Werk, eine wahre Pionierleistung auf diesem Gebiet, an den methodischen Mängeln aller frühen Erhebungen leidet (wie auch die von *Marie Jahoda*, *Paul Lazarsfeld* und *Hans Zeisel* 1933), so bleibt es doch als Dokument von bleibendem Wert, da es uns eine einzigartige Schilderung der Situation unmittelbar vor dem Kriege bietet, die als Ausgangspunkt für eine Darstellung der heutigen Lage dienen könnte (was sich *Vera St. Erlich* vorgenommen hat; die Forschung ist im Gange). Dazu wäre auch eine Vereinigung mit den Forschungen der modernen Wirtschaftsgeschichte nützlich (etwa *R. Bičanić* 1956). Im übrigen bietet *Vera Erlich* (1940, 1945, 1960) auch einen Ansatz zu einer neuen *Theorie der patriarchalischen Autorität in der Familie*, indem sie zeigt, daß in der alten Zadruga die Autorität relativ milde war, in dem Typ, den sie als „in stürmischer Umformung" begriffen charakterisiert, sich verschärft, um in dem neuen Typ der Familie sich wieder zu mildern und zu einer genossenschaftlichen Kooperation auszugestalten. Dieser Ansatz scheint uns insbesondere in islamischen Ländern anwendungsfähig zu sein, da zwar im alten koranischen Recht die Autorität des Mannes festgelegt ist, diese aber durch Verantwortung für Frauen und Kinder gemildert wird. Sie verschärft sich zu einseitigem Autoritarismus erst unter dem Einfluß der verschiedenen Wandelimpulse von außen. Somit erweist sich dieser Typ des Patriarchalismus als spezifischer „Sekundärpatriarchalismus", wie wir es in anderem Zusammenhang genannt haben (*R. König* 1951, in: *R. König* 1974).

Selbst wenn diese Darstellung des Problems der Familie in den sozialistischen Gesellschaften nur ein oberflächlicher Exkurs sein konnte, so zeigt sie doch zweierlei: 1. Die Beschränkung auf die Kernfamilie scheint weitgehend von politischen Entscheidungen, von den Notwendigkeiten wirtschaftlicher Planung und wirtschaftlichen Wachstums abhängig zu sein, also von sehr speziellen Bedingungen; 2. scheinen selbst hier die Ergebnisse verschieden zu sein, indem mindestens in den schon länger entwickelten sozialistischen Gesellschaften, für die wir Polen und Jugoslawien als Beispiel nahmen, noch Restbestände weiterer Verwandtschaftsbande wie auch des alten Patriarchalismus sichtbar sind. Diese finden wir in Spuren vielleicht sogar noch in Rußland. Ob sie in China erhalten sind, entzieht sich unserer Kenntnis, weil dort wie in Rußland die Sozialforschung noch unterentwickelt ist, so daß ideologische Forderungen ständig mit Wirklichkeiten verwechselt werden. Außerdem wissen wir nicht, was die Zeit bringt, selbst wenn die russische Revolution mehr als ein halbes Jahrhundert alt ist. Wir glauben aber mit einiger Sicherheit feststellen zu können, daß die Universalisierung der Kernfamilie aus sehr extremen Verhältnissen erwächst, so daß wir heute noch nicht sagen können, ob sie selbst in diesen Ländern auf die Dauer ein endgültiger Zustand bleiben wird.

d) Die wirtschaftlich unterentwickelten Gesellschaften

Wenn es richtig ist, daß die Entwicklung des Industrialismus nicht notwendig die Universalisierung der Kernfamilie nach sich zieht, so schließt wirtschaftliche Unterentwicklung keineswegs die Existenz von Kernfamilien in der Unterklasse aus, auch muß sich nicht immer die Existenz von erweiterten Familien in der Oberschicht als ein Hindernis für die wirtschaftliche Entwicklung erweisen. In manchen Fällen ist dies sicher so gewesen, wie in Rußland und China; im Falle von Japan war es anders. Wir müssen jetzt die Frage aufrollen, wie die Dinge für die heutigen wirtschaftlich unterentwickelten Länder stehen. Natürlich kann hier nur ein kurzer Überblick gegeben werden, den man nützlicherweise durch das Kapitel über Soziologie der Entwicklungsländer in diesem Handbuch ergänzen wird. Andererseits hängt die Stellungnahme zu diesem Spezialproblem so wesentlich mit allen vorausgehenden Erörterungen zusammen, daß wir ihr nicht ausweichen können.

Zunächst ist festzustellen, daß es ein großer Fehler wäre anzunehmen, in wirtschaftlich unterentwickelten Gesellschaften herrschten ausschließlich erweiterte Familien vor. Das ist genauso falsch wie die Annahme, in den alten Kulturen hätten nur erweiterte Familien existiert. Wir haben davon schon gesprochen. Es gibt in der Tat auch bei den wirtschaftlich unterentwickelten Gesellschaften viele Gründe für die Existenz einer jeweils verschieden großen

Schicht von Kernfamilien. Diese können auf die mannigfaltigste Weise entstanden sein. So finden wir etwa regelmäßig Kernfamilien (falls überhaupt Familien vorhanden sind) bei Sklaven und Abhängigen aller Art, dann auch als Ergebnis von Wanderungen, Eroberungen, Dezimierungen durch Kriege oder Seuchen. Immer jedenfalls handelt es sich um unterste Schichten. *William J. Goode* (1963) hebt noch einen speziellen Grund hervor, der für viele unterentwickelte Staaten recht entscheidend gewesen zu sein scheint, nämlich *eine politische und ideologische Revolution* wie etwa in Teilen der arabischen Welt, welche die Veränderungen in der wirtschaftlichen Sphäre antizipiert oder vorbereitet (S. 162). Falls diese Bewegungen nicht – wie in den sozialistischen Ländern – aus einheitlichen politischen Aktionen herauswachsen, darf man sie jedoch nicht überschätzen, wie die nach unseren eigenen Beobachtungen im Laufe der letzten vierzig Jahre gerade in den islamischen Ländern zumeist avortierten Frauenbewegungen zeigen. Die wenigen Ausnahmen entsprechen genau der oben gemachten Bedingung einer einheitlichen, auch länger andauernden politischen Aktion, wie etwa früher in der Türkei, heute in Algerien und Tunesien (die allerdings beide wegen des tiefgreifenden französischen Einflusses eine Ausnahme darstellen). In den anderen Fällen sind die entsprechenden Bewegungen schnell wieder eingeschlafen, wie man leicht nachprüfen kann, wenn man etwa den noch immer geringen Prozentsatz von Mädchen betrachtet, die in mohammedanischen Ländern zur Schule gehen. Das gilt praktisch für fast ganz Nordafrika und einen großen Teil des mohammedanischen Asien. In einzelnen Fällen sind die Errungenschaften planmäßiger Revolutionen, wie etwa 1928 von *Amanullah Khan* in Afghanistan, durch reaktionäre Gegenbewegungen wieder annulliert worden (s. dazu *Erika Knabe*, 1976).

Für uns gewinnen aber diese frühen ideologischen Reformen, selbst wenn sie nicht durchschlagend waren, darum an Bedeutung, weil sie zweifellos ohne jegliche Einmischung von Industrialisierung vor sich gegangen sind. Das zeigt wieder einmal, wie prekär die Theorie vom Zusammenhang der Familienentwicklung mit der Industrialisierung ist. Bestenfalls kann man sie, wie bei den sozialistischen Gesellschaften als eine Teilaktion im Rahmen der Vorbereitung geplanter Reformen, niemals aber als Resultat der Industrialisierung ansehen. Umgekehrt erhebt sich die Frage, welche Familienformen in den schon länger urbanisierten Gebieten Nordafrikas die besten Fortkommenschancen haben. Es zeigt sich nämlich vielfach, daß ausgerechnet erweiterte Familien in der sich anbahnenden modernen Wirtschaft offensichtlich besonders gut reüssieren, wie es etwa für Tunesien unterstrichen wurde (C. Camilleri 1961, 1962, 1964, 1965, 1966a und b). Man fragt sich wirklich, wer die besseren Chancen hat in der Stadt: eine isolierte Kernfamilie mit nur einem Erwerbstätigen oder eine erweiterte

Familie, in der etwa zwei Männer erwerbstätig sind. Für die isolierte Kernfamilie bedeutet die Erwerbstätigkeit der Frau sofort ein schweres Handicap,
vor allem, wenn die Familie zugewandert ist und keine Verwandten in der
Stadt hat, während im zweiten Falle die eine Frau bei Erwerbstätigkeit der
anderen beide Haushalte versorgen kann. So ist also die Lage in der Tat sehr
vieldeutig. Einerseits gibt es viele Anzeichen dafür, daß die verschiedenen
Formen der erweiterten Familie nicht so häufig gewesen sind, wie man
meist ohne Prüfung angenommen hat; die erweiterte Familie war in der Tat
bei allen mohammedanischen Völkern eine Art von „Ideal", was aber nicht
ausschließt, daß viele Menschen – vielleicht sogar die Majorität – nicht nach
diesem System gelebt haben. So zeigte Anne H. Fuller (1961) von einem
mohammedanischen Dorf in Libanon, daß zwar der Kleinhaushalt überwiegt,
aber die Verwandtschaftsbeziehungen mit dem Clan und den weiteren Ver-
wandtschaftskreisen recht ausgeprägt sind. Andererseits spricht auch manches
dafür, daß die Kernfamilie vielleicht gar nicht die günstigste Ausgangssituation für das Leben unter gewandelten Verhältnissen darstellt, wofür unter
anderem zeugt, daß man sie vor allem in den Slums und „Bidonvilles" findet.
Das muß allerdings auch nicht immer die Regel sein, wie etwa Informationen
zeigen, die wir in jüngster Zeit aus Tunesien erhielten, wo offensichtlich
Clanbindungen selbst in den Bidonvilles überleben. Umgekehrt wird ein
Familienvorstand lieber eine fremde Arbeitskraft in Lohn nehmen statt eines
Verwandten, der arbeitslos ist. Was man aber auch immer vorbringen kann,
wird dadurch belastet, daß wir nur über sehr wenig brauchbare Forschungsergebnisse verfügen und die heute erhältlichen Daten zumeist nicht mit
früheren verglichen werden können. Wo wir indessen zuverlässige Daten
haben, sind diese oft recht erstaunlich, wie etwa die jüngsten für die Stadt
Beirut in Libanon, ein hochentwickeltes und weitgehend verwestlichtes
großstädtisches Zentrum, wo sich bei einem Sample von Unterklassen-
Familien von Armeniern, Maroniten und Sunniten folgende Verhältnisse
fanden.

Tab. 3 Familientypen in drei ethnischen Gruppen in Beirut (1960/1962). (Nach: *J. K. Harfouche* Harfouche, Jawal Karane 1965, S. 34)

Ethnische Gruppe	Kernfamilie Ganzjährig		Erweiterte Familie			
			ganzjährig		*Teil des Jahres*	
	N	%	N	%	N	%
Armenier....................	65	49,6	66	50,4	–	--
Maroniten..................	88	73,4	25	20,8	7	5,8
Sunniten....................	71	62,3	43	37,7	–	–
	224	61,4	134	36,7	7	1,9

Diese Aufstellung zeigt den erstaunlich hohen Anteil von erweiterten Familien (insgesamt 38,6%), wobei man noch unterscheiden muß zwischen solchen, die ganzjährig oder nur einen Teil des Jahres zusammenleben und zwischen den Bergen und der Stadt hin- und herpendeln. Besonders auffällig ist hierbei, daß ausgerechnet die Armenier, die das Land erst seit relativ kurzer Zeit bewohnen, den höchsten Anteil an erweiterten Familien haben. Bei der Differenzierung der zusammenlebenden Verwandten in den erweiterten Familien nach Beziehung zum Haushaltungsvorstand ergab sich folgendes Bild (a.a.O., S. 36).

Tab. 4 Beziehung und Zahl der Mitglieder erweiterter Familien (ausgenommen Eltern und Kinder)

Ethnische Gruppe	Schwieger- mutter	Schwieger- vater	Schwägerin	Schwager	Väterliche oder mütter- liche Tante	Andere Kern- familie
Armenier	58	32	27	30	1	7
Maroniten	19	13	13	16	1	4
Sunniten	30	18	14	19	2	13
Total	107	63	54	65	4	24

Das zeigt wohl deutlich die Fortkommenschancen der erweiterten Familien in hockentwickelten großstädtischen Verhältnissen, selbst wenn die Mehrheit aller Familien (ca. zwei Drittel) zu den Mittelklassen und nur ein Drittel zu den Unterklassen gehörte. Leider hat man bei Feststellung der Klassenlage versäumt, nach Kernfamilien und erweiterten Familien zu differenzieren. Hier wie auch bei anderen Untersuchungen dieser Art in anderen mohammedanischen Kulturen hat man sich übrigens immer darauf beschränkt, die in einem Haushalt zusammenlebenden Familienmitglieder zu zählen und nicht daran gedacht, die Intensität der Beziehungen zwischen Verwandten in getrennten Haushaltungen zu untersuchen.

Wenn es erstaunlich ist zu sehen, wieviel erweiterte Familien sich in wirtschaftlich fortgeschrittenen Städten und Großstädten finden, so ist es umgekehrt interessant zu sehen, wie häufig Kernfamilien auf dem Lande sind; zumeist variiert die Familiengröße mit dem Landbesitz, wie man früher auch bei chinesischen Bauern sehen konnte; die kleinsten Familien sind die der nichts besitzenden Landbewohner. Selbst wenn sich nun viele Zeichen aufweisen lassen, daß die Verhältnisse sich über kurz oder lang ändern werden, so möchten wir doch betonen, daß diese Änderungen zweifellos nicht Resultat der Industrialisierung sein können, weil diese fast vollkommen fehlt. Wo sie vorhanden ist, muß also der Umschwung in der Betonung von erweiterten Familien auf Kernfamilien auch von anderen Ursachen bedingt sein als der Industrialisierung. Das scheint uns unumstößlich festzustehen. Eine dieser Ursachen kann z.B. langwährende Armut und gesamtgesellschaftliche Desorganisation sein, wie etwa *Edward C. Banfield* (1958) für eine Stadt in Süditalien gezeigt hat. Er spricht von „amoralischem Familismus", in dem der einzelne sich nur noch für das Fortkommen seiner Kernfamilie interessiert.

Wieder andere Verhältnisse zeigen sich bei den Hindu in *Indien,* wo wir teilweise über recht brauchbare Forschungsergebnisse verfügen. Auch hier scheinen übrigens nach einer Bemerkung von *W. J. Goode* (1963, S. 204) die ideologischen und politischen Wandelimpulse stärker zu sein als die von der Industrialisierung ausgehenden. Was die Lage der Familie selbst betrifft, so haben wir auch hier mit einem Ideal der Familie als Großfamilie, d.h. einer Haushaltsgemeinschaft von Brüdern mit ihren Frauen und Kindern zu rechnen; die Frage ist aber, wie es damit in Wirklichkeit steht. In Indien scheinen gelegentlich Verhältnisse aufzutreten, die in einer Hinsicht denen im alten Frankreich ähnlich sind (siehe dazu *G. Duby* 1953 und *Ph. Ariès* 1960), indem etwa beim Tode des Vaters eine Art spontanes Zusammenwirken der Söhne auftritt, das jedoch nur von kurzer Dauer ist. Wie *W. J. Goode* (1963, S. 244) betont, gab es auch eine Art von „Lebenszyklus" der Großfamilie, indem etwa Söhne mit ihren Frauen und Kindern für eine Weile mit ihrem Vater zusammenleben, sich aber je nach den Gelegenheiten eines Tages separieren, so daß dann die Großfamilie zu existieren aufhört (*M. S. Gore* 1965, S. 212). Umgekehrt kann ein Sohn dann seinerseits wieder eine Großfamilie gründen. So ist die Großfamilie dieser Art in Indien offensichtlich nicht so stabil und perennierend, wie man geglaubt hat und wie es in anderen Gesellschaften sicher der Fall gewesen ist, etwa im alten China bis zur Revolution und im alten Jugoslawien. Ein aufschlußreicher Bericht aus Indonesien zeigt, wie sich bei den städtischen Batak zwar die Großfamilie gegenüber dem Dorfe etwas modifiziert, sich aber doch im wesentlichen erhält (*E. M. Bruner* 1966), wie auch in anderen Gebieten der Welt. Man kann aber auch in diesen Fällen keineswegs von einer Universalität der Großfamilie sprechen, aus der später die Kernfamilie herausgewachsen wäre, vielmehr scheint je nach den Umständen aus einer Kernfamilie eine Großfamilie und dann aus der Großfamilie eine Reihe von Kernfamilien hervorzugehen. Es wird dann die Frage sein festzustellen, ob alle Familien diese Möglichkeit haben oder nur bestimmte, während andere für immer Kernfamilien bleiben.

Wenn man dies berücksichtigt, wird man verstehen, daß schon in alten Zensuserhebungen (wie etwa 1901) die Durchschnittsgröße der indischen Haushaltungen relativ klein war. Auch entsprach die Zahl der Häuser ziemlich genau der Zahl der Kernfamilien. Einzig und allein in den obersten

Kasten, die aber eine Minorität der ganzen Bevölkerung darstellen, waren die Großfamilien verbreitet. Dagegen pflegte in den Unterklassen der Sohn einen eigenen Haushalt zu begründen, sowie seine Frau Kinder bekam. Auf Grund dieser Einsichten kann man wohl sagen, daß sich in Wahrheit über mehr als ein halbes Jahrhundert nur wenig verändert hat (*H. Orenstein* 1961). Andererseits haben aber auch zwei indische Soziologen in neueren Publikationen darauf hingewiesen, daß es auch *funktionale Großfamilien* gibt, die äußerlich wie Kernfamilien aussehen (*K. M. Kapadia* 1959; *I. P. Desai* 1956). Im gleichen Sinne hob *M. S. Gore* (1965) hervor, daß es nicht so sehr auf den Haushalt, als vielmehr auf die Interaktionen ankommt. „If this is understood, it is not paradoxical to say that the joint family relationships may continue even when the household composition has changed into that of a nuclear household" (S. 212). Das kann in zweifacher Hinsicht verstanden werden, 1. daß es nicht so viele Großfamilien gibt, wie man gemeint hat, und 2. daß die Existenz von Kernfamilien für sich allein genommen noch nichts für einen Wandel beweist; denn Kernfamilien können Einstellungen haben, wie sie in Großfamilien üblich sind, und die Mitglieder von Großfamilien können Einstellungen zeigen, wie sie bei Kernfamilien üblich sind. Und das noch ganz abgesehen davon, daß die eine Form ständig in die andere übergehen kann. *T. N. Madan* (1963) zeigte, daß man unterscheiden muß zwischen Großfamilie mit Gemeineigentum und Familien mit geteiltem Eigentum (und Haushalt), was aber gemeinsame religiöse Zeremonien zu bestimmten Jahreszeiten nicht ausschließt. So kommt letztlich alles auf das Studium des tatsächlichen Verhaltens an. Wenn wir aber allzu ausschließlich auf Interaktionen abstellen, dann sind schließlich die Verhältnisse von den „westlichen" kaum zu unterscheiden, wo – wie wir früher gesehen haben – viel mehr gegenseitige Besuche und Hilfe zwischen Verwandten sich finden, als es der Begriff der isolierten Kernfamilie vermuten läßt (*D. Narain* 1970). Wichtig scheint uns in dieser Hinsicht insbesondere das Studium der Eigentumsverhältnisse, obwohl auch das kein unbedingtes Symptom sein muß; denn es können Brüder sehr wohl in getrennten Kernfamilien leben, aber z.B. aus Bequemlichkeit die vom Vater überkommene Erbengemeinschaft nicht auflösen. Umgekehrt bestehen faktische Beziehungen weiter auch nach Auflösung einer Erbengemeinschaft. Es wird aufschlußreich sein zu beobachten, wie sich das Gesetz von 1956 auswirken wird, nach dem auch Töchter Erben des Familieneigentums werden können, jedenfalls ist die Stellung der Töchter auch in den Mittelklassen alles andere als klar (*M. Mies* 1972).

Bei der Bewertung all dieser Phänomene werden kulturelle Vorurteile zu sehr ernst zu nehmenden Hemmnissen für die Erkenntnis. So werden westliche Beobachter geneigt sein, die großfamilialen Aspekte der indischen Familie zu überschätzen, und zugleich immer nach Wegen suchen, wie die

Kernfamilie aus der Großfamilie hervorgegangen sein kann, obwohl die Kern-familie schon seit sehr langer Zeit bestanden haben mag. Ein schlagendes Bei-spiel dafür ist Thailand, wo die Kernfamilie offensichtlich seit den Zeiten der Einwanderung der Bevölkerung aus Südchina vorherrscht, und zwar offen-sichtlich in einer außerordentlich locker strukturierten Form (*J.F. Embree* 1950; *L. Hamburger* 1965), obwohl von Industrialisierung überhaupt nicht gesprochen werden kann. Umgekehrt können eingeborene Beobachter je nachdem entweder das „alte System", das ein Idealtyp war, überschätzen oder auch das „neue System", wobei der Wunsch zum Vater des Gedankens wird, so daß eine wirklich brauchbare Forschung wahrscheinlich noch lange auf sich warten lassen wird. Zu den Hindernissen gehört auch zweifellos das Vor-urteil indischer Gelehrter über den Grad der Isolierung der westlichen Kern-familie, der keineswegs so extrem ist, wie man meint, aber doch dazu führen mag, daß im Kontrast zu diesem Extremtyp jede, auch die bedeutungsloseste Familienallianz sofort als Ausdruck großfamilialer Einstellung erscheint.

Wie man all das auch immer bewerten mag – und es erscheint schwer, beim heutigen Stand der Forschung zu einer klaren Entscheidung zu kommen –, eines bleibt gewiß: der Wandel der Familientypen, speziell die Entwicklung von Kernfamilien, hat mit Industrialisierung zunächst nur wenig zu tun. Natürlich ist damit nicht ausgeschlossen, daß sich dieser Typ später besonders gut an die erforderliche Mobilität bei Frühindustrialisierung anpaßt. Das gilt dann aber ausschließlich für die Arbeiterklasse, während das Unternehmertum weitgehend aus Großfamilien stammt, die zugleich eine stärkere Kapitalmacht darstellen. So entstehen auch bei fortgeschrittenen Industriegesellschaften spontan verschiedenartige Formen von erweiterten Familien, wenn es um die Bindung eines Vermögens an eine Familie geht. Wenn es aber Kernfamilien in wirtschaftlich unterentwickelten Gesellschaften gibt, so fehlt doch noch der Typ der Gattenfamilie, die auf einer höchst persönlichen Bindung der Ehepartner beruht; *so sollte man stärker als bis-her die Begriffe Kernfamilie und Gattenfamilie voneinander scheiden.* Ohne auszuschließen, daß de facto in Kernfamilien auch eine engere Beziehung der Gatten zueinander bestehen kann, so gehört das doch nicht zu ihren wesent-lichen Voraussetzungen, wie auch die ganz persönliche Werbung von Mann und Frau in allen wirtschaftlich unterentwickelten Gesellschaften – mit Aus-nahme vielleicht einer verschwindend kleinen verwestlichten Schicht – keine Rolle spielt. Selbst wo aus politischen Reformideen Frauenbewegungen ent-standen sind, haben sich diese doch nicht dergestalt auswirken können, daß die Frau als Person völlig eigenen Rechts dem Manne gegenübertritt; wir wiesen schon auf das Überleben des Patriarchalismus selbst in sozialistischen Ländern, wie etwa Jugoslawien hin. Immerhin beginnen die alten Schranken zu fallen, die früher die jungen Männer von den jungen Mädchen trennten,

so daß man für die Zukunft die Ausbildung eines eigenen Typs der Gattenfamilie erwarten kann, der vielfach auch durch neue Gesetzgebungswerke
unterstützt wird. Aber man muß sich klar darüber sein, daß es lang gehen
wird, bis dieser Zustand erreicht ist. Auch muß man sich vor einer allzu
extremen Deutung der persönlichen Ausgestaltung von Werbung und Ehe
in der Gattenfamilie hüten, denn selbst in den fortgeschrittenen Industriegesellschaften des Westens ist die Wahl keineswegs ganz frei, wie man so
oft beteuert, sondern gesteuert durch gewisse Auswahlmechanismen, die es
erreichen, daß jeweils nur ein verhältnismäßig beschränkter Personenkreis als
mögliche Partner in Frage kommt (VI, a).

So scheint uns auch wichtiger als eine vermeintlich völlig ungebundene
Freiheit der Wahl die Struktur des aus der Vereinigung der Gatten hervor-
gehenden Aggregats. *Diese Vereinigung wird nämlich zum Ursprung zahlloser
Entscheidungsprozesse mit deren Hilfe nicht nur das Leben geplant, sondern vor
allem auch die Beziehungen zur Verwandtschaft ausgestaltet werden, die von
jetzt ab nicht mehr etwas schicksalhaft Zugefallenes, sondern ebenfalls bewußt
gewählte Verkehrsnetze darstellen, in die auch Freunde, Arbeitskollegen u.a. je
nach Umständen eingeschlossen werden können.* Mit der Erweiterung dieses
Aggregats zur Familiengruppe wirken sich diese Entscheidungsprozesse
im Aufbau des Familieneinkommens und des Familienbudgets aus, um sich
schließlich im Konsum zu einem eigenen „Lebensstil" (s. oben IV, a 3) zu
entfalten.

VI. Die Gruppenstruktur der Familie und die Familie als Interaktionssystem

Wenn wir mit *George C. Homans* (1950) die Gruppe als ein Interaktionssystem ihrer Mitglieder ansehen, zeichnet sich die Familie als Gruppe besonderer Art dadurch aus, daß ihre Mitglieder durch starke Gefühle miteinander verbunden sind, wobei durchschnittlich und in der Regel die durch Ehe verbundenen Eltern in geschlechtlicher Vereinigung die Jüngeren gezeugt haben. In der älteren Sprache der Soziologie nannte man eine solche Gruppe dem Vorschlag *Charles H. Cooleys* folgend eine „*Primärgruppe*“, „primär“ der Zeit und der Bedeutung nach, indem in ihr die erste „Sozialisierung“ des jungen Menschen beginnt, die von *D. Claessens* (1962) auch als *Soziabilisierung* bezeichnet wird, weil alle weitere Sozialisierung auf ihr aufruht. Die Primärgruppe wird ferner durch intime Vereinigung in unmittelbarer persönlicher Gegenwart (*„intimate face-to-face association“*) charakterisiert, wobei früh festgestellt wurde, daß diese intime Vereinigung unter gewissen Bedingungen auch fortbestehen kann, wenn die Gruppenmitglieder räumlich getrennt sind[16]. So bleibt als wesentliches und unaufgebbares Merkmal das der Intimität, was uns das Recht gibt, diese besondere Art der Gruppe als „Intimgruppe“ zu bezeichnen (*R. König* 1974).

Das gilt im höchsten Ausmaß für die *Gattenfamilie*, die durch die zentrale und allein permanente Zone des Gattenpaares gekennzeichnet ist, das dem modernen Eheideal nach in einer höchst persönlichen Weise durch *Liebe* verbunden ist (*W. J. Goode* 1959). Auch wird durchschnittlich in der öffentlichen Meinung heute Liebe als entscheidende Voraussetzung für die Eheschließung vorausgesetzt. Die Geschichte dieser Ehekonzeption ist trotz zahlreicher Versuche bis heute noch nicht geschrieben worden – und das trotz der riesigen, aber völlig ungeordneten Materialsammlung von *Edward Westermarck* (1921). Wie wir in anderem Zusammenhang zu zeigen versucht haben (*R. König* 1968b), ist die Ehe äußerst anfällig für kulturelle Wandlungen und ideologisch-postulative Umformungen, so daß sie nur im Rahmen einer umfassenden Kulturgeschichte erfaßbar wäre. Das gilt in immer erhöhtem Ausmaß, seit in der jüdisch-griechisch-römischen Antike die Grundlagen für diese Eheauffassung gelegt wurden, die später in der christlichen Kultur eine eigene Vertiefung erfuhren. So ist die moderne Eheauffassung von extremer Komplexheit, die gewissermaßen kumulativ eine Fülle von Elementen, die sie in der geschichtlichen Entwicklung hier und da aufgegriffen hat, in sich vereinigt. Trotzdem wird ein Zug im Laufe dieser Entwicklung immer dominanter, und das ist die Vorstellung, daß sich die Wahl des Ehepartners fortlaufend von der Vormundschaft weiterer Familienkreise

---

[16] Siehe dazu *E. Faris*, a.a.O.

emanzipiert und auf die freie Wahl der zukünftigen Partner beschränkt. Das schafft in der Tat eine scheinbar einzigartige Situation in der Gattenfamilie, die von den verschiedenen Familiensoziologen je nachdem mit positiven oder negativen Gefühlen betrachtet worden ist. Jedenfalls sind alle vermittelnden Institutionen wie Ehewerber und Ehevermittler verschwunden, arrangierte Ehen und Standesehen ziehen sich zurück in bestimmte Oberschichten, die große Menge der Durchschnittsmenschen sucht ihren Partner vermeintlich in freier Entscheidung oder in dem, was sie für eine freie Entscheidung hält. Das manifeste Bild der Eheschließung ist das einer einzigartigen und persönlichen Entscheidung, woraus häufig kritische Bewertungen dieser Eheform abgeleitet wurden, weil höchstpersönliche Entscheidungen einen sehr prekären Charakter haben, so daß das, was die zentrale und einzig permanente Zone der Gattenfamilie ausmacht, das Ehepaar, gleichzeitig zur Ursache für einen hohen Grad an Unbeständigkeit in der modernen Familie wird. Wir werden im folgenden zuzusehen haben, ob hinter dem manifesten Schema nicht latente soziale Strukturen sichtbar werden, welche die vermeintlich ganz persönliche Entscheidung in weitere Zusammenhänge einbetten, welche damit der Gattenfamilie einen höheren Grad an Stabilität sichern, als man noch in den 20er Jahren durchschnittlich annahm.

a) Partnerwahl und Ehe

Wir haben in den vorhergehenden Kapiteln mehrfach betonen müssen, daß eine Reihe zum Teil sehr grober Stereotypen die Analyse der Familie in Vergangenheit und Gegenwart schwer belastet, so als seien früher ausschließlich weitere Familienzusammenhänge die Regel gewesen und heute ausschließlich die isolierte Kernfamilie. Wir haben bereits gesehen, was wir davon zu halten haben; so kann man wirklich mit *Alain Girard* (1964, S. 16) sagen, daß man sich sehr ernsthaft fragen muß, *ob die Möglichkeit einer unbeschränkten Wahlfreiheit, die einer stereotypen Auffassung von der Vergangenheit gegenübergestellt wird, wirklich der heutigen Realität entspricht*. Nach unseren bisherigen Darstellungen sieht es jedenfalls so aus, als ob früher genauso viel „freie" Wahlmöglichkeiten existiert haben müssen wie heute, da es immer Kernfamilien gegeben hat, deren Wirkung strukturell bedingt nur eine beschränkte sein konnte. Dann wäre also nicht ein struktureller Wandel die Voraussetzung für die heutige Situation, sondern nur ein *Wandel im Interesse der öffentlichen Aufmerksamkeit, die heute Eheschließung vorwiegend in der Form einer völlig persönlichen Wahl sieht*. Da die Akteure sich mit ihrem Verhalten nach diesen Vorstellungen richten, ist diese Situation soziologisch von Interesse, jedenfalls als Dokument einer besonderen Verfassung der öffentlichen Meinung. Eine Theorie kann man jedoch darauf nicht aufbauen, dazu ist erst eine tiefergehende Forschung vonnöten.

Die naive Auffassung geht davon aus, daß die aus weiteren Familienzusammenhängen erwachsende Ehe eine größere Stabilität hat, weil sie durch die mehr unpersönlichen Strukturen der Großfamilie oder der erweiterten Familie mitgetragen wird. Zusätzlich wird angenommen, daß hierbei eine Garantie für eine relativ hohe Gleichheit der Charakter- und Wertausrichtung der Ehepartner gegeben sei, die ihrerseits der zukünftigen Familie eine gute Prognose stellt. So heißt es: „Heirate über den Mist, dann weißt du, wer sie ist", sowie „gleich und gleich gesellt sich gern". Das ist das *Gesetz der „Homogamie"*, von der also angenommen wird, daß sie früher wesentlich dazu beigetragen habe, stabile Familienverhältnisse zu schaffen. Diesem Postulat steht aber die genau entgegengesetzte Meinung gegenüber, nach der „Gegensätze einander anziehen". Außerdem heißt es, daß in der Nachbarschaftsehe eventuell auf Grund sozialer Konventionen junge Menschen zusammengezwungen werden, die voneinander völlig verschieden sind, so daß auch keine stabile Familie darauf gegründet werden könne.

So entstand bald die Einsicht von der außerordentlichen Relativität dessen, was unter Homogamie und entsprechend unter Heterogamie zu verstehen sei. *Homogen in bezug auf was?* war die entscheidende Frage, die immer mehr in den Vordergrund trat. Der italienische Statistiker und Demograph *Franco Rodolfo Savorgnan* (1924) war wohl einer der ersten, der die vorwaltenden Gesetzmäßigkeiten herauszuarbeiten suchte. Er zeigte an ausgewählten Beispielen für Heiraten in Boston, Buenos Aires, anderen lateinamerikanischen Städten, Budapest u.a. eine höhere Korrelation zwischen Nationalität, Geburtsort, Konfession, als rein nach der Wahrscheinlichkeit zu erwarten gewesen wäre, was er als Index für Homogamie interpretierte. *Ernest W. Burgess* und *Harvey Locke* (1945) führen schon ein rundes Hundert von solchen Studien an; *E. W. Burgess* und *Paul Wallin* (1943, 1953) haben bereits ihrerseits einen Beitrag zur Erforschung dieser Zusammenhänge geliefert, bei dem speziell auf die Rolle der Verlobung hingewiesen wird; später wird auch der Periode vor der Verlobung größere Aufmerksamkeit zugewendet, dem „Dating" und dem „Going steady", d.h. der Bildung fester, aber informeller Beziehungen zwischen jungen Menschen noch vor der Verlobung und vor der Eheschließung. Dabei wurde ein Zusammenhang zwischen der Länge der Zeit, die die zukünftigen Ehepartner einander vor der Ehe gekannt hatten, und der Beständigkeit der Ehe sichtbar, d.h. die Beständigkeit schien höher bei längerer Vertrautheit vor der Ehe. Erkenntnisse dieser Art hatten *E. W. Burgess* und *Leonhard A. Cottrell, Jr.*, schon 1939 zu einem viel diskutierten Buch über die Voraussage von Erfolg und Mißerfolg in der Ehe veranlaßt, bei dem die Probleme der Homogamie resp. der Heterogamie ebenfalls eine Rolle spielten. Eine gute Übersicht mit großer Bibliographie veröffentlichten neuerdings *Peter Jakobson* und *Adam P. Matheney, Jr.* (1963). Der französische Demograph *Alain Girard*

(1964) gab vor kurzem eine weitere lange Liste einschlägiger Literatur, die das anhaltend große Interesse für diese Frage beweist, so ein Aufsatz von *H. Rodman* (1965), ebenso das neueste Buch zweier Belgier, *C. Henryon* und *E. Lambrechts* (1968).

Es ist naturgemäß unmöglich, die ausgedehnte Literatur zu diesem Spezialthema im einzelnen zu besprechen; wir müssen uns hier notgedrungen auf einige wenige Gesichtspunkte beschränken, die insbesondere in letzter Zeit hervorgetreten sind. Dabei lassen wir die wesentlich weltanschaulich orientierten Stellungnahmen der Kirchen aus, die eine grundsätzlich nicht-neutrale Position einnehmen, selbst wenn sie sich der Forschung zu bedienen scheinen (typisch für diese Kombination das Buch des Rabbiners *Albert I. Gordon* 1964).

Schon früh hatte *James H. S. Bossard* (1932) auf die *räumliche Nähe als Faktor bei der Gattenwahl* hingewiesen (ebenso 1940, Kap. 4; s. auch *M. R. Davie* und *R. J. Reeve* 1939). Es ist ein stehendes Stereotyp geworden, daß die erhöhte Mobilität sich dahingehend auswirken müsse, daß immer mehr einander völlig fremde Menschen sich begegnen, die an völlig verschiedenen Orten leben. Nach dem, was wir jedoch über die Ausbreitung familiärer Beziehungen in der Nachbarschaft gehört haben, müssen einige Zweifel an der Allgemeingültigkeit des obigen Stereotyps aufsteigen. In der Tat weist eine Fülle von z.T. sehr zuverlässigen Untersuchungen in den verschiedensten Ländern darauf hin, daß die Partnerwahl noch immer in verhältnismäßig großer räumlicher Nähe erfolgt. So zeigte *Bossard* an 5000 Eheschließungen in Philadelphia, daß ein Drittel aller Paare fünf oder weniger Blöcke voneinander entfernt gelebt hatten, ungefähr die Hälfte achtzehn. Die Häufigkeit der Heiraten ging regelmäßig herunter mit der wachsenden Entfernung der Wohnsitze von Braut und Bräutigam. Eine Untersuchung in Columbus (Ohio) bestätigte diese Ergebnisse (*M. R. Koller* 1948; *A. C. Clarke* 1952; siehe auch *A. C. Kerckhoff* 1956 und *A. M. Katz* und *R. Hill* 1958). In New Haven fand *August B. Hollingshead* (1949), daß bei 1008 analysierten Eheschließungen 587 Paare aus dem gleichen Stadtquartier stammten, das auch für die soziale Klasse entscheidend war. Nahm man die Eheschließungen in das unmittelbar benachbarte Quartier mit hinzu, so stieg die Zahl auf 82,8%! Vielfach wird ein Wohnviertel danach ausgesucht, ob man da einen Ehepartner für die Kinder finden könne (*J. M. Beshers* 1962), wie es auch geradezu heißt, daß räumliche Distanz Kontakte mindert (siehe auch *E. Pfeil* 1971, 1973).

Alain Girard (1964) bringt gleiche Resultate für Frankreich, wie Tab. 5 zeigt.

Tab. 5   Wohnsitz der Heiratenden (1954)

	N	%	*Kumulierte %*
Am selben Ort	924	57,4	57,4
Zwei Orte im gleichen Kanton	185	11,5	68,9
Zwei Orte im gleichen Arrondissement	195	12,1	81,0
Zwei Orte im gleichen Département	111	6,9	87,9
Zwei Orte in der gleichen Region	53	3,3	91,2
Zwei verschiedene Regionen	141	8,8	100,0
Wohnsitz in Frankreich	1609	100,0	

(a.a.O., S. 59)

Die gleiche Erhebung zeigt allerdings auch, daß diese Zahlen über Jahrzehnte leicht abnehmende Tendenz aufweisen. Dies wird deutlich, wenn man die untersuchten Paare nach dem Jahr der Eheschließung ordnet (a.a.O., S. 60).

Tab. 6   Jahr der Eheschließung

	Vor 1930	*1930–1939*	*1940–1949*	*1950–1959*
Beide Ehegatten wohnen am gleichen Ort	60,6%	57,1%	55;3%	53,8%

Was hier allgemein gezeigt wird, wiederholt sich auch in den Einzelheiten, wie eine Studie von *Jean Sutter* (1958) aufweist. Ähnliche Ergebnisse fanden sich bei schwedischen Untersuchungen (*L. Beckmann* 1959, 1961; *G. Karlsson* 1963). Die theoretische Frage, die sich hier erhebt, bezieht sich auf *ökologisch bedingte soziale und kulturelle Homogenitäten,* die im einzelnen einer Spezifizierung bedürfen. So können mit dem gleichen oder benachbarten Wohnsitz sowohl gleiche Konfession, gleiche soziale Schicht, gleiche kulturelle Ausrichtung, wie auch gleiche ethnische Herkunft korrelieren. Es erscheint darum lohnend, diesen Merkmalen einzeln nachzugehen, um vielleicht einen spezifischeren Einblick in das Problem der Homogamie zu erhalten (zum ganzen *M. L. Barron* 1946, 1951). Vor allem muß die Frage wieder aufgerollt werden, die bereits von *Ernest Burgess* und *Paul Wallin* (1953, S. 211) formuliert wurde und neuerdings von *C. Henryon* und *E. Lambrechts* (1968, S. 51) wieder aufgegriffen wird, *ob der Begriff der Homogamie nur deskriptiv oder explikativ ist.* Wir möchten der Meinung zuneigen, daß ersteres der Fall ist, d.h. mit anderen Worten, daß die hinter dieser umbezweifelbaren Realität versteckten ursächlichen Faktoren der Stabilisierung noch für sich herausgearbeitet werden müssen.

Die wichtigste Form der *Heterogamie,* die immer wieder große Aufmerksamkeit erregt hat, ist die *konfessionelle Mischehe.* Leider steht dies Interesse in keinem Verhältnis zur Forschung, so daß viel mehr offene Fragen als zuverlässige Antworten da sind. Gemeinhin wird behauptet, daß konfessionell gemischte Ehen eine höhere Scheidungshäufigkeit haben. Die Frage ist aber zu wissen, ob wirklich die konfessionelle Mischung Ursache für die erhöhte Scheidungsfrequenz ist, oder nicht andere Umstände (siehe etwa *J. T. Landis* 1949). Dieser Zweifel wird besonders nahegelegt durch den Umstand, daß die Mischehen in den großen Städten zunehmen, wo auch die Scheidungshäufigkeit hoch ist. Dann könnte also die konfessionelle Mischung nur eine scheinbare Korrelation zur Scheidungshäufigkeit haben, während die wirkliche Ursache im städtischen Milieu zu suchen wäre. Eine interessante ältere Schweizer Aufstellung zeigt aber, daß noch andere Probleme auftreten können.

Tab. 7 Scheidungshäufigkeit auf 1000 Eheschließungen nach Konfessionen und Regionen (Stadt-Land) (1876–1890) (nach *F. Buomberger,* F. 1901).

	Scheidungen auf 1000 Eheschließungen	
	Land	*Stadt*
Beide Gatten katholisch	0,57	2,10
Beide Gatten protestantisch	2,40	4,03
Mann katholisch, Frau protestantisch	3,54	3,03 (erwartet ca. 14)
Mann protestantisch, Frau katholisch	4,86	4,83 (erwartet ca. 8)

Hier zeigt sich, 1. daß die Scheidungshäufigkeit in der Stadt höher ist als auf dem Lande; 2. daß die Verschärfung für die Katholiken größer ist als für die Protestanten; 3. daß beide Typen von Mischehen auf dem Land in der Tat höhere Scheidungshäufigkeit haben als die konfessionell homogenen Ehen; 4. die zu erwartende Verschärfung der Situation in der Stadt tritt jedoch nicht ein (wir haben in Klammern die Erwartungswerte eingesetzt, wenn man jeweils die Konfession des Mannes als Maßstab nimmt). Dieser letzte Punkt ist unseres Erachtens von höchster Bedeutung, zeigt er doch, daß hier wirklich ganz andere Ursachen zum Zuge kommen, die die Scheidungszahlen konfessionell gemischter Ehen auf dem Lande bei beiden Typen steigen und umgekehrt in der Stadt gegenüber den Erwartungswerten fallen lassen. *Offensichtlich ist es hier die soziale Kontrolle der kleinen Gemeinde, die auf die konfessionelle Mischehe einen Druck in Richtung der Scheidung ausübt, während das städtische Milieu in dieser Hinsicht toleranter ist.* Ferner zeigt sich die höchste Scheidungshäufigkeit auf dem Lande, wenn die Frau katholisch ist; hier kann man annehmen, daß der Klerus darauf hinarbeitet, durch Beeinflussung der Frau solche Ehen zu scheiden.

Die Verhältnisse in der Schweiz dürften weitaus die interessantesten in dieser Hinsicht sein, weil hier die verschiedenen Konfessionen in scharfer Ausprägung, die auch durch die allgemeine regionale Kultur mitgetragen wird, nebeneinander stehen. Leider verfügen wir nur über ältere Darstellungen, die aber schon aufschlußreich genug sind; sie sollten bis in die Gegenwart fortgeführt werden. So läßt sich zeigen, daß etwa in der Stadt Zürich die Mischehen eine ganze Zeit lang zunehmen, dann aber zum Stillstand kommen, nachdem die einwandernde katholische Bevölkerung so groß geworden ist, daß sie nicht mehr als Minorität angesehen werden kann (*J. Lorenz* 1930). Mit der Zunahme der Chancen, einen Partner gleicher Konfession heiraten zu können, kommt das Steigen der Mischehen zum Stillstand. Aufschlußreich ist auch der andere Umstand, daß in der gleichen Zeit die Scheidungshäufigkeit weiter steigt, so daß man auch hier zu zweifeln beginnt, ob eine konfessionelle Mischehe scheidungsfördernd wirkt. Man könnte auch umgekehrt schließen, daß die Partner in Mischehen nur scheinbar einen verschiedenen kulturellen Hintergrund haben, indem sie etwa beide der Konfession als Bildungsfaktor eine geringe Rolle zusprechen; so wäre also die Mischehe in Wahrheit homogam. Wenn man allgemein die geringe Rolle der Konfession in der Sozialisierung der Person bedenkt, dann erscheint eine solche Annahme durchaus tragbar. Eine ähnliche Stellung nimmt auch *W. J. Goode* (1963, S. 30) für die Vereinigten Staaten ein: „In the United States for example, Catholics who marry Protestants are likely to be less devout than those who marry within the Church, and Protestants who marry Catholics are probably not as devoted to their religious doctrine". Auch scheint die Minoritätssituation insofern eine Rolle zu spielen, als sie gelegentlich ihre Mitglieder zu Mischehen zwingt, weil keine Partner der eigenen Konfession vorhanden sind. Dies zeigt etwa eine interessante Aufstellung von *Clifford Kirkpatrick* und *Theodore Caplow* (1945) über eine Gruppe von Studenten in Minnesota.

Tab. 8

Konfession	Männer		Frauen	
	N	% homogam	N	% homogam
Protestanten	176	75,5	391	80,8
Katholiken	53	58,5	71	38,0
Juden	29	72,4	52	84,9
Keine Vorliebe oder unvollständige Angaben	38	–	38	–
Total	296	–	552	–

An sich sollten Katholiken eine höhere Tendenz zur Homogamie haben, aber ihre Minderheitssituation zwingt sie gelegentlich zur Heterogamie (*H. J. Locke, Georges Sabagh, M. M. Thomes* 1957). Dies dürfte sich ändern, sowie die katholische Bevölkerung hinreichend angewachsen ist, so daß sie keine Minorität mehr darstellt. Dies bestätigte eine Untersuchung von *August B. Hollingshead* (1950) über „Elmtown", wo insgesamt 91% der Ehen konfessionell homogam waren (bei Protestanten 74,4%, bei Katholiken 93,8%, bei Juden 97,1%). Er stellt auch fest, daß sich das von der Elterngeneration auf die gegenwärtige nicht geändert hat. Während früher oft nur einfache Prozentzahlen verglichen wurden, fragt man sich heute, ob eine Abweichung nach oben (oder unten) von jenen Zahlen vorliegt, die aufgrund einer reinen Zufallsverteilung herausgekommen wären; aber auch unter diesen Umständen werden die erhaltenen Ergebnisse zumeist bestätigt (*C. Henryon* und *E. Lambrechts* 1968, S. 63).

Allerdings spielen hier häufig auch Schichtungsprobleme eine bedeutendere Rolle als die konfessionellen Unterschiede, obwohl beide insofern zusammenwirken können, als die Katholiken der Unterschicht, die Protestanten der Mittel- oder Oberschicht angehören. Gleichzeitig spielen Fragen der ethnischen Herkunft eine Rolle im Verein mit der Konfession, so etwa wenn in Amerika Iren, Polen und Italiener zumeist Katholiken, die Angelsachsen Protestanten sind. In New Haven bemerkte *Hollingshead* (1950), daß die Katholiken eine Bevölkerungsmischung aus den drei genannten Gruppen darstellen, die untereinander heiraten und der angelsächsischen Schicht der Protestanten gegenüberstehen. Dabei wird die soziale Klasse von immer größerer Bedeutung, und zwar betrifft das nicht nur die Eheschließung, sondern sogar die Verabredungen zwischen Jungen und Mädchen (Dates). Wenn man diese nach sozialen Klassen differenziert, ergibt sich folgendes Bild für die Oberklasse.

Tab. 9   Verabredungen von Jungen und Mädchen

	Jungen	Mädchen
I II }	54%	50%
III	38%	35%
IV	8%	15%
V	0%	0%
Total	100%	100%

Wenn man die Klassen I, II und III zusammennimmt, dann besteht Homogenität für 92% der Jungen und 85% der Mädchen.

Nehmen wir die Jungen aus Klasse III, so hatten sie nur in 18% Verabredungen mit Mädchen aus den Klassen I und II, 53% in ihrer eigenen Klasse, 27% mit Klasse IV und nur 2% mit Klasse V. Für Mädchen galt nahezu die gleiche Ordnung: I und II 15%, III 58%, IV 27%, 0% in V. Die Chance ist in der Tat sehr groß, daß aus diesen homogenen Verabredungen allmählich homogame Ehen erwachsen. Wenn man zusätzlich bedenkt, daß der Schulbesuch mit der sozialen Klassenlage steigt, dann wird man sich leicht vergegenwärtigen können, daß diese Ehen auch in Bezug auf den Bildungsstand weitgehend homogam sein werden.

Für die Deutung dieser Tatsachen muß man sich darüber klar sein, daß durchschnittlich mehrere Faktoren zusammenwirken, also die ökologischen, die ethnischen, die kulturellen (Konfession und Erziehung), die schichtbedingten und schließlich – wo vorhanden – die rassischen Faktoren. Auch bezüglich des Alters gibt es Beschränkungen bei der Partnerwahl. *Ernest W. Burgess* und *Paul Wallin* (1943) fanden bei 1000 verlobten Paaren relative Übereinstimmung bei vielen anderen Verhaltensweisen bis zur Freizeitgestaltung oder Gewohnheiten beim Rauchen und Trinken. *Alain Girard* (1964) fragte geradezu nach den Meinungen, ob man gleiches „soziales Milieu" für die Ehe für besser hielt, und erhielt 69% zustimmende Antworten (S. 150). Natürlich heißt das alles nicht, daß die zukünftigen Ehepartner einander nach solchen Gesichtspunkten suchen. Vielmehr bauen sich selektive Verkehrskreise auf, die Partnern, die in manchen Hinsichten ähnlich sind, eine größere Chance zum Zusammentreffen geben. Immer aber muß man sich die Frage stellen, in bezug worauf die Ähnlichkeit des Partners beruht, so kann etwa – wie vorher gesagt – eine Ehe zwischen Menschen verschiedener Konfession homogam sein, weil sie darin übereinstimmen, der Konfessionsfrage eine geringe Bedeutung zu geben. Außerdem mag es unter bestimmten Bedingungen Ausnahmen geben, indem etwa bei Zuständen extremer sozialer Desorganisation oder auch grundsätzlich anderer kultureller Einstellungen zur Rassenfrage sogar die sonst so unübersteigbar erscheinenden Farbenschranken fallen. *Girard* hebt hervor, daß selbst bei erfolgten Wanderungen die Tendenz zur Homogamie nicht fallen müsse, indem sich die Menschen einer bestimmten regionalen Herkunft auch am Ankunftsort assoziieren und damit einen Partner aus der gleichen Region finden (1964, S. 189). Neuerdings wurde betont, daß Erscheinungen dieser Art insgesamt auch mit dem begrenzten Radius der durchschnittlichen Lebenssphäre der Menschen zusammenhängt (*C. Henryon* und *E. Lambrechts* 1968, Kap. III).

Eine wesentliche Vertiefung dieser Problematik brachte *Robert F. Winch* (1958) mit einem vieldiskutierten Werk, das die *sozial* bestimmte selektive Partnerwahl (*assortative mating*) mit persönlicher Wahl kombiniert. Er stößt in dem Augenblick auf die neue Problemstellung, wenn er sich danach fragt, wer dann wirklich aus dem Kreis der wählbaren Partner genommen wird. So meint er, daß im Rahmen des Kreises der Wählbaren eher Personen mit komplementären als gleichen emotionalen Strukturen gewählt werden. Das heißt dann auch, daß die Partnerwahl in einer ersten Phase homogam und in der nächsten heterogam ist (interessante Entwicklungen dazu bei *Th. Ktsanes* und *V. Ktsanes* 1962). Das könnte auch allgemein den Schluß nahelegen, daß Homogamie und Heterogamie, wie sie bisher betrachtet wurden, keine wirklichen Gegensätze sind. Abgesehen davon, daß man beim heutigen Stand der Forschung selbst auf eine solche Alternative noch gefaßt sein muß, scheint uns vorläufig die Lösung nahezuliegen, Homogamie und Heterogamie gewissermaßen in verschiedenen Schichten der Person zu verankern: wir hätten dann einerseits die soziale Person, die weitgehend homogam entscheidet, und die tiefenschichtliche Person, die mehr nach komplementären Bedürfnissen ausgerichtet ist. Ferner müssen wir auch die Dauer der Werbung berücksichtigen; zu verschiedenen Momenten mögen verschiedene Filter wirksam werden (*A. C. Kerckhoff* und *K. E. Davis* 1962).

Der empirische Grund für die homogame Ausrichtung in der Partnerwahl scheint nicht so sehr in der Vorstellung einer weitgehenden Wertübereinstimmung, als vielmehr in der sehr praktischen Frage zu liegen, daß Ehe nicht nur Anpassung der Partner aneinander, sondern zugleich an ihre gegenseitigen Schwiegereltern impliziert. Insbesondere wenn man die Hypothese von der isolierten Kernfamilie fallen läßt, muß sich dies Problem geradezu aufdrängen. Es ist wohl der einseitigen Beeinflussung durch diese Hypothese zuzuschreiben, daß diese Problematik heute empirisch nur sehr ungenügend untersucht worden ist, wobei es speziell auf die regelmäßigen Interaktionen zwischen den einzelnen Mitgliedern der Schwiegerfamilien untereinander und der Ehepartner zu ihren Schwiegereltern ankommt. Daß hier gewisse Probleme bestehen, wird allein durch das weitverbreitete Schwiegermutter-Tabu belegt, wie auch die oben (III, b) erwähnte, in den verschiedenen Kulturen schwankende Betonung einzelner Schwiegerelternteile.

b) Der neue Familienzyklus

Seit den Arbeiten von *Paul C. Glick* (1947, 1955, 1957) ist die Frage des Familienzyklus im Sinne einer strukturellen Gliederung des Lebensablaufs einer Familie, also einer *unabhängigen Variablen* schon oft diskutiert worden (*E. M. Duvall* 1957, 1962; *R. H. Rodgers* 1962, 1964; *R. Hill* und *R. H. Rodgers* 1964; *G.P. Rowe* 1966), wobei nicht nur immer feinere Differenzierungen, sondern im Zusammenhang mit der Demographie und der Ausdehnung der Lebenserwartung auch weiterreichende Auswirkungen sichtbar wurden, die heute aus der Struktur des Familienzyklus eines der Schlüsselprobleme der strukturellen Familienanalyse machen. Insbesondere ist die Auswirkung auf die Familie als Interaktionssystem besonders wichtig, weil nicht immer die gleiche Zahl von Mitgliedern in der Familie enthalten ist und sich das *„Gesetz der Familieninteraktion"*, wie es *J. H. S. Bossard* (1945) genannt hat, rein mathematisch gesehen beträchtlich verschieden auswirkt, je nachdem wieviel Mitglieder jeweils in der Gruppe gegenwärtig sind. Mit anderen Worten: die Familie dehnt sich nicht nur aus in bestimmten Momenten und schrumpft in anderen, die Dichte der sozialen Interaktionen wandelt sich in den verschiedenen Lebensphasen der Familie entsprechend. Damit ist ein besserer Ausdruck für das alte Problem gewonnen, das man früher etwas mechanisch als das Verhältnis von Größe und Beständigkeit der

Familie zu bezeichnen pflegte. Es liegt auf der Hand, daß die Dichte der Beziehungen eine andere sein muß, wenn nur zwei Personen (das Gatten-paar), bzw. drei, vier oder mehr Personen (mit Kindern) vorhanden sind. *Bossard* gab dafür folgende einfache Formel:

$$X = \frac{Y^2 - Y}{2}$$

wobei x die Zahl der Interaktionsbeziehungen angibt und y die Zahl der Personen. Bei einem Kind ist x = 3, bei zwei Kindern x = 6, bei drei Kindern x = 10, bei vier Kindern x = 15 usw. Umgekehrt gilt jeweils ein entsprechender Abstieg in der Zahl der Interaktionsmöglichkeiten, wenn ein Familienmitglied die Gruppe verläßt. Die Beziehungsmuster sind bei sich wandelnden Quanten letztlich auch qualitativ andere. Unter diesen Voraus-setzungen untersuchte *Bossard* (1956) eine Gruppe von 100 kinderreichen Familien, während *Claessens* (1966) ganz ähnlich auf den „Pluralismus" in der Zunahme von Untergruppen und zugleich die Elastizität in der Werte-tradierung bei solchen Familien hinwies. Wir möchten schon hier bemerken, was bisher selten hervorgehoben worden ist, daß die These von der isolierten Kernfamilie durch die unabhängige Variable des Familienzyklus insofern stark beeinträchtigt werden kann, als Konstellationen denkbar sind, wie im folgenden sofort gezeigt werden wird, welche die vermeintliche Isolierung strukturell weitgehend aufheben.

Die Bedeutung des Modells vom Familienzyklus macht sich im ein-fachsten Falle darin bemerkbar, daß es erlaubt, zu verschiedenen Zeitpunkten die Positionen in der Familie und die Rollen resp. Rollenveränderungen systematisch zu gliedern. Das beginnt im Grunde im Moment der Partner-wahl, wo die Rolle des Mannes die des Werbers ist, die der Frau die der Umworbenen. Wenn nun das „Liebespaar" zu einem „Ehepaar" wird, so ist damit bereits ein erster Schritt im Familienzyklus getan, dem sich als nächster der Wandel der Rollen vom Ehepaar zum Elternpaar anschließt; danach folgt, nur selten hervorgehoben, ein neuerlicher Rollenwandel vom Eltern-paar zurück zum Ehepaar mit Kind (oder Kindern), der nicht immer gelingt (als einer der wenigen Analytiker *Lloyd V. Ballard* 1936, Kap. II). Wie man nachher gliedern will, scheint uns Ermessenssache und auch eine Frage des Zusammenhangs, in dem das Problem behandelt werden soll. Ist man an den Phasen der Kindheitsentwicklung interessiert, so wird man mit Vor-teil psychologische Lebensphasen als Gliederungsgesichtspunkte benutzen. Stellt man das System in wirtschaftliche Zusammenhänge, so wird die ver-schiedene Gestaltung und Belastung des Familienbudgets und die Zahl der Miterwerbenden relevant. Für die Gestaltung des Konsums und der Konsum-stile gewinnt das gleiche Modell eine wieder andere Bedeutung, die in den letzten Jahren sehr eingehend diskutiert worden ist und der hier im einzel-nen nicht nachgegangen werden kann. Haushaltsgestaltung und Wohn-fragen gehören ebenfalls hierher. Methodisch wichtig ist hierbei, daß für die Beurteilung der Entwicklung des Konsums bei Erhebungen der Stand

des Familienzyklus eine bessere Erklärungsmöglichkeit darstellt als das
individuelle Alter (*J.B. Lansing* und *L. Kish* 1957). Schließlich möchten wir
noch bemerken, daß das gleiche Modell mit wieder anderen Variablen auch
auf die Interpretation der kulturellen Entwicklung der Familie und den
jeweils verschiedenen Start, den sie ihren Kindern in der Entwicklung ihrer
beruflichen Laufbahn gibt, angewendet werden kann, was sich als wichtiger
Faktor für die soziale Mobilität erwiesen hat (man vergl. hierzu das Kapitel
von *Karl Martin Bolte* über soziale Mobilität in Band 5 dieses Handbuchs).

Schematisch dargestellt entwickelt sich der Familienzyklus, wie in
Abb. 3 dargestellt. Dabei werden die kritischen Variablen leicht sichtbar,
welche die verschiedenen strukturellen Ablaufsmöglichkeiten dieses Systems
beeinflussen und bestimmen. Wir haben zur Illustration ein empirisch
belegtes Muster genommen, nämlich die Entwicklung des Familienzyklus in
den Vereinigten Staaten um die Mitte des 20. Jahrhunderts. Man erkennt
sofort als wichtige Variable: 1. Alter bei Eheschließung; 2. Geburt des ersten
Kindes; 3. Geburtenfolge; 4. Stand der Ausbildung, der über den Moment
des „Austritts" der Kinder aus der Familie entscheidet und der je nachdem
früher (in den Unterklassen) oder später (in den Oberklassen) stattfindet; 5.
Lebenserwartung von Mann und Frau, die über die Länge der Ehedauer nach
Abschluß des Familienzyklus im engeren Sinne entscheidet.

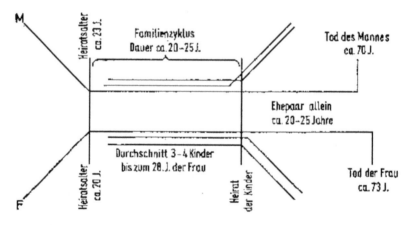

Abb. 3 Schematische Darstellung des Familienzyklus in den Vereinigten Staaten um
die Mitte des zwanzigsten Jahunderts

Ohne uns auf eine allgemeine Betrachtung der Fragen einzulassen, die mit
dem *Durchschnittsalter bei Eheschließung* zusammenhängen, kann gesagt
werden, daß es in manchen Ländern im 20. Jahrhundert leicht fallende
Tendenz hat, ohne daß eine einheitliche Linie sichtbar würde (*W. J. Goode*
1963, S. 40ff.). Die in Deutschland jüngst viel diskutierte „*Frühehe*"
kann jedoch nicht als wirkliches Problem angesehen werden, weil einerseits die Zahl der vor der Ehemündigkeit Heiratenden gering (*G. Lüschen*

und *R. König* 1965; *R. Nave-Herz* 1967), andererseits der Begriff selbst fragwürdig ist, liegt doch das Alter für Ehemündigkeit in Westdeutschland bei 21 Jahren, in Ostdeutschland bei 18 (*D. Storbeck* 1964; *R. König* 1966c); auch in Westdeutschland heiratet übrigens die Majorität der vorzeitig ehemündig erklärten Männer zwischen 20 und 21 Jahren, was nach ostdeutschen Begriffen überhaupt nicht als Frühehe registriert würde. Abgesehen von der engen Begrenztheit der untersuchten Samples (z.B. *W. Becker* und *W. Salewski* 1963) und der dadurch gebotenen Zurückhaltung, die auch aus der gelegentlich überraschend guten wirtschaftlichen Lage nahegelegt wird (*G. Ziskofen* 1965), zeigt sich in manchen Fällen Enttäuschung mit dem elterlichen Hause als Ursache für eine frühzeitige Bindung an einen Partner des anderen Geschlechts, wie etwa in den Vereinigten Staaten, wo das Heiratsalter in den letzten Jahrzehnten stark gefallen ist (*J. J. Moss* und *R. Gingles* 1959). Wenn das auf eine Isolierungstendenz der neuen Familie hinweisen würde, steht dem die Tatsache gegenüber, daß die Eltern meist die junge Ehe unterstützen, wie schon oben bemerkt wurde. So sind diese Daten also relativ zweideutig. Außerdem bestehen enorme Schwankungen, wie man allein an dem gesetzlich fixierten Heiratsalter und seinen Variationen erkennen kann. Wir sprachen bereits von den Verschiedenheiten in West- und Ostdeutschland. In den Vereinigten Staaten schwanken die Zahlen sehr stark. Unter dem alten Common Law war das legale Heiratsalter 14 für Jungen, 12 für Mädchen; dies bleibt in vielen Staaten erhalten mit elterlicher Genehmigung, während sich sonst das Heiratsalter ohne elterliche Erlaubnis auf ca. 21 Jahre einzuspielen scheint. Ein interessanter Fall ist Holland, wo elterliche Erlaubnis zur Eheschließung bis zum 28. Lebensjahr erforderlich ist. Andere Extremwerte haben wir dagegen etwa in Italien, wo das gesetzliche Heiratsalter heute noch 16 für Jungen und 14 für Mädchen beträgt, wobei es auf Antrag auf 14 resp. 12 herabgesetzt werden kann. In Belgien betragen diese Zahlen 18 für Jungen und 15 für Mädchen; aber es ist hier hervorgehoben worden, daß das legale Heiratsalter und das sozial anerkannte nicht übereinstimmen müssen, indem die Gesellschaft offensichtlich über normative Vorstellungen betr. die „Ehereife" verfügt (*C. Henryon* und *E. Lambrechts* 1968).

Wichtiger scheint uns demgegenüber, daß mit den veränderten Vorstellungen vom vorehelichen Geschlechtsverkehr das erste Kind meist sehr früh kommt, oft ist es auch unmittelbarer Anlaß für die Eheschließung. Letzteres ist vor allem für Deutschland evident (Literatur bei *R. König* 1967b). Dagegen werden zweite Geburten ein wenig verschoben. In den Vereinigten Staaten sind diese Probleme in den letzten Jahren viel diskutiert worden (siehe dazu auch in Bd. 4 dieses Handbuches das Kapitel von *Kurt Mayer*), wobei folgende recht deutliche Tendenz hervortrat: 1. neben frühem Eheschluß (Frau ca. 20 Jahre), 2. eine Vermehrung der Geburten auf 2 bis 4, 3. eine Zusammendrängung der Geburten auf die Zahl vor das 30. Lebensjahr, wobei 4. die Geburtenfolge enger wird, je größer die Familie ist (*Ch. F. Westoff, R. G. Potter, Jr., Ph. C. Sagi* 1963). Ähnliche Untersuchungen wurden schon früh für Frankreich und Japan von

Jean Stoetzel (1955a und b) durchgeführt. Unter dem Einfluß von *Ronald Freedmann, Pascal K. Whelpton* und *Arthur A. Campbell* (1959), wurden Untersuchungen über die „ideale Familiengröße" in verschiedenen anderen Ländern unternommen, so z.B. in Deutschland (*R. Freedmann, G. Baumert* und *K. M. Bolte* 1956/60), in der Schweiz (*A. Miller* 1963), in französisch Kanada (*C. Carisse* 1964). Man vergleiche zum ganzen auch das umfassende Werk von *Pascal K. Whelpton* und *Clyde V. Kiser* (5 Bde, 1946–1958). Wir gehen hier nicht auf die komplizierten Fragen der Geburtenplanung ein, sondern wollen ausschließlich die sozialstrukturellen Konsequenzen dieser Situation herausarbeiten. Wichtig für uns ist die wohl bekannte Tatsache einer „Geburtenwelle", die in den Vereinigten Staaten um 1940 herum einsetzt und bis 1957 anhält, wobei, wie obiges Schema anzeigt, diese Geburtenwelle gewissermaßen einen Stau von „jungen Großeltern" verursacht hat, da sich das gezeichnete generative Verhalten bis in die neueste Zeit gehalten hat. Diese Situation wird zunächst anhalten, selbst wenn das Hoch der Geburten seit 1957 im Absinken ist. Aber es handelt sich hier um langfristige Trends, nicht um kurzfristige Schwankungen, so daß sehr wohl ein längeres Anhalten der neuen Konzeption erweiterter Verwandtschaftszusammenhänge angenommen werden darf.

Das muß notwendigerweise strukturelle Konsequenzen für die Entwicklung der Familie im Gefolge haben, indem immer mehr Eltern und junge Großeltern da sind, die im Alter nicht allzuweit auseinander sind, so daß sie füreinander eintreten können und es auch tatsächlich tun. Ferner ist auch die Beziehung zu den Kollateralen enger; wenn die Geschwister der Großelterngeneration im Alter nicht zu weit voneinander entfernt sind, ist die Chance auch groß, daß sie bei frühem Heiratsalter Kinder bekommen, die einander auch im Alter relativ nahestehen. Das eröffnet ganz andere Möglichkeiten als früher für einen regen Familienverkehr zwischen Vettern und Kusinen. Unter allen Umständen rücken aber die verschiedenen Verwandtschaftsgrade altersmäßig so dicht aneinander, daß es leichter wird, sie als Verwandte wahrzunehmen, persönlich zu kennen und schließlich sogar sozialen Verkehr mit ihnen zu unterhalten. Damit wächst auch die Chance für die Entwicklung der modifizierten erweiterten Familie, von der schon gesprochen wurde. Und das bleibt erhalten, selbst wenn wir als feste Größe annehmen, daß gewissermaßen in einem Entscheidungsprozeß jeweils festgelegt wird, mit wem und in welchem Ausmaß verwandtschaftliche Beziehungen gepflegt werden sollen. Verwandtschaft ist heute nicht mehr wie früher sozusagen „naturgegeben" da, sondern man sucht sich aus, mit wem man verwandtschaftlich verkehrt. Wenn aber die reine Quantenzahl der Möglichkeiten steigt, dann ist auch die Wahrscheinlichkeit groß, daß die Zahl der realisierten verwandtschaftlichen Beziehungen ebenfalls steigt.

Die strukturellen Auswirkungen dieser Situation sind aber keineswegs auf die Familie im engeren Sinne beschränkt, wie wir in anderem Zusammenhang hervorgehoben haben, sondern beziehen sich auch auf die Berufstätigkeit der Frau, die nach Beginn der Berufsausbildung des letzten Kindes oft eine neuerliche Neigung zur Aufnahme einer Berufstätigkeit hat (*R. König* 1967b). Damit beginnt gewissermaßen ein neues Leben für die Frau, das aufgrund der erhöhten Lebenserwartung, wenn man von der obigen Modellvorstellung ausgeht, rund 25 Jahre betragen kann. Gleichzeitig werden spezifische Wirkungen auf die Ehe ersichtlich, *indem speziell der permanente Charakter der Ehe gegenüber der phasenmäßig begrenzten Zeit des Familienzyklus hervortritt.* Damit findet *Durkheims* Satz von der Ehe als der zentralen und einzig permanenten Zone der Familie seine vielleicht schlagendste Bestätigung. Wir betonen, daß daraus sehr ernsthafte Probleme für die Ehe im höheren Alter (nach Abschluß der Geburtenperiode und Ausbildung der Kinder) erwachsen, die ein neuer Gegenstand der modernen Eheforschung geworden sind. In diesem Sinne spricht *Leopold Rosenmayr* (1966, S. 59) von „zwei *Jahrzehnten der nachelterlichen Gefährtenschaft*", die bei den eingetretenen Veränderungen im Bevölkerungsaufbau der Vereinigten Staaten mehr und mehr zur Regel werden, wobei man annehmen kann, daß sich ähnliche Entwicklungen allmählich auch in anderen Kulturen (speziell den sozialistischen, die durchschnittlich ein sehr niedriges Eheschließungsalter haben) anbahnen werden. Damit wird der neue Familienzyklus auf der Basis der Gattenfamilie immer mehr zur Regel, dem eine nur kurze Phase der Ehe ohne Kinder vorausgeht und eine wesentlich längere Phase der von neuem kinderlosen Ehe folgt, so daß sich der eigentliche Familienzyklus reduziert sieht auf eine vorübergehende Erweiterung der Gruppe zwischen zwei Ehen, der frühen und der späteren Ehe bzw. der „nachelterlichen Gefährtenschaft". Damit ist auch ein wichtiges methodologisches Einteilungsprinzip für die zeitliche Analyse der Familienentwicklung gegeben, das in der neueren Literatur mehr und mehr Verwendung findet.

Ein interessantes frühes Beispiel dafür liefern *Robert O. Blood, Jr.* und *Donald M. Wolfe* (1960). Aus den vielen Aufstellungen geben wir hier nur eine einzige, die sich auf den Wandel der Autorität des Ehemannes in den verschiedenen Phasen des Familienzyklus bezieht. Man ersieht daraus, daß die Tatsache, Kinder zu haben, die Frau von ihrem Mann in bezug auf Hilfe, wirtschaftlichen Unterhalt und beim Treffen von Entscheidungen abhängiger macht als eine kinderlose Frau. Wenn dagegen die Kinder aufwachsen, dann sind sie nicht mehr so sehr eine Last, sondern eine Hilfe, von der die Frau im ehelichen Entscheidungsprozeß Gebrauch macht, so daß die Autorität des Mannes sofort entsprechend zurückgeht. In bezug auf die später zu behandelnden Probleme der „Überorganisation" der Familie (VII, b) zeigt sich, daß die Kinder in dieser Phase auch in anderer Hinsicht eine Hilfe werden, indem sie Gefährtenschaft und emotionale Unterstützung bieten. Andererseits zeigt sich aber der Nachteil der Frau mit Kindern im Vergleich zur kinderlosen Ehefrau, indem für letztere diese Phase die Fortsetzung des Zustands vom Anfang der Ehe bedeutet *mit starker Betonung der gegenseitigen Abhängigkeit von Mann und Frau.* Außerdem entwickelt sich der Reifungsprozeß der Frau schneller, da sie die ganze Zeit mit der wirtschaftlichen und sozialen Umwelt in Kontakt bleibt *und darum auch gewöhnt ist, ihre Entscheidungen selbst zu treffen.* So ist ihre Abhängigkeit vom Manne geringer und auch ihre Fertigkeit im Fällen von Entscheidungen größer. Umgekehrt bedeutet Mutterschaft für die Frau eine stärkere Belastung als die Ehe, da sie dadurch aus der Umwelt herausgerissen wird. Daraus folgt allgemein ein Verlust an Fertigkeiten als Ergebnis der Mutterschaft (*R. König* 1967b). Es zeigt sich aber auch, daß Mutterschaft eine Art von „Krise" (*E. E. Le Masters* 1957) darstellt, speziell wenn die Frau nicht darauf vorbereitet war (*E. D. Dyer* 1963). *Blood* betont auch (S. 43), daß Mutterschaft um so kritischer wird, wenn ein Kind relativ spät geboren wird, weil das für die Frau eine drastische Umwandlung ihres ganzen Lebens betrifft, nachdem die Frau bereits längere Zeit gewohnt war, wirtschaftlich selbständig zu sein. Weitere Analysen zeigen, daß der Mann während der Zeit, wo die Kinder in der Familie sind, sich von der Familie zunehmend entfremdet und die Verantwortung für sie mehr und mehr der Frau überläßt (S. 72). Eine besonders schwierige Situation mag auch daraus resultieren, daß mit der Stagnation der Entwicklung der Frau während der eigentlichen Familienphase in der nachelterlichen Phase die Neuanpassung von Mann und Frau nicht gelingt, woraus eine neuerliche Krise der Ehe erwächst, die in den relativ hohen Scheidungszahlen nach längerer Ehedauer zum Ausdruck kommt (siehe dazu VIII, b).

Tab. 10 Autorität des Ehemannes in den verschiedenen Phasen des Familienzyklus

Autorität des Ehemannes	*Phasen des Familienzyklus*				
Alter der Kinder		Vorschul. 5,71 (127)	Vor- Adoleszenz 5,41 (150)	Adoleszenz 5,06 (96)	Noch im Hause 4,68 (53)
Kinderlosigkeit	Honeymoon 5,35 (17)				Nachelterl. Phase 4,79 (77) · Ruhestand 4,44 (9)
Kinderlose Ehepaare...		5,3 (10)	4,72 (25)	4,20 (10)	

Die Phase des „Honeymoon" bezieht sich auf kinderlose Paare, die weniger als vier Jahre verheiratet sind. Das Alter der Kinder bestimmt sich jeweils nach dem Alter des ältesten Kindes (unter 6, 6–12, 13–18, 19 und darüber). Paare, die keine Kinder haben und auch keine adoptieren, sind in der letzten Zeile angeführt, und zwar nach entsprechender Ehedauer wie die Eltern mit Kindern: 4–7, 8–15 und 16–22 Jahre Ehedauer. Die „nachelterliche Phase" ist in Interferenz mit der Phase, wo die Kinder „noch zu Hause" sind, aufgezeichnet, weil sich die Ehedauer dieser beiden Gruppen teilweise überdeckt. Ehepaare im Ruhestand sind solche mit nicht mehr erwerbstätigen Männern von 60 Jahren und darüber. – Die normale Phasensequenz wäre Honeymoon, Vorschulalter, Voradoleszenz, Adoleszenz, nachelterliche Phase und Ruhestand. Zu den abweichenden Sequenzen gehört die dauernde Kinderlosigkeit (die wir nach 22jähriger Ehedauer mit den nachelterlichen Paaren und denen im Ruhestand zusammengenommen haben) oder die Familie mit noch nicht ins Berufsleben entlassenen erwachsenen Kindern im Hause (a.a.0, S.42)

Selbst wenn *Reuben Hill* (1964) mit Recht bemerkt hat, daß der Erforschung des Familienzyklus noch methodologische Schwierigkeiten im Wege stehen, insbesondere in bezug auf mögliche Operationalisierungen für die empirische Forschung (siehe dazu auch *E. M. Duvall* 1971), so kann doch schon jetzt gesagt werden, daß die Einführung dieses Begriffs 1. neue analytische Wege für die Erfassung der Familie als Interaktionssystem und 2. gleichzeitig auch neue Möglichkeiten eröffnet hat, die Stellung der Kernfamilie zur Verwandtschaft und zur Gesellschaft im Ganzen zu beleuchten. Das gilt noch unangesehen der neuen Erfahrungen über die Entwicklung der sozial-kulturellen Personen von Mann und Frau und die spezifischen damit verbundenen Reifungsprozesse, welche deutlich machen, in welchem Ausmaß der Mensch von Lebensphase zu Lebensphase in immer neue Sozialisierungsprozesse gerät, womit gleichzeitig eine echte *soziologische Theorie der Lebensphasen* angebahnt ist, da die Sozialisierungsprozesse jeweils aus den besonderen Gruppensituationen des Familienzyklus herauswachsen. Das gleiche gilt für die Entwicklung der Entscheidungsprozesse in der gegenseitigen Hilfe, die die verschiedenen Generationen einander geben (*R. Hill* 1965, siehe auch 1970a und b). Allerdings muß auch zugestanden werden, wie *George P. Rowe* (1966) hervorhebt, daß trotz beträchtlicher Forschung auf diesem Gebiet manche Variablen im Familienzyklus noch gar nicht berücksichtigt worden sind, wie etwa das Geschlecht der Kinder. Da z.B. große Differenzen bestehen in bezug auf die für Mädchen angemessen gehaltene Art und Länge der Ausbildung, mögen bestimmte Konflikte beim geschlechtlich differenzierten Austritt von Jugendlichen aus der Familie auftreten, die dann wiederum Einflüsse auf die Beziehungen zwischen Eltern- und Kinderfamilie ausüben. Hier spielen gesamtgesellschaftliche Vorstellungen sicher eine große Rolle. Einige hierher gehörige Probleme werden auch bei Besprechung der Rolle der Rangordnung bei Geschwistern auftauchen (VI, c).

Vor allem aber sollte dies begriffliche Schema mit der Schichtanalyse verbunden werden, da die Situation in den verschiedenen sozialen Schichten sicher außerordentlich variiert, wie allein die sehr unterschiedliche Länge der Ausbildungszeiten für die verschiedenen beruflichen Positionen beweist. Von allen Phasen des Familienzyklus, die eigentlich von allen Analytikern mit den verschiedenen psychologischen Entwicklungsphasen des Jugendlichen in Zusammenhang gebracht werden und darum auch – unangesehen der Diskussion um die Zahl dieser Phasen – praktisch mit nur sehr geringen Schwankungen gleich sind (vergleiche die Darstellung in Tab. 11), *ist einzig die letzte Phase sehr variabel.* So wird etwa in einem Falle die Schule früh abgebrochen, eine Lehre von nur kurzer Dauer aufgenommen und bald in die volle Erwerbstätigkeit eingetreten, oder aber es wird die Schule zu Ende gebracht mit anschließendem Studium von vier bis acht Jahren, wie es etwa für akademische und freie Berufe weitgehend die Regel ist. Je nachdem wird sich dann die letzte Phase des Familienzyklus unter Umständen bis zum Eintritt der Eltern in den Ruhestand verlängern.

Tab. 11 Die Darstellung des Familienzyklus bei verschiedenen amerikanischen Autoren. Aufstellung nach *George P. Rowe* 1966, S. 208/209.

stage	Family Sorokin, Zimmerman cycle and Galpin (1931)	National Conference Duvall an Family Life (1948) (1957, p. 8)	Feldmann (1961, p. 6)	Rodgers (1962, pp. 64-65)
I	Starting married couple	Couple without children	Early marriage (childless)	Childless couple
II	Couple with one or more children	Oldest child less than 30 months		All children less than 36 months
III		Oldest child from 2 1/2 to 6	Oldest child an infant	Preschool family with (a) old-est 3-6 and youngest under 3; (b) all children 3-6 School-age family with (a) in-fants, (b) preschoolers, (c) all children 6-13
IV		Oldest child from 6 to 13	Oldest child at pre-school age	age family with (a) in-fants, (b) preschoolers, (c) all children 6-13
V		Oldest child from 13 to 20	All children school age	Teenage family with (a) in-fants, (b) preschoolers, (c) schoolagers, (d) all children 13-20
VI	(III) One or more self supporting children	When first child leaves till last is gone	Oldest child a teenger, all others in school	Young adult family with (a) infants, (b) preschoolers, (c) schoolagers, (d) teenagers, (e) all children over 20
V	(IV) Couple getting old with all children out		One or more children at home and one or more out of die home	Launching family with (a) infants, (b) preschoolers, (c)
VII			All children out of home	schoolagers, (d) teenagers, (e) youngest child over 20
VIII			Elderly couple	When all children have been launched until retirement
IX		Retirement to death of one or both spouses		Retirement until death of one spouse
X				Death of first spouse to death of the survivor

c) Die Geschwistergruppe und die Rangordnung der Geschwister

Im Vorgehenden ist schon hervorgetreten, daß die Geschwistergruppe eine Rolle spielt für die Gestaltung des Familienzyklus. Dabei treten als Variable neben der Zahl und dem Geschlecht der Kinder die jeweilige Stellung in der Rangordnung der Geschwister hervor. Allerdings befindet sich die Familiensoziologie in dieser Hinsicht noch in einer ausgesprochen mißlichen Situation, weil die Forschung – trotz der vermuteten Bedeutung dieser Zusammenhänge – noch in den Kinderschuhen steckt. So finden wir einerseits große theoretische Ansätze, die insbesondere auf die Tiefenpsychologie zurücklaufen, andererseits nur monographische Materialien und Einzelfallstudien, die vielleicht für die (psychiatrische und fürsorgerische) Praxis von Nutzen sind, aber in keiner Weise dazu ausreichen, die von der Theorie behaupteten Zusammenhänge methodisch einwandfrei zu belegen. Insbesondere bleibt es darum auch noch weitgehend unklar, was an den genannten Beziehungen von allgemeiner Bedeutung für die menschliche Familie überhaupt und was von sehr spezifischen kulturellen Situationen abhängig ist. Da die Absicht des vorliegenden Aufsatzes nicht die rein psychologische, auch nicht die psychodynamische Analyse ist, verweisen wir dafür auf die einschlägige Literatur (siehe etwa *A. E. Bayer* 1966; auch *W. Toman* 1974).

Wie schon bei der Modellanalyse des Familienzyklus hervorgehoben, ist eine der wesentlichsten Variablen neben dem Alter bei Eheschließung und der Geburt des ersten Kindes die *eigentliche Geburtenfolge bis zum Abschluß der Gebärperiode*. Allerdings sind diese Untersuchungen nicht unter familiensoziologischen, sondern unter demographischen Gesichtspunkten unternommen worden. Ihre Zielsetzung war, prognostische Werte zu gewinnen über die endgültige Zahl der Geburten, indem man die zeitlichen Abstände in der Geburtenfolge maß (etwa in den klassischen Werken von *P. K. Whelpton* und *Cl. V. Kiser* 1946, 1950, 1952, 1954, 1958). Aber selbst wenn dabei psychologische Fragen über die erwünschten und erwarteten Geburtenzahlen aufgerollt werden mußten, blieb eine unseres Erachtens viel wesentlichere Fragestellung völlig unerörtert, nämlich die nach der *kulturellen Determination der Geburtenfolge* (siehe die interessanten vergleichenden Aufstellungen von *L. Henry* 1951 und verschiedene Studien von *H. T. Christensen* 1953a und b). Zum Verständnis dieses Problems muß man sich nur Rechenschaft darüber geben, daß etwa bei einer Vermehrung der Geburten diese notwendigerweise – rein statistisch gesehen – enger aneinander heranrücken müssen, weil die Gebärperiode der Frau zeitlich beschränkt ist; das ist an sich eine Banalität. Aber sie verliert diesen Charakter sofort, wenn man sich fragt, warum 1. nur in den seltensten Fällen die ganze Periode der Gebärfähigkeit ausgenützt wird und 2. die Geburten keineswegs in statistischer Zufallsverteilung aufeinander folgen, sondern nach offensichtlich anderen Gesichtspunkten, von denen wir hier nur die kulturellen Vorstellungen über die erwünschte oder als empfehlenswert angesehene Geburtenfolge erwähnen wollen. So kann eine enge Aufeinanderfolge oder ein Auseinanderziehen der Geburten auf Grund von kulturellen Vorstellungen her erfolgen, die jeweils verschieden begründet werden können. Die Begründungen können sich übrigens auch aus der als erwünscht angesehenen *Struktur der Geschwistergruppe* ergeben, indem man bei engerer Geburtenfolge erreicht, daß die Kinder wirklich eine Gruppe von Geschwistern bilden, die nicht durch allzu große Altersunterschiede innerlich geschichtet ist. Diese amerikanische Vorstellung sieht die Geschwistergruppe wie eine kleine Bande von Kindern, die im Alter nur wenig unterschieden sind und gemeinsam heranwachsen, während in Europa durchschnittlich die Geburten weiter distanziert werden. Die Folge ist nicht nur eine Streuung über einen insgesamt längeren Zeitraum, wenn man die Zahl der Geburten konstant hält, sondern eine *andere Struktur der Geschwistergruppen, die in der Kindheit aus relativ voneinander unabhängigen Einheiten aufgebaut werden, die eigentlich erst nach der Adoleszenz ohne Hindernisse miteinander kommunizieren können.*

Abgesehen von der inneren Struktur der Gruppe von Geschwistern ergeben sich daraus aber noch andere Probleme, die sich auf die Stellung der Kinder zu den Eltern beziehen. Im Falle einer länger auseinandergezogenen Gruppe von Geschwistern wächst die Chance, daß jeweils das ältere zu den anderen in Konkurrenz tritt in bezug auf die Zuneigung der Eltern; im Falle einer altersmäßig homogeneren Gruppe ist hingegen die Chance größer, daß sich die Geschwister aneinander anschließen und als Gruppe dem Paar der Eltern gegenübertreten. Im ersten Falle wäre eine Situation gegeben, wie sie *Sigmund Freud* als Ödipus- resp. Elektra-Komplex bezeichnet hat, während im zweiten Falle die Konkurrenz eher in der Geschwistergruppe ausgetragen wird, wie es *Alfred Adler* zeichnete. Die Geschwistergruppe erscheint hier im strengen Sinne wie ein „Feld", in dem sich der einzelne zu behaupten hat. In der Koppelung von Geltungsstreben und Minderwertigkeitsgefühl kommt eine sehr soziologisch gesehene Grundproblematik zum Ausdruck, so daß man die „Individualpsychologie" *Adlers* als die der Soziologie vielleicht am nächsten stehende Form der Tiefenpsychologie ansehen kann. So sind auch seine Analysen des Geschwisterverhältnisses nach wie vor nützlich für die Familiensoziologie (*A. Adler* 1923 u.a.). Ebenso gibt das alte Werk von *John C. Flugel* (1921) noch immer eine vorzügliche Einführung in das komplexe emotionale Geflecht der Familienbeziehungen, die in der Interaktionsanalyse nur allzu neutralisiert erscheinen. Auch hier erscheint an bedeutender Stelle das Geschwisterverhältnis (vgl. dazu *D.P. Irish* 1964). Besonders wichtig ist die Analyse des Stiefverhältnisses, auf das später zurückgekommen werden soll, sowie die Problematik der Anpassung an die Schwiegereltern und die daraus folgenden Störungen des ehelichen Verhältnisses.

Das wichtigste Problem, das hier vorliegt, scheint uns aber das der *ordinalen Stellung in der Geschwistergruppe* zu sein, das schon von *A. Adler* behandelt worden war, als er sich mit der Stellung des ersten Kindes, des zweiten Kindes, des letzten Kindes, des mittleren Kindes und des einzigen Kindes befaßte (1925). Diese Problematik ist vorher und nachher von verschiedenen Seiten aufgegriffen worden, insbesondere von *David M. Levy* (1937) und dem sehr kritischen *Robert R. Sears* (1950), der sich schon früh mit den methodologischen Schwierigkeiten der Psychoanalyse befaßt hatte (1943). Hier werden Verhaltenstypen entworfen, die mit der Position („ordinal position") der Kinder in der Familiengruppe zusammenhängen (dazu noch *D.E. Damrin* 1949; *J.H.S. Bossard* 1954, 1956). Diese Arbeiten gewinnen auch dadurch an Gewicht, als sie sich nicht mehr auf Einzelfallanalyse beschränken, sondern wenigstens Serien von Fällen benutzen, ohne jedoch darum auf irgendeine Weise repräsentative Geltung zu ambitionieren. Überdies bauen sie das Problem ein in die Entwicklung der Familie von der Ein-Kind- zur Zwei-Kinder- und zur Mehr-Kinder-Situation, so daß sich das Ganze zwanglos in die Theorie des Familienzyklus einfügen läßt. Die Differenzen werden dann in psychologischen Kategorien angegeben.

Man hat mit Recht darauf hingewiesen, daß die Möglichkeit einer solchen Differenzierung einen besonderen Familientyp voraussetzt, bei dem die Geschwistergruppe stark individualisiert gesehen und vor Einflüssen von außen „behütet" wird; denn nur dann könnten die Probleme des ersten, zweiten, mittleren oder letzten Kindes aufdringlich werden. Bei einer starken gesamtgesellschaftlichen Einordnung der Kinder verschwinden diese Differenzen hingegen. Ferner dürfte sich noch manches ändern, wenn wir die Variable des Geschlechts mit einsetzen. Es bleibt aber eine interessante Ergänzung der Gruppentheorie der Familie, von der wir wünschen möchten, daß sie stärker in die Theorie des Familienzyklus integriert werde, als es bisher der Fall ist. Wir sind in der Tat der Meinung, daß die Möglichkeiten dieses Ansatzes noch lange nicht erschöpft sind.

Eine wichtige Weiterführung bietet *Walter Toman* (1974), auch wenn seine „Grundkonzeption", das „Duplikationstheorem" (siehe auch *W. Toman* 1971), problematisch ist, nach dem „neue außerfamiliäre soziale Beziehungen ... nach den Vorbildern früherer und frühester innerfamiliärer sozialer Beziehungen gesucht (werden). Sie haben unter sonst vergleichbaren Bedingungen um so mehr Aussicht auf Erfolg und Bestand, je ähnlicher sie den früheren und frühesten sozialen Beziehungen eines Menschen sind ... Dies gilt auch für den Partner jeder solchen neuen außerfamiliären sozialen Beziehung und dessen eigene frühe innerfamiliäre soziale Beziehungen" (S. 2). Selbst wenn der Verfasser die ceteris paribus-Klausel gebührend hervorhebt, wird stillschweigend eine andere, keineswegs selbstverständliche Annahme gemacht, als werde die Person *ausschließlich* aus frühesten Kindheitserlebnissen geprägt, während in Wahrheit der Sozialisierungsprozeß immer weiter geht. Darum treten auch immer neue Variablen ins Spiel, die bestenfalls statistische Chancen, aber wohl kaum eine „Duplikation" zulassen. Diese Einschränkung soll aber den Ansatz *Tomans* sonst nicht entwerten, insbesondere in Anbetracht dessen, daß er nicht nur die „mitlebenden Personen" in der Familie, *sondern „auch die Ausfälle solcher Personen durch Tod oder dauernde Trennung" berücksichtigt.* Der letztere Gesichtspunkt taucht für den Gruppentheoretiker der Familie unter dem Titel „Die unvollständige Familie" auf (VII, a), wobei gemeinhin viel zu wenig Konstellationen berücksichtigt werden. Die Varietät der möglichen Konstellationen gewinnt *Toman* mit Hilfe eines Vorgehens, das dem von *James H. S. Bossard* (1940, 1945) nicht unähnlich ist (siehe S. 244). So wird zunächst nach Altersrang (ordinale Position), Zahl und Geschlecht der Kinder differenziert; danach wird das gleiche Verfahren für die Eltern und sogar für andere (familienfremde) Personen wiederholt. Sowie die Zahl der Kinder steigt, gibt das enorme Werte. Bei zwei Kindern und je zwei Geschlechtern ergeben sich vier verschiedene Konstellationen (älterer Bruder – jüngerer Bruder; älterer Bruder – jüngere Schwester; ältere Schwester – jüngere Schwester; ältere Schwester – jüngerer Bruder), acht bei drei, sechzehn bei vier. Bei den Eltern wiederholt sich das. Die These *Tomans* läuft nun darauf hinaus, daß sich Wiederholungen von Konstellationen stabilisierend auswirken. In der empirischen Nachprüfung der verschiedenen Möglichkeiten kommen in der Tat wichtige Ergebnisse zum Vorschein, vor allem wenn man obige Warnung beherzigt, so daß man auf die weitere Forschung aufgrund dieses Ansatzes gespannt sein darf.

In einer jüngsten Arbeit hat *Toman* versucht, „die psychologische Bedeutung von unterschiedlichen Familienkonstellationen anhand (einiger weniger) aber eindeutiger Merkmale in Stichproben der Durchschnittsbevölkerung und in Sondergruppen zu testen" (*W. Toman* und *S. Preiser* 1973, S. 1). Das wird mit dem schon bekannten Duplikationstheorem verbunden, um die gestalthafte Ausprägung bestimmter Rollen in den möglichen Familienkonstellationen (vor allem Paarbildungen) zu eruieren und ihre Chancen für eine Dauerbeziehung zu bewerten. Und er schließt: „Statistisch müßten sich jedoch die postulierten Regeln und Beziehungen von Geschwisterpositionen und Familienkonstellationen einerseits und den späteren Personenwahlen, Dauerbeziehungen, Freundschaften und Ehen andererseits trotz der Einflüsse aller anderen Determinanten nicht nur im klinisch-psychologischen Untersuchungs-, Beratungs- und Behandlungsfalle, sondern auch in der Durchschnittsbevölkerung nachweisen lassen" (a.a.O., S. 5). Das wäre gewissermaßen die statistische Auswertung struktureller Variablen in der Familienkonstellation, wie wir sie weiter unten (VII, b, 2) als den soziologischen Rahmen bestimmter psychoanalytischer Phänomene der Überorganisation kennen lernen werden. Allerdings ist *Toman* im wesentlichen sowohl auf die günstigen als auch auf die ungünstigen Verbindungen ausgerichtet, selbst wenn die Beratungsfälle im Vordergrund stehen.

Einen auf der gleichen Linie liegenden Beitrag bringt *Martin Koschorke* (1972) über „Formen des Zusammenlebens" in Deutschland. Wenn wir einmal davon absehen, daß er sich dabei vermeintlich auf dem Wege zu „alternativen" Formen der Familie bewegt, die nicht vom Typus der Kernfamilie sind, so gibt er letztlich auch eine Reihe vorzüglich charakterisierter Familienkonstellationen. Daß er meint, damit alternative Modelle zur „bürgerlichen Kernfamilie" zu entwickeln, liegt letztlich darin beschlossen, daß er die ständigen Bewegungen der Familie in Richtung einer Verengung aber auch einer Erweiterung unterschätzt, obwohl er selber eine Fülle von Beispielen dafür gibt. Es gibt keinen einheitlichen Typ der bürgerlichen Familie, sondern einen ganzen Fächer von Modellen, die alle gleichzeitig vorhanden sind. Die nächste Aufgabe wäre jetzt die statistische Inventarisierung dieser Familienkonstellationen, und zwar auch in Hinblick auf die dabei entstehenden Varietäten von Bindungen der Kinder und Jugendlichen an die Erwachsenen und umgekehrt (über die Grenzen der amtlichen Statistik auf diesem Gebiet siehe *Hermann Schubnell* 1975).

VII. Die desorganisierte Familie

Wir verstehen unter Desorganisation der Familie einen Zustand der „Anomie", der durch abnehmende Kontakte der Gruppenmitglieder und einen entsprechenden Mangel an sozialer Kontrolle bedingt ist. Der abnehmende Kontakt ist rein gruppentheoretisch bedingt durch die Umkehrung des *Bossard*schen Gesetzes der Interaktionsintensität, die bei Ausfall auch nur einer Person aus der Familiengruppe disproportional sinkt. Die Folge ist ein akuter Verlust an Dichte der Beziehungen in der Familiengruppe und eine entsprechende Erschütterung der sozialen Kontrolle. Unter dieser Voraussetzung erhält die Analyse der verschiedenen Ausfallserscheinungen in der Familie ihren besonderen Sinn für die Familiensoziologie und ist auch schon oft behandelt worden. Dies geschah insbesondere im Zusammenhang mit dem abweichenden Verhalten der Jugendlichen, da sich in der Tat zeigte, daß unter delinquenten Jugendlichen der Anteil an Jugendlichen aus irgendwie unvollständigen Familien besonders hoch war. Während man sich aber früher mit dieser Feststellung begnügte, hat sich die Situation in der neueren Familiensoziologie insofern verändert, als man erkannt hat, daß viele Jugendliche aus vollständigen Familien ebenfalls abweichendes und delinquentes Verhalten aufweisen, wobei jeweils innere Konflikte in der Familie hervortraten. Das bedingte zunächst eine Erweiterung der Gruppentheorie, *die nun nicht nur nach relativ neutralen Interaktionen, sondern nach der emotionalen Verflechtung der Familiengruppe forschte*, womit die Gruppe insbesondere als *Intimgruppe* erschien. Der Analyse dieser Intimgruppe nahm sich mit besonderem Erfolg die Tiefenpsychologie in allen ihren Formen an, die ja in der Tat ein „Familienroman" ist, wobei sich *Sigmund Freud* vorwiegend mit der vaterzentrierten, *Carl Gustav Jung* mit der mutterzentrierten und schließlich *Alfred Adler* mit der geschwisterzentrierten Familie befaßte. Die drei Formen der Tiefenpsychologie ergänzen sich also mehr, als daß sie einander widersprechen würden. Ihr Verdienst liegt im Aufweis des ambivalenten Charakters aller emotionalen Beziehungen, in denen Liebe und Haß, Zärtlichkeit und Aggression engstens miteinander verbunden sind.

Für die Theorie von der Desorganisation der Familie ergeben sich hieraus zunächst zwei Gruppenhypothesen (*R. König* 1946):

1. Die Familie ist desorganisiert, wenn ihr Gruppencharakter durch Ausfallserscheinungen im personalen Inventar gelockert ist;
2. Die Familie ist desorganisiert, wenn ihr Charakter als Intimgruppe durch Störung ihrer emotionalen Struktur gefährdet ist. Das gilt auch bei Vollständigkeit der Familie.

Damit sind aber die bestehenden Möglichkeiten noch nicht erschöpft; denn es zeigt sich, daß es noch eine besondere Form der Störung der Familie gibt, indem nämlich die Beziehungen zwischen den Gruppenmitgliedern nicht

gelockert, sondern umgekehrt übermäßig stark sind. Das drückt sich insbesondere darin aus, daß sich die heranwachsenden Jugendlichen nicht von
ihren Eltern oder verbleibenden Elternteilen lösen und damit eine infantile
Situation verlängern. Diese Situation kann einzig im Rahmen des Familienzyklus adäquat aufgefaßt werden, wo sie sich für die Jugendlichen in der
Nach-Adoleszenzphase und für die Eltern unmittelbar vor oder zu Beginn
der nachelterlichen Phase einordnet. Es handelt sich dann um die Verspätung einer Auflösung des Eltern-Kind-Verhältnisses, die wir als *Überorganisation der Familie* bezeichnen (*R. König* 1949). Wenn wir an die von
George C. Homans hervorgehobene *Beziehung zwischen Desintegration einer
Gruppe aus gesamtgesellschaftlichen Zusammenhängen und Überorganisation*
denken[17], scheint eine gewisse Beziehung zwischen dieser Situation und einer
Isolierungstendenz der Familie zu bestehen, die sich gewissermaßen vor der
Welt zurückzieht und in sich selber abkapselt. Wenn man die Konsequenzen
der Desorganisation im Sinne einer Häufung abweichenden Verhaltens bei
Jugendlichen diagnostizieren kann, weil die Familie ihrer Normalfunktion,
dem Aufbau der sozial-kulturellen Person nicht genügt, so finden wir ana-
loge Störungen auch im Zustand der Überorganisation. Wir werden später
sehen (VII, b), daß sich Überorganisation der Familie mit einer gewissen
Asymmetrie realisiert, bei der die Mutterbindungen alle anderen Formen bei
weitem überschatten.

a) Die unvollständige Familie

Wir ziehen den *Begriff der „unvollständigen Familie"* dem früher weit verbreiteten amerikanischen Ausdruck von den „broken homes" vor, weil er
der Sprachform nach neutraler ist und gleichzeitig auf das entscheidende
Gruppenproblem, nämlich die Unvollständigkeit hinweist, während der
andere Ausdruck aus dem Wortschatz der Sozialarbeit stammt. Die Unvollständigkeit bezieht sich auf einen Ausfall im personalen Inventar der Familie,
der verschieden verursacht sein kann: Verwitwung resp. Verwaisung (mit evtl.
folgender Wiederverheiratung), Desertion, Separation (legal oder aufgrund
gegenseitiger Übereinstimmung), Scheidung. Dazu kommt noch die Unehelichkeit, wo die Familie nie komplett gewesen ist. Während *Lucie Stampfli*
(1951) seinerzeit unter unserer Leitung mit diesen Grundsituationen die
Variablen Zahl, Alter und Geschlecht der Kinder verband, *möchten wir das
Alter der Kinder spezifizieren im Sinne der Theorie vom Familienzyklus und
damit sowohl die Geburtenfolge als auch die Abstände der Kinder voneinander
kombinieren*; denn es liegt wohl auf der Hand, daß sich z.B. Vaterverwaisung
ganz verschieden auswirken wird, wenn die Kinder klein und im Alter nahe
beieinander sind, als wenn etwa eines klein, ein anderes wesentlich älter ist:

---

[17] *George C. Homans*, The Human Group, London 1951, S. 337.

während das Kleine den Vater einfach „vergißt", mag sich ein älteres Kind ein Vater-Ideal aufbauen, das wegen seiner Irrealität unter Umständen große Konflikte (etwa bei Wiederverheiratung der Mutter) mit der Umwelt erzeugen kann. Aber insgesamt ist es interessant zu vermerken, daß Unvollständigkeit heute weniger kritisch beurteilt wird als früher (*P. Rijksen* 1957; *Th. P. Monahan* 1957).

Wir weisen noch darauf hin, daß sich in jedem der angedeuteten Fälle die Desorganisation mit Überorganisation kombinieren kann, indem sich der jeweils überlebende Elternteil übermäßig stark an die Kinder anschließt.

1. Verwitwung

Als *Emile Durkheim* in seinem Werk über den „Selbstmord" (1897) die Selbstmordfrequenz mit den Situationen der Familiengruppe in Zusammenhang brachte, wurde es klar, daß Verwitwung zwar eine Krise für die Familie bedeutete, indem sich die Selbstmordfrequenz sofort erhöhte, aber doch eine relativ geringe Krise, weil die Erhöhung nur geringfügig war (verglichen etwa mit der enormen Steigerung bei Scheidung). So kam später *Meyer F. Nimkoff* (1934) dazu, ein Schema zu entwerfen, nach dem die Familie nach dem Verlust einer Person durch Tod erst durch eine Periode kritisch gesteigerter Aktivität geht, um sich dann an die neue Situation positiv anzupassen. Ein ähnliches Schema entwarfen neuerdings *Donald A. Hansen* und *Reuben Hill* (1964). Die Schwierigkeiten sind zumeist wirtschaftlicher Natur, da Verwitwung resp. Verwaisung durch Tod des Ehemannes resp. Vaters, also durchschnittlich des Familienernährers, viel häufiger ist und steigende Tendenz zu haben scheint. So waren nach *Karl Martin Bolte* (1966, S. 143) in Deutschland im Jahre 1939 3,1% aller Männer im Vergleich zu 8,6% aller Frauen verwitwet; im Jahre 1950 waren 3,4% aller Männer und 12,0% aller Frauen verwitwet. Diese *Asymmetrie der Verwitwung* scheint für alle fortgeschrittenen Industriegesellschaften typisch zu sein. Sie hat gerade in unserem Falle auch strukturelle Bewandtnis für die Familiensoziologie, indem sie *die Chance einer durch die Mutter bedingten Überorganisation der Familie steigen läßt. Peter Marris* (1958) gibt eine vorzügliche Analyse der Krise der Verwitwung mit der tiefen Störung des ganzen Wirklichkeitsbewußtseins der Frau, wobei er an ältere amerikanische Arbeiten von *Thomas D. Eliot* (1960, zuerst 1954) und *Howard Becker* (1932/3) anschließt. Er zeigt, daß zwar nach ca. 2 Jahren eine Anpassung an die neue Situation erfolgt, daß die Frauen aber insgesamt apathischer gegenüber dem sozialen Leben werden (wir weisen speziell auf die wichtige Tabelle auf S. 22 hin).

Eine wichtige neuere Untersuchung (*H.Z. Lopata* 1972) zeigt, daß speziell in den Vorstädten mit Einfamilienhäusern die Witwen (genau wie übrigens die geschiedenen Frauen) praktisch von ihren älteren Freunden nicht mehr eingeladen werden, so daß sie darauf angewiesen sind, sich gewissermaßen einen ganz neuen Freundes- und Verkehrskreis aufzubauen, der dann recht einseitig zumeist aus ebenfalls verwitweten oder geschiedenen Personen besteht. Die Belastung der Frau ist bei alledem durchaus größer als die des

Mannes, selbst wenn die wirtschaftlichen Probleme geregelt sind. Insbesondere zeigt sich, daß die Wiederverheiratungschancen von Witwen bei gleichem Alter sehr viel geringer sind (weniger als ¼) als bei Männern (*I. P. Bell* 1972).

Dieser Umstand wirkt sich auch darin aus, daß bei der Wiederverheiratung verwitweter Personen die umgekehrte Tendenz zutage tritt, indem die wenigen Witwer mit Kindern sich wesentlich häufiger wiederverheiraten als Witwen mit Kindern. Dasselbe trifft übrigens auch zu bei geschiedenen Männern mit Kindern. Daraus ergibt sich *bei Wiedervervollständigung* einer durch Tod oder Scheidung unvollständig gewordenen Familie eine Häufung der *Stiefmutter-Situation*, die zwar einerseits die Familiengruppe wieder herstellt, andererseits aber kritische Elemente in sich trägt, wie *William C. Smith* (1945, 1949, 1953) zeigte. Es ist von der zweiten Frau nicht zu erwarten, daß sie die emotionale Rolle gegenüber fremden Kindern zu gestalten vermag, vor allem auch in Anbetracht dessen, daß ein negatives Vorurteil gegen die Stiefmutter besteht. Träger dieses Vorurteils mögen überlebende Großeltern sein, die die verstorbene Mutter idealisieren, so daß die Situation der Stiefmutter äußerst delikat wird. Es scheint auch eine Beziehung zwischen der Stiefmutter-Situation und Delinquenz der Jugendlichen zu bestehen (zum ganzen *J. Bernard* 1956; siehe auch *C. E. Bowerman* und *D. P. Irish* 1964). Die Psychoanalyse hat darauf hingewiesen, daß in normalen Fällen die Kinder nicht dazu kommen mögen, den richtigen Eltern gegenüber Liebe oder Haß zum Ausdruck zu bringen, daß aber diese Hindernisse fallen können, sowie ein Stiefelternverhältnis irgendeiner Art eintritt, so daß sich dann die volle Liebe oder auch der volle Haß gegen den neuen Elternteil richtet (*J. C. Flugel* 1921). Es kommt noch hinzu, daß mutterverwaiste Kinder oft noch eine Zwischenperiode der Anpassung durchmachen, während der sie bei Großeltern oder Verwandten oder auch nur unter Aufsicht einer Haushälterin leben. Sie mögen während dieser Zeit neue Bindungen eingehen, manchmal werden sie auch, speziell von Großeltern, einfach verwöhnt und rebellieren dann, wenn die Stiefmutter irgend etwas von ihnen verlangt. Für Mädchen ist die Lage besonders schwierig, wenn die neue Frau die Zuneigung ihres Vaters monopolisiert. Allgemein wird die verstorbene Mutter derart idealisiert, daß die Stiefmutter mit ihr völlig unvergleichlich bleibt. Bei Scheidung und nachfolgender Wiederverheiratung kommt noch hinzu, daß der geschiedene Ehepartner in Versuchung steht, die Kinder gegen die neue Mutter aufzubringen. Die Situation ist in der Tat recht schwierig, so daß man sagen kann, daß das Stiefkind alle Probleme eines normalen Kindes hat zuzüglich spezieller Probleme.

Normalerweise wird es aber immer mehr vaterlose als mutterlose Kinder geben. Die Situation des Witwers ist dergestalt, daß er zwar den Unterhalt der Familie sicherstellen, aber nicht als emotionales Zentrum der Familie wirken kann. Umgekehrt scheinen Witwen mit Kindern sehr wohl imstande zu sein, die wichtige Führungsfunktion des Vaters bei Berufswahl und Berufsausbildung zu übernehmen (*R. Haack* 1955; *R. König* 1956a). Das würde

wieder in Richtung der alten Theorie von *M.F. Nimkoff* weisen. Unter durchschnittlichen Verhältnissen scheinen uns die mehr instrumentalen Fragen
(wie die Berufsorientierung) leichter zu lösen als die emotionalen, indem
die alleingebliebene Witwe eine Tendenz entwickeln kann, sich allzu eng an
einen Sohn anzuschließen, in dem sie den Ersatz für den verstorbenen Mann
sieht. Wenn noch jüngere Töchter da sind, so mag deren Einstellung die der
Mutter sogar noch verstärken.

2. Desertion

Familiendesertion wurde früh schon in den Vereinigten Staaten studiert, wo
man sie mit dem Namen der „Ehescheidung des armen Mannes" bedachte
(the poor man's divorce). Sie scheint quantitativ nicht unbeträchtlich
zu sein, obwohl es aus der Situation selbst hervorgeht, daß wir über keine
präzisen Angaben verfügen. *Kingsley Davis* (1950) wies darauf hin, daß im
amerikanischen Zensus 3,1 Millionen Verheiratete nicht mit dem Ehepartner zusammenlebten gegen 1,4 Millionen Geschiedener. In Europa
schien bis vor kurzem die Meinung vorzuwiegen, daß Familiendesertion
(rechtlich als „böswilliges Verlassen" sogar ein Scheidungsgrund) eine relativ
seltene Erscheinung sei, die mit der geringeren sozialen Mobilität in Europa
zusammenhängen soll. Wir möchten jedoch meinen, daß das ein Trugschluß
ist. Zunächst haben vergleichende Untersuchungen ergeben, daß die soziale
Mobilität in den Vereinigten Staaten gar nicht so viel höher ist als in Europa;
ferner erfuhr man nebenbei aus Frankreich, daß jährlich eine große Zahl von
Männern ihre Familie verläßt, wie aus der hohen Zahl von Abgängigkeits-
anzeigen hervorgeht; schließlich mögen die unmittelbaren Nachkriegsver-
hältnisse solche Desertionen erleichtert haben, die unter Umständen auch
Trennungen aufgrund gegenseitiger Übereinstimmung sein mögen. Es liegt
aber im wesentlichen in der Natur der Situation selbst, daß wenig zuverlässige
Informationen zur Verfügung stehen, weil sich die zurückgebliebenen Frauen
scheuen zuzugeben, daß sie von ihrem Mann verlassen worden sind, und
darum auch keine Anzeige erstatten und überhaupt von keinen Rechtsmitteln
Gebrauch machen. Ein Beispiel von Philadelphia zeigt aber, daß von 1920 bis
1950 die Fälle von Desertion die von Scheidungen um das Doppelte über-
trafen (*W.M. Kephart* und *Th.P. Monahan* 1952; *Th. P. Monahan* 1958a).
Dazu kommt ein anderer wichtiger Umstand, der in der gleichen Richtung
wirkt: der Familiendeserteur ist ein Mensch, der mehrfach geht und wiederkehrt, bis er eines Tages eventuell vollständig verschwindet. So mag die Frau
in jedem einzelnen Falle die Hoffnung haben, daß er wiederkehren wird,
so daß sie keine besonderen Schritte ergreift. Umgekehrt ist auch die Rückkehr allzu oft nur eine neue Last für sie. Diese Rückfälligkeit des typischen
Familiendeserteurs scheint ein Hinweis auf eine neurotische Persönlichkeit
zu sein, obwohl einschlägige Forschung fehlt. *Joanna C. Colcord* (1919) gab
dafür schon früh eine klassische Formulierung: „Before the deserter there was
a broken man". In anderen Fällen mag sich auch der neurotische Charakter
mit Alkoholismus und anderen Charakterlabilitäten verbinden (siehe zum
ganzen *E.R. Mowrer* 1939).

Entscheidend ist bei der Desertion, daß in der großen Majorität der Fälle Männer ihre Familie verlassen, so daß sich als Folge eine *mutterzentrierte Restfamilie* ergibt, wie sie in niedrigsten sozialen Schichten die Regel ist, wo sich übrigens auch – soweit wir sehen können – die höchsten Desertionsquoten finden. In den Vereinigten Staaten ist dies insbesondere in den untersten Schichten der Negerbevölkerung der Fall. Für die Frau ist diese Lage insofern besonders belastend, als sie praktisch „keine Möglichkeit (hat), das innere Leben der unvollständigen Familie und auch ihr eigenes inneres Leben neu zu organisieren" (*L. Stampfli* 1951, S. 82). Vor allem ist eine Wiederverheiratung unmöglich, da ja die rechtlichen Beziehungen zum Mann zumindest für eine Weile erhalten bleiben. Übrigens hat diese Lage auch für die Kinder einen zweideutigen Charakter, indem diese einerseits in eine höchst kritische Lage der Mutter gegenüber kommen, wenn sie sich etwa mit der Desertion und ihren vermeintlichen Ursachen auseinandersetzen, andererseits aber auch mit einem zurückkehrenden Vater enge Beziehungen aufnehmen, weil ihnen dieser in der Abwesenheit irgendwie idealisiert worden ist. Die Sozialarbeiter aller Länder haben sich vielfach mit diesem Problem auseinanderzusetzen, so daß auch bei ihnen die größten Erfahrungen damit bestehen.

3. Trennung (legale, erzwungene und aufgrund gegenseitigen Übereinkommens)

Der Begriff der „Trennung" ist mit vielen sehr verschiedenen Bedeutungen belastet (*W. M. Kephart* 1964). Einerseits ist er eine mindere Form der Scheidung, die nach mehr oder weniger langer Zeit in dieselbe übergehen kann; andererseits ist er in manchen Ländern (Portugal, Spanien, Italien) die einzig existierende Form der Scheidung (ohne dennoch eine zu sein, da Wiederverheiratung ausgeschlossen ist). Diese letzteren Fälle müßten wohl unter dem Titel der Scheidung abgehandelt werden, da sie ein funktionales Äquivalent für sie darstellen (wir verweisen dafür auf VIII). Die ersteren Fälle sind dagegen eher der Desertion verwandt, indem sie eine Wiederaufnahme der Beziehungen nicht ausschließen. Sie unterscheiden sich aber deutlich von ihr, indem a) die Gatten aufgrund beidseitiger Übereinstimmung beschließen, sich für kürzere oder längere Zeit zu trennen; b) besondere Umstände zur Trennung zwingen: beruflich bedingte Abwesenheit (etwa bei Seeleuten), kriegsbedingte Abwesenheit, Aufenthalt in einem Spital oder einer Heilanstalt, schließlich Gefängnis- oder Zuchthausaufenthalt eines Ehepartners. Selbst wenn also nicht von einem einseitigen Verschwinden wie bei der Desertion die Rede sein kann, wird diese Situation insofern zu einem soziologischen Problem, als eine unvollständige Familie entsteht, deren Charakteristika durch die Art der Trennung bedingt ist (*L. Stampfli* 1951, S. 73–75). Einen interessanten Einblick in die tatsächlichen Verhältnisse gibt neuerdings eine Studie über Budapest, bei der die Getrenntlebenden mit wesentlich „inkongruentem" Familienstatus (der dem legalen nicht entspricht) erfaßt wurden. Der Anteil dieser Gruppe war mehr als anderthalb mal größer als die legal Geschiedenen, was zum ersten Male Licht in diese Verhältnisse bringt (*P. Löcsei* 1967).

Einen interessanten Einblick in diese Situation gibt eine norwegische Untersuchung über die Entwicklung von Kindern von Seeleuten, die regelmäßig berufsbedingt von zu Hause abwesend sind. Obwohl hier die krisenhaften Erscheinungen der Desertion fehlen, zeigen sich doch im Vergleich mit anderen Familien bedeutsame Unterschiede in der Entwicklung der Jugendlichen. Sie werden von der Mutter zu sehr umsorgt (overprotection), sind schlechter angepaßt an ihre Alterskameraden, sind abhängiger von der Mutter, haben eine leichte Tendenz zur Idealisierung des Vaters und auch zu kompensatorischer Männlichkeit (*E. Grönseth* und *P. O. Tiller* 1957). *Reuben Hill* (1949) gab wohl als erster eine vertiefte Analyse dieser Art über die Folgen der Abwesenheit des Mannes im Kriegsdienst, nachdem *Margaret Mead* (1945) in einem großen populären Magazin auf dies Problem aufmerksam gemacht hatte. *Hill* zeigte, daß sich die Familien weitgehend nach dem oben angegebenen Schema an die Situation anpaßten; allerdings kann die Situation variieren je nach der Art des Ereignisses, das die Familie trifft, nach dem Grad der eingetretenen Schwierigkeiten, nach den Ressourcen oder Schwächen der Familie, die sich unter dem Einfluß der Krise wandeln mögen, und schließlich nach früheren Erfahrungen mit anderen oder ähnlichen Krisen. *Donald Hansen* und *R. Hill* (1964) haben später hervorgehoben, daß diese Gesichtspunkte zweifellos noch nicht zu einer adäquaten Erkenntnis der Situation ausreichen.

In diesem Zusammenhang wurde seit dem erwähnten Buch von *Hill* (1949) der Begriff „Streß" eingeführt, um einen zusammenfassenden Ausdruck für viele Situationen zu finden, in denen jeweils die Familie einem Druck von außen begegnen muß. *Allerdings ist es außerordentlich variabel, ob etwas und was jeweils als Streß wahrgenommen wird* (*E. L. Koos* 1950). So werden etwa Arbeitslosigkeit oder Verminderung des Einkommens in den Mittelklassen viel schwerer empfunden als in den Unterklassen. Entscheidend sind aber dabei immer der *Ausfall im persönlichen Inventar* (also Verwaisung, Desertion, Trennung, Scheidung) oder aber auch, wie schon oben bemerkt, das *Hinzutreten neuer Personen.* Wir haben bereits auf die kleine Krise hingewiesen, die allgemein bei Geburt eines Kindes eintritt; eine unwillkommene oder unerwartete Schwangerschaft bereitet eigene Schwierigkeiten, die noch unter dem Titel der Unehelichkeit behandelt werden sollen (VII, a, 4). Das Auftreten von Stiefeltern gehört hierher wie das Aufnehmen von pflegebedürftigen Großelternteilen in die Familie. Im Falle der Desertion erzeugt der heimkehrende Vater oft einen bedeutenden Streß, weil sich die Restfamilie unterdessen an die neue Situation einigermaßen angepaßt hatte.

Wenn wir die Dinge mehr unter dem Aspekt der Trennung behandeln, gibt es zahllose Formen von Ausfällen, die Streß erzeugen, wobei als Ergebnis des allgemein großen Interesses für Medizinsoziologie insbesondere die subtilen Formen in den letzten Jahren untersucht worden sind, wie etwa physische und geistige Erkrankungen, welche die Betroffenen hindern, ihre

Rollen zu erfüllen, was unter Umständen eine völlige Umverteilung der Rollen zur Folge hat (etwa Frau als Familienernährer bei Erkrankung des Mannes). So wiesen schon vor längerer Zeit *Talcott Parsons* und *Renée C. Fox* (1952) darauf hin, daß die amerikanische Familie sich gewissermaßen derart auf die Gestaltung des Lebens in Gesundheit „spezialisiert" hat, daß sie die Krankenversorgung gern auf das Spital überwälzt; leider wird die Analyse durch Verwendung des Begriffs der isolierten Kernfamilie einigermaßen beeinträchtigt. Es zeigte sich vor allem, daß selbst die durch Krankheit bedingte, verminderte Rollenleistung eines Kindes die Familiengruppe im Ganzen belastet (*B. Farber* 1960); damit wird das alte Vorurteil schwankend, daß das Kind die Eltern zusammenbringt (*A. Green* 1946). Man lese die reiche Literatur bei *Donald A. Hansen* und *Reuben Hill* (1964) nach.

Wenn wir die Absichten der beiden Autoren richtig verstehen, wollen sie mit dem Ansatz des Streß die alte Konzeption der Familiendesorganisation ersetzen, indem sie – mit Recht – zeigen, daß Familien unter Streß, bedingt insbesondere durch teilweise Nichterfüllung der Rollen in verschiedenen Formen der Absenz, durch krisenhafte Anpassungsperioden gehen, die schließlich in Reorganisation und Anpassung enden können. Aber wir möchten doch betonen, daß dies nicht unter allen Umständen der Fall ist, manchmal kann eine solche Entwicklung auch in einem totalen Zusammenbruch enden. Während *Meyer F. Nimkoff* (1936) noch beide Möglichkeiten nebeneinander anerkannte, scheint uns bei *D.A. Hansen* und *R. Hill* eine gewisse Tendenz vorzuwalten, den Terminus „Desorganisation" zu vermeiden, wie er auch bezeichnenderweise weder im Register des Handbuchs von *Harold T. Christensen* (1964) noch in dem des Buches von *F. Ivan Nye* und *Felix M. Berardo* (1966) vorkommt, obwohl er gelegentlich dort im Text benutzt wird. Einen größeren Unterschied zur Situation in den zwanziger und dreißiger Jahren kann man sich gewiß nicht vorstellen. Er zeugt allgemein dafür, daß heute die Anpassungsmöglichkeiten an neue Lebensbedingungen stärker ausgeprägt erscheinen als damals, wie schon in der Einleitung zu diesem Artikel betont wurde. Andererseits bleiben wir aber der Meinung, daß Familiendesorganisationen neben allen Anpassungserscheinungen und auch neben den Fällen übermäßiger Bindung, d.h. eigentlicher Überorganisation, trotz allem nach wie vor in einem so nennenswerten Ausmaß vorkommt, daß sie noch immer ein Problem für sich ist, d.h. als statistisch meßbare soziale Massenerscheinung auftritt, selbst wenn zugestandenermaßen mittlerweile auch andere Perspektiven sichtbar geworden sind. Wenn wir uns selber in unserer ersten größeren Publikation zur Soziologie der Familie zu einem „gemäßigten Optimismus" bekannt haben, so geschah das *im Sinne der gleichzeitigen Anerkennung der desorganisierenden und reorganisierenden Faktoren in der Familienentwicklung in den fortgeschrittenen Industriegesellschaften* (*R. König* 1946). Dies entspricht dem Begriff der „dynamic stability" der Familie bei *Reuben Hill* (1949), die aber totale Zusammenbrüche unter gewissen Voraussetzungen nicht ausschließt. Hierzu gehört neben dem Studium der manifesten Ausfallserscheinungen im personalen Inventar der Familie und ihren spezifischen Folgen zweifellos noch die Analyse der Intimgruppe und ihrer Unzulänglichkeiten, die bei anfallendem Streß dafür verantwortlich werden, daß die eine Familie mehr, die andere weniger Druck auszuhalten imstande ist.

Die genannten Überlegungen gehen im Grunde alle zurück auf *Robert C. Angell* (1936), der mit der Untersuchung der Familie in der großen Weltwirtschaftskrise begann und gerade dabei ihre Widerstandskräfte erkannte. Es ist sicher kein Zufall, wenn sich die gleiche Einstellung in jenen Jahren bei vielen bemerkbar zu machen begann, so daß wir den Beginn des Wandels in der Familiensoziologie, der wohl auch einem Wandel in der Familie selbst entspricht, ziemlich genau auf die Jahre nach der Depression ansetzen können. Hierher gehört auch der europäische Klassiker der empirischen Sozialforschung von *Marie Jahoda, Paul F. Lazarsfeld* und *Hans Zeisel* über die „Arbeitslosen von Marienthal" (1933). Zu den ersten Nachfolgern gehören *E. W. Bakke* (1940), *R. S. Cavan* und *K. A. Ranck* (1938), *H. W. Gilmore* (1940), *R. Hill* (1949), *M. Komarowsky* (1940), *E. L. Koos* (1946), *W. L. Morgan* (1939) u.a.m. In Deutschland wären die Arbeiten von *H. Thurnwald* (1948), *G. Wurzbacher* (1952), *H. Schelsky* (1953) und *G. Baumert* (1954) zu nennen, die gleichermaßen die Anpassung der Familie selbst an Situationen schärfsten Drucks hervorheben, im gleichen Sinne wie wir schon vorher die Reorganisation der Familie in der Sowjetunion betont hatten (*R. König* 1946, revidierte Ausgabe 1974). Man kann sagen, daß alles, was auf diese Ansätze folgt, einer völlig veränderten Situation entspricht.

4. Unehelichkeit
Die Unehelichkeit wurde seit jeher als Symptom der Familiendesorganisation angesehen. So hob unter anderen auch *Ferdinand Tönnies* (1930) die Beziehung zwischen Unehelichkeit und Kriminalität hervor. Wir sind jedoch der Meinung, daß die Unehelichkeit in den fortgeschrittenen Industriegesellschaften eine immer geringere Rolle spielt und spielen wird, während sie für lange Zeit noch in manchen der wirtschaftlich unterentwickelten Ländern, speziell solchen, die sich in beschleunigter Entwicklung befinden, einen nennenswerten Anteil an allen Geburten darstellen wird. Trotzdem ist jedoch die Frage vieldeutig, wie einige Überlegungen zeigen mögen.

1. Es besteht in nahezu allen bekannten Gesellschaften eine Abneigung gegen „uneheliche" Geburten, weil sie eine „Plazierung" des Kindes im gegebenen Verwandtschaftssystem erschweren (*K. Davis* 1939a und b). Trotzdem heißt das nicht notwendigerweise, daß es wenig uneheliche Geburten geben müsse; denn genau wie in westlichen Gesellschaften viele uneheliche Geburten nachträglich legitimiert werden, so werden in anderen Gesellschaften eindeutig un- oder außerehelich gezeugte Kinder jemandem „zugerechnet", so daß sie abschließend als ehelich oder jedenfalls als „legitim" angesehen werden. So ist es im Grunde recht schwer, auch bei uns, genaue Zahlenwerte für die Unehelichkeit zu bekommen.

2. Trotzdem scheint für die fortgeschrittenen Industriegesellschaften ein Sinken der Zahlen für Unehelichkeit gegeben zu sein, wenigstens im 20. Jahrhundert (siehe dazu die Aufstellung bei *W. J. Goode* 1963, S. 38), obwohl durch besondere Umstände bedingte Schwankungen auftreten. Man beachte dazu folgende *Tab. 12* (*Statistisches Jahrbuch für die BRD* 1965, S. 58ff.; *F. Neidhardt* 1971, S. 59; 1975, S. 70).

Tab. 12 Zahl der Unehelichen pro 100 Lebendgeborene im Gebiet der BRD (Statistische Jahrbücher für die BRD)

Jahr	*Unehelichenquoten*	*Jahr*	*Unehelichenquoten*
1841–1845	10,6	1961	5,095
1856–1860	12,0	1962	5,56
1875	8,6	1963	5,23
1890	9,1	1964	4,99
1900	8,7	1965	4,69
1910	9,1	1966	4,56
1920	11,4	1967	4,61
1930	12,0	1968	4,76
1939	7,8	1969	5,04
1946	16,38	1970	5,46
1950	9,31	1971	4,81
1955	7,86	1972	6,05
1960	6,33	1973	6,27

Darin zeigt, sich, daß a) früher die Unehelichenquoten höher waren, b) daß sie allgemein fallende Tendenz haben, c) daß sie aber unter bestimmten Umständen wieder zunehmen können (zwanziger Jahre, Besatzungszeit nach 1945; 1975, S. 70).

In den Vereinigten Staaten zeigen z.B. die Unehelichenzahlen steigende Tendenz, wenn man die weiße und die schwarze Bevölkerung addiert; da die Unehelichenquote der farbigen Bevölkerung momentan (1968) das Sechsfache der weißen Bevölkerung beträgt, wird die Globalzahl dadurch stark beeinflußt, wie die *Tab. 13* zeigt (*W. F. Kenkel* 1973, S. 214; *H. Krause* 1971).

3. In den europäischen vorindustriellen Gesellschaften waren die unehelichen Geburten wahrscheinlich viel höher wegen der vielen Heiratsverbote; die unterbäuerliche und dienende Klasse setzte sich weitgehend aus Unehelichen („Unehrliche") zusammen. Das sagt allerdings allein nicht viel über ihre absolute Zahl, weil noch heute bei Unehelichen die Chancen für eine Totgeburt und die Säuglingssterblichkeit viel höher sind als bei Normalgeburten, was unter den Lebensbedingungen der vorindustriellen Gesellschaft noch viel ausgeprägter der Fall gewesen sein muß. Wir finden auch heute noch vorindustrielle Gesellschaften mit enormen Unehelichenquoten, so etwa in manchen Ländern Lateinamerikas (s. dazu *W.J. Goode* 1961a), aber auch in ihren europäischen Ursprungsländern wie etwa Portugal (*E. Willems* 1963, S. 70) (Tab. 14).

Tab. 13   Illegitimate births, illegitimacy rates, and illegitimacy ratios: 1938–1968

Year	Illegitimate births	Illegitimacy rate*	Total	Illegitimacy ratio** White	Nonwhite
1938	87.900	7,0	38,5	20,5	166,5
1940	89.500	7,1	37,9	19,5	168,3
1942	96.500	7,9	34,3	169,2	168,2
1944	105.200	8,9	37,6	20,2	163,4
1946	125.200	11,0	38,1	21,1	170,1
1948	129.700	12,7	26,7	17,8	164,7
1950	141.600	14,2	39,8	17,5	179,6
1952	150.300	15,2	39,1	16,3	183,4
1954	176.600	18,3	44,0	18,2	198,5
1956	193.500	20,2	46,5	19,0	204,0
1958	208.700	21,0	49,6	20,9	212,3
1960	224.300	21,6	52,7	22,9	215,8
1962	245.100	21,5	58,8	27,5	229,9
1963	259.400	22,5	63,3	30,7	235,9
1964	275.700	23,4	68,5	33,9	245,0
1965	291.000	23,4	77,4	39,6	263,2
1966	302.400	23,6	83,9	44,4	276,5
1967	318.400	24,0	90,3	48,7	293,8
1968	339.200	24,1	96,9	53,3	312,0

* Illegitimate live births per 1.000 unmarried women aged fifteen to forty-four
** Illegitimate live births per 1.000 live births
Source: U.S. Department of Health, Education and Welfare, Vital Statistics of the United States (Washington, D.C., U.S. Government Printing Office), various yearly editions

Tab. 14   Unehelichenquoten in ausgewählten Ländern Lateinamerikas

Land	Uneheliche auf alle Lebendgeburten
Brasilien (1952)	15
Mexiko (1956)	22,5
Argentinien (1957)	28
Peru (1955)	43
Paraguay (1955)	48
Guatemala (1956)	70
Venezuela (1955)	57
Jamaica (1954)	72
Panama (1956)	71

Wir möchten dem gegenüberhalten, daß in den städtischen Gebieten Afrikas südlich der Sahara die Situation ähnlich ist (*A. Phillips* 1953), während die Stammeskulturen sowohl südlich der Sahara als auch teilweise im islamischen Afrika relativ geringe Unehelichenquoten haben (*W.J. Goode* 1961b). Aber man muß sich klar darüber sein, daß häufig Geburten, die in unseren Augen illegitim sind, jemandem derart zugerechnet werden, daß sie in die Abstammungslinie eingeschlossen werden (*W.J. Goode* 1963, S. 183). Das gilt wahrscheinlich auch für die islamischen Länder, wo zwar einerseits die Unehelichenquoten sehr niedrig sind (*W.J. Goode* 1963, S. 396), andererseits aber viele Kinder, die in westlichen Augen als illegitim angesehen würden, sozial nicht so gerechnet wurden. So konnte ein Mann ein Kind als seines anerkennen, das weniger als sechs Monate nach Eheschluß geboren war, selbst bis zu vier Jahren, nachdem keine Kohabitation stattgefunden hatte. Kinder von Konkubinen wurden ebenfalls legitimiert (*W.J. Goode* 1963, S. 120). Auf diese Weise müssen die Unehelichenquoten niedrig bleiben. Sie werden aber unseres Erachtens steigen, sowie das alte Familien- und Verwandtschaftssystem sich lockern wird. Übrigens konnte in einem Fall für Irak gezeigt werden, daß trotz der strengen Tradition unverheiratete Frauen zu 27,8% heterosexuelle Beziehungen hatten (*M.K. Nahas* 1956, S. 191). In der Tat hat oft die gesamtgesellschaftliche Situation etwas mit der Toleranz von Unehelichenquoten zu tun, wie etwa in Skandinavien (siehe dazu die Literatur weiter unten). Mit der Institution der „Nachtfreierei" mußten hier die Unehelichenquoten – insbesondere auf dem Lande – steigen, sowie man keinen Anstoß nahm, daß sexuelle Beziehungen dabei aufgenommen wurden. Andererseits aber drängte die Familie darauf, daß das Mädchen geheiratet wurde (vergleiche *K.R.V. Wikman* 1937; *A. Myrdal* 1941). Ähnlich lag es auch in Bayern oder in Österreich, speziell in deren ländlichen Gebieten. *Das zeigt, daß wir mit mindestens zwei Formen der Unehelichkeit rechnen müssen, eine die aus allgemeiner sozialer Desorganisation resultiert,* wozu z.B. auch die seit jeher sehr hohen Unehelichenquoten bei der amerikanischen Negerbevölkerung in den Südstaaten gehört; dazu kommen auch die erwähnten Gebiete Lateinamerikas oder noch Jamaika, über das vor kurzem einige interessante Studien erschienen (*W.J. Goode* 1960b, 1961b, siehe auch 1973; *J. Blake* 1962). Eine solche Form lebt auch teilweise weiter bei den städtischen europäischen Unehelichen, die meist aus den untersten sozialen Schichten stammen (und zwar beide, Mann und Frau). *Die andere dagegen ist nur ein vorübergehender Zustand,* indem entweder das Mädchen geheiratet oder das Kind legitimiert wird oder beides geschieht. So werden in der BRD im Durchschnitt 40% aller unehelich geborenen Kinder durch spätere Heirat der Eltern, und zwar meist im Geburts- oder folgenden Jahr, legitimiert (*H. Harmsen* 1963; *B. Schadendorf* 1964). Entsprechend sind auch die Konsequenzen in beiden Fällen ganz verschieden, *indem im zweiten Falle von einer echten Illegitimität eigentlich gar nicht gesprochen werden kann. Problematisch ist aber nur die echte (d.h. soziale) Illegitimität und nicht die Tatsache, unter welchen Umständen die Geburt erfolgt.*

4. Eine dritte Form der Unehelichkeit, die eigentlich gar keine ist, kommt zustande, wenn allgemein voreheliche Sexualbeziehungen gebilligt werden, gleichzeitig aber die Kenntnisse antikonzeptioneller Mittel oder Praktiken immer allgemeiner werden. Trotzdem zeigte sich etwa in der Bundesrepublik 1964, daß die innerhalb der ersten sieben Ehemonate geborenen Kinder auf die insgesamt im ersten Ehejahr geborenen Kinder 66,6% betrugen. Nimmt man noch die im achten Ehemonat geborenen Kinder hinzu, dann erhöht sich die Zahl auf 71,5%. Vergleicht man die Geburten mit einer Ehedauer von unter 8 Monaten mit denen von unter 10 Monaten, was eine bessere Bezugsziffer ist, dann erhält man gar 83%, die alle mit größter Wahrschein-

lichkeit vorehelich gezeugt worden sind (vgl. *R. König* 1967b; *K. Horstmann* 1959). Diese Zahlen sprechen eine deutliche Sprache. Es gibt Hinweise, daß in der Bundesrepublik durchschnittlich im vierten Schwangerschaftsmonat geheiratet wird. Die genannten Zahlen sind übrigens wesentlich höher als alle bisher jemals veröffentlichten, aber sie scheinen uns trotzdem der Wirklichkeit am nächsten zu kommen. In anderen Ländern sind die Verhältnisse nicht so extrem, man sieht aber ähnliche Tendenzen. So zeigt die Arbeit von *Eliot Slater* und *Moya Woodside* (1951, S. 111–113, Tabelle S. 288), die ein Sample von Ehepaaren aus der städtischen Arbeiterschicht Londons untersuchten, daß nur 45% der Ehemänner aber 64% der Frauen im Moment der Eheschließung jungfräulich gewesen zu sein behaupten; allerdings halten die Verfasser die Zahlen für zu hoch. Für eine Gemeinde in Belgien gab *Jean Morsa* (1956, S. 178) an, daß in 27% aller Fälle die Geburt des ersten Kindes vor dem neunten Monat erfolgte. Eine interessante Differenzierung wurde neuerlich in Belgien eingeführt, *indem man grundsätzlich zwischen allgemeinem vorehelichem Sexualverkehr und einem solchen zwischen Verlobten unterschied.* Während die Öffentlichkeit nach wie vor gegen den ersteren eingestellt ist, ist man im zweiten Falle nachsichtiger. Trotzdem ergab die betreffende Untersuchung bei einem Sample von 838 Paaren im Jahre 1964 eine voreheliche Konzeption bei nur 16% (*C. Henryon* und *E. Lambrechts* 1968, S. 110). Zu ähnlich niedrigen Ergebnissen für die Niederlande, die als besonders „puritanisch" gelten, kommen *G. A. Kooy* und *M. Keuls* (1967), nämlich 15,9% für die Periode 1959/61, was ungefähr gleichviel ist wie 25 Jahre früher. Diese Ergebnisse werden durch frühere Untersuchungen bestätigt (*J. Godefroy* und *C. Thoen* 1953; *C. J. Trimbos* 1959, 1964). *Kooy* und *Keuls* (1967) bemerkten allerdings dazu, daß diese Zahlen sicher bald steigen werden.

Eine besonders interessante vergleichende Betrachtung hat *Harold T. Christensen* schon seit längerer Zeit eingeleitet (siehe 1958, 1960; Vorarbeiten gehen bis auf 1938 zurück), wonach z.B. in Dänemark voreheliche Schwangerschaft weitgehend toleriert wird (so auch *S.H. Croog* 1951), so daß auch keine besondere Eile gegeben ist, wenn eine solche Schwangerschaft bemerkt wird; in Indiana wurde dagegen sofort nach Feststellung der Schwangerschaft geheiratet, während die Mormonen in Utah heiraten, sowie vorehelicher Geschlechtsverkehr aufgenommen wird, ohne auf die Zeichen der Schwangerschaft zu warten. *Christensen* kam auch zu dem Schluß, daß eine liberale Einstellung keine erhöhte Scheidung bei „Muß-Ehen" zur Folge hat, diese steigt nur, wenn die Heirat bis kurz vor der Niederkunft verschoben wird. Hier werden die verschiedenen normativen Ideen in bezug auf voreheliche Schwangerschaft besonders deutlich sichtbar. Während in Schweden und Finnland die vorehelichen Konzeptionen hoch sind, nämlich bis zu 30 und 40% (*S.H. Croog* 1951, 1952; *A. Nieminen* 1964), sind sie in Norwegen wesentlich niedriger. Es liegt nahe, den interkulturellen Vergleich auf intrakulturelle Differenzen auszudehnen.

Wenn sich nun angesichts dieser Umstände zeigt, daß trotzdem die Zahl der unehelichen Geburten durchschnittlich fallende Tendenz hat (in der BRD bleiben i.a. nur 1,8% aller nicht ehelich konzipierten Kinder unehelich; *H. Harmsen* 1963), so muß man diese Erscheinungen sorgsam von der Frage der Unehelichkeit und von allem, was damit zusammenhängt, vor allem der sozialen Desorganisation, trennen, was leider nicht immer geschicht. So wird durchschnittlich angenommen, daß 1. ein Zusammenhang zwischen einer größeren Freiheit der sexuellen vorehelichen Beziehungen und einer Lockerung der Familie sowie 2. der Ehe besteht. *Dieser Zusammenhang ist aber nie bewiesen worden; die nachherige Eheschließung und Legitimierung der vorehelich gezeugten Kinder weisen eher in die entgegengesetzte Richtung.* Es besteht aber nach wie vor die Frage, ob die vorehelichen Sexualbeziehungen früher wirklich weniger häufig waren als heute. Die Äußerungen darüber sind wegen der viktorianischen Prüderie der Zeit vor dem ersten Weltkrieg alles andere als zuverlässig. Vor allem aber müssen wir damit rechnen, daß die Empfindlichkeit gegen das Eingestehen vorehelicher Sexualbeziehungen weitgehend auf die Mittelklassen beschränkt war, während etwa Arbeiter und Bauern darüber ganz anders dachten. Eine weitere Frage ist die, ob die sexuelle Anpassung in der Ehe leichter gelingt, wenn voreheliche sexuelle Beziehungen zwischen den Partnern bestanden haben; da das mehr psychologisch als soziologisch relevant zu sein scheint, wollen wir diesen Gesichtspunkt aus unseren Erörterungen ausschalten. Der von *Alfred C. Kinsey* (1953) behauptete Zusammenhang wird übrigens von *Robert L. Hamblin* und *Robert O. Blood* (1957) bestritten. Echte Unehelichkeit ist heute also in der Tat relativ selten; es gibt auch nur wenige Gesellschaften, wo sie nicht gesamtgesellschaftlich mißbilligt wird. Selbst in Schweden, wo etwa in den dreißiger Jahren ein Gesetz angenommen wurde, nach dem unverheiratete Staatsbeamtinnen, die ein uneheliches Baby erwarteten, auf Mütterschutz rechnen dürfen (*A. Myrdal* 1941), ist die öffentliche Stimmung nach wie vor gegen Unehelichkeit, wenn sie andauert, während die vorübergehende Unehelichkeit toleriert wird. So hob *Sverre Brun-Gulbrandsen* (1967, S. 72) bezeichnenderweise hervor, daß Mädchen bei gewissen Formen des abweichenden Verhaltens schärfer verurteilt wurden als Jungen. Sehr stark ist auch die Ablehnung der Unehelichkeit in den Vereinigten Staaten. So schreibt *William J. Goode* (1961, S. 400): „In American society, the unwed mother has a difficult personal adjustment. There is little toleration for the young mother who wishes to keep her child as her own". Selbst wenn mehrere Meinungserhebungen in Deutschland gezeigt haben, daß ein großer Prozentsatz der Befragten der Meinung war, eine unverheiratete Frau könne ohne weiteres Mutter werden, so steht doch keineswegs fest was damit gemeint ist: eine uneheliche Mutter *werden* oder eine solche *bleiben?* Nach allem vorher Gesagten möchten wir meinen, daß sich die Einstellung ändern würde, wenn der Zustand über eine bestimmte Zeit hinaus andauert. Das „Reproduktions- und Aufzuchtsmonopol der Familie erscheint ... trotz allen Liberalisierungen des Geschlechtsverkehrs ganz und gar unangetastet" (*F. Neidhardt* 1971, S. 60). Umgekehrt unterliegen nicht nur die uneheliche Mutter, sondern auch das uneheliche Kind einer dauernden Zurücksetzung durch die Gesellschaft; dies findet einen adäquatesten Ausdruck in dem, was *Hildegard Kipp* (1933) mit einem vorzüglichen Ausdruck die „*Verheimlichungssphäre*" genannt hat, in der dem Kinde die Tatsache der unehelichen Geburt verschwiegen wird. Da unsere Gesellschaften durchschnittlich patrinominal sind, erweist es sich als ein weiteres Handikap, daß dem Kind der Name des Vaters versagt wird. „Mit dem fehlenden Vaternamen entfällt die Bindung an den Vater und dessen Familie, ist die ‚Kette' der Glieder von der Seite des Vaters herkommend unterbrochen; es entfällt der legalisierte Ausdruck einer Schicksalsgemeinschaft sowie die Teilhabe an den Wertfunktionen des Vaternamens, insbesondere die der sozialen Anerkennung und Einordnung – mit dem Fehlen des ‚Vater'-Namens ist die ausschließliche Zuordnung zur Mutter und deren Familie bedingt ... Gerade das Bewußtsein, daß der väterliche Namen vorenthalten wird, läßt diesen in seiner Funktion vielfach eine Steigerung des Wertakzentes erfahren" (a.a.O., S. 33ff.). Daher erfolgen Zurücksetzungen von Seiten der Erwachsenen und Jugendlichen, die auf Grund der Verkoppelung von Frustration und Aggression nur allzu leicht ein extremes Verhalten auch bei Fällen provozieren, die nicht als Verwahrlosungsfälle angesprochen werden können. Diese Verheimlichungstendenz mit ihren Folgen rufen im Kind eine eigene Resonanz hervor, indem es die Wahrheit über sich nicht nur meidet, sondern geradezu flieht, was sich in schweren Hemmungen auswirken kann. Nicht einmal die Stellung der Mutter zu ihm ist eindeutig: es wächst entweder in einer Atmosphäre überspannter Liebe oder ebenso überspannten Hasses auf. Wenn es bei der Mutter bleibt und nicht in eine Pflegefamilie gegeben wird, so oft nur darum, weil es die „billigste" Unterbringungsart ist. Bleiben Mutter und Kind zusammen, dann erheben sich beim Heranwachsen die gleichen Probleme wie bei anderen vaterlosen Kindern, nur daß die Unehelichen unter viel ungünstigeren Bedingungen heranwachsen (siehe auch das alte Buch von *P. G. Kammerer* 1923; zur Situationsanalyse *L. Stampfli* 1951, S. 151–181; für Deutschland neuerdings *S. Groth* 1961; *B. Schadendorf* 1964).

Stellt schon der durchschnittliche Fall von Unehelichkeit ein Problem dar, so tritt die soziale Desorganisation in anderen Fällen deutlicher hervor. So fand *Hans Binder* (1941), daß von seinen in Basel-Stadt während 25 Jahren untersuchten 350 unehelichen Müttern 309 ehelich, 41 dagegen selber unehelich geboren waren, also 11,7 Prozent, was weit über dem Prozentsatz unehelicher Geburten in der sonstigen Bevölkerung liegt. Die unehelich geborenen Mütter waren folgendermaßen aufgewachsen:

Tab. 15

Kind durch nachträgliche Heirat der Eltern legitimiert	5 Fälle
Kind bei Mutter allein aufgewachsen	5 Fälle
Kind bei Verwandten aufgewachsen, bei denen sich auch die Mutter befindet	8 Fälle
Kind in Stiefvaterfamilie aufgewachsen	14 Fälle
Kind in Pflegefamilie oder Anstalt aufgewachsen	9 Fälle
Total	41 Fälle

Diese verhältnismäßig harmlose Aufstellung (über eine ähnliche Unter-suchung berichtet *H. Harmsen* 1963) erfährt aber in dem Augenblick eine höchst aufschlußreiche Wendung, wo *Hans Binder* die Frage erhebt, wie oft es in diesen Verhältnissen zu offenen Differenzen oder Streitigkeiten kam, die auch nach außen auffielen. Es ergab sich.

Tab. 16

Verhältnisse einigermaßen geordnet	11 Fälle = 27%
Verhältnisse durch immer wiederkehrende Streitigkeiten gestört......	30 Fälle = 73%

Besonders wertvoll werden aber *Binders* Untersuchungen durch jenen Umstand, daß er nicht nur den Familienverhältnissen der selber unehelich geborenen unehelichen Mütter, sondern auch denen der ehelich geborenen unehelichen Mütter nachgegangen ist (wobei die in frühester Kindheit legitimierten Mütter einbegriffen sind). Damit gewinnen wir einen einzig-artigen Einblick in die belastende Wirkung innerlich zerrütteter Familien, die dennoch nicht äußerlich aufgelöst wurden (mehr über die „nicht-geschiedene Ehe" in VIII). Bei den **309** ehelich geborenen unehelichen Müttern fanden sich in den inneren Beziehungen der elterlichen Familien.

Tab. 17

Keine Störungen	30 Fälle = 10%
Verdeckte Konflikte ohne offene Streitigkeiten	62 Fälle = 20%
Schwere Zerrüttungserscheinungen, die zu immer wiederkehrenden, der Umgebung auffälligen Streitigkeiten führten	217 Fälle = 70%
Wichtigste Ursachen für diese Zerrütung waren:	
Alkoholismus des Vaters	61 Fälle = 20%
Psychische Abnormität eines oder beider Elternteile	59 Fälle = 17%
Wirtschaftliche Not	31 Fälle = 12%
Körperliches Siechtum eines oder beider Eltern	16 Fälle = 5%
Früher Tod eines oder beider Eltern	28 Fälle = 9%
Trennung oder Scheidung der Eltern	22 Fälle = 7%
Total	217 Fälle = 70%

Von den untersuchten unehelichen Müttern waren also nur 10 Prozent unter Verhältnissen aufgewachsen, bei denen keinerlei schädigende Momente von der Familie her aufzuweisen sind. Ähnliche Verhältnisse waren schon bei dem klassischen Buch von *William I. Thomas* (1923) aufzuweisen sowie in den Tagebuchanalysen verwahrloster Mädchen von *Annelies Argelander* und *Ilse Weitsch* (1933), die allerdings nur einige Einzelfälle untersuchten, oder den ebenfalls an Einzelfällen sich orientierenden Analysen von *Harold Greenwald* (1959). Eine neuere belgische Studie über Familienverwahrlosung

hebt den circulus vitiosus besonders eindringlich hervor, der zwischen verwahrloster Elternfamilie und verwahrlosten Kindern besteht, den man früher
gern auf „Vererbung" zurückführte, während in Wahrheit nur fortlaufende
soziale Determination in Frage kommt (*A. Racine, C. Somerhausen, Chr.
Debuyst, G. Lejour, G. Renard* und *L. de Bray* 1960). In allen diesen Fällen
erscheint eine desorganisierte oder innerlich gestörte Familie als unabhängige
Variable, aus der dann weitere Desorganisationserscheinungen resultieren.
So kann man auch sagen, daß sich oft bei Unehelichkeit Verwahrlosungs-
merkmale häufen, so daß erklärlich wird, wieso oft uneheliche Mütter selbst
unehelich geboren sind. Auf Grund solcher Überlegungen ist man heute
auch davon mehr oder weniger abgekommen, Jugendverwahrlosung oder
Jugenddelinquenz *ausschließlich* aus der Unehelichkeit oder den anderen
Formen der Unvollständigkeit abzuleiten, vielmehr sieht man darin nur dann
einen Verwahrlosungsherd, *wenn andere Faktoren sich dazugesellen*, wie etwa
Armut, schlechte Nachbarschaft, krisenhafte Zerrüttung der Familie (siehe *R.
König* 1975). Diese allgemeine Einsicht führt unmittelbar zu einer sehr entscheidenden Folgerung, das eine offenbar und gleichsam mit Händen greifbare *Unvollständigkeit der Familie* (durch Verwaisung, Desertion, Trennung,
Unehelichkeit) *nur ein sehr dürftiges und äußerliches Indiz für den tatsächlich erreichten Stand der Störung einer Familie ist*. Über die zahllosen im
Gleichgewicht und in ihrer Gefühlsordnung gestörten Familien, die dennoch
äußerlich nicht aufgelöst werden, besitzen wir keine Statistiken. Aber sie
stellen ein höchst interessantes Objekt der Forschung dar, von dem im
folgenden unter dem Titel der überorganisierten Familie die Rede sein soll.
　　Anhangsweise soll noch ein Begriff erwähnt werden, der in letzter Zeit
– vor allem in praktisch-therapeutischer Absicht – häufig mit sozialer Desorganisation ineinsgesetzt wird, nämlich der der „*multiproblem family*". Eine
große Bibliographie von *Benjamin Schlesinger* (1963) eröffnet eine Fülle
von Forschungsmaterialien aus den Vereinigten Staaten, den Niederlanden,
Frankreich, England und den Commonwealth-Ländern, während *L. L. Geismar* und *Michael A. La Sorte* (1964) sich um eine begriffliche Schärfung
des Problems bemühen, die uns aber nicht sehr glücklich erscheint, da die
multiproblem family mehr oder weniger mit sozialer Desorganisation oder
der desorganisierten Familie zusammenfließt (S. 37), während die Autoren
ganz offenbar etwas anderes im Auge haben, nämlich die *verwahrloste
Familie*, die sich von der desorganisierten, wie wir sie bisher behandelt haben,
dadurch unterscheidet, daß sie von einer Vielheit von Problemen belastet
ist, deren sie nicht Herr wird und darum der Sozialhilfe aller Art höchst auffällig wird. Es scheint uns wichtig, dies Extrem zu trennen von den anderen
Fällen der Desorganisation, betonen doch die Autoren mit Recht die Vielheit der Probleme, an denen diese Familien leiden, die Rezidivität oder den
chronischen Charakter der Bedürftigkeit und den Widerstand gegen jede
Änderung dieses Zustandes. Diese Familien werden zu einem negativen
Erziehungsfeld, wie wir das nennen möchten, und haben daher die Tendenz,
sich über Generationen als desorganisierte Familien fortzupflanzen. So
wichtig es sein mag, Merkmale herauszuarbeiten, welche die Identifizierung

dieser Arten von Familien erlauben, so wenig darf man sie doch auf einer Linie mit den Familien mit einfachen Desorganisationserscheinungen sehen. Soziale Desorganisation und soziale Pathologie sind nicht dasselbe. Man vergleiche für diese pathologischen Fälle etwa die alte Untersuchung von *J. Jörges* (1919) über die „Familie Zero", deren kriminelle Karriere er bis zum 30jährigen Kriege zurückverfolgen konnte. Die davon betroffenen Familien stellen gleichzeitig nur einen verschwindenden Prozentsatz aller Familien dar (ca. 1–2%), während die Desorganisationsphänomene, die oben besprochen wurden, in statistisch beträchtlichen Mengen aufzutreten pflegen. So kann z.B. Unvollständigkeit durch Tod, Desertion und Scheidung bis auf über 30% aller Familien ansteigen (siehe etwa für Deutschland *A. Ronge* 1967, Tab. 9; dito *G. Lüschen* und *R. König* 1965, S. 36ff.). Das bedeutet natürlich keineswegs, daß damit die verwahrlosten Familien bagatellisiert werden sollen; wir müssen nur die gewissermaßen „normale", weil strukturell bedingte Desorganisation, die sich auch nach dem Schema von *Meyer F. Nimkoff* (1936) reorganisieren kann, von der verwahrlosten Familie trennen, bei der die Reorganisationschancen sehr negativ zu bewerten sind.

In jüngster Zeit hat insbesondere *Leopold Rosenmayr* (1974) auf die Notwendigkeit hingewiesen, die „Problemfamilie" im Sinne der Fürsorge und die Probleme der modernen Familie sehr sorgsam voneinander zu trennen, wobei keineswegs bestritten werden soll, daß letztere auch ihre Schwierigkeiten hat. Allerdings macht er auch sehr klar dabei (S. 33 f.), daß die Krise nicht im Sinne eines allgemeinen Kulturpessimismus mißverstanden werden darf, sondern „mit dem Blick auf die *Chancen* für die Familie", die allerdings, wie wir selber schon mehrfach hervorgehoben haben, „Veränderungen der Struktur der Familie" nicht ausschließen.

b) Die überorganisierte Familie

Der Begriff der überorganisierten Familie erhält seinen logischen Sinn unter Voraussetzung des Begriffs vom Familienzyklus, wie wir ihn oben (VI, b) besprochen haben. In *statischer Betrachtung* ist der Oberbegriff der der sozialen Organisation mit den beiden Unterbegriffen der Desorganisation als ungenügender Organisation und der Überorganisation als überoptimaler Organisation. In *dynamischer Betrachtung* bedeutet Überorganisation, daß sich etwas der „naturgemäßen" Auflösung oder Lockerung der Familienbande in den Weg stellt und die Familienorganisation auch dann noch aufrechterhält, wenn die „natürlichen" Voraussetzungen dafür nicht mehr gegeben sind. Wir haben seinerzeit (*R. König* 1949, heute in *R. König* 1974; siehe auch 1975) den Begriff der Überorganisation der Familie eingeführt, um der Tatsache Rechnung zu tragen, daß der Mensch einem fortlaufenden Sozialisierungsprozeß unterliegt, beginnend mit der „Soziabilisierung" (*D. Claessens* 1962) als Kleinkind und der Sozialisierung als Kind und Jugendlicher im Rahmen der Intimgruppe Familie, die bald anderen Sozialisierungsprozessen in anderen mehr gesamtgesellschaftlich ausgerichteten Gruppen

(Schule, Beruf, Wirtschaft, Politik usw.) weichen, die auch anderen Werten und Regelungen folgen, die weitgehend denen der Intimgruppe Familie entgegengesetzt sind und demzufolge auch eine Umorientierung des gesamten Verhaltens erfordern. „Also muß sich auch das Fortbestehen der Familienorganisation nach Erreichung eines bestimmten Alters geradezu schädlich auswirken, weil die Formung der sozialkulturellen Persönlichkeit immer weiter geht, sich vor allem notwendigerweise schon von einem relativ frühen Zeitpunkt an in einer Reihe familienfremder Milieus vollzieht (Spielgruppe, Schule, Berufslehre, Studium usw.), innerhalb deren sich der junge Mensch als selbständige Persönlichkeit zu bewähren hat, wenn er nicht als ‚Muttersöhnchen' und ‚Nesthocker' erscheinen soll" (R. *König* 1974, S. 110). Die Selbständigkeit der Persönlichkeit entscheidet sich damit, daß sie nicht mehr in den Entscheidungsprozeß anderer Personen (Eltern) eingeschlossen ist, sondern zum selbständigen Urheber von Entscheidungsprozessen wird, zu denen unter vielem anderen auch eine Neuorientierung der Stellung zu den Eltern und überhaupt zur übrigen Verwandtschaft gehört, wie oben schon mehrfach hervorgehoben worden ist. Im Rahmen des Familienzyklus liegt der kritische Punkt für diesen Übergang vom Jugendlichen aus gesehen in der Postadoleszenz und von den Eltern aus gesehen vor Beginn der nachelterlichen Phase. Jüngstens hob der Engländer *Frank Musgrove* (1966) die Rolle der Überorganisation im Konflikt zwischen Familie und Schule hervor.

Die Einführung des Begriffs der überorganisierten Familie erweist sich unter anderem auch darum als eine unabweisbare Notwendigkeit, weil die Forschung gezeigt hat, daß sich zwar Jugendliche aus unvollständigen und desorganisierten Familien durch abweichendes Verhalten bemerkbar machen, *genauso aber auch Jugendliche aus vollständigen und scheinbar wohlorganisierten Familien.* Es kann nämlich durchaus geschehen, wie oben schon bei mehreren Fällen der unvollständigen Familie gezeigt, daß sich diese regenerieren, während äußerlich intakte Familien durch verdeckte Konflikte und unter anderem jene innere Verfassung, die wir als Überorganisation bezeichnen, in Wahrheit schwerstens geschädigt sein können mit den entsprechenden Folgen für die Jugendlichen. Nachdem *Hans Binder* (1941) zum ersten Mal in diese Probleme hineingeleuchtet hat, lassen sich systematisch verschiedene Möglichkeiten der Überorganisation ausmachen, die teils empirisch bereits einigermaßen erforscht sind, teils der weiteren Bearbeitung harren.

1. Väterliche Überorganisation
Eine der wichtigsten Formen der überorganisierten Familie, die allerdings für die fortgeschrittenen Industriegesellschaften überall im Abbau begriffen ist, ist der *überlebende Patriarchalismus.* In den wirtschaftlich unterentwickelten Gesellschaften liegt es hiermit wesentlich anders, hier existieren aber auch noch Lebensbedingungen, die den Patriarchalismus funktional machen, während sich die patriarchalisch autoritäre Überorganisation der Familie in den Industriegesellschaften darin ausdrückt, daß die väterliche Autori-

tät auch dann noch erzwungen wird, wenn die gesellschaftliche, wirtschaftliche und kulturelle Entwicklung die Voraussetzungen zum Verschwinden gebracht hat, in denen der Patriarchalismus gründete. In diesem Sinne sprach *Gerhard Baumert* (1954, S. 130) von der „stets gespannten und konfliktgeladenen Atmosphäre" in jenen Familien, welche die Autorität nur unter Zwang akzeptieren. Im übrigen kann diese Situation zum Ausgangspunkt einer anderen Form von Überorganisation werden, indem sich die Kinder und Jugendlichen zur Mutter flüchten. Wir haben selber in einer Kölner Erhebung zeigen können, daß sich diese Form des väterlichen Autoritarismus selbst in Deutschland auf dem Rückzug befindet, wenigstens in bezug auf das reale Verhalten, während die autoritäre Ideologie nach wie vor weiterlebt (*R. König* 1957). Die Reste finden sich insbesondere in der Oberschicht resp. in der noch teilweise bäuerlich beeinflußten Unterschicht. Das zeigen folgende zwei Aufstellungen, die auf eine Erhebung im Jahre 1954/55 zurückgehen. Nach sozialen Klassen differenziert ergab sich folgende Verteilung ausgeprägter väterlicher Autorität in den verschiedenen Schichten:

Tab. 18   Sample von 234 Kölner Familien über die Vorherrschaft des Mannes resp. der Frau

Patriarchalismus	1 Fall
Vorwiegen des männlichen Einflusses	39 Fälle
Gleichgewicht (Gefährtenschaft)	116 Fälle
Vorwiegen des weiblichen Einflusses	65 Fälle
Matriarchalismus	1 Fall
Andere	12 Fälle
Total	234 Fälle

Tab. 19

Untere Unterklasse	25%
Obere Unterklasse	19%
Untere Mittelklasse	8%
Mittlere Mittelklasse	25%
Obere Mittelklasse	30%
Oberklasse	53%

Frank Musgrove (1966) hat aber sehr mit Recht hervorgehoben, daß der *elterliche* „Einfluß" selbst (oder gerade) nach Verschwinden oder Rückentwicklung der väterlichen Gewalt oder des Patriarchalismus um so stärker werden kann, so daß das Problem der Überorganisation im Zeichen der Eltern auch unter völlig verwandelten Verhältnissen weiterbesteht. Das hat sich insbesondere in den letzten Jahren als das zentrale Problem erwiesen, worüber im nächsten Punkt berichtet werden soll.

2. Elterliche Überorganisation

Eine andere Form der Überorganisation stellt natürlich auch die *elterliche Überorganisation* dar, die sich unter bestimmten Umständen einstellen kann, wenn etwa ein erwünschtes Kind lange auf sich warten läßt und so spät kommt, daß die Hoffnung auf ein weiteres Kind illusorisch ist. Dann kommt es häufig zu einer übermäßigen Schutzreaktion von Seiten beider Eltern. *Leopold Rosenmayr* (1958, S. 272, siehe auch S. 279) bemerkt dazu: „Man will auf die Gegenwart des Kindes, selbst im Schlafbereich, nicht verzichten, um ihm nahe zu sein und es schützen zu können. Die sich dadurch ergebende Dominationsform, diese überbetonte Aufmerksamkeit, kann im Kind eine Reihe von schweren Störungen verursachen". Er spricht auch von einer „übergroßen emotionalen Abhängigkeit". Es ist bezeichnend, daß dieser Typ mit der Ein-Kind-Familie verschwimmt, sich aber auch oft einstellt, wenn in einer Familie nach einer Weile ein Nachzügler erscheint, der viel jünger ist als die anderen; dann stellt sich die Ein-Kind-Situation wieder her, selbst wenn mehrere Kinder da sind. Man vergleiche damit allgemein und speziell die Ausführungen über die Position in der Geschwisterreihe. Da es in diesem Falle darauf ankommt, daß in vielen Fällen die Eltern bereits ein fortgeschrittenes Alter erreicht haben, verschwimmt diese Situation auch mit der *großelterlichen Überorganisation* der Familie, die leider noch wenig studiert worden ist, obwohl das Problem immer wieder auftaucht, daß etwa die Großeltern ein Kind übermäßig verwöhnen, das aus irgendwelchen Gründen in ihre Obhut gegeben ist. Andererseits können sich auch in dieser Hinsicht ausgeglichenere Verhaltensweisen heranbilden (*B. L. Neugarten* und *K. K. Weinstein* 1964).

Die bedeutsamste Konstellation dieser Art scheint uns aber *in der mittleren Phase des Familienzyklus* anzusiedeln zu sein, wenn die Kinder im Heranwachsen sind. Hierbei mögen sogar rein materielle Gegebenheiten eine Rolle spielen wie die oben erwähnte Wohnfrage (IV, a, 3). Wenn es zutrifft, daß insbesondere in den Mittelklassen ausreichende Wohnverhältnisse erst erreicht werden, wenn das älteste Kind 16 Jahre und darüber ist, dann wird man verstehen, daß gerade in diesem Moment eine große Versuchung für die Eltern besteht, ihre Kinder im endlich realisierten Eigenheim zurückzuhalten, wo diese eher die Tendenz zum Selbständigwerden und Auswandern zu entwickeln beginnen. Das ist heute zweifellos ein wichtiger Konfliktstoff, der ebenfalls als eine Form von Überorganisation zu diagnostizieren ist. Diese zeigt sich zudem gerade bei ausgeglichenen Verhältnissen, bei denen Mann und Frau als Partner kooperieren, was die Situation nur um so delikater macht.

Außer diesen materiellen Komponenten wirken aber vor allem verschieden-artige psychologische Komponenten mit hinein, und zwar immer noch in der mittleren Phase des Familienzyklus, auf die man erst seit relativ kurzer Zeit aufmerksam geworden ist. Während man früher – im Sinne der Inter-aktionsformel von *James H.S. Bossard* (1945; siehe dazu oben VI, b) – mehr auf die Zahl der Personen in der Familie achtete, die die „Dichte" der Inter-aktionen bestimmen, ist man neuerdings mehr auf die Analyse der unter diesen Umständen erforderlichen ständigen Rollenanpassungen und ins-besondere Rollenveränderungen eingegangen, was dann allmählich zu einer eher psychologischen, ja tiefenpsychologischen Betrachtungsweise über-leitete, die im wesentlichen die heutige Situation bestimmt. Damit geht ein anderer Wandel Hand in Hand. Während die älteren Beobachter mehr das Alter der Eltern in Erwägung zogen, um den Standort im Familienzyklus zu bestimmen, hat man neuerdings mehr das Alter der Kinder hervorgehoben. Denn die Eltern können praktisch in jedem Alter ein „junges Paar" sein (*W. F. Kenkel* 1973, S. 401), da es auch nachgeborene Kinder gibt. Dagegen kommen auf die Jungen schon relativ früh Verantwortungen für den Aus-tritt aus der Familie zu, die ihrerseits einen Rollenwechsel der Erwachsenen erzwingen (*E. Duvall* 1971). Wenn dieser nicht einsetzt, stehen wir neuer-dings vor Erscheinungen der Überorganisation, indem noch als Kind behandelt wird, was bereits ein angehender Erwachsener ist. Dazu kommt ein Umstand, den *Leopold Rosenmayr* (1974, S. 37) jüngstens hervorgehoben hat. Er führt einen Unterschied ein zwischen der *„Familie als Institution"*, in der die einzelnen Rollenpositionen „in der Gesamtgesellschaft *von vorn-herein festgelegt* und *als Normen anerkannt"* sind, einerseits und der *„Familie als Gruppe"* andererseits, die „eine Entfaltung variabler und differenzierter emotionaler Beziehungen und Interaktionen, eine Flexibilität der Rollen und eine *Steigerung der persönlichen Autonomie* der einzelnen Familienmitglieder zuläßt oder sogar fördert". In letzterem ist deutlich eine Verbindung von Gruppentheorie im klassischen Sinne, von Interaktionstheorie (auch im Sinne des symbolischen Interaktionismus) und schließlich im Sinne der Gruppen-psychotherapie zu erkennen, deren Chancen uns recht groß zu sein scheinen. *Rosenmayr* spricht nun in diesem Zusammenhang von einer Art von *„Pseudo-Mutualität"*, einer *„Begrenzung der Wechselseitigkeit"* bei grundsätzlicher „Tiefe der Beziehungen", die in der Familie heute stärker sei als in den meisten anderen Gruppenstrukturen (auch den „spontanen", siehe *R. König* 1975). Er fährt dann fort: „Die von uns behauptete Pseudomutualität ist eine theoretisch außerordentlich fündige, aber noch gar nicht strukturierte Frage-stellung. Die Psychoanalyse hat, zumindest in ihrer klassischen Ausprägung, zwar die *Abhängigkeit der Kinder von den Eltern* und die Identifizierung der ersteren mit den letzteren theoretisch aufgezeigt und in der Therapie ausgewertet, *die Identifizierung der Eltern mit den Kindern*, besonders bei abnehmender Aktivität der älter werdenden Eltern oder sozialer Stagnation der Eltern, aber auch überhaupt den generellen Prozeß der *Sicherheitssuche*, der *Selbstbestätigung*, der *Identitätsgewinnung* sogenannter Erwachsener so gut wie nicht studiert" (S. 37). Das ist genau einer der Tatbestände, den wir selber als Überorganisation bezeichnen. Während *Rosenmayr* eine starke Tendenz aufweist, diese Situation (und mit einigem Recht) insbesondere im eher fortgeschrittenen Alter der Eltern anzusetzen, wären wir geneigt, die mittlere Periode des Familienzyklus, um die es hier geht, eher früher anzusetzen, also etwa wenn das älteste Kind zwischen 14 und 16 Jahren alt ist. Mindestens ist das die Periode, in der die Eltern zum ersten Mal sehr praktisch vor die Frage gestellt werden, was aus ihren Kindern einmal werden soll. Wir weisen auch darauf hin, daß heute relativ viel dafür getan wird (insbesondere und seit langer Zeit schon in den USA), um Jugendliche beiderlei Geschlechts in die Probleme der Familie heute einzuführen, *während es in Wahrheit die Eltern sind, die man „aufklären" müßte*, die man aber nicht erreicht, da sich die durchschnittlichen „Elternschulen" zumeist an „junge Familien" wenden (*R. Nave-Herz* 1964).

Wir erhielten darüber die erste Einsicht, als wir uns um 1945 in Zürich mit der Frage Familie und Beruf beschäftigten (bisher nicht veröffentlichte Materialien). Uns fiel damals bereits auf, daß sich die bestehende Forschung (z.B. in der Berufsorientierung) vorwiegend auf Entscheidungen der Heranwachsenden beschränkt, als seien sie darin allein, und die Rolle der Erwachsenen dabei völlig außer acht läßt. Das ist in vieler Hinsicht heute noch nicht viel anders, obwohl die Probleme in die Augen springen (insbesondere die Folgen familiärer Überorganisation). Bei der Untersuchung von Berufswünschen von Jugendlichen kam nämlich – was altbekannt ist – heraus, daß vielfach objektive Gründe die Kinder in den Beruf des Vaters drängen (etwa Berufsnachfolge bei selbständigen Bauern, bei Ärzten und Rechtsanwälten). Hier sind es vornehmlich wirtschaftliche Gründe, die entscheidend sind. Aber es gibt subtilere Probleme, so etwa wenn ein Vater seinen Sohn in einen Beruf drängt, den er selber gern erstrebt hätte, oder von einem Beruf ablenkt, in dem er selber gescheitert ist. Wenn nur der Vater dabei führend ist, kann man das als väterliche Überorganisation bezeichnen, genau so häufig scheint aber eine Übereinstimmung zwischen Vater und Mutter zu bestehen. Dazu kommt – nicht nur für Töchter, sondern auch für Söhne – eine Projektion mütterlicher Wünsche in die Berufssuche ihrer Kinder, die sich, wie übrigens auch bei den ersterwähnten Fällen, unter Umständen bereits bei der Wahl des Schultyps bemerkbar macht.

Alle die angeführten Probleme sind echte Erscheinungen der Überorganisation. *Rosenmayr* gelangt auf eigenen Wegen zu der genau gleichen Konklusion, ohne noch den Begriff der Überorganisation zu verwenden. So heißt es bei ihm im Sinne des oben gesagten (*L. Rosenmayr* 1974, S. 46): „Der gescheiterte oder in einem ihn nicht befriedigenden Beruf tätige Vater, dem der beabsichtigte Schritt sozialer Mobilität nicht gelang, fordert nun oder erzwingt sogar vom Kind die Schulleistung, von der er erwartet, daß sie das Kind befähigen werde, genau jene Position im Leben zu erreichen, die ihm versagt blieb. Es entwickelt sich mit der „Ausbeutung zu narzistischen Zwecken" eine folgenreiche Abirrung im zwischenmenschlichen Verhältnis, nämlich der Versuch, die in der *eigenen Psyche ungelösten* (zum Teil auch unbekannten) *Probleme durch ersatzweise vorgenommene*, auf das Kind (oder andere „schwächere" Partner) gerichtete *Handlungen* scheinbar zu „lösen" oder, anders ausgedrückt, *die eigenen* unerfüllten Träume mit dem Kind oder Partner als Mittel zum Zweck sich zu erfüllen". Was hier vor sich gegangen ist, haben wir selber schon vor Jahrzehnten (*R. König* 1949; heute in: *R. König* 1974, S. 119) mit dem Bild von Tunnelarbeitern zu fassen gesucht, die den gleichen Berg (die Familie) von verschiedenen Seiten her (der soziologischen und der psychoanalytischen) anbohren, um sich dann nach erfolgtem Durchbruch in der Mitte die Hände zu reichen. So ist es kein Zufall, daß *Rosenmayr* in diesem Zusammenhang das Wort von *Horst Eberhard Richter* von der „Ausbeutung zu narzistischen Zwecken" benutzt (1963, 1970, 1972). Wir befinden uns bereits mitten in der Psychoanalyse und haben trotzdem die Soziologie nicht hinter uns gelassen. Aufgabe der Soziologie ist es, gewisse strukturelle Rahmenbedingungen darzustellen, die den Nährgrund für bestimmte psychische Entwicklungen (oft genug Aberrationen, die nach Therapie rufen) stellen. So sagt genau in diesem Sinne *Richter*: „Wir müssen offenbar überhaupt lernen, daß in Zeiten starker gesellschaftlicher Spannungen gehäuft auffallende emotionelle Reaktionen und Verhaltensweisen auftreten, denen man nicht gerecht werden würde, wenn man sie lediglich als medizinische Phänomene psychopathologisch rubrizieren würde. Zahlreiche Entmutigungsreaktionen, Zustände von krisenhafter Gereiztheit und die in der Jugend neuerdings so stark verbreiteten Ohnmachtsstimmungen in Verbindung mit fast paranoid erscheinenden Vorwurfshaltungen sind mehr oder – wenn man es andersherum sieht – weniger als medizinische Störungen. ‚Mehr' insofern, als sie durch übergreifende soziologische Determinanten bestimmt werden, ‚weniger' in der Weise, daß die Betreffenden in ihrer individuellen Struktur vielfach nicht oder kaum geschädigt sind. Unter Zugrundelegung der herkömmlichen Kriterien muß die Psychologische Medizin den Variationsradius für Normalität erweitern: Vieles, was von den Symptomen her so aussieht, ist dennoch nicht krank im Sinne der traditionellen Individualpathologie. Andererseits: Symptome, die primär als Ausdruck einer gesellschaftlichen Krisenphase zu verstehen sind, verlangen nichtsdestoweniger eine Therapie, aber eben eine solche, die an den sozialen Konflikten ansetzt" (*H. E. Richter* 1970, Ausg. 1972, S. 31). Was hier der Psychotherapeut mit souveräner Klarheit entwickelt, ist genau das gleiche, was wir mit dem Begriff der Überorganisation auszudrücken versucht und im vorgehenden mit Beispielen illustriert haben.

Man hat uns gelegentlich entgegengehalten, daß unser Begriff der „Über-organisation" überflüssig sei, weil er eben nur eine andere Form von Des-organisation darstelle. In dem Moment aber, da die Psychoanalyse auf den Plan tritt, zeigt sich, *daß die gemeinsame Ursache für diese Erscheinungen keineswegs in einer Lockerung der familiären Bindungen, sondern genau umgekehrt in einer übermäßig festen Knüpfung resp. „Ausbeutung" dieser Bindungen besteht*, die wir im vorgehenden als „elterliche Überorganisation" definiert haben. Es gibt wahrscheinlich eine große Varietät solcher Fälle, von denen wir im folgenden einen uns besonders wichtig erscheinenden vor-führen. Um jedoch eine eher erschöpfende Systematik dieser Situationen zu erreichen, müßte man den soziologischen, psychologischen und psycho-analytischen Ansatz mit der Theorie der „Familienkonstellationen" (*W. Toman* und *M. Koschorke*) vereinen, von denen oben berichtet wurde (VI, c).

3. Mütterliche Überorganisation

Eine weitere wichtige Form der Überorganisation der Familie rührt aus *übermäßiger mütterlicher Sorge* (*maternal overprotection*) her, die in den fort-geschrittenen Industriegesellschaften weitgehend strukturell bedingt ist. Dies erfolgt aus vielen Gründen. In einer Gesellschaft, in der in einer Familie grundsätzlich nur je eine Frau zur gleichen Zeit als Mutter vorhanden ist, der das Kleinkind meist allein anvertraut ist, und in der die Intimsphäre der Familie weitgehend durch die Mutter bestimmt ist (*Alexander Mitscherlich*: die „vaterlose Gesellschaft"), müssen die Chancen für mütterliche Über-organisation wachsen. Diese werden auch demographisch durch den schon erwähnten Umstand verstärkt, daß *praktisch bei der überwältigenden Majori-tät aller Fälle der Unvollständigkeit der Familie die Restfamilie um die Mutter zentriert bleibt, so daß in jeder Gesellschaft nicht nur ein genau angeb-barer (und zwar ziemlich hoher) Prozentsatz von unvollständigen Familien vorhanden ist, die allein von der Mutter getragen werden*, von der wir schon oben sahen, daß sie nicht nur die Versorgerrolle, sondern auch die noch mehr spezifisch väterliche Rolle der Berufsorientierung zu erfüllen imstande ist. Wir betonen ausdrücklich, daß nicht alle Fälle dieser Art überorganisierte Familien im erwähnten Sinne darstellen müssen, wohl aber ist die *Chance einer mangelnden Ablösung der Mutter von ihren Kindern größer als sonst, da sie ja allein in die nachelterliche Phase eingeht*. Das erhöht naturgemäß die Chance einer Überkompensation der Beziehungen zwischen Mutter und Kindern, nachdem die Anlehnung an den Ehegefährten unmöglich ist.

4. Die nicht-geschiedene Ehe

Zu erwähnen bleibt auch die *Überorganisation in einer Ehe, die trotz stärkster Spannungen nicht geschieden wird*, sei es daß die Kritik der Umwelt gescheut wird, sei es aus anderen Gründen. Die „*nicht-geschiedene Ehe*", d.h. eine Ehe, die ihren inneren Sinn verloren hat und trotzdem nicht aufgelöst wird, hat genau die gleichen Folgen für die Kinder wie eine durch Scheidung

gelöste Ehe (*F. I. Nye* 1957). Diese Schäden werden darum schwer sichtbar, weil im Zustand der Überorganisation die wahre Sachlage krampfhaft
verschleiert wird. Man spricht hier auch von „Fassadenfamilie" (*H.* und *S.
Gastager* 1973), die übrigens mit den „verdeckten Konflikten" zusammenhängt, von denen schon gesprochen wurde. Wie Untersuchungen erweisen,
die in Kapitel VIII, b besprochen werden sollen, bedeutet in diesen Fällen
die Scheidung eine unmittelbare Besserung der Lage und eine Entlastung
der Kinder. Hierher gehören auch viele der vorher besprochenen Streß-
Phänomene, bei denen für alle Beteiligten unerträgliche Situationen entstehen, die durch eine Trennung verbessert werden könnten.

Ohne Berücksichtigung der strukturellen Voraussetzungen für die mutterzentrierte Form der überorganisierten Familie hat der Psychiater *David M.
Levy* (1931, 1943) schon vor langer Zeit eine vorzügliche Analyse dieser
Situation gegeben, die heute noch vollumfänglich akzeptabel ist. Symptomatisch sind dafür 1. übermäßiger Kontakt, d.h. die Mutter schläft mit einem
adoleszenten Sohn im gleichen Raum, 2. Verlängerung der Brusternährung
bis zum vierten Lebensjahr, 3. Verhinderung des selbständigen Verhaltens, 4.
Verwöhnung. Es liegt im Sinne der psychiatrischen Analyse, wenn *Levy* vor
allem nach psychologischen Voraussetzungen für die Entstehung dieser Einstellung bei der Mutter fragt, wie etwa lange Erwartung für die Geburt eines
Kindes, schwere Erfahrungen mit Kinderkrankheiten. Aber er weist auch
auf soziale Situationen hin: befriedigende Sexual- und Gefühlsbeziehungen
mit ihrem Mann wirken diesem Muttermonopol entgegen. Umgekehrt
projiziert die Mutter gern ihre enttäuschten Erwartungen mit ihrem Mann
auf ihr Kind oder ihre Kinder (*F. Schottländer* 1946). In die gleiche Richtung
wirkt ein Vater, der die Entscheidungen seiner Frau überläßt. Der Jugendliche wird in dieser Situation gleichzeitig unterwürfig, d.h. erwartet in ver-
längerter Infantilität Hilfe von anderen statt von sich, und aggressiv, d.h.
er wirft die Verantwortung fort, will immer in führender Position sein, hat
Schwierigkeiten, Anschluß zu finden. Das gibt ein sehr komplexes Bild
eines außerordentlich unausgeglichenen Charakters. In einer neuen Studie
zeigten *Ezra F. Vogel* und *Norman W. Bell* (1960), wie ein Kind unter diesen
Umständen zum Sündenbock der Mutter wird, indem sie ihm all das vor-
wirft, was ihr an ihrem Mann mißfällt, was sie ihm aber nicht zu sagen wagt.
Damit wird eine Familiensolidarität vorgetäuscht, wo sie in Wahrheit gar
nicht ist. Auch *Alexander Mitscherlich* (1963) spricht von der „emotionalen
Überforderung" der Mutter heute, die dadurch dem Kinde gegenüber
ambivalenter wird.

5. Die kriminelle Familie

Wenn wir nochmals an die von *George C. Homans* erwähnten Beziehungen zwischen Desintegration einer Gruppe aus gesamtgesellschaftlichen Zusammenhängen und Überorganisation zurückdenken, dann finden wir noch einen Typ der überorganisierten Familie, nämlich die kriminelle Familie, in der ein negatives Erziehungsfeld entsteht. Wir haben schon früher auf diesen Sonderfall hingewiesen und ihn empirisch belegt (*R. König* 1949, heute in: *R. König* 1974; siehe auch *R. König* 1975 b); er spielt in der Kriminalsoziologie eine wichtige Rolle. Eine höchst interessante Studie aus neuerer Zeit von *Irving Kaufmann, Alice L. Peck* und *Consuelo K. Tagiuri* (1954) über eine Reihe von Inzestfällen zwischen Vater und Tochter zeigt deutlich, daß sich diese ohne das wenigstens unbewußte Zusammenwirken von Vater und Mutter und manchmal der Großmutter gar nicht hätten ereignen können. Entsprechend fühlten sich die Töchter nicht schuldig wegen des inzestuösen Verkehrs, sondern sorgten sich nur wegen des Zusammenbrechens der Familie. Man ersieht daraus, daß abweichendes Verhalten nicht „a-soziales" Verhalten ist, sondern als Ergebnis einer pervertierten Sozialisierung eine logisch genauso konsistente Verhaltensform entwickelt wie das „normale" Verhalten. Abgesehen von diesem Spezial-problem scheint uns aber die ganze Frage der überorganisierten Familie noch weiterer Forschung zu bedürfen.

VIII. Die Probleme der Ehescheidung

Es gibt kaum ein Problem der Familiendesorganisation, das in den letzten Jahrzehnten soviel diskutiert wurde wie die Ehescheidung, und trotzdem sind die wirklich feststehenden Ergebnisse der Forschung bisher äußerst knapp bemessen, so daß das meiste noch zu tun bleibt. Es ist vor allem zu bemerken, daß die meisten Ausführungen zu diesem Thema gar nicht von der Absicht getragen sind, die wirklich bestehenden Verhältnisse und Problemverflechtungen zu erkennen, sondern sie vielmehr zu bewerten, wobei meist ein trübes Gemisch klerikaler und moralistischer Vorurteile verbreitet wird, statt eine Ausgangsbasis zu schaffen, von der aus das Problem in aller Sachlichkeit angegangen werden kann. Die ideologische Anfälligkeit der Ehe (*R. König* 1968b) macht sich bei Behandlung der Ehescheidung mit ganz besonderer Massivität bemerkbar, wobei im Hintergrunde die Vorstellung einer vermeintlichen sexuellen Verwahrlosung mitwirkt, die mit der Verbreitung der Ehescheidung verbunden sein soll.

Zwei völlig ungeprüfte Vorurteile sind es insbesondere, die die Beurteilung der Ehescheidung so sehr erschweren. 1. *Daß durch die Vermehrung der Ehescheidung die Institution der Ehe als solche gefährdet sei*, was einen Schritt in Richtung einer allgemeinen Promiskuität vorbereite. Solche Meinungen waren seit den zwanziger Jahren immer mehr zu hören, von den einen als Schreckbild an die Wand gemalt, von anderen enthusiastisch begrüßt, wie etwa von Sir *Bertrand Russell*[18]. Mit solchen Urteilen ist jedoch nichts anzufangen, weil sie nur in endlose Diskussionen abführen. Dagegen ist es viel interessanter zu hören, daß mit der Zunahme der Ehescheidungen auch die Wiederverheiratungen Geschiedener langsam aber regelmäßig zunehmen (siehe dazu schon *A. Niemeyer* 1931, S. 43/4). So schreibt auch das *Statistische Bundesamt* (1960/62, S. 712), daß offensichtlich für viele wohl nicht die Ehe als Institution, sondern nur die eigene Ehe in Frage gestellt wurde (im gleichen Sinne auch *F. Neidhardt* 1971, S. 56). Ähnlich wird für England bemerkt: „ ... a tendency is present not to fly from marriage, but to rectify mistakes in a choice of partner, rather than to perpetuate an unhappy marriage" (*O.R. McGregor* 1957, S.39/40). Das bestätigt schlagend die These von *William J. Goode* (1960a, S. 103), daß „die Wiederverheiratung der Geschiedenen die durchschnittlich strukturell-funktionale Lösung der Frage ist, was nach der Ehescheidung geschehen soll". Damit ist schon ein Zugang zu dem anderen Vorurteil gefunden, nach dem *2. die steigenden Ehescheidungszahlen die Institution der Familie gefährden sollen*; denn die Wiederverheiratung erfolgt ja nicht nur im Hinblick auf die Ehe, sondern genauso in bezug auf die Familie. *Jessie Bernard*

---

[18] *Sir Bertrand Russell*, Why I am not a Christian and other Essays on Religion and Related Subjects, London 1957; deutsch: München 1963. Viele der hier gesammelten Aufsätze gehen in die zwanziger und dreißiger Jahre zurück.

(1956) glaubt zugleich sagen zu können, daß der Ausleseprozeß bei einer Wiederverheiratung sogar stärker ist als bei der ersten Ehe, so daß viele nicht Anpassungsfähige ausgeschaltet werden. Wie dem auch sein möge, so muß allen anderen Erörterungen das Zugeständnis vorausgestellt werden, daß der Beweis noch lange nicht geführt worden ist, nach dem hohe Scheidungszahlen die Familie wirklich gefährden (siehe *R. König* 1974b). Dem steht vor allem die Tatsache im Wege, daß die Scheidungszahlen in einigen Fällen besonders hoch (oder überhaupt am höchsten) sind, wo gleichzeitig der alte Familientypus besonders stabiler Art noch im Vordergrund steht. In der Tat finden wir die höchsten bekannten Scheidungszahlen in Japan, Ägypten und Algerien (*W.J. Goode* 1963, S. 155ff., 358ff.), wobei hier der Trend umgekehrt verläuft, *indem die Scheidungszahlen mit fortschreitender Industrialisierung heruntergehen.* Das Sinken der Scheidungszahlen in den islamischen Ländern hängt zusammen mit der Auflösung des alten Verstoßungsprinzips und seiner Ersetzung durch ein rechtlich geregeltes Verfahren. In Japan wirken viele Ursachen zusammen mit der gleichen allgemeinen Wirkung (*E.F. Vogel* 1965). Aber eines bleibt, daß sich offensichtlich sehr hohe Familienstabilität mit hohen Scheidungszahlen vereinigen läßt, was allein das billige Klischee von der Scheidung als Symptom einer allgemeinen Erschütterung der Familie als Institution als höchst fragwürdig erscheinen läßt. Wir werden in der Tat sehen, daß die Verhältnisse wesentlich komplizierter sind als es zumeist erscheint, und daß noch viel empirische Forschung, vor allem vergleichende Forschung nötig sein wird, bevor wir zu einer allgemeinen Theorie der Ehescheidung werden vorstoßen können. Wir wollen im folgenden versuchen, wenigstens einige Bausteine dazu und vor allem eine Reihe von kritischen Bemerkungen zu entwickeln, die bei der Entwicklung einer solchen Theorie berücksichtigt werden müssen (vgl. dazu als wichtigste Quelle *M. Rheinstein* 1972).

a) Die Entwicklung der Ehescheidung

Zu den vielen Vorurteilen über die Ehescheidung gehört auch, daß die Scheidung eine Ausnahme und gleichzeitig als Massenerscheinung mehr oder weniger auf die Moderne beschränkt sei. Man kann dem nicht besser begegnen, als indem man darauf hinweist, daß es kaum irgendeine Gesellschaft in Gegenwart und Vergangenheit gegeben hat, welche die Scheidung nicht kannte. Die Scheidung ist in der Tat fast überall erlaubt, wenn sie auch nirgendwo besonders befördert wird, wie *Kingsley Davis* (1944) einmal bemerkt hat. Allerdings nimmt sie je nach den verschiedenen sozialen Strukturen auch verschiedene Formen an, wie auch die Institution der Ehe selber wandelbar ist.

So spielt etwa bei primitiven Jäger-Sammlerinnen-Kulturen die Ehe eine nur untergeordnete Rolle vor den Anforderungen des gemeinsamen Gruppenlebens. Hier ist das Eingehen der Ehe relativ „formlos"; ebenso formlos ist die Ehescheidung, ohne daß man darum von Promiskuität sprechen dürfte. Oft auch werden die Frauen von Zeit zu Zeit neu verteilt, wie von Australien berichtet wird (*R M. Berndt* 1965). Deswegen findet man in diesen Gesellschaften, daß jeder Mann in seinem Leben mehrfach verheiratet war, sei es, daß er Witwer wurde, sei es, daß er geschieden ist. Es ist bezeichnend für diese Kulturen, daß die Ehe, wie wir sagten, formlos eingegangen wird. So fehlt z.B. die Heiratszeremonie, die Hochzeit, mehr oder weniger vollkommen. Entsprechend ist auch die Scheidung formlos. Bei den Papago-Indianern nimmt die Frau nach längeren Streitereien einfach ihren Tragekorb und ihr Baby (falls vorhanden) und geht (*R.M. Underhill* 1965). Der Grund dafür ist leicht anzugeben: da diese Kulturen nur wenige Reichtümer besitzen, ist alles ausgerichtet auf die Regelung der allgemein interessierenden Fragen, z.B. der Kinder, die mehr oder weniger einem weiteren Verwandtenkreis zugerechnet werden, so daß individuelle Beziehungen zwischen Gatten sowie Eltern und Kindern zwar vorhanden, aber rechtlich irrelevant sind (zum Ganzen *W.N. Stephens* 1963).

Die Betonung der Ehe beginnt erst auf höherer Kulturstufe und drückt sich unmittelbar aus in einem Ausbau der Heiratszeremonie, die durch öffentliche Akte unterstrichen wird, wie z.B. Einholen der Braut, Hochzeitszug, Hochzeitsfest, feierliche Sanktionierung der zwischen zwei Verwandtengruppen eingegangenen Verpflichtungen und Anwesenheit besonderer Standespersonen. So spricht etwa *James L. Gibbs, jr.* (1963) von der stabilisierenden Wirkung des Ehezeremonials. Kompliziert sich das Heiratszeremonial, so folgt sofort der Ausbau der Scheidung als der entgegengesetzten Institution. Entscheidend ist aber dabei, daß nicht nur die Auseinandersetzung um wirtschaftliche Reichtümer beginnt, die bei Anlaß der Heiratszeremonie getauscht werden, z.B. als Brautpreis oder Morgengabe, sondern auch um die Zurechnung der Kinder zu bestimmten Abstammungslinien (vgl. zum Ganzen *R. König* 1968 b; 1974 b, §§ 45, 80). Die Erschwerung der Ehescheidung beginnt ursprünglich als Auseinandersetzung über die gelegentlich der Eheschließung gemachten Geschenke. Erschwerung der Ehescheidung bedeutet aber noch lange keine Unmöglichkeit, die überhaupt außerordentlich selten zu sein scheint. Umgekehrt heißt das aber natürlich auch nicht, daß eine völlig ungebundene Scheidungspraxis befürwortet würde. Gerade wenn es um Reichtümer, sozialen Rang und Macht geht, wenn die Position der Kinder in einer gegebenen Gesellschaft definiert werden muß, machen sich starke, weil strukturell bedingte gesamtgesellschaftliche Interessen bemerkbar, die auch auf eine immer mehr institutionalisierte Form der Auseinandersetzung drängen. So wird endloser Streit vermieden, der sich letztlich auch gesamtgesellschaftlich disruptiv auswirken könnte, obwohl er im engsten Kreise einer Ehegemeinschaft beginnt. Aber man könnte sagen, daß das Interesse für die Ehescheidung umso geringer ist, je stärker die Familienordnung ist, die über die Position der Kinder in einer Verwandtengruppe entscheidet. So können etwa in Kulturen mit erweiterten Familien die Scheidungen sich häufen, ohne daß daraus wirkliche Probleme resultieren, weil sowieso feststeht, zu wem die Kinder gehören. So vermutet *W.J. Goode* (1963, S. 195ff.), daß in Afrika südlich der Sahara eine sehr hohe Zahl von Scheidungen vorkommt, ohne daß dadurch die Familienordnung berührt würde. Im Anschluß an *G.P. Murdock* (1950) betont er andernorts (1960 a, S. 95), daß rund 60% der primitiven Afrikaner höhere Scheidungszahlen als die USA haben. Viele Beispiele, die das belegen, finden sich bei *Alfred R. Radcliffe-Brown* und *Daryll Forde* (1950) und *Arthur Phillips* (1953). Siehe weitere Beispiele bei *R. König* 1974b. Gesellschaften dieser Art zeichnen sich übrigens dadurch aus, daß sie noch andere Ventile als die Scheidung für eheliche Spannungen haben, wie z.B. Polygynie oder Konkubinat. Letzteres lebt heute noch in jenen – überwiegend katholischen – Gesellschaften, in denen Ehescheidung nicht existiert, wie etwa in Portugal, Spanien und (bis 1972) Italien. Das ist vor allem Ausdruck eines übermäßigen Patriarchalismus, indem diese Art der Lösung von Eheproblemen nur für den Mann, aber nicht für die Frau gilt.

Mit der Entwicklung der christlichen Eheauffassung erscheint in der Tat ein neues Moment in der Entwicklung der Ehe und damit auch der Auffassung von der Ehescheidung. Nicht daß nicht schon z.T. lange vorher Theorien von der Unscheidbarkeit der Ehe aufgetreten wären, wie z.B. in der alten Stoa oder im Hinduismus, wo sie jeweils von besonderen philosophischen Ideen getragen wurden. Aber sie hatten doch einen anderen Charakter, indem sie sich etwa im Stoizismus auf eine kleine Sekte beschränkten oder im Hinduismus verbunden waren mit der Vorstellung vom Verbot der Wiederverheiratung der Frau; im letzteren Fall ist schwer zu unterscheiden, worum es eigentlich geht: Verbot der Ehescheidung oder Gebot, Leben und Tod mit dem Gatten zu teilen, was notwendigerweise – insbesondere in den Oberklassen – zur Witwenverbrennung führen muß. Umgekehrt konnte der Witwer sich neu verheiraten, so daß man sagen kann, daß diese Konzeption Ausdruck eines extremen Patriarchalismus ist, die entsprechend auch mit Auflösung der strukturellen Voraussetzungen für ihn zum Verschwinden bestimmt war, abgesehen davon, daß sie mit Strenge sowieso nur in den Oberklassen eingehalten wurde. Es ist auch darauf hingewiesen worden (*M.S. Gore* 1965, S. 220), daß das Verbot der Wiederverheiratung für die Witwe zusammenhängt mit der Vermeidung von Streitigkeiten bei der Eigentumsverteilung, die mit Notwendigkeit auftauchen mußten, wenn etwa eine Witwe mit einem Sohn aus erster Ehe eine weitere Verbindung einging. Mit sich wandelnden sozialen und wirtschaftlichen Umständen mußte sich dies zwei Jahrtausende alte System ändern.

Im christlichen System geht es dagegen zunächst um eine ethisches Prinzip, das sich gegen die zur Zeit der Entstehung des Christentums massenhaft grassierenden Ehescheidungen richtete. Dies Prinzip war in der Tat mehr als ein Ausdruck politischer Polemik; denn als man Christus auf das mosaische Gesetz verwies, nach dem der Mann – wie in allen hochpatriarchalischen Gesellschaften – seine Frau verstoßen konnte, antwortete er: „von Anbeginn an" sei dies nicht so gewesen (Matth. 19, 4–8). Nun kann dies Wort zweifellos nicht im Sinne einer historischen Interpretation genommen werden; denn praktisch kennen alle Gesellschaften, speziell die primitiven, Ehescheidung (*L.T. Hobhouse* 1906; *R. Thurnwald* 1932). So bedeutet diese Wendung bestenfalls, daß hier ein neues Prinzip gesetzt werden soll (*J.P. Lichtenberger* 1931). Dies Prinzip hängt zusammen mit der christlichen Vorstellung vom Selbstwert der Person, und damit kommt es der stoischen Ehekonzeption wieder außerordentlich nahe. Dazu kommt noch die Lehre von der Unlösbarkeit des Ehebandes. Da sich allerdings das Christentum seinerseits auf patriarchalischer Grundlage entwickelte, und zwar sowohl im Vorderen Orient wie später in Rom und in Europa nördlich der Alpen, verletzte es selber sein Prinzip, indem es die Gleichheit von Mann und Frau ausdrücklich ablehnte. Damit blieb die christliche Lehre von der Unscheidbarkeit letztlich ein rein politisches Prinzip, bedingt und getragen vom Patriarchalismus, das notwendigerweise mit ihm auch verschwinden mußte. Genau wie die christlichen germanischen Könige meist nicht einmal die Monogamie anerkannten, gewährte die Kirche Ehescheidungen, wenn es ihr politisch wichtig schien, womit das christliche „Prinzip" politischer Opportunität gewichen war. Dementsprechend kann es nicht verwundern, daß es sich praktisch nie hat durchsetzen lassen. In Europa kann man erst seit dem 10. Jahrhundert von einer weitgehenden Anerkennung des kanonischen Rechts sprechen, in England sogar erst seit der Mitte des 12. Jahrhunderts (*O.R. McGregor* 1957); mit der Reformation weicht das kanonische Recht bereits wieder anderen Vorstellungen, welche langsam ein neues Scheidungs- recht entstehen lassen. Viel wichtiger aber wird die Erkenntnis, daß die Ehegemeinschaft als Intimgemeinschaft aller gesetzlicher Regelung wider- strebt, da sie in der einzigartigen Liebesbeziehung der Partner begründet ist. Wenn das erst einmal zugestanden ist, muß aber gleichzeitig eine neue Form des Scheidungsrechtes entwickelt werden, die davon ausgeht, daß eine Ehe keine Ehe mehr ist, aus der die Liebe gewichen ist. *Von diesem Augen- blick an muß sich eine Erschwerung der Ehescheidung als ein gewichtiger Des- organisationsfaktor in der Entwicklung von Ehe und Familie erweisen.* Im deutschen Sprachbereich entwickelt sich diese Diskussion in der Auseinander- setzung um die Anerkennung des Verschuldens- oder Zerrüttungsprinzips, das im Schweizerischen Zivilgesetzbuch von 1912 bereits eingeführt wurde, ohne daß die von deutscher Seite so vielberedete „Verwahrlosung" der Sitten daraus gefolgt wäre, ein typisches Schreckgespenst reaktionären deutschen Juristentums (vgl. zu dieser Diskussion *E. Wolf, G. Lüke, H. Hax* 1959, S. 1–8). Im übrigen wirkt es für den Betrachter verwunderlich, wenn nicht gar erheiternd, mit welcher Sicherheit die Juristen ihre Meinung in einer Angelegenheit abgeben, bei der wesentlich mehr unbekannte als bekannte Größen wirksam sind, so daß im Grunde für die Forschung noch alles zu tun bleibt. Wie vorher schon erwähnt, geben ja selbst die statistischen Zahlen nur ein ungenaues Bild der Situation, da wir neben den legal Geschiedenen oder Getrennten noch die große Zahl der faktisch getrennt Lebenden haben; auch sie leben in zerrütteten Ehen, vermeiden aber aus vielerlei Gründen die legale Scheidung (*P. Löcsei* 1967).

In diesem Zusammenhang ist auch die Auffassung *Max Rheinsteins* (1972) zu sehen, die zwischen dem Zusammenbruch der Ehe (marriage breakdown) und der Scheidung unterscheidet. Ersteres ist eine soziale und psychische Realität, letzteres ein Problem des Rechts. Daraus resultiert die weitere Frage, wieviel zerrüttete Ehen zur Scheidung kommen? Das bedeutet auch eine Beeinträchtigung des Informationswertes der Scheidungsstatistiken. Sagen diese bei steigendem Trend, daß die Ehezusammenbrüche zugenommen haben, oder nicht viel mehr nur, daß heute mehr Menschen als früher zugeben, daß ihre Ehe gescheitert ist, weil das Stigma gegen Geschiedene (auch Frauen) im Zurückgehen ist? Damit ist der Wert der Scheidungs-statistik sehr grundsätzlich in Frage gestellt.

Wenn man sich Rechenschaft darüber zu geben versucht, was eigent-lich auf diesem Gebiet als gesichert anzusehen ist, so bleibt nur die recht banale Feststellung, daß Ehescheidungen in gewissen statistisch meßbaren Mengen auftreten, wenn sie gesetzlich möglich sind. So bemerkte etwa *William J. Goode* (1963, S. 262/3) bei der Besprechung des neuen indischen Eherechts von 1955 sehr richtig, daß daraufhin wahrscheinlich die Scheidungen anwachsen werden, allein schon aus dem Grunde, weil es vor-her so wenige gab; andererseits kann man aber ebenso sicher annehmen, daß sozialstrukturell bedingte Umstände gegen eine ungewöhnliche Zunahme der Scheidungen sich auswirken werden (siehe auch *K.M. Kapadia* 1959). Umgekehrt zeigt das Beispiel der Erschwerung des Scheidungsrechts in Deutschland mit Einführung des BGB vom 1. Januar 1900, das keinen Einfluß auf den steigenden Trend der Scheidungen ausübte, daß offensicht-lich die Absicht des Gesetzgebers darum gescheitert ist, weil sie den Vor-stellungen der damaligen Gesellschaft nicht entsprach (*E. Wolf, G. Lüke, H. Hax* 1959, S. 54ff., 174ff.). Angesichts dieser Ungewißheit kann man den Satz von *O.R. McGregor* (1957, S. 35) verstehen, mit dem wir diese vor-läufigen Betrachtungen abschließen wollen. „Present discussions display a striking association of ignorance about the incidence and extent of divorce and confident certainty concerning its causes and social consequences. Indeed, the paucity of statistical information still permits the contradictory assertions of ardent controversialists to masquerade as knowledge". Das Zugeständnis unserer geringen Kenntnis auf diesem Gebiet steht in einem seltsamen Kontrast zu der Tatsache, daß die 18 Experten, die *William F. Ogburn* und *Meyer F. Nimkoff* (1955) befragten, sich nur in diesem einzigen Punkt einig waren, daß Zunahme der Scheidungen eines der wichtigsten Probleme für die moderne amerikanische Familie sei (S. 5).

b) Ehescheidung heute

1. Wie kompliziert die ganze Problematik ist, zeigt besonders gut die eben zitierte Studie über England. Nimmt man die absolute Vermehrung der Ehescheidungsfälle, so zeigen diese einen beträchtlichen Anstieg von 1876 bis 1951/54, insbesondere aber in der Zeit von 1911/15 bis 1951/54, nämlich von 1.033 auf 33.132 pro Jahr (im Jahrfünft 1946 bis 1950 waren es sogar 38.901). Übrigens ist die Zahl der Scheidungsanträge zuverlässiger als die der abgeschlossenen Scheidungen; so wurden etwa 1945 und 1946 mehr Anträge gestellt als bewilligt, 1947 und 1948 war die Sache umgekehrt. Die Ursache dafür waren Umstellungen in der Prozedur zur Beschleunigung des Verfahrens, die 1946 eingeführt wurden. So enthielt die Zahl von 60.254 bewilligten Scheidungen für 1947 nicht nur die laufenden Fälle, sondern auch alle Rückstände, die in diesem Jahr aufgearbeitet wurden. Das verhinderte aber nicht, daß man diese Zahl in der britischen öffentlichen Meinung als die zukünftige Standardzahl der Scheidungen ansah, während in Wahrheit diese Zahl bis 1954 auf weniger als die Hälfte (28.027) zurückging. Die „Fixierung" der öffentlichen Meinung auf solche Extremwerte, die bestehen bleibt, selbst wenn sich die Verhältnisse schon längst wieder verändert haben, scheinen ein verbreiteter Vorgang zu sein. So hielt etwa die deutsche Öffentlichkeit jahrelang fest an der Höchstzahl von Scheidungen nach dem Kriege aus dem Jahre 1948, auch als die Zahlen auf weniger als die Hälfte gesunken waren (*G. Baumert* 1956). In den Niederlanden stiegen in der Nachkriegsperiode die Scheidungszahlen, insbesondere in den städtischen Gebieten, auf ein nie gesehenes Hoch im Jahre 1946, um schon im nächsten Jahre herunterzugehen; 1955 waren auch hier die Scheidungen auf weniger als die Hälfte gesunken. Trotzdem wollten die Stimmen nicht verstummen, die von einer Dauerkrise von Ehe und Familie sprachen (*K. Iswaran* 1959, S. 77f.). Das alles beweist wohl, daß bei der Frage der Ehescheidung Empfindlichkeiten geweckt werden, welche ein beachtliches Hindernis für die Entwicklung der Forschung auf diesem Gebiet darstellen (*R. König* 1946; heute in: *R. König* 1974 a).

Wer es nicht glaubt, sollte sich nur an die höchst unsachlichen Polemiken, insbesondere von Seiten der Kirche, bei dem Referendum gegen die Scheidungsgesetzgebung in Italien 1974 erinnern. Eine neueste französische Meinungserhebung über die Scheidung zeigt deutlich, daß ein Großteil des Publikums darin noch immer so etwas sieht wie eine „Bestrafung", was natürlich eine neutrale Erörterung außerordentlich erschwert (*A. Boigeol* u.a. 1974). In die gleiche Richtung weist auch der Umstand, daß bei den Befragten die Höhe der Scheidungszahlen *außerordentlich überschätzt* wurde (a.a.O., S. 59ff.). Statt der effektiven 13% der Ehen, die im Moment der Erhebung geschieden wurden, betrug die durchschnittliche Schätzung 20%, ein Drittel meinte, sie betrage 25% und mehr! Über 80% erklärten, die

Scheidungen würden langsam oder schnell zunehmen und das sei ein ernstes Problem. Im Grunde spiegelt sich darin genau die gleiche Einstellung wieder wie bei den von *Ogburn* und *Nimkoff* befragten Experten. Für Deutschland wurde jüngstens mit Recht hervorgehoben, daß „die Gesetzgebungsdiskussion bisher immer an der Peripherie der realen Probleme (verlief), die in ideologischer Absicht verschleiert wurden" (*E. Kühn* 1974).

Aber auch abgesehen davon geben die genannten Zahlen die wahren Verhältnisse keineswegs genau wieder, die Zahl der Scheidungsanträge muß nämlich mit den Veränderungen in der verheirateten Bevölkerung, also mit den bestehenden Ehen ins Verhältnis gesetzt werden. Das ergibt folgende Aufstellung für England (nach *O. R. McGregor* 1957).

Tab. 20

Jahre	Bestehende Ehen (in 1000)	Scheidungsanträge	Anträge auf 10.000 Ehen
1911	6563	902	1,38
1921	7532	2907	3,86
1937	9322	5903	6,34
1950	11017	29729	26,98

Während die Scheidungsanträge im Verhältnis 1:33 zunehmen, beträgt das Wachstum beim Verhältnis Scheidungen pro 10.000 Ehen nur 1:19, da die Zahl der Ehen in der gleichen Zeit ebenfalls beträchtlich gestiegen ist. Diese Verhältnisse würden sich nochmals ändern, wenn man noch die Verlängerung der Ehen auf Grund der höheren Lebenserwartungen berücksichtigt. Leider ist ein solcher Korrekturfaktor vorläufig noch nicht zu errechnen. Davon abgesehen zeigt sich aber eine wesentlich höhere Wiederverheiratungstendenz bei Geschiedenen als bei allen anderen; diese schwankt zwischen 1926/30 und 1952 von einem Minimum von 58,3% bis auf ein Maximum von 76,8% (1951). *Das belegt wohl eindeutig, daß die Scheidungsfrequenz keine Flucht vor der Ehe, sondern nur die Korrektur eines begangenen Fehlers darstellt! Für den Soziologen zählen nicht die aufgelösten Ehen, sondern nur diejenigen, die später nicht wieder vervollständigt werden.* In diesem Sinne nahm man an, daß sich die Zahl der Wiederverheiratungen auf zwei Drittel bis drei Viertel einpendeln werde. Leider können wir nichts aussagen über die neuerlichen Scheidungen einmal geschiedener und dann wiederverheirateter Personen (davon später mehr an Hand eines amerikanischen Beispiels). Aufschlußreiche Informationen vermittelt dagegen eine Aufstellung nach der Scheidungshäufigkeit und Ehedauer (Tab. 21).

Diese Aufstellung zeigt eine erstaunliche Stabilität über mehr als ein halbes Jahrhundert, obwohl sich in dieser Periode sehr viel verändert hat. Vor allem aber zeigt sich, daß 58% aller geschiedenen Ehen im Jahrfünft 1951/54 nach

Tab. 21

Dauer in Jahren	Jährlicher Durchschnitt (%)			
	1899–1901	1926–1930	1941–1945	1951–1954
1–5	14,7	14,6	15,2	9,9
5–10	30,4	34,0	31,8	31,3
10–20	42,5	38,2	37,7	38,1
20 und darüber	12,4	13,2	15,3	20,7
Total	100,0	100,0	100,0	100,0

einer Ehedauer von mehr als zehn Jahren geschieden wurden, während die Scheidungen nach kurzer Ehedauer eher rückläufige Tendenz zeigen. Das widerspricht dem Klischee von der aufgrund der leichteren Ehescheidungsmöglichkeiten leichtsinnig geschlossenen und bald wieder aufgelösten Ehen ganz beträchtlich. Andererseits unterstützt es eine später zu erörternde Theorie, *nach der die Scheidungsfrequenz insofern vom Familienzyklus beeinflußt wird, als in der nachelterlichen Phase eine Krise eintritt, die sich in unverhältnismäßig hohen Scheidungszahlen nach langer Ehedauer ausspricht.*

Eine neueste amerikanische Tabelle zeigt folgende Ergebnisse mit interessanten Abweichungen.

Tab. 22

Dreua Eeh dre	Petnezor	
Weniger als 1 Jahr	5,1	⎫
1 Jahr	8,7	⎪
2 Jahre	9,3	⎬ 44,8
3 Jahre	8,5	⎪
4 Jahre	7,2	⎭
5 Jahre	6,0	
6 Jahre	5,5	⎫
7 Jahre	4,8	⎬ 18,3
8 Jahre	4,3	⎭
9 Jahre	3,7	
10-14 Jahre	14,2	⎫
15-19 Jahre	9,6	⎬ 23,8
20 Jahre und darüber	13,3	13,3

Quelle: US-Department of Health, Education and Welfare, Vital Statistics of the US, 1968

Das auffälligste Ergebnis ist hier die sehr hohe Zahl von geschiedenen sehr jungen Ehen; wir haben in der Schlußspalte die Zwischensummen gegeben, die ungefähr der vorgehenden Tabelle entsprechen. Man erhält daraus den Eindruck, daß in den Vereinigten Staaten heute das Scheitern einer Ehe leichter zugegeben wird als früher. Dem entspricht auch die hohe Wiederverheiratungsrate, die schon *Paul C. Glick* (1957, S. 139) für Frauen auf 2/3, für Männer auf 3/4 berechnete; bei relativ niedrigem Alter bei Erstheirat ist diese Konsequenz nur logisch. Aufgrund dieser Erkenntnis prägte *Paul A. Landis* schon 1950 das Stichwort vom „Sequential Marriage" als einer besonderen Form der Polygamie für beide, Männer und Frauen. Dagegen zeigt sich bei mittlerer Ehedauer im Verhältnis zu England eine durchwegs niedrigere Scheidungshäufigkeit in den Vereinigten Staaten, was wohl als Ausdruck einer eingetretenen Stabilisierung anzusehen ist. Der Zusammenhang mit dem Familienzyklus wird dagegen besonders klar, wenn wir die 13,3% von Scheidungen bei 20jähriger Ehe und darüber bedenken. Bei 15- bis 20jähriger Ehe und darüber steigen die Zahlen sogar auf 22,9%!

Ein weiteres Klischee ist das von der Zunahme der Scheidungskinder. Dazu ist zu sagen, daß in der gleichen Periode bei dem ersten Beispiel rund ein Drittel der Geschiedenen kinderlos waren, ein Drittel hatte ein Kind, ein weiteres zwei und mehr. Da aber von allen geschiedenen Ehen 20% nach zwanzigjähriger Ehedauer geschieden werden, muß die Zahl der geschiedenen Ehen mit halbwegs erwachsenen Kindern wesentlich höher als ein Drittel sein. (Ähnliche Verhältnisse berichten für die Vereinigten Staaten *M. A Elliott* und *F. E. Merrill* 1950, S. 443/4; dito *P. H. Jakobson* 1959 und *W. J. Goode* 1963, S. 35; für die Niederlande *Centraal Bureau voor de Statistiek* 1958, S. 14; für Deutschland recht unkritisch *S. Gebauer* 1961; differenzierter *F. Neidhardt* 1966, der vor allem die erhöhte Wiederverheiratungstendenz sieht, ohne jedoch daraus die Konsequenzen zu ziehen, ebenso wenig wird das Alter der Kinder bei Scheidung der Eltern berücksichtigt, selbst wenn er richtig bemerkt, daß auch in Deutschland ein großer Prozentsatz der Scheidungsehen ohne Kinder oder mit nur einem Kinde sind.) Alles das zusammengenommen bedeutet mindestens für England, daß die vieldiskutierte Krise der Ehe im 20. Jahrhundert beträchtlich übertrieben worden ist (zum Ganzen *O. R. McGregor* 1957, S. 35 bis 57).

2. Abgesehen von diesem besonders gut durchleuchteten Beispiel können wir sagen, daß in den meisten Ländern die Ehescheidungszahlen steigen; das Tempo des Anstiegs ist dabei durchaus verschieden, wobei sich übrigens leicht zeigen läßt, daß das innerhalb der einzelnen Gesellschaften auch für einzelne Teilgruppen zutrifft (wir kommen später darauf zurück). Früher wurde dies Ansteigen der Scheidungszahlen ausschließlich mit Verstädterung und Industrialisierung zusammengebracht. Dieser Satz läßt sich aber in dieser Allgemeinheit nicht halten, nachdem die höchsten bekannten Scheidungszahlen überhaupt in Ägypten, Algerien und Japan gefunden worden sind, wo die Zahlen mit der Industrialisierung umgekehrt heruntergehen. Bei Japan zeigt sich zudem, daß früher die Scheidungszahlen auf dem Lande

größer waren als in der Stadt, ebenso bei den Unterklassen höher als bei den Mittel- oder Oberklassen (*W. J. Goode* 1963, S. 358–365). Offensichtlich ist die Scheidungshäufigkeit noch von anderen Ursachen verursacht als nur der Industrialisierung.

Es bleibt aber an *Max Rheinstein* (1972) zu erinnern, was denn nun wirklich mit dem Steigen der Scheidungszahlen verbunden ist: das Eingeständnis des Scheiterns oder eine echte Zunahme. Wir können recht sicher die Aussage wagen, daß die Ehezusammenbrüche zugenommen haben unter dem Einfluß verschiedener Ursachen, nur beweisen können wir es nicht (a.a.O., S. 261–276), sofern wir zwischen Ehezusammenbruch und Scheidung unterscheiden.

In diesem Zusammenhang ist unter Umständen die Tatsache weiterführend, daß auch bei relativ ähnlichen Strukturverhältnissen die Scheidungsraten in verschiedenen Ländern durchaus verschieden sein können. Das gilt übrigens auch bei gleichen politischen Systemen, also etwa bei den Satelliten der Sowjetunion, die in abnehmender Reihenfolge folgende Verhältnisse aufwiesen (*J. Szczepański* 1970).

Tab. 23   Scheidungszahlen auf 1.000 Bevölkerung

UdSSR (1963)	2,27
DDR (1963)	1,44
Tschechoslowakei (1963)	1,22
Jugoslawien (1963)	1,10
Polen (1967)	0,67
Zum Vergleich geben wir noch die Zahlen für Westdeutschland	
BRD (1967)	1,05

Auffällig sind hierbei die besonders niedrigen Zahlen in Polen, die vor dem gegebenen Datum sogar sensationell niedrige Quoten erreichten: 0,49 (1960) und 0,44 (1955) für je 1.000 der Bevölkerung. Das entspricht auch der Meinung des polnischen Rechtssoziologen *Jan Górecki* (1970), daß Polen auf einem Wege steuere, der weder zu konservativ noch zu liberal sei. Die gleichen Differenzen ergeben sich bei westeuropäischen Industriestaaten, wo die entsprechenden Raten für 1967 in aufsteigender Reihenfolge betragen: für die Niederlande 0,59, für Frankreich 0,75, für Norwegen 0,76, für die Schweiz 0,85, für England und Wales 0,96, für Finnland 1,04, für die Bundesrepublik 1,05, für Schweden 1,36, für Dänemark 1,43. Das bedeutet also 100% Differenz vom ersten bis zum letzten! Das erhebt die Frage, wie wir uns die Sache langfristig vorzustellen haben: es gibt hier grundsätzlich mehrere Möglichkeiten. Entweder die Abstände zwischen den verschiedenen Ländern bleiben gleich oder sie vergrößern sich (was in einigen Fällen deutlich zu beobachten ist) oder sie verkleinern sich, was auf die Ausbildung homogener Kulturen schließen ließe. Ferner gibt es bei diesen Entwicklungen Phasen verhältnismäßiger Stabilität, die dann nach einer Weile von neuerlichen Anstiegen abgelöst werden. So scheint in Europa ein solcher Knick je nach den verschiedenen Ländern in den Jahren von 1960–1964 erfolgt zu sein (siehe dazu die große Tabelle bei *M. Rheinstein* 1972, S. 312, abgedruckt bei *R. König* 1974 b, S. 121), den man wohl als Konsequenz einer neuen Periode gesteigerten sozialen Wandels ansprechen kann.

Da sonst aber das mehr oder weniger langsame Ansteigen wirklich die Regel zu sein scheint, können wir hier auf einzelne Statistiken verzichten, die man für jedes Land in den einzelnen statistischen Quellenwerken nachlesen kann. Interessanter als die langfristigen Trends sind kurzfristige Schwankungen. So finden wir etwa in den Vereinigten Staaten folgende interessante kurzfristige Entwicklung.

Tab. 24   Ehescheidungen auf 100.000 Bewohner (USA)

1928	1929	1930	1931	1932	1933	1934	1935	1936	1937
163	166	156	148	128	131	161	171	184	193

Wenn wir den Durchschnitt der Jahre 1930 bis 1933 nehmen, so erhalten wir 141 Scheidungen auf 100.000 Bev. gegen 166 im Jahre 1929 und 161 im Jahre 1934. Diese Periode umfaßt genau die große Depression nach der Prosperität der zwanziger Jahre, wogegen die Zahlen sofort wieder steigen, sowie sich mit der Wahl *F. D. Roosevelts*, dem New Deal und der neuen Konjunktur die Situation zu ändern beginnt. Das provozierte die bekannte These von *Ernest W. Burgess* und *Harvey Locke* (1953) vom Zusammenhang von Prosperität und steigenden Scheidungszahlen, der allerdings nicht immer zutrifft (z.B. nicht für die Bundesrepublik, siehe *E. Wolf, G. Lüke, H. Hax* 1959, S. 221). Der Rückgang der Scheidungshäufigkeit ist in den Vereinigten Staaten offensichtlich eine Folge der Depression. Scheidungen kosten Geld, also werden sie in Zeiten der Depression zurückgestellt (*M. A. Elliott* und *F. E. Merrill* 1950, S. 438). Wir geben eine andere interessante Aufstellung für Moskau zwischen 1924 und 1938. Zwar fällt zwischen 1936 und 1937 die Scheidungshäufigkeit als Folge des Familienschutzgesetzes vom 27. Juni 1936 mit der Erschwerung der Ehescheidung ganz außerordentlich, aber sie ist auch 1935 schon wesentlich niedriger als 1929, wofür unseres Erachtens die seit ca. 1927 sich in der Öffentlichkeit anbahnenden neuen Vorstellungen von Ehe und Familie verantwortlich sind (*R. König* 1974 a, S. 172; *S. N. Prokopowicz* 1944, S. 24, 35). In diesem Falle folgte die Rechtsreform auf den Wandel der öffentlichen Meinung, weshalb sie im Gegensatz zur beabsichtigten Wirkung des deutschen BGB gelang, bis sich später wieder andere Einflüsse bemerkbar machten (Tab. 25).

Tab. 25   Ehescheidungen in Moskau (auf 1.000 Personen)

Jahr	Scheidungen	Index 1924 = 100
1924	4,5	100,0
1925	5,6	124,3
1926	6,0	133,3
1927	9,3	206,5
1928	9,6	213,1
1929	10,1	224,2
1935	6,2	137,2
1936	4,5	100,0
1937	2,3	51,1
1938	2,5	55,5

Gerhard Baumert (1956) zeigte jüngstens eine interessante Abweichung vom allgemeinen Scheidungstrend in Deutschland, die noch durch andere Untersuchungen bestätigt wird.

Tab. 26   Scheidungen auf 100.000 Bewohner (Westdeutschland)

1914	26
1939	89
1948	187
1950	158
1952	105
1954	90
1963	88 (ergänzt)

Frühere Aufstellungen für den ersten Weltkrieg zeigen den gleichen „Nachholbedarf" für Scheidungen nach dem Kriege (*A. Niemeyer* 1931). Dabei erhebt sich die Frage, ob das durch leichtsinnig geschlossene sogenannte „Kriegsehen" bedingt ist oder nicht andere Gründe hat, die gesamtgesellschaftlich (sozialer Wandel) bedingt sind. Letzteres wird im ersten Weltkrieg durch den Umstand nahegelegt, daß die Scheidungshäufigkeit umso höher war, je mehr Kriegsjahre eine Ehe umfaßte, was also ein Hinweis darauf ist, daß sie vor dem Kriege geschlossen worden sein muß, also keine Kriegsehe sein kann (siehe *A. Niemeyer* 1931, S. 58/9). Für den zweiten Weltkrieg sind darüber zuverlässige Informationen noch nicht erhältlich; interessante Einzelheiten bei *E. Wolf, G. Lüke, H. Hax* (1959, S. 199ff.). Auffällig ist nur, wie die durch den Nationalsozialismus erzwungenen Scheidungen mit einem jüdischen Partner, die zu der Erhöhung der Scheidungszahlen seit 1933 bis in den Krieg wesentlich beigetragen haben, sanft und vornehm verschwiegen und statt dessen auf „die Durchbrechung des Verschuldensrechts des BGB durch die Einführung der Zerrüttungstatbestände des neuen Gesetzes" (von 1938) zurückgeführt werden (a.a.O., S. 209; erfreulich klar dagegen

F. Neidhardt 1975, S. 64). Nur im Vorübergehen ist von „Propaganda, Rassenlehre und politischem Druck" die Rede (S. 20). Die Nachkriegsentwicklung hat im übrigen in Deutschland wie in England und Frankreich alle Prophezeiungen von einer allgemeinen Zerrüttung der Familie und der Ehe Lügen gestraft, worauf auch der positive Akzent der verschiedenen oben zitierten Arbeiten von *G. Wurzbacher, H. Schelsky* und *G. Baumert* hinweist. Das gilt insbesondere auch angesichts der penetranten kulturkritischen Exkurse über die vermeintliche „Vermassung" bei *E. Wolf, G. Lüke* und *H. Hax* (etwa S. 183ff.), wobei man sich nur wundert, daß sich die Verfasser angesichts der beschriebenen vermeintlich völlig hoffnungslosen Lage nicht mehr über das Absinken der Scheidungszahlen wundern, als tatsächlich der Fall ist. Ein typischer Fall höchst unkritischer empirischer Arbeit, trotz des zweifellos betriebenen enormen Aufwandes, der leider im Entscheidenden keine Früchte getragen hat.

3. Ein wichtiger Gesichtspunkt bei der Scheidungshäufigkeit ist, wie man schon lange erkannt hat, die Frage der Ehedauer. Dabei kommt es nicht so sehr auf die lineare Dauer der Ehe an, als viel mehr auf die Beziehung zum Familienzyklus. Dazu gehört auch der meist nicht beachtete Umstand, daß aufgrund der erhöhten Lebenserwartung heute die Gesamtzahl der Eheauflösungen (durch Tod und Scheidung) je nach den Verhältnissen etwas heruntergegangen ist (P.H. Jacobson 1950, 1959), und das trotz z.T. beträchtlich erhöhter Scheidungszahlen. Um ein Gesamtbild der Situation in einer gegebenen Gesellschaft zu bekommen, müßte man diesen Umstand berücksichtigen. Darüber hinaus aber muß zweifellos das Verhältnis von Scheidungshäufigkeit und Ehedauer auf den Familienzyklus projiziert werden; denn aus seiner Struktur ergibt sich jeweils die Erklärung für bestimmte kritische Momente in der Entwicklung von Ehe und Familie. Rein theoretisch läßt sich sagen, daß sich besonders kritische Momente 1. am Anfang der Ehe finden, wenn die gegenseitige eheliche Anpassung noch nicht vollzogen ist. 2. Die nächste Krise folgt bei der Geburt eines ersten Kindes, das keineswegs als Katalysator der ehelichen Gemeinschaft wirken muß, sondern sie im Gegenteil völlig sprengen kann, weil die Anpassung an die Familiensituation nicht gelingt (E.E. Le Masters 1957). 3. Die wichtigste Krise ist aber unseres Erachtens der Beginn der nachelterlichen Phase, die man mit dem Heranwachsen der Kinder beginnen läßt, also je nach Zahl der Kinder und Geburtenfolge von ca. 15jähriger Ehedauer an (siehe neuerdings P. C. Pineo 1961). Die genannten Hypothesen lassen sich leicht empirisch belegen. Wir gaben oben unter 1 bereits zwei Beispiele für England und die Vereinigten Staaten. Wir geben anschließend ein älteres Beispiel für die Schweiz (mit Absicht älter), um zu zeigen, über wie lange Zeit sich diese Verhältnisse stabil halten (siehe Tab. 27).

Tab. 27 Ehedauer und Ehescheidung (Schweiz)

Dauer der geschiedenen Ehen	Von 1.000 geschiedenen Ehen			
	1901–1910		1911–1920	
Weniger als 1 Jahr	27,1		23,2	
1 Jahr	55,8		55,1	
2 Jahre	66,9		65,2	
3 Jahre	68,6	353,6	67,1	334,6
4 Jahre	67,8		64,0	
5 Jahre	67,4		60,0	
6–10 Jahre	265,5		266,2	
11–15 Jahre	173,1		177,9	
16–20 Jahre	103,8		107,3	
21–25 Jahre	58,6	207,8	63,4	221,2
25–30 Jahre	29,1		31,0	
31 und mehr Jahre	15,7		17,7	
Unbekannt	0,6		1,8	
Total	1000,0		1000,0	

Quelle: Ehe, Geburt und Tod in der Schweizerischen Bevölkerung 1901 bis 1920, S. 58

Einerseits zeigt sich, daß in den genannten Zeiträumen in der Schweiz mit gleichbleibender Konstanz im Lauf der ersten fünf Ehejahre rund ein Drittel aller Scheidungen stattgefunden hatte. Das bestätigt zweifellos die erste Hypothese. Mit 16 und mehr Ehejahren wurde aber noch immer ein Fünftel aller Scheidungen vorgenommen, was zweifellos die dritte Hypothese bestätigt, da man annehmen sollte, daß nach Überwindung der ersten Krisen sich die Ehen nach 15jähriger Dauer stabilisiert haben müßten. Gerade das ist aber offensichtlich nicht immer der Fall und wohl mit der Krise bei Beginn der nachelterlichen Phase erklärbar. Die zweite Hypothese läßt sich kontrollieren, wenn wir die geschiedenen Ehen nach Kinderzahlen aufgliedern. Wir geben auch hier ältere Zahlen, um zu zeigen, daß diese Verhältnisse relativ konstant sind (*Tab. 28*).

Von allen geschiedenen Ehen sind durchschnittlich mehr als 50% ohne Kinder! Dazu aber kommen als zweite große Masse durchschnittlich 30% Scheidungsehen mit 1 Kind. Das sind auch diejenigen, bei denen die Kinder in jungen Jahren sind und sich darum später Anpassungsschwierigkeiten gegenübersehen. Die Scheidungen von Ehen mit einem Kind können wohl mit jener besonderen Krise in Verbindung gebracht werden, die sich regelmäßig mit dem Hinzutreten eines neuen Mitglieds in die Familie

Tab. 28   Ehescheidungen und Kinderzahlen (in v.H.)

	USA 1932[1]	UDSSR 1928[2]	Schweiz 1936/1940[3]	Basel-Stadt 1926/1935[4]	Deutschland 1933/1937[5]
0 Kind	55,4	60,7	51	47	63,16
1 Kind	21,7	23,6	28	30	30,02
2 Kinder	9,9	9,0	13	15	5,78
3 Kinder	3,8	3,2			0,86
4 Kinder	1,6				
5 Kinder	0,7				
6 Kinder	0,3	1,6	8	8	0,20
7 Kinder	0,1				
8 Kinder	0,1				
Unbekannt	6,4	1,9			
Total	100,0	100,0	100,0	100,0	100,0

[1] Nach M.F. NimkoffNimkoff, Meyer F. 1936, S. 445. – [2] Nach Max HodannHodann, Max, Berlin 1931, S. 218 (Dreizehn Gebiete ohne Moskau und Leningrad). – [3] Mit nur minderjährigen Kindern (berechnet nach dem Statistischen Jahrbuch der Schweiz 1941. – [4] Mit nur minderjährigen Kindern nach E. Göttisheim, Die Ehescheidungen im Kanton Basel-Stadt, in: Wirtschaft und Verwaltung, Basel 1943. – [5] Deutsches Statistisches Jahrbuch 1938

bemerkbar macht (*E.E. Le Masters* 1957), während die Geburt eines zweiten Kindes nicht annähernd die gleiche Wirkung hat. Die Ehen ohne Kinder und mit einem Kind können wir auf die Ehen mit kurzer Ehedauer in Anrechnung bringen. Von den Ehen mit mehr Kindern können wir annehmen, daß sie von längerer Dauer sind. Die oben für England gegebenen Quoten stimmen mit diesen ungefähr überein, nur daß die Zahl der Scheidungsfälle mit 2 und mehr Kindern, also auch mit längerer Ehedauer, wesentlich höher liegt. Nach *Paul H. Jacobson* (1950, 1959) scheint das auch in den Vereinigten Staaten nach dem Kriege so zu sein. Überhaupt muß bemerkt werden, daß selbstverständlich andauernd auch Scheidungen mit Kindern anfallen, nur ist offensichtlich das Problem bisher stark überschätzt worden, weil insbesondere die Wirkung der Scheidung bei längerer Ehedauer, die mit einer höheren Kinderzahl korreliert, auf das Alter der Kinder nicht berücksichtigt worden ist.

Andererseits kann natürlich auch nicht geleugnet werden, daß die Scheidungssituation unter gewissen Voraussetzungen eine Belastung der Kinder darstellt. Die Voraussetzungen sind mit dem stark emotional gefärbten Intimcharakter der Kernfamilie umschrieben. Wenn das Kind einen Elternteil verliert, ist das ein wirklicher Verlust, weil jeder Elternteil eine komplementäre Rolle in der Familie innehat (*J. L. Despert* 1953).

Bei Wiederverheiratung tritt die Stiefkindsituation ein, über die schon oben berichtet wurde. Oft wird es zwischen den beiden Elternteilen hin- und hergestoßen, wobei *Kingsley Davis* (1944) mit Recht hervorgehoben hat, daß die elterliche Zwietracht auch die Kinder mit einbezieht. Das ist ja auch der Grund, warum das Aufwachsen in einer zerrütteten Ehe, wie oben gezeigt wurde, für die Kinder mindestens so schlecht ist wie die Scheidung der Eltern. Dazu kommt die Frage der Vormundschaft bei Minderjährigen. Zwar scheint heute in der Welt allgemein ein Trend vorzuwiegen, bei kleinen Kindern der Mutter die Vormundschaft zu belassen. Das entspricht der Einsicht, daß in der Mehrzahl der Fälle die Mutter weitgehend imstande ist, beide Rollen zu erfüllen, die von Vater und Mutter. Im Gegensatz dazu steht das von den meisten Gesetzgebungswerken aus vermeintlich menschlichen Erwägungen zugestandene *Besuchsrecht* des Ehegatten, dem das Kind oder die Kinder entzogen sind. Wir haben schon vor langer Zeit darauf hingewiesen (*R. König* 1949, S. 140, heute in: *R. König* 1974 a), daß das Besuchsrecht dem Sinn der Scheidung, die für die Ehepartner und die Kinder gleichzeitig unerträglich gewordene Familiensituation aufzuheben, widerspricht. Das wird umso beunruhigender, wenn man die Aufstellung von *William J. Goode* (1956, S. 314) betrachtet, die etwas über die Frequenz des Besuchsrechts bei dem von ihm untersuchten Sample von Geschiedenen aussagt.

Tab. 29 Frequenz der zugestandenen Besuche eines geschiedenen Elternteils bei den Kindern

Frequenz		
Hohe Frequenz		
Jederzeit	32	
Wöchentlich	25	
Zwischensumme		57
Niedere Frequenz		
Monatlich	3	
Im Sommer oder in den Ferien	2	
Keine Abmachungen	19	
Vater abwesend	18	
Keine Antwort	1	
Zwischensumme		43
Total (N= 425)		100

Diese Aufstellung zeigt eine überraschend hohe Frequenz von Interaktionen zwischen vielen Frauen und ihren geschiedenen Partnern nach der Scheidung auf dem Umweg über diese Besuche. Allerdings bemerkt *Goode* auch mit Recht, daß die Häufigkeit dieser Besuche aus guten Gründen schnell abnimmt, wenn der eine oder andere oder beide Partner Anstalten für eine neue Ehe treffen. Aber wir möchten doch vor dem offensichtlichen Optimismus von *Goode* warnen, der aus diesem Grunde die negativen Folgen des Besuchsrechts zu niedrig einschätzt; mindestens scheint uns in Europa ein wichtiger Grund für Schwierigkeiten in der unmittelbar auf die Scheidung folgenden Periode die Einflußnahme auf die Kinder zu sein. Ferner wird aber darum eine ständige Möglichkeit für eine Idealisierung des abwesenden Partners geschaffen, weil bei seinen Besuchen gewissermaßen immer „Sonntag" ist mit kleinen Geschenken und Extravergnügungen, während der Ernst des Lebens die Beziehungen zu dem Elternteil, meist der Mutter, überschattet, der die Vormundschaft innehat. Hier ist weitere Forschung erwünscht und zugleich eine neuerliche Überlegung über die Nützlichkeit des Besuchsrechts.

Wenn zugestanden werden mußte, daß die Scheidungssituation die Kinder belastet, so muß aber sofort angeschlossen werden, daß sich das Aufwachsen unter dem Einfluß einer zerrütteten Ehe (also einer „nicht-geschiedenen" Ehe in unserer Terminologie) als ebenso negativ auswirken kann. So betonten in *Goodes* (1956) Sample 31% der Befragten, die Scheidung sei für die Kinder gut gewesen, während weitere 27% zwar die Abwesenheit des Vaters bedauerten, aber von dem Geschiedenen nichts wissen wollten. Das sind 58%, zu denen noch 10% kamen, deren Kinder zu klein gewesen waren, um beeinflußt zu werden. Demgegenüber waren die Antworten, die negative Gesichtspunkte hervorheben, in der Minderzahl (S. 317). Dies Ergebnis stimmt auffällig überein mit den Ergebnissen des schweizerischen Psychiaters *Carl Haffter* (1948, 1960), die er folgendermaßen zusammenfaßt: „Der Überblick über das durchschnittliche Schicksal der Kinder aus geschiedenen Ehen gibt uns Anlaß, mit aller Entschiedenheit der oft geäußerten Ansicht gegenüberzutreten, wonach die Scheidung der Eltern für die Kinder immer ein Unglück bedeuten muß... Es ergibt sich..., in eindrucksvollem Gegensatz zu den erwähnten Vorurteilen, daß von den jugendlichen und erwachsenen Scheidungskindern 100 die Auflösung der Elternehe als günstige Wendung ihres Schicksals bejahen und nur 30 sie als nachteiliges Ergebnis ansehen. Die objektive Beurteilung aller Fälle ergibt ein weniger einseitiges Bild, aber immer noch ein Überwiegen günstiger gegenüber ungünstiger Ausgänge" (S. 166). Er hebt noch hervor, daß sich die schlechten Folgen vor allem bei den „Abnormen" (schwachsinnige, psychopathische, epileptische Kinder) häufen (2:7), bei den „Normalen" steht das Verhältnis umgekehrt 3:2. Das führt ihn zu dem wichtigen Hinweis, daß sich unsere Aufmerksamkeit auf jene Kinder konzentrieren muß, die noch in zusätzlicher Weise belastet sind.

4. Eine interessante Wandlung ist in bezug auf ein früher schon oft erörtertes Problem, nämlich die Frage nach der antragstellenden Partei im Scheidungsprozeß vor sich gegangen. Diese Frage ist darum von Interesse für die Deutung der Funktion der Ehescheidung heute, weil sie vielleicht Rückschlüsse zuläßt auf die Belastungsverhältnisse, denen Frau und Mann in der Ehe ausgesetzt sind. Schon *Emile Durkheim* (1897) war in seinem Selbstmordwerk auf eine offensichtlich *fundamentale Verschiedenheit in der Stellung von Mann und Frau in der Familie gestoßen*, als er sah, daß bei Scheidung die Selbstmordfrequenz des Mannes größer war als bei Junggesellen, während sie bei der geschiedenen Frau fiel. Er schloß daraus, daß die Ehe die Frau nicht im gleichen Maße vor einem negativen sozialen Akt wie dem Selbstmord schützt, während der Mann davon beträchtlich profitiert. *Darum auch kann die Scheidung für die Frau eine Entlastung sein* (genau wie oben bei den Kindern). Dieser Umstand scheint uns von größter Bedeutung bei der allgemeinen Bewertung der Scheidungsfrage.

William J. Goode (1956) hat mit Recht die strukturell zweideutige Lage der Geschiedenen in unseren Gesellschaften hervorgehoben und *damit den sozialstrukturellen (nicht nur psychologischen) Druck zur Wiederverheiratung betont; Jessie Bernard* (1956) hat das Problem der Wiederverheiratung unter diesem Aspekt studiert. Interessante Schwankungen bei der Wiederverheiratung Geschiedener resp. Verwitweter in verschiedenen Lebensaltern zeigt *Charles E. Bowermann* (1953).

Abb. 4 Anteil der Scheidungen auf 100 Ehen verschiedenen Typs (unter Ausschluß der Kombination Geschieden – Verwitwet) nach *Th. P. Monahan* 1958b

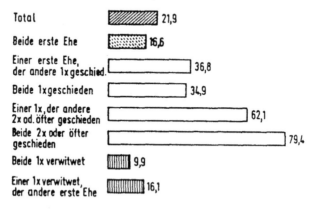

Die sozialstrukturelle Betrachtung läßt die früher gern übertriebene Rolle der geschiedenen Frau in der Bohème als bedeutungsloser erscheinen, ebenso das „anonyme" Verschwinden in der Großstadt. Speziell wo Kinder vorhanden sind, ist Anonymität unmöglich. So wirkt alles auf eine neue Ehe hin (*W. J. Goode* 1956, S. 210/1). Hierin macht sich auch die allgemeine Mißbilligung der Scheidung bemerkbar, mehr aber noch der Umstand, daß in unseren Gesellschaften einfach viele Vorgänge auf Ehepaare ausgerichtet sind. Eine wichtige Frage rollte *Thomas P. Monahan* (1958) auf, als er für den Staat Iowa (1953–1955) zeigen konnte, daß zweite Ehen Geschiedener nicht notwendig besser sind als erste Ehen, daß aber mehrfach Geschiedene eine mehr als doppelt so hohe Scheidungshäufigkeit haben als einmal Geschiedene und fast fünfmal so hohe gegenüber ersten Ehen (siehe Abb. 4). Das treibt notwendig die Frage hervor nach einem besonderen Typ scheidungsanfälliger Kandidaten, die natürlich auch die allgemeine Statistik belasten.

Eine andere gesamtgesellschaftliche Vorstellung geht dahin, daß der „unschuldige" Teil derjenige ist, der die Scheidung einleitet und die ersten Schritte dafür ergreift, während der „schuldige" Teil sie nicht will und Widerstand leistet (*J. Bernard* 1956, S. 103). Betrachtet man nun daraufhin die Statistiken, so scheinen sie das zu bestätigen. Wir geben eine ältere Aufstellung von *M. F. Nimkoff* (1936, S. 442).

Tab. 30   Ehescheidungen nach der antragstellenden Partei

Jahre	*Gatte (%)*	*Gattin (%)*	
1887–1896	34,2	65,8	= 100,0
1897–1906	33,0	67,0	= 100,0
1916	31,1	68,9	= 100,0
1922	32,0	68,0	= 100,0
1926	29,5	70,5	= 100,0
1928	28,6	71,4	= 100,0
1930	27,7	72,3	= 100,0
1932	26,5	73,5	= 100,0

Andere Aufstellungen für andere Länder zeigen ohne Ausnahme das gleiche Bild. Das war verantwortlich für die These, daß die Belastungen durch Ehe und Familie für die Frau größer sind als für den Mann. Es liegt aber auf der Hand, daß die Situation, die in den obigen Zahlen zum Ausdruck kommt, gewissermaßen nur die Außenseite des Ganzen ist, das dringend der Vertiefung bedarf. Insbesondere ist die übliche Erklärung viel zu oberflächlich, die Frau sei auf Grund ihrer Teilnahme am Wirtschaftsleben und ihrer allgemeinen Erziehung heute so sehr viel selbständiger, daß es ihr leichter falle, in der Scheidung den ersten Schritt zu tun. Das drückt sich oft in der Hypothese aus, daß eine hohe Korrelation zwischen Ansteigen der Scheidungshäufigkeit und der Erwerbstätigkeit der Frau bestehe. In Wahrheit ist diese

Hypothese niemals bewiesen worden; wo sie zuzutreffen scheint, ist das nur in großen Zügen der Fall, nicht aber in spezifischen Situationen, so daß man von selbst auf den Gedanken verwiesen wird, *daß in Wahrheit beides, Erwerbstätigkeit der Frau und Scheidungshäufigkeit, von einem dritten Faktor abhängig sind, der noch nicht bekannt ist.* Man kann vor allem dieser Auffassung entgegenhalten, daß bei der ganzen Anlage des Berufssystems in den fortgeschrittenen Industriegesellschaften der Entscheidungsprozeß auch in Familiensachen wesentlich vom Manne getragen ist. Auch besteht nach wie vor die doppelte Moral, die ihm vieles nachsieht, was der Frau angelastet wird. So kommt *William J. Goode* (1956, S. 135ff.) zu einer interessanten und vertieften Deutung der oben berichteten Umstände. Selbst wenn die Belastungen für die Frau in der Ehe und Familie höher sind als für den Mann, was ihre Beschwerden legitim erscheinen läßt, so ist es doch eher der Mann, der zuerst aus der Ehe auszubrechen sucht. Der Prozeß des Scheidungsentschlusses wird hier als Teil einer Strategie des Konflikts analysiert, bei der der Mann sich gegenüber seiner Frau derart aufführt, daß sie nach der Scheidung verlangt. Damit ist eine äußerst interessante Theorie angebahnt, von der *Goode* meint, daß sie mindestens in unserer Generation vorwaltet. Aber wir möchten doch meinen, daß die Gültigkeit dieser Theorie vielleicht doch weiterreicht, als er meint; denn auch ohne überlebende Reste von Patriarchalismus zu bemühen, muß zugestanden werden, daß die Berufswelt weitgehend den Mann als Träger des familialen Entscheidungsprozesses in den Vordergrund schiebt, obwohl seine Rolle vielleicht gar nicht so bedeutsam ist, wie sie erscheint. Entscheidend ist bei alledem die Tatsache, *daß wir unendlich wenig wissen über den Prozeß der Konfliktentstehung in der Ehe,* selbst wenn uns einige strukturell kritische Punkte bekannt sind, die mit dem Familienzyklus zusammenhängen. Aber die Wahrheit ist die, daß der Moment, *in dem der Konflikt zum ersten Mal offen sichtbar wird, zweifellos nicht der gleiche ist, in dem er entstanden ist.* Der offenen Wahrnehmung des Konflikts geht unter Umständen eine lange latente Vorbereitungszeit voraus, die den Beteiligten unbewußt bleibt. *Sie wird noch später nicht klarer, da mit der Bewußtwerdung des Konflikts auch schon die Verteidigungs- und Rationalisierungsmechanismen beginnen, die insbesondere während der Periode der Vorbereitung für den Scheidungsentschluß virulent werden, der – wie angedeutet – auch eine Strategie des Konflikts enthält. So kann man sagen, daß im Bewußtsein der Beteiligten nicht der Prozeß des Zerbrechens einer Ehe eintritt, sondern nur das Faktum einer bereits zerbrochenen Ehe sichtbar wird.* Es liegt auf der Hand, daß diese Verlaufsstruktur die Erkenntnis der Ursachen für Ehekrisen und Ehescheidung außerordentlich erschwert. Es gelingt *W. J. Goode* auch zu zeigen, daß der Scheidungsentschluß nicht überstürzt erfolgt, was ja durch die angedeutete Verhaltensstruktur nahegelegt wird, womit ein weiteres Argument der Scheidungskritiker zusammenbricht, als sei das Verhalten der Scheidungsuchenden mehrheitlich unverantwortlich und schnell von Entschluß.

5. Gewiß müßten noch viel mehr Variablen als bisher in die Betrachtung einbezogen werden, um eine abschließende Bewertung der Ehescheidung heute zu erreichen. Außerdem ist klar, daß uns eine große Zahl von Einflußfaktoren noch völlig entgehen, so daß vieles reine Spekulation bleibt, was vorgetragen wird. Die wichtigsten Hinweise auf die Funktion der Scheidung heute kommen noch immer von *E. Durkheims* Feststellungen, die später von *Maurice Halbwachs* (1931) bestätigt, erweitert und vertieft wurden. Danach erfährt die Frau einen geringeren sozialen Schutz durch die Ehe als der Mann, wie aus der erwähnten verschiedenen Reaktion beider nach der Scheidung ersichtlich wird. Das erklärt vielleicht die Tatsache, daß die Frau in rund zwei Drittel der Fälle bei der Scheidung als Klägerin auftritt, selbst wenn das das Ergebnis einer männlichen Strategie des Konflikts sein sollte (*W. J. Goode* 1956).

Wenn wir nun die Funktion der Familie im Aufbau der sozialkulturellen Person und zudem den Umstand bedenken, daß in der modernen Familie des 20. Jahrhunderts die Ehe die zentrale und einzig permanente Zone der Familie ist, wird es klar, daß eine Technik ausgebaut werden muß, die Ehe zu trennen, wenn sie mißlingt, da die dauernden Folgen dieses Mißlingens, nämlich das Scheitern des Aufbaus der sozial-kulturellen Person für die Gesamtgesellschaft unerträglich sein müssen. So entwickelt sich Ehescheidung heute als „Sicherheitsventil" für Spannungen, die in allen Ehesystemen unvermeidlich sind (*W. J. Goode* 1960 a, S. 93); sie ist also auch letztlich keine „pathologische" Erscheinung, sondern positiv funktional, wobei weitere soziale Mechanismen ausgebaut worden sind, um die disruptiven Tendenzen dieser höchst persönlichen Krise zweier Menschen in neue Kanäle einzulenken (etwa: Wiederverheiratung), die eine weitere volle Teilnahme am sozialen Leben sichern. Wir haben vor längerer Zeit diesen Zusammenhang auf folgende Formel zu bringen versucht (*R.* 1946, S. 97; heute in: *R. König* 1974a, S. 83, zum Ganzen Thema unsere Ausführungen in: 1974b, S. 97–127), die uns durch die nachfolgende Forschung bestätigt *König*worden zu sein scheint: „Die Funktion der Ehescheidung in der modernen Welt ist die einer regulativen Institution, wenn in der Familie auf Grund besonderer Umstände die personale Eigensubstanz der beteiligten Personen bedroht und damit eine gesunde Auswirkung des Intimzusammenhangs unmöglich gemacht wird". Das erscheint uns nach wie vor als der entscheidende Grund für die Anerkennung des Zerrüttungsprinzips im Gegensatz zum Verschuldensprinzip in der Rechtsprechung dessen erste vorbildliche Definition wir im Art. 124 des Schweizerischen Zivilgesetzbuches von 1907 finden, das darum auch das Vorbild eines progressiven Rechtssystems (im Gegensatz zum deutschen BGB) geworden ist.

Zur zentralen Funktion der Scheidung als System der Konfliktlösung kommt die zweite aber um nichts weniger wichtige Funktion des Frauenschutzes hinzu. Selbst wenn der Mann die ihm durch das Gesetz gebotenen Möglichkeiten im Sinne einer Strategie des Konflikts benutzt, so ist das Ergebnis trotz allem eine Sicherung der Situation der Frau. Diese erfährt auch durch die Scheidung nicht annähernd die gleiche Krise wie der Mann, was durch die alle anderen Zahlen übersteigenden Selbstmordfrequenzen geschiedener Männer belegt wird.

Die letzte Funktion betrifft schließlich die Kinder. Wir haben gesehen, daß die Tatsache, in einer gestörten Familie zu leben, mindestens die gleichen Probleme schafft wie die Scheidungssituation. Das bedeutet also eine positiv funktionale Bedeutung der Scheidung auch in diesem Falle, wenn sich auch zumeist die Juristen weigern, die Rücksichtnahme auf die Kinder als Argument in einem Scheidungsverfahren gelten zu lassen. Aber die Tatsachen sprechen hier eine harte Sprache, die man allmählich zu berücksichtigen lernen sollte, statt sich hinter formalistischen Argumenten zu verstecken, die das Gewicht der gegebenen sozialen Lage unterschätzen. Es wird für die Zukunft wesentlich darauf ankommen, diese Lehren der Soziologie und Sozialforschung, speziell mit unmittelbarem Bezug auf die Entwicklung eines rechtlich einwandfreien Verfahrens der Konfliktlösung mehr zu berücksichtigen als bisher.

IX. Ausblick

Am Ende dieser Übersicht soll noch ein Ausblick gegeben werden, wo wir in der Familiensoziologie heute in der Tat stehen. Da die Situation nicht eindeutig ist, zwingt sich eine solche Betrachtung sogar auf, selbst wenn der vorliegende Beitrag schon längst das Maß überschritten haben sollte, das für ein Handbuch üblich ist. Die Familiensoziologie spielt in der Tat in der Soziologie insgesamt eine Sonderrolle.

1. Ein erster Punkt scheint darin zu liegen, daß diese Übersicht selbstverständlich nicht vollständig ist und auch nicht vollständig sein konnte. Zunächst müssen zwei weitere Beiträge dieses Handbuchs unmittelbar mit herangezogen werden, um das Gesagte zu ergänzen, nämlich die Teile über Jugend und Alter von *Leopold Rosenmayr*. Indirekt gehören ferner dazu die Beiträge von *Alphons Silbermann* über Massenkommunikation, von *Gerhard Scherhorn* über Konsum und von *Erwin K. Scheuch* über Freizeit. Sieht man noch genauer zu, dann zeigen sich auch Beziehungen zu den Kapiteln über soziale Schichtung von *Thomas B. Bottomore*, über vertikale Mobilität von *Karl Martin Bolte* und über Wanderungen von *Kurt Horstmann*. Das beweist wohl deutlicher als jeder weitere Kommentar *die strategisch zentrale Position der Familiensoziologie im Rahmen der vielen soziologischen Zweigdisziplinen*. So kann also die Art, wie die Probleme im vorliegenden Kapitel dargestellt wurden, nur als ein Teil der Geschichte angesehen werden, der nach Ergänzung ruft. An vielen Stellen haben wir auf diese Notwendigkeit ausdrücklich hingewiesen.

2. Darüber hinaus muß aber noch zugestanden werden, daß wir manche anderen Aspekte bewußt ausgelassen haben, um das Kapitel nicht zu sehr zu befrachten. Dazu gehören insbesondere die früher viel diskutierten demographischen Probleme, die z.B. während der zwanziger Jahre zur Zeit eines allgemeinen „demographischen Tiefs" die Gemüter so stark bewegt haben. Was dazu an wichtigen Erkenntnissen gegeben ist, findet sich teilweise in dem Beitrag von *Kurt Mayer* im vierten Band dieses Handbuchs. Aber wir sind uns darüber klar, daß damit allein diese Lücke nicht ganz geschlossen werden kann. Hier muß zugestanden werden, daß in einer Periode drohender Überbevölkerung in der Welt die Problematik der Demographie in ihren konkreten Teilaspekten wie etwa der differentiellen Fruchtbarkeit gewissermaßen außer Mode gekommen ist. Die behandelten Probleme der Geburtenfolge und des Familienzyklus müßten aber selbstverständlich in Zusammenhang gebracht werden mit der differentiellen Fruchtbarkeit, wobei sie auch den soziologisch recht uneinträglichen Aspekt der sogenannten „Vitalstatistik" verlieren und eine strukturell relevante Form finden würden, die sie allererst soziologisch ergiebig macht. Denn nicht die bloße Quantenzahl ist hier entscheidend, sondern die Variierung der Interaktionsmatrizen in den einzelnen Familienformen der Angehörigen verschiedener sozialer Klassen, verschiedener Berufspositionen usf. Leider ist aber diese Art der

Forschung heute recht unterentwickelt, was bedauerlich ist, da – wie die Erfahrung zeigt – eine Beziehung zwischen Größe und Beständigkeit der Familientypen besteht, wie aus der verschiedenen Scheidungshäufigkeit in den einzelnen sozialen Klassen hervorgeht. Allerdings darf man diesen Zusammenhang nicht, wie früher zumeist geschehen, rein mechanisch aus der Zahl allein erklären, *sondern muß ihn mit der Gruppentheorie verbinden, mit Interaktionsanalyse und vor allem der verschiedenen Gestaltung des Familienzyklus in den einzelnen sozialen Klassen, Schichten und Berufen.* Wir denken auch an die hohe kulturelle Variabilität dieser Probleme, die nicht nur innerhalb einer gegebenen Gesellschaft vergleichende Forschung zwischen den einzelnen Subsystemen, sondern darüber hinaus eine international vergleichende Betrachtung erzwingt, die sich in den letzten Jahren methodologisch so erfreulich gesichert und ausgestaltet hat. Dazu kommen noch Spezialprobleme, die auch von Familiensoziologen behandelt worden sind, wie etwa die Familiengröße von Protestanten und Katholiken, die in den Niederlanden einmal eine große Diskussion ausgelöst hat (*F. van Heek* 1954), die Familiengröße der französischen Kanadier (*Ph. Garigue* 1956; 1962, *C. Carisse* 1964), die Fragen der Geburtenplanung in Puerto Rico (*R. Hill, J.M. Stycos, K.W. Back* 1959) und Indien, worüber heute bereits eine ganze Literatur existiert. Leider verfügen wir aber in der Familiensoziologie im Gegensatz zur Demographie gerade in dieser Hinsicht vorläufig noch über zu wenig Material, so daß wir diese Probleme in unserer Darstellung bewußt zurückgestellt haben. Außerdem spielt hierbei „Politik" eine oftmals störende Rolle.

3. Damit scheint ein weiterer Punkt getroffen, der in diesem „Ausblick" besprochen werden soll, weil er einer von manchen Seiten mit recht ermüdender Eintönigkeit immer wiederholten Meinung diametral entgegensteht, die empirische Forschung in der Soziologie allgemein und insbesondere in der Familiensoziologie leide an einer Plethora, an einer Aufblähung oder eigentlichen Inflation. Wir wissen wirklich nicht, wie die Vertreter dieser Meinung sie zu begründen gedenken, kann uns doch der oberflächlichste Anschein ständig davon überzeugen, über wie wenig Daten wir eigentlich noch immer bei soziologisch so zentral wichtigen Phänomenen wie denen der Familie verfügen. Wir möchten meinen, daß sich die Probleme gar nicht alle aufzählen lassen, zu denen wir nur höchst ungenügende und zugleich nicht hinreichend gesicherte Informationen haben, so daß der Spekulation Tür und Tor geöffnet sind, was sich gerade auch bei den Kritikern der empirischen Sozialforschung zeigt, die lieber ganz gedankenlos alten Vorurteilen weiter nachhängen, als den entscheidenden Schritt in den Strom der Erfahrung zu tun.

4. Ein verzwickteres methodologisches Problem taucht bei der paradigmatischen Bedeutung der Familie für die Allgemeine Soziologie im
Gegensatz zur empirischen Familiensoziologie insofern auf, als wir einerseits der festen Überzeugung sind, daß die empirisch begründete soziologische Theorie in die Allgemeine Soziologie integriert werden muß,
andererseits aber zugestehen müssen, daß sich die heute verfügbare Allgemeine Soziologie, so wie sie etwa *Talcott Parsons* und viele der von ihm
beeinflußten Forscher vertreten, im Zustand eines ausgesprochenen „cultural
lag" gegenüber der Forschung befindet; d.h. das Paradigma der Familie, das
der Allgemeinen Soziologie vorschwebt, erweist sich als abhängig von einer
historisch genau lokalisierbaren Erfahrung, nämlich der Skepsis gegenüber
den Entwicklungschancen der Familie, wie sie in den zwanziger Jahren überwog. Wenn auch das Paradigma wesentliches beigetragen hat zur analytischen
Bewertung des Problems der Sozialisierung im Aufbau der sozial-kulturellen
Person, der Rolle der Familie in der Erhaltung des sozialen Systems (system
maintenance) und schließlich in der Realisierung des „kulturellen Transfers"
durch Internalisierung der gegebenen Verhaltensweisen, Normen und Wertvorstellungen, so wächst sich doch gleichzeitig die Fixierung an das Modell
der isolierten Kernfamilie zu einem beträchtlichen Störungsfaktor aus, der
die Forschung eher gehindert als gefördert hat. So ergibt sich am Ende der
Darstellung – bei voller Anerkennung der historischen Leistung dieses Paradigmas – die Notwendigkeit, die empirische Forschung wieder eher von der
verfügbaren Allgemeinen Soziologie zu distanzieren. Das heißt allerdings
sofort, daß wir uns in vielen Fällen von scheinbar widerspruchslos integrierten
theoretischen Zusammenhängen wieder werden trennen und mindestens
provisorisch auf eigentliche ad-hoc-Theorien werden zurückziehen müssen,
bis die angedeuteten Unstimmigkeiten ausgeglichen sein werden. Das
scheint uns heute allerdings eine Aufgabe zu sein, die beträchtliche Zeit
beanspruchen wird.

5. Damit erweist sich schließlich, daß die zu Beginn dieses Beitrags hervorgehobene Notwendigkeit einer „Historisierung der Theorie" doch weitere
Konsequenzen haben kann, als man zu Beginn meinen konnte. Durften wir
ursprünglich noch sprechen von einem bloßen Wandel in der Ausrichtung
des Forschungsinteresses, gewissermaßen von einer Verschiebung des Fokus
der Beobachtung von einer Datenserie auf eine andere, so tritt wohl zum
Schluß eher hervor, daß es sich hierbei um einen durch die Ergebnisse der
empirischen Forschung angebahnten Wandel von soziologischer Theorie
und Allgemeiner Soziologie gleichzeitig handelt. Es ist hier nicht der Ort,
die damit auftauchenden Probleme aufzugreifen; das soll vielmehr im
Schlußkapitel des vorliegenden Handbuchs geschehen. Andererseits konnten
wir aber dies Kapitel nicht schließen, ohne auf die daraus sich herleitenden,
sehr weitreichenden Folgen hinzuweisen, die zweifellos die zukünftige
Forschung und Theorie gleichzeitig befruchten werden.

6. Ein vorläufiges Resultat dieser sich anbahnenden Neuorientierung der soziologischen Theorie ist in den mehrfachen ideologie-kritischen Ansätzen zu erblicken, denen einige bisher fraglos hingenommene Theoriestücke definitiv weichen mußten. Dazu gehört vor allem das auch von uns selbst zeitweise vertretene „Kontraktionsgesetz" *Emile Durkheims*, das wir durch eine viel differenziertere und den Daten besser entsprechende Betrachtungsweise ersetzt zu haben glauben. Methodisch ebenso wichtig ist die grundsätzliche Scheidung zwischen den verbreiteten Auffassungen, wie die Verhältnisse sein sollten, und wie sie tatsächlich sind. Die Lebensarbeit von *William J. Goode* hat die außerordentliche Fruchtbarkeit dieser methodisch höchst bedeutsamen Scheidung schlagend bewiesen, die sich als Kriterium in die Forschung selbst einschiebt und die ideologischen Wertausrichtungen der Akteure entlarvt. Das führt etwa zu einer starken Relativierung der Rechtssätze als Quelle der Erkenntnis, da diese doch nur die vorherrschenden Leitideen, nicht aber die wirklich befolgten Maximen darstellen. In diesem Sinne kann etwa bei extrem patriarchalischem Recht eine völlig andersartige Wirklichkeit bestehen (*R. König* 1951), genau so umgekehrt bei einer im wesentlichen gefährtenschaftlichen Familie in der realen Lebensgestaltung gleichzeitig eine extrem patriarchalische Wertausrichtung (*R. König* 1957). Die Realität selber erweist sich hier als perspektivisch vielfältig geschichtet, *was für die Zukunft eine viel häufigere Einsetzung der Mehrebenen-Analyse herausfordern wird*, wie *Erwin K. Scheuch* in Band 1 dieses Handbuchs (S. 174ff.) mit Recht bemerkt hat. Schon in ihrer bisherigen Ausgestaltung hat sich diese methodische Entwicklung als eminent fruchtbar erwiesen und dazu beigetragen, bisher als fraglos sicher angenommene Theoriestücke als Ideologien darzustellen. Ihre Funktion beschränkt sich aber nicht auf Kritik, sondern beweist sich recht eigentlich erst in einer differenzierteren Ausgestaltung der Forschung, insbesondere der Eröffnung kausaler Einsichten, ohne die letztlich alle Forschung unfruchtbar bleiben muß.

Ausgewählte Literatur

Ackermann, Nathan W., The Diagnosis of Neurotic Marital Interaction, in: Social Casework, Bd. 35 (1954).

Adams, Bert N., Structural Factors Affecting Parental Aid to Married Children, in: Journal of Marriage and the Family, Bd. 26 (1964).

Adams, Bert N., Kinship in an Urban Society, Chicago 1968.

Adler, Alfred, Menschenkenntnis, 5. Aufl., Zürich 1947, zuerst 1925.

Adler, Alfred, Die Technik der Individualpsychologie, II. Teil: Die Seele des schwererziehbaren Kindes, München 1930.

Ammar, Hamad, Growing up in an Egyptian Village, New York 1954.

Anderson, Nels (Hrsg.), Recherches sur la famille, Bd. 1 Tübingen 1956, Bd. 2 und 3 Göttingen 1957/58.

Angell, Robert C., The Family Encounters the Depression, New York 1936.

Anshen, Ruth (Hrsg.), The Family and Its Destiny, New York 1949.

Apple, Dorrian, The Social Structure of Grandparenthood, in: American Anthropologist, Bd. 58 (1956).

Arensberg, Conrad M., und *Solon T. Kimball*, Family and Community in Ireland, Cambridge, Mass., 1940.

Argelander, Annelies, und *Ilse Weitsch*, Aus dem Seelenleben verwahrloster Mädchen auf Grund ihrer Tagebuchaufzeichnungen, Jena 1933.

Ariès, Philippe, Histoire des populations Françaises et de leurs attitudes devant la vie depuis le XVIIIe siècle, Paris 1948.

Ariès, Philippe, Le XIXe siècle et la révolution des moeurs familiales, in: *R. Pringent* (Hrsg.) 1953.

Ariès, Philippe, L'enfant et la vie familiale sous l'Ancien Régime, Paris 1960.

Axelrod, Morris, Urban Structure and Social Participation, in: American Sociological Review, Bd. 21 (1956).

© Springer Fachmedien Wiesbaden GmbH, ein Teil von Springer Nature 2021
R. König, *Familiensoziologie*, René König Schriften. Ausgabe letzter Hand,
https://doi.org/10.1007/978-3-658-28247-9

Bakke, E.W., The Unemployed Worker. A Study of the Task of Making a Living without a Job, New Haven 1940.

Baldwin, Alfred L., Theories of Child Development, New York 1968.

Bales, Robert F., und *Philip E. Slater,* Role Differentiation in Small Decision-Making Groups, in: *T. Parsons* 1955.

Ballard, Lloyd V., Social Institutions, New York und London 1936.

Banfield, Edward C., The Moral Basis of a Backward Society, Glencoe, Ill., 1958.

Bardis, Panos D., Family Forms and Variations Historically Considered, in: *Harold T. Christensen* (Hrsg.) 1964.

Bardis, Panos D., The Family in Changing Civilizations, New York 1967.

Barron, Milton L., People Who Intermarry, Syracuse 1946.

Barron, Milton L., Research on Intermarriage, in: American Journal of Sociology, Bd. 57 (1951).

Baum, Marie, und *Alix Westerkamp,* Rhythmus des Familienlebens, Berlin 1931.

Baumert, Gerhard, Jugend der Nachkriegszeit, Darmstadt 1952.

Baumert, Gerhard, Untersuchungen zum Problem der Ehescheidung, DIVO, Frankfurt 1955.

Baumert, Gerhard, Some Observations on Current Trends in the German Family, in: Transactions of the Third World Congress of Sociology, Bd. 4, London 1956 a.

Baumert, Gerhard, Methoden und Resultate einer Untersuchung deutscher Nachkriegsfamilien, in: *Nels Anderson* (Hrsg.), Bd. 1, 1956 b.

Baumert, Gerhard, Changes in the Family and the Position of Older Persons in Germany, in: International Journal of Comparative Sociology, Bd. 1 (1960).

Baumert, Gerhard, und *Edith Hüninger,* Deutsche Familien nach dem Kriege, Darmstadt 1954.

Baumert, Gerhard, und *Eugen Lupri,* New Aspects of Rural-Urban Differences in Family Values and Family Structures, in: Current Sociology, Bd. 12 (1963).

Bayer, Alan E., The Psychoanalytic Frame of Reference in Family Study, in: *F. Ivan Nye* und *Felix M. Berardo* 1966.

Beau de Lomenie, Emmanuel, Les responsabilités des dynasties bourgeoises, 3 Bde., Paris 1943, 1947, 1953.

Becker, Howard, The Sorrow of Bereavement, in: Journal of Abnormal and Social Psychology, Bd. 27 (1932/ 33).

Becker, Howard, und *Reuben Hill* (Hrsg.), Family, Marriage and Parenthood, 2. Aufl., Boston 1955, zuerst 1948.

Becker, Walter, und *Walter Salewski,* Die Frühehe als Wagnis und Aufgabe, Neuwied 1963.

Beckmann, L., The Frequency of Regional Intermarriage in North Sweden, in: Acta Genetica et Statistica Medica, Bd. 9 (1959).

Beckmann, L., Breeding Patterns of a North Swedish Parish, in: Hereditas, Bd. 47 (1961).

Bell, Norman W., und *Ezra P. Vogel* (Hrsg.), A Modern Introduction to the Family, Glencoe, Ill., 1960.

Bell, Inge P., Woman in a Man-Made World, New York 1972.

Bell, Robert R., Studies in Marriage and the Family, New York 1968.

Bell, Wendell, und *Marion D. Boat,* Urban Neighborhoods and Informal Social Relations, in: American Journal of Sociology, Bd. 62 (1957).

Bellin, Sajmour S., Extended Family Relations in Later Years of Life, Dissertation, Columbia University, New York 1962 (bei *W. J. Goode* 1963 erwähnt).

Benedict, Ruth, Patterns of Culture, New York 1934; dtsch.: Urformen der Kultur, Reinbek bei Hamburg 1955.

Benedict, Ruth, The Chrysanthemum and the Sword. Patterns of Japanese Culture, Boston 1946.

Bernard, Jessie, Remarriage. A Study of Marriage, New York 1956.

Berndt, Ronald M., Marriage and the Family in Northeastern Arnhem Land, in: *M. F. Nimkoff* (Hrsg.) 1965.

Beshers, James M., Urban Social Structure, Glencoe, Ill., 1962.

Bettelheim, Bruno, The Children of the Dream, New York 1969.

Bičanić, Rudolf, Occupational Heterogeneity of Peasant Families in the Period of Accelerated Industrialization, in: Transactions of the Third World Congress of Sociology, Bd. 4, London 1956.

Bie, Pierre de, Budgets familiaux en Belgique (1957/58). Modes de vie dans trois milieux socio-professionnels, Louvain und Paris 1960.

Bie, Pierre de, Das neue Bild der Familie, in: Alphons Silbermann (Hrsg.), Militanter Humanismus. Von den Aufgaben der modernen Soziologie, Frankfurt 1966.

Bie, Pierre de, und *Claire Leplae,* La dyade conjugale, Bruxelles 1968.

Bie, Pierre de, Family Relationships: Symbiotic and Dominance Networks and Functions, in: *R. Hill* und *R. König* 1970.

Binder, Hans, Die uneheliche Mutterschaft, Bern 1941.

Blake, Judith, u.a., Family Structure in Jamaica, New York 1962.

Blood, Robert O., Jr., und *Donald M. Wolfe,* Husbands and Wifes. The Dynamics of Married Living, Glencoe, Ill., 1960.

Boigeol, Anne, Jacques Commaille, Marie Laurence Lamy, Alain Monnier, und *Louis Roussel,* Le divorce et les Français. I. Enquête d'opinion, Paris 1974.

Bolte, Karl Martin, Deutsche Gesellschaft im Wandel, Opladen 1966.

Bonač, Vladimir, Strukturwandlungen der jugoslawischen Familie, in: Kölner Zeitschrift für Soziologie und Sozialpsychologie, Bd. 12 (1960).

Bossard, James H. S., Residential Propinquity as a Factor in Marriage Selection, in: American Journal of Sociology, Bd. 38 (1932).

Bossard, James H. S., Marriage and Family, Philadelphia 1940.

Bossard, James H. S., The Law of Family Interaction, in: American Journal of Sociology, Bd. 50 (1945).

Bossard, James H. S., The Sociology of Child Development, New York 1954.

Bossard, James H. S., und *Eleanor St. Boll,* The Large Family System. An Original Study in the Sociology of Family Behavior, Philadelphia 1956.

Bott, Elizabeth, Family and Social Networks, London 1957.

Bower, Robert T., Television and the Public, New York 1973.

Bowerman, Charles E., Assortative Mating by Previous Marital Status: Seattle 1939-1946, in: American Sociological Review, Bd. 18 (1953).

Bowerman, Charles E., und *D. P. Irish,* Some Relationships of Stepchildren to Their Parents, in: Journal of Marriage and Family Living, Bd. 24 (1964).

Brams, Lucien, Structures sociales et familles ouvrières, in: Transactions of the Third World Congress of Sociology, Bd. 4, London 1956.

Brams, Lucien, Synthèse et conclusion, in: Sociologie comparée de la famille contemporaine, Paris 1955.

Braun, Rudolf, Industrialisierung und Volksleben, Erlenbach und Zürich 1960.

Bronfenbrenner, Urie, Two Worlds of Childhood: US and USSR, New York 1970.

Brown, Donald R. (Hrsg.), The Role and Status of Women in the Soviet Union, New York 1968.

Brun-Gulbrandsen, Sverre, Sex Roles and the Socialization Process, in: *Edmund Dahlström* (Hrsg.) 1967.

Bruner, Edward M., Medan: The Role of Kinship in an Indonesian City, in: *Bernard Farber* (Hrsg.) 1966.

Brunner, Otto, Das „ganze Haus" und die alteuropäische „Ökonomik", in: *Ferdinand Oeter* (Hrsg.) 1966.

Bumpass, Larry L., und *Charles F. Westhoff,* The Later Years of Child Bearing, Princeton, N. J., 1970.

Buomberger, F., Die schweizerische Ehegesetzgebung im Lichte der Statistik, 2. Aufl., Freiburg 1901.

Burgess, Ernest, The Family as a Unit of Interacting Personalities, in: The Family Bd. 7 (1926).

Burgess, Ernest, und *L. S. Cottrell,* Predicting Success and Failure in Marriage, Englewood Cliffs, N. J., 1939.

Burgess, Ernest, und *Harvey J. Locke,* The Family from Institution to Companionship, 2. Aufl., New York 1953, zuerst 1945.

Burgess, Ernest, und *Paul Wallin,* Homogamy in Social Characteristics, in: American Journal of Sociology, Bd. 49 (1943).

Burgess, Ernest, und *Paul Wallin,* Engagement and Marriage, Philadelphia 1953.

Calhoun, Arthur W., A Social History of the American Family from Colonial Times to the Present, 3. Aufl., 3 Bde., New York 1960, zuerst 1907-1919.

Calverton, Victor F., Bankruptcy of Marriage, London 1929.

Camilleri, Carmel, Etude sur l'intégration familiale du jeune Tunisien cultivé, in: Les cahiers de Tunisie, Bd. 33/5 (1961).

Camilleri, Carmel, Les rapports familiaux du jeune Tunisien de culture occidentale, in: Enfance (1962).

Camilleri, Carmel, Statut et rôles familiaux de la femme. Leur représentation dans des groupes de jeunes travailleuses Tunisiennes, in: Revue française de sociologie, Bd. 3 (1964).

Camilleri, Carmel, Les représentations éducatives dans les groupes de jeunes parents de Tunisie, in: Revue Tunisienne des scienes sociales, Bd. 3 (1965).

Camilleri, Carmel, Erhaltung der erzieherischen Aufgabe der Familie, in: Kölner Zeitschrift für Soziologie und Sozialpsychologie, Bd. 18 (1966 a).

Camilleri, Carmel, Les relations parents-enfants en Tunisie, Paris 1966 b.

Camilleri, Carmel, und *Burgess, Ernest,* Famille et modernité en Tunisie, in: Revue Tunisienne des sciences sociales, Bd. 4 (1967).

Carisse, Colette, Planification des naissances en milieu Canadien-Français, Montréal 1964.

Carter, Hugh, und *Paul C. Glick,* Marriage and Divorce, Cambridge, Mass., 1970.

Cavan, Ruth S., Unemployment – Crisis of the Common Man, in: Marriage and Family Living, Bd. 46 (1959).

Cavan, Ruth S., Marriage and Family in the Modern World, New York 1960.

Cavan, Ruth S., und *Katherine Ranck,* The Family and the Depression, Chicago 1938.

Centraal Bureau voor de Statistiek, Echtscheidingen in Nederland 1900-1957, Zeist 1958.

Centre National de la Recherche Scientifique, Sociologie comparée de la famille contemporaine, Paris 1955.

Cervantes, Lucius F., The Drop-Out. Causes and Cures, Ann Arbor, Mich., 1965.

Chalasiński, Jozef, Social and Cultural Aspects of Family Changes in Poland, in: *Nels Anderson* (Hrsg.), Bd. 3, 1958.

Chombart de Lauwe, Paul-Henry, La vie quotidienne des familles ouvrières, Paris 1956.

Chombart de Lauwe, Paul-Henry, La naissance des aspirations à des formes nouvelles de la famille, in: *Nels Anderson* (Hrsg.), Bd. 1, 1956.

Chombart de Lauwe, Paul- Henry, Famille et habitation, 2 Bde., Paris 1969.

Christensen, Harold T., Studies in Child Spacing: I – Premarital Pregnancy as Measured by the Spacing of the First Birth from Marriage, in: American Sociological Review, Bd. 18 (1953).

Christensen, Harold T., Value Variables in Pregnancy Timing. Some Intercultural Comparisons, in: *Nels Anderson* (Hrsg.), Bd. 3, 1958.

Christensen, Harold T., Cultural Relations and Premarital Sex Norms, in: American Sociological Review, Bd. 25 (1960).

Christensen, Harold T., A Cross-Cultural Comparison of Attitudes Toward Marital Infidelity, in: *John Mogey* (Hrsg.) 1963.

Christensen, Harold T. (Hrsg.), Handbook of Marriage and the Family, Chicago 1964.

Christensen, Harold T., und *Hanna H. Meissner,* Studies in Child Spacing: III – Premarital Pregnancy as a Factor in Divorce, in: American Sociological Review, Bd. 18 (1953).

Christoffel, Hans, Trieb und Kultur, Basel 1944.

Christopherson, Vandiver J. S., und *Maria Drenger,* The Married College Student, in: Marriage and Family Living, Bd. 22 (1960).

Claessens, Dieter, Familie und Wertsystem, 3. Aufl., Berlin 1967, zuerst 1962.

Claessens, Dieter, Die Familie in der modernen Gesellschaft, in: *Ferdinand Oeter* (Hrsg.) 1966.

Claessens, Dieter, und *Ferdinand W. Menne,* Zur Dynamik der bürgerlichen Familie und deren möglichen Alternativen, in: *G. Lüschen* und *E. Lupri* 1970.

Claessens, Dieter, und *Petra Milhoffer* (Hrsg.), Familiensoziologie. Ein Reader als Einführung, Frankfurt 1973.

Clark, Alma B., Economic Contributions Made by Families to Their Newly Married Children, in: Journal of Home Economics, Bd. 54 (1962).

Clarke, Alfred C., An Examination of the Operation of Residential Propinquity as a Factor in Mate Selection, in: American Sociological Review, Bd. 17 (1952).

Clausen, John A. (Hrsg.), Socialization and Society, Boston 1968.

Coale, Ansley J., Lloyd A. Fallers, Marion J. Levy, Jr., David M. Schneider und *Silvan S. Tomkins,* Aspects of the Analysis of Family Structure, Princeton, N. J., 1965.

Colcord, Joanna C., Broken Homes, New York 1919.

Collver, A., The Family Cycle in India and the United States, in: American Sociological Review, Bd. 28 (1963).

Croog, Sidney H., Aspects of the Cultural Background of Premarital Pregnancy in Denmark, in: Social Forces, Bd, 39 (1951).

Croog, Sidney H., Premarital Pregnancies in Scandinavia and Finland, in: American Journal of Sociology, Bd. 57 (1952).

Cumming, Elaine, und *David M. Schneider,* Sibling Solidarity: A Property of American Kinship, in: American Anthropologist, Bd. 63 (1961).

Curle, Adam, Kinship Structure in an English Village, in: Man, Bd. 100 (1952).

Dahlström, Edmund (Hrsg.), The Changing Roles of Men and Women, London 1967, zuerst schwedisch 1962.

Dahlström, Edmund (Hrsg.), Svenske samhöllsstruktur i sociologisk belysning, Stockholm 1965.

Damrin, Dora E., Family Size and Sibling Age, Sex and Position as Related to Certain Aspects of Adjustment, in: Journal of Social Psychology, Bd. 29 (1949).

Davie, M. R., und *R. J. Reeve,* Propinquity in Residence before Marriage, in: American Journal of Sociology, Bd. 44 (1939).

Davis, Kingsley, Illegitimacy and the Social Structure, in: American Journal of Sociology, Bd. 45 (1939 a).

Davis, Kingsley, The Forms of Illegitimacy, in: Social Forces, Bd. 18 (1939 b).

Davis, Kingsley, Children of Divorce, in: Law and Contemporary Problems, Bd. 10 (1944).

Davis, Kingsley, Statistical Perspective on Divorce, in: The Annals of the American Academy of Political and Social Sciences, Bd. 272 (1950).

Davy, Georges, La famille et la parenté d'après Durkheim, in: *G. Davy,* Sociologues d'hier et d'aujourd'hui, 2. Aufl., Paris 1950, zuerst 1931.

Dean, K. Imogen, und *M. W. Kargman,* Is there a Legal Conceptual Framework for the Study of the American Family?, in: *F. Ivan Nye* und *Felix M. Berardo* (Hrsg.) 1966.

Deenen, Bernd van, und *Albert Valtmann,* Die ländliche Familie unter dem Einfluß von Industrienähe und Industrieferne, Berlin 1961.

Demeerseman, André, La famille tunisienne et les temps nouveaux, Tunis 1967.

Dennis, Norman, Secondary Group Relationships and the Pre-Eminence of the Family, in: *John Mogey* (Hrsg.) 1963.

Dennis, Wayne, ,The Hopi Child', New York und London 1940.

Desai, I. P., The Joint Family in India, in: Sociological Bulletin, Bd. 5 (1956).

Desai, I. P., Some Aspects of the Family in Mahava: A Sociological Survey of Jointness in a Small Town, Bombay 1964.

Desforges, J., Le divorce en France. Etude démographique, Paris 1947.

Despert, J. Louise, Children of Divorce, New York 1953.

Detroit Area Study, A Social Profile of Detroit 1955, Ann Arbor, Mich., 1956.

Devereux, Edward C., Urie Bronfenbrenner und *George J. Suci,* Patterns of Parent-Behavior in the United States of America and the Federal

Republic of Germany, in: International Social Science Journal, Bd. 14 (1962/63).

Dodge, Norton T., Women in Soviet Economy, Baltimore 1966.

Dodson, F., Patterns of Voluntary Association among Urban Working Class Families, in: American Sociological Review, Bd. 16 (1951).

Dolci, Danilo, Un'inchiesta a Palermo, Turin 1956.

Dollard, John, The Family: Needed Viewpoints in Family Research, in: Social Forces, Bd. 35 (1935).

Doublet, Jacques, Parents et enfants dans la famille ouvrière, in: Sociologie comparée de la famille contemporaine, Paris 1955.

Douma, W. H., Het gezin op een verstedelijkend platteland, Wageningen 1961.

Du Bois, Cora, The People of Alor, Minneapolis, Minn., 1944.

Ducpétiaux, Edouard, Mémoire sur le paupérisme dans les Flandres, Paris 1850.

Dufrenne, Mikel, La personalité de base, Paris 1953.

Duplessis-Le Guelinel, G., Les mariages en France, Paris 1954.

Durkheim, Emile, Introducion à la sociologie de la famille, in: Annales de la Faculté des Lettres de Bordeaux, Bd. 10 (1888).

Durkheim, Emile, Origines du mariage dans l'espèce humaine d'après Westermarck, in: Revue Philosophique (1895).

Durkheim, Emile, Le problème de l'inceste et ses origines, in: Année sociologique, Bd. 1 (1896/97 a).

Durkheim, Emile, Besprechung von *J. Kohler,* Zur Urgeschichte der Ehe, in: Année Sociologique, Bd. 1 (1896/ 97 b).

Durkheim, Emile, Besprechung von *E. Grosse,* Die Formen der Familie und die Formen der Wirtschaft, in: Année Sociologique, Bd. 1 (1896 bis 1897 c).

Durkheim, Emile, Le suicide, Paris 1897.

Durkheim, Emile, Sur le totémisme, in: Année sociologique, Bd. 5 (1900/01).

Durkheim, Emile, Sur l'organisation matrimoniale des sociétés australiennes, in; Année sociologique, Bd. 8 (1903/04).

Durkheim, Emile, Les formes élémentaires de la vie religieuse, Paris 1912. ,

Durkheim, Emile, La famille conjugale, in: Revue Philosophique, Bd. 20 (1921).

Duvall, Evelyn M., Family Development, 4. Aufl., Philadelphia 1971, zuerst 1957.

Duvall, Evelyn M., In-Laws: Pro and Con, New York 1954.

Duvall, Evelyn M., Implications for Education Through the Family Life Cycle, in: Marriage and Family Living, Bd. 20 (1958).

Dyer, E. D., Parenthood as Crisis: A Re-Study, in: Marriage and Family Living, Bd. 25 (1963).

Eggan, Fred, The Social Organization of the Western Pueblos, Chicago 1950.

Eggan, Fred (Hrsg.), Social Anthropology of North American Tribes, 2. Aufl., Chicago 1955, zuerst 1937.

Egner, Erich, Epochen im Wandel des Familienhaushalts, in: *Ferdinand Oeter* (Hrsg.) 1966.

Eisenstein, Victor W., Neurotic Interaction in Marriage, Philadelphia 1953.

Eliot, Thomas D., Family Crises and Ways of Meeting them, in: *Howard Becker* und *Reuben Hill* (Hrsg.) 1948.

Eliot, Thomas D., Adjusting to the Death of a Loved One, in: *Ruth S. Cavan* (Hrsg.), Marriage and Family in the Modern World, New York 1960.

Elkin, Frederick, und *Gerald Handel,* The Child and Society: The Process of Socialization, 2. Aufl., New York 1972.

Elliott, Mabel A., und *Francis E. Merrill,* Social Disorganization, New York 1950, zuerst 1934.

Embree, John F., Thailand. A Loosely Structured Social System, in: American Anthropologist, Bd. 52 (1950).

Emge, Martinus, und *Dieter Smolinski,* Soziologie des Familienhaushaltes, Paderborn 1973.

Engels, Friedrich, Der Ursprung der Familie, des Privateigentums und des Staates, zuerst 1884.

Erikson, Erik H., Childhood and Society, 2. Aufl., New York 1963; dtsch.: Kindheit und Gesellschaft, Stuttgart 1961.

Erlich, Vera St., The Southern Slave Patriarchal Family, in: The Sociological Review, Bd. 32 (1940).

Erlich, Vera St., Phases in the Evolution of Family Life in Yugoslavia, in: The Sociological Review, Bd. 37 (1945).

Erlich, Vera St., Das erschütterte Gleichgewicht in der Familie, in: Kölner Zeitschrift für Soziologie und Sozialpsychologie, Bd. 12 (1960).

Erlich, Vera St., Family in Transition. A Study of 300 Yugoslav Villages, Princeton, N. J., 1965, zuerst serbokroatisch Zagreb 1964.

Farber, Bernard, Family Organization and Crisis: Maintenance of Interaction in Families with a Seriously Retarded Child, Monographs of the Society for Research in Child Development, Bd. 25 (1960); auch in: *William J. Goode* (Hrsg.) 1964.

Farber, Bernard, The Family Organization and Interaction, San Francisco 1964.

Farber, Bernard (Hrsg.), Kinship and Family Organization, New York 1966.

Feldmann, Harold A., A Report of Research in Progress in the Development of Husband-Wife Relationships, vervielfältigt Ithaca, N. Y., 1961.

Firth, Raymond, We, The Tikopia, London 1936.

Firth, Raymond (Hrsg.), Two Studies of Kinship in London, London 1956.

Flugel, John C., The Psychoanalytic Study of the Family, London 1921.

Foote, Nelson N., Housing Choices and Housing Constraints, New York 1960.

Fougeyrollas, Pierre, Prédominance du mari ou de la femme dans le ménage. Une enquête sur la vie familiale, in: Population, Bd. 6 (1951).

Frazier, E. Franklin, The Negro Family in the United States, Chicago 1939; rev. und gek. Aufl. Chicago 1966, zuerst 1948.

Freedman, Ronald, Gerhard Baumert und *Karl-Martin Bolte,* Expected Family Size and Family Size Values in West Germany, in: Population Studies, Bd. 13 (1959).

Freedman, Ronald, Pascal K. Whelpton und Arthur A. Campbell, Family Planning, Sterility and Population Growth, New York 1959.

Freyre, Gilberto, Casa Grande e Senzala, Rio de Janeiro 1933; dtsch.: Herrenhaus und Sklavenhütte, Köln 1965.

Friedeburg, Ludwig von, Die Umfrage in der Intimsphäre, Stuttgart 1953.

Fuller, Anne H., Buarij: Portrait of a Libanese Muslim Village, Cambridge, Mass., 1961.

Gamble, S. D., Ting Hsien. A North China Rural Community, New York 1954.

Garigue, Philippe, French Canadian Kinship and Urban Life, in: American Anthropologist, Bd. 58 (1956).

Garigue, Philippe, La vie familiale des Canadiens français, Montréal 1962.

Garigue, Philippe, Analyse du comportement familial, Montréal 1967.

Gastager, Heino und *Susanne,* Die Fassadenfamilie, München 1973.

Gaudemet, Jean, Les communautés familiales, Paris 1963.

Gebauer, Siegfried, Familie und Staat, Heidelberg und Berlin 1961.

Geiger, Kent, The Soviet Family, in: *M. F. Nimkoff* (Hrsg.) 1965.

Geismar, L. L., und *Michael A. La Sorte,* Understanding the Multi-Problem Family. A Conceptual Analysis and Exploration in Early Identification, New York 1964.

Gibbs, James L., Marital Instability among the Kpelle: Toward a Theory of Epainogamy, in: American Anthropologist, Bd. 65 (1963).

Gilmore, H. W., The Beggar, Chapel Hill, N. C., 1940.

Girard, Alain, Aspects statistiques du problème familial, in: Sociologie comparée de la famille contemporaine, Paris 1955.

Girard, Alain, Situation de la famille française contemporaine, in: Economie et Humanisme, Bd. 16 (1957).

Girard, Alain, Le choix du conjoint. Une enquête psychosociologique en France, Paris 1964.

Girard, Alain, und *L. Henry,* Les attitudes et la conjoncture démographique, in: Population, Bd. 11 (1956).

Gist, Noel P., Mate Selection and Mass Communication in India, in: Public Opinion Quarterly, Bd.17 (1953).

Glazer-Malbin, Nona (Hrsg.), Old Family, New Family. Interpersonal Relationships, New York 1975.

Glick, Paul C., The Family Cycle, in: American Sociological Review, Bd. 12 (1947).

Glick, Paul C., First Marriages and Remarriages, in; American Sociological Review, Bd. 14 (1949).

Glick, Paul C., The Life Cycle of the Family, in: Marriage and Family Living, Bd. 17 (1955).

Glick, Paul C., American Families, New York 1957.

Godefroy, J., und *C. Thoen*, Kriminaliteit en moraliteit onder Katholieken, in: Sociaal Kompas, Bd. 1 (1953).

Goode, William J., After Divorce, New York 1956.

Goode, William J., The Theoretical Importance of Love, in: American Sociological Review, Bd. 24 (1959).

Goode, William J., The Sociology of the Family, in: *R. K. Merton, L. Broom*, und *L. S. Cottrell, Jr.* (Hrsg.), Sociology Today, Problems and Prospects, New York 1959,

Goode, William J., Die Struktur der Familie, 2. Aufl., Köln und Opladen 1966, zuerst 1960 a.

Goode, William J., Illegitimacy in the Caribbean Social Structure, in: American Sociological Review, Bd. 25 (1960 b).

Goode, William J., Family Disorganization, in: *Robert K. Merton* und *Robert K. Nisbet* (Hrsg.), Contemporary Social Problems, New York 1961 a.

Goode, William J., Illegitimacy, Anomie and Cultural Penetration, in: American Sociological Review, Bd. 26 (1961 b).

Goode, William J., World Revolution and Family Patterns, Glencoe, Ill., 1963.

Goode, William J. (Hrsg.), Readings on the Family and Society, Englewood Cliffs, N. J., 1964.

Goode, William J., Soziologie der Familie, München 1967.

Goode, William J., Explorations in Social Theory, New York-London-Toronto 1973.

Goodfellow, D. M., Principles of Economic Sociology. The Economics of Primitive Life as Illustrated from the Bantu Peoples in South and East Africa, London 1939.

Goodsell, Willystine, A History of Marriage and the Family, New York 1935, zuerst 1915.

Gordon, Albert I., Intermarriage. Interfaith, Intersocial, Interethnic, Boston 1964.

Gordon, L., V. Klopov, und *E. Gruzdeva,* Stages of Life Cycle and Mode of Life of a Working Woman, Moskau 1972 (Soviet Sociological Association).

Gore, M. S., The Traditional Indian Family, in: *M. F. Nimkoff* (Hrsg.) 1965.

Górecki, Jan, Divorce in Poland, Den Haag-Paris 1970.

Gorer, Geoffrey Thomas, Himalayan Village, London 1938.

Gorer, Geoffrey Thomas, The American People. A Study in National Character, New York 1948; dtsch.: Die Amerikaner, Reinbek bei Hamburg 1956.

Gorer, Geoffrey Thomas, Themes in Japanese Culture, zuerst 1943; auch in: *Douglas G. Haring* (Hrsg.), Personal and Character and Cultural Milieu, rev. Ausg. Syracuse 1949.

Gorer, Geoffrey Thomas, The People of Great Russia, New York 1950.

Gorer, Geoffrey Thomas, Exploring English Character, London 1955.

Goslin, David A. (Hrsg.), Handbook of Socialization Theory and Research, Chicago 1969.

Gottschalch, Wilfried, Sozialisationsforschung, Frankfurt 1971.

Grasso, Pier Giovanni, Personalità giovanile in transizione, Zürich 1964.

Green, Arnold W., The Middleclass Male Child and Neurosis, in: American Sociological Review, Bd. 11 (1946).

Greenfield, Sidney M., Industrialization and the Family in Sociological Theory, in: American Journal of Sociology, Bd. 67 (1961).

Greer, Scott, Urbanism Reconsidered: A Comparative Study of Local Areas in a Metropolis, in: American Sociological Review, Bd. 21 (1956).

Grönseth, Erik, und *Per Olav Tiller,* Father Absence in Sailor Families and Its Impact upon the Personality Development and Later Social Adjustment of the Children, in: *Nels Anderson* (Hrsg.), Bd. 2, 1957.

Groth, Sepp, Kinder ohne Familie, München 1961.

Groves, E. R., und *Gladys H. Groves,* The Contemporary American Family, Philadelphia 1947.

Haack, Renate, Berufswahl vaterverwaister Mädchen, in: Kölner Zeitschrift für Soziologie und Sozialpsychologie, Bd. 7 (1955).

Haack, Renate, Berufswunsch und Berufswahl in familiensoziologischer Sicht, Dissertation, Köln 1958.

Habakkuk, H. J., Family Structure and Economic Change in Nineteenth-Century Europe, in: The Journal of Economic History, Bd. 15 (1955).

Habenstein, Robert W., und *Allan D. Coult,* The Function of Kinship in Urban Society, Kansas City 1965.

Haffter, Carl, Kinder aus geschiedenen Ehen, 2. ergänzte Auflage, Bern 1960, zuerst 1948.

Hajnal, J., Estimation of Total Family Size of Occupational Groups from the Distribution of Births by Order and Duration of Marriage, in: Population Studies, Bd. 2 (1948).

Hajnal, J., und *A. M. Henderson,* The Economic Position of the Family. Memoranda Presented to the Royal Commission, Papers of the Royal Commission on Population, Bd. V, London 1950.

Halbwachs, Maurice, Budgets de famille, in: Revue de Paris 1908.

Halbwachs, Maurice, La classe ouvrière et les niveaux de vie, Paris 1913.

Halbwachs, Maurice, La théorie de l'homme moyen. Essai sur Quételet et la Statistique morale, Paris 1913.

Halbwachs, Maurice, Budgets de familles ouvrières et paysannes en France en 1907, in: Bulletin de la Statistique générale de la France 1914.

Halbwachs, Maurice, Matière et société, in: Revue philosophique 1921.

Halbwachs, Maurice, Les Budgets de familles ouvrières aux Etats-Unis, in: Bulletin de la Statistique générale de la France 1931.

Halbwachs, Maurice, L'evolution des besoins dans les classes ouvrières, Paris 1933.

Hallowell, A. Irving, Culture, Personality, and Society, in: *Alfred C. Kroeber* (Hrsg.), Anthropology Today, Chicago 1953.

Hallowell, A. Irving, Psychology and Anthropology, in: *John Gillin* (Hrsg.), For a Science of Man, New York 1954.

Hamblin, Robert L., und *Robert O. Blood,* Premarital Experience and the Wife's Sexual Adjustment, in: Social Problems, Bd. 4 (1956).

Hamburger, Ludwig, Fragmentierte Gesellschaft. Die Struktur der Thai-Familie, in: Kölner Zeitschrift für Soziologie und Sozialpsychologie, Bd. 17 (1965).

Hansen, Donald A., und *Reuben Hill,* Families under Stress, in: *Harold T. Christensen* (Hrsg.) 1964.

Hanssen, Börje, Dimensions of Primary Group Structure in Sweden, in: *Nels Anderson* (Hrsg.), Bd. 1, 1956.

Harfouche, Jawal Karane, Social Structure of Low-Income Families in Lebanon, Beirut 1965.

Harmsen, H., Kinder aus unvollständigen Familien, in: Öffentlicher Gesundheitsdienst, Bd. 25 (1963).

Haumont, Nicole, Les pavillonnaires, Paris 1966.

Haury, P., L'evolution de la famille française, in: Revue de la psychologie des peuples, Bd. 2 (1947).

Heek, Frederik van, Het geboorteniveau der Nederlandse Rooms-Katholieken, Leiden 1954.

Heinz, Walter R., Sozialisationsforschung auf der Suche nach Theorie, in: Kölner Zeitschrift für Soziologie und Sozialpsychologie, Bd. 26 (1974).

Henry, L., Etude statistique sur l'espacement des naissances, in: Population, Bd. 3 (1951).

Henry, L., Mesure de la fréquence des divorces, in: Population, Bd. 4 (1952).

Henryon, C., und *E. Lambrechts,* Le mariage en Belgique, Bruxelles 1968.

Herskovits, Melville J., Economic Anthropology, New York 1952.

Herz, Robert D., und *Gerald Handel,* Family Worlds: A Psychological Approach to Family Life, Chicago 1959.

Hill, Morell C., Research on the Negro Family, in: Marriage and Family Living, Bd. 19 (1957).

Hill, Reuben, Plans for Strengthening Family Life, in: *Howard Becker* und *Reuben Hill* (Hrsg.) 1948.

Hill, Reuben, Families under Stress, New York 1949.

Hill, Reuben, Family Patterns in the Changing South, in: Transactions of the Third World Congress of Sociology, Bd. 4, London 1956.

Hill, Reuben, The Eddyville Story: Family and Personal Adjustment to the Rapid Urbanization of a Southern Town, in: *Nels Anderson* (Hrsg.), Bd. 2, 1957.

Hill, Reuben, Sociology of Marriage and Family Behaviour. A Trend Report, in: Current Sociology, Bd. 7 (1958).

Hill, Reuben, The Sociology of the Family, in: Current Sociology, Bd. 12 (1963/64).

Hill, Reuben, Methodological Issues in Family Development Research, in: Family Process, Bd. 3 (1964).

Hill, Reuben, Decision Making in the Family Life Cycle, in: *E. Shanas* und *G. F. Streib* (Hrsg.), 1965.

Hill, Reuben, Joel Moos, und *Claudine G. Wirth,* Eddyville's Families, hektogr., Chapel Hill, N. C., 1953.

Hill, Reuben, Alvin M. Katz, und *Richard L. Simpson,* An Inventory of Research in Marriage and Family Behavior: A Statement of Objectives and Progress, in: Marriage and Family Living, Bd. 19 (1957).

Hill, Reuben, J. M. Stycos, und *Kurt W. Back,* The Family and Population Control: A Puerto Rican Experiment in Social Change, Chapel Hill, N. C., 1959.

Hill, Reuben, und *Donald A. Hansen,* The Identification of Conceptual Frameworks Utilized in Family Studies, in: Marriage and Family Living, Bd. 22 (1960).

Hill, Reuben, und *Roy H. Rodgers,* The Developmental Approach, in: *Harold T. Christensen* (Hrsg.) 1964.

Hill, Reuben, und *René König* (Hrsg.), Families in East and West, Paris 1969.

Hill, Reuben, The Three Generation Technique for Studying Social Change, in *R. Hill* und *R. König* 1970 a.

Hill, Reuben, Family Development in Three Generations. A Longitudinal Study of Changing Family Patterns of Planning and Achievement, Cambridge, Mass., und London 1970 b.

Hobhouse, Leonard T., Morals in Evolution, 2 Bde., London 1906.

Höfig, Willi, Der deutsche Heimatfilm 1947-1960, Stuttgart 1973.

Hoenig, Chr., Die Stiefelternfamilie, in: Zeitschrift für Kinderforschung, Bd. 35 (1929).

Hofstee, E. W., Het Gezin in een veranderende wereld, Wageningen 1950.

Hofstee, E. W., Regionale verscheidenheid in de outwikkeling van het aantal geboorten in 2e helft van de 19e eeuw, Amsterdam 1954.

Hofstee, E. W., Rural Life and Rural Welfare in the Netherlands, Den Haag 1957.

Hofstee, E. W., und *G. A. Kooy,* Traditional Household and Neighbourhood Groups. Survivals of the Genealogical-Territorial Pattern in Eastern Parts of the Netherlands, in: Transactions of the Third World Congress of Sociology, Bd. 4, London 1956.

Hollingshead, August B., Class and Kinship in a Middle Western Community, in: American Sociological Review, Bd. 14 (1949).

Hollingshead, August B., Cultural Factors in the Selection of Marriage Mates, in: American Sociological Review, Bd. 15 (1950).

Hollingshead, August B., Elmtown's Youth, New York 1949.

Homans, George C., English Villagers of the Thirteenth Century, Cambridge, Mass., 1941.

Homans, George C., und *David M. Schneider,* Marriage, Authority and Final Causes, New York 1956.

Hoppe, Roland A., G. Alexander Milton, und *Edward C. Simmel* (Hrsg.), Early Experiences and the Process of Socialization, New York-London 1970.

Horkheimer, Max (Hrsg.), Autorität und Familie, Paris 1936.

Horkheimer, Max, Authoritarianism and the Family Today, in: *Ruth Anshen* (Hrsg.) 1949.

Horstmann, Kurt, Schwangerschaft und Eheschließung in: Internationale Union für Bevölkerungswissenschaft, Wien 1959.

Hughes, Everett C., French Canada in Transition, London 1946.

Irish, Donald P., Sibling Interaction: A Neglected Aspect in Family Life Research, in: Social Forces, Bd. 42 (1964); auch in: *Bernard Farber* 1966.

Ishwaran, K., Family Life in the Netherlands, Den Haag 1959.

Ishwaran, K., Lingayat Kinship, in: Journal of Asian and African Studies, Bd. 1 (1966).

Iverus, Ivar, Versuch einer Darstellung des Zusammenhangs zwischen Bevölkerungsentwicklung, Familienpolitik und öffentlicher Meinung in Schweden, Zürcher Dissertation, Helsinki 1953.

Jacobson, Paul H., Differentials in Divorce by Duration of Marriage and Size of Family, in: American Sociological Review, Bd. 15 (1950).

Jacobson, Paul H., American Marriage and Divorce, New York 1959.

Jahoda, Marie, Paul Lazarsfeld, und *Hans Zeisel,* Die Arbeitslosen von Marienthal, Bonn 1960 (zuerst 1933).

Jakobson, Peter, und *Adam P. Matheney, Jr.,* Mate Selection in Open Marriage Systems, in: *John Mogey* (Hrsg.) 1963.

Jennings, Hilda, Societies in the Making, London 1962.

Jörges, J., Psychiatrische Familiengeschichten, Berlin 1919.

Kammerer, Percy G., The Unmarried Mother, Boston 1923.

Kammeyer Kenneth C. W. (Hrsg.), Confronting the Issues: Sex Roles, Marriage and the Family, Boston 1975.

Kapadia, K. M., Marriage and Family in India, 2. Aufl., Bombay 1959.

Kapadia, K. M., The Family in Transition, in: Sociological Bulletin, Bd. 8 (1959).

Kardiner, Abraham, R. Linton, C. Du Bois, und *J. West,* The Psychological Frontiers of Society, New York 1945.

Karlsson, Georg, On Mate Selection, in: *John Mogey* (Hrsg.) 1963.

Katz, Alvin M., und *Reuben Hill,* Residential Propinquity and Marital Selection: A Review of Theory, Method and Fact, in: Marriage and Family Living, Bd. 20 (1958).

Kaufman, Irving, Alice L. Peck, und *Consuelo K. Tagiuri,* The Family Constellation and Overt Incestuous Relations between Father and Daughter in: American Journal of Orthopsychiatry, Bd. 24 (1954).

Kaufmann, Albert, Demographische Struktur und Haushalt- und Familienformen der Wiener Bevölkerung, Wien 1971.

Kenkel, William F., The Family in Perspective. A Fourfold Analysis, 3. Aufl., New York 1973, zuerst 1960.

Kephart, William M., Legal and Procedural Aspects of Marriage and Divorce, in: *Harold T. Christensen* (Hrsg.) 1964.

Kephart, William M., The Family, Society, and the Individual, Boston 1966.

Kephart, William M., und *P. Monahan,* Desertion and Divorce in Philadelphia, in: American Sociological Review, Bd. 17 (1952).

Kerckhoff, Alan C., Notes and Comments on the Meaning of Residential Propinquity as a Factor in Mate Selection, in: Social Forces, Bd. 34 (1956).

Kerckhoff, Alan C., Patterns of Homogamy and the Field of Eligibles, in: Social Forces, Bd. 42 (1964).

Kerckhoff, Alan C., Nuclear and Extended Family Relationships, in: *E. Shanas* und *G. F. Streib* (Hrsg.) 1965.

Kerckhoff, Alan C., und *Keith E. Davis,* Value Consensus and Need-Complementarity in Mate-Selection, in: American Sociological Review, Bd. 27 (1962).

Kinsey, Alfred C., u.a., The Sexual Behavior in the Human Male, Philadelphia 1948.

Kinsey, Alfred C., The Sexual Behavior in the Human Female, Philadelphia und London 1953.

Kipp, Hildegard, Die Unehelichkeit, Leipzig 1933.

Kirk, Kenneth E., Marriage and Divorce, London 1948.

Kirkpatrick, Clifford, The Family: As Process and Institution, 2. Aufl., New York 1963, zuerst 1955.

Kirkpatrick, Clifford, und *Theodore Caplow,* Courtship in a Group of Minnesota Students, in: American Journal of Sociology, Bd. 51 (1945).

Kloskowska, Antonina, Changing Family Models in the Popular Magazines in Poland, in: *Nels Anderson* (Hrsg.), Bd. 3, 1958.

Kluckhohn, Clyde, Mirror for Man. The Relation of Anthropology to Modern Life, New York 1949.

Kluckhohn, Clyde, Henry A. Murray und *David M. Schneider* (Hrsg.), Personality in Nature, Society, and Culture, 2. rev. Aufl., New York 1953, zuerst 1948.

Knabe, Erika, Frauenemanzipation in Afghanistan, Meisenheim 1976.

Kocka, Jürgen (Hrsg.), Historische Familienforschung, in: Geschichte und Gesellschaft, Bd. 1 (1975).

Koenig, Daniel J., und *Alan E. Bayer,* The Institutional Frame of Reference in Family Study, in: *F. Ivan Nye* und *Felix M. Berardo* (Hrsg.) 1966.

Koller, Marvin R., Residential and Occupational Propinquity, in: American Sociological Review, Bd. 13 (1948).

Komarowsky, Mirra, The Unemployed Man and His Family, New York 1940.

Komarowsky, Mirra, Functional Analysis of Sex Roles, in: American Sociological Review, Bd. 15 (1950).

Komarowsky, Mirra, Continuities in Family Research: A Case Study, in: American Journal of Sociology, Bd. 62 (1956).

Komarowsky, Mirra, Blue Collar Marriage, New York 1964, zuerst 1962.

König, René, Materialien zur Soziologie der Familie, 2. erweit. Aufl., Köln-Berlin 1974 a, zuerst 1946.

König, René, Überorganisation der Familie als Gefährdung der seelischen Gesundheit, in: *M. Pfister-Ammende* (Hrsg.), Die Psychohygiene, Bern 1949 (in: *R. König* 1974).

König, René, Abhängigkeit und Selbständigkeit in der Familie, in: *Leopold von Wiese* (Hrsg.), Abhängigkeit und Selbständigkeit im sozialen Leben, 2 Bde., Köln und Opladen 1951 (in: *R. König* 1974).

König, René, Probleme der Berufswahl von Mädchen aus unvollständigen Familien, in: *Nels Anderson* (Hrsg.), Bd. 1, 1956 a (in: *R. König* 1974).

König, René, Changes in the Western Family, in: Transactions of the Third World Congress of Sociology, Bd. 4, London 1956 b (in: *R. König* 1974).

König, René, Family and Authority: The German Father in 1955, in: The (British) Sociological Review, N. S., Bd. 5 (1957) (in: *R. König* 1974).

König, René, Alte Probleme und neue Fragen in der Familiensoziologie, in: Kölner Zeitschrift für Soziologie und Sozialpsychologie, Bd. 19 (1966 a) (in: *R. König* 1974).

König, René, Staat und Familie in der Sicht des Soziologen, in: Der Schutz der Familie, Schriftenreihe der niedersächsischen Landeszentrale für Politische Bildung, Bd. 8, Hannover 1966 b.

König, René, Das Problem der Frühehen, in: Krise der Ehe, München 1966 c (in: *R. König* 1974).

König, René, (Hrsg.), Soziologie, Neuausgabe, Frankfurt 1967 a, zuerst 1958.

König, René, Die Stellung der Frau in der modernen Gesellschaft, in: *O. Käser u.a.* (Hrsg.), Gynäkologie und Geburtshilfe, Bd. I, Stuttgart 1967 b (jetzt in: *R. König* 1974).

König, René, Art.: Familie und Familiensoziologie, in: *Wilhelm Bernsdorf* (Hrsg.), Wörterbuch der Soziologie, Stuttgart 1968 a.

König, René, Art.: Ehe und Ehescheidung, in: *Wilhelm Bernsdorf* (Hrsg.), Wörterbuch der Soziologie, Stuttgart 1968 b.

König, René, Die Rolle der Familie in der Gestaltung des Konsums, in: *Franz Schneider* (Hrsg.), Die Finanzen des privaten Haushalts, Frankfurt 1969.

König, René, Marcel Mauss, in: Kölner Zeitschrift für Soziologie und Sozialpsychologie, Bd. 27 (1972).

König, René, Sociological Introduction, in: International Encyclopedia of Comparative Law, vol. IV: The Family, Tübingen-Den Haag 1973.

König, René, Die Familie der Gegenwart. Ein interkultureller Vergleich, München 1974 b.

König, René, Spontane Gruppenbildung und marginale Gruppen in der Gesellschaft, in: *Ambros Uchtenhagen* (Hrsg.), Gruppentherapie und soziale Umwelt, Bern 1975.

König, René, Die Familie als kriminogenes Feld, in: Neue Perspektiven in der Kriminologie, Zürich 1975.

König, René, und *Axel Schmalfuß* (Hrsg.), Kulturanthropologie, Düsseldorf-Wien 1972.

Koos, Earl L., Families in Trouble, New York 1946.

Koos, Earl L., Class Differences in Family Reactions to Crisis, in: Marriage and Family Living, Bd. 12 (1950).

Koos, Earl L., Marriage, New York 1958.

Kooy, Gerrit Andries, Het veranderend gezin in Nederland. Een sociaalhistorische studie, Leerdam 1957.

Kooy, Gerrit Andries, The Traditional Household in a Modernized Rural Society, in: *Nels Anderson* (Hrsg.), Bd. 3, 1958.

Kooy, Gerrit Andries, De oude samenwoning of het nieuwe platteland, Assen 1959.

Kooy, Gerrit Andries, Een eeuw Boerenleven in Zuidoost-Transvaal, Wageningen 1965.

Kooy, Gerrit Andries, Rural Nuclear Family Life in Contemporary Western Society, in: *R. Hill* und *R. König* 1970.

Kooy, Gerrit Andries, und *M. Keuls*, Enforced Marriage in the Netherlands, Wageningen 1967.

Krause, Harry, Illegitimacy Law and Social Policy, Indianapolis 1971.

Kreutz, Henrik, Jugendgruppenbildung und Objektwahl, 2 Bde., Wiener Dissertation, vervielfältigt, Stuttgart 1964.

Krout, Maurice H., Typical Behavior Patterns in Twentysix Ordinal Positions, in: Journal of Genetic Psychology, Bd. 55 (1939).

Kruijt, J. P., Het Gezinsleven in verschillende delen van ons land, in: Theologie en Praktijk, Bd. 1 (1938).

Ktsanes, Thomas, und *Virginia Ktsanes*, The Theory of Complementary Needs in Mate-Selection, in: *R. F. Winch* und *Herbert R. Barringer* (Hrsg.) 1962.

Kühn, Evelyn, Die Entwicklung und Diskussion des Scheidungsrechts in Deutschland, Diss. Hamburg 1974.

Landis, Judson T., Marriages of Mixed and Non-Mixed Religious Faith, in: American Sociological Review, Bd. 14 (1949).

Landis, Judson T., und *Mary G. Landis*, Readings in Marriage and the Family, New York 1952.

Landis, Paul A., Sequential Marriage, in: Journal of Home Economics, Bd. 42 (1950).

Langenmayer, Arnold, Die Wirkung von partiellen Verlusten (insbesondere von Berufstätigkeit der Mutter) bei der Entstehung von speziellen Neurosestrukturen, in: Kölner Zeitschrift für Soziologie und Sozialpsychologie, Bd. 26 (1974).

Langenmayer, Arnold, Familiäre Umweltfaktoren und neurotische Struktur. Experimentelle Überprüfung einiger tiefenpsychologischer Hypothesen, Manuskript 1974.

Lansing, John B., und *Leslie Kish*, Family Life Cycle as an Independent Variable, in: American Sociological Review, Bd. 22 (1957).

Ledermann, Silly, Les divorces en France, in: Population, Bd. 3 (1948).

Leighton, Dorothy C., und *Clyde Kluckhohn*, Children of the People, Cambridge, Mass., 1948.

Le Masters, E. E., Parenthood as Crisis, in: Marriage and Family Living, Bd. 19 (1957).

Le Masters, E.E., Parents in Modern America. A Sociological Analysis, Homewood, Ill., 1970.

Leplae, Claire, Les fiançailles, Paris 1947.

LePlay, Frédéric, L'organisation de la famille, selon le vrai modèle signalé par l'histoire de toutes les races et tous les temps, Paris 1871.

Leslie, Gerald R., The Family in Social Context, New York-London-Toronto 1967.

Lévi-Strauss, Claude, The Family in: *H. L. Shapiro* (Hrsg.), Man, Culture, and Society, New York 1956.

Lévi-Strauss, Claude, Anthropologie structurale, Paris 1958.

Lévi-Strauss, Claude, Les formes élémentaires de la parenté, Paris 1949.

Levy, David M., Studies in Sibling Rivalry, in: American Orthopsychatric Association, Monograph Nr. 2, 1937.

Levy, David M., Maternal Over-Protection, New York 1943.

Levy, David M., Maternal Over-Protection and Rejection, in: Journal of Nervous and Mental Diseases, Bd. 73 (1931); auch in: *Judson T. Landis* und *Mary G. Landis* (Hrsg.) 1952.

Levy, Marion J., Jr., The Family Revolution in Modern China, Cambridge, Mass., 1949.

Levy, Marion J., Jr., The Structure of Society, Princeton, N. J., 1952.

Levy, Marion J., Jr., Some Questions About Parsons Treatment of the Incest Problem, in: British Journal of Sociology, Bd. 6 (1955).

Levy, Marion J., Jr., Contrasting Factors in the Modernization of China and Japan, in: *Simon Kuznets, Wilbert E. Moore,* und *Joseph J. Spengler* (Hrsg.), Economic Growth. Brazil, India, Japan, Durham, N. C., 1955.

Levy, Marion J., Jr., und *L. A. Fallers,* Family. Some Comparative Considerations, in: American Anthropologist, Bd. 61 (1959).

Lewandowski, Herbert, Ferne Länder, Fremde Sitten. Einführung in die vergleichende Sozialethnologie, Stuttgart 1958.

Lewin, Kurt, The Background of Conflict in Marriage, in: *Kurt Lewin,* Resolving Social Conflicts, New York 1948.

Lewis, Oscar, An Anthropological Approach to Family Studies, in: American Journal of Sociology, Bd. 55 (1950).

Lewis, Oscar, Village Life in Northern India, Urbana, Ill., 1958.

Lewis, Oscar, Five Families. Mexican Case Studies in the Culture of Poverty, New York 1959.

Lewis, Oscar, Tepoztlán, Village in Mexico. Case Studies in Cultural Anthropology, New York 1960.

Lewis, Oscar, The Children of Sánchez. Autobiography of a Mexican Family, New York 1961; dtsch.: Die Kinder von Sánchez, Düsseldorf und Wien 1963.

Lewis, Oscar, La Vida. A Puerto Rican Family in the Culture of Poverty, San Juan und New York 1966.

Lichtenberger, James P., Divorce. A Social Interpretation, New York 1931.

Liegle, L., Familie und Kollektiv im Kibbutz, Weinheim-Berlin-Basel 1971 a.

Liegle, L. (Hrsg.), Kollektiverziehung im Kibbutz, München 1971 b.

Linton, Ralph, The Study of Man, New York 1936.

Linton, Ralph, The Cultural Background of Personality, London 1947.

Litwak, Eugene, Three Ways in Which Law Acts as a Means of Social Control. Punishment, Therapy and Education, in: Social Forces, Bd. 34 (1956).

Litwak, Eugene, The Use of Extended Family Groups in the Achievement of Social Goals in: Social Problems, Bd. 7 (1959/60).

Litwak, Eugene, Geographical Mobility and Extended Family Cohesion, in: American Sociological Review, Bd. 25 (1960 a).

Litwak, Eugene, Occupational Mobility and Extended Family Cohesion, in: American Sociological Review, Bd. 25 (1960 b).

Litwak, Eugene, Voluntary Associoations and Neighborhood Cohesion, in: American Sociological Review, Bd. 26 (1961).

Litwak, Eugene, Extended Kin Relations in an Industrial Democratic Society, in: *E. Shanas* und *G. F. Streib* (Hrsg.) 1965.

Litwak, Eugene, und *I. Szelenyi,* Primary Group Structures and Their Functions: Kin, Neighbours and Friends, in: American Sociological Review, Bd. 34 (1969).

Litwak, Eugene, Technological Innovations and Ideal Forms of Family Structure, in: *R. Hill* und *R. König* 1970.

Locke, Harvey J., Georges Sabagh, und *Mary Margaret Thomes,* Interfaith Marriages, in: Social Problems, Bd. 4 (1957).

Löcsei, Pál, Rechtlich Geschiedene und tatsächlich Geschiedene im II. Budapester Bezirk. Untersuchung über den Familienstand der Partner zerrütteter Ehen, in: Kölner Zeitschrift für Soziologie und Sozialpsychologie, Bd. 19 (1967).

Lopata, Helen Z., The Life Cycle of the Social Role of the Housewife, in: *Marcello Truggi* (Hrsg.), Sociology and Everyday Life, Englewood Cliffs, N. J., 1968.

Lopata, Helen Z., Widowhood in an American City, New York 1972.

Lopata, Helen Z. (Hrsg.), Marriages and Family, New York 1973.

Lorenz, Jakob, Katholische Eheprobleme in der Schweiz, in: Schweizerische Rundschau, Bd, 30 (1930).

Lowie, Robert H., Toward Understanding Germany, Chicago 1954.

, *Eugen,* Industrialisierung und Strukturwandlungen in der Familie, in: Sociologia Ruralis, Bd. 5 (1965).

Lupri, Eugen, The German Family Today: A Study in Changing Authority Patterns, Dissertation Wisconsin 1967.

Lupri, Eugen, Contemporary Authority Patterns in the West German Family: A Study in Cross-National Validation, Publikation Nr. 22, Agricultural Experiment Station, Kansas State University, hektogr.

Lüschen, Günther, und *René König,* Jugend in der Familie, München 1965.

Lüschen, Günther, Familie und Verwandtschaft, in: *G. Lüschen* und *E. Lupri* 1971.

Lüschen, Günther, und *Eugen Lupri* (Hrsg.), Soziologie der Familie, Sonderheft 14 der Kölner Zeitschrift für Soziologie und Sozialpsychologie, Opladen 1971.

Lutyński, Jan, A Preliminary Draft of the Study of Marriages in Poland, unveröff. Manuskript, University of Lodz 1959.

MacGregor, Gordon, Warriors without Weapons, Chicago 1946.

McGregor, Oliver R., Divorce in England. A Centenary Study, Melbourne-London-Toronto 1957.

McIntyre, Jennie, The Structure Functional Approach to Family Study, in: *F. Ivan Nye* und *Felix M. Berardo* (Hrsg.) 1966.

McKinley, Donald Gilbert, Social Class and Family Life, New York 1964.

McNeil, Elton B., Human Socialization, Belmont, Cal., 1969.

Mace, David, und *Vera Mace*, The Soviet Family, New York 1963.

Madan, T. N., The Joint Family, in: *John Mogey* (Hrsg.) 1963.

Madge, John, The Origins of Scientific Sociology, London 1963.

Makarius, Laura, Les origines de l'exogamie et du totémisme, Paris 1961.

Makarius, Laura und *Raoul*, Essai sur l'origine de l'exogamie et de la peur de l'inceste, in: Année Sociologique, Troisième série 1955, Paris 1956.

Manco und *Rambaud*, Le rang de l'enfant dans la familie, in: Revue Française de psychoanalyse 1951.

Marris, Peter, Widows and their Families, London 1958.

Mayntz, Renate, Die moderne Familie, Stuttgart 1955.

Mead, Margaret, Coming of Age in Samoa, New York 1928.

Mead, Margaret, Growing Up in New Guinea, New York 1930.

Mead, Margaret, Family, in: Encyclopedia of the Social Sciences, Bd. 5/6, 2. Aufl., New York 1937, zuerst 1931.

Mead, Margaret, Sex and Temperament in Three Primitive Societies, 2. Aufl., New York 1950, zuerst 1935.

Mead, Margaret, And Keep Your Powder Dry, New York 1943; dtsch. ... und haltet euer Pulver trocken, München 1946.

Mead, Margaret, Separation and Marital Adjustment, in: Harper's Magazine, Bd. 190 (1945); auch in: *Judson T. Landis* und *Mary G. Landis* (Hrsg.) 1952.

Mead, Margaret, The Contemporary American Family as an Anthropologist Sees It, in: American Journal of Sociology, Bd. 53 (1948).

Mead, Margaret, Male and Female. A Study of the Sexes in a Changing World, New York 1949; dtsch.: Das Verhalten der Geschlechter in einer sich wandelnden Welt, Stuttgart 1955.

Michel, Andrée, Relations de parenté et relations de voisinage chez les menages ouvriers de la Seine, in: Cahiers Internationaux de sociologie, Bd. 17 (1954).

Michel, Andrée, Famille, industrialisation, logement, Paris 1959.

Michel, Andrée, Enquête sur la vie familiale des locataires des hôtels meublés de la Seine, in: Cahiers Internationaux de Sociologie, Bd.27 (1959).

Michel, Andrée, Fonctions et structures de la famille, in: Cahiers Internationaux de Sociologie, Bd. 29 (1960).

Michel, Andrée, Les aspects sociologiques de la notion de famille dans la législation familiale française, in: Année Sociologique. Troisième série 1960, Paris 1961.

Michel, Andrée, Bibliographie annotée: Famille, industrialisation, urbanisation, in: Current Sociology, Bd. 12 (1963/64).

Michel, Andrée, La famille urbaine et la parenté, in: *R. Hill* und *R. König* 1970.

Michel, Andrée, Sociologie de la famille et du mariage, Paris 1972.

Michel, Andrée, The Modernization of North African Families in the Paris Area, The Hague-Paris 1974.

Michot, Albert, Les-conditions d'existence des familles, in: Population, Bd. 3 (1948).

Mies, Maria, Indische Frauen zwischen Patriarchat und Chancengleichheit, Meilenheim a. Glan 1973.

Miller, Andreas, Die gewünschte Kinderzahl und die ideale Familiengröße, in: Züricher Statistische Nachrichten, Bd. 40 (1963).

Miller, Daniel R., und *Guy E. Swanson,* The Changing American Parent, New York 1958.

Miner, Horace, St. Denis. A French Canadian Parish, Chicago 1939.

Mitscherlich, Alexander, Der unsichtbare Vater, in: Kölner Zeitschrift für Soziologie und Sozialpsychologie, Bd. 7 (1955).

Mitscherlich, Alexander, Auf dem Weg zur vaterlosen Gesellschaft. Ideen zur Sozialpsychologie, 2. Aufl., München 1968, zuerst 1963.

Mogey, John M., Family and Neighborhood, Oxford 1956.

Mogey, John M., A Century of Declining Paternal Authority, in: Marriage and Family Living, Bd. 19 (1957).

Mogey, John M. (Hrsg.), Family and Marriage, Leiden 1963.

Mogey, John M., Sociology of Marriage and Family Behavior 1957-1968, in: Current Sociology, Bd. 17 (1970).

Monahan, Thomas P., The Trend in Broken Homes Among Delinquent Children, in: Marriage and Family Living, Bd. 19 (1957).

Monahan, Thomas P., Family Fugitives, in: Marriage and Family Living, Bd. 20 (1958 a).

Monahan, Thomas P., The Changing Nature and Instability of Remarriages, in: Eugenic Quarterley, Bd.5 (1958 b).

Monahan, Thomas P., Premarital Pregnancy in the United States. A Critical Review and Some New Findings, in: Eugenics Quarterly, Bd. 7 (1960).

Morgan, Edmund S., The Puritan Family, Boston 1944.

Morgan, James N., u.a., Income and Welfare in the United States, New York 1962.

Morgan, Lewis H., Systems of Consanguinity and Affinity of the Human Family, Washington 1871.

Morgan, Lewis H., Ancient Society, zuerst 1877; dtsch.: Stuttgart 1891.

Morgan, Winona L., The Family Meets the Depression, Minneapolis 1939.

Morsa, Jean, Notes sur la famille dans une localité du Brabant Wallon, in: *Nels Anderson* (Hrsg.), Bd. 1, 1956.

Moss, Joel J., und *Ruby Gingles,* The Relationship of Personality to the Incidence of Early Marriage, in: Marriage and Family Living, Bd. 21 (1959).

Moss, Leonard W., und *Stephan C. Capannari,* A Sociological and Anthropological Investigation of an Italian Rural Community, in: Transactions of the Fourth World Congress of Sociology, London 1959.

Moss, Leonard W., und *Stephan C. Capannari,* Patterns of Kinship, Comparaggio and Community in a South Italian Village, in: Anthropological Quarterly, 1960.

Mowrer, Ernest R., Family Disorganisation. An Introduction to a Sociological Analysis, Chicago 1939, zuerst 1927.

Mukerjee, Ramakrishna, On Classification of Family Structurs, in: *T. N. Madan* und *Gopala Sarana* (Hrsg.), Indian Anthropology, Bombay 1962.

Müller-Freienfels, Wolfram, Zur revolutionären Familiengesetzgebung, insbes. zum Ehegesetz der Volksrepublik China vom 1. Mai 1950, in: Ius Privatum Gentium, Tübingen 1969.

Murdock, George P., Social Structure, New York 1949.

Murdock, George P., Family Stability in Non-European Cultures, in: Annals of the American Academy of Political and Social Science, Bd. 272 (1950).

Musgrove, Frank, The Family, Education and Society, London 1966.

Myrdal, Alva, Folk och Famili, Stockholm 1941; engl.: Nation and Family, London und New York 1945.

Myrdal, Alva, und *Viola Klein,* Women's Two Roles, neue rev. Aufl., London 1968, zuerst 1956.

Nährich, Walter, Die Kriminalität des unehelich Geborenen, Bonn 1951.

Nahas, M. K., Married Life in Iraq, in: *Nels Anderson* (Hrsg.), Bd. 1, 1956.

Nakane, Chie, The Nayar Family in a Disintegrating Matrilineal System, in: *John Mogey* (Hrsg.) 1963.

Narain, Dhirendra, Interpersonal Relationship in the Hindu Family, in: *R. Hill* und *René König* 1970.

Nave-Herz, Rosemarie, Die Elternschule, Neuwied 1964.

Nave-Herz, Rosemarie, Soziologische Aspekte der Frühehe, in: Kölner Zeitschrift für Soziologie und Sozialpsychologie, Bd. 19 (1967).

Neidhardt, Friedhelm, Die Familie in Deutschland, 4. Aufl., Opladen 1975 (zuerst 1966).

Neugarten, Bernice L., und *Karol K. Weinstein,* The Changing American Grandparent, in: Journal of Marriage and the Family, Bd. 26 (1964).

Nickel, Paulena, J. Dorsey und *M. Rudolfson,* Management in Family Living, New York 1959.

Niemeyer, Annemarie, Zur Struktur der Familie. Statistische Materialien, Berlin 1931.

Niemi, Richard G., How Family Members Perceive Each other, New Haven und London 1974.

Nieminen, A., Premarital Pregnancy in Finland, in: Acta Sociologica (1964).

Nimkoff, Meyer F., The Family, Cambridge, Mass., 1936.

Nimkoff, Meyer F., Marriage and the Family, 2. Aufl., Boston, Mass., 1947.

Nimkoff, Meyer F. (Hrsg.), Comparative Family Systems, Boston 1965.

Nimkoff, Meyer F., The American Family, in: *M. F. Nimkoff* (Hrsg.) 1965.

Nizsalorszky, Endre, Order of the Family, Budapest 1968.

Nye, F. Ivan, Child Adjustment in Broken and in Unhappy Unbroken Homes, in: Marriage and Family Living, Bd. 19 (1957).

Nye, F. Ivan, und *Lois W. Hoffman,* The Employed Mother in America, Chicago 1963.

Nye, F. Ivan, und *Felix M. Berardo* (Hrsg.), Conceptual Frameworks in Family Analysis, New York und London 1966.

Oeter, Ferdinand (Hrsg.), Familie und Gesellschaft, Tübingen 1966.

Ogburn, William F., und *Clark Tibbitts,* Social Trends in the Family, in: *L. Hoover* (Hrsg.), Recent Social Trends in the United States, Bd. 2, New York 1937.

Ogburn, William F., und *Meyer F. Nimkoff,* Technology and the Changing Family, Cambridge, Mass., 1955.

Oppen, Dieter von, Familien in ihrer Umwelt, Köln und Opladen 1957.

Orenstein, Henry, The Recent History of the Extended Family in India, in: Social Problems, Bd. 8 (1961).

Parsons, Anne, Autorità patriarcale e autorità matriarcale nella famiglia napoletana, in: Quaderni di sociologia, N. S., Bd. 11 (1962).

Parsons, Talcott, The Kinship System of the Contemporary United States, in: *T. Parsons,* Essays in Sociological Theory, erw. Aufl., Glencoe, Ill., 1954, zuerst 1949; auch in: *Ruth Anshen* (Hrsg.) 1949.

Parsons, Talcott, The Incest Taboo in Relation to Social Structure and Socialization, in: The (British) Journal of Sociology, Bd. 5 (1954); dtsch. in: *Parsons, Talcott,* Beiträge zur soziologischen Theorie, Neuwied und Berlin 1964.

Parsons, Talcott, und *Robert F. Bales,* Family, Socialization and Interaction Process, Glencoe, Ill., 1955.

Parsons, Talcott, und *Renée C. Fox,* Illness, Therapy, and the Modern Urban American Family, in: Journal of Social Issues, Bd. 8 (1952).

Patai, Raphael, Sex and Family in the Bible and the Middle East, Garden City 1959.

Petot, Pierre, La famille en France sous l'Ancien régime, in: CNRS (Hrsg.), Sociologie comparée de la famille contemporaine, Paris 1955.

Pfeil, Elisabeth, Nachbarkreis und Verkehrskreis, in: *G. Ipsen* (Hrsg.), Daseinsformen der Großstadt, Tübingen 1959.

Pfeil, Elisabeth, Die Familie im Gefüge der Großstadt, Hamburg 1965.

Pfeil, Elisabeth, Die Großstadtfamilie, in: *G. Lüschen* und *E. Lupri* (Hrsg.), Soziologie der Familie, Sonderheft 14 der Kölner Zeitschrift für Soziologie und Sozialpsychologie, Opladen 1971; auch in: *D. Claessens* und *P. Milhoffer* 1973.

Pfeil, Elisabeth, und *Jeanette Ganzert,* Die Bedeutung der Verwandten für die großstädtische Familie, in: Zeitschrift für Soziologie, Bd. 2 (1973).

Phillips, Arthur (Hrsg.), Survey of African Marriage and Family Life, London 1953.

Pilon, Edmond, La vie de famille au XVIIIe siècle Paris 1941.

Pineo, Peter C., Disenchantment in the Later Years of Marriage, in: Marriage and Family Living, Bd. 23 (1961).

Pipping, Knut, Rudolf Abshagen, und *Anne-Eva Brauneck,* Gespräche mit der deutschen Jugend, Helsinki 1954.

Pitts, Jesse R., The Bourgeois Family and French Economic Retardation, unveröffentl. Dissertation, Harvard University 1958.

Pitts, Jesse R., Continuities and Changes in Bourgeois France, in: *S. Hoffmann* u.a. (Hrsg.), In Search of France, Cambridge, Mass., 1963.

Pitts, Jesse R., The Structural Functional Approach, in: *Harold T. Christensen* (Hrsg.) 1964.

Ponsioen, Johannes A., Changing Family Life in the Netherlands, Den Haag 1957.

Ponsioen, Johannes A., Gezinstypen, in: *Sjoerd Groenman, Willem R. Heere,* und *Emile V. W. Vercruijsse* (Hrsg.), Het sociale leven in al zijn facetten, Bd. 1, Assen 1958.

Pringent, Robert (Hrsg.), Renouveau des idées sur la famille, Paris 1954.

Prokopowicz, S. N., Rußlands Volkswirtschaft unter den Sowjets, Zürich 1944.

Pross, Helge, Gleichberechtigung im Beruf, Frankfurt 1973.

Quarantelli, Enrico L., A Note an the Protective Function of the Family in Disasters, in: Marriage and Family Living, Bd. 22 (1960).

Queen, Stuart A., und *Robert W. Habenstein* (Hrsg.), The Family in Various Cultures, 4. Aufl., Philadelphia 1974.

Racine, Aimée, Colette Somerhausen, Christian Debuyst, Gilberte Lejour, Gaston Renard, und *Leo de Bray,* La déchéance de la puissance paternelle en Belgique. Essai d'analyse sociologique, Brüssel 1969.

Radcliffe-Brown, Alfred R., und *Daryll Forde* (Hrsg.), African Systems of Kinship and Marriage, London 1950.

Raymond, R., N. Haumont, M. G. Raymond, und *A. Haumont,* L'habitat pavillonnaire, Paris 1966.

Rees, Alwyn D., Life in a Welsh Countryside, Cardiff 1959.

Rheinstein, Max, The Law of Family and Succession, in: *A. N. Yiannopulos* (Hrsg.), Civil Law in the Modern World, Baton Rouge, La., 1965.

Rheinstein, Max, Marriage Stability, Divorce, and the Law, Chicago 1972.

Rice, Ann Smith, An Economic Framework for Viewing the Family, in: *F. Ivan Nye* und *Felix M. Berardo* (Hrsg.) 1966.

Richter, Horst Eberhard, Die Gruppe, Reinbek 1962.

Richter, Horst Eberhard, Eltern, Kind, Neurose, Reinbek 1969 (zuerst 1963).

Richter, Horst Eberhard, Patient Familie, Entstehung, Struktur und Therapie von Konflikten in Ehe und Familie. Reinbek 1972.

Riehl, Wilhelm Heinrich, Die Familie, in: Die Naturgeschichte des Volkes als Grundlage einer deutschen Social-Politik, Bd. 3, Stuttgart 1855.

Riemer, Svend, The Modern City, New York 1952.

Riesman, David, und *Howard Roseborough,* Careers and Consumer Behavior, in: *Lincoln H. Clark* (Hrsg.), Consumer Behavior, New York 1955.

Rijksen, P., The Incomplete Family, in: *Nels Anderson* (Hrsg.), Bd. 2, 1957.

Robb, J. H., Experiences with Ordinary Families, in: British Journal of Medical Psychology, Bd. 26 (1953).

Robins, Lee N., und *Miroda Tomanec,* Closeness to Blood Relatives Outside the Immediate Family, in: Marriage and Family Living, Bd. 24 (1962).

Rodgers, Roy H., Toward a Theory of Family Development, in: Journal of Marriage and Family, Bd. 26 (1964).

Rodman, Hyman, Marriage, Family and Society, New York 1965.

Rodman, Hyman, Talcott Parsons' View of the Changing American Family, in: *H. Rodman* 1965.

Rodman, Hyman, Mate Selection: Incest Taboos, Homogamy, and Mixed Marriags, in: *H. Rodman* 1965.

Rodnick, David, Post-War Germans: An Anthropologist's Account, New Haven 1948.

Rogers, E. M., The Effects of Campus Marriages an Participation in College Life, in: College and University, Bd. 34 (1958).

Rogers, E. M., und *H. Sebald,* A Distinction Between Familism, Family Integration and Kinship Orientation, in: Marriage and Family Living, Bd. 24 (1962).

Ronge, Anna, Die Umwelt der Nachkriegskinder, München 1967.

Rosenmayr, Leopold, Die Wiener Familie der Gegenwart, in: *Nels Anderson* (Hrsg.), Bd. 3, 1958.

Rosenmayr, Leopold, Selected Problems of the Family in Urban and Rural Austria, in: International Journal of Comparative Sociology, Bd. 1 (1960).

Rosenmayr, Leopold, und *Eva Köckeis,* A Method to Assess Living Arrangements and Housing Problems of the Aged, Bericht für International Social Science Research Seminar in Gerontology, Markarvd (Sweden) 1963.

Rosenmayr, Leopold, Familienbeziehungen und Freizeitgewohnheiten jugendlicher Arbeiter, Wien 1963.

Rosenmayr, Leopold, Chancen der Ehekultur heute, in: Krise der Ehe? München 1966.

Rosenmayr, Leopold, Ist die moderne Familie eine „Problemfamilie", in: *H. Asperger,* und *F. Haider* (Hrsg.), Das Werden sozialer Einstellungen in Familie, Schule und anderen Sozialformen, Wien 1974.

Rosenthal, Gilbert S. (Hrsg.), The Jewish Family in a Changing World, New York-London 1970.

Ross, Aileen D., The Hindu Family in Its Urban Settings, Toronto 1961.

Rossi, Peter H., Why Families Move, Glencoe, Ill., 1955.

Rowe, George P., The Developmental Conceptual Framework to the Study of the Family, in: *F. Ivan Nye* und *Felix M. Berardo* (Hrsg.) 1966.

Rowe, George P., Improvements in the Construction and Analysis of Family Life Cycle Categories, Kalamazoo, Mich., 1962.

Saal, C. D., Het gezinsleven in Nederland, met name ten plattelande, in: Sociologisch Jaarboek, Bd. 5 (1951).

Saal, C. D., Causes of the Delay in Western European Family Research and Some Notes of the Investigation of the Dutch Rural Family, in: *Nels Anderson* (Hrsg.), Bd. 1, 1956.

Saal, C. D., Het Boerengezin in Nederland, Assen 1958.

Saller, Karl, Sexualität und Sitte in der vorindustriellen Zeit, in: *Ferdinand Oeter* (Hrsg.) 1966.

Salomon, Alice, und *Marie Baum* (Hrsg.), Das Familienleben in der Gegenwart, Berlin 1930.

Savorgnan, Franco R., La scelta matrimoniale, Ferrara 1924.

Schadendorf, Barbara, Uneheliche Kinder, München 1964.

Schaffner, Bertram, Fatherland. A Study of Authoritarianism in the German Family, New York 1948.

Schelsky, Helmut, Die gegenwärtige Problemlage der Familiensoziologie, in: *K. G. Specht* (Hrsg.), Soziologische Forschung in unserer Zeit, Köln 1951.

Schelsky, Helmut, Die Flüchtlingsfamilie, in: Kölner Zeitschrift für Soziologie und Sozialpsychologie, Bd. 3 (1951).

Schelsky, Helmut, Wandlungen der deutschen Familie in der Gegenwart, 5. Aufl., Stuttgart 1967, zuerst 1953.

Scheuch, Erwin K., Family Cohesion in Leisure Time, in: UNESCO-Institute for Education (Hrsg.), Evolution of the Forms and Needs of Leisure, Hamburg 1962.

Scheuch, Erwin K., Mißverständnisse über die Ehe, in: Krise der Ehe?, München 1966.

Schlesinger, Benjamin, The Multi-Problem Family. A Review and Annotated Bibliography, Toronto, Ont., 1963.

Schlesinger, Rudolf, Changing Attitudes in Soviet Russia: The Family, London 1949.

Schmölders, Günter, Der private Haushalt als Gegenstand der Verhaltensforschung, in: *Franz Schneider* (Hrsg.), Die Finanzen des privaten Haushalts, Frankfurt 1969.

Schmucker, Helga, Die ökonomische Lage der Familie in der Bundesrepublik Deutschland, Stuttgart 1961.

Schmucker, Helga, Das Kind als Kostenfaktor, in: *Ferdinand Oeter* (Hrsg.) 1966.

Schneider, Annerose, Expressive Verkehrskreise, in: *G. Lüschen* und *E. Lupri* (1970).

Schneider, David M. und *George C. Homans,* Kinship Terminology and the American Kinship System, in: American Anthropologist, Bd. 57 (1955).

Schottländer, Felix, Die Mutter als Schicksal, Stuttgart 1949.

Schubnell, Hermann, Was kann die amtliche Statistik zu familiensoziologischen Untersuchungen beitragen?, in: Kölner Zeitschrift für Soziologie und Sozialpsychologie, Bd. 27 (1975).

Schücking, Levin L., Die puritanische Familie in literatur-soziologischer Sicht, 2. Aufl., Bern und München 1964.

Schwägler, Georg, Soziologie der Familie. Ursprung und Entwicklung, 2. Aufl. Tübingen 1975 (zuerst 1970).

Sears, Robert R., Survey of Objective Studien of Psychoanalytic Concepts, in: Social Science Research Bulletin, Bd. 51 (1943).

Sears, Robert R., The Ordinal Position in the Family as a Psychological Variable, in: American Sociological Review, Bd. 15 (1950).

Sears, Robert R., Eleanore E. Maccoby, und *Harry Levin,* Patterns of Child Rearing, New York 1957.

Segalen, Martine, Nuptialité et alliance, Paris 1972.

Sgritta, Giovanni, Battista, La società, la famiglia e i processi di socializzazione, Roma 1975.

Shanas, Ethel, Family Relationships of Older People, New York 1961.

Shanas, Ethel, und *Gordon F. Streib* (Hrsg.), Social Structure and the Family, Englewood Cliffs, N. J., 1965.

Sharp, H., und *M. Axelrod,* Mutual Aid among Relatives in Urban Populations, in: *Ronald Freedman* u.a. (Hrsg.), Principles of Sociology, New York 1956.

Shaw, L. A., Impressions of Family Life in a London Suburb, in: The Sociological Review, N. S., Bd. 2 (1954).

Sicard, Emile, La Zadruga sud-slave, Paris 1943.

Sicard, Emile, Etudes de sociologie et de droit slaves, Paris 1949.

Sicard, Emile, De la communauté domestique dite de „Zadruga" à la coopérative kolchosienne, in: Revue d'économie politique, Bd. 63 (1953).

Silbermann, Alphons, und *Udo Michael Krüger,* Abseits der Wirklichkeit. Das Frauenbild in deutschen Lesebüchern, Köln 1971.

Simpson, George, Empiricism and Psychoanalysis in the Sociology of the Family, in: Marriage and Family Living, Bd. 19 (1957).

Simpson, George, People in Families, New York 1960.

Sirjamaki, John, Cultural Configurations in the American Family, in: American Journal of Sociology, Bd. 53 (1948).

Sirjamaki, John, The American Family in the Twentieth Century, Cambridge, Mass., 1953.

Sirjamaki, John, The Institutional Approach, in: *H. Christensen* (Hrsg.) 1964.

Sjoberg, Gideon, The Preindustrial City. Past and Present, Glencoe, Ill., 1960.

Slater, Philip Eliot, Parental Role Differentiation, in: American Journal of Sociology, Bd. 67 (1961).

Slater, Philip Eliot, und *Moya Woodside,* Patterns of Marriage, London 1951.

Smelser, Neil, Social Change in the Industrial Revolution, Chicago 1959.

Smith, William, The Stepchild, in: American Sociological Review, Bd.10 (1945).

Smith, William, The Stepmother, in: Sociology and Social Research, Bd. 33 (1949).

Smith, William, The Stepchild, Chicago 1953.

Spiro, Melford E., Is the Family Universal? – The Israeli Case, in: American Anthropologist, Bd. 56 (1954); mit einem ergänzenden Nachwort von 1958 in: *Norman W. Bell* und *Ezra F. Vogel* (Hrsg.) 1960.

Spiro, Melford E., Kibbutz. Venture in Utopia, Cambridge, Mass., 1956.

Spiro, Melford E., Children of the Kibbutz, Cambridge, Mass., 1958.

Stampfli, Lucie, Die unvollständige Familie, Zürich 1951.

Stanojčić, Ilija, Facteurs fondamentaux agissant sur le changement des rapports familiaux en Yougoslavie, in: Transactions of the Third World Congress of Sociology, Bd. 3, London 1957.

Stehouwer, Jan, Relations between Generations and the Three-Generation Household in Denmark, in: *E. Shanas* and *G. F. Streib* (Hrsg.) 1965.

Stephens, William N., The Family in Cross-Cultural Perspective, New York 1963.

Stoetzel, Jean, Les Changements dans les fonctions familiales, in: *R. Pringent* (Hrsg.) 1953.

Stoetzel, Jean, Les attitudes et la conjoncture démographique: la dimension idéale de la famille, in: Proceedings of the World Population Conference 1954, New York 1955 a.

Stoetzel, Jean, Without the Chrysanthemum and the Sword, Attitudes of Youth in Post-War Japan, London 1955 b.

Stolz, Lois, Effects of Maternal Employment on Children. Evidence from Research, in: Child Development, Bd. 31 (1960).

Storbeck, Dietrich, Die Familienpolitik der SED und die Familienwirklichkeit in der DDR, in: *P. Ch. Ludz* (Hrsg.), Studien und Materialien zur Soziologie der DDR, Sonderheft 8 der Kölner Zeitschrift für Soziologie und Sozialpsychologie, 2. Aufl. Köln und Opladen 1972 (zuerst 1964).

Stryker, Sheldon, The Interactional and Situational Approaches, in: *Harold T. Christensen* (Hrsg.) 1974.

Sullivan, Harry S., Interpersonal Theory of Psychiatry, New York 1953.

Sussmann, Marvin B., The Help Pattern in the Middle-Class Family, in: American Sociological Review, Bd. 18 (1953 a).

Sussman, Marvin B., Parental Participation in Mate Selection and its Effects upon Family Continuity, in: Social Forces, Bd. 32 (1953 b).

Sussmann, Marvin B., Family Continuity: Selective Factors which Affect Relationship between Families at Generation Levels, in: Marriage and Family Living, Bd. 16 (1954).

Sussmann, Marvin B., The Isolated Nuclear Family: Fact or Fiction?, in: Social Problems, Bd. 6 (1959).

Sussmann, Marvin B., Relationships of Adult Children with Their Parents in the United States, in: *E. Shanas* und *G. F. Streib* (Hrsg.) 1965.

Sussmann, Marvin B., und *Clyde R. White,* Hough: A Study of Social Life and Change, Cleveland, Ohio, 1959.

Sussmann, Marvin B., und *Lee G. Burchinal,* Parental Aid to Married Children: Implications for Family Functioning, in: Marriage and Family Living, Bd. 24 (1962 a).

Sussmann, Marvin B., Kin Family Network: Unheralded Structure in Current Conceptualization of Family Functioning, in: Marriage and Family Living, Bd. 24 (1962 b); auch in *Bernard Farber* (Hrsg.) 1966.

Sussmann, Marvin B., und *Sherwood B. Slater,* Re-Appraisal of Urban Kin Networks: Empirical Evidence, Vortrag bei der American Sociological Association, Los Angeles 1963.

Sutter, Jean, Evolution de la distance séparant le domicile des futurs époux, in: Population, Bd. 13 (1958).

Sutter, Jean, und *L. Tabah,* Fréquence et répartition des mariages consanguins en France, in: Population, Bd. 3 (1948).

Svalastoga, Kaare, The Family in the Mobility Process, in: *Nels Anderson* (Hrsg.), Bd. 3, 1958.

Szczepański, Jan, Polish Society, New York 1970.

Tabah, Frédéric, Niveau de vie des familles suivant le nombre d'enfants, in: Population, Bd. 6 (1951).

Talmon-Garber, Yonina, The Family in Israel, in: Marriage and Family Living, Bd. 16 (1954).

Talmon-Garber, Yonina, The Family in Collective Settlements, in: Transactions of the Third World Congress of Sociology, Bd. 4, London 1956.

Talmon-Garber, Yonina, Social Structure and Family Size, in: Human Relations, Bd. 12 (1959).

Talmon-Garber, Yonina, Social Change and Family Structure, in: International Social Science Journal, Bd. 14 (1962).

Talmon-Garber, Yonina, Social Change and Kinship Ties, in: *R. Hill* und *R. König* 1970.

Tappe, Friedrich, Soziologie der japanischen Familie, Münster 1955.

Tavuchis, Nicholas, und *William J. Goode* (Hrsg.), The Family through Literature, New York 1975.

Thomas, William I., The Unadjusted Girl, Boston 1923.

Thomas, William I., und *Florian Znaniecki,* The Polish Peasants in Europe and America, 5 Bde., New York 1918/20; neue Ausg. in 2 Bden., New York 1958.

Thompson, Laura, und *Alice Joseph,* The Hopi Way, Chicago 1944.

Thurnwald, Hilde, Gegenwartsprobleme Berliner Familien. Eine Untersuchung an 498 Familien, Berlin 1948.

Thurnwald, Richard, Wesen, Wandel und Gestaltung von Familie, Verwandtschaft und Bünden, Berlin 1932.

Tiller, Per Olav, Parental Role Decision and the Child's Personality Development, in: *Edmund Dahlström* (Hrsg.) 1967.

Tillion, Germaine, Le Harem et les cousins, Paris 1966.

Toman, Walter, Family Constellation as a Basic Personality Determinant, in: Journal of Individual Psychology, Bd. 25 (1959).

Toman, Walter, Family Constellation, New York 1961; dtsch.: Familienkonstellationen. Ihr Einfluß auf den Menschen und seine Handlungen, München 1965.

Toman, Walter, Duplication Theorem of Social Relationships as Tested in the General Population, in: Psychological Review, Bd. 78 (1971).

Toman, Walter, Family Constellation, 2. Aufl., New York 1969; dtsch.: Familienkonstellationen. Ihr Einfluß auf den Menschen und seine Handlungen, 2. Aufl., München 1974.

Toman, Walter und *Siegfried Peiser,* Familienkonstellationen und ihre Strömungen, Stuttgart 1973.

Tönnies, Ferdinand, Uneheliche und verwaiste Verbrecher, Leipzig 1930.

Townsend, Peter, The Family Life of Old People. An Enquiry in East London, London 1957.

Trimbos, C. J., Enige gedachten over verloving en sexualiteit, in: Dux, Bd. 26 (1959).

Trimbos, C. J., Gedachten over sexuele omgangsvormen bij verloofden, in: Dux, Bd. 31 (1964).

Truxal, Andrew G., und *Francis E. Merrill,* Marriage and the Family in American Culture, Englewood Cliffs, N. J., 1953.

Turner, Ralph H., Family Interaction, New York 1970.

Turowski, Jan, Differentiation and Changes in the Polish Family and the Theory of Nuclear Familie, in The Polish Sociological Bulletin, 1-2 (1972).

Underhill, Ruth M., The Papago Family, in: *Meyer F. Nimkoff* (Hrsg.) 1965.

Vincent, Clark E., Unmarried Nothers, New York 1961.

Vogel, Ezra F., The Japanese Family, in: *Meyer F. Nimkoff* (Hrsg.) 1965.

Vogel, Ezra F., und *Norman W. Bell,* The Emotionally Disturbed Child as the Family Scapegoat, in: *Norman W. Bell* und *Ezra F. Vogel* (Hrsg.) 1960.

Waller, Willard, The Family. A Dynamic Interpretation, New York 1938.

Waller, Willard, und *Reuben Hill,* The Family. A Dynamic Interpretation, New York 1951.

Walter, Emil J., Kritik einiger familiensoziologischer Begriffe im Lichte der politischen Arithmetik, in: Schweizerische Zeitschrift für Volkswirtschaft und Statistik, Bd. 27 (1961).

Warner, William L., A Black Civilization. A Social Study of an Australian Tribe, rev. Ausg. New York 1958, zuerst 1937.

Warner, William L., Vorwort zu: *Conrad M. Arensberg,* und *Solon T. Kimball,* Family and Community in Ireland, Cambridge, Mass., 1940.

Warner, William L., und *Paul S. Lunt,* The Social Life of a Modern Community, New Haven 1941.

Weber, Marianne, Ehefrau und Mutter in der Rechtsentwicklung, Tübingen 1907.

Weber-Kellermann, Ingeborg, Die deutsche Familie. Versuch einer Sozialgeschichte, Frankfurt 1974.

Wells, J. Gipson (Hrsg.), Current Issues in Marriage and the Family, New York-London 1975.

Westermarck, Edward, The History of Human Marriage, 5. Aufl., 3 Bde., London 1921.

Westermarck, Edward, The Future of Marriage in Western Civilisation, London 1936.

Westoff, Charles, Robert G. Potter, Jr., und *Philip C. Sagi,* The Third Child. A Study in the Prediction of Fertility, Princeton, N. J., 1963.

Whelpton, Pascal K., und *Clyde V. Kiser,* Social and Psychological Factors Affecting Fertility, 5 Bde., New York 1946-1958.

Whiting, Beatrice B. (Hrsg.), Six Cultures. Studies of Child Rearing, New York und London 1963.

Whiting, John, Becoming a Kwoma, New Haven 1941.

Whiting, John, und *Irvin L. Child,* Childtraining and Personality, New Haven 1953.

Wikman, K. Robert V., Die Einleitung der Ehe, Abo 1937.

Willems, Emilio, Neuere Tendenzen sozial-anthropologischer Forschung, in: *Karl G. Specht* (Hrsg.), Soziologische Forschung in unserer Zeit, Köln 1951.

Willems, Emilio, The Structure of the Brazilian Family, in: Social Forces, Bd. 31 (1953).

Willems, Emilio, On Portuguese Family Structure, in: *John Mogey* (Hrsg.) 1963.

Williams, Robin M., Jr., American Society. A Sociological Interpretation, 2. Aufl., New York 1965, zuerst 1952.

Williams, W. M., Kinship and Farming in West Cumberland, in: Man, Bd. 25 (1956).

Willmott, Peter, und *Michael Young,* Family and Class in a London Suburb, London 1960.

Winch, Robert F., The Modern Family, New York 1952, 2. Aufl. 1963.

Winch, Robert F., Mate Selection. A Study of Complementary Needs, New York 1958.

Winch, Robert F., Identification and its Familial Determinants, Indianapolis 1962.

Winch, Robert F., Determinants of Interpersonal Influence in the Late Adolescent Male: Theory and Design of Research, in: *R. Hill* und *R. König* 1970.

Winch, Robert F., und *Robert Mc Ginnis* (Hrsg.), Marriage and the Family, New York 1953.

Winch, Robert F., und *Herbert R. Barringer* (Hrsg.), Selected Studies in Marriage and the Family, New York 1962.

Wolf, Ernst, Gerhard Lüke, und *Herbert Hax,* Scheidung und Scheidungs-recht, Tübingen 1959.

Wolfenstein, Martha, Trends in Infant Care, in: American Journal of Orthopsychiatry, Bd. 23 (1953); erw. auch in: *H. Rodman* 1965.

Woodside, Moya, Selective Mating. Courtship and Mating in an Urban Community, in: Eugenics Review, Bd. 33 (1946).

Wurzbacher, Gerhard, Leitbilder gegenwärtigen deutschen Familienlebens, 3. Aufl., Stuttgart 1958, zuerst 1952.

Wurzbacher, Gerhard (Hrsg.), Der Mensch als soziales und personales Wesen, 3. Aufl. 1974 (zuerst 1963).

Wurzbacher, Gerhard, Die Familie als Sozialisationsfaktor, Stuttgart 1969.

Wynn, Margaret, Trends in Infant Care, in: American Journal of Orthopsychiatry, Bd. 23 (1953); erw. auch in: *H. Rodman* 1965.

Wynne, Lyman C., Irving M. Ryckoff, Juliana Day, und *Stanley I. Hirsch,* Pseudo-Mutuality in the Family Relations of Schizophrenics, in: *Norman W. Bell* und *Ezra F. Vogel* (Hrsg.) 1960, zuerst 1958.

Yang, Ching-K'unu, The Chinese Family in the Communist Revolution, Cambridge, Mass., 1959.

Yokoe, Katsumi, Historical Trends in Home Discipline, in: *R. Hill,* und *R. König* 1970.

Young, L., Out of Wedlock. A Study of the Problems of the Unmarried Mother and Her Child, New York-Toronto-London 1954.

Young, Michael, Distribution of Income within the Family, in: British Journal of Sociology, Bd. 3 (1952).

Young, Michael, The Role of the Extended Family in a Disaster, in: Human Relations, Bd. 7 (1954).

Young, Michael, und *Peter Willmott,* Family and Kinship in East London, London 1957.

Young, Michael, und *H. Geertz,* Old Age in London and San Francisco. Some Families Compared, in: British Journal of Sociology, Bd. 12 (1961).

Zelditch, Jr., Morris, Role Differentiation in the Nuclear Family: A Comparative Study, in: *T. Parsons* 1955.

Zelditch, Jr., Morris, Family, Marriage, and Kinship, in: *Robert E. L. Faris* (Hrsg.), Handbook of Modern Sociology, Chicago 1964.

Zelditch, Jr., Morris, Cross-Cultural Analyses of the Family Structure, in: *Harold T. Christensen* (Hrsg.) 1964.

Zigler, Edward, und *Irwin L. Child,* Socialization, in: *Gardner Lindzey* und *Elliott Aronson* (Hrsg.), The Handbook of Social Psychology, Bd. 3, 2. Aufl., Reading, Mass., 1969.

Zimmermann, Carle C., The Family of Tomorrow, New York 1949.

Zimmermann, Carle C., Family and Civilization, New York 1947.

Zimmermann, Carle C., und *Lucius F. Cervantes,* Marriage and the Family, Chicago 1956.

Zimmermann, Carle C., und *Lucius F. Cervantes,* Successfull American Families, New York 1960.

Ziskoven, Gerda, Frühehen in Köln, Sozial- und Jugendverwaltung der Stadt Köln, Oktober 1965.

Zweig, Ferdynand, Labour, Life and Poverty, London 1949.

Editorische Notiz

Die familiensoziologischen Publikationen von René König sind überaus zahlreich; des Umfanges wegen konnte in diesem Band nur eine Auswahl aufgenommen werden. Unberücksichtigt blieben nicht nur zahlreiche Buch- und Zeitschriftenbeiträge sowie Lexika-Artikel (vgl. die Bibliographie der Schriften René Königs von C. Blümel, in: René König – Gesamtverzeichnis der Schriften, hrsg. v. H. v. Alemann und G. Kunz, Opladen 1992: 31ff.), sondern auch sein Buch „Die Familie der Gegenwart" (Beck Verlag, München 1974). Dafür wurde der Handbuchartikel „Soziologie der Familie" komplett aufgenommen, der einen umfassenden und noch heute aktuellen Überblick über die Familiensoziologie gibt und den er 1976 nochmals für die Taschenbuchausgabe überarbeitete. Auch andere seiner familiensoziologischen Einzelbeiträge hat René König – z.T. sogar mehrmals – überarbeitet und ergänzt. Für den Sammelband „Materialien zur Soziologie der Familie" (Kiepenheuer & Witsch, Köln 1974) hat er selbst eine Auswahl aus der Fülle seiner familiensoziologischen Abhandlungen getroffen. Die Beiträge wurden z.T. ebenfalls von ihm überarbeitet oder aus dem Englischen oder dem Französischen übersetzt. Die Zusammenstellung der im vorliegenden Band berücksichtigten familiensoziologischen Abhandlungen hat sich vornehmlich an dieser Selbstselektion orientiert und zudem an der besonderen heutigen Aktualität einiger seiner familiensoziologischen Beiträge (vgl. hierzu das Nachwort). Die Reihenfolge der familiensoziologischen Aufsätze (Teil A) erfolgt chronologisch, und zwar nach dem Jahr der ersten Veröffentlichung. Zuweilen basiert die erste Abfassung auf einem bereits zeitlich früher gehaltenen Vortrag oder auf Gutachten für politische Gremien. Die jeweils zweite Jahreszahl im Inhaltsverzeichnis weist auf die letzte überarbeitete bzw. ergänzte Veröffentlichung des jeweiligen Beitrages hin. Diese letzte Fassung wurde in unveränderter Form für den jetzigen Abdruck gewählt. Das gilt ebenso für den erneuten Abdruck der Taschenbuchausgabe „Soziologie der

© Springer Fachmedien Wiesbaden GmbH, ein Teil von Springer Nature 2021
R. König, *Familiensoziologie*, René König Schriften. Ausgabe letzter Hand, https://doi.org/10.1007/978-3-658-28247-9

Familie" (Teil B). Die Namensregister wurden – soweit sie im Original vorhanden waren – von uns übernommen, ansonsten neu erstellt.

Publikationsnachweise zu den einzelnen Beiträgen:

- *Von der Notwendigkeit einer Familiensoziologie*, in: Der Schutz der Familie. Festschrift für August Egger, Zürich 1945. Neuabdruck in: René König, Materialien zur Soziologie der Familie, Bern: A. Francke Verlag 1946, S. 15-56; sowie: René König, Materialien zur Soziologie der Familie, Köln: Kiepenheuer & Witsch 1974, S. 25-56; spanische Übersetzung: Sobre la necesidad de una sociologia de la familia, in: Revista Internacionál de sociologia, Jg. 7, 1949, Heft 25, S. 27-51.
- *Zwei Grundbegriffe der Familiensoziologie: Desintegration und Desorganisation der Familie*, in: Schweizerische Zeitschrift für Volkswirtschaft und Statistik, Jg. 81, 1945, S. 522-550. Neuabdruck in erweiterter Form in: René König, Materialien zur Soziologie der Familie, Bern: A. Francke Verlag 1946, S. 57-102; wieder abgedruckt in: René König, Materialien zur Soziologie der Familie, Köln: Kiepenheuer & Witsch 1974, S. 55-87.
- *Versuch einer Definition der Familie*, in: René König, Materialien zur Soziologie der Familie, Bern: A. Francke Verlag 1946, S. 103-131; wieder abgedruckt in: René König, Materialien zur Soziologie der Familie, Köln: Kiepenheuer & Witsch 1974, S. 88-105.
- *Entwicklungstendenzen der Familie im neueren Rußland*, in: Neue Schweizer Rundschau, Jg. 11 (N.F.), Heft 10/11 und 12, 1944, S. 643-655; erweiterte Neufassung in: René König, Materialien zur Soziologie der Familie, Bern: A. Francke Verlag 1946, S. 132-164; nochmals beträchtlich erweiterte Fassung in: René König, Materialien zur Soziologie der Familie, Köln: Kiepenheuer & Witsch 1974, S. 151-199; spanische Übersetzung: La familia en la russia sovietica, in: Revista Internacionál de sociologia, Jg. 7, 1949, Heft 25, S. 27-51.
- *Überorganisation der Familie als Gefährdung der seelischen Gesundheit*, in: Maria Pfister-Ammende (Hrsg., unter Mitarbeit von F. Alexander, A. Baumgarten u.a.), Die Psychohygiene. Grundlagen und Ziele (Zweite Reihe der Bücher des Werdenden, Bd. 2, hrsg. v. Paul Federn und Heinrich Meng), Bern: Verlag Hans Huber 1949, S. 130-144; wieder abgedruckt in: René König, Materialien zur Soziologie der Familie, Köln: Kiepenheuer & Witsch 1974, S. 106-119.
- *Sozialer Wandel in der westlichen Familie*, in: René König, Materialien zur Soziologie der Familie, Köln: Kiepenheuer & Witsch 1974, S. 200-213; deutsche Übersetzung des Artikels „Changes in Western Families", in: Transactions of the Third World Congress of Sociology, Bd. 4, London 1956, S. 63-74.
- *Familie und Autorität: Der deutsche Vater im Jahre 1955*, in René König, Materialien zur Soziologie der Familie, Köln: Kiepenheuer & Witsch 1974, S. 214-230; deutsche Übersetzung des Artikels „Family and

Authority: The German Father in 1955, in: The Sociological Review, (British) New Series, Bd. 5, 1957, S. 107-127.

- *Alte Probleme und neue Fragen in der Familiensoziologie*, in: Kölner Zeitschrift für Soziologie und Sozialpsychologie, Jg. 18, 1966, S. 1-20; wieder abgedruckt in Dieter Claessens und Petra Milhoffer (Hrsg.), Familiensoziologie. Ein Reader zur Einführung, Frankfurt/M: Fischer Verlag 1973, S. 123-143; sowie in: René König, Materialien zur Soziologie der Familie, Köln: Kiepenheuer & Witsch 1974, S. 131-149; englische Übersetzungen: Old Problems and New Queries in Family Sociology, in: Reuben Hill und René König, Families in East and West. Kinship Ties and Socialization Process, Paris, Den Haag 1970; chinesische Übersetzung in: Journal of Sociology (National Taiwan University), 3, 1967, S. 95-104; französische Übersetzung: Problèmes anciens et question nouvelles en la sociologie de la famille, in: Andrée Michel, La sociologie de la famille, Paris und La Haye 1970, S. 37-42.
- *Das Problem der Frühehe*, in: das Heidelberger Studio; Johannes Schlemmer (Hrsg.), Krise der Ehe? München, 1966, S. 35-49; wieder abgedruckt in: René König, Materialien zur Soziologie der Familie, Köln: Kiepenheuer & Witsch 1974, S. 245-252.
- *Staat und Familie in der Sicht des Soziologen*, in: Schriftenreihe der niedersächsischen Landeszentrale für politische Bildung. – Verfassungsrecht und Verfassungswirklichkeit, Bd. 8: Der Schutz der Familie. Untersuchungen zu Artikel 6 des Grundgesetzes der Bundesrepublik Deutschland. Hannover 1966, S. 51-70.
- *Zur Motivation der menschlichen Fortpflanzung*, in: Ruprecht Kurzrock, Das Kind und die Gesellschaft, Berlin: Colloquium Verlag 1973, S. 9-17.
- *Zur Geschichte der Monogamie*, in: Ruprecht Kurzrock (Hrsg.), Die Institution der Ehe, Berlin: Colloquium Verlag 1979, S. 9-16.
- *Soziologie der Familie*, in: René König (Hrsg.), Handbuch der empirischen Sozialforschung, Bd. II, Stuttgart: Enke Verlag 1969, S. 172-305, 2. völlig neubearbeitete Auflage in René König (Hrsg.), Handbuch der empirischen Sozialforschung, Bd. 7, Stuttgart: Enke Verlag 1976, S. 1-217. Diese Fassung wurde Gerhard Baumert gewidmet.

Danksagung

Die vielen technischen Arbeiten, die mit der Erstellung dieses Bandes ver-
bunden waren, das mühselige, mehrmalige und aufwendige Korrekturlesen
sowie das Zusammenstellen der Publikationsnachweise hat Herr Dipl.-
Sozialwiss. Michael Feldhaus übernommen. Er wurde unterstützt von Antje
Schnadwinkel, Simona Selle, Birgitt Tantius und Dirk Weißer. Ihnen gilt mein
Dank!

© Springer Fachmedien Wiesbaden GmbH, ein Teil von Springer Nature
2021
R. König, *Familiensoziologie*, René König Schriften. Ausgabe letzter Hand,
https://doi.org/10.1007/978-3-658-28247-9

Nachwort von Rosemarie Nave-Herz

1. Die Bedeutung und die Aufgabe der Familiensoziologie aus der Sicht René Königs

RenéKönig war einer der im In- und Ausland bekanntesten Familiensoziologen Deutschlands nach dem Zweiten Weltkrieg, ohne etwa damit sein gesamtes Werk auf diese spezielle Soziologie reduzieren zu wollen. „Familie" war aber für ihn ein „gesellschaftliches Totalphänomen"; und damit hatten familiale Analysen für ihn paradigmatische Bedeutung für die Allgemeine Soziologie.

Die Familiensoziologie nahm ferner – wie er selbst formulierte – eine „strategisch zentrale Position ... im Rahmen der vielen soziologischen Zweigdisziplinen" ein (siehe Kapitel „XI. Ausblick"). Zur Belegung dieser These kann darauf hingewiesen werden, dass bereits viele, die heute als Klassiker der Soziologie bezeichnet werden (Emile Durkheim, Georg Simmel, Max Weber, Max Horkheimer u.a.m.) ihre wissenschaftlichen Abhandlungen, z.B. über sozialen Wandel, der sozialen Integration sowie über abweichendes Verhalten, der Entstehung und Kontinuität von Klassenstrukturen, anhand von familialen Analysen behandelten.

Für René König war Familiensoziologie – genau so wie die Soziologie allgemein – eine (theoriegeleitete-) empirische Wissenschaft. Deshalb skizzierte er in Bezug auf den Ursprung und die Entwicklung der Familiensoziologie eine Zweiteilung: Die Epoche der philosophischen oder universalhistorischen Beschäftigung mit der Familie wurde von der „Familiensoziologie im engeren Sinne" abgelöst (siehe Kapitel „II. Ursprung und Entwicklung der Familiensoziologie"). Zu der ersten Phase zählte er auch jene Wissenschaftler, die in vielen Abhandlungen als die Begründer der Familiensozio-

© Springer Fachmedien Wiesbaden GmbH, ein Teil von Springer Nature 2021
R. König, *Familiensoziologie*, René König Schriften. Ausgabe letzter Hand, https://doi.org/10.1007/978-3-658-28247-9

logie genannt werden: Wilhelm Heinrich Riehl und Frédéric Le Play. Die Hauptwerke beider Autoren erschienen 1855. Da beide jedoch einen ganz bestimmten Familientyp als Maßstab der Beschreibung des damaligen Familienlebens wählten (Wilhelm Heinrich Riehl den des mittelständigen Bürgertums; Frédéric Le Play den des bodenbesitzenden Bauerntums), und weil sie dadurch die Darstellung familialer Realität verfärbten, erkannte René König sie nicht als die „Väter" der Familiensoziologie an. Weiterhin kritisierte er ihre – zwar versteckte – naturrechtliche Konstruktion von Familie. Emile Durkheim galt für ihn mit seiner Schrift „Introduction à la sociology de la famille" von 1888 sowie mit seinem Werk über den Selbstmord (1897), das – wie er betonte – „eine ganze Familiensoziologie in nuce in sich enthält" (siehe Kapitel „II. Ursprung und Entwicklung der Familiensoziologie"), als Begründer der „Familiensoziologie im engeren Sinne".

Nicht nur im Hinblick auf den Ursprung der Familiensoziologie, sondern auch im Hinblick auf gegenwärtige familiale Analysen ging es René König, wie er immer wieder betonte, zuvörderst zunächst darum, durch die soziologische Analyse die Betrachtung des Phänomens „Familie" von geschichts- und sozialphilosophisch sowie kulturkritisch ausgerichteten Betrachtungen zu befreien. So z.B. kritisierte er die bisherigen Untersuchungen zur Ehescheidung mit folgenden Worten: „Die meisten Ausführungen zu diesem Thema (sind) gar nicht von der Absicht getragen …, die wirklich bestehenden Verhältnisse und Problemverflechtungen zu erkennen", sondern sie wollen vielmehr „bewerten, wobei meist ein trübes Gemisch klerikaler und moralischer Vorurteile verbreitet wird, statt eine Ausgangsbasis zu schaffen, von der aus das Problem in aller Sachlichkeit angegangen werden kann" (siehe Kapitel „VIII Die Probleme der Ehescheidung").

Sein Anliegen war es ferner, nicht nur die Einsicht in die Notwendigkeit der Trennung zwischen der Beurteilung der Familie und der familialen Realität zu vermitteln, sondern er stellte auch immer wieder erneut die Forderung nach analytischer Scheidung zwischen den verbreiteten Auffassungen, wie familiale Verhältnisse sein sollten, und wie diese tatsächlich sind. Denn gerade durch die persönlichen Erfahrungen, die jeder in unserer Gesellschaft während seines Lebens mit eigenen Familienproblemen sammeln kann, und durch die eigene Familieneingebundenheit ist die Einhaltung dieser von König genannten Postulate an die Familiensoziologie in dieser Wissenschaftsdisziplin schwieriger einzuhalten als in anderen speziellen Soziologien.

Vor diesem subjektiven Dilemma schützt – nach René König – nur eine empirisch orientierte Familiensoziologie. Ferner kann durch die Methode der Kontrastierung der eigenen Kultur mit anderen (und ihren jeweiligen Begründungen für die Form ihres Handelns) die eigene Standortgebundenheit in Einstellungen und sogar in den wissenschaftlichen Analysen offenbar werden.

Mit dieser Methode operierte René König in allen seinen Abhandlungen. Mit immer wieder eingeflochtenen kulturvergleichenden und historischen Beispielen versuchte er dem Leser bzw. der Leserin, die alltäglichen eigenen

Gewohnheiten, Handlungen und Entscheidungen in einem „neuen Licht" erscheinen zu lassen. Dennoch ging es ihm letztlich – trotz aller historischer und kulturvergleichender Vorgehensweise – allein um die Analyse der gegenwärtigen Familie und der Diagnose ihrer aktuellen Probleme, weil er Soziologie als „Gegenwartswissenschaft" und als „Krisenwissenschaft" (vgl. König 2000: 23) verstand und er die Aufgabe der Familiensoziologie auch darin sah, Grundlagen für politische Entscheidungen und Maßnahmen bereit zu stellen. Sie kann – nach seiner Ansicht – helfen, dass alle Familien- und Sozialpolitik nicht orientierungslos bleibt (siehe Kapitel „Von der Notwendigkeit einer Familiensoziologie (1945/1974)".

Wenn sich die Familiensoziologie nach René König auch mit empirisch nachprüfbaren Problemen bestimmter Gesellschaften beschäftigt (und zu beschäftigen hat), so befasst sie sich aber ebenso gleichzeitig mit den allgemeinen Voraussetzungen von Gesellschaft überhaupt, also mit der Analyse kategorialer Sachverhalte. Er schreibt wörtlich: „Jede Gesellschaft, die in der Zeit fortbesteht, beruht auf der Familie, die ihre physische und – was wichtiger ist – ihre moralische Reproduktion garantiert. Während Propositionen der ersten Art in ihrer Gültigkeit immer begrenzt sind, beanspruchen die der zweiten Art eine generelle, universelle und kategoriale Gültigkeit, die eben gerade nicht empirisch ist. Da diese Beziehung zwischen Familie und Gesellschaft die logische Bedingung ist, ohne die die Gesellschaft nicht existieren könnte …, kann diese Beziehung durch die Wirklichkeitsprobe niemals ‚bewiesen' werden, denn diese Realität setzt sie ja schon voraus" (1982:12). Deshalb sprach René König von der „antinomischen Struktur der Familiensoziologie".

2. DIE ANFÄNGE DER BESCHÄFTIGUNG MIT FAMILIENSOZIOLOGISCHEN FRAGESTELLUNGEN BEI RENÉ KÖNIG

Zwar hat René König seine erste schriftliche familiensoziologische Veröffentlichung erst Ende 1943 verfasst (er wurde um ein amtliches Gutachten über die Lage der Familie in der Schweiz gebeten), aber seine wissenschaftliche Beschäftigung mit familialen Themen reicht weiter zurück und – so vermute ich – diese haben ihn während seines gesamten Lebenslaufs und beruflichen Werdeganges begleitet, wenn er sich auch erst später explizit der Familiensoziologie wissenschaftlich zuwandte.

Bereits während der Schulzeit las er – wie er rückblickend berichtet – „Balzac, von dem ich in Danzig jeden erreichbaren Band verschlang", dann aber auch Gustave Flaubert, Emile Zola, Victor Hugo, Leo Tolstoi, Fjodor Dostojewski u.a.m. (1999: 32ff.). Die Autoren dieser naturalistischen Romane wollten Spiegelbilder der Wirklichkeit und ihrer sozialen Probleme abbilden. Wenn also diese Literatur auf René Königs lebhaftes Interesse stieß, zeugt dieser Sachverhalt auch von seiner – bereits in frühem Alter ausgeprägten – Bereitschaft, sich mit Beziehungsproblemen in Ehe und Familie,

die den konkreten Inhalt vieler dieser „Familienromane" bildeten, auseinander zu setzen.

René Königs wissenschaftlicher Weg zur Soziologie führte ferner über die
Ethnologie und Völkerkunde, die in jener Zeit unter den verschiedensten
Aspekten den Ursprung, die Entwicklung und die Formen von Ehe und
Familie thematisierte. Insbesondere auch durch seine Lehrer Richard
Thurnwald und Alfred Vierkandt war es wohl für ihn kaum vermeidbar,
zumindest am Rande auch von der damaligen Familiensoziologie Kenntnis zu nehmen. Als 1931 das „Handwörterbuch der Soziologie", herausgegeben von Alfred Vierkandt, erschien, hat er zwar eine Rezension über
dieses Werk (im Rahmen der Redaktion der Kant-Studien) abgelehnt, weil er
es vor allem in systematischer Hinsicht als unzulänglich einstufte, aber den
Artikel „Familie" von Ferdinand Tönnies hat er als „vorzüglich" bewertet, im
Gegensatz zu dem von P. Wilhelm Koppers über „Ehe und Familie", der –
nach René König – eine einseitige Schulmeinung wiedergab und „geradezu
von primitiven Werturteilen" strotzte (1987: 263).

Der Familiensoziologie wandte sich René König explizit in kontinuierlicher Regelmäßigkeit sowie in wissenschaftlich-systematischer Weise mit
Antritt seiner Lehrtätigkeit an der Züricher Universität zu. Die Vorlesung
mit dem Titel „Die Entstehung und Entwicklung von Familie, Wirtschaft,
Recht und Staat" gehörte zu seinen Grundveranstaltungen. Daneben hielt er
auch Spezialkollegs über Themen, die ihn besonders interessierten und dazu
zählten auch familiensoziologische. Rückblickend auf seine Züricher Zeit
schreibt er im Jahr 1980: Ein „spezielles Arbeitsgebiet war für mich schon
damals die Familiensoziologie, an der ich bis heute interessiert geblieben bin.
Meine Behandlungsweise war die gruppentheoretische, die ich jedoch früh
(1949) mit dem Begriff der ‚überorganisierten Familie' psychoanalytisch
erweiterte, ein Zugang, der mir schon durch Richard Huelsenbeck in Danzig
und während meiner Studienzeit in Wien durch Vorlesungen an der ‚Urania'
erschlossen worden war. In Zürich vertiefte ich die Ansätze im Kontakt mit
Gustav Bally, bei dem ich auch meinen Freund Alexander Mitscherlich wieder
traf" (1999: 124). Auch viele seiner späteren Arbeiten sind dadurch gekennzeichnet, dass er die Familiensoziologie durch die Psychoanalyse ergänzte.

In jene Zeit fällt auch seine – bereits erwähnte – erste angewandte Auf-
tragsforschung, nämlich die über die Situation der Familie in der Schweiz.
Das Gutachten leitet er mit folgenden Worten ein, die auch für die heutige
Zeit genauso gelten könnten: „Es ist heute vielfach von einer Krise der
Familie die Rede; man spricht von ihrer Auflösung und ihrem Zerfall und
prophezeit ihr für eine nahe Zukunft den Untergang. Dem ist von vornherein
mit Mißtrauen zu begegnen" (zit. bei Zürcher 1995: 27). Die – von ihm
geprägten – familiensoziologischen Begrifflichkeiten (Desorganisation, Desintegration usw.) verwandte er bereits bei der Abfassung dieses Gutachtens.
Auf diese ist er kurze Zeit später in einem Zeitschriftartikel und dann ausführlicher in seinem Buch „Materialien zur Soziologie der Familie" (Bern

1946) eingegangen, das eine große Verbreitung fand und auch für ihn zu einer besseren finanziellen Situation während seines Schweizer Exils beitrug (vgl. König 1999: 125).

3. René Königs Neuanfang in Deutschland und der Stand der damaligen deutschen Familiensoziologie

In Köln führte René König – wie er in seiner Autobiografie (1999: 175) betont – die Forschungen, die er in der Schweiz begonnen hatte, etwa auf dem Gebiet der lokalen Gemeinde und der Familie, fort. Das galt auch für seine Lehrtätigkeit und damit für seine – immer die Forschungsergebnisse der Sozialgeschichte, Kulturanthropologie bzw. Ethnologie einschließende – familiensoziologische Vorlesung (wöchentlich vierstündig), die er 1941/1942 erstmalig in Zürich und dann bis zu seiner Emeritierung 1974 regelmäßig in Köln gehalten hat (O. König/Klein 1998: 152).

Forschungsmäßig widmete René König sich damals zunächst der empirischen Überprüfung der These von Horkheimer, der im patriarchalischen Charakter der deutschen Familie die Ursache für den Autoritarismus des Nationalsozialismus vermutete. Diese Forschungsfrage hatte Horkheimer bereits 1936 in seinem Buch „Autorität und Familie" aufgeworfen, dem René König übrigens keineswegs voller Kritik – wie später gegenüber Adorno – gegenüber stand (vgl. Bd. 19 der René-König-Schriften und das diesbezügliche Nachwort von O. König 2000: 594ff.). Beide verband u.a. die Gemeinsamkeit, dass „sich die Soziologie nicht den Erfordernissen des Tages entziehen" dürfte (O. König 1996: 248), also die Forderung nach Praxisrelevanz ihrer Disziplin. René König wies in dieser empirischen Untersuchung nach, dass nicht die Familie, sondern die deutsche Werttradition, der auch die Familie unterlag (und die damit als intervenierende Variable zu gelten hatte) für den Autoritarismus verantwortlich war (vgl. König 1999: 175).

Die Frage nach dem „autoritären Charakter der Deutschen" war in jener Nachkriegszeit von hoher Aktualität. So bezogen sich die ersten großen empirischen Untersuchungen in Westdeutschland nach 1945 nicht – wie man aufgrund der damaligen sozialen und ökonomischen Situation vermuten könnte – auf den sozialen Wandel, auf industriesoziologische Fragestellungen o.a., sondern es waren familiensoziologische. Im Zuge der anglo-amerikanischen Bemühungen um Re-Education wurden 1947 Forschungsgelder aus den USA für Untersuchungen über den Zusammenhang von familialer Sozialisation und autoritären Persönlichkeitsstrukturen eines „deutschen Nationalcharakters" sowie über die Veränderungen der familialen Beziehungen durch Kriegsschicksale zur Verfügung gestellt (vgl. ausführlicher hierzu Weyer 1984: 388; Zentralarchiv für empirische Sozialforschung 1988: 23ff.). In diesen Forschungsberichten beziehen sich die Autoren auf verschiedene in der Schweiz konzipierte Aufsätze von René König und vor allem auf sein Buch „Materialien zur Soziologie der Familie" (Bern 1946), mit den dort von ihm erörterten Phänomenen der familialen Desintegration, Desorganisation und Überorganisation (vgl. z.B. Wurzbacher 1951: 157, 241, 243ff.). Diese ersten empirischen Nachkriegsuntersuchungen von Hilde Thurnwald (1948), Helmut Schelsky (1950), Gerhard Wurzbacher (1951), Gerhard Baumert (1954) beurteilte René König in Bezug auf ihre angewandten Erhebungsmethoden sehr unterschiedlich (siehe Kapitel „Familie und Autorität: Der deutsche Vater im Jahre 1955 (1957/1974)").

Im Jahr seiner Rückkehr nach Deutschland hat Schelsky sein „Familienbuch" – wie René König es selbst genannt hatte (1999: 125) – in der – damals von Leopold von Wiese herausgegebenen – Kölner Zeitschrift für Soziologie ausführlich besprochen. Wenn er ihm in allen seinen Ausführungen auch nicht beipflichtete, so hebt er insgesamt sofort einleitend im Rahmen dieser Rezension hervor: „Den Abhandlungen gelingt es, die gerade in der Beurteilung und Bewertung der Familie im starken Maße vorhandenen Voreingenommenheiten politischer, gefühlsbetonter, dogmatischer und traditioneller Art abzubauen und an eine unbefangene objektive Wirklichkeitsanalyse der gegenwärtigen Familienstruktur heranzuführen. Damit wird der Familiensoziologie geradezu die Aufgabe zugeschrieben, die Formeln der öffentlichen Meinung aufzubrechen und das heute auch in diesem Gebiete übliche Verharren in einer moralisierenden Zeitkritik und Krisenstarre zu überwinden" (1949/1950: 220). Hiermit wird gleichzeitig eine andere, damals ebenso vorhandene, familiensoziologische Betrachtungsweise angedeutet. Denn neben den empirisch orientierten Arbeiten musste sich René König bei seinem Neuanfang in Deutschland wiederum – wie in den 1930er Jahren – mit vorwiegend kulturkritischen Analysen von Familie auseinandersetzen. Als Beispiel sei Adornos Artikel über die „Familie" in den „Soziologischen Exkursen" (Frankfurt/Main 1956) genannt. Ohne sich mit René Königs familiensoziologischen Abhandlungen inhaltlich in diesem Beitrag in Form eines wissenschaftlichen Diskurses vertiefend auseinander zu setzen, führt er nur am Schluss seiner Erörterungen in einer Fußnote das Buch „Materialien zur Soziologie der Familie" sowie zwei weitere Aufsätze von René König an und resümiert in Bezug auf diese genannte Literatur über die deutsche Familiensoziologie abschließend: „Im Gegensatz zur amerikanischen hält sie romantisch-restaurative Elemente fest, rückt sie aber in einen eigentümlichen Zusammenhang mit der empirischen Tatsachenforschung. Es herrscht eine Neigung, von der Registrierung dessen, was der Fall ist, von vielfach partiellen Beobachtungen, fortzuschreiten zu Urteilen, welche das Vorhandene mit seinem Vorhandensein legitimieren; die apologetische Tradition des deutschen Idealismus – die rechtshegelianische – verständigt sich in Deutschland rasch mit dem positivistischen Wissenschaftsbetrieb gegen eine kritische Ansicht von der Gesellschaft" (1956: 128).

Vor allem auch in christlich orientierten Abhandlungen über die Familie wurde in jener Nachkriegszeit bis hinein in die 1960er Jahre sozialphilosophische und kulturkritische Analysen über die Familie als familiensoziologische ausgegeben (vgl. z.B. Dorneich 1959).

Zu betonen bleibt aber, dass – was Sahner im Hinblick auf die Soziologie im allgemeinen zu Recht betont – inzwischen auch in Bezug auf die Familiensoziologie gilt, nämlich dass sich eine theoretisch empirisch-fundierte Richtung letztlich in Deutschland durchgesetzt hat, und zwar zurückzuführen auf „die beeindruckende Wirkung von René König" (Sahner 1992: 257).

4. René Königs Familiensoziologie aus heutiger Sicht

Noch heute sind die familiensoziologischen Beiträge von René König von hoher Aktualität und nicht allein von wissenschaftshistorischem Interesse. Was allein schon dadurch sichtbar wird, dass auch in neueren Abhandlungen auf seine diesbezüglichen Veröffentlichungen Bezug genommen wird (vgl. z.B. Erler 1996, Burkart 1997, Schneider et al. 1998, Hill/Kopp 1999). Selbstverständlich sind heute einige von ihm gewählte Begriffe, wie Unehelichkeit, unvollständige Familie, usw. wegen ihrer versteckten Wertungen in der Familiensoziologie nicht mehr üblich; neue statistische und empirische Daten sind – selbstredend – in seinen Veröffentlichungen nicht zu finden und jüngere theoretische Ansätze konnten noch nicht berücksichtigt werden. Aber durch die Fragestellungen, die Art der inhaltlichen Auseinandersetzung und die logischen Beweisführungen fügen sich die Abhandlungen von René König bruchlos in die heutige familiensoziologische Diskussion ein. Ferner ist bisher noch kein neuer derartig breiter – Theorie und Empirie verbindender sowie die Mikro- und Makroebene umfassender – Gesamtüberblick über die Familiensoziologie mit gleichzeitig interdisziplinärer Ausrichtung von einem einzigen Verfasser präsentiert worden, wie von René König mit seinem – im vorliegenden Band wieder abgedruckten – Handbucharktikel „Soziologie der Familie". Die dort behandelten Themenbereiche entsprechen den aktuellen familiensoziologischen Fragestellungen. Die seit der letzten Überarbeitung dieses Artikels durch René König von anderen Familiensoziologen bzw. Familiensoziologinnen durchgeführten zahlreichen empirischen Untersuchungen in Deutschland haben nicht zu einer Infragestellung seiner wissenschaftlichen Ausführungen geführt, sondern seine Thesen vielfach bestätigt. Zuweilen müssen hierzu jedoch seine Ausgangsthesen beachtet werden. In einem kurzen Nachwort kann leider nicht ein ausführlicher Beweis dieser Behauptung geleistet, aber ein Beispiel soll zur Illustration angeführt werden.

René König betonte z.B., dass die abwertende Einstellung zur Nichtehelichkeit keine Frage der Moral, sondern der Sozialstruktur wäre; und er formuliert wörtlich: „Dass es in nahezu allen bekannten Gesellschaften eine Abneigung gegen ‚uneheliche' Geburten (gäbe), weil sie eine ‚Plazierung' des Kindes im gegebenen Verwandtschaftssystem erschweren" (1969: 260/261; siehe Kapitel „VII. Die desorganisierte Familie"), und deshalb würden die Öffentlichkeit und die Familie auch auf – zumindest nachträgliche – Legitimierung durch Heirat entweder mit dem Kindesvater oder einem anderen Mann drängen (1969: 264). Selbst wenn in der Zwischenzeit ein Einstellungswandel in vielen empirischen Untersuchungen zur Nichtehelichkeit festzustellen und der „Heiratszwang" mehr oder weniger fortgefallen ist, wurde gerade durch den sozialen Wandel seine These bestätigt. Denn der Einstellungswandel war vor allem eine Folge der veränderten Sozialstruktur: Rollenwandel der Frau, Erhöhung des Bildungsniveaus von Frauen, ihre ökonomische Selbstständigkeit und damit Unabhängigkeit von der Herkunftsfamilie, was gleichzeitig die Aufhebung des mit der Frauenrolle zuvor verbundenen abgeleiteten Status vom Manne bedeutete u.a.m. Dadurch wurde es möglich, heute die Plazierung des Kindes ebenso über die Mutter festzusetzen, was u.a. dann auch einen Einstellungswandel in Bezug auf die nichtehelichen Geburten nach sich zog. Also – ich wiederhole die These René Königs –, die Einstellung zur Nichtehelichkeit ist keine Frage der Moral, sondern der Sozialstruktur.

René König hat sich in seinen wissenschaftlichen Veröffentlichungen immer wieder mit Fragen des sozialen Wandels, seiner verursachenden Faktoren und seinen Folgen beschäftigt; und dieses Thema gerade im Hinblick auf den gesellschaftlichen Teilbereich „Familie" mehrfach erörtert.

Schon in den 1950er Jahren lehnte er unilineare Entwicklungsverläufe ab und betonte deren Multilinearität und die Möglichkeit des sozialen Wandels nicht nur in Form von Differenzierungs-, sondern auch von Entdifferenzierungsprozessen. Er vertrat ferner in einigen der im vorliegenden Band abgedruckten Beiträge bereits die These von der zu jeder Zeit nebeneinander bestehenden Vielfalt von Familienformen, bevor dieser Sachverhalt eine breite Anerkennung in der Soziologie und unter den Familienhistorikern bzw. -historikerinnen fand.

In Bezug auf die „Krise der modernen Familie" sind die Stimmen – wie während der Nachkriegszeit – bis heute nicht verstummt, obwohl René König diese These vom „Zerfall der Familie" soziologisch bereits widerlegt hat; und seine Argumente sind gegen diese „Verfallsdiagnostiker" (vgl. hierzu ausführlicher Nave-Herz 1998: 286) – wie sie in mehreren Beiträge im vorliegenden Band dargestellt werden – weiterhin von bleibendem Wert und hochaktuell; für andere, die seine wissenschaftliche Sichtweise durch ihre professionelle Ausbildung übernommen haben, sind sie dagegen eine – fast nicht mehr hinterfragte – Selbstverständlichkeit geworden. Bereits in seinem Gutachten über die Familie in der Schweiz hatte René König betont, dass nicht ihr Untergang zu diagnostizieren wäre, sondern dass die Familie sich den wirtschaftlichen und sozialen Verhältnissen angepasst hätte, wobei er bereits damals schon seine – später immer wieder aufgegriffene und dargestellte – These über die familiale Verspätung im Vergleich zur gesamtgesellschaftlichen Entwicklung skizzierte. Dabei leugnete er nicht mögliche Fehlanpassungen oder gesellschaftliche Konflikte, vor allem während des

Übergangs: „Gewiß sind die Erschütterungen, die Ehe und Familie mit der weltweiten Auswirkung der modernen Wirtschaft durchmachen müssen, sehr groß. Dennoch aber erweist die Familie diesen Erscheinungen gegenüber noch immer eine ebenso außerordentliche Widerstandsfähigkeit" (1972: 117).

In seinem Schweizer Gutachten sprach er sogar von einer doppelten Verspätung: „Einmal ist die Familie selber verspätet, dann aber weisen die Meinungen eine eigene Kanonisierungstendenz auf, eine Neigung, in festen Gehäusen zu erstarren, was eine Synchronisierung mit der Gegenwart außerordentlich erschwert … Nur allzu oft wird dabei der Wunsch zum recht illegitimen Vater eines Scheingedankens, der uns Möglichkeiten vorspiegelt, wo gar keine sind, oder auch eine Katastrophenstimmung zeugt, wo wir es ausschließlich mit den sehr natürlichen Vorgängen des Überganges zu einem neuen Familientyp zu tun haben" (Bundesblatt Nr. 22/1944; zit. bei Zürcher 1995: 28).

In den verschiedenen Abhandlungen thematisierte er immer wieder – wie bereits erwähnt – die „cultural lag-These" von William F. Ogburn, vor allem im Hinblick auf die Synchronisationsproblematik zwischen der wirtschaftlich-technologischen Entwicklung und der der Familie und betonte die Notwendigkeit der Aufhebung derartiger „Verspätungserscheinungen", um gesellschaftlichen Konflikten vorzubeugen. Eine Forderung, die heute vor allem im Hinblick auf die Vereinbarkeitsproblematik von Beruf und Familie für Mütter und Väter gestellt wird. René König hat dieses Thema bereits 1967 (überarbeitet 1974) in seinem Artikel „Die Stellung der Frau in der modernen Gesellschaft" aufgegriffen. Wiederum hat er historisch- und kulturvergleichend die entstandene Asymmetrie zwischen den Geschlechtern durch das Ausscheiden der Frauen aus dem Erwerbsbereich dargestellt. Ihnen würde nunmehr suggeriert, dass „Mutterschaft und Hausfrauentätigkeit ein ‚Beruf' sei … Damit erfährt aber die Frau die vielleicht verhängnisvollste Belastung durch die ganze Geschichte der Menschheit, indem ihre biologische Funktion zu einem ‚Beruf' verwandelt wird, speziell unter den sich wandelnden familiären und sozialen Verhältnissen der fortgeschrittenen Industriegesellschaften … Zum ersten Male ist damit das Interdependenzverhältnis zum Mann gestört worden, indem z.B. niemand vernünftigerweise annehmen wird, dass Vaterschaft ein ‚Beruf' sei. Wieso soll aber Mutterschaft ein ‚Beruf' für die Frau sein?" (1974: 301).

Damit wollte René König aber keineswegs die notwendige Sozialisationsleistung der Eltern negiert wissen; denn die Familie ist – wie er immer wieder betonte –, nachdem sie im Laufe der Geschichte von allen nichtfamilialen Funktionen entlastet wurde, die durch andere Institutionen der Gesamtgesellschaft viel besser betreut werden können, auf ihre „ureigenste Leistung" zurückgeführt worden, nämlich auf die Sozialisationsfunktion. Sie ist damit, wenn auch nicht allein, aber primär für die Entwicklung des einzelnen Menschen verantwortlich, wobei sie auch pathologische Strukturen ausprägen kann. Immer wieder betonte René König in diesem Zusammenhang die anthropologischen Vorgaben der Menschheit und zog Parallelen zwischen der menschlichen Ehe und Familie und den sozialen Lebensformen von Tieren. Soziobiologische Argumentationen, wie sie zurzeit von einigen Soziologen vertreten werden (vgl. z.B. Skamel/Voland 2001), lehnte er jedoch ab: „Die Biosoziologie zeigt, dass das menschlich-soziale Leben ein Teil der Natur ist, sich aber ebenso sicher darin nicht erschöpft" (1967: 70). Denn die kulturelle Überformung des Menschen beginnt mit der familialen Sozialisation; die Familie ist deshalb – nach René König – „der Ort der zweiten sozialkulturellen Geburt des Menschen".

Als Mitte der 1960er, bzw. Anfang der 1970er Jahre familiensoziologische Veröffentlichungen erschienen (ausgelöst durch die Protestbewegung im Rahmen der Studentenunruhen), die die Abschaffung der modernen Kernfamilie forderten, hat René König zu diesen „Stimmen" keine Stellungnahme bezogen, obwohl diese damals von einer breiten Öffentlichkeit in der Bundesrepublik rezipiert wurden und sie wegen ihrer simplifizierenden, plakativen und eindimensionalen Argumente eigentlich seinen Zorn hätten herausfordern müssen. Ihre Autoren bzw. Autorinnen behaupteten, dass die Familie „überholt" wäre, sie würde nur noch „künstlich" aufrecht erhalten, sei vielfach nur eine „Fassadenfamilie", weil sie lediglich nach außen hin als intakt gelten könne (Gastager/Gastager 1973); und sie wäre ein „Ort der Entfremdung", insbesondere der sexuellen. Neue Formen des nichtfamilialen Zusammenlebens galten für diese Autoren sowohl für das Individuum als auch für die Gesellschaft als erstrebenswert (vgl. z.B. Haensch 1973; Claessens und Menne 1973; Pieper und Pieper 1975; Ostermeyer 1979). Diese Verfallsdiagnostiker (treffender wäre zu sagen: diese „Verfallsforderer") hatten zwar eine Gefahr in Bezug auf die moderne Kleinfamilie richtig erkannt, nämlich dass durch die Emotionalisierung und Intimisierung ihrer familialen Binnenstruktur für diese in viel stärkerem Maße als für andere Familienformen die Gefahr der Ausprägung neurotischer Beziehungen bestehen würde. Nur auf diese Möglichkeit hatte René König viel früher hingewiesen, diesen Sachverhalt differenzierter analysiert und für dieses Phänomen den Begriff der „Überorganisation" eingeführt. Weder in seinen Buchveröffentlichungen, noch in einem Zeitschriftenaufsatz geht er auf diese „Verfallsforderer" ein. Rezensionen über ihre Bücher hat René König ebenfalls nicht geschrieben, obwohl er gerade in den 1970er Jahren sehr viele andere familiensoziologische Veröffentlichungen in der Kölner Zeitschrift für Soziologie und Sozialpsychologie besprochen hat (vgl. die Bibliographie über René König). Vielleicht hat er eine Auseinandersetzung deshalb nicht geführt, weil „Verschweigen" bzw. die „Nicht-Erwähnung" von wissenschaftlichen Veröffentlichungen die härteste Form der Verurteilung in der Wissenschaft bedeutet. Die Zeit hat ihm jedenfalls Recht gegeben; diese Literatur hatte keine Zukunft trotz ihrer damaligen Popularität.

Doch nicht nur im Vergleich zu dieser Literatur, sondern was die verschiedensten familiensoziologischen Themenbereiche anbetrifft – das sei abschließend zusammenfassend betont –, war René König, wie die hier abgedruckten Veröffentlichungen zeigen, vielfach seiner Zeit voraus; und deshalb sind seine familiensoziologischen Veröffentlichungen auch heute noch – wie eingangs bereits betont – von hoher Aktualität.

LITERATURVERZEICHNIS

Adorno, Theodor W.: Soziologische Exkurse. In: Frankfurter Beiträge zur Soziologie, Bd. 4. Weinheim: Europäische Verlagsanstalt 1956.

Baumert, Gerhard: Deutsche Familien nach dem Kriege. Darmstadt: Roether 1954.

Burkart, Günter: Lebensphasen – Liebesphasen: Vom Paar zur Ehe zum Single und zurück? Opladen: Leske + Budrich 1997.

Claessens, Dieter/Menne, Ferdinand W.: Zur Dynamik der bürgerlichen Familie und ihrer möglichen Alternativen. In: Familiensoziologie – ein Reader als Einführung, hrsg. von Dieter Claessens u. Petra Milhoffer. Frankfurt/Main: Fischer Taschenbücher 1973, S. 313-346.

Dorneich, Julius (Hrsg.): Ehe und Familie. Freiburg: Herder 1959.

Erler, Michael: Die Dynamik der modernen Familie – empirische Untersuchung zum Wandel der Familienformen in Deutschland. Weinheim: Juventa 1996.

Gastager, Heimo u. Susanne: Die Fassadenfamilie. Ehe und Familie in der Krise – Analyse und Therapie. München: Kindler 1973.

Haensch, Dieter: Zerschlagt die Kleinfamilie. In: Familiensoziologie – ein Reader als Einführung, hrsg. von Dieter Claessens u. Petra Milhoffer. Frankfurt/Main: Fischer Taschenbücher 1973, S. 363-374.

Hill, Paul B./Kopp, Johannes: Nichteheliche Lebensgemeinschaften – theoretische Aspekte zur Wahl von Lebensformen. In: Nichteheliche Lebensgemeinschaften, hrsg. v. Thomas Klein u. Wolfgang Lauterbach. Opladen: Leske + Budrich 1999, S. 11-36.

Horkheimer, Max (Hrsg.): Autorität und Familie. Forschungsberichte aus dem Institut für Sozialforschung. Paris: Alcan 1936.

König, Oliver/Klein, Michael (Hrsg.): René König – Soziologe und Humanist – Texte aus vier Jahrzehnten. Opladen: Leske + Budrich 1998.

König, Oliver: Die Rolle der Familie in der Soziologie unter besonderer Berücksichtigung der Familiensoziologie René Königs. In: Familiendynamik 1996. Stuttgart: Klett-Cotta, S. 239-267.

König, Oliver/König, Mario (Hrsg.): Briefwechsel/Band 1. René König Schriften, Bd. 19. Opladen: Leske + Budrich 2000.

© Springer Fachmedien Wiesbaden GmbH, ein Teil von Springer Nature 2021
R. König, *Familiensoziologie*, René König Schriften. Ausgabe letzter Hand, https://doi.org/10.1007/978-3-658-28247-9

König, René (Hrsg.): Soziologie – Fischer Lexikon, Bd. 10. Frankfurt/Main: Fischer Bücherei 1967.

König, René: Soziologie der Familie. In: Handbuch der empirischen Sozialforschung, Bd. 2, hrsg. v. R. König. Stuttgart: Ferdinand Enke 1969, S. 172-305.

König, René: Familie als Grundeinrichtung der Gesellschaft. In: Die moderne Gesellschaft. Formen des gesellschaftlichen Zusammenlebens: Familie, Beruf, Freizeit, Verkehr, Wirtschaft u. Politik, Umwelt u. Planung; Reihe: Wissen im Überblick. Freiburg, Basel u. Wien: Herder 1972, S. 117-151.

König, René: Die Stellung der Frau in der modernen Gesellschaft. In: Materialien zur Soziologie der Familie, hrsg. v. René König. Köln: Kiepenheuer & Witsch 1974, S. 253-320.

König, René: Themenwandel in der gegenwärtigen Soziologie der Familie. In: Familie – Herausforderung der Zukunft, hrsg. v. Bernhard Schnyder. Freiburg: Universitätsverlag Freiburg 1982, S. 5-21.

König, René: Soziologie in Deutschland. München/Wien: Carl Hanser Verlag 1987.

König, René: Leben im Widerspruch. Versuch einer intellektuellen Autobiographie. René König Schriften Bd. 18, hrsg. v. Mario und Oliver König. Opladen: Leske + Budrich 1999.

König, René: Zur Konstitution moderner Gesellschaften. René König Schriften Bd. 7, hrsg. v. Heine von Alemann. Opladen: Leske + Budrich 2000.

Le Play, Frédéric: Les Ouvriers Européens. Paris : Mame 1879 (erstmalig: Paris: Imprimerie Impériale 1855).

Nave-Herz, Rosemarie: Die These über den „Zerfall der Familie“. In: Die Diagnosefähigkeit der Soziologie, hrsg. v. Jürgen Friedrichs, M. Rainer Lepsius u. Karl Ulrich Mayer, Sonderheft 38 der Kölner Zeitschrift für Soziologie und Sozialpsychologie 1998, S. 286-315.

Ostermeyer, Helmut (Hrsg.): Ehe – Isolation zu zweit. Mißtrauen gegen eine Institution. Frankfurt/Main: Fischer Taschenbücher 1979.

Pieper, Barbara u. Michael: Familie. Stabilität und Veränderung. München: Ehrenwirth 1975.

Riehl, Wilhelm Heinrich: Die Familie. Stuttgart: Cotta 1885.

Sahner, Heinz: Einige Anmerkungen zur „Kölner Schule“. In: René König. Gesamtverzeichnis der Schriften: in der Spiegelung von Freunden, Schüler, Kollegen, hrsg. v. Heine von Alemann u. Gerhard Kunz. Opladen: Westdeutscher Verlag 1992, S. 254-257.

Schelsky, Helmut: Die Aufgaben einer Familiensoziologie in Deutschland (zu René König: Materialien zur Soziologie der Familie). In: Kölner Zeitschrift für Soziologie 1949/50, S. 218-248.

Schelsky, Helmut: Die Flüchtlingsfamilie. In: Kölner Zeitschrift für Soziologie 1950/51, S. 159-177.

Schneider, Norbert F. et al.: Nichtkonventionelle Lebensformen – Entstehung, Entwicklung, Konsequenzen. Opladen: Leske + Budrich 1998.

Skamel, Uta/Voland, Eckart: Vom ‚ewigen Kampf der Geschlechter‘ zu Solidarität in Partnerschaft und Familie – eine soziobiologische Annäherung. In: Solidarität in Partnerschaft und Familie – zum Stand familiensoziologischer Theoriebildung, hrsg. v. Johannes Huinink, Klaus Peter Strohmeier u. Michael Wagner. Reihe: Familie und Gesellschaft, Bd. 7. Würzburg: Ergon 2001, S. 85-102.

Thurnwald, Hilde: Gegenwartsprobleme Berliner Familien – eine soziologische Untersuchung an 498 Familien. Berlin: Weidmannsche Verlagsbuchhandlung 1948.

Weyer, Johannes: Westdeutsche Soziologie 1945 – 1960. Berlin: Duncker und Humblot 1984.

Wurzbacher, Gerhard: Leitbilder gegenwärtigen deutschen Familienlebens. Stuttgart: Enke 1951.

Zentralarchiv für empirische Sozialforschung: Information Nr. 22/1988, S. 23-28.

Zürcher, Markus: Der Mythos der Gemeinschaft – René König als Immigrant in der Schweiz. In: René-König-Nachrichten, 1995, H. 1, S. 22-33.

PERSONENREGISTER

A

Abegglen, J.C., 361
Abshagen, Rudolf, 194, 476
Ackerman, Nathan W., 333
Ackermann, H., 150
Adams, Bert N., 349, 451
Adler, Alfred, 394, 397, 451
Adorno, Theodor W., 201, 210, 495, 496, 503
Ahlberg, R., 146
Albert, Hans, 287, 289
Alverdes, Friedrich, 88
Ammar, Hamad, 300, 451
Anderson, Nels, 456, 462–464, 467, 468, 474, 477, 478, 481
Anet, Claude, 115
Angell, Robert C, 316, 405, 451
Anger, Hans, 303
Anossow, 127, 131
Anshen, Ruth N., 202, 451, 465, 475
Ansorg, L., 155
Apostol, Paul, 100
Apple, Dorrian, 350, 451
Arensberg, Conrad M., 351, 451, 483
Argelander, Annelies, 412, 451
Ariès, Philippe, 229–231, 303, 337, 357, 371, 451
Aristoteles, 87, 283
Armand, Inesse, 122
Aronson, Elliot, 485

Artzibaschew, Mich. Petr., 117
Asperger, H., 478
Atatürk, Kemal, 108, 279
Axelrod, Morris, 349, 451, 479
Aznar, Severino, 183

B

Babintzevand, I., 109
Bachofen, Johann Jakob, 195, 284
Back, Kurt W., 448, 464
Bakke, E.W., 316, 405, 452
Bakunin, Michal, 116
Baldwin, Alfred L., 301, 452
Baldwin, James M., 87, 332
Bales, Robert F., 291, 303, 304, 330, 452, 475
Ballard, Lloyd V., 385, 452
Banfield, Edward C., 371, 452
Bardis, Panos D., 336, 452
Barjaktarović, M., 365
Barringer, Herbert R., 469, 484
Barron, Milton L., 379, 452
Baum, Marie, 202, 280, 353, 452, 478
Baumert, Gerhard, 189, 194, 203, 279, 280, 353–355, 388, 405, 416, 430, 436, 437, 452, 460, 496
Bayer, Alan E., 311, 393, 452, 467
Bazard, Saint-Armand, 37
Beau de Lomenie, Emmanuel, 452

© Springer Fachmedien Wiesbaden GmbH, ein Teil von Springer Nature 2021
R. König, *Familiensoziologie*, René König Schriften. Ausgabe letzter Hand,
https://doi.org/10.1007/978-3-658-28247-9

CPSIA information can be obtained
at www.ICGtesting.com
Printed in the USA
LVHW020806281221
707327LV00002B/166